后浪
大学堂 061

INTERNATIONAL BUSINESS
THE CHALLENGE OF GLOBAL COMPETITION, 12E

国际商务

（第12版）

[美] 唐纳德·A·鲍尔（Donald A. Ball）
J·迈克尔·吉林格（J. Michael Geringer）
迈克尔·S·迈纳（Michael S. Minor）
珍妮·M·麦克特（Jeanne M. McNett）著

邱月 译

"大学堂" 开放给所有向往知识、崇尚科学,对宇宙和人生有所追问的人。

"大学堂" 中展开一本本书,阐明各种传统和新兴的学科,导向真理和智慧。既有接引之台阶,又具深化之门径。无论何时,无论何地,请你把它翻开……

简 目

前 言 2

第一部分 国际商务的性质
第1章 国际商务的快速变化 2
第2章 国际贸易和外国直接投资 24
第3章 国际贸易和投资理论 48
第4章 国际商务视角下的国际机构 74

第二部分 国际环境力量
第5章 社会文化力量 110
第6章 自然资源和环境可持续性 140
第7章 经济与社会经济力量 172
第8章 政治力量 194
第9章 知识产权和其他法律力量 222
第10章 理解国际货币体系和金融力量 240
第11章 劳动力量 262

第三部分 组织环境
第12章 国际竞争战略 290
第13章 组织设计和控制 322
第14章 评估和分析市场 344
第15章 进入模式 360
第16章 进出口实务 380
第17章 国际市场营销 406
第18章 全球运营和供应链管理 436
第19章 人力资源管理 466
第20章 国际会计和财务管理 492

重要词汇 516
出版后记 531

前 言

我们很高兴能够出版第12版的《国际商务》。

本书的目标和范围

对于高年级本科生以及在学习 MBA 课程的学生来说，国际商务课程是解决各类问题的理想场所。我们希望这本书能够回答不同文化下有关商业的以下问题：地理对商业的影响，为什么不同文化中的产品是相同的（或不同的），为什么人们的做法不尽相同，互联网对国际商务的影响，等等。在这个领域总会出现一些新的问题，有时老问题也会有新答案。

为了便于教师教学和学生学习，最大限度地发挥其作用，《国际商务》第12版分为三个部分。开篇部分定义国际商务的性质以及开展国际商务的三种环境，还有国际机构的性质及其持续的重要性以及它们如何影响商务。第二部分重点介绍所有商务环境中存在的无法控制的力量，并探讨其对商务惯例不可避免的影响。在本书的最后一部分，我们着力讨论管理者如何处理影响国际商务的所有因素。在第12版中，我们将继续通过每部分开头的对话来帮助学生更好地了解他们已经学了哪些内容以及将要学习哪些内容。

第12版的变化

每发行一个新版本，都有越来越多的人为我们提供有益的建议。购买本书或在会议上得到本书的教授、评论家和商务人士以及我们自己的研究生和本科生都提供了颇为有益的建设性意见。我们相信《国际商务》第12版将继续为您提供精彩卓越的内容，同时加入了与当前所面临的挑战有关的最新主题。在这个版本中，我们对各章内容进行了广泛的修改和更新，以反映最近的世界事件和新的国际商务问题。

像每个新版本一样，表格、数字和图表均已更新至本文出版时的最新数据。为了让国际商务内容与时俱进是一个不小的挑战，而我们一直努力向您提供尽可能最新的信息。我们也一直在更新相关例子并酌情用最新的案例取代过时的例子。我们重新改编了第 4 章，以着重介绍影响国际商务的国际机构。根据评论者和读者的意见，之前的第 5 章 "了解国际货币体系"已与金融力量一章合并，形成了新的第 10 章"理解国际货币体系和金融力量"，总章数也因此减少到 20 章。这样，第 5 章到第 20 章的章名称都做了修改。第 9 章的内容重点和章节名称也进行了重新调整，更名为"知识产权和其他法律力量"，重点强调了知识产权在国际商务中日益增长的重要性。第 20 章已更名为"国际会计和财务管理"，强调对国际会计和财务管理问题的日益重视。每章的开头都明确指出了学习目标以便读者引起重视,并突出国际商务环境中与管理者的运营工作特别相关的内容。

第1章 国际商务的快速变化

有关国际商务经验重要性的开篇案例已更新,而广受好评的全球视点部分的内容——关于购买美国产品也作了相应更新。本章新增和更新了一些案例,以加强对关键问题的理解。对定义和术语的讨论进行了重新调整,更为简洁。对表格进行更新和重新调整,以提高对关键概念的理解。关于贸易和投资全球化辩论的讨论在本章另辟一节,并修改了相关内容。本章结尾的案例分析是有关众多知名企业和品牌的所有权和国籍,已根据产品和公司进行更新。

第2章 国际贸易和外国直接投资

通过对货物和服务贸易相关介绍和讨论的更新,本章更为短小,重点更加突出。本章中关于国际贸易和投资的所有数据均已经更新到出版时可获得的最新数字,这些数据的呈现方式也得到了改进,以提高读者分析和了解国际贸易与投资的发展趋势及特点的能力。本章还增加了新的数据,突出国际制造业增值分布的快速变化。关于中小型企业和它们在出口中的作用的讨论已更新和加强。对新兴经济体的讨论范围有所增加,尤其是金砖四国(巴西、俄罗斯、印度、中国),包括本章结尾提供了一个新的案例,内容为前沿经济体对潜在的外国直接投资(FDI)的吸引力并提供了实事求是进行投资的机会。全球视点部分,探讨贸易和投资如何影响经济和社会发展的内容已更新,探讨为何没有更多的投资流向非洲的内容也进行了更新。

第3章 国际贸易和投资理论

在第3章中,我们修订、重新编写并阐明了对于国际贸易理论的讨论,并增加了新的范例,以帮助学生理解这些主题。关于比较优势和将服务性工作外包到印度的全球视点部分的内容得到了更新和扩展;为了减少正文长度和增加流畅性,关于贸易限制的讨论已从本章删除,并纳入第8章"政治力量"。本章结尾增加了一个新的案例分析,说明巴西成为信息技术外包业务全球竞争者的潜能。

第4章 国际商务视角下的国际机构

第4章中介绍的机构得到扩大,现已包括金融机构,增加了其综合性;并引入了制度理论,为讨论机构提供了一个框架。另外,对一般性讨论进行了重新调整,重点介绍各个机构影响国际商务的行为,而不是单纯的描述性总结。世界贸易组织(WTO)部分涵盖了关贸总协定(GATT),将WTO作为重点,其次为历史性讨论。此外,案例也进行了更新,包括新应用。

第5章 社会文化力量

这是本书第二部分国际环境力量的第1章,我们引入对美容美体文化观念的新讨论。我们研究了近期的一项雄心勃勃的全球项目,该项目将依靠一套可控变量来组织世界,这有点像霍夫斯泰德的工作。我们还引进了国民幸福指数的概念。

第6章 自然资源和环境可持续性

本章已进行更新,以反映对两个严峻挑战的直接关注:全球变暖和能源枯竭。以波特钻石理论为基础,扩展讨论地理因素条件。还增加了国际能源机构2008年报告的评论,以及可持续发展实践的新例子。这个案例是一个石油产品的业务,因此学生可以对可持续方法的潜力有更广泛的认知。

第7章 经济与社会经济力量

本章开篇讨论了印度中产阶级的最新现状——越来越富裕并带有"前程无限"的倾向。我们在全球视点部分对经济欠发达国家和地区以及发达国家和地区的特点讨论进行了大幅修改。有关各个国家劳动报酬成本的比较的讨论已更新。讨论经济发展评估新方法(如人类需求方法和联合国人类发展指数)的全球视点部分已更新,其中增加了该指数排名最靠前和最靠后国家和地区的最新名单。另外还增加了生活在贫民窟的城市人口比例的新数据,以及世界排名前25的商业中心名单。本章所有的图表和案例都进行了更新,为所讨论的概念提供最新的相关支持。

第8章 政治力量

哥伦比亚政府戏剧性地成功促使革命武装力量释放多名政治犯,说明了政治命运转变是十分迅速的。本章对有关恐怖主义的材料进行了更新。此外,以前版本的诸多有关贸易限制的内容也从第3章移到了本章。

第9章 知识产权和其他法律力量

在这一版本中,使用了新的章名,以强调全球日益重要的知识产权。不同法律制度的内容有所减少,反映出在破产等领域全球日益趋同。税收方面的内容也稍有删减。我们对假冒品在"第二人生"虚拟世界的意义进行了推测。

第10章 理解国际货币体系和金融力量

第10章新增了关于国际货币体系的内容,因为它也影响到了国际商业惯例。对货币制度发展历程进行了简短回顾,从金本位到布雷顿森林体系,包括对特里芬难题和特别提款权设立的简介。接着介绍了浮动汇率制度和现今的货币制度。新增了一个总结金融体系演变的图表。对摘自《金融时报》的外汇回顾有所简化。更新了税费、通货膨胀和利率相关的案例。国际收支账户以对国际管理者的有用性进行列示。最后还包括了最新的外国援助相关内容。

第11章 劳动力量

劳动力是所有商业活动的关键要素。随着全球化和外包的快速发展,劳动力在国际商务中的作用越来越重要。本章进行了修改,以避免与人力资源管理一章(第19章)内容重复,同时更新并强调了与国际商务相关的主要劳动力问题。通篇列举了新案例,新增和更新了一些数据。大幅修改了开头有关日本和中国劳动条件差异的案例。对劳动条件和发展趋势的讨论也进行了修改和调整,包括讨论一国劳动力总体规模和划分、人口老龄化、人口从农村到城市的转移、跨国家和地区的失业问题、移民劳动力和劳动力流动问题（包括人才外流），以及童工和强迫劳动。新增了反映国际移民人数最多国家的图。有关国际性别相关因素的材料也已更新，包括妇女在议会成员中所占的比例、全世界越来越多的国家为产假立法、经济合作与发展组织（OECD）国家和地区男女工资比等。另外，对国际工会活动的讨论已更新，其中新增了一张图，列出了各个国家和地区的劳动力中参加工会的工人比例。在本章的结尾，我们准备了一个新的案例分析，说明 Nike 和巴基斯坦的童工问题管理。

第 12 章　国际竞争战略

从第 12 章开始我们进入了第三部分"组织环境"。我们修改了关于利用情景规划来管理国际商务活动中的战略不确定性的开篇案例。对企业要在国际市场竞争中获得成功需要进行战略规划的原因进行了扩展讨论。这一章新增和更新了一些例子，以促进读者对国际战略概念和工具的理解。关于使命、愿景和价值陈述及其在国际战略中所起作用的讨论及案例已更新。有关国际战略制订中情景使用的讨论已大幅修改。关于使用工业间谍评估竞争对手的全球视点部分也已更新，内容长度有所删减。本章结尾关于沃尔玛国际化措施的案例分析已更新，包括公司在韩国和德国的失利，通过收购和内部增长大力拓展中国业务的举措，及其进入印度和其他新兴市场的战略计划。

第 13 章　组织设计和控制

本章开头关于卡夫食品公司的案例已经更新，重点介绍该公司为提高在不断变化的市场中的国际竞争力而进行全球结构重组。增加了一个微型多国公司的案例，介绍了一个新兴的小型跨国互联网公司 Opera 以及它是如何与更具优势的竞争对手（如微软）进行国际竞争的。全球视点部分有关埃森哲的"虚拟"全球结构的内容也已更新。本章结尾的两个案例分析同样进行了更新。

第 14 章　评估和分析市场

我们要指出的一点是，潜在市场位于何处并非总是显而易见的。比如说，在励志演说家的口中，到处都是快速增长的市场——甚至是伊朗！我们还更新了对日益盛行的使用互联网进行市场调研的建议。

第 15 章　进入模式

在这一版中，我们将继续讨论两种类型的盗版。远洋海盗是托运人所面临的日益严峻的问题。在动漫、软件和戏剧制品上，盗版在产品扩散中的作用显而易见，而盗版对这些行业的实际损害却难以计量。我们对专为非美国用户开发的社交网络进行了新的剖析。接下去又讨论了"率先进入市场"和"追随领袖"战略哪一个更行之有效。

第 16 章　进出口实务

我们讨论了微观层面的进口和出口，特别是通过向小众市场提供奢侈品和其他物品来填补市场空白的个人或小型公司的作用。在本章开头，我们对 NBA 将自己引入到新市场的能力进行了全新的介绍。

第17章 国际市场营销

国际市场中互联网的全面到来是否会增加少数"重磅"项目在更大市场中取得成功的可能性？或者"长尾"（开拓利基市场的机会）是否会影响低成本获得新客户的能力？我们还讨论了国际环境中"伪纪录片"的危害。

第18章 全球运营和供应链管理

我们进一步阐述了四大理念。第一，石油价格的增加导致靠近本土生产产品成为比以前更为可行的选择。我们讨论了这一"从高成本国家采购"的可能性。第二，我们更加详细地讨论了并行开发和创新过程。第三，我们讨论了相关的从客户甚至竞争对手处公开征集想法。第四，我们介绍生产者在生产过程中打击假货和仿冒产品的一些创新方式。

第19章 人力资源管理

第19章关于国际商务中人力资源管理问题的讨论进行了调整，以减少与第12章有关国际劳动力的讨论的重复。新的开篇案例着力解决与外国职位相关的问题。本章修改了讨论国际人力资源管理方法全球思维定式以及这种方法如何融合策略、人员选择和培训这一节内容。增加了新的全球视点，探讨了文化背景和国籍在挑选国际职位候选人中的作用。另一个新的全球视点讨论了派遣女性出国工作是否恰当，有关外派人员的小节进行了大幅修改。增加一个新的全球视点探讨了文化冲击及其对外派人士和回国人士的影响。对外派人员家庭的讨论，包括随行的配偶和子女所面临的问题已大幅修改。我们修改了关于外派人员回国面临的挑战、外派人员支持服务，以及外派人员和其他国际人员的薪酬和福利的讨论。本章结尾处新增小案例介绍了雇员决定是否接受为其提供的国际职位时需要考虑的各种问题。

第20章 国际会计和财务管理

第20章首先讨论会计方面的内容，然后介绍财务管理。章标题已经改变，以反映这一新顺序。开头介绍了关于主权财富基金及其对私人股权市场的影响。接着通过制度理论，总结了会计准则的趋同的进展，并对基本假设差异进行了说明。以全球报告倡议组织制定的三重底线会计原则作为例子说明企业义务的一般性运动。小额贷款作为一个非营利的领域产生了以营利为目标的发展，并引起道德关注，本章具体阐述了这种转变的优点和缺点。在财务管理方面，弗罗廷贷款作为一种资金转移方式被囊括在内。

重要词汇

重要词汇包括国际商务中使用的各种文档、制度、概念和术语的定义。重要词汇对于学生和教师来说是极其宝贵的资源。

其他有用内容

- 全新！本书标注了与管理者、道德与社会责任和新兴市场相关的内容，以特别强调每章中的实践内容。
- 微型多国公司栏目中讨论小型企业的情况，以及它们如何在全球商务环境中运作和竞争。
- 全球视点栏目强调关键概念的现实应用，帮助学生将他们正在学习的内容与自己的职业生涯相关联。
- 在每章开头明确指出学习目标。
- 众多地图遍布全篇，给学生提供了重要的地理知识。
- 章末工具包括小结、问题讨论和案例分析，可进一步帮助学生进行理解。

CESIM：全球挑战模拟

这一涉及国际手机市场的在线模拟增加了新的文本。共有三个市场区域（北美、欧洲和亚洲）。该模拟提供了一系列可以提供的功能（影响产品差异化）、生产基地选择（亚洲或北美）、价格选择以及汇率波动风险。它可供3至12个小组使用（每个模拟6至50名学生），如果需要，还可以由来自多个班级或大学的小组参与。第十二版增强了在线支持工具，改进的用户界面，完善了模拟的性能和外观。使用新版教科书的教师或学生无需支付额外的费用即可使用模拟。

目 录

前　言　2

第一部分　国际商务的性质

第1章　国际商务的快速变化　2

1.1 国际商务术语　5
全球、多国、国际和跨国公司——不同术语，不同意思　7
本书使用的定义　8

1.2 国际商务简史　8

1.3 什么是全球化?　10
全球化的驱动力　10
国际公司和国际商务的增长　12
全球化的争论与你　13
支持全球化的论点　13
全球化的顾虑　15

1.4 为什么国际商务与众不同?　17
外部和内部环境力量的影响　17
国内环境　18
国外环境　18
国际环境　19

1.5 理解本书使用的国际商务模型　20

1.6 本书的结构　21

小　结　21

问题讨论　22

案例分析　22

第2章　国际贸易和外国直接投资　24

2.1 国际贸易　26
贸易额　26
贸易方向　27
主要贸易伙伴：与管理者的相关性　28

2.2 外国投资　29
证券投资　29
外国直接投资　30

2.3 为什么进入国外市场?　36
提高利润和销售　37
保护市场、利润和销售　39

2.4 如何进入国外市场　42

2.5 多国化战略或全球战略?　42
世界环境正在发生变化　42
七个全球维度　43

小　结　43

问题讨论　44

案例分析　44

第3章 国际贸易和投资理论 48

3.1 国际贸易理论 50
重商主义 51
绝对优势理论 51
比较优势理论 53
赫克歇尔-俄林要素禀赋理论 55
货币如何改变贸易的方向 59
对贸易方向的一些新解释 60
国际贸易理论的总结 67

3.2 国际投资理论 67
垄断优势理论 67
市场不完善 68
金融要素 68
国际产品生命周期 68
追随领先者 68
交叉投资 68
国际化理论 69
动态能力 69
唐宁的国际生产折衷理论 69

小 结 70
问题讨论 71
案例分析 71

第4章 国际商务视角下的国际机构 74

4.1 制 度 76
什么是制度？ 76
制度类型 76
制度理论与国际商务 77

4.2 世界级机构 78
联合国 78
国际货币机构 80
世界贸易组织 84

4.3 区域级机构 88
合作性军事和安全协议 88
区域和行业经济机构 90

4.4 经济一体化协议 94
经济一体化的程度 94
知识产权与最近的自由贸易协定 95
北美自由贸易协定 95
欧洲自由贸易联盟 97
非洲贸易协定 98
南方共同市场 99
中美洲自由贸易协定 101
其他中美洲和南美洲贸易协定 101
亚太经济合作组织 101

4.5 欧 盟 102
欧盟的背景和发展 102
欧盟作为一个机构有什么不同？ 103
欧盟的机构 103
欧盟的成就 104
欧盟的影响 105

小 结 106
问题讨论 108
案例分析 108

第二部分 国际环境力量

第5章 社会文化力量 110

5.1 什么是文化？ 112
5.2 文化影响所有商务职能 113

市场营销　113
　　人力资源管理　115
　　生产和财务　115
5.3　社会文化的组成部分　116
5.4　美　学　117
　　艺　术　117
　　音乐和民俗　117
5.5　态度和信念　118
　　对待时间的态度　118
　　对待成就和工作的态度　120
5.6　宗教信仰　120
　　工作伦理　120
　　亚洲宗教　121
　　伊斯兰教　122
　　泛灵论　124
5.7　物质文化　124
　　技　术　124
　　信息技术时代　125
　　物质文化与消费　126
5.8　语　言　126
　　口　语　126
　　潜语言　130
　　赠送礼物的语言　131
5.9　社会组织　132
　　亲属关系　132
　　社　团　132
　　企业家精神　134
5.10　了解民族文化　134
　　个人主义与集体主义　134
　　权力差距的大小　134
　　不确定性规避的意愿强弱　134
　　男性化与女性化　135
　　四个维度及对管理的启示　135
小　结　137

问题讨论　137
案例分析　138

第6章　自然资源和环境可持续性　140

6.1　竞争优势：波特钻石模型　142
6.2　地理位置　143
　　政治关系　143
　　贸易关系　144
6.3　地　形　144
　　山脉和平原　145
　　沙漠和热带雨林　148
　　水　体　149
6.4　气　候　154
　　气候与发展　154
　　气候的影响　154
6.5　自然资源　155
　　能　源　155
　　非燃料矿物　161
　　创新与要素条件　162
6.6　环境可持续性　163
　　环境可持续性商业的特点　164
　　可持续性商业的利益相关者模式　166
小　结　168
问题讨论　170
案例分析　170

第7章　经济与社会经济力量　172

7.1　国际经济分析　175
7.2　经济发展水平　175
7.3　经济的维度及其与国际商务的

11

关联 178
经济维度 178
社会经济维度 184
行业维度 188

小　结 190

问题讨论 191

案例分析 192

第8章　政治力量 194

8.1　意识形态力量 195
资本主义 196
社会主义 196
保守派或自由派 196

8.2　国有企业 197
企业为何被国有化 197
不公平的竞争？ 198
国有—私有企业合作的困难 198

8.3　私有化 198
机场、垃圾场、邮政服务，还有…… 199
私营业主经营良好，但美国人仍需通行证 199
私有化遍地开花，形式多样 199
超级碗：政府与私人 200

8.4　政府保护 200
恐怖主义 201

8.5　政府稳定性 204
稳定性和不稳定的案例和结果 204

8.6　传统的敌对行动 205
布隆迪和卢旺达的胡图人和图西人 205
斯里兰卡的泰米尔人和僧伽罗人 206

8.7　国际公司 206

8.8　国别风险评估 206
国别风险的类型 207
国别风险评估的信息内容 207
为何评估国别风险？ 207

8.9　贸易限制 208
从正反两面讨论贸易限制 209
关税壁垒 213
非关税壁垒 215
贸易壁垒的代价 217

小　结 217

问题讨论 218

案例分析 219

第9章　知识产权和其他法律力量 222

9.1　国际法律力量 224
法　治 224
什么是国际法？ 224
国际法的来源 224
治外法权 224

9.2　国际争端解决 225
诉　讼 225
合同履行 225
尽管存在法律不确定性，国际商务仍在增长 226

9.3　知识产权 226
专　利 227
商　标 228

商品名称 228
版　权 228
9.4　普通法或民法？ 228
欧洲的做法 229
美国的做法 229
9.5　标准化世界各地的法律 230
9.6　一些具体的国家法律力量 230
税　收 230
反垄断法 232
关税、配额和其他贸易壁垒 234
侵权行为 234
其他法律事项 236

小　结 236

问题讨论 237

案例分析 238

第10章　理解国际货币体系和金融力量 240

10.1　国际货币体系 241
金本位简史 241
布雷顿森林体系 243
浮动货币汇率制度 244
当前货币制度 244
国际清算银行 246

10.2　金融力量 246
货币价值波动 247

10.3　外　汇 248
汇率报价 248

10.4　汇率变动的原因 249
汇率预测 250

10.5　外汇兑换管制 252

税　收 253
通货膨胀和利率 254
国际收支 256

小　结 260

问题讨论 260

案例分析 261

第11章　劳动力量 262

11.1　世界范围内的劳动条件和趋势 265
劳动力总体规模和领域 265
人口老龄化 266
劳动力城市化 267
失　业 267
移民劳工 268
童　工 270
强迫劳动 272
人才外流 273
外籍劳工 275

11.2　就业政策的顾虑 277
社会地位 277
性别歧视 277
种族主义 281
传统社会中的少数群体 282
发展中国家的劳动力 282

11.3　雇主与雇员的关系 283
进入市场时适当准备的重要性 283
欧洲、美国和日本的工会 283
跨国劳工活动 284

小　结 286

问题讨论 286

案例分析 287

第三部分　组织环境

第12章　国际竞争战略　290

12.1 国际商务管理者所面临的竞争挑战　292

12.2 国际战略的定义及重要性　293

12.3 全球战略规划　293
　为什么做全球性规划？　293
　全球战略规划过程　294
　战略计划的特性及其推行要点　305
　战略规划的类型　306
　规划方法　306
　新的规划方向　308
　国际规划过程的总结　310

12.4 竞争力分析　311
　竞争对手评估是新鲜事物吗？　311
　信息来源　312
　利用竞争对手评估向前看，而非向后看　313
　标杆管理　314

小　结　315

问题讨论　316

案例分析　316

第13章　组织设计和控制　322

13.1 什么是组织设计，为什么它对国际企业很重要？　325
　组织设计问题　326
　国际企业的演变　326
　组织形式的变化　331
　当前组织趋势　332
　21世纪的企业生存　334

13.2 控　制　335
　子公司　335
　全资子公司：决策从何而来？　335
　非全资的合资企业和子公司　339
　报　告　340
　在一个失控的世界管理企业　340

13.3 控制：对还是错　341

小　结　341

问题讨论　342

案例分析　343

第14章　评估和分析市场　344

14.1 市场筛选　346

14.2 两种筛选类型　346
　初期筛选　347
　第二次筛选——金融和经济力量　348
　第三次筛选——政治和法律力量　350
　第四次筛选——社会文化力量　351
　第五次筛选——竞争力因素　352
　对新市场的最终确定　352

14.3 分段筛选　355
　重新考虑两种筛选方法　356

小　结　356

问题讨论　357

案例分析 358

第15章 进入模式 360

15.1 进入外国市场 363
　　非股权的进入模式 363
　　基于股权的进入模式 368
15.2 分销渠道 371
15.3 国际分销渠道成员 371
　　间接出口 372
　　直接出口 375

小　结 378

问题讨论 378

案例分析 379

第16章 进出口实务 380

16.1 出口——为什么和为什么不? 381
16.2 定位外国市场并制订计划 384
　　出口信息、咨询和支持服务的来源 384
　　出口营销计划 386
16.3 支付和融资流程 388
　　出口支付条款 388
　　出口融资 392
16.4 出口流程 393
　　出口单据 394
　　出口运输 396
16.5 进　口 398
　　进口来源 399
　　海关经纪人 399
　　进口关税 400

小　结 400

问题讨论 401

案例分析 402

第17章 国际市场营销 406

17.1 更加复杂的国际市场营销 408
17.2 营销组合（卖什么、如何卖） 408
　　标准化、调整，还是重新制订? 409
　　产品战略 409
　　促销战略 416
　　定价战略 425
　　分销战略 427
　　渠道选择 428
　　国外环境力量和营销组合矩阵 429

小　结 432

问题讨论 433

案例分析 434

第18章 全球运营和供应链管理 436

18.1 管理全球供应链 439
18.2 产品和服务设计 440
18.3 全球采购 441
　　全球采购的原因 441
　　全球采购的方式 442
　　全球采购的重要性 442
　　在全球采购活动中大量使用电子采购 442
　　全球采购的问题 444
18.4 制造系统 445
　　利用先进生产技术提高质量和降低成本 446

18.5 物　流　451

18.6 标准化及全球运营管理　451
　　机构和人员　452
　　控　制　453
　　计　划　454

18.7 全球运营标准化的障碍　454
　　环境力量　454
　　一些设计解决方案　456

18.8 本地制造系统　456
　　组织机构的基础　456
　　水平一体化和垂直一体化　457
　　制造系统设计　457
　　制造系统的运营　458

小　结　462

问题讨论　464

案例分析　464

第19章　人力资源管理　466

19.1 国际人力资源管理方法　469

19.2 员工的招聘和选拔　469
　　民族主义中心的人员配备政策　469
　　多中心的人员配备政策　470
　　区域中心的人员配备政策　471
　　全球中心的人员配备政策　473

19.3 培训和发展　473
　　本土国或母国　473
　　东道国　474
　　第三国　475

19.4 外派雇员　476

外派雇员的家庭　477
语言培训　481
外派回国——回家造成的冲击　481
外派雇员服务　482

19.5 薪酬补偿　482
　　工　资　484
　　津　贴　484
　　奖　金　485
　　薪酬方案有时会很复杂　485
　　第三国员工的薪酬制度　486
　　国际地位　487
　　补　贴　487
　　什么最重要？　488

小　结　489

问题讨论　489

案例分析　490

第20章　国际会计和财务管理　492

20.1 国际会计　494
　　会计和外币　494
　　会计与文化　495
　　会计准则的趋同　496
　　三重底线会计　497

20.2 国际财务管理　499

20.3 公司的资本结构　499

20.4 现金流管理　501
　　资金为什么会流动　501
　　国际金融中心　502
　　多边净额结算　502
　　提前和延后法　503

20.5 外汇风险管理　504

交易风险　504
　　　折算风险　506
　　　经济风险　506
20.6　掉期及衍生品　507
　　　掉　期　507
　　　作为"衍生品"的套期保值和掉期　509
　　　通过交流网寻找合作伙伴　510
20.7　非货币销售　510

　　　对等贸易　510
　　　产业合作　511
20.8　税　款　512
小　结　513
问题讨论　515
案例分析　515

重要词汇　516
出版后记　531

第一部分 国际商务的性质
The Nature of International Business

我们的世界正以各种复杂而有趣的方式相互关联。第一部分介绍国际商务的性质和范围，以及国际商务的管理者们所面对的三种运营环境。他们表现得如何在很大程度上取决于其对国内、国际和国外环境的了解。

第1章介绍这三种环境的概念和它们的影响。从国际商务的历史来看，虽然国际公司在美国内战之前便已存在，但那时的公司完全不同于现今的全球性公司，现在的全球公司主要特点是爆炸性增长以及对海外业务更紧密的中央控制。

第2章介绍的内容可帮助你理解国际贸易和外国投资的动态增长及规模。我们讨论企业为什么要走出国门，并研究如果决定将公司国际化，管理者需要关注的七个维度。

国际贸易和投资的理论概述在第3章提供。对此内容有一个基本理解有助于解释管理者和政府官员已经采取的行动，并洞察他们将来的行动计划。

第4章讨论在国际环境中运作并可能从根本上影响国际企业的机构。国际机构可以帮助企业，同时也可能带来障碍，该章所讨论的国际机构和协议包括政府组织和一些私人机构，它们的主要目的在于政治或经济。其中一些组织有着巨大的权力（如欧盟），其他一些则权力较小，但它们对商务来说都十分重要。

第1章 国际商务的快速变化

在过去,复杂的国际贸易是外交家以及国际政策和商务专家的专属领域。今天,经济、科技、人口和地缘政治汇聚的强大趋势使得所有公民都能参与到这场全球化中,而不仅仅是精英。了解世界不再是一种奢侈,而是一种必要。

——亚洲协会名誉主席
尼古拉斯·普拉特

阅读本章后,你应该能够:

1 了解在一个以上的国家有大量业务的公司的各种名称。
2 了解导致企业运营国际化的五种驱动力(均基于变化)。
3 认识精彩的市场国际化。
4 理解为什么国际商务不同于国内商务。
5 描述国际公司的三种运营环境——国内、国外和国际。

为什么需要国际商务经验以及如何获得

加里·埃利斯（Gary Ellis）是位列《财富》500强的心脏起搏器和其他医疗设备制造商美敦力公司（Medtronic）的年轻财务总监助理，他被认为是高层管理职位的有力人选。然而，公司管理层认为他首先需要更广泛的经验，所以派他去领导设在比利时的欧洲总部。加里的新工作要负责许多高级职责以及与各级官员（劳工、政府、生产、营销以及财务）一同工作。

两年后，位于明尼阿波利斯总公司的财务总监职位出现了空缺，埃利斯获得了这份工作。美敦力公司首席执行官（CEO）比尔·乔治（Bill George）对公司关于必要经验的理念总结如下："未来成功的高管必须在其他国家工作几年。"

美敦力公司并不是唯一一家实行这项政策的公司。在重型机械和化学品生产商FMC公司，人力资源副总裁说他们公司相信，"十年之后，如果没有国际视野和经验，便不会有获得管理工作的机会。"很明显，许多其他美国公司的董事会都有同样的政策。麦当劳、可口可乐、凯洛格、美铝公司、奥驰亚和先灵葆雅等公司均任命了具有丰富国际业务负责人经验的领导人，而在美国顶级公司的700名CEO中，大约30%都有国际经验。安捷伦科技公司CEO威廉·沙利文（William Sullivan）在谈到他曾在新加坡担任三年业务经理时说，"真正的职业转变是从这里开始的。在今天的环境中，有海外经验非常重要。"辉瑞公司CEO亨利·麦金内尔（Henry McKinnell）这样评论他14年海外经验的影响："我获得了许许多多的经验，我永远不会忘记。正是这些宝贵经验将我塑造成一个全球性公司的管理者。"卡洛斯·古铁雷斯（Carlos Gutierrez）在成为美国商务部长之前，曾是凯洛格的首席执行官，他这样说道："具有国外视角不仅为在美国之外开展业务带来优势，在国内更是如此，因为这里是世界上最多元化的社会。我们真正理解并包容各种差异。"

虽然许多美国经理人希望公司总部的高层有多年国外经验，但主要公司的CEO们已经认识到对所有管理员工进行国际化商业教育的价值了吗？通过对福布斯"100家最大跨国公司"和《财富》"美国50大出口商"的CEO们进行调查，我们发现：（1）79%的人认为，所有的业务骨干均应学习基本的国际商务课程；（2）约70%的人认为，商学院毕业生的外语、职能领域（如营销、财务）的国际能力以及在美国以外的业务、人际或政治关系是作出聘用决策的重要考虑因素；（3）大部分受访者认为，多种国际商务课程（如国际市场营销、国际金融、进出口和国际管理）与他们的公司有关。

我们的研究显示，在海外开展业务的主要美国公司的CEO们都认为，他们聘请的商学院毕业生应具有一些国际商务方面的知识。大多数人似乎都同意德州仪器公司执行副总裁的说法："管理者必须熟悉其他的市场、文化和习俗。因为我们在'同一个世界，同一个市场'的观念下运营，我们必须能够与世界各地最好的公司进行竞争——并向其销售产品。"

显然，世界上一些大型公司的高层都表示，他们更喜欢那些对其他国家的市场、习俗及文化有一定了解的商学院毕业生。做海外业务的公司总是需要一些能够在自己国家以外的地区工作和生活的人员，但现在看来，管理人员要在其公司有良好的发展，同样必须具有一些国外经验。正如美世德尔塔咨询公司（Mercer Delta Consulting）美国运营总裁罗莎琳德·托雷斯（Roselinde Torres）说，"一个伟大CEO的特点是能够通过各种镜头看问题。国际经验是添加一些新镜头的最可靠方法之一。"

你有没有注意到如此重视管理者国外经验的原因？这提高了公司在国际商务中的

参与。许多公司的高层都希望自己的员工具有全球商务视角。没有任何海外业务的公司又如何呢？他们的管理者需要这种全球视点吗？他们的确需要，因为这不但有助于他们随时关注国外市场的销售和采购机会，同时还可提防准备入侵其国内市场的新外国竞争者。此外，据招聘人员说，国外经验反映了独立、机智和企业家精神。在海外工作和生活的人往往有好奇心、适应性强、处事灵活——这些素质在今天的工作环境中是非常宝贵的。

海外经验对于晋升非常重要这一事实加剧了国外职位的竞争。例如，在通用电气（GE）飞机发动机部门，近500名中级工程技术管理人员申请该公司全球营销培训计划的14个职位。另一个部门通用电气医疗系统的全球人力资源经理声称，"与海外的工作职位相比，我们的候选人实在是太多了。"凯洛格公司的古铁雷斯说："当你在一个小国际部门工作时，你能见到更多关键的人"，而在总部工作的中层管理人员却不能如此，因为公司的高层管理人员会前来视察国际化运营。在这种竞争面前，你能做些什么来提高获得海外职位的机会呢？

学习国际商务领域的课程是有价值的，也许你会获得国际商务相关领域的学位。此外，即使你仍在校或刚毕业不久，也可以考虑去国外学习、工作（无论是作为一名企业实习生、作为一名教师，还是作为调酒师或家庭保育员），或成为社区发展活动的志愿者。对于个人发展来说，在另一种文化中生活和工作的经验很重要，同时它也是一种职业生涯助推器。劳伦·迪乔西奥（Lauren DiCioccio）谈到她作为厨师和农场工人的国际经验时说，"当我去那里时，我很犹豫，因为人们都看着我，不能理解为什么我从美国科尔盖特大学获得学位，却要花时间去澳大利亚背包旅行和工作。当我回来的时候，我在简历中提到了这些经验，令人难以置信的是，所有的面试都与我在澳大利亚的经历有关。"布兰登·斯坦纳（Brandon Steiner）是一位在日本做教师的24岁年轻人，他说，"当你有了国际经验，雇主们便会热情高涨。这看起来相当不错，是走出大学校门后一个很好的选择。这表明你具有开放的心态。"当你回来后，这一经验可以帮助你找到一份涉及国际商务活动的工作。虽然大部分职位的工作地点仍在国内，但这些职位可能涉及一些国际出差，如见客户或执行其他与工作相关的活动，从而为你进一步扩展国际技能和经验提供了机会。

如果你已经有一份工作，则可以让你的老板和人力资源管理部门人员知道你对国际业务有兴趣并进行过研究，进而提高你获得国际经验的机会。寻找机会提醒他们，你仍然对此很有兴趣（业绩审核是一个很好的时机）。尝试在国内办公室结识与公司的国外子公司有业务往来的人员以及来自海外的访客。为了证明你对在国外工作的浓厚兴趣，可以学习更多的国际商务课程和几门外语。确保公司的人都知道你在做什么。

本书介绍了许多发展、应用和促进国际技能和经验的例子。通过有效地应用这些建议，你有望为自己的国际经验奠下成功的基础！

那么你呢？你参与到全球经济中了吗？请阅读下面的全球视点栏目，"你购买的真是美国产品吗？"然后想一下你的一天是如何开始的。你醒来后，可能拿起卡西欧手表看一下时间，检查三星手机有没有新短信，然后打开索尼电视，边洗澡边看新闻和天气。用美康雅吹风机吹干头发后，也许你会很快喝下一些达能酸奶和一杯莫茨苹果汁，再加上一杯雀巢咖啡，再用皓清牙膏刷牙，然后开着使用费尔斯通轮胎和加满了壳牌汽油的本田车去上学。同时，在世界的另一边，一群身着耐克的日本学生可能在麦当劳或星巴克观看完 YouTube.com 上的视频后关闭戴尔电脑，争论是否应该停止食用汉堡包和可乐。他们离开时，将书籍和其他材料放进他们的杰斯伯背包，穿上乐斯菲斯外套，戴上奥克利太阳镜，打开他们的 iPod。

你和这些日本学生有什么共同之处呢？你们都在消费由外国公司制造的产品。这就是国际商务。

到目前为止，我们可以看到一个显著的事实：所有管理人员都需要有国际商务的基本知识，才能够应对全球竞争的挑战。

1.1 国际商务术语

中国北京的一家星巴克咖啡店。董事长霍华德·舒尔茨说，中国是星巴克增长最快的市场。

获取这方面的知识，其中一个部分是学习国际商务的专用术语，如你所知，这是每一门入门课程的一个重要功能。为了帮助你学习国际商

全球视点　你购买的真是美国产品吗？

考虑"典型"美国家庭的以下场景

迈克·博尔顿和芭芭拉·博尔顿生活在纽约市的郊区。迈克是维肯哈特公司的安全经理。芭芭拉是智威汤逊全球总部的广告经理。

芭芭拉驾车下班回家，在壳牌加油站等待加油，歌乐汽车音响里播放着南方小鸡的新专辑。在杂货店，她选了满满一购物车的物品，有 Ortega 脆玉米夹饼和萨尔萨辣酱、好乐门蛋黄酱、乐古牌意大利面酱、三花速溶早餐饮料、威士邦沙拉酱、咖啡伴侣非乳制咖啡奶精、海中鸡金枪鱼罐头、立顿茶包、莫茨苹果汁、半打罐装快速苗条饮料、达能酸奶和几包 Stouffer's 冷冻食品。为了招待客人，她拿了一些本杰瑞冰淇淋、Toll House 饼干和 Butterfinger 巧克力棒。她还给他们的狗萨西拿了几罐爱宝狗粮，给他们的猫米莉拿了一袋 Tidy Cat 猫砂。她选了一本 *ELLE* 杂志，然后去盥洗用品区拿了一些多芬香皂、凡士林护手霜和杰根斯保湿化妆水。在结束之前，她用三星手机通过 T-Mobile 网络给迈克打了个电话，问他是否还需要别的东西。他要她买一些能量棒，以便在下周午饭后到健身房锻炼时食用。她还逛了逛书店，选了一本由兰登书屋出版的约翰·格里沙姆的新书，用她的比克笔签了信用卡单。

离开办公室后，迈克到加油站去加油，并检查费尔斯通轮胎的气压。他用很短的时间在音像店挑选了《蜘蛛侠》(*Spiderman*) 和电视剧《宋飞传》(*Seinfeld*) 的盒装 DVD，然后去酒类专卖店买了一瓶威特基波本威士忌。

他走进隔壁的体育用品商店，选一些他下周锻炼要用的威尔逊短网拍壁球，在离开停车场时他调到了福克斯体育电台，了解最新的体育比赛比分。

迈克进门时，正是芭芭拉最喜爱的电视节目 Jeopardy! 刚刚开始的时间。她给自己倒了一杯来自纳帕谷的贝灵哲葡萄酒，并打开了他们的飞利浦高清电视。在准备晚餐前，迈克打开一瓶米勒啤酒，浏览当天的邮件，选了最新一期的《公路》(*Road*) 和《赛道》(*Track*) 杂志准备稍后阅读。晚餐很快便准备好了，他们坐下边吃晚饭，边看国家地理频道的节目。

对于很多美国人来说，这看起来就是一个非常典型的晚上，但是外国企业几乎生产了博尔顿家购买或消费的每一件物品：

- 维肯哈特归丹麦的 Group 4 Falck 公司所有。
- 智威汤逊归英国 WPP 集团所有。
- 壳牌归英国—荷兰公司荷兰皇家壳牌公司所有。
- 瑞士雀巢公司生产了爱宝、Butterfinger、三花速溶早餐饮料、咖啡伴侣、Ortega、能量棒、Stouffer's、Toll House 和 Tidy Cat。
- 荷兰公司联合利华生产了快速苗条、多芬香皂、好乐门、乐古、威士邦、立顿、凡士林以及本杰瑞。
- 法国的达能集团生产达能酸奶。
- 海中鸡由泰国泰盟国际生产。
- 杰根斯归日本花王所有。
- 三星手机由韩国三星生产。
- T-Mobile 归德国电信公司所有。
- 兰登书屋归德国贝塔斯曼集团所有。
- 《公路》和《赛道》及 *ELLE* 由法国拉卡戴尔集团的全资子公司桦榭菲力柏契传媒集团发行。
- 日本歌乐有限公司生产歌乐汽车音响。
- 日本普利司通拥有费尔斯通。
- 法国比克生产比克笔。
- 日本索尼旗下的哥伦比亚影业公司发行了电影《蜘蛛侠》，索尼影视电视公司制作了 Jeopardy! 南方小鸡的 CD 由索尼 BMG 音乐娱乐公司（索尼和德国贝塔斯曼各占一半股份的合资公司）。索尼影视电视公司发行了《宋飞传》。
- 威特基波本威士忌由法国保乐力加集团生产。
- 芬兰阿米尔集团生产威尔逊体育用品。
- 位于加利福尼亚州纳帕谷的贝灵哲葡萄酒庄园归澳大利亚福斯特集团所有。
- 澳大利亚新闻集团拥有福克斯体育电台和 67% 的国家地理频道股份。
- 飞利浦电视机由荷兰飞利浦公司生产和销售。
- 英国南非米勒酿酒公司生产米勒啤酒。

这个简单的例子反映了外国投资在美国的广泛影响，特别是近些年。即使是一些最知名的"美国"产品和品牌，现在也由外国公司生产。"为什么在美国投资呢？这很简单。这是一个庞大的经济体，它产生巨大的回报。除此之外，美国的竞争非常激烈，我们知道在那里学习的运营知识将有助于我们开拓世界各地的其他市场，"总部设在英国的六洲酒店集团前董事长伊恩·普罗瑟爵士（Sir Ian Prosser）说。

美国同样向外投资。可口可乐、星巴克、麦当劳、盖普（GAP）、微软和李维斯等美国公司在日本、韩国、澳大利亚、新加坡和几乎所有欧洲国家都能见到。美国公司也购买了很多外国公司和品牌。

除了极少数交易（如中国的中海油可能并

购优尼科）之外，美国的对外投资大潮几乎没有受到任何阻力。也许美国人认识到，购买和销售世界各地的公司仅仅是全球化的一部分，或者美国人只是不知道外国企业给他们的日常生活带来了多么深远的影响。事实上，许多美国人的生活可能依靠外国投资，大约1/6的美国工作职位与国际贸易和投资相关。

资料来源：From T. R. Reid, "Buying American? Maybe Not; Many U.S. Brands European-Owned," *Washington Post*, May 18, 2002; Nicholas Platt, "Make Global Skills a Top Priority," *Financial Times*, July 2, 2004, p. 13; and company Web sites（accessed May 15, 2008）.

务"语言"，我们在书的结尾附上了重要词汇表；当它们第一次在文中使用时，还会以粗体显示。

全球、多国、国际和跨国公司——不同术语，不同意思

由于国际商务是一个相对较新的学科，而且非常有活力，你会发现，人们所用的一些术语的定义有所不同。例如，在描述一个公司击败其竞争对手的战略时，顾问和经理们经常使用流行语全球化。不幸的是，由于管理层人员相信这些词语会给他们的公司带来声誉，全球化和其词根全球在国际商务领域被滥用和误用了。下面是各种定义的要素，阐明了全球性的公司是具有如下特点的组织：

1. 在全世界寻找（a）市场机会，(b）来自竞争对手的威胁，(c）产品来源、原材料、知识、创新和融资，以及（d）人员。换句话说，它具有全球视野。
2. 保持在世界各地主要市场出现。
3. 在各个市场之间寻求相似点，而不是不同点。
4. 使公司的一个或多个职能领域实现全球的标准化运营。
5. 在全球整合其业务。

有些人认为全球性的公司必须具备所有这些特点，并有一个代表控制权和所有权的全球性地点。反对这一定义的观点认为没有一家公司能够符合这个全球性公司的定义。

相比之下，一些人将**多国公司**（multinational company）定义为具有一定数量海外业务的控股公司，其中每一处都需要根据当地管理者所定义的各个市场的独有特点，来制订其产品和营销战略。一些学术作者建议使用"**多国化**"（multidomestic）和"**多地区**"（multilocal）这样的术语，作为"多国"的同义词。

虽然你可能发现有些人会认为多国公司与多国企业和**跨国公司**（transnational corporation）等同，但联合国和许多发展中国家的政府使用"跨国"，而不是"多国"来描述任何在多个国家开展业务的公司。例如，专门机构联合国贸易与发展会议（UNCTAD）采用以下定义："跨国公司通常视为由一个以上国家的实体组成的企业，这些实体根据执行连贯一致的政策和共同战略的决策系统来经营。这些实体通过所有权或其他方式紧密关联，其中一个或更多实体对其他实体产生显著影响，尤其是可以与他人分享知识、资

源和责任。"最近,有些学术作家使用术语"跨国"来形容兼具全球性公司和多国公司特点的公司:(1)试图通过其职能领域的全球一体化实现规模经济,同时(2)高度适应各地不同的环境(一个新的名称是多元文化的多国公司)。

本书使用的定义

为了避免因国际商务的不同术语定义而引起混淆,在本书,我们使用下面列出的管理人员普遍接受的定义:

1. **国际企业**是指跨越国界开展活动的企业。这一定义不仅包括国际贸易和外国制造,也包括成长中的服务行业,如运输、旅游、广告、建筑、零售、批发和大众传播。
2. **外国企业**表示公司的运营在其本国或国内市场以外进行;许多人将此称为在外国运营的企业。一些作者有时将这一术语与国际企业交替使用。
3. **多国化公司**(multidomestic company,MDC)是指在多个国家拥有分支机构的组织,每个分支机构都基于特定的市场差异分别制订自己的经营战略。
4. **全球公司**(global company,GC)是试图将大部分或所有职能领域在全球标准化和整合运营的组织。
5. **国际公司**(international company,IC)是全球性或多国化公司。

虽然我们主要使用全球、多国化和国际公司等术语,但有时我们可能将多国企业(MNE)或多国公司(MNC)与国际公司(IC)交替使用,因为这两个词在理论和实践中都经常使用。

1.2 国际商务简史

虽然国际商务作为一门学科属于新生事物,但国际商务作为商业实践却由来已久。早在基督时代,腓尼基和希腊商人就派代表到国外去出售自己的商品。随后,中国的农业和工业生产大幅扩张,推动了国际综合交易体系的出现。"条条大路通中国"的说法与国际贸易体系有一定的相关性,因为中国在长达1800多年的时间里一直是世界领先的生产国,直到1840年左右被英国取代。

新兴国际贸易体系的影响是广泛的。政治、艺术、农业、工业和人类生活的其他领域都被贸易带来的货物和思想深刻影响,公共健康也受到影响。如今的严重急性呼吸系统综合症(SARS)和禽流感等全球性流行病问题在历史上早有先例,这就是与国际贸易密不可分的瘟疫蔓延,属于历史上最严重的自然灾难之一。人们认为瘟疫起源于亚洲,随着商人和士兵传到欧洲,通过船舶和大篷车上所带的啮齿类动物身上寄生的东方鼠蚤进行传播。在欧洲,瘟疫被称为黑死病,从14世纪中期到16世纪反复大规模爆发,瘟疫肆虐的城市造成了全球范围的恐慌,使中国人口减少了1/4,欧洲人口减少了1/3。

14世纪之前奥斯曼帝国崛起，最终统治了欧洲、北非和中东等广大地区，深刻影响了新兴贸易路线上的人、货物、金钱、动物和微生物，这些路线从英国直到中国，通过整个地中海和北非，横穿中亚和印度洋地区。奥斯曼帝国在这个贸易网中占据不可动摇的中心位置，因而大大提高了欧洲对亚洲的贸易成本。这催生了到亚洲的海上航线探索，其中包括发现美洲的探险。

1600年，英国一个新成立的贸易公司英国东印度公司，开始在整个亚洲地区建立海外分支机构，这一举动很快被许多其他欧洲国家的公司效仿，他们都是为了国家的利益而寻求贸易机会，其中包括葡萄牙、荷兰和法国。1602年，荷兰东印度公司成立，开始在亚洲的殖民活动，并开启了通往东方的远洋贸易路线。该公司是第一家发行股票的公司，也通常被认为是世界上第一家多国公司。17世纪末，受欧洲贸易公司委托的船舶定期前往亚洲，经由政府保护的大西洋、印度洋和太平洋互连的贸易路线。他们的目标是获得在各个亚洲市场出售或转售的货物，并最终将能够给投资商带来可观利润的贵重布料、香料和其他商品运回欧洲。17和18世纪通常被称为"重商主义时代"，因为国家的实力直接取决于商业资本的赞助和控制，而这些资本在国家政府的直接扶助和保护下不断扩大。重商主义的概念将在第3章讨论。

美洲的殖民商人在18世纪开始以类似的方式运作。美国外国直接投资的早期例子是南北战争前成立的柯尔特火器和福特（硫化橡胶）建立的英国工厂。然而，仅仅几年后，这两个操作都失败了。

19世纪末期存在一些跨国公司。胜家缝纫机（Singer Sewing Machine）是首批拥有外国生产设施、全球分销网络并在全球品牌下销售其产品的公司之一。1868年，它在苏格兰建立工厂，是第一家成功进入国外生产领域的美国企业。到1880年，该公司已成为一个全球性组织，具有卓越的国际销售组织和多个海外制造工厂。J&P服装（英国）和福特等其他公司紧随其后，到1914年，至少有37家美国公司在海外拥有两个或两个以上的生产工厂。有趣的是，和今天的局面完全不同的是，在20世纪20年代，在日本销售的所有汽车都由福特和通用汽车在美国制造，然后以拆装包的形式运到日本进行本地组装。欧洲公司也移师海外。例如，弗里德里希·拜耳（Friedrich Bayer）于1865年购买了一家纽约工厂的股票，两年后他在德国建立了自己的工厂。然后，因为其海外市场的进口关税过高，他着手在俄罗斯（1876年）、法国（1882年）和比利时（1908年）建立了工厂。

正如刚才介绍的那样，多国公司在第一次世界大战之前便已存在，而且就占全球贸易的百分比来说，1930年的多国公司内部贸易水平可能已经超过了20世纪末。然而多国公司成为众多讨论和调查的焦点还是近些年的事，特别是关于其业务运营的日益全球化。什么是全球化？导致全球化的原因是什么？

1.3 什么是全球化？

虽然有关全球化的讨论无处不在，无论是电视节目、网络聊天室、政治示威游行、议会、管理会议室，还是工会会议，迄今它还没有一个被广泛接受的定义。事实上，它的定义仍在继续扩大。现在，社会学家在讨论全球化的政治、社会、环境、历史、地理，甚至文化影响。有些人还谈论科技全球化、政治全球化等。

然而，最常见并在国际商务中使用的定义是**经济全球化**（economic globalization）——货物、技术、信息、劳动力和资本的国际一体化趋势，或导致这种一体化发生的过程。全球化一词的说法最早由西奥多·莱维特（Theodore Levitt）在《哈佛商业评论》（*Harvard Business Review*）的文章中提出，他认为，新技术使得通信、运输以及出行的差别逐渐消失，形成了较低价格的标准化消费品全球市场。他认为，未来属于那些不必考虑当地的差异，而是采用如下经营战略的全球性公司："仿佛整个世界（或它的主要地区）是一个单一的实体；(此类组织) 在所有地区以同样的方式销售同样的产品。"

有趣的是，在最近于瑞士达沃斯举行的世界经济论坛（WEF）年度会议上，出现了一个新词**全球性**（globality），作为会议的主题。《制高点：世界经济之战》（*The Commanding Heights: The Battle for the World Economy*）的联合作者丹尼尔·耶金（Daniel Yergin）认为，由于全球化是一个过程，那么就需要使用另外一个词来描述"这一过程的结果——一个点、一种状态、随之而来的状况"，此时时区、国界或其他传统界限都无关紧要。世界经济论坛创始人克劳斯·施瓦布（Klaus Schwab）教授解释说，"我们想看看经济层面以外发生了什么。这就是全球性。"在会议上比尔·盖茨宣布，微软会将全球性添加到微软的词典中。德国社会学家乌尔里奇·贝克（Ulrich Beck）说，"全球性是一种不可避免的状况，从现在起，我们这个世界上发生的所有事件都不会再是范围有限的局部事件，所有的发明创造、胜利和灾难都会影响整个世界。"虽然全球化的力量可能影响所有国家，但并非所有地区都已经实现了相同程度的全球化。

全球化的驱动力

有五种驱动力（均基于变化）导致国际公司运营的全球化：(1) 政治；(2) 技术；(3) 市场；(4) 成本；(5) 竞争。

政治　现今有一种全球社会统一化和社会化的趋势。优惠贸易协定（如北美自由贸易协定和欧盟）将多个国家组成一个单一市场，为公司提供更多的营销机会。许多公司迅速行动，进入这些贸易伙伴的联合市场，无论是通过出口还是在该地区生产。

这一趋势促进企业运营全球化的其他两个方面分别是：(1) 大多数国家的政府贸易和外国投资的障碍逐步减少，这加速了国际公司开启新市场的进程，包括向这些市场出口商品和在这些地区建设生产设施；(2) 很多前社会主义国家的许多行业实行私有化，并开放其经济投入全球竞争。

技术　计算机和通信技术的发展使思想和信息的跨国界传播增加，让客户能够更多地了解外国商品。例如，欧洲和亚洲的有线和卫星电视系统允许广告客户同时向许多国家进行传播，从而创造区域性，有时甚至是全球性的需求。全球通信网络使生产人员可以协调全球的生产和设计职能，这样，位于全球多个位置的工厂便可以共同生产同一产品。

互联网和网络计算使小企业也能参与全球竞争，因为它们可实现信息的快速传播，无论买方和卖方的实际位置在哪里。互联网视频会议使卖家无需前往世界各地便可向所有潜在买家展示他们的产品。它还允许国际公司召开由总部和海外子公司的管理者参与的公司会议，而无需昂贵耗时的差旅。此外，在互联网上通过电子邮件沟通比传统邮寄更快、更可靠，比使用传真机成本低得多。这两个互联网用途为总部管理人员直接操控海外业务增加了信心。

互联网和网络计算使小企业也能参与全球竞争，因为它们可实现信息的快速传播，无论买方和卖方的实际位置在哪里。

在互联网上获取信息和进行交易非常方便，这已经开始对许多企业，特别是企业对企业电子商务，产生了深远的影响。公司以前使用传真、电话或普通邮件来完成他们的交易，但现在使用更便宜和更快速的互联网。第三代（3G）宽带无线通信技术的出现和相关应用的兴起进一步加快了这一趋势。

市场　随着公司的全球化，他们也成为全球客户。诺基亚宣布打算在印度设立手机组装厂后，关键零部件的供应商很快就决定，他们也将在诺基亚印度工厂附近建立工厂，以避免竞争对手获取该业务。同样，多年来，各家广告公司在他们的主要客户进入国外市场时，也在纷纷在这些市场设立办事处，以避免竞争对手抢走客户。

发现国内市场饱和也将公司推向国外市场。根据最近道·琼斯对全球一些大型公司的调查，84%的受访者预计，国际市场将在未来五年实现他们绝大部分的增长。事实上，美国人口大约只占世界人口的5%，所以大多数公司的潜在客户绝大部分在国外。

成本　通过规模经济降低单位成本始终是管理的目标。实现这些目标的一种方法就是全球化产品线，以降低开发、生产和库存成本。公司还可以将生产或公司价值链的其他部分转移到成本较低的国家。计算机和电信领域的创新使得信息的产生和传输成本大幅降低，同时运输成本也有所下降，为全球公司搬址这一趋势提供了有利条件。

竞争　竞争强度持续增加。许多来自新兴工业化国家和发展中国家的新公司已进入全球市场的各个领域，例如汽车、计算机和电子。另一个全球化的竞争驱动力是，很多公司进入竞争对手的本土市场转移他们的注意力，以捍卫自己本国的市场。许多因为缺乏足够的市场规模，不会进入一个国家的公司在比较大的贸易集团（欧盟、东盟、南方共同市场）建立了工厂。事情在比利时行不通是一回事，在整个欧洲被排除则是另一回事。

快速全球化的结果已促成了国际商务的爆炸性增长。

国际公司和国际商务的增长

随着外国直接投资（FDI）和出口水平不断提高，美国和外国的国际商务规模和数量近年来增长迅猛。

国际公司数量扩大 我们也对世界上全球和多国化公司的数量进行了估计。联合国贸易与发展会议是负责外国直接投资和国际公司相关的所有事务的联合国机构，据其估计，有大约64,000家跨国公司从事国际生产活动。这些跨国公司有大约866,000个国外分支机构，共雇用超过5,300万名员工（而20年前还只有1,900万）。这些跨国公司占全球总产量的25%左右，占世界贸易的2/3。国外分支机构的销售额在过去的20年增长了约700%。

这种扩张的结果是，外国公司的子公司在许多国家的工业和经济生活中占据越来越重要的地位，无论是发达国家还是发展中国家。这种情况与主要经济利益掌握在当地居民手中时的状况形成了鲜明的对比。外国企业在当地经济中的重要性不断提高，一些国家的政府将其视为对其自治的威胁。然而，自20世纪80年代初以来，发达国家和发展中国家政府对外国投资的政策和态度显著地趋向自由化。这些国家的政府领导人知道，若要在世界市场上具有竞争力，当地的企业必须通过直接投资、资本货物的购买以及使用国际公司的专业知识等形式获取现代商业技术。

尽管出现了这种态度上的转变，但仍有许多人批评大型全球性公司，引用事例"证明"东道国政府在它们面前无能为力。

事实上，当把国家的国民总收入和企业的总销售额放在一起进行排名时，在名单的前100名中，有47个是公司。然而，一个国家的国民总收入和公司的销售额没有直接的可比性，因为国民总收入是一个价值增加的衡量，而不是销售额。如果计算一个国家的总销售额，其结果将远远高于其国民总收入，因为这将以三倍或四倍计。例如，假设一个钢铁制造商向轮胎公司销售钢丝，该公司使用它来制造轮胎。轮胎公司将轮胎销售给汽车制造商，用来安装到他们的汽车上，然后向公众出售。钢丝的销售将被计算三次。然而，在计算国民总收入时，政府只将每一笔交易中增加的价值相加，这是公司的销售额和公司从外面购买材料的成本之差。如果公司的销售额按价值增加来衡量的话，沃尔玛百货3,160亿美元的销售额中有745亿美元属于增值部分。虽然沃尔玛的销售额是委内瑞拉国民总收入的两倍左右，但如果按增加的价值来衡量的话，委内瑞拉的经济总值是沃尔玛的两倍以上。

一个公司的规模有时可能赋予其讨价还价的能力，例如政府希望公司成立一家子公司，以提供就业和购买该国家其他公司的产品。然而，无论母公司的规模如何，每个子公司都是一家本地公司，它必须遵守所在国家的法律。如果不遵守，将受到法律制裁，甚至遭到政府扣押。

外国直接投资和出口增长迅速 衡量国际化的程度和增长速度的一个常用变量是外国直接投资总额的增加。**外国直接投资**（foreign direct investment，FDI）是指以足以获得显著管理控制的水平直接对国外的设备、结构和组织进行投资。它不包括仅仅在股票市场的外国投资。在美国，占公司10%的股权便可被视为外国直接投资，在其他国家，投资需达到20%或25%的份额才会被视为外国直接投资。

当然,大量的国际业务涉及出口,而不是外国直接投资。**出口**(exporting)是将国内商品或服务运输到一个国家或地区以外的目的地。与之相对的是进口,这是将商品或服务从国外的起始地点运输到一个国家或地区。过去55年来,几乎每年的商品出口增长速度都比全球产出要快。世界商品出口总额从1980年的20,340亿美元增长到1990年的34,490亿美元,2000年64,540亿美元,2007年138,980亿美元。这意味着从1980年至2007年翻了七倍,2000年到2007年又增长了一倍多。在此期间全球服务出口的增长更是迅猛,从1980年的3,650亿美元到1990年的7,810亿美元,2000年为14,830亿美元,2007年为32,570亿美元。这表明从1980年到2007年有了近九倍的增长,2000年到2007年甚至翻了一番。第2章讨论有关外国直接投资和出口的趋势,出口和外国直接投资的理论在第3章讨论。

全球化的争论与你

近年来,全球化的好处已经成为许多激烈争论的主题。在世界贸易组织的会议和其他国际组织及领导人会议中,关于国际贸易的全球化和自由化已经有广泛的公众抗议。在许多方面,争论由对于全球化所带来的后果这一问题有着极为不同看法的对立群体发动。在双方极力的宣传和夸张之辞中进行判断是一个挑战。然而,重要的是认识到有关全球化的各种观点,因为他们的论据可以在理性和感性上产生吸引(或排斥)。自由贸易和全球化对显著减少全球贫困作出了巨大贡献,但同时多国公司实力的不断增长也令很多人失去了他们的生计。同样,服务部门就业人数不断增加,但同时高薪的制造业就业机会也在减少。

我们认为,本书应该全面介绍双方的论据,因为如何解决这一争论将对国际商务活动产生很大的影响,而你有一天可能会管理、处理这些活动或受其影响。争论的走向影响我们的生活。在本部分,我们简要地总结支持和反对全球化进程及其结果的一些论点。与全球化相关的许多问题都是非常复杂的,在这样一本入门读本中,要彻底解决这些问题是不可能的。正如我们前面讨论过的,世界上没有解决经济全球化或一体化问题的单一措施。全球一体化中的每个元素有着各自不同的影响。然而,本书的各章所提供的材料可以帮助读者了解更多关于全球化的知识,以及针对这一重要课题所持的各种立场的相对优点。我们希望这个简短的概述会激发你的兴趣,在接下来的章节对这些问题进行更深入的研究。

支持全球化的论点

> 齐心协力减少贸易壁垒以扩大贸易范围是各个国家携手合作、减少贫困和提高生活水平的最有力工具。
>
> ——霍斯特·科勒和詹姆斯·沃尔芬森

自由贸易促进社会经济发展 自由贸易是推动世界经济发展的最佳战略,这是几

1999年西雅图世界贸易组织会议期间，示威者举着将自由贸易措施与海龟生存相关联的标语。目前这7种海龟都濒临灭绝。

乎所有经济学家都认同的为数不多的几个命题之一，这不仅因为它在理论上是令人信服的，也因为它已被实践所证明。数据显示，贸易自由化和经济增长之间有着清晰和明确的联系。在十分广泛的衡量标准下（贫困、教育、健康和预期寿命），更多人的生活状况在过去60年中以更快的速度得到改善，比历史上其他任何时期都要快。证据十分明显，贫困人口的比重和绝对数量都大幅下降。世界银行的全球发展指标显示，极端贫困人口的数量从1981年的15亿下降到2001年的11亿。以发展中国家人口的比例来衡量，从1981年的39.5%下降到2001年的21.3%。从1981年到1999年，东亚及太平洋地区生活费用日均不到1美元的人口比例从56%下降到16%。在中国，该比例从61%直线下降到17%。在南亚，从52%下降到31%。生活在从日常饮食中摄取的热量每人日均不到2,200卡路里的国家的人口比例从20世纪60年代中期的56%下降到不到10%。自第二次世界大战以来，发展中地区的预期寿命延长了近一倍，婴儿死亡率在世界上的所有发展中地区均有所下降。在劳动人口中，儿童所占的比例从1960年的24%下降到2000年的10%。全球识字率从1950年的52%增长到1999年的81%，总体来看，全球一体化水平越高的国家，在公共教育上的支出也越多，尤其是在发展中国家。全球一体化水平越高，其国民的公民自由和政治权利水平也越高。在几十年的时间里，人类生活条件已得到巨大的改善，所有成功的发展案例都离不开由贸易自由化推动的出口导向型增长。

当然，各国可以拒绝全球化，有的国家确实在实施这种政策，包括缅甸、刚果民主共和国、塞拉利昂、卢旺达、马达加斯加、几内亚比绍、阿尔及利亚、刚果共和国、布隆迪、阿尔巴尼亚、叙利亚和乌克兰。它们都属于世界上最贫穷的国家。就像《金融时报》的一篇文章所说的那样，"他们是拒绝全球化的受害者。"

自由贸易催生更多更好的工作 贸易扩大与创造更多更好的就业机会紧密联系在一起。在过去20年里，出现了巨大的技术变革和贸易增长，在美国新创造的就业机会比消失的就业机会多出大约4,000万个。当然，当一个国家开放贸易时，就像开发出新技术一样，可能使一些行业不再具有竞争力。公司可能关闭其业务，一些就业机会将因此消失。但是，贸易将创造新的就业机会，而这些往往比原来的更好。解决问题的关键不是拒绝改变，而是管理贸易调整的成本，并支持员工顺利过渡到更具竞争力的工作岗位。

全球化的顾虑

广为人知的示例如所谓的西雅图斗争，破坏了1999年在西雅图举行的世界贸易组织贸易谈判，华盛顿特区举行的国际货币基金组织和世界银行会议随后中止，布拉格因反全球化运动引起了举世关注。这些对全球化表达的关注来自社会各界，他们表达了各自不同的相应关注。一些人在意识形态上根本反对全球化的进程和结果，而另一些可能只是关注寻找更好地管理全球化进程和结果的方法。某些反对者关注的问题被认为非常幼稚或显然不符合主流证据。对全球化的其他质疑可能有理论的优点或其他佐证，这当然值得讨论并促进实质性的改变。

虽然关于全球化争论的观点可能在许多方面取决于一个人的价值观和意识形态，为了作出进一步努力以达成双方都认同的决议，让我们先来问一下这个问题：全球化反对者们的主要关注焦点是什么？虽然许多反全球化人士承认，全球化"做大了蛋糕"，但他们同时声称，与之伴随的是一系列有害的社会影响。在他们所关心的问题中，让我们简要分析一下三个最基本的：（1）全球化对各个国家和人民产生了不平衡的结果；（2）全球化已对劳动和劳动标准产生有害影响；（3）全球化使得环境和健康状况大幅下降。

全球化对各国和人民产生不平衡的结果 与全球化的支持者描绘的繁荣景象形成鲜明对比的是，反对者提到的更多是外国投资和贸易自由化给世界各国人民带来的有害影响。远未实现让每个人都成为赢家，他们说。出口导向型增长的承诺在有些地方未能兑现。例如，尽管在经济自由化、私有化和放松管制方面作出了很大努力，但是拉丁美洲未能复制亚洲的成功，最终的结果包括墨西哥的失望和阿根廷的灾难等。同样，撒哈拉以南非洲的努力都未能产生效益，生活在极端贫困状态下的人口比例在1981年到2001年之间从42%上升到了47%。开放世界市场似乎可以提供经济发展的可能性，但这一处方实施起来并不容易，也不是放之四海皆准。

许多全球化的反对者声称，世界上的富有国家和贫穷国家之间有着巨大差距，而全球化进一步拉大了这一差距。毋庸置疑，富有国家和贫穷国家之间确实存在着巨大差距，但对于全球化增大了这种不平等的问题，证据也许并不明显。虽然马丁·沃尔夫（Martin Wolf）的分析表明，在大多数已融入世界经济的发展中国家，收入不平等已经不再扩大，但它也确实表明，在一些地方这种不平等仍在增加，在中国尤为明显。在一些高收入国家，不平等现象也有上升趋势，但这归结于技术变革，而不是全球化。当对收入数据进行调整以反映相对购买力时，贫穷国家与富有国家之间的收入不平等将减少。沃尔夫还指出，虽然贸易和投资全球化是提高收入和生活水平的推动者，但如果对存在的障碍管理不善或过度借贷，结果可能会有所不同。

全球化已经对劳动和劳动标准产生不利影响 全球化对劳动标准产生影响的问题已经成为美国和其他国家的工人经常关注的问题。世界贸易组织推动的贸易自由化，资本的流动性也不断增加，设法将一个国家的工业保持在其边界内的措施已经减少，公司可以更轻松地将在一个国家的投资移动到另一个国家。发达国家的工人经常发声表达他们关注的问题，他们的工作将迁移到标准更低的发展中国家，从而降低成本，导致了声名狼藉的"向下竞争"，使得有着更严格的劳动标准的发达国家处于不利地位。事实上，北美自由贸易协定（NAFTA）劳动秘书处的一份调查报告显示，超过一半的受访企业通过威胁关闭美国业务的方式来敦促工会组织作出努力。自北美自由贸易协定签订以来，贸易和投资壁垒便随之减少，这些威胁更显得理由充分。据艾伦·托纳尔森（Alan Tonelson）报道，"事实上，研究表明，被迫与工会谈判时，超过10%的雇主'直接威胁要搬到墨西哥'，15%的公司关闭部分或全部工厂，是20世纪80年代末北美自由贸易协定签订以前的三倍。"

然而这两种方式可以并存。虽然发展中国家的劳动标准通常低于工业化国家，但它们一直在上升，而且有证据表明，与运营本地公司相比，投资于国外的多国公司要支付更高的工资、以更快的速度创造新的就业机会，并且在研发上花费更多成本。发展中国家也会在其境内实施更苛刻的劳动标准，作为自由贸易的障碍。他们可能会觉得，较低的劳动力成本为自己带来竞争优势，如果他们强制实行更为严格的劳动标准，那么各家公司便可能不再有动力在他们的国家设立分支机构，从而妨碍其促进经济发展。正如《全球化恐惧症》（*Globaphobia*）作者问的那样，"如果仅仅由于劳动标准并不如预期的那样高，便拒绝与这些国家进行贸易，对美国来说就体现了人道主义吗？采取这一立场的后果是，许多第三世界的工人将根本没有工作，或必须从事比目前出口导向型行业工资更低、工作条件更糟的工作。"卡内基国际和平基金会的一项研究发现，可为该国提供大多数就业岗位的墨西哥农业部门在北美自由贸易协定实施的前十年中，已经减少了130万个工作岗位。此外，该研究报告称，随着北美自由贸易协定实施后工作机会的减少，贫穷的墨西哥人进入美国的数量急剧上升。

全球化促使环境和健康状况恶化 对于反全球化力量所关心的全球化使环保标准不断下降的问题，墨西哥前总统塞迪略说，"经济一体化有利于环保，而不是使环境恶化。由于贸易有利于经济增长，至少会带来一些必要的环境保护手段。人们的生活水平越高，越需要好的环境。此外，并不鲜见的是，在出口活动中的就业机会将促使人们放弃高污染的边缘职业。"然而，北美自由贸易协定造成了一个问题。实施该协定之前开始的边境加工项目使得墨西哥和美国边境附近的土地、水和空气污染大幅增加。随着许多新生产设施的建立和成千上万的墨西哥人转移到该地区工作，已经对环境造成了损害。此外，一些健康和环境问题超出了贸易协定的范围。北美自由贸易协定关于服务贸易的某些规则可能会导致政府降低对危险行业（如伐木、货车运输、供水、房地产开发）的环境标准。例如，为了遵守北美自由贸易协定关于服务贸易的规则，布什政府放弃了美国的清洁空气标准，以便允许墨西哥的卡车在美国公路上运输货物。全球化的反对者认为，这可能会增加边境各州的空气污染和相关健康问题，因为老式的墨西哥卡车比同类美国卡车产生更多污染，而且这些车辆不使用美国所要求的清洁燃料。抗议者还声称，在关于贸易和投资全球化的自由化规则下，企业更乐于将其高污染活动转移到环境法规最不严格的国家，或由经营活动引起的环境或健康相关问题的责任风险较低的国家。另一方面，由全球化促进的经济增长可以帮助生成和分配用于保护环境的额外资源，改善的贸易和投资可以增强更环保的技术和最佳做法的交流,尤其是在发展中国家。

如果关于全球化的争论一直都针锋相对无法统一,那么争论的结果很可能会对经济环境的各个方面产生重大影响,无论是一个国家内部还是各国之间,并且它还会以国际商务的参与者或指导者影响你的未来。当你阅读前面的全球化支持者和反对者的问题和争论概述,以及当你读完这本书时,我们希望你会仔细考虑全球化的目标和进程。通过足够的教育,公开的争论也许可以超越简单的支持或反对全球化论据,转向讨论如何最好地加强全球经济的工作,从而促进各个国家及其公民福利的提高。

1.4 为什么国际商务与众不同?

国际商务不同于国内商务,一个跨国经营的公司必须应对三种环境的力量——国内、国外和国际。相比之下,在一个国家的边界范围内开展业务的公司基本上只需关心国内环境。然而,没有一家国内企业可以完全摆脱国外或国际环境力量的影响,因为它们时刻都可能面对与国外进口或在其本土市场运作的外国竞争对手的竞争。让我们先来研究这些力量,然后看它们如何在三种环境中运营。

外部和内部环境力量的影响

这里所用的术语**环境**(environment)是指所有影响公司生存和发展的力量。这些力量可分为外部或内部。外部力量通常被称为**不可控力量**(uncontrollable forces)。管理者无法对其进行直接控制,但可以对其产生影响,如游说法律修订、大力推广需要文化态度转变的新产品。外部力量包括以下内容:

1. 竞争:竞争对手的种类、数量、地点及其活动。
2. 分布:对商品和服务进行分销的国家和国际机构。
3. 经济:影响公司经商能力的变量(如国民生产总值、单位劳动成本以及个人消费支出)。
4. 社会经济:人口的特点和分布。
5. 财务:利率、通货膨胀率和税收等变量。
6. 法律:控制国际商务运作方式的众多国外和国内法律。
7. 物理:地形、气候和自然资源等自然因素。
8. 政治:各国的政治环境因素,如民族主义、政府形式和国际组织。
9. 社会文化:文化元素(如态度、信仰和舆论)对国际管理人员十分重要。
10. 劳动力:劳动力的组成、技能和态度。
11. 技术:影响资源如何转化为产品的技术技能和设备。

管理者能够对其有一定控制能力的元素是内部力量,如生产要素(资本、原材料和人员)和组织活动(人事、财务、生产和营销)。这些都是管理者必须进行控制,以应对不可控环境变量变化的**可控力量**（controllable forces）。看看政治力量的一次改变，即欧盟在2013年的扩展如何影响28个成员国内部经营或与其有生意往来的全球公司的所有可控力量。突然间，这些企业不得不重新审视自己的商业惯例，改变受此次新扩展影响的做法。例如，一些关注欧洲的公司和在欧盟国家的外国子公司将部分业务迁往欧盟的其他国家，以利用那里的低工资。一些美国和亚洲的公司在其中某个成员国组织生产，来为这一巨大的自由贸易区提供产品。他们这样做，可以避免支付从本土国出口征收的进口关税。

国内环境

国内环境（domestic environment）是所有源于本国，影响公司生存和发展的不可控力量。显然，这些都是管理者最熟悉的力量。然而虽然是国内力量，但也不排除其对海外业务产生影响。例如，如果本国正在面临外汇短缺的困难局面，政府可能会对海外投资进行限制，以减少其外流。因此，多国公司的管理层会发现，他们再也不能随意拓展海外设施。现实生活中的另一个实例是，一个在国内工厂组织罢工的工会了解到，管理层正在从其国外子公司调入零件。罢工者联系了外国工会组织，该工会承诺不加班生产罢工工厂无法提供的产品。这种国内环境力量的影响在海外也能感受到，如同在国内一样。

国外环境

国外环境（foreign environment）的力量与国内环境相同，只是它们在国外产生。然而，由于多种原因，它们的运作方式有所不同，这里介绍其中几种。

各种力量具有不同的价值观 虽然这两个环境中各种力量的种类是相同的，但它们的价值观往往差异很大，有时完全相反。截然相反的政治力量价值观令跨国公司管理层左右为难的一个典型例子是，美国对运往古巴的大部分商品实行出口禁令。这一禁令意味着，古巴无法从美国制造商购买公共汽车。为了规避禁令，古巴政府从美国公司的阿根廷子公司订购巴士。该公司的美国总部下令因美国禁令不允许填写订单，而阿根廷政府则命令阿根廷子公司填写订单。阿根廷政府表示，阿根廷的公司（包括该子公司）不必理会外国政府的要求。阿根廷子公司的管理者进退两难。最后，总部作出让步，允许其阿根廷子公司填写订单。

力量可能难以评估 关于国外力量的另一个问题是，它们往往难以评估。在法律和政治力量方面尤其如此。为了安抚当地的部分民众，可能会通过高度民族主义的法律。在表面上，政府可能表现出反对外国投资的姿态，但务实的领导人可能在实际上鼓励它。一个很好的例子是墨西哥，1988年之前一直有一项法律，禁止外国人拥有墨西哥公司的多数股权。然而，一项条款规定，"如果投资有利于国家的福利"则允许出现例外。根据本条款，IBM、伊顿等公司成功地获得许可，设立了全资子公司。

各种力量相互关联 在接下来的章节，将表明力量之间往往是相互关联的。这本身不是一个新生事物，因为国内的管理人员也面临着同样的情况。不过，在国外情形下，各因素相互影响的种类和结果可能有所不同。例如，在许多发展中国家，高成本的资金再加上丰富的非熟练劳动力，可能导致使用的技术水平比工业化程度较高的国家低。换句话说，当面临高利率和有大批工人可用时，对于安装只需几个工人的昂贵专用机械，还是安装需要大量劳动力的便宜通用机械这一问题，管理者通常会选择后者。另一个例子是物理和社会文化的力量之间的互动。阻止一个国家的人口自由流动的障碍（如山脉和沙漠），有利于在一个国家内保持独特的文化，这对决策也有一定影响。

国际环境

国际环境（international environment）包括两种相互作用：（1）国内环境力量和国外环境力量之间；（2）两个国家的国外环境力量之间（如果一个国家的分支机构与另一个国家的客户开展业务）。这符合国际商务的定义：跨越国境开展业务。

例如，对于多国化公司或全球性公司的总部工作人员，如果他们以任何方式参与在其他国家的业务，则他们是在国际环境下工作，而那些在国外子公司工作的人员却不是，除非他们也通过出口或管理其他关联企业参与国际业务。换句话说，对于一名诺基亚中国区的销售经理，如果其工作只是在中国销售手机，那么此人并不是在国际环境中工作。如果诺基亚中国具有将手机出口到泰国的业务，那么销售经理将受中国的国内环境和泰国的国外环境这两种力量的影响，因此是在国际环境中工作。其行为影响国际环境的国际组织也是其中一部分。这些组织包括：（1）全球机构（如世界银行）；（2）包括多个国家的区域经济集团（如北美自由贸易协定、欧盟）；（3）受行业协议约束的组织（例如，石油输出国组织）。

决策更为复杂　那些在国际环境中工作的人员发现，进行决策要比纯粹的国内环境复杂得多。假设在总部办公的管理层必须作出一项决定，这会影响多达10个不同国家的子公司（许多国际公司在20个或更多国家设有子公司）。他们不仅要考虑国内力量，也必须评估这10个国家的外国环境的影响。而这还不是像他们的国内同行那样，单单考虑一组10种力量组合的影响就可以，他们必须考虑10组10种力量组合，因为它们之间可能会有一些互动。

例如，如果管理部门同意一个外国子公司的劳动力需求，那么就极有可能需要向另一家子公司提供类似的政策，因为工会可能会跨国交流信息。此外，我们会在书中发现，不但存在多种力量，而且它们之间也存在极大的差异。

自我参照标准　国外环境复杂性增加的另一个常见原因是，管理人员不熟悉其他文化。让事情变得更糟的是，有些管理人员将自己的喜好和反应强加于他人。国外的生产部经理面对积压的订单时，会额外支付工人加班工资。当这一招不奏效时，他们会感到不可理解："这要是在我们那儿，每个人都会想挣更多的钱。"这名管理人员无法理解，工人们宁愿闲着也不愿意赚更多的钱。这种管理人员对自我文化价值观的无意识参照称作**自我参照标准**（self-reference criterion），这可能是国际商务犯错误最大的原因。成功的管理人员在处理问题时，会认真考虑当地的文化特质以及自己的文化特质。

1.5 理解本书使用的国际商务模型

我们前面讨论的三种环境力量的关系形成了国际商务环境模型的基础,如图 1-1 所示。国内和国外环境中的外部或不可控力量始终围绕着可通过管理控制的内部力量。与公司业务所在的其他国家相比,国际公司本国的国内环境存在着同样多的外部环境力量。连接国内公司内部力量和外国子公司内部力量的实线表示控制线。连接区域表示国际公司总部工作人员在其中工作的国际环境。例如,如果处于国外环境的子公司 A 向处于国外环境的子公司 B 出口或对其进行管理,则其工作人员也工作在国际环境中,如连接部分所示。

图 1-1 国际商务环境

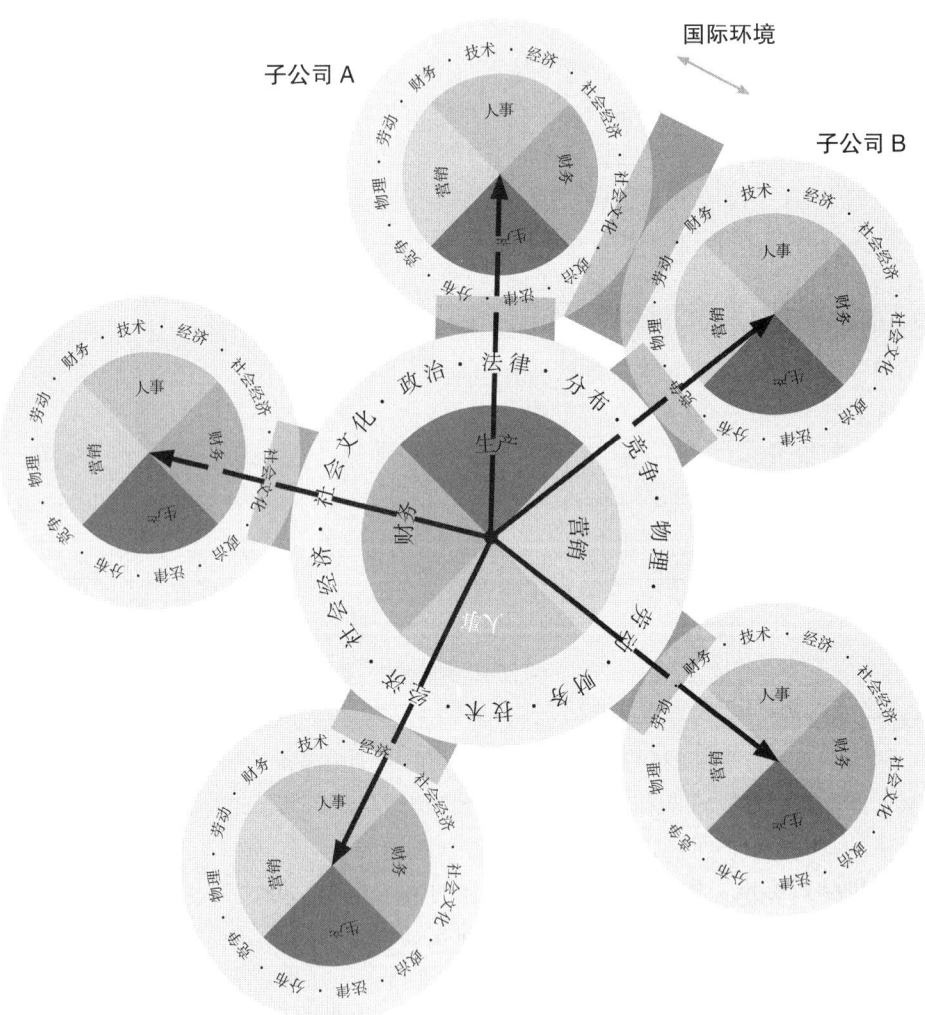

● 国际环境

国内环境
社会经济、社会文化、政治、法律、分布、竞争、物理、劳动、财务、技术、经济

国外环境
社会经济、社会文化、政治、法律、分布、竞争、物理、劳动、财务、技术、经济

1.6 本书的结构

我们将在全书中使用国际商务环境模型。在第一部分描述国际商务以及与之性质相关的机构后，我们将在第二部分分析形成国外和国内环境的不可控力量，并说明它们对管理职能的影响。在第三部分，我们反向分析该过程并论述管理职能，说明它们如何受不可控力量的影响。

对美国和其他先进工业国家经营理念和技术的深入理解是在国际商业领域成功的必要条件。而且，由于交易跨越国家之间的边界，其中涉及三种环境——国内、国外和国际——而不是其中的一种。因此，在国际商务中，在如何对待国内企业所用的理念和技术的问题上，国际管理人员有三种选择：(1) 完全套用；(2) 根据当地条件适当改变；(3) 不在海外使用。已经发现环境力量中存在差异的国际管理人员在决定作哪一种选择时准备更充分。可以肯定的是，没有人能够在所有国家的所有这些力量方面成为专家，但只是知道差异可能存在，便会让人"在工作时将他们的触角伸得更长"。换句话说，当他们进入国际业务领域时，他们会知道，他们必须在许多力量中寻找重要变化，如同在国内环境中面临的那些力量一样。这就需要研究本书讲到的三个环境。

小　结

了解在一个以上的国家有大量业务的公司的各种名称。

本书使用以下定义：全球公司是试图将所有职能领域在全球标准化运营的组织。相反，多国化公司是在多个国家拥有分支机构的组织，每个分支机构都基于特定的市场差异分别制订自己的经营战略。国际公司一词通常用来统指全球和多国化公司。

了解导致企业运营国际化的五种驱动力（均基于变化）。

以下是基于变化的五种导致国际商务运营全球化的驱动力，每一种都带有一个例子：(1) 政治——优惠贸易协定；(2) 技术——先进的通信技术；(3) 市场——全球公司成为全球客户；(4) 成本——产品线和生产的全球化有助于通过实现规模经济降低成本；(5) 竞争力——公司通过进入外国竞争者的本土市场来防止外国竞争者抢占其本国市场。

认识精彩的市场国际化。

全球竞争正在日益加剧。进口渗透率大幅增加，再加上大量的海外投资，意味着各种规模的公司正面临着来自世界各地的竞争对手。这种日益增加的商务国际化趋势要求管理者通过经验或教育获得全球商务视角。

理解为什么国际商务不同于国内商务。

国际商务之所以不同于国内商务，是因为它涉及三种运营环境——国内、国外和国际——而不是仅仅一种。虽然在国内和国外环境中，各种力量的种类相同，但他们的价值观往往不同，而国外力量价值观的变化有时更难估计。国际环境定义为两种相互作用：(1) 国内环境力量和国外环境力量之间；(2) 两个国家的国外环境力量之间（如果一个国家的分支机构与另一个国家的客户开展业务）。国际商务模型有助于解释这种关系。

描述国际公司的三种运营环境——国内、国外和国际。

国内环境包括在本国产生的影响公司生存和发展的所有不可控力量。国外环境包括在国外产生的影响公司的所有不可控力量。国际环境是国内和国外环境力量之间或不同国外环境力量之间的相互作用。

问题讨论

1. 国际公司、全球公司和多国化公司之间的区别是什么？

2. 举例说明国际商务管理者会如何操控某种可控力量去应对不可控力量的变化。

3. "如果一个国家的国民总收入小于一个全球性公司的销售额，则该国家已没有资格将其意愿强加给该公司的本地子公司。"这一说法正确吗？请解释你的理由。

4. 讨论促使国际公司全球化其采购、生产和营销的各种力量。

5. 在商言商，每一个公司都想方设法生产和销售其商品。那么，为什么管理人员无法成功地将他们已经在自己的国家掌握的技术和概念应用到世界其他地区？

6. 你认为是什么使得外国的商业活动比纯粹的国内活动更复杂？

7. 讨论东道国政府和外国企业之间可能发生的一些冲突。

8. 在你看来，为什么作者认为使用自我参照标准"可能是犯国际商务错误最大的原因"？你能想到一个例子吗？

9. 你已经决定毕业后在家乡工作。为什么还要学习国际商务？

10. 虽然国外环境中的各种力量与国内环境相同，但它们的运作不同。为什么会这样呢？

11. 在你的社区，你可以找出什么全球化例子？你会如何对这些例子进行分类（例如，国际投资、国际贸易）？

12. 为什么会出现反对贸易全球化和世界经济一体化的声音？请评估支持和反对全球化各自的主要论点。

案例分析1-1 公司和品牌的所有权

在以下公司或品牌中，哪些由总部在美国以外的公司所拥有？谁是所有者，所有者属于哪个国家？

1. 7-11便利店
2. 旁氏化妆品（凡士林）
3. 美宝莲化妆品
4. 迪赛服装（Diesel）
5. 家护牙膏（Aquafresh）
6. Baby Ruth棒棒糖
7. 假日酒店
8. Arrowhead山泉水
9. 米高梅（MGM）电影制片厂
10. 阿科汽油（Arco）
11. Nerds糖果

12. Popsicle冷冻食品
13. 《妇女节》杂志
14. 罗尔斯顿普瑞纳宠物食品
15. Motel 6酒店
16. 平克顿（Pinkerton）
17. 班除臭剂（Ban deodorant）
18. RCA唱片
19. Thinkpad笔记本电脑
20. Norelco电动剃须刀

第 2 章 国际贸易和外国直接投资

如果你关注全球贫困，并因此关注平等，你的目标应该是提高贫穷国家的增长率。成功的国家都利用全球市场机会加速它们的成长，主要是国际贸易和（更大程度上）外国直接投资。总之，成功的全球化减少了贫困和不平等。

——马丁·沃尔夫，全球商业分析师

阅读本章后，你应该能够：

1. 认识国际贸易的规模，以及它的增长状况。
2. 确定贸易方向或贸易的双方。
3. 解释外国直接投资在全球范围和美国的规模、增长及方向。
4. 解释进入国外市场的原因。
5. 认识到国际公司的全球化至少可在七个维度实现，一个公司可以在某些维度部分全球化，而在其他维度完全全球化。

大型国际公司在海外进行投资，也从事出口

美国大型国际公司需要应对（1）全球性的竞争、（2）东道国政府外国投资自由化，和（3）技术进步等众多方面的挑战，这是美国对外直接投资（FDI）达到历史最高水平（2004年2,520亿美元，2006年2,170亿美元）的一个主要原因。这些数字是1985年至1995年间平均值的六倍多，几乎是2003年的一倍。既然外国直接投资一般用于创造或收购资产以在国外生产商品和提供服务，那么在1996—2006年期间，美国的外国直接投资达1.4万亿美元的情况下，美国的出口是否下降了呢？

显然没有。虽然一些从美国到国外市场的商品和服务流动已被这些国外投资催生的生产所取代，但美国出口商品和服务的整体水平却从1997年的9,340亿美元上升到2007年的16,460亿美元，在十年内增长了76%。这一增长要归功于小公司还是大公司，或者两者都有份？人们普遍认为，中小型公司由于缺乏资金和人力资源，因此它们通过向国外市场出口，而不是在当地生产来供货，这和国际大公司的做法正好相反。事实上，美国商务部认为，约2/3的美国商品出口是由美资多国公司完成的，在这些出口中超过1/3由美国母公司运到外国子公司。

我们研究了2008年《财富》全球多国公司500强名单中那些最大的多国公司。被研究的公司中，国外销售占销售总额的比例从英国石油的84%到沃尔玛的24%，平均为58.7%（见表2-1）。对世界最大的100家多国公司的类似研究指出，国外销售平均占这些公司总销售额的56.5%。这两份名单中的许多公司向100个以上的国家销售商品。尽管这类国际大公司通常在海外有众多的生产设施，但对它们来说，在每一个市场建立一家工厂通常是不可行的。尝试在每个市场建立生产设施对于它们来说会导致国外投资太多。此外，许多市场太小，不足以支持本地制造业，它们必须由出口支撑。

要认识国际贸易和外国投资对这些公司的重要性，请查看表2-1的最后一列，该表显示了这些大型多国公司的国外销售收入占总收入的比例平均为51.5%。总体而言，在标准普尔股票指数的500个成员中，它们约30%的总全球利润来自海外。如果没有海外销售和海外业务产生的利润，其中许多公司的竞争力将严重受损，一些公司甚至可能无法继续经营。

表2-1　世界上最大的多国公司的国外销售和利润比例

《财富》全球500强排名	公司	国外销售占总销售百分比	国外运营收入占净收入百分比
1	沃尔玛	24	22
2	埃克森美孚	NA	73
3	荷兰皇家壳牌[a]	58	NA
4	英国石油	75	84
5	通用汽车[b]	43	NA
6	丰田	77	37
7	雪佛龙	65	68
8	戴姆勒	77	NA

9	康菲飞利浦	33	25
10	道达尔	76	NA

注：国外销售指公司在境外的销售。所有数据均为2008年披露的2007年会计年度数据，除了沃尔玛的会计年度截至2008年1月31日外。一些数字根据笔者估计进行了调整。

NA：表示信息无法根据公司年度报告提供的数据来计算。

a 国外销售按非欧洲销售计算。国外销售的实际数字更高。

b 国外销售按非北美地区销售计算。

资料来源：Company annual reports; Fortune's 2007 Global 500 listing of world's largest companies, http://money.cnn.com/magazines/fortune/global500/2007/full_list/（July 4, 2008）.

本章的开篇部分说明了这样一个事实，出口和当地生产这两种海外市场供应方法对于大多数美国大企业来说都是至关重要的。此外，这两种国际商务活动不仅限于制造方面。在《财富》500家最大的多国公司中，40%以上属于服务业公司，其主要领域为银行、金融、保险、商业服务、娱乐、电脑软件及服务、交通运输和旅游以及零售。然而，规模较小的公司也有海外业务。据美国商务部统计，中小型企业占美国出口商总数的97%以上，占美国出口总值的近29%。

在本章，我们了解与出口和在国外生产直接相关的两个主题：（1）国际贸易，其中包括出口和进口；（2）外国直接投资，这是国际商务建立和扩大其海外业务必须进行的操作。本章的重点是世界各地的国际贸易和投资的趋势和特征。第3章将概述用来解释国际贸易和投资的范围和水平的现有理论，本章我们将把这些理论作为结果来讨论。稍后，在有关进口和全球供应链管理的章节（第16章和第18章），我们将讨论国际商务的第三个活动——**国外采购**（foreign sourcing），即在海外采购原材料、零部件和产品。

2.1 国际贸易

以下有关国际贸易的讨论首先关注贸易额，包括哪些国家在世界出口和进口量中所占比重最大。然后，我们讨论贸易的方向和朝着国际贸易区域化发展的趋势。在本章的最后，我们研究主要贸易伙伴及其与管理层的关联。

贸易额

1990年，以当期美元计算的商品和服务国际贸易额超过4万亿美元，这成为了一个里程碑。到2010年，商品和服务的国际贸易额翻了将近五番，超过18.9万亿美元。除美国外，2007年世界出口总额的美元价值超出了世界上所有国家的国民生产总值。现在世界上种植或生产的物品1/4都在出口，这是国际贸易具有重要意义的另一佐证。

2010年的商品和服务国际贸易额为18.9万亿美元，其中商品出口15.2万亿美元，是20年前的近五倍。全球服务贸易额接近3.7万亿美元，虽然绝对额较小，但增长速度比商品贸易要快。世界服务贸易总额已经达到很高的水平，是1980年的十倍左右。

这种贸易增长的均衡性如何？是否一些国家的表现比其他国家好？虽然它们的商品出口的绝对值增加，但在1980和2010年之间，来自北美、拉丁美洲、非洲和中东地区的出口比例有所下降。例如，从1980年至2007年，非洲的出口水平增长了250%以上，但该地区占总体世界商品出口的比例下降了一半。相比之下，从1980年至2010年，来自亚洲的商品出口比例上升了90%，其中超过三分之二来自中国。尽管欧盟在世界总贸易额中所占的比例有所增加，但这一增加的主要原因是欧盟扩大到了28个成员国家。

服务出口的结果与商品出口有一些相似性。全球服务贸易整体水平的大幅增长意味着，所有地区和几乎所有的主要国家都经历了服务出口的美元价值绝对增加。自1980年以来拉丁美洲、欧盟、非洲和中东在世界商业服务出口中所占的比例呈总体下降趋势。然而，美国的服务出口比例从1980年至2010年上升了三分之一以上。亚洲的服务出口比例增长幅度更大。

世界出口自1980年以来快速扩张，表明抓住机会增加出口销售是一个可行的增长战略。然而，与此同时，个别国家的出口增长对于管理人员应该是一个警告，他们必须准备好应对国内市场由于国外出口而导致的竞争加剧。1995年到2010年之间，发达国家的制造业增值比例在大多数工业部门已经下降，跌幅最大的部分出现在2000年以后。与此相对应的是，发展中国家的增值份额在此期间不断增加，虽然增值活动的地点已大幅改变。例如，非洲和拉丁美洲全球制造增值的比重并没有明显增加，而南亚和东亚的比例自1980年以来已翻了两番。这些趋势对管理者有着重要的影响，不只是关乎到可能出现新市场的领域（例如，对于机床或其他用于拓展制造业的生产资料），而且关乎到制造业竞争可能加剧的领域或可能出现新的出口竞争来源的领域。

贸易方向

商品出口的目的地是哪里？如果你从来没有研究贸易流动，你可能认为，国际贸易主要包括工业化国家向发展中国家出口制成品以换取原材料。然而，这只有部分是正确的。虽然一半以上的发展中国家出口流向发达国家，但这一比例在过去40年已经下降，从1970年的72%到2010年的约50%。此外，超过70%的发达经济体出口到其他工业化国家，而不是发展中国家。如表所示，日本和美国属于例外，总体上它们大部分的出口都面向发展中国家，而不是发达经济体。

贸易区域化日益提高　全球各个国家或地区之间的贸易方向是经常随时间变化的。东南亚国家联盟（东盟）和欧盟等区域贸易协定（第4章讨论）的不断扩大会极大地改变区域内和跨区域贸易流动的水平和比例。例如，大多数加拿大的出口流向美国，究其原因，在1989年之前是由于汽车公约，1989年之后是由于美国—加拿大自由贸易协定和随后的北美自由贸易协定。2010年美国到墨西哥的出口价值为1991年水平的近5倍。总体而言，全世界有200多个区域贸易协定正在运作，这些协定的成员在世界贸易中所占的份额从1980的37%上升到1990年的60%，2011年更是超过了70%。

美国出口商似乎主攻的是发展中国家市场，转而导致发展中国家向美国的出口也逐步增长。部分原因是它们出口制成品能力的提高，以及国际公司的附属公司之间内部贸易的增长。贸易团体成员之间贸易增加这一事实，会影响国际公司对工厂和其他业务地点的选择。还要注意，美国在发展中国家和发达国家的出口正在迅速接近各占一半，而日本大部分出口到发展中国家。相比之下，欧盟出口到发展中国家的比重不到20%。

主要贸易伙伴：与管理者的相关性

分析一个公司在本国的主要贸易伙伴及其设有分支机构的出口国家的主要贸易伙伴，可以向管理层提供有价值的见解。把注意力集中在那些已经大量购买来自准出口商所在国家的货物的国家有许多优点：

1. 进口国的商业环境是比较有利的。
2. 出口和进口法规不是不可克服的。
3. 应该没有强有力的文化反对购买该国的货物。
4. 已经建立了令人满意的交通设施。
5. 进口渠道成员（商人、银行、报关行）具有处理从出口国进口货物的丰富经验。
6. 可以使用外汇支付出口费用。
7. 贸易伙伴的政府可能对进口商施加压力，敦促进口商从其优质进口国购买商品。我们已经看到日本和韩国政府的努力，说服本国公民购买更多的美国商品。他们还派出采购团到美国。

美国的主要贸易伙伴 作为工业化国家的美国，一般情况下会遵从的贸易倾向，是与另一个发达国家进行贸易。墨西哥和加拿大成为主要贸易伙伴，很大一部分原因是它们与美国相邻。运费更低，交货时间更短，买家和卖家之间的联系更方便、更便宜。与美国共同签署北美自由贸易协定有助于确保这三个国家作为贸易伙伴的相互重要性保持下去。

在美国进口最多的15个国家中，1965年的前9名历年来一直在榜，其中包括加拿大、墨西哥、日本、德国、英国、法国、意大利、委内瑞拉和巴西。然而，每个国家的排名随着时间的推移发生了变化，并且加入了一些新的国家，取代了另外一些作为贸易伙伴已变得相对不重要的国家。近年来，除了长期贸易伙伴日本，东亚和东南亚国家和地区已成为日益重要的贸易伙伴。中国、韩国、中国台湾和马来西亚为美国提供大量的电子产品及零件，以及大量各种劳动力密集型制成品，其中许多由美国国际公司的子公司生产。从1991年到2010年，中国向美国的出口从第六位上升到第一位（从190亿美元到3,210亿美元，16年来增加近1,600%），并且它作为美国商品的进口商也上升到了第三位（虽然中国920亿美元的进口额仅为对美国出口额的25%）。

许多其他亚洲国家也成为美国商品的进口商，因为（1）人民生活水平不断提高，使他们买得起更多的进口产品，而且国家的出口收入为其提供外汇；（2）他们购买大量的生产资料，以进一步推动其产业扩张；（3）他们进口原材料和组件来组装成半成品或成品，随后出口到其他国家，通常是美国；（4）他们的政府迫于美国政府的压力，为了降低其与美国的贸易盈余，会派出采购团到美国去寻找可进口的产品。

我们描述的对外贸易分析对任何刚开始到国外市场寻找新商业机会的人都将很有用。初步步骤（1）研究一般的贸易增长和方向和（2）分析主要贸易伙伴将提供贸易活动发生在哪里的概况。这些国家从美国进口什么产品？美国商务部国际贸易管理局网站上提供了可下载贸易统计信息的文件。其中一个名为"U.S. Foreign Trade Highlights"的文件包含100多个商品和服务表格，内有一个表格包括美国与最大的80个贸易伙伴进行出口和进口的信息。商务部的Export.gov网站上也有许多表格，列出了不同行业的进口和出口信息。这些表格提供了多年有关美国和世界其他国家之间的进口和出口水平的数据，提供了各行业的规模和潜在吸引力的总体情况。提供更多信息的贸易数据可通过每月发送至政府托管机构（如许多高校图书馆）的光盘或网上数据库获得。新的报告已扩大到包含额外的数据单位，允许分析师通过以国家为基础计算出口和进口的平均价格来进行价格比较。

2.2 外国投资

外国投资可分为两部分：**证券投资**（portfolio investment），即购买股票和债券，只为获得投资回报；**直接投资**（direct investment），除了获得投资回报，投资者还参与公司的管理。两者之间的区别开始变得模糊，特别是随着近年来国际兼并、收购、联盟在规模和数量上的不断增长。例如，外国投资者在国内公司进行股票投资时，如果投资者的参股比例为10%或以上，一般都被视为直接投资。相比之下，不会导致外国投资者获得至少10%股权的交易，被归为证券投资。公司为了集中资源（如制造、营销、技术和其他技术诀窍），与其他国家的公司建立战略合作关系，同时仍使他们的参股比例保持在10%以下，这种情况并不少见。从外国风险资本家融资也往往也被视为证券投资，但这些投资者往往会积极参与目标公司的业务经营，以便最终在目标公司上市时获得可观的资本收益。

证券投资

证券投资者虽然不涉及公司的控制权，但他们投资于数额巨大的他国股票和债券。居住在美国以外的人拥有的美国国库券以外的美国股票和债券在2007年价值61,320亿美元（包括28,330亿美元公司股票），是1997年相应水平的4倍多。由居住在美国以外的人持有的美国股票的估值增加中，很大一部分与外国公司大规模收购美国公司有关。

相比之下，美国人在2007年拥有66,490亿美元的外国证券，是1997年相应水平的380%。在美国人2007年持有的外国证券中，有51,710亿美元是公司股票。这一增长反映了美国对外国股票的净购买、美国公司对外国公司的收购和许多外国股票价格的升值。正如你所看到的那样，外国证券投资的数量是相当大的，而且随着越来越多的国际公司在对外交往中使用债券和股票，这一投资会继续增长。

外国直接投资

下面的讨论研究外国直接投资的规模、水平和方向，以及国际贸易对外国直接投资的影响。

规模 本节讨论外国直接投资的总体水平，以及每年外国直接投资的流出和流入情况。

外国直接投资的已发行股票 全球所有外国直接投资（FDI）的账面价值——或者说已发行股票的总价值——在2006年底为近12.5万亿美元。图2-1显示了这个总额在最大的投资国家之间是如何划分的。美国个人和公司的海外投资为2.4万亿美元，这是外国直接投资第二大投资者英国的1.6倍，是第三大投资者法国的2.2倍。但美国的外国直

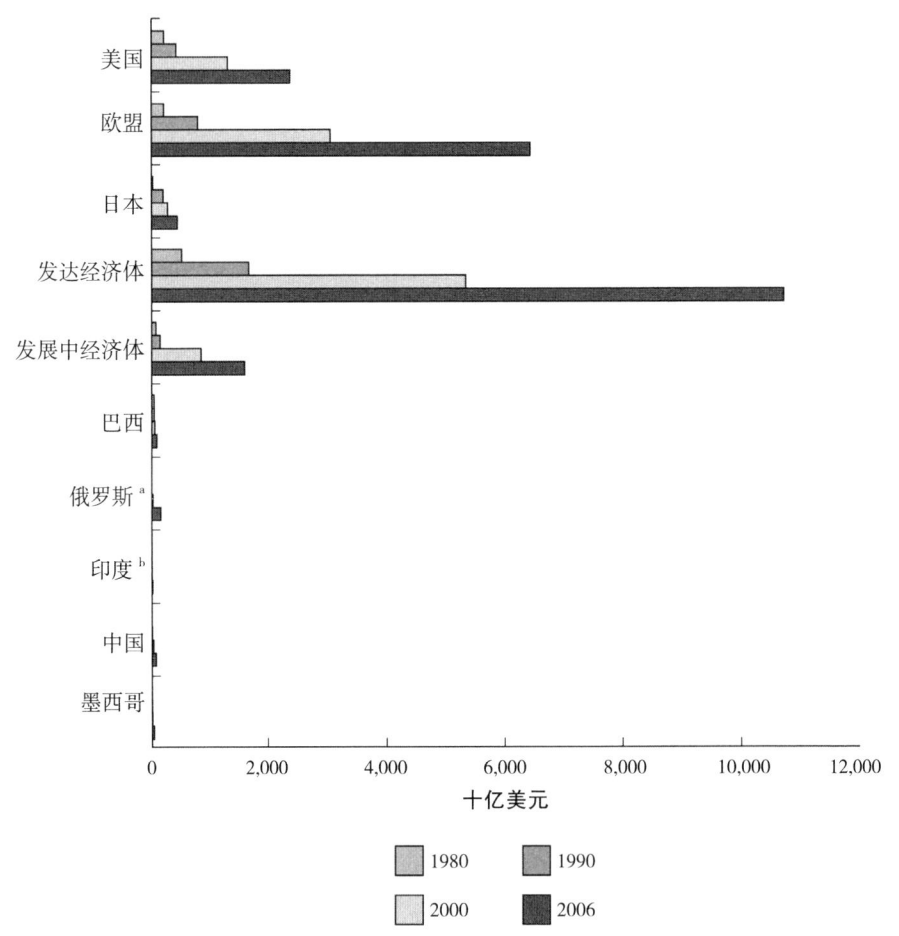

图 2-1 1980年、1990年、2000年和2006年选定国家和分类的对外直接投资股票

[a] 缺1980年和1990年的数据。
[b] 缺1980年的数据。

资料来源：Various "Country Fact Sheets," *World Investment Report 2001*, United Nations Conference on Trade and Development, Geneva, October 2001; and *World Investment Report 2007*, United Nations Conference on Trade and Development, Geneva, http://www.unctad.org/Templates/Page.asp?intItemID=2441&lang=1（July 6, 2008）.

接投资比例份额在1980年到2006年间下降了47%以上，从36%下降至19%。同一时期，欧盟的外国直接投资比例增加了近45%，从36%上升至52%，但这一增长部分是由于欧盟的范围因新成员国家的加入而扩大。日本的外国直接投资比重从1990年的12%下降到2006年的4%。发展中国家外国直接投资存量的份额增加了约1,200%，从1980年的1%到2006年的13%，这反映了它们的经济持续发展。图2-1重点描述了选定发展中国家的外国直接投资存量的增长速度，尤其是M-BRIC国家，即墨西哥、巴西、俄罗斯、印度和中国。

全球外国直接投资水平的一项重要发展是被称为"竹网"的位于中国之外的华裔家族企业的出现。由海外中国投资者控股的500家亚洲最大的上市公司总资产超过1万亿美元，这一数字还不包括这些家族的私有公司。据报道，华人是马来西亚、泰国、印度尼西亚、越南、菲律宾最大的跨境投资者，他们是流入中国大陆的投资资本的主要来源。另一个重要的发展是主权财富基金的出现，这是国有投资基金，主要来自存在广泛的商品出口（如石油）或贸易盈余的国家。据估计，2008年这些资金控制的资产约为3万亿美元，这一数额预计到2013年将增长到高达10万亿美元。一些观察家关注的不只是这些基金控制的资产水平，他们还关注国有投资基金至少部分基于政治或其他非商业标准作出决策的可能。

年度外国直接投资流出　年度外国直接投资流出量（每年对其他国家投资的金额）在2000年触及历史高位——12,010亿美元，是1997年水平的250%以上（见表2-2）。经济放缓在2000年底开始影响世界上大多数经济体，并随后导致每年外国直接投资流出整体水平的下降。2002年的总额为6,470亿美元，这一数字只有2000年的54%，但该外国直接投资年度水平在历史上仍排名第五。流出随后增加，到2006年达到12,160亿美元。

虽然美国在20世纪90年代的大部分时间都是外国直接投资流出的最主要来源，但在2000年，英国和法国都超过了美国。事实上，美国占全球对外直接投资的比例从1985—1996年的平均21%下降到2000年的12%。然而，从2001年至2006年，美国的比例有所回升，美国重新获得对外直接投资的第一名位置；2006年，美国的外国直接投资流出为2,170亿美元，超出第二大外国直接投资流出来源法国（1,150亿美元）89%以上。欧盟的对外直接投资比例从1985—1997年的平均47%左右增长到2000年75%的高峰，随后在2002年全球对外直接投资的比例下降到61%，2007年下降到47%。日本从1990年世界上最大的全球年度外国直接投资流出来源（占22%的比重），下降到2000年第12名的位置，2006年的对外直接投资约占4%。

与1985年至1995年的平均值相比，2007年来自发展中国家的对外直接投资总体规模上升了近700%。来自发展中国家的全球对外直接投资比例从1985年至1995年的11%以下增加到2006年的14%。尽管存在这种增加，但表2-2显示，2006年对外直接投资超过84%的比重仍然来自发达国家。美国和欧盟占了最大的份额，它们的全球外国直接投资比例从1985—1995年的平均68%增加到2000年的87%。然而，自那时以来，其比例已经大幅下降，2002年为80%，2004年为70%，2006年则不到65%。这种对外直接

表2-2　选定地区和国家1985—2006年的外国直接投资方向（年度流量，十亿美元）

资金流出（净投资）	1985—1995	1996	2000	2006
全球	203	391	1,201	1,216
发达国家	182	332	1,098	1,023
发展中国家	22	58	99	174
北美	49	98	190	262
美国	43	84	143	217
加拿大	6	13	47	45
墨西哥	<1	<1	1	6
欧盟	96	182	819	572
英国	26	34	250	79
德国	18	51	57	79
法国	18	30	177	115
意大利	5	9	12	42
俄罗斯	<1	NA	3	18
非洲	1	<1	1	8
南亚、东亚和东南亚	17	50	81	117
印度	<1	NA	<1	10
日本	25	23	32	50
中国香港	8	27	59	43
中国	2	2	1	16
拉丁美洲和加勒比海	3	6	14	49

资金流入（净投资）	1985—1995	1996	2000	2006
全球	181	278	1,393	1,306
发达国家	128	220	1,121	857
发展中国家	50	145	246	379
北美	54	103	396	244
美国	44	85	314	175
加拿大	6	10	67	69
墨西哥	4	9	16	19
欧盟	66	109	684	530
英国	17	24	130	140
德国	3	7	203	43

法国	12	22	43	81
意大利	3	4	13	39
俄罗斯	<1	NA	3	29
非洲	4	6	9	36
南亚、东亚和东南亚	30	88	139	200
印度	<1	NA	2	17
日本	1	<1	8	<7
中国香港	4	11	62	43
中国	12	40	41	69
拉丁美洲和加勒比海	14	46	95	84

注：由于四舍五入，总值可能不等于100%。

资料来源：Various "Country Fact Sheets," *World Investment Report 2001*, United Nations Conference on Trade and Development, Geneva, October 2001; and *World Investment Report 2007*, United Nations Conference on Trade and Development, Geneva, http://www.unctad .org/Templates/Page.asp?intItemID=2441&lang=1 (July 6, 2008).

投资大部分与公司的兼并、收购及其他国际投资相关。这些公司所处的行业正面临日益激烈的全球竞争和整合。事实上，在1995年至2006年所有跨国收购的外国公司总值中，发达国家占92%，此类收购的投入在5.8万亿美元以上。2006年，在用于购买其他国家的公司的对外直接投资总额中，超过85%来自发达国家。

年度外国直接投资流入 投资流向了哪些国家？各个国家的投资又从何而来？很多数据表明，工业化国家主要是相互投资，就像它们相互贸易一样。近年来，平均超过70%的年度外国直接投资流入发达国家，但这一比例已经从1996年的79%以上下降到2006年的66%以下。从1985年至2004年，美国和欧盟平均占所有外来直接投资的60%以上，在1999年和2000年超过80%，2006年则下降到54%以下。正如前面所指出的那样，这种外来投资大部分被正面临全球业务竞争和整合的企业用来兼并和收购。日本从来都不是大量外来直接投资的流向地，从1985年至2006年平均仅占全球外国直接投资的不到1%。

在世界范围内，所有发展中国家获得的外国直接投资水平在2000年比1996年增长了70%，到2006年又有54%的增加。虽然流向发展中国家的外国直接投资的整体美元价值在近年大幅增加，但流向这些国家的外国直接投资资金的比例有大幅波动。1985—1995年的平均水平是28%，在1996年上升到52%以上，并在2000年下降到不到18%，然后在2006年再次上升到29%。非洲国家获得的外来直接投资流量增长相对较少，从1985年到2006年，占所有流入平均不到2.5%。像新加坡这么小的国家（人口300万）在此期间收到的外国投资都大约相当于整个非洲大陆。在拉丁美洲，每年的外国直接投资流入量在1985—1995年的研究年份中平均从300%增长到了650%以上，但每年的流量波动很大。全球流向拉丁美洲的外来直接投资比例从1996年的16.5%下降到2000年和2006年的低于7%。对于亚洲整体而言，该地区的总流入2006年上升到创纪录的2,000亿美元，是1985—1995年期间平均外来投资的660%以上。2006年，在流向美国和欧盟以外的所有投资中，亚洲占1/3，尤为重要的趋势是亚洲的外国直接投资中流向中国及其领土的比例。2006年，中国占外国直接投资的比例是56%，而且一些以前进入其他亚洲国家的外国直接投资可能已转而向中国进行投资。新兴经济体之间出现所谓的前沿市场是外国直接投资流入的一种引人注目的新趋势，我们在本章结尾的案例研究2-1"前沿市场：有吸引力的国际投资机会？"中对此进行讨论。

在国家层面，美国在2000年的外国直接投资流入量居于领先，其总量为3,140亿美元，这在记录的单个国家年度外国直接投资流入中属于最高水平。然而，许多因素（如股市下跌、经济减缓和货币贬值）造成了美国的外来直接投资水平在接下来的两年下降了90%以上，在2002年为300亿美元，随后出现反弹。此外，从2001年到2004年，年度外国直接投资流入量最大的国家是中国（包括香港），这是发展中经济体第一次取得这样的成绩。到2006年，流向美国的投资已回升到1,750亿美元，再次使其成为外来直接投资年度流入量最大的国家。

外国直接投资的水平和方向　虽然不可能准确测定外国投资的现值，但我们可以得到此类投资的比率和金额及其流向。这些信息是管理者和政府领导人所关注的。它类似于在分析国际贸易时所探究的问题。如果一个国家持续收到数量可观的外国投资，那么其投资环境必定是有利的。这意味着，外部环境的政治力量有着相对吸引力，赚取利润的机会大于其他地方。进行投资还存在其他原因，这一点可以肯定；但是，如果没有上述因素，外国投资是不太可能发生的。

贸易会引起外国直接投资吗？　从历史上看，外国直接投资一直跟随着对外贸易。原因之一是从事外贸通常比进入国外市场进行直接投资成本更低、风险更小。此外，管理层可以用较小的增量扩大业务，而不是像建立国外生产设施那样需要相当大的投资金额和市场规模。通常情况下，公司利用国内或国外的代理出口。由于出口业务的增加，公司可能设立出口部门，也许会聘请销售代表常驻海外市场。公司甚至可能建立自己的销售公司，以自己的名义进口。

同时，管理层会紧密监视市场总规模，因为他们知道，他们的竞争对手也在进行类似的研究。一般来说，因为本地市场不会大到足以支持所有的出口企业到当地生产，因此最终要看谁可以第一个在当地制造。经验丰富的管理层都知道，政府往往限制生产某种产品的本地公司数目，以保证那些已设立的本地公司能够盈利并持续发展。这对于依赖外国投资提供就业机会和税收的发展中国家特别重要。

我们刚才讨论的这种线性市场扩张路径许多国际公司至今仍在采用。然而，具有较少政府贸易壁垒的新经营环境增加了全球化企业的竞争，新的生产和通信技术使得许多国际公司将它们的生产系统分布到靠近可用资源的地点。然后，它们整合整个生产过程，或者是区域性，或者是全球性。因此，选址决策可能成为外国直接投资决策或贸易决策，这表明外国直接投资和贸易的相互关联是多么密切。

全球视点　贸易和投资如何影响经济和社会发展？

在当今全球化的经济环境中，所有经济体都日益开放。贸易在塑造世界各国经济和社会表现以及前景方面起着至关重要的作用，特别是发展中国家。没有贸易，任何国家都不会实现增长。然而，贸易对发展的贡献在很大程度上取决于总体环境以及发展目标。

这一段话引用自联合国贸易与发展会议（贸发会议）研究国际贸易和发展中国家的开创性报告的开头。在全球化的世界中，国际贸易显然在影响国家的经济和社会表现方面具有重要作用。在发展中国家这种角色更为基本。然而，单纯的贸易扩张并不能保证一个国家和人民的改善。相反，贸易表现应考虑它对就业水平、经济增长、发展以及整个人类生存条件改善的影响，这一点非常重要。

为了确保贸易在促进增长和发展上的全面和建设性作用，贸发会议推出了一项雄心勃勃的新举措。这一举措的一部分，是建设贸易和发展指数（Trade and Development Index，TDI）这一工具，其目标是协助"系统监测发展中国家的贸易和发展表现，以促进国家和国际政策与战略，确保将贸易作为发展的一个关键手段"。通过获得一系列贸易和发展的体制性、结构性、金融、贸易和发展要素之间的相互作用，TDI尝试提供一个国家贸易和发展表现的量化指标。虽然贸发会议创建TDI主要目的是评估发展中国家的表现，以便于比较和提高洞察力，但这一指数也可用于发达国家和新兴工业化国家。TDI的措施在2005年公布初步清单后进行了更新，以更好地捕捉相关动态。共有123个国家接受了评估。排名前20位和后20位的国家在所附的表中列出。

发达国家的平均得分是640，发展中国家为467，最不发达国家为395。2004年加入欧盟的10个成员国平均TDI为542。相比之下，七大新兴经济体（巴西、俄罗斯、印度、中国、墨西哥、韩国和南非），其人口占世界人口的45%，占全球商品和服务出口的26%以上，平均TDI得分为509，证明TDI分数都有所提高。这说明发展差距可以缩小，且已经在几个国家发生。总体而言，与发达国家相比，发展中国家在基础设施、人力资本、资金融通、体制质量、经济和社会福祉以及贸易表现等领域仍然处于落后状态。

初始TDI评估结果显示，除了新加坡（排名第5）、韩国（排名第21）、中国（排名第25）、马来西亚（排名第27）和泰国（排名第29）外，30个世界排名最高的国家全部是发达国家。这一结果表明，一些发展中国家已经能够在其贸易和发展表现方面接近发达国家。排名最后的10个国家中有9个是撒哈拉以南非洲国家，这说明了撒哈拉以南非洲和最不发达国家在贸易和发展方面所面临问题的严重性。在发展中国家中，区域表现最好的是东亚和太平洋地区国家，其次是中东和北非地区及拉丁美洲和加勒比地区。南亚和撒哈拉以南非洲地区的TDI分数明显落后于其他三个区域集团。

获得高TDI分数的一个关键因素是贸易自由化。这一因素的重要性对于TDI分数较低的国家最高，反之亦然。这表明，贸易自由化的程度对发展中国家，特别是最不发达国家的重要性比发达国家高。一般情况下，在较长时期内没有外部因素或市场失灵的情况下，贸易自由化是促进发展的一种有效政策。然而，开放过快也会导致短期的调整问题。

外部和内部因素都会影响一个国家的出口表现。外部因素包括市场准入条件（例如，运输成本、地理、物理基础设施、贸易壁垒、竞争）和其他影响进口需求的因素。内部因素包括一个国家内的供应方条件（例如，原材料、劳动力和资本成本、技术准入、经济政策、体制环境）。一个国家的市场准入程度尤为重要，因为国外市场准入限制是出口表现不佳的重要原因。

在研究的所有国家以及各个时间段的研究中发现，外国直接投资对出口表现有重要和积极的影响。外国直接投资在影响出口构成（包括产品的技术含量和出口供应能力的发展）方面发挥关键作用，特别是以知识为基础的产业。在两个表现最差的出口商群体及其出口发展的早期阶段，外国直接投资的影响最强。

贸发会议强调，仅仅提高贸易因素（如开放的贸易环境）将只为一个国家产生边际效益，除非将这些努力与发展和减贫相关的其他因素相互配合。保持贸易政策和其他的社会、政治和经济事业的整合和一致性非常重要。例如，各国必须在国内提供商品和服务的能力和进入国外市场两方面同时采取行动，才能产生强大的竞争力。在发展的早期阶段，影响国内供应能力的重要因素包括交通基础设施和宏观经济稳定。

资料来源：UNCTAD, *Developing Countries in International Trade 2005: Trade and Development Index*（New York：United Nations, 2005）; and UNCTAD, *Developing Countries in International Trade 2007: Trade and Development Index*（New York：United Nations, 2007）, http: //www.unctad.org/Templates/Page.asp?intItemID54388&lang51（July 8, 2008）.

在最近的外国直接投资经历方面，日本与美国形成了有趣的对比。20世纪90年代初期和中期，日本的外国直接投资流出重点从发达国家（从1989—1991年的83%下降到1994—1995年的58%）转到了东南亚（从17%到42%）。然而，在这个十年结束时，日本投向亚洲地区的外国直接投资水平大幅下降，从1997年的22.6%下降到1998年的16%和2000年的12.2%，然后在2004年回升到35%左右。日本对美国和欧洲的外国直接投资比重在2004年为50%左右，与2000年超过71%和1995年的63%相比，有显著下降。

2.3 为什么进入国外市场?

在上一节，我们简要地提到一些外国投资者通常倾向于在美国收购公司而不是建立公司的原因。现在让我们看看国际公司进入国外市场的原因，这些原因全部涉及提高利润和销售或防止自己被竞争对手蚕食。

提高利润和销售

进入新市场 管理层总是面临提高其公司销售额和利润的压力，当他们面对一个成熟的、饱和的国内市场时，就会开始寻找本国以外的新市场。他们发现：（1）人均国内生产总值上升和人口不断增长的市场似乎是他们扩展业务的理想选择；（2）他们没有开展业务的一些国家的经济正在以比自己市场的经济快得多的速度发展。

创建新市场 正如我们将在第14章讨论的，可以通过许多方式识别和评估潜在的新市场。有关潜在市场规模和总体市场增长率的资源可在一些出版物中找到，例如联合国发展计划的年度报告《人类发展报告》（*Human Development Report*）。查看此类报告中的数据将发现，在按各种变量（如人均GDP）进行排名时，所得出的各个国家增长率差距很大。

虽然几乎每个人都将人均GDP（或与之类似的人均国民总收入［GNI］）作为基础进行国家经济的比较，但使用时必须格外小心，以避免得出不符合实际的结论。首先，因为许多发展中国家的统计系统不完善，由这些国家提供的数据的可靠性值得商榷。

第二，为了将美元作为共同基础，世界银行和其他国际机构将当地货币转换成美元。银行采用调整特定国家和美国之间的相对通胀率差异后的当年汇率和前两年汇率的平均值。世界银行的经济学家也承认，官方汇率不反映相对的国内货币采购能力。"但是，"他们说，"汇率是将国内生产总值从国家货币转换为美元的唯一普遍可用手段。"

第三，你必须记住，人均GDP仅仅是将国内生产总值除以总人口获得的算术平均值。然而，一个具有较低的GDP、但收入分布比较均匀的国家，可能比具有较高GDP的市场更理想。另一方面，你会注意到，有关经济力量的一章（第8章）提到，在一个人均GDP较低且收入分配不均的国家，可能有一个可行的市场，尤其是奢侈品。

《人类发展报告》等资料提供的数据表明，从宏观的角度来看，世界各地的市场在不断成长。然而，这并不意味着各类业务都存在同样良好的机遇。也许令人惊讶的是，一个国家的经济增长导致某些产品将永远失去市场，而同时，其他产品的市场正在出现。以一个处于发展初级阶段的国家为例。这里本地制造业很少，对于消费品出口商来说，这是一个良好的市场。然而，随着经济的发展，管理层看到了获利的机会，（1）在本地生产需要简单技术的各类消费品或（2）用进口零部件组装需要更先进技术的产品。鉴于政府保护当地产业的倾向，一旦这些商品开始在本地生产，对在外国生产的货物的进口通常会被禁止，或通过税收、关税或其他手段进行控制。因此，那些容易制造的消费品（如涂料、黏合剂、化妆品、服装和几乎所有塑料制品）的出口商会开始失去这个市场，现在这里已变成为这些"初级产业"提供原料的生产商的新市场。

优惠贸易安排 大多数国家都经历了人口和人均国内生产总值增长这一事实，但并不一定意味着他们的规模足以保证国际公司投资于（1）从事本国出口营销的组织或（2）本地制造厂。对于许多产品，这些国家仍然缺乏足够的市场潜力。当这些国家作出某种**优惠贸易安排**（preferential trading arrangement）（例如，欧盟或北美自由贸易协定）时，由此产生的市场要大得多。因此，企业经常绕过出口的第一步，利用当地的生产设施完成最初的市场进入步骤。

快速增长的市场 新的国外市场不仅在出现，而且其中很多都在以比国内市场更快的速度增长。例如，寻找足够大的市场以支持本地电器或机械生产的公司将受到日本和西班牙的财富、增长和人口规模的吸引。看了这么多非洲国家的低人均国内生产总值和负增长率之后，你就知道为什么整个非洲大陆的外国直接投资是如此之低。显然，市场分析师将调查其他因素，如法律和政治情况（在第8章和第9章讨论），但对前面提到的《人类发展报告》中那些变量的审查是一个良好的开端。有趣的是，在2007—2008年《人类发展报告》有数据可查的171个国家中，有69个（40%）的人均国内生产总值增长率高于或等于美国1990—2005年间的增长速度。

发展中国家较快的市场增长经常会由于另一个原因出现。当通过出口供应市场的企业建立了一家当地生产工厂后，东道国政府往往禁止进口或设置障碍，使进口很难具有竞争力。该公司在其出口时可能有10或20名竞争对手与其抢夺市场份额，现在可能基本上是自己独占当地市场，或市场上只有少数其他地方生产商。这种情况带来了增长。

改善的通信 这可能被认为是开辟新海外市场的支持性原因，因为像我们在第1章所讨论的那样，通过电子邮件、无线和有线电话以及视频会议快速低成本地与客户和下属进行沟通的能力，无疑给管理层在控制海外业务的能力上带来信心。基于计算机的通信发展带来了虚拟整合，它允许公司在地理位置上更加分散，让管理层可以在全世界寻找成本更低的投入。例如，在家里办公或在附属公司的任何人都可以在世界任何地方即时访问数据库和计算机生成的图纸。

价格相对低廉的优质国际通信使大型保险公司、银行、软件和其他企业成为"劳动力工厂"，即将面向计算机的任务转给世界各地价格低廉但技术熟练的劳动力。比如众多印度软件公司的客户大多在美国。几年前，软件开发团队需要在两国之间飞来飞去。现在，一天结束时，在美国的客户用电子邮件将问题发给印度，而当他们就寝时，印度员工找出解决方案，并在美国客户吃早饭之前将其发往美国。同样一份工作，印度软件工程师得到的报酬往往只有其美国同行的15%至20%。这种"离岸"工作已经越来越普遍，我们将在后面的章节看到，包括第3章和第19章。

获得更大的利润 我们知道，增加总收入或降低商品销售成本会获得更大的利润，往往条件能允许企业可以同时做到这两点。

更高的收入 很少会出现一个公司的国内竞争对手全部进入它的每一个外国市场的情况。在竞争更少的地区，公司能够获得更好的商品或服务定价优势。

越来越多的企业在其业务转向更广泛的全球化时，同时在其国外市场和国内市场推出产品，从而获得更高的收入。这将导致更大的销量，同时降低商品的销售成本。

较低的商品销售成本 无论是出口或海外生产，走出国门通常可以降低商品销售成本。通过出口增加销售总额不仅将减少每单位的研发成本，也可能使其他规模经济成为可能。

可以对商品销售成本产生积极影响的另一个因素是一些国家的政府提供诱人的条件吸引新的投资。例如，土耳其出台了一系列激励新投资者的措施，包括以下内容：（1）进口机械和设备的报关费、税金、关税以及附加值税（增值税）的豁免；（2）固定资产投资总额20%至70%的补贴；（3）资助研发项目的投资和环境投资；（4）建筑和建设税的豁免；（5）在优先发展地区和产业带分配用于公司运营的公共土地；（6）公司税的豁免；（7）出口激励措施，如增值税、出口税和关税豁免，以及出口信贷。这些激励措施旨在吸引潜在的投资者，但一般都构不成外商投资的充分动机。然而，它们对销货成本有积极的影响。

较高的海外利润作为投资动机 毫无疑问，海外投资能够获得更高的利润已成为走出国门的强烈动机。例如，《国际商业》（*Business International*）报道，在接受调查的140家《财富》500强公司中，有90%在外国取得了比国内资产更高的盈利能力。对100家最大的跨国公司进行的一项研究显示，只有18家在海外获得超过50%的收入，但赚取的利润超过50%来自海外业务的有33家。目前，海外业务利润为3,150亿美元，自2003年以来增长了26%，自2000年以来增长了78%。麦肯锡咨询公司估计，美国公司的海外业务利润中股票市值有2.7万亿美元。

测试市场 有时，国际公司会在相对不那么重要的国外市场投放某一产品以测试市场，而不是在国内市场和海外主要市场。这提供了一个调整机会，可以对营销组合（产品、促销、价格、分销渠道）的任何部分进行必要的更改或放弃整个新产品计划，如果测试表明这是必要的。管理者的想法是，在测试市场出现的任何失误，不应对公司的主要市场产生不利影响。因为公司通常在所有市场监测其竞争对手的行动，总是存在市场测试给那些竞争对手带来预警的危险。在第14章，我们将再次研究这一点。现在让我们看看走出国门的另一些原因，将更多地涉及到当前的市场、利润和销售保护。

保护市场、利润和销售

保护国内市场 通常，公司用走出国门保护其国内市场。

跟随海外客户 服务公司（例如会计、广告、市场研究、银行、法律）会在其主要客户所在的市场建立海外业务，以防止竞争对手获得这些客户。他们知道，一旦竞争对手介入国外子公司，向其高层管理展示他们能够做的工作，就有可能会接管整个客户的业务。同样，原始设备制造商（如为汽车生产商供应电池的制造商）的供应商也往往跟随他们的大客户。这些供应商有一个额外的优势，因为他们是以有保证的客户基础进入新市场的。

打入竞争对手的国内市场 有时，公司会在主要竞争对手的本土国设立机构，使竞争对手忙于保护本国市场，而没有太多精力在公司的本土市场与其展开竞争。

使用国外生产以降低成本 面临来自国外价格较低的进口竞争时，公司也可能走出国门以保护其国内市场。通过将其生产设施的部分或全部转移到竞争的来源地，可以获得成本较低的劳动力、原材料和能源等优势。管理层可能会决定在国外生产特定的组件，在本国组装，或者，如果最终的产品在最后组装阶段需要相当多的劳动力，也可能将组件发往海外进行组装。许多国家（特别是发展中国家）提供**出口加工区**（export processing zone），在这里（大多是国外厂商）几乎可以完全不受税收和法规的限制，将材料进口到该区域进行处理后随即出口。这也可以通过使用保税工厂来完成。

在美国和墨西哥的案例中,使用国外生产以降低成本的方法之一是**保税工厂**(in-bond plants),通常称为**边境加工厂**(maquiladoras)。根据与美国达成的协议,墨西哥政府可以从美国免税进口零部件和材料,在保税工厂进行组装、加工、包装,但必须将成品再出口。美国政府允许进口包含美国生产的零部件和材料的成品,仅需支付在墨西哥增值部分的进口税。

超过80%的墨西哥与美国的商品贸易和超过45%的墨西哥非石油产品出口都来自边境加工行业。边境加工厂雇用的工人超过100万,创造了墨西哥制造业约1/5的就业机会。它们的产品主要是LED电子产品、电子机械、运输设备、纺织品和服装。保税工厂的数量近年来有所下降,部分原因是由于竞争对手中国的出现。

边境加工行业正在经历重大转变,从所谓的第一代活动(高度劳动密集和涉及有限技术)朝着更高价值的增值工作发展。墨西哥工资水平自1999年以来增长了71%以上,这一工资上升再加上来自中国和其他具有劳动力成本优势的国家的竞争,加速了这种转变。中国的劳动力成本水平只有墨西哥的1/4,这使得墨西哥在许多低技能、劳动密集型产品上缺乏竞争力。

保护国外市场　将走出国门的方法从产品出口转变为到海外生产往往是基于要保护国外市场的需要。通过出口供应利润丰厚的海外市场的公司的管理层可能已经开始注意到不详的征兆,意味着这个市场正受到威胁。

缺乏外汇　第一个迹象是进口商支付的延迟。进口商可能有足够的当地货币,但可能面临从政府的中央银行购买外汇(货币)的延迟。出口企业的信贷经理询问银行和其他出口商后获悉,这种情况在当地非常普遍,这是该国正面临外汇缺乏的一个可靠迹象。在研究该国的国际收支时,财务经理可能会发现,其出口收入下降,而进口量仍然很高。有经验的出口商此时便会觉察到,进口和外汇管制在酝酿之中,他们极有可能会失去市场,尤其是那些销售消费品的公司。在外汇短缺时期,政府总会给予原材料和生产资料的进口优先权。

如果投资利大于弊,公司可能会决定通过本地化生产来保护这个市场。管理层知道,一旦公司在该国拥有一家工厂,政府将尽最大努力提供用于购买原材料的外汇以维持工厂运转,因为它提供了就业机会。由于竞争产品的进口被禁止,唯一的竞争(如果有的话)将来自其他本地制造商。

竞争对手的本地生产　缺乏外汇不是一个公司从出口转为在当地市场制造的唯一原因。举例来说,即使一个公司的出口业务不断增长并能得到及时付款,它仍然可能被迫在该市场建立一家工厂。这可能是由于其竞争对手也注意到他们的出口量足以支持当地的生产。

如果一个竞争公司将工厂建立在当地市场,管理层必须迅速决定是及时跟进还是冒永远失去该市场的风险。管理层知道,一旦产品在国内生产,许多国家的政府(特别是在发展中国家)不仅将禁止进一步进口,并且将只允许两三个其他公司进入该领域,为这些本地公司保持足够的市场。例如,来自多个行业(如银行、保险、证券承销、电信、法律、及分销服务等)的许多外国公司多年来一直试图进入中国。然而,中国政府禁止或大幅限制外国公司进入这些行业与当地企业竞争，其中大部分企业由当地政府组织所拥有。直到中国加入世界贸易组织时，作为谈判的结果，法规得以放开，允许外国公司以更大的参与度在中国市场提供这些服务。由于这些变化，许多外国公司在中国建立了业务，为本地市场提供服务。

下游市场　一些石油输出国组织（OPEC）国家已在炼油和营销网点进行投资，如加油站和燃料用油分销商，以保证他们的原油在市场上的价格更有优势。雪铁戈（Citgo）的所有者委内瑞拉国家石油公司是在美国的最大外国投资者之一。科威特购买了海湾石油公司在三个欧洲国家的炼油和营销网络，还拥有英国石油阿莫科（BP Amoco）的很大一部分，该公司也是在美国的最大外国投资商之一。俄罗斯最大的卢克石油公司（Lukoil）在美国东部购买了格蒂石油公司的汽油零售商链。这里我们仅举这三个例子。

保护主义　当政府认为进口威胁到当地的产业时，它可能会设置壁垒以阻止或减少进口（参见第8章关于进口壁垒的讨论）。即使这只是威胁，也足以促使出口商在进口国进行生产设施投资。这一原因加上日元强势，使得日本出口更难以与美国产品竞争，成为日本在美国进行投资的重要原因。

保证原材料供应　少数发达国家拥有足够的国内原材料供应。日本和欧洲的许多重要材料几乎完全依赖国外，甚至美国也有超过一半的铝、铬、锰、镍、锡和锌依赖进口。此外，美国内政部估计，美国很快还会将铁、铅、钨、铜、钾、硫添加到关键列表。

要保证连续供应，工业化国家的制造商不得不在发现大多数资源新储量的发展中国家进行投资。有趣的是，尽管日本多年来也在这样做，但它同时也将美国作为原料来源地。一位日本副总领事曾表示：

> 美国提供了丰富的多种原材料。由于日本长期以来依赖美国的各种材料，如粮食、焦煤、木材，因此日本公司在这些必不可少的原料来源地附近建立工厂，是完全合乎逻辑的做法。

一些分析家声称，日美的贸易流动近似于工业化国家和发展中国家之间的流动：工业化国家将制成品销往发展中国家以换取原料。这稍微有点夸张，但几乎所有日本对美国的出口都是制成品和服务产品，而约1/3的美国对日出口为食品、原材料和矿物燃料。

获取技术和管理诀窍　外国公司经常列举的在美国投资的原因是获取技术和管理诀窍。例如，日本的铜矿开采公司日本矿业来到伊利诺伊州，向古尔德公司（Gould Inc.）支付10亿美元购买生产铜箔的领先技术和市场份额，这种铜箔将用于电子产品印刷电路板。

地域多元化　许多公司选择地域多元化作为国内经济或行业进入低迷时保持稳定销售收入和利润的一种手段。通常情况下，在世界其他地区，该行业或其他经济体正处于其高峰期。

满足管理层的扩张愿望　前面提到的较快增长有助于实现管理层的扩张愿望。股东和金融分析师也期望公司继续增长，但那些仅在国内市场经营的公司发现越来越难以维持这种期望。因此，许多企业已经扩展到国外市场。当然，这是来自小国家的公司几十年前所发现的战略，如雀巢（瑞士）、SKF轴承（瑞典）、诺基亚（芬兰）。

这个原因的另一方面有时会促使公司的高层管理者开始寻找海外市场。宣称公司是"跨国公司"可塑造公司非常重要的印象，影响公司的客户。计算机工作站制造商太阳计算机系统公司（Sun Microsystems）在德国开设了一家技术中心，并在苏格兰建造了一家工厂。"要成为市场的主角，你必须是国际公认的"，该公司的欧洲业务负责人说。

我们还知道一个实例，有一家公司经过研究进入了一个市场，是因为其总裁在那里享受了一个愉快的假期，这引起了市场规划人员的关注。

2.4　如何进入国外市场

一旦一家公司经过类似前面的分析，确定它需要或想进入国际市场，接下来必须解决的问题就是要以什么方式进入这些市场。正如你在第1章了解到的那样，供应国外市场的所有方法可归纳为两种活动：（1）出口到国外市场；（2）在该市场制造。第15章讨论每个公司在这两项活动中可以使用的各种选项。

2.5　多国化战略或全球战略？

在世界各地拥有许多制造子公司的多数大型全球性和多国化公司的海外业务都是从出口开始的。一旦他们在这个阶段取得成功，他们往往会在海外建立销售公司，推销其出口产品。只要销售公司能够在一个地区开发出足够大的市场，他们的企业就会在此投资设厂，以组装进口零部件。最后，在当地生产完整的产品。然而，这种外国直接投资外贸的顺序并不代表这就是企业进入的唯一途径。

世界环境正在发生变化

虽然这种线性关系仍然在持续，但影响贸易和外国投资的世界环境正在发生变化：（1）各国政府一般都已实现资金、技术、人员和货物流动的自由化，和（2）信息技术方面的改进使管理层得以在不同地区长距离指挥公司活动。因此，全球竞争加剧，迫使企业努力生产质量更好和成本更低的产品。为了降低成本，他们将一些生产活动转移到成本较低的国家，通过收购和兼并扩大公司规模以实现规模经济。通过开拓新市场增加销售也为制造系统提供更大的规模经济，特别是当公司在所有市场销售相同产品时。

上述增加的全球竞争将推动公司开拓新的市场，无论从他们的竞争对手那里获取市场份额，还是到竞争较少的地区发展。很明显，许多条件都迫使企业进入国外市场。管理层将采用哪种战略——多国化或全球化？换句话说，公司可以在哪些方面进行全球标准化？

七个全球维度

要实现全球化(标准化),管理层需要关注七个维度:(1)产品;(2)市场;(3)推广;(4)产品增值;(5)竞争战略;(6)使用非本国人员;(7)公司的全球所有权。可能性范围从零标准化(多国家)到所有七个维度的标准化(完全全球化)。公司管理层所面临的挑战是确定公司在每一个维度应该全球化到什么程度。通常情况下,全球化的程度在各个维度将有所不同。 例如,洗衣机的推广可能会在很大程度上标准化:人们用洗衣机洗干净自己的衣服,但由于经济原因,在较穷的国家机器必须简单且成本较低。因此,该产品在全球并未标准化。我们会在本书的各个部分回到这个话题,特别是在第12章。

小 结

认识国际贸易的规模,以及它的增长状况。

以当期美元计算的商品和服务国际贸易额在2010年超过18.9万亿美元。商品出口为15.2万亿美元,是20年前的近五倍。服务出口在2010年只有3.7万亿美元,但自1980年以来增长速度一直比商品出口快。

确定贸易方向或贸易的双方。

发达国家往往与发达国家进行贸易,此类贸易占贸易总额的70%以上,占全世界范围内出口的大多数。来自发达国家的出口超过一半也进入发达国家,但在过去35年这一比例在下降。服务出口的结果在许多方面类似于商品出口。区域贸易协定的出现连同其他因素一起,正在改变世界商品和服务贸易的数量和方向。现在全球超过70%的贸易在区域贸易协定成员之间发生。

解释外国直接投资在全球范围和美国的规模、增长及方向。

外国直接投资的账面价值在2006年底接近12.5万亿美元。美国是这一外国直接投资的最大来源地,投资总额是第二大投资者英国的1.6倍,是第三大投资者法国的2.2倍。美国在全球外国直接投资中所占的比重一直在下降,从1985年的36%下降到2006年的19%,而欧盟所占的比例已上升至52%。发展中国家在外国直接投资中所占的比例也在不断提高,在2006年达到13%。按年度计算,在2006年,美国是外国直接投资资金流的最大来源,美元流出总额为2,170亿美元,超过第二大外国直接投资来源法国189%。总体而言,2006年的年度外国直接投资有近66%流入发达国家,其中大多数投资以收购现有公司的形式出现。2001年到2004年外国直接投资最大的流入国都是中国,新兴市场这样为世界各地的外国直接投资所瞩目,还是第一次。外国直接投资的方向与对外贸易的方向相同,也就是说,发达国家在相互投资,就像它们彼此进行贸易一样。请注意,因为新的经营环境,许多国际公司将其制造系统的活动分散到接近可利用资源的地点。地点的决定可能是外国直接投资或贸易决定。

解释进入国外市场的原因。

企业进入国外市场(出口和制造)以增加销售收入和利润以及保护市场、销售和利润。外国公司经常购买美国公司,以获取技术和营销诀窍。外国投资也使公司地理多元化。

认识到国际公司的全球化至少可在七个维度实现，一个公司可以在某些维度部分全球化，而在其他维度完全全球化。

一个公司可以且通常会拥有在某些维度部分多国家化、而在某些维度部分全球化的国际化战略。管理层必须决定公司应在各个维度实现何种程度的全球化。

问题讨论

1. 中小型企业在产生出口销售方面的作用有多重要？
2. 商品和服务贸易在过去20年有何改变？有哪些主要趋势？此信息对于管理层有何价值？
3. "国际贸易中更大的部分是发展中国家的原料与发达国家的制成品的交换。"是否正确？解释原因。
4. "出口量有所增加，但是美国贸易伙伴的重要性顺序排名仍然每年都相同。"是否正确？此信息对管理层有什么作用？
5. 分析外贸数据的价值是什么？例如，出口在不到17年的时间翻了两番对管理层意味着什么？
6. 知道一个国家是另一个国家的主要贸易伙伴对营销分析师意味着什么？
7. 外国投资的不同组成部分是什么？为什么近年来它们之间的区别开始变得模糊？
8. 无论是整体上还是每年的流出和流入上，外国直接投资的水平和方向在过去10年有何改变？为什么这种信息对管理层有用？
9. 为什么在历史上外国直接投资一直跟随着外贸？导致这一市场拓展路径改变的新国际商务环境情况如何？
10. 为什么大部分外国直接投资用来收购现有的公司，而不是建立新的公司？
11. 一个企业可能会进入国外市场的主要原因是什么？
12. 什么是保税工厂？它们为什么会成为制造公司强有力的替代？
13. 公司如何才能通过海外投资保护其国内市场？
14. 管理层可以全球化的七个维度是什么？一家公司在全球化的一个维度多国化，而在另一个维度全球化，这如何成为可能呢？

案例分析2-1　前沿市场：有吸引力的国际投资机会？

近年来许多投资者已熟悉了很多新兴市场，如金砖四国的巴西、俄罗斯、印度和中国，这些地区快速的工业化和国内生产总值增长创造了极具吸引力的投资机会。然而，一些机构和企业投资者已经开始把注意力重点放在前沿市场，这些不同类型的国家包括尼日利亚、肯尼亚、加纳、牙买加、哥伦比亚、厄瓜多尔、孟加拉国、斯里兰卡、蒙古、乌克兰、哈萨克斯坦、斯洛文尼亚、阿拉伯联合酋长国、伊朗、巴林和阿曼。

那么，这样一组极为不同的国家之间有什么共同联系？这些市场往往公司市值水平有限、股市成交清淡、外资持股水平低、监管框架薄弱而且透明度低。

据美林证券公司统计，前沿市场总人口接近10亿，国内生产总值2.4万亿美元。它们的股市资本共有1.7万亿美元。

前沿市场的吸引力

前沿市场对于一些机构投资者很有吸引力，因为它们不与发达国家的股票市场回报率高度相关，有助于分散风险。它们包括一些世界上经济增长最快的国家。近年来，非洲、中东、中欧和东欧许多国家的年增长率为6%或以上，远远高于美国和其他大多数发达国家的增长速度。这些国家往往有丰富的自然资源，如石油和天然气或矿物，或者拥有大量低成本劳动力人口。因此，它们提供了高增长潜力和可能产生高于平均水平回报的不饱和市场。例如，以美元计算，在1998年后的10年间，俄罗斯的市场指数上升超过5000%。进步资产管理公司（Progressive Asset Management）的前沿市场基金经理斯利姆·费里亚尼（Slim Feriani）说，"当津巴布韦、伊朗、古巴、朝鲜等地在政治、经济和社会面貌方面有"一些改善"时，不难想象会产生怎样的回报。"哈格里夫斯·兰斯多恩公司（Hargreaves Lansdown）的投资经理本·伊尔斯利（Ben Yearsley）说："面对它时，你可能想知道为什么会有人在非洲投资。在一些地区，政治不稳定、腐败和民间冲突层出不穷。然而，在此背景下，非洲是一个由54个国家组成的巨大大陆，而其中一些已经开始构建有吸引力的投资方案。"

前沿市场的风险

虽然前沿市场可能提供高回报潜力，但也存在风险。在这些国家中，许多国家存在社会和政治动乱、恶性通货膨胀、货币贬值、严重自然灾害、大范围停电、银行系统运作不良、公司治理薄弱、信息稀缺和不可靠以及经济增长不稳定等问题。例如，在肯尼亚，2008年初的政治纷争导致该国的股市在短短10天下跌11%以上。由于最近的石油和矿产等商品价格上涨，一些前沿市场正在蓬勃发展。如果这些商品的价格下降，这些国家的经济可能遭遇财富的快速缩水。这些国家中有许多股市流动性不足，进入或退出很难不影响股票价格。位于科特迪瓦阿比让的西非地区证券交易所只有39家企业，最近一个交易日的交易只有113笔。一个国家的产业范围往往相当有限，许多国家缺少建立强大公司所需的经验丰富且具有相应技能的管理人才。试图进入这些市场的国际公司可能带来宝贵的管理技能和财力资源，但他们也由于有限的本地联系和文化理解面临的巨大障碍。

前沿市场可能有潜在的公司和证券投资者投资，但投资者需要有点冒险精神，才能抓住这个机会。正如JF资产管理公司的亚洲新前沿市场基金经理拉金德拉·奈尔（Rajendra Nair）所说，"世界上有这么多的流动资金，其中很大一部分都在试图寻找新的投资机会。在许多情况下（前沿市场）比主流市场效益更好，并且由于某些原因，与它们的交易会享有很大的折扣。但不管怎样，我们相信，在这些市场中仍有机会。以孟加拉国为例。去年民主政府被军事政变推翻。这里存在戒严和政治不确定性。但令人意外的是，（到11月）该市场增长了80%"。

问题：

1. 前沿市场投资的主要优势和弱点是什么？
2. 前沿市场对于以下人员和机构是否是有吸引力的投资机会？（a）大型机构投资者，如养老金和股票基金经理；（b）个人投资者；或（c）寻求在前沿市场部分或整体收购公司以获得该公司管理控制权的企业。对于这些类型的投资者，为什么对前沿市场投资会或不会有意义？

资料来源：Jeff D. Opdyke, "The Street's Rush into Far Frontiers Offers Big Game and Bigger Risks," *The Wall Street Journal*, June 16, 2008, p. C1; Shanny Basar and Dawn Cowie, "Naming the Next BRIC," *The Wall Street Journal*, November 15, 2007, p. 24; Merrill Lynch, *Frontier Markets: What, Who, Why*, 2007; David Stevenson, "Private Equity Reaches the Frontier," *Financial Times*, June 7, 2008, p. 9; Ellen Kelleher, "Frontier Spirit Burns Bright," *Financial Times*, April 9, 2008, p. 29; Joanna Chung, Stacy-Marie Ishmael, Simeon Kerr, and Roula Khalaf, "Investors Set Out to Explore New Frontiers of Opportunity," *Financial Times*, November 20, 2007, p. 27; and Andrew Wood, "Investors Seek Adventure Across Asia's New Frontiers," *Financial Times*, January 7, 2008, p. 8.

第 3 章　国际贸易和投资理论

如果国外能提供更便宜的商品，我们最好用自己优势产业生产出来的物品来购买非优势商品。

——亚当·斯密，《国富论》

阅读本章后，你应该能够：

1　解释用于说明某些商品为何要在国际间进行贸易的理论。

2　解释关于外国直接投资的一些理论。

自由市场改革复兴智利经济

要了解一个国家的经济发展战略（该战略极大地依赖该国经济计划制定者的信仰和教育背景），企业管理者们必须对经济理论有充分了解。通过密切跟踪政府领导人的言行，管理者们很容易找到他们说和做所依据的经济理论。如果他们了解理论基础，他们便可以预测政府战略的变化，并充分利用这一预测为他们服务。举个例子，让我们看一下智利的萨尔瓦多·阿连德（Salvador Allende）为首的政府下台后政府策略上所发生的变化。

阿连德政府下台后，智利经济变得一片混乱。年通货膨胀率猛升到1000%以上，国家债务彻底失控。阿连德政府过去遵循的是当时许多发展中国家都实行的一种政策——即有力地干预。该政策包括对进口征收高额关税，以保护本国工业，对私有领域征收高额所得税，从而为政府指导的投资提供资金，以及向某些特定的行业提供巨额补贴。

由于认识到需要进行深入的变革，后阿连德时代的政府任命了一个由保守智利经济学家组成的小组去设计一套新的方案。由于这个小组的成员都毕业于芝加哥大学，因此被称做"芝加哥小子"，他们都是其经济学教授、诺贝尔奖获得者米尔顿·弗里德曼（Milton Friedman）的自由市场学说的追随者。

"芝加哥小子"计划的内容及其对智利经济的影响对于任何具有经济理论知识的人来说都不会感到吃惊。事实上，他们的多数提案都是建立在我们本章讨论的比较优势理论的基础之上的。了解这些提案意义的管理层知道，智利很快会拥有一个需要对其制造业进行大规模结构重整的自由市场经济。

经济学家提出的由政府执行的最重要的一项改革是将进口关税由1000%的极高税率降到10%的基本税率。所有其他进口障碍也都被取消，这样事实上任何人都可以自由地进口任何货物。结果，为了生存，智利制造商和种植业者不得不在世界市场中进行竞争。此外，较低的进口关税降低了进口固定设备的成本，从而鼓励了商业投资。那么倾向于这种新机制的管理层的反应如何？

以前受到1000%的关税保护，从而免于同国外对手竞争的智利最大设备制造商的总裁对这种新计划发表了自己的观点："以前我们有5,000名工人，每名工人年创造的产值只有9,000美元。现在我们只有1,860名工人，每人却年创造43,000美元的产值。我们最终实现了盈利。"

对于那些拥有经济学知识的人来说，当企业失去进口关税保护时，当地产业就会萎缩，这个事实并不奇怪。尽管上面提到的设备制造商在失去关税保护后还能进行竞争，但是大量其他当地设备制造商却被迫倒闭或收缩业务。"我们会失去大部分设备制造业，"37岁的"芝加哥小子"成员，当时任智利中央银行首脑的阿尔瓦罗·巴登（Alvaro Bardon）承认，"我们的电子工业和汽车部件工厂也会如此。"不过，巴登不怎么失望。他说，"这是我们应当进口的产品，同时，我们还有其他应该生产的农产品、林产品、水产品和矿物资源，因为与其他国家比较，我们有自然的优势。"

这些由智利政府采纳的自由市场政策的成果如何？1991—1997年间智利国内生产总值平均增长8%。尽管由于全球金融危机，以及同一时期的严重旱灾，智利采取了紧缩货币政策，从而导致1998年和1999年增长率下降，但是智利坚持实行自由市场政策，并对国际市场保持信心。经济在1999年底实现恢复，到2005年，增长率加速到6%以上，智利的铜在迅速增长的出口值中所占贡献不断增加。智利已经与包括欧盟、南方共同市场、美国、加拿大、韩国、秘鲁、委内瑞拉、玻利维亚、哥伦比亚、厄瓜多尔、新西兰、新加坡、文莱、日本、中国和墨西哥在内的一些国家和地区签订了自由贸易协定。智利良好的治安和稳定性，加上优质的通信和交通基础设施以及高效的金融服务，使其成为跨国公司的一个区域性平台。智利的外国直接投资总额为600亿美元，在未来10年内，该国预计还会取得3%以上的年实际GDP增长率。由美国相关政府机构联合编制的《国家商务指南》报道说，"智利是拉丁美洲地区最具活力、最有希望的市场之一……以市场为导向的改革开始于近30年前，经济日趋多元化，并与美洲、欧洲和亚洲的采购商和销售商建立了强有力的联系，这给智利进一步的发展提供了更广泛的选择。谨慎的经济决策确保其实现了在拉美其他地区难以实现的长期稳定。"

资料来源：World Development Indicators 2008（Washington, D.C.: World Bank, 2008），http://web.worldbank.org/WEBSITE/EXTERNAL/DATASTATISTICS/0,,contentMDK:21725423~pagePK:64133150~piPK:64133175~theSitePK:239419,00.html（May 26, 2008）; *CIA World Factbook*, https://www.cia.gov/library/publications/the-world-factbook/geos/ci.html（May 26, 2008）; UNCTAD, "Chile", *World Investment Report 2007*, http://www.unctad.org/sections/dite_dir/docs/wir07_fs_cl_en.pdf（May 26, 2008）; Dennis R. Appleyard, Alfred J. Field Jr., and Steven L. Cobb, *International Economics*, 5th ed.（New York: McGraw-Hill Irwin, 2006）; "Why Chile's Economy Roared While the World's Slumbered," *The Wall Street Journal*, January 22, 1993, p. A11; "Chile Economy: Ten-Year Growth Outlook," *EIU ViewsWire*, August 17, 2007 http://proquest.umi.com/pqdweb?index=0&did=1367983031&SrchMode=2&sid=2&Fmt=3&VInst=PROD&VType=PQD&RQT=309&VName=PQD&TS=1211816805&clientId=17870（May 26, 2008）; *Doing Business in Chile—Country Commercial Guide*（Santiago, Chile: U.S. Commercial Service, 2004），www.buyusa.gov/chile/en/doing_business_in_chile.html（July 7, 2006）; and *Doing Business in Chile—A Country Commercial Guide for U.S. Companies*（Santiago, Chile: U.S. Commercial Service, 2007），http://www.state.gov/r/pa/ei/bgn/1981.htm（May 26, 2008）.

智利经济学家实施的经济项目是对国际贸易理论的基石——比较优势法则的实际应用。注意智利中央银行领导所接受的教育。在世界范围内，在政府中工作的经济学家一般都是政策制定者和政府领导人的顾问。当他们对政府事务有特别大的影响时，他们经常会被冠以一些贬义的绰号，如在智利被称为"芝加哥小子"，在墨西哥称为"技术员"，在印度尼西亚称为"伯克利黑手党"（是指在加州大学伯克利分校受过教育的经济学家）。

这对于国际管理者的意义是什么？其一，由于他们经常与受过经济学训练的政府官员打交道，管理人员必须有准备地用他们的语言进行交流。当提交方案需要政府批准时，管理人员必须注意这些方案在经济学上是合理的，因为它们几乎肯定会受到经济学家的研究，并通常要经过他们的批准。向政府决策者提议进行大项目的商人们必须了解对他们至关重要的是经济学上的效率，而不仅仅是财政上的合理性。此外，如你在智利案例中所见，经济学概念的知识，尤其是（1）国际贸易、（2）经济发展，以及（3）外国直接投资领域的知识，通常会揭示政府未来行动的迹象。

3.1 国际贸易理论

为什么国家要进行贸易？这个问题以及预测贸易中商品的方向、结构和规模一样是国际贸易理论试图解决的问题。有趣的是，就像无数经济学著作所描述的那样，最早的国际贸易理论的形成是因为政治上的刺激。亚当·斯密为政府干预以及国内国际贸易管制所激怒，出版了《国富论》（1776年），他在这本书里试图摧毁重商主义的理论。

重商主义

亚当·斯密所抨击的**重商主义**（mercantilism）演变于16—18世纪的欧洲。作为一种复杂的政治经济安排，重商主义传统上被解释为把贵重金属的积累作为一个国家国运的至关重要的活动。在重商主义者看来，这些金属是唯一的财富之源。由于英国没有这些贵金属矿产，重商主义者寻求通过国际贸易提供黄金和白银。政府制定了促进出口、抑制进口的政策，这导致了贸易盈余，这些钱用来购买黄金和白银。政府采取诸如进口关税等政策抑制进口，同时向出口商提供补贴以促进出口。这些措施制造了大量贸易盈余，还保护了奉行重商主义国家的国内就业。当然，重商主义的另一个成果是某些经济群体，如国内商人、手工业者和船运者均从中受益，而另一些群体，如消费者和新兴实业家却为之付出代价。

尽管重商主义终结于18世纪末期，但对它的争论仍然存在。许多人仍然认为出口对一个国家有益，因为它创造工作机会，而进口有害，因为它将工作机会从本国转移到其他国家。这种观点首先将贸易看作是一种零和活动，为了获得某种商品，一方必须失去另一种商品。类似地，一种"有利"的贸易平衡仍然意味着一个国家出口的贸易和服务多于进口。在国际收支核算中，为国家带来货币流入的进口被称做"正"，而导致货币流出的出口则被称为"负"。

在美国和欧洲，许多管理人员认为日本由于其贸易保护主义，今天仍然是"重商主义的堡垒"，它为进口商品设置障碍，而其出口商则获得不公平的优势。美国管理人员注意到日本的进口壁垒是由于其专注于自给自足的狭隘传统，以及"我们抵抗他们"的思想观念。一名美国商务部部长曾经说，"他们告诉我们，出于他们的文化，他们不得不保护自己的市场。他们现在仍然没有融入世界。"来自日本人的评论似乎证实了某些美国人的言论。"公众并不赞成完全市场化，"一名日本银行经理这样说，"我们更愿意保留一些我们文化的精髓。如果我们转变为自由贸易，在这个过程中，我们会失去日本文化的精华。"日本仍然采取的重商主义行为之一是维持低廉的日元汇率，从而获得更多的出口份额，减少进口的威胁。例如，在2004年的头三个月，日本银行动用15万亿日元以打压日元对美元的汇率。汽车贸易政策委员会估计，弱势日元会为日本汽车制造商提供相对于欧美竞争对手15%～20%的成本优势。日元对美元的汇率每下跌1日元，丰田公司的营业利润就会增加约3.5亿美元。德国汽车工业协会（VDA）总裁贝恩德·戈特沙尔克（Bernd Gottschalk）说，"这种由于货币影响造成的单方优势对于产品真正的竞争力或吸引力来讲毫无用处……日元带来更多无形的价格和成本优势。"类似地，中国为其货币定价的方法最近也引起了新重商主义争论。

绝对优势理论

亚当·斯密驳斥重商主义，认为应当由市场的力量，而非政府控制来决定国际贸易的方向、规模和构成。他主张在自由的、不受管制的贸易中，每个国家应当专门生产可以产生最高效益的产品——它对此拥有**绝对优势**（absolute advantage），不管是自然的还是后天的。一些产品会用来出口，以进口在其他地方生产会更具效率的产品。斯密通过他所举的例子表明交易的两个国家都将从贸易中获得益处。

举例　假设有两个国家和两种产品处于完全竞争，并且没有运输成本。比如在美国和中国：（1）一个单位的投入（包括土地、劳动力和资本）可以生产下表中所示数量的大豆和布，（2）每个国家有两个单位的投入可以用于生产大豆或布，（3）每个国家使用一个单位的投入生产每种产品。如果两国都不进口或出口，表中所示的数量也就全部供本国消费。两国的总产量是4吨大豆和6匹布。

商品	美国	中国	总计
大豆（吨）	3	1	4
布匹（匹）	2	4	6

在美国，一个单位的投入可以生产3吨大豆或2匹布。因此，3吨大豆与2匹布的价格应该相同。不过，在中国，由于生产1吨大豆的投入可以生产4匹布，因此1吨大豆的价格应当等于4匹布。

美国在大豆的生产上具有绝对优势（3比1）。中国的绝对优势在布匹生产上（4比2）。世界上有谁会为1匹布向中国的布匹制造者支付超过1吨大豆的价值吗？根据本范例，所有美国大豆生产商都会，因为他们在本国用3吨大豆只能换得2匹布。类似地，中国布匹制造商一旦得知他们每4匹布在美国可以换得超过1吨大豆时，会渴望用中国的布匹交易美国的大豆。

每个国家的专长　假设每个国家都决定使用其资源仅生产其具有更高效率的产品。下表显示了每个国家的产出。注意在相同的投入单位下，总产量出现在更高水平。

商品	美国	中国	总计
大豆（吨）	6	0	6
布匹（匹）	0	8	8

贸易条件（国际价格比率）　有了这种专门分工，现在两种商品的总产量更大，但要消费这两种产品，两个国家必须彼此交易剩余的产品。那么这两个国家愿意进行交易的范围是多少？显然，中国布匹制造商如果每交易4匹布能得到1吨以上大豆的话，会用他们的布匹换一些大豆。同样，美国大豆种植者如果用少于1.5吨大豆得到一匹布也会拿一些大豆进行交易。

如果这两个国家取交易范围的中间值，这样两国在交易中的收益相等，他们会同意用1.33匹布交易1吨大豆。双方都会从这种分工中受益，因为他们都会得到以下的数量：

商品	美国	中国	总计
大豆（吨）	3	3	6
布匹（匹）	4	4	8

从专业分工和贸易中获益 由于两国分别专门生产不同的产品，这样变得更加有效率，并且用剩余产品交换他们无法高效生产的产品，双方获得以下收益：

商品	美国	中国
大豆（吨）		2
布匹（匹）	2	

当然，两国都通过贸易获得了收益。

尽管亚当·斯密的逻辑有助于说服许多国家的政府放弃贸易壁垒，并鼓励增加国际贸易，但是它没能平息那些缺少任何绝对优势项目国家的忧虑。如果一个国家在大豆和布匹生产上都具有绝对优势呢？是否还存在贸易的基础？

比较优势理论

大卫·李嘉图在1817年阐述，尽管一个国家相对另一个国家在生产两种不同产品上都具有绝对优势，国际贸易还是会为两个国家都创造利润（因此代表正和博弈，或者两国均受益但其中之一从贸易中受益更多）。在这一创造利润的贸易中唯一的限制是效率较低的国家不能在两种商品的生产中效率相同。为了描述这种情况如何发生，让我们稍微改变一下上面的例子，现在让中国在生产大豆和布料上都具有绝对优势。注意，与中国相比，美国在制造布料上比生产大豆效率更低。因此，按照李嘉图的理论，它在生产大豆上具有一种相对优势，或**比较优势**（comparative advantage）。

商品	美国	中国	总计
大豆（吨）	4	5	9
布匹（匹）	2	5	7

每个国家的专长 如果每个国家都专门做其最擅长的，其产出会如下表：

商品	美国	中国	总计
大豆（吨）	8	0	8
布匹（匹）	0	10	10

贸易条件 在这种情况下，进行贸易的条件会是中国大豆种植者在中国拿1吨大豆换1匹布，而美国布匹制造者在美国用1/2匹布换1吨大豆才能成立。尽管比较优势理论

没有解决交换率的问题，但它的确指明了对双方均有利的贸易范围存在于贸易前的价格比率中。

让我们假设交易双方同意用1/2匹布换1吨大豆的交易率。双方都会从这种交易和分工中受益，如下表所示：

商品	美国	中国
大豆（吨）	4	4
布匹（匹）	3	7

注意，此时中国有2匹布的盈余，而大豆的数量则比以前少1吨。美国有同样数量的大豆，但布的数量多了1匹。不过，中国的布匹制造商会在其他地方用1匹多余的布交换至少1吨大豆。这样，最终的结果如下：

商品	美国	中国
大豆（吨）	4	5
布匹（匹）	3	6

从专业分工和贸易中获益 在本例中专业分工和贸易中的收益如下：

商品	美国	中国
大豆（吨）		
布匹（匹）	1	1

生产可能性边界 我们也可以使用生产可能性边界，用图形来说明从贸易中获利。图3-1 为了简便起见，使用固定成本绘制了中国和美国的生产可能性边界。这些曲线，在没有进行贸易时，也表示用来消费的可能的货物组合。在贸易前，中国可能生产和消费5吨大豆和5匹布（A点），而美国生产和消费4吨大豆和2匹布（A点）。

每个国家专门生产其具有比较优势的商品，并将剩余产品与另一方进行交易，两国都能够在B点消费。每个曲线下的阴影部分表示从交易中获得的收益。

这种比较优势的简单概念只是作为国际贸易的基础存在，即使一个国家在所有交易的商品的生产中都相对另一个国家处于优势地位。

注意我们的例子中提到一单位的投入。这是李嘉图和斯密所举例子的现代版，他们仅用了劳动投入。他们这样做是因为当时仅有劳动在计算生产成本时被认为是重要的。而且没有对结合不同的要素生产同样产品的可能性给予考虑，也没有解释为什么生产成本不同。这个事情直到1933年由瑞典经济学家贝蒂尔·俄林（Bertil Ohlin）完成，他根据瑞典经济学教授埃里·赫克歇尔（Eli Heckscher）1919年发表的著作，发展出要素禀赋理论。

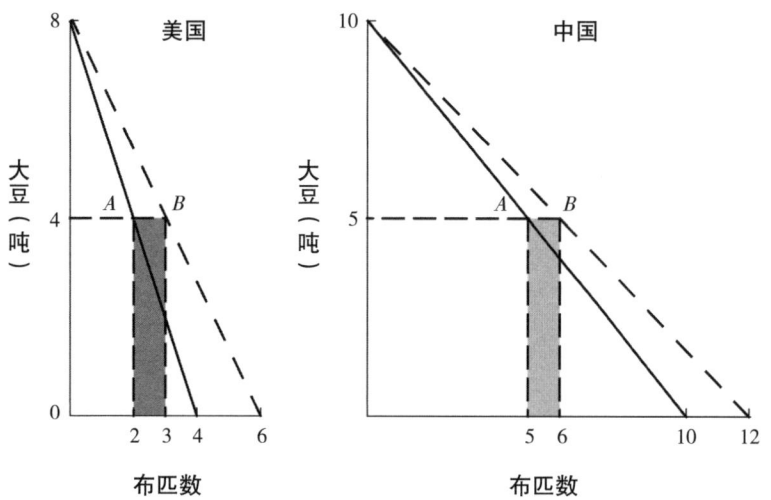

图 3-1 贸易前后的生产和消费可能性边界

赫克歇尔-俄林要素禀赋理论

赫克歇尔-俄林**要素禀赋**（factor endowment）理论认为生产成本的国际和地区间差异是由于生产要素的供应不同而产生的。一个国家拥有大量生产某种产品所需的要素（因此更廉价），生产成本也会更低，因此这些产品在国际市场上售价也较低。例如，印度比起德国劳动力相对充足，所以应当集中生产劳动力密集产品；德国的资本比劳动力更充足，应当专门生产资本密集型产品。当这些国家进行贸易时，每个国家都将以较低的价格获得那些需要大量本国相对稀缺的生产要素的产品，双方都会从交易中获益。

该理论在解释当前贸易模式时作用如何？总的来讲，当前的贸易模式与赫克歇尔俄林理论相当吻合。国土面积相当大的国家（如澳大利亚）出口土地密集型产品（如谷物和牛肉），人口相当多的国家（如印度尼西亚和孟加拉国）出口劳动密集型产品。但是也有例外，部分原因在于俄林的假设。其中一个假设是要素的价格仅取决于要素禀赋。我们知道这是不正确的。要素价格不是在完全市场中制定的。例如，法定最低工资和福利可以迫使劳动力成本比工人所制造的产品价值提高一个百分点。免除投资税可以使资本成本低于市场成本，等等。结果是，要素价格不能完全反映要素供应。

俄林还假设某一给定技术可以被广泛地使用，但事实并非这样。在引进新的生产方式及其在世界范围内得到应用之间总是有一个滞后。因此，卓越的技术通常会让一个国家以比另一个拥有更多必要要素的国家以更低的成本生产商品。一个密切相关的假设是给定的产品是劳动密集型还是资本密集型。例如，观察建筑方式，欠发达国家会通过一群工人用桶来倾倒混凝土，或由操作员用起重机来倾倒。

里昂惕夫悖论 经济学家瓦西里·里昂惕夫（Wassily Leontief）于 1953 年进行的研究对赫克歇尔-俄林理论作为贸易方向的预报器的作用提出了质疑。这项被称作里昂惕夫悖论的研究发现世界上资本最密集的国家之一美国，在出口劳动相对密集的产品，以换取资本相对密集产品的进口。经济学家推测这可能是由于美国出口需要大量教育和培

全球视点   印度的比较优势和离岸服务职位

威普罗公司在印度班加罗尔的员工在进行使用专门软件的培训,以便向海外客户提供软件服务。

印度是一个人口超过10亿的国家,比起发达国家,其他资源相对较少。因此,它在生产需要大量劳动但资本相对少的产品和服务上具有比较优势。不过,印度有一个额外的比较优势,就是它的许多公民讲英语(许多印度学校和大学用英语授课,而不是用该国其他18种主要语言和844种方言授课)。因此,由于印度庞大的劳动力数量(约4.5亿,每年又有1,000万进入劳动力市场),失业率较高(官方统计的失业率为8%,但是贫困率超过20%),加上农村人口所占比例较高,工人缺乏劳动技能(只有2%的印度人拥有电脑,这制约了以电脑为基础的技能的发展),它的劳动力价格相对较低。由于互联网和移动电话通信越来越廉价,印度更多地运用其讲英语的劳动力资源来向外国公司及其客户输出如软件工程、客服、电话推销、信贷或按揭申请审核、血液测试分析和其他医疗服务,以及投诉处理之类的服务,这个过程称做离岸外包(offshoring)。

印度的IT业实现的收入约占印度GDP的近5%,预计从2007年到2012年,由于电脑价格下降、新的税收激励以及印度政府采取的将该国广大且孤立的农村同外部世界联系起来的努力,该领域的总规模还会翻倍。《财富》500强企业如亚马逊、IBM和美国运通,以及许多中等规模企业,已经向海外提供了数百万个职位,其中许多外包(outsourcing)给了其他公司。IT顾问公司高德纳(Gartner)估计,至2010年多达25%的传统IT职位已离岸外包给发展中国家。到2015年,据估计,将会有340万个美国工作机会,1,360亿美元的薪资总额会被离岸外包,印度良好的定位会获得绝大多数业务。麦肯锡咨询公司的诺什尔·卡卡(Noshir Kaka)认为,"该行业对于印度的重要性就像汽车对于日本和石油对于沙特阿拉伯那样"。

例如,在2005年,超过25万美国个人和公司的税单是在印度编制的,而2002年只有2万,预计到2010年,这个数字会增加到160万。从纳税人处得到的文件扫描后以电子形式发送到印度,表格在那里填写完并发送回美国进行检查、确认并且由美国会计师签字。在税收高峰期,美国的税务编制者每月的成本超过3,000美元,与此相比,印度工人的成本不到300美元。没有任何要求纳税人被告知他们的税务工作是在国外完成，多数会计公司向他们收取与由美国会计师所做工作同样的费用，因此这样做有助于提高利润。

金融服务和保险公司也在积极地寻求离岸外包。超过80%的全球财务服务公司有离岸外包机构，离岸服务的范围在迅速扩展。"离岸外包已经释放出新的竞争动态。较大的公司在推动整个金融服务行业的变革，并使用离岸外包来开创一种相比较小竞争对手的竞争优势，"来自专业服务公司德勤（Deloitte）的克里斯·金特尔（Chris Gentle）这样说。"离岸外包在从根本上改变金融机构做生意的方式，创造了一种全球范围的劳动分工，它需要新的运营模式、新的结构和新的管理技能。"

"这是变革阵痛中的全球化行业。这是一个游戏规则被（印度公司）重新改写的领域。这就是已经变得明显，并日益为人所接受的变化，"发展迅速的印度印孚瑟斯公司（Infosys Technologies）的CEO南丹·奈尔卡尼（Nandan Nilekani）这样说。他说，这种变化的基础是在印度创建并在其他低成本国家复制的"全球交付模式"。例如，在IT领域，印度有大量的软件工程师可以从事"离岸外包"项目，向美国的客户在线提交成品。"我们的业务创新在迫使竞争对手重新设计经营方式。"

这种无序的变化正在迫使许多行业的经营模式进行转变。尽管许多人一想到印度的外包时，就会想到低技能的职位，如电话营销和呼叫中心，但是外包业务的复杂程度和技术水平正在不断上升。这种趋势的一个巨大驱动力就是印度拥有合格的人才这笔财富。NASSCOM-麦肯锡的研究发现印度拥有低成本国家中28%的技术服务人员，这些潜在雇员的成本仍然极为低廉。按照波士顿咨询集团的研究，印度软件工作师的一般年薪为5,000美元，该行业中拥有硕士学位的人才挣7,500美元，只有他们美国同行收入的1/10水平，尽管通货膨胀在缩小这一差距。

服务业占美国经济产值的60%，雇用约2/3的美国工人，所以服务岗位外包在美国社会各领域产生忧虑就不令人吃惊了。美国电气和电子工程师学会总裁约翰·斯特德曼（John Steadman）警告道，"如果我们继续将高技术的专业岗位离岸外包，美国可能会失去创新领域领导者的地位。"英特尔公司的CEO安德鲁·格罗夫（Andrew Grove）警告，"这种趋势是否会导致美国失去信息技术上的主导地位，就像电子加工领域那样，的确是一个问题。"在回应新泽西州的受救助者们针对向一家印度公司外包而提出的关于他们自身利益的问题时，州参议员雪莉·特纳说，"我被激怒了。我们在新泽西，就像在其他每一州那样，要求社会福利受助者们去找工作，但是我们却又把工作机会送给海外……这样，那些公司会赚更多的钱。"她指出失业者不用纳税，而税收上的损失恶化了预算赤字。具有讽刺意味的是，公众对于离岸外包日益增加的忧虑使更多公司知道了通过这类行为可能节省成本，从而促进了这一趋势。

另一方面，一些人却认为离岸外包会有助于从整体上强化美国的工业和经济。外包不一定是零和博弈，它不仅仅是一位印度工人代替一位美国工人。当美国公司在海外雇用低成本的劳动力时，他们经常必须雇用其他工人以配合日益增加的海外劳动力。海外扩张也会导致企业改进在美国的活动范围，日益重视高附加值的经营活动，而不是已经离岸外包的低技能职位。将工作转移到海外低成本地区可能会降低美国国内商品的价格，从而提升美国消费者的购买力，促进消费者的开支和经济活动，从而创造更多岗位。正如《华尔街日报》社论所说，"世界经济是一个动态的企业。海外创造的工作也会在国内产生就业岗位。对于美国人不仅意味着更多的工作，还意味着技术更高、薪水更高的职位。同时，贸易给消费者提供了数量更大、品种更多、价格更低的产品和服务。"

印度能为劳动密集型服务活动提供讲英语的劳动力这一比较优势，通过企业的开发，你可能越来越多地发现，你会同一名工作地点在印度而不是你本国的服务人员讨论你的充值卡账单或在线购物，或接受援助修理你的多功能电脑。

资料来源：Business Monitor International, The India Information–Technology Report 2008（London：Business Monitor International, 2008），http://www.businessmonitor.com/it/india.html（June 1, 2008）; Meg Fletcher, "Moving Services Offshore," Business Insurance, June, pp. 16–17; Joanna Slater, "In India, a Job Paradox," The Wall Street Journal, May 5, , p. A12; Julie Gallagher, "Redefining the Business Case for Offshore Outsourcing," Insurance & Technology, April, pp. A5, A8–A9; Khozem Merchant, "The Future on India's Shores," Financial Times, April 21, , p. 8; "Outsourcing 101," The Wall Street Journal, May 27, p. A20; Rebecca Paley, "Fighting for the Down and Out (sourced)," Mother Jones, May/June, pp. 20–21; Manjeet Kripalani and Pete Engardio, "The Rise of India," BusinessWeek, December 8, , pp. 66–76; Robert Orr, "Offshoring Opens Gap in Financial Services Race," Financial Times, June 29, p. 9; and SourcingNotes, "Offshoring Tax Returns Preparation to India," http://www.sourcingnotes.com/content/view/197/54/（June 1, 2008）.

训投资并由高技能工人生产的技术密集型产品，同时进口需要资本密集型大规模生产但流程由非熟练劳动力操作的成熟技术产品所致。哈佛经济学家萨克斯和沙茨进行的一项研究发现实际上美国已经提高了其技术密集型产品向发展中国家的出口，并且降低了其非技术性产品的出口。对这种贸易模式中明显的悖论的另一个可能解释是，许多产品可以既由资本密集型也可以由劳动密集流程生产，就像上段中提到的那样。国际贸易壁垒的结构也可以部分解释里昂惕夫的发现。里昂惕夫研究的一个重要成果就是，认识到在诸如不同的劳动种类、自然和资本资源中可能存在差别（如，一些劳动是技能性的，另一些劳动相当大程度是非技能性的，这两种类型劳动的生产率差距可能非常大），这些因素有助于解释贸易的水平和方向等问题。

审美差异　　赫克歇尔–俄林也忽视了交通成本，但产品的运费是如此高昂，以至于落地成本（出口销售价格加交通费用）远远高于本地生产的产品。在这种情况下为什么还会产生贸易呢？这是由需求方的观念决定的，这个观念在经济理论中很难处理，因此一直被我们所忽视，它是指审美的差异。但是管理者们不能忽略这种差异，因此它可以使贸易向比较优势理论所预测的相反方向流动，即从高成本向低成本国家流动。法国向美国销售葡萄酒、化妆品、服装，甚至饮用水，所有这些产品由美国生产的价格一般都比法国的低。德国和意大利向美国销售保时捷和玛莎拉蒂，尽管美国是世界上最大的汽车生产国之一。美国人买这些商品不仅是出于价格这个我们正在分析的变量，而且是出于审美上的偏好。在文化、气候、收入水平和人口结构上的不同可以产生各种偏好，进而影响贸易模式。

我们提出了比较优势但没有提到货币；不过，一个国家的比较优势可能会受到生产要素成本差距的影响，这些生产要素以本国货币和其他国家货币计价的价值是不同的。正如我们将在下面看到，货币可以改变贸易的方向。

货币如何改变贸易的方向

假设在绝对优势例子中平时生产大豆或布匹的土地、劳动和资本总成本在美国为10,000美元，在中国为80,000元。每单位成本如下：

商品	单位价格	
	美国	中国
大豆（吨）	10,000/3 = 3,333美元/吨	80,000元/1 = 80,000元/吨
布匹（匹）	10,000/2 = 5,000美元/匹	80,000元/4 = 20,000元/匹

为了确定是在当地买还是进口更有利，贸易商需要了解以本国货币计价的价格。为了将外国货币转换成本国货币，他们通常使用汇率。

汇率 汇率（exchange rate）是以另一种货币表示的一种货币的价格。如果当前的汇率是1美元=8元人民币，那么1元一定价值0.125美元。使用1美元换8元的汇率，在上个例子中美国贸易商获得的价格如下：

商品	单位价格（美元）	
	美国	中国
大豆（吨）	3,333	10,000
布匹（匹）	5,000	2,500

美国大豆生产商将大豆出口到中国比在国内销售每吨将多挣6,667美元，但是中国布匹制造商将布料出口到美国可以盈利吗？为了找到答案，他们必须将美元价格转换成人民币价格。

商品	单位价格（元）	
	美国	中国
大豆（吨）	26,664	80,000
布匹（匹）	40,000	20,000

显然中国的制造商会向美国出口布匹，因为他们可以以更高的价格即40,000元每匹销售。而美国的布匹制造商，在美国销售则需要更强大的销售手段，因为他们要克服2,500美元的价差。李嘉图没有考虑这种可能性。在他的时代产品被认为是同质的，因

此首要考虑的因素是价格。

汇率的影响　只要汇率保持在大约1美元兑换8元人民币，大豆销售到中国，布匹销售到美国将一直是贸易的方向。但是如果美元升值到1美元能兑换24元人民币，美国大豆的价格按人民币计算和中国大豆相同，这时进口就会停止。另一方面，如果美元兑人民币汇率降到1比4，那么1匹中国布料对于美国经销商来说会价值5,000美元，他们就没有理由去进口。

下面的例子说明了欧元升值对美国出口到欧洲的以欧元计价的商品的影响。

> 假设波音公司想将其787"梦幻客机"定价为1亿美元。2007年5月，在1.207美元兑1欧元的平均汇率下，该公司该飞机以欧元计价为8,285万欧元。2008年5月，当平均汇率为1.577美元兑1欧元时，波音公司该飞机1亿美元的定价只相当于6,341万欧元，下跌了1,944万欧元。在试图将飞机卖给对价格敏感的欧洲航空公司时，这种变化增强了波音公司对其欧洲竞争对手如空中客车的竞争力。

在世界市场上一个国家重新获得竞争力的另一个方式是通过**货币贬值**（currency devaluation）——降低其以其他货币计价的价格。值得注意的是，在许多情况下，这种行为可以使国内价格相当程度上保持不变。

> 为了抑制不断蔓延的通货膨胀，阿根廷政府决定比索与美元保持固定汇率，1比索兑1美元。尽管钉住美元的政策为该国成功地带来财政上的稳定，它也让阿根廷成为世界上进行商务活动成本最昂贵的国家之一。许多人责备1998年以来实行的紧钉美元政策造成了衰退，并导致高失业率。尽管该国的平均月工资只有600美元，但许多东西的价格与欧洲相似。公众的不满导致了广泛的暴力，阿根廷总统宣布辞职。2002年1月，在就任三天后，阿根廷临时政府放弃了历时十年之久的固定汇率政策。几乎同时，比索的汇率经历了戏剧性的突然贬值，在5个月内从1比索兑换1美元跌到仅能兑换27美分。进口价格越来越高，出口变得更有吸引力。在一年的贬值后，出口占国民生产总值的比重从2%升到7%。国内投资和生产的增长取代了进口。失业率下降了一半，变为13%。国内生产总值三年增长了38%。

对贸易方向的一些新解释

我们在上文讨论的国际贸易理论仅仅是对20世纪下半叶以前的贸易的理论性解释。自那以后，对于国际贸易已经发展出一些新的可能解释。

林德重叠需求理论　另一名瑞典经济学家斯特凡·林德（Stefan Linder）认识到基于要素禀赋的供给导向的赫克歇尔-俄林理论，适合解释初级产品的国际贸易。但是，他相信对于制成品的贸易，需要有另一种解释。在其最纯粹的形式中，赫克歇尔-俄林理论预计发达国家更愿意与发展中国家贸易，因为它们之间有着不同的要素禀赋，而不是与其他有类似要素禀赋的发达国家贸易。相反地，林德需求取向的理论指出消费者的审美受到收入水平的强烈影响，因此一个国家的人均国民收入水平决定了他们的产品种类需求。因为企业家会生产满足这种需求的产品，生产的产品类型反映了该国的人均收入水平。生产用于国内消费的商品最终会被出口到有类似收入水平和需求的其他国家。

林德理论因此推断，制成品的国际贸易额在人均国民收水平相似而不是相差很大的国家间会更大，这正是我们在第2章回顾国际贸易数据时所观察到的情形。尽管两个发达国家可能有类似的要素禀赋，在赫克歇尔-俄林理论中它们之间的贸易会很有限，但是这些国家仍然可以保持大量的贸易。它们之间贸易的商品是那些有重叠需求（两国消费者都需要的产品）的产品。例如，如果一个美国公司例如苹果，为本国市场发明了一种功能先进的手机，这种手机最好的出口机会将是其他发达国家，如日本和西欧国家，即使那些国家有自己的手机生产商。注意，林德的模型与比较优势模型是有区别的，该模型没有说明给定商品的流动方向。实际上，林德指出一种商品可以向任意方向流动。当然，你会认识到，这种行业内贸易的出现是由于产品差异化；例如，摩托罗拉向瑞典和日本出口手机，索尼爱立信向美国出口手机，是因为两国的消费者对品牌的认知不同。

国际产品生命周期 国际产品生命周期假设是雷蒙德·弗农（Raymond Vernon）在20世纪60年代提出的。这种概念主要关注贸易模式中创新的作用，认为产品存在国际化阶段走向标准化阶段的一个完整生命周期。周期最初的创新阶段借鉴了林德理论中企业家抓住市场机会的激励和反应。产品经历的后三个阶段将在图3-2中说明，并随后描述。这种概念可以应用于在任何工业化国家中公司引进新产品，但由于在美国，更多新产品以商业规模成功引进，所以让我们研究一下应用于该国的**国际产品生命周期**（international product life cycle，IPLC）。

1. 美国出口。因为美国拥有相比世界上其他国家更多的高收入消费者，所以争取客户的竞争非常激烈。生产商因此被迫不断寻求更好的方式满足他们客户的需求。为了提供新产品，各公司都在设立研发实验室，这些实验室必须与产品研发所需材料的供应商保持持续的联系。他们的供应商同样位于本国这一事实使这种联系更加方便。在产品生命周期早期阶段，产品的设计和生产方式不断变化。通过接触市场，管理层可以对客户的反馈迅速地反应，并且更轻松地在本地提供维修服务。这些要素加起来，使美国成为新产品生产的领导者。美国公司会暂时地成为该产品唯一的生产者；海外消费者在得知这种产品后，将不得不从美国公司购买产品。因此出口市场得以发展。

2. 开始国外生产。海外消费者，尤其是发达国家的消费者，对购买这些产品有类似的需求和能力。出口量不断增长，扩大到足以支持本地生产，尤其是在较大的市场。生产该产品的技术日益稳定，如果创新者是一家跨国企业，它通常会给它的分公司发送如何生产这种新产品的全部细节信息。如果本地没有分公司，国外经理人在知道这种产品后，会从生产新产品的公司购买生产这种产品的许可证（他们也可以围绕创新者的技术进行模仿，以便抓住市场机遇）。这时就会开始海外生产，这样也会由于交通和本地通

图3-2 国际产品生命周期

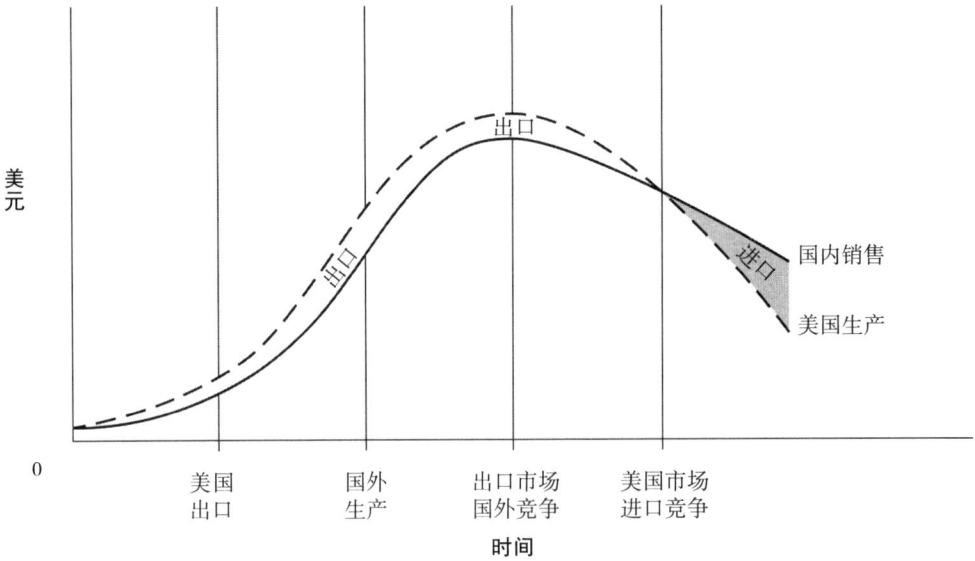

信降低产品成本,提供成本优势。美国公司仍然会向没有生产能力的市场出口这些成品,但由于颁发生产许可和外国直接投资取代出口成为国际市场的供应来源,出口增长率会下降。

3. 出口市场的国外竞争。之后,当外国生产者获得了营销和生产方面的经验,他们的成本也会下降。如果他们具有诸如低劳动成本或原材料成本等优势时,他们的价格会低于美国生产者的价格。在此阶段,外国公司在出口市场中进行竞争,结果是美国出口销售持续下降。到了这个阶段,创造该产品的美国公司可能已经开发出更新的版本,并开始逐步降低原产品的生产,以便集中力量进行创新。

4. 在美国的进口竞争。当国内和出口销售促使外国生产者获得了美国公司一样的规模经济时,他们可以同美国公司在质量上进行竞争,并占领美国市场。从那时起,美国市场将全部(或接近全部)依靠进口。电视机、鞋类和DRAM(动态随机存储器)半导体芯片就是这样的例子。这对美国创新公司造成日益沉重的压力,使他们进行产品创新和改进,这可能伴随着一种新的国际产品生命周期。

我们在讨论国际产品生命周期的概念时,曾认为当劳动力成本较低的欠发达国家获取技术,并取得相对于工业化国家更低的成本优势后,该周期可能被欠发达国家所重复。尽管只有极少量研究对国际产品生命周期的概念进行证实,世界银行所做的一次研究似乎对生产地点的变化提供了如下可接受的解释:

> 当这些国家在比较优势水平上获得持续进步时,他们的出口可以取代那些升级到更高水平的国家的出口。这一点的例子是日本,它的比较优势已经转移到高度资本密集型产品的出口上。反过来,具有相对高人力资本禀赋的发展中国家,可以在劳动密集型产品的出口上取代日本的位置;具有相对较高天然资源禀赋的国家,如巴西和墨西哥,会取代日本在资源密集型产品出口上的位置。最后,发展水平较低

的国家可以取代中等国家在低技能劳动密集型产品出口上的位置。

最近，人们开始关注被称做"天生全球化"的新兴公司，这些公司几乎从一开始就全球化经营。尽管一些人认为他们不必以典型国际产品生命周期的方式使其经营和产品全球化，但是他们通常以一种渐近的方式逐步提高其对国际市场的承诺，这大致符合国际产品生命周期的概念。

技术生命周期　在产品生产（如在炼钢中改进铸造工艺，或汽车生产中使用自动化喷涂设备）中区分新产品和使用的新技术是非常有用的。尽管国际产品生命周期概念的重点仅放在用于消费的最终产品上，但在生产技术上似乎出现一种密切相关的现象，可以被称为国际技术生命周期。生产工艺和设备具有一种从最初开发，到先进工业国家使用，到最终为发展中国家采用的周期。这种周期是重要的，因为生产技术和设备可以是来自工业化国家的重要出口产品。

技术生命周期的概念来源于工业化国家高收入—高工资的趋势。这里有一种对投资新的、降低劳动的技术的激励，这样会降低与高成本劳动力有关的成本。工业化国家因此努力成为开发提高劳动生产率的新生产技术的创新者。提高生产率可以进一步增加工资，促使人们继续努力开发新技术。

这些发展结果会成为类似国际产品生命周期的技术周期。最初的阶段包括新技术在工业化国家的开发（如在汽车上自动焊板的机器）。这种技术一开始在创新国家使用，随后出口到其他有高劳动力成本的发达国家。这种技术不会很快出口到发展中国家，因为这些国家有大量低成本劳动力，因此不会使用过于资本密集型的新技术。随着时间推移，工业化国家中日益增加的劳动力成本达到一个临界点，在该国使用这项技术已经无利可图。与此同时，一些发展中国家的劳动力成本达到了使用该技术有利可图的阶段。该技术开始从工业化国家出口到发展中国家。随后在该周期中，技术（如机器）可能在发展中国家制造，用于其国内消费，甚至出口到国际市场。

当然，为了维持高收入和经济繁荣，工业化国家有动力继续发展改进技术。这种压力在发展中国家迅速攀登技术"阶梯"，从生产简单、标准化的产品到技术和产品创新的情形中尤为敏感。这种过程在韩国、中国台湾和新加坡等国家和地区更为明显，而其他国家如中国、泰国和印度正处在这种进程的早期阶段，他们有雄心，同时也迅速向具有国际技术能力发展。这种技术周期，通过诸如提高能力和降低电信成本、资本和商品跨国流动更大的自由，以及市场和竞争的日益国际化等因素而不断加快，加剧了富国维持其技术领导者地位的挑战。

技术演进不总是符合上面所述的周期。技术创新的最初应用甚至会从一个海外发展中国家市场开始，请看下面的例子：

> 汽车制造商最近开始在生产操作中应用一种称作"模块化"的技术方法。供应商使用这种方法不是供应单独的部件，而是向汽车生产商提供组装好的部件模块，如完整的悬挂系统或仪表板。美国工会抵制这种模块化，将它看作是一种会减少汽

车制造商操作岗位的外包形式。因此，克莱斯勒公司在巴西的运营中最早使用这种模块化概念。一家巴西本地供应商负责为克莱斯勒达科塔皮卡提供整套车架。预计这种生产工艺创新会为每辆车降低数千美元的成本。

规模经济和经验曲线　20世纪20年代，经济学家开始考虑多数工业从规模经济上获益这一事实；这意味着，工厂规模越大，产量越高，生产每单位产出的平均成本就会越低。这种情况的发生是因为越来越多的高效设备得到使用，企业可以从大量采购中获得折扣，以及将研究设计费用和管理成本分配到更大的产量中等原因。多数生产都取决于规模经济，采矿和运输业也趋向于从规模中得到更多的回报。由于学习曲线，生产成本也在下降。随着企业生产更多产品，他们学习到提高生产率的方式，使生产成本以能够预期的数量下降。

规模经济和经验曲线会影响国际贸易是因为它们可以使一个国家的工业成本更低，而不要求该国拥有大量的某种生产要素。因而，正如比较优势的例子那样，各国专门生产一些商品，而通过与它国的贸易提供他们需要的另一些产品。国际贸易得到扩大的原因是一个国家的公司可能无法通过仅服务于国内市场完全实现潜在的规模经济，即使是像美国那些大国家的国内市场。相关的例子包括半导体、电脑和商业飞行器。美国消费者可以从这些产品较高的质量和较低的价格中获益，因为英特尔、惠普和波音等公司在国内国外市场的销售可以分摊其高昂的固定成本。

不完全竞争　通过集合差异化产品和规模经济的概念，保罗·克鲁格曼（Paul Krugman）发展出一个模型，有助于解释不同国家间某一个行业贸易的有效水平。克鲁格曼解释说由于规模经济的原因，产品的生产在地理上是集中的。他还解释道，与资源局限和不完全竞争有关的因素导致其他国家的企业生产一些品种独特的产品以避免直接竞争。这种产品差异化——通过实际的（式样）或由广告塑造的认知（形象）差异为产品创造各自不同的特性以鼓励品牌忠诚度，是克鲁格曼模型的一个重要要素。由于产品是差异化的，每家公司在其特有的产品上都扮演着垄断的角色，在市场也会出现更多的公司和更多的产品。由于来自不同国家的公司都生产独特种类的产品，但每个国家的消费者每种产品只购买一定数量（根据林德的预测），我们会看到类似的甚至完全相同的国家间会进行同一行业内的贸易。国际贸易的存在可以创造一个更大的市场，这个市场允许贸易企业更好地利用其规模经济。许多研究都对克鲁格曼的模型表现出实证支持，包括汽车、特种化学品和酿酒业这些行业，这个模型帮助解释了在整个国际贸易中进行的同行业内贸易的比率为何如此地高（约四分之一）。

先行者优势理论　正如上一节指出的那样，当规模和经验上的回报日益增多时，各国一般都会专注于某些产品的生产。然而，因规模经济而进行产品贸易的模式可能由历史因素决定，如哪个国家最先进入一个行业。一些管理理论家认为，最早进入一个市场的企业（先行者）会取得最大的市场份额，随着较早地降低成本和改进技术，他们会较早实现利润。这会让国外一些打算进入该行业的企业感到失望，因为他们进入要付出更高的成本，至少初期会是这样。一项跨行业研究显示，先行者占有30%的市场份额，而后入者只占13%的份额。另一项研究发现，今天市场上70%的领导者是先行者。

不过，最近的研究显示许多早期研究可能有严重的瑕疵，如研究只针对存活下来的公司，而没有包括不可胜数的真正先驱。例如，是美国公司安培公司（Ampex）制造了第一台卡带式影像录放机（VCR），但因为价格太高（50,000美元），只有少量售出。索尼和松下看到了市场潜力，并通过20年努力生产VCR，使它的售价降到500美元。他们实现了目标并垄断了市场。后来的研究显示在许多情况下，成功属于快速跟随者，或甚至是"较晚的行动者"，即在"先行者"进入市场数年后才进入的公司。尽管关于先行者是否取得了可持续的竞争优势还没有得出结论或存在争议，但是理论上讲影响先行者成功的一个根本因素可能是创新者出现的国家或地区所体现的竞争力。

区域集群带来的国家竞争优势　国家竞争力（national competitiveness）指一个国家在国际贸易环境中设计、生产、销售产品、提供产品服务，并提高资源回报的能力。一个国家在某一个行业中持续取得国际成功的能力可能通过变量进行解释，而不是生产要素基础上的比较优势理论和赫克歇尔－俄林理论。例如，阿尔弗雷德·马歇尔（Alfred Marshall）关于经济理论的开创性研究有助于解释为什么在许多行业中，企业都聚集在同一个地理区域。他认为区域集群是出于三个原因：（1）汇集共同劳动力带来的优势使人员需求很快会得到满足，即使需求上有难以预计的波动；（2）某些本地专业供应商在该地区发展带来的收益，这些供应商的运营和技术可以协调购买者的需求；以及（3）可以在该地区共享技术信息以及相关的创新进步。

哈佛大学经济学教授迈克尔·波特（Michael Porter）进一步发展了马歇尔的研究。他提出的国家优势钻石模型认为有四种变量可以影响一个国家的本地企业使用该国资源以获得竞争优势的能力：

1. 需求条件：国内需求的性质，而不仅仅是规模。如果一个企业的客户非常复杂，且要求苛刻，它会努力地生产优质创新型产品，并且在进行这些工作时，会获得比本国压力较低的公司更大的全球优势。当国际公司首先在他们的本国市场导入新产品时（国际产品生命周期理论的一个条件），这种情况在过去可能是正确的，但是随着更多公司在全球范围内导入新产品，这个变量会失去其重要性。

2. 要素条件：生产要素的水平和构成。波特对基础要素（赫克歇尔－俄林的理论）和高级要素（一个国家的基础设施，如电信和交通系统，或大学研究机构）进行了区分。他还提出了高级生产要素（如由个人、企业或政府进行的投资）和初级生产要素（如自然资源、地理位置）的区别。缺少自然禀赋导致各国不得不投资创造高级要素，如劳动力教育、自由港和先进通信系统等，以使他们的工业在全球具有竞争力。加勒比海各国都升级了他们的通信系统，以吸引银行和其他对基本生产要素没多少依赖的服务公司。

3. 相关和支持行业：供应商和行业支持服务。几十年来，一个行业的企业与他们的供应商、供应商的供应商等都试图在一个特定区域形成聚集，并且这种情形通常没有明显的初始动机。然而，这些相关的和支持性行业通过提供供应商网络、分包商和商业基础设施，成为他们取得竞争成功的重要基础。例如，旧金山湾区有许多个人电脑行业的相关和支持性行业。它们包括半导体设计商、半导体生产商、技术风险资本家和知识产权律师等供应商的研究、设计、生产和服务业务，以及科研设备、电子产品（如MP3播放器、个人数字助理）、电信设备、软件开发等行业和大量与互联网有关的公司。

4. 公司策略、结构和竞争对手：国内竞争的程度、进入壁垒的存在，以及公司管理方式和组织。波特说，处在竞争激烈的国内市场中的企业不断努力改进他们的效率和创新能力，这让他们在国际上更有竞争力。数十年来，垄断行业中的企业小心地观察着他们竞争对手的每一步行动，甚至进入海外市场，因为那里有他们的竞争对手。例如，日本汽车生产商如丰田、本田、日产和三菱在国内市场已经彼此竞争了几十年，一直彼此施压，不断改进他们产品的质量和性能，否则就会失去市场份额。这种激烈的竞争促使这些公司开发世界领先的汽车设计和生产能力。当其中一家公司合资进入一个新的国际市场，如美国、欧洲或东南亚以销售或生产汽车，其竞争对手就会紧随其后，以避免其相对国际竞争力下降。

除了这四个变量外，波特还指出，竞争力会受到政府和机遇的影响。例如，竞争力可能被政府的政策，如激励、补贴和针对国外竞争对手采取临时保护，或基础设施开发、随机性事件（如研究中获取的突破或幸运事件发生的地点和时机所影响）。

波特认为，这些要素在根本上是相关的，它们创造了一个资源汇集和应用的有效周期，以及在满足客户需求上的响应度，如图3-3描述的那样。

波特的工作对李嘉图和赫克歇尔－俄林理论进行了补充。不过，如著名经济学家约翰·唐宁（John Dunning）所说，波特的分析中没有任何新发现，但是波特确实创制了一个模型，通过这个模型的确可以找到国家竞争力的决定因素。另一个问题是波特的证据并不严谨，不是建立在严格的实证研究基础上，尽管汽车工业中的研究为其理论提供了支持。此外，竞争力一般只适用于企业，而不是国家，尽管国家所拥有的特定要素可以为企业或行业创造或提高国际竞争力提供关键的基础。

图3-3 影响竞争优势的变量：波特的钻石模型

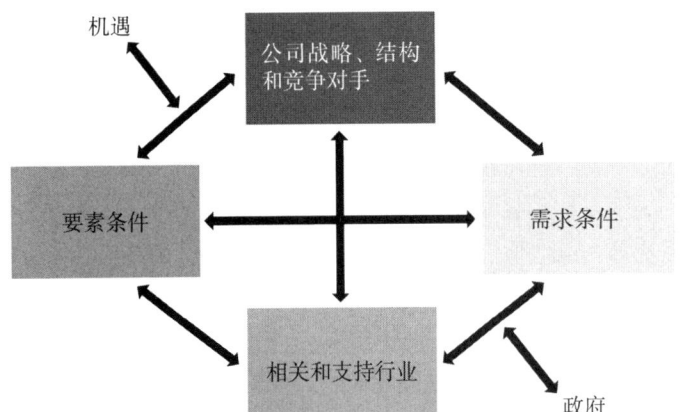

资料来源：Reprinted by permission of the *Harvard Business Review*. "The Competitive Advantage of Nations" by Michael E. Porter, March－April 1990, p. 77. Copyright © 1990 by the President and Fellows of Harvard College, all rights reserved.

国际贸易理论的总结

国际贸易的产生首先是因为不同国家间相对价格的不同。这种不同来自于生产成本的不同，原因是：

1. 生产要素的禀赋存在差别。
2. 决定要素使用强度的技术水平不同。
3. 要素强度使用的效率不同。
4. 外汇汇率。

然而，审美上的差异和需求变量可以改变根据理论预测的贸易方向。

国际贸易理论显示，国家通过专门生产其具有比较优势的产品，进口其具有比较劣势的产品，可以实现较高的生活水平。一般来说，贸易壁垒会阻止这种商品自由流动，损害一个国家的利益。第8章中对政治力量的讨论将分析支持对国际商品和服务贸易施加限制的各种论点。

3.2 国际投资理论

当代国际投资理论主要是从古典理论扩充而来，认为在同等风险下投资的利率差别导致国际资本从一个国家转移到另一个国家。要实现这一点，需要完全竞争，但根据著名经济学家金德尔伯格（Kindleberger）的理论，"在完全竞争的环境下，外国直接投资将不会发生，甚至也不会发生在一个近似完全竞争的环境中。"本节主要对外国直接投资的理论进行讨论，内容包括不动产或实物资产，如工厂和设备在内的国际投资的所有权和控制，而不是关于国际投资的其他类型，如股票、债券或其他形式负债的投资。外国直接投资是指在国外建立生产或其他设施，包括通过绿地投资（彻底建立新设施）或跨境并购（在他国购买现有的企业）。通常假定战略动机是希望找到新市场、获得新材料、实现生产效率、取得新技术或管理经验、提高企业经营的安全性，或应对外部环境中的竞争及其他压力，推动国外投资决定制订。

垄断优势理论

现代**垄断优势理论**（monopolistic advantage theory）来源于斯蒂芬·海默（Stephen Hymer）1960年的论文，他在其中说明外国直接投资主要发生在垄断行业中，而不是在接近完全竞争的行业中。这意味着这些行业中的企业必须具有本地企业不具备的优势，这样才能克服它们作为外来者的不利条件——如缺乏关于本地市场条件的知识，由于远距离或文化、语言、法律和监管上的差异增加的成本——这些会导致一个外国公司相对本土企业处在不利地位。海默解释说，优势必须是规模经济，优越的技术，或在营销、管理或财务方面具有优越的知识。外国直接投资的产生是因为这些产品和要素市场的不完善，导致跨国企业在国外市场比本地企业获得更多利益。

市场不完善

哈佛经济学家凯夫斯（Caves）扩展了海默的理论，他论证了卓越的知识使外国公司可以生产消费者可能偏好的差异化产品，而不是本地制造的类似产品，这种情况下企业会对销售价格有一定的控制权，并比本土企业占有更大优势。为了支持这些论点，他指出投资于海外的公司通常存在于需要大量产品研究和营销工作的行业。

金融要素

其他理论与金融要素有关。阿利伯（Aliber）认为外汇市场的不完善可能导致外国投资。货币估价过高国家的企业被吸引到货币被低估的国家进行投资。另一个以金融为基础的理论是投资组合理论，它认为国际化经营可以分散风险，因此能实现投资预期回报最大化。

国际产品生命周期

我们已经分析了该理论，解释国际贸易的流动，但是正如我们所说，国际贸易和国际投资间有密切的关系。如你看到的那样，IPLC概念也解释了外国直接投资是一个产品生命周期中的自然阶段。在其他公司开始提供类似的产品时，为了避免失去通过出口获得的市场份额，一家企业经常被迫投资海外生产设施。在第三和第四阶段，当企业引入产品努力维持竞争力时，这种海外投资会增加，首先在其出口市场（第三阶段），随后在其本国市场（第四阶段）。

追随领先者

另一个理论由尼克博克（Knickerbocker）提出，他指出，当一个公司，尤其是一个垄断行业的领先者进入一个市场后，同行业中的其他企业就会追随而来。追随领先者理论被认为是防御性的，因为当最早的投资者开始在本地生产时，其竞争者也进行投资是为了避免失去出口市场。他们可能怕最早投资的企业获得一些他们所不具有的，那些分散的优势，除非他们也进入该市场。此外，由于怀疑最早进行投资的企业知道一些他们所不知道的内情，他们可能觉得为了安全去这样做总比最后感到遗憾要好。

交叉投资

格雷厄姆（Graham）注意到欧洲和美国垄断行业的企业间进行**交叉投资**（cross investment）的趋势；即欧洲公司打算在美国投资，而美国企业已经来到欧洲。他说，如果美国公司的欧洲子公司在欧洲市场采取某些攻击战术，如降价，欧洲公司的美国子公司会在美国市场采取同样的报复措施。当然，正如我们在第2章提到的那样，跨国公司向国外进行投资还会出于许多其他的理由，如追随客户（日本部件生产商追随日本汽车生产商进入美国、加拿大或欧洲市场），寻求知识（日本和欧洲在硅谷进行投资），以及从东道国的政治和经济稳定中受益。

国际化理论

国际化理论（internalization theory）是市场不完善理论的延伸。一家企业拥有卓越的知识，但是由于外部市场的低效（如交易成本），该企业可能通过利用该知识取得更高的产品价格，而不是将知识在公开市场上出售。通过投资外国分公司，进行诸如供给、生产或分销活动，而不是颁发特许执照，企业可以将其知识在公司内部跨境传送。预期结果是该知识使公司的投资取得巨大的回报，尤其是当该知识应用在销售给客户的各种产品或服务中。

动态能力

动态能力（dynamic capability）的观点与企业资源为基础的看法有联系，认为拥有特定知识或资源是必要的，但对于实现成功的国际FDI而言还不够。企业还必须能有效地创造和利用动态能力，以便进行质量和数量上的部署，这些能力必须可以在国际环境中转移才能创造竞争优势。企业一般会创建卓越中心以开发出与众不同的能力，随后将这些能力应用在东道国的投资中。

唐宁的国际生产折衷理论

折衷理论是将我们讨论的一些要素结合在一起的理论，是当前引用最为广泛和最广为人们所接受的FDI理论。**国际生产折衷理论**（eclectic theory of international production）由唐宁创建，试图提供一个全面的架构来解释为什么企业选择进行FDI而不是通过其他方式，如出口、颁发许可执照、管理合约、合资或战略联盟等替代方式。该理论认为，如果一个企业要在海外投资生产设施，它必须有三种优势：

1. 特殊所有权。这是指企业通过其他公司不具备的有形或无形资产的所有权，拥有或能够发展公司独有的竞争优势，并可转移到国外。有形或无形资产所有权带来的特定优势的三种基本类型包括技术或知识、规模经济或范围经济，以及伴随可以专门接触某种重要投入或产出而来的垄断优势。这种优势可以带来较低的成本和较高的收益，可以抵消企业在国外经营所带来的额外成本。

2. 特殊位置。外国市场必须拥有某些特定的特征，如经济、社会或政治性质（如市场规模、关税或非关税壁垒，或交通运输成本），它们可以使企业利用自己的特定优势，通过在该市场中立足，而不是仅通过出口服务于该市场而获利。

3. 国际化。企业进入国外市场有不同的方式，从纯粹市场交易到通过全资子公司，这些我们将在第15章讨论。在市场不存在，或者其功能不完善的情形下，以市场为基础（纯粹市场交易）的方式交易成本过高，最符合公司利益的做法是通过国际化利用其与所有权相关的优势。

根据企业必须具备的三种优势的名称，国际生产的折衷理论有时也被称做OLI模型。该理论为国际公司对海外市场设施的选择提供了解释。如果要在国外投资建厂，企业必须具有地理位置和所有权优势。它将投资在最可能内化其垄断优势的地方。这些投资可以是前瞻性的，以及事先由企业的管理团队在战略上可预测可控制的，或仅是对所发现的市场不完善进行被动应对。

几乎所有这些由实证检验支持的理论都有一个共同点——外国直接投资的主要部分由垄断行业中的大型研究密集型企业进行。而且，所有这些理论都解释了企业发现在海外投资有利可图的原因。不过，如我们在第2章论述的那样，所有的动机或多或少都不仅与增加或保护利润有关，而且与销售和市场有关。

小 结

解释用于说明某些商品为何要在国际间进行贸易的理论。

为什么国家间进行贸易？重商主义者认为这样做是为了建立黄金储备。后来，亚当·斯密解释说一个国家会出口比其他国家用更少劳动生产的产品。李嘉图随后证实，尽管一个国家在所有产品上比其他国家生产率更低，它仍然可以从出口一些由它生产更具比较优势的商品中获利。

赫克歇尔和俄林在他们的要素禀赋理论中提出一个打算出口商品的国家需要有相对大量的生产要素的观点。20世纪20年代，经济学家认识到规模经济影响国际贸易，因为它们使一个国家的工业成本变低，而无需拥有一定数量级别的生产要素。正如在比较优势的情形下，各国专业生产一些产品，并将他们多余的产品拿出来交易。林德的重叠需求理论指出，由于消费者的审美受到收入水平的强烈影响，一个国家的人均收入水平决定这个国家需要什么产品。生产出来满足这种需求的产品反映了该国的人均收入水平。有着类似人均收入水平的国家间制成品的国际贸易量会更大。

国际产品生命周期理论指出，许多首先在美国或其他发达国家生产的产品最后在较不发达国家中生产，并出口到最早生产这些产品的国家去。克鲁格曼表示规模经济及不完全竞争能够解释行业内进行大量贸易的现象。马歇尔和波特帮助解释了国家如何通过区域集群实现竞争优势，波特称在此方面有四种变量至关重要：需求条件，要素条件，相关和支持行业，以及公司战略、结构和竞争对手。

解释关于外国直接投资的一些理论。

国际投资理论试图解释为什么会发生外国直接投资（FDI）。产品和要素市场的不完善为垄断行业的企业提供了本土企业无法获得的优势。国际产品生命周期理论解释了国际投资和国际贸易。一些企业追随行业领先者，欧洲企业在美国投资以及美国企业在欧洲投资的趋势似乎说明交叉投资是出于防御上的原因。外国直接投资有两个金融上的理由。一个认为外汇市场的缺陷吸引货币被高估国家的企业在货币被低估国家投资。第二个理论认为进行FDI是出于分散风险的考虑。实证检验显示多数FDI是由垄断行业中的大型研究密集型企业进行的。国际化理论认为企业会投资建立外国分公司，而不是将它们卓越的知识授权给他人，以使开发该知识的投入取得更高的回报。动态能力观点认为企业不仅必须拥有特定知识或资源的所有权，还必须有能力动态地创造和利用能力，这样可以在国际FDI中取得成功。国际生产折衷理论解释了国际公司在海外生产设施上的选择。企业在外国投资建厂上必须具有地理位置和所有权上的优势。它将在最有利可图的地方投资，这样可以将其垄断优势内化。

问题讨论

1. 请描述重商主义,并解释为什么用重商主义来促进经济发展和繁荣是一种糟糕的方法。
2. a. 解释亚当·斯密的绝对优势理论。
   b. 李嘉图的比较优势理论与绝对优势理论的区别是什么?
   c. 使用本章中的例子解释为什么如果没有比较优势模式(如果大豆和布匹的生产比率在两个国家是相同的),从专业化生产中不能获得收益(以及为什么国家不能在互惠模式下贸易)。
3. 考虑一个国家在一种商品如苹果的生产上不具有比较优势的情形,因为它的土壤或气候条件不适宜种植苹果。解释谁会喜欢进行自由贸易,以及谁会在本产品中反对自由贸易。
4. 赫克歇尔-俄林要素禀赋理论和问题2中的理论有什么关系?
5. 为什么里昂惕夫的实证结果被看作矛盾的?
6. 为什么世界上多数国际贸易发生在有类似经济发展水平的经济体之间?
7. 说出一些你认为已经经历了国际产品生命周期全部四个阶段的产品名称。
8. 使用波特的国家优势钻石模型解释为什么如印度尼西亚这样的新兴市场预计在获得一个行业领域,如智能手机或混合动力汽车引擎的全球优势时会遇到大麻烦。
9. "首先进入市场的企业会主导它,它所获得的较大市场份额会令它获得规模经济收益"这句话是对是错?记住,至少有两项研究显示先行者拥有较大的市场份额。
10. 根据本章介绍的理论,为什么企业进行外国直接投资?

案例分析 3-1 巴西能否成为信息技术外包业务的全球竞争者?

随着世界越来越依赖信息技术(IT)产品和服务,全球IT外包业得到了迅速发展。在降低成本和强化核心竞争力的全球竞争压力驱动下,不同规模的公司都选择离岸外包许多自身的IT服务。结果IT离岸外包服务以每年40%~50%的年复合增长率增长。在世界范围内,印度在IT外包市场建立了强有力的领导地位,占据了最大的份额。不过,印度的IT部门已经遭遇了挑战,包括其日益增长的劳动力成本、不充分的基本设施以及令人望而生畏的官僚主义政府和其他因素。许多国家,尤其是亚洲、拉美和东欧的新兴市场,已经试图夺取更多IT外包业务,因为它被看作是技术职位的来源,以及促进总体经济发展的基础。

尽管许多人会将这个国家与足球或桑巴联系起来,巴西在一系列先进技术部门已经成长为全球竞争者。巴西已经开始积极地行动,建立IT离岸外包业务领域强有力的国际竞争地位,力图吸引可能流向其他国家或地区的业务。

相对于印度,巴西的IT外包业务规模较小,但基于该国在几个方面的优势,预计会实现快速的增长。作为世界第五大国家,以及全球第十一大经济体,巴西拥有发达的电信和网络服务基础设施,在如网络可用性等关键指标上,巴西的排名高于印度或中国。传统上,巴西的工程院校力量很强,有能力提供高质量的毕业生。有着近30万人从事IT服务工作,巴西国内的IT服务市场与世界领先的印度也是可比的，尽管在IT服务的出口上还有很大劣势。该国的银行业有世界上最自动化、最先进的系统之一，它还拥有提供IT软件和支持服务的生机勃勃的国内市场。巴西还提供大量公司建立运营所需要的费用不高的房地产。巴西人的工资水平只相当于美国相似职位时薪的40%。员工的流动率只有约20%，而印度却是令人苦恼的40%。总运营成本，包括劳动力、基础设施成本，以及公司税和激励成本都比最具竞争力的低收入、中等收入国家要低。值得自豪的是，巴西与美国东海岸只有一个小时的时差，与美国西海岸和部分欧洲地区，只有四个小时的时差。这种极小的时差为巴西提供了一个相对于中国或印度等竞争对手的优势，就是更容易与客户和离岸项目的支持团队进行接触与协调。巴西人的商务规范、文化和价值观比印度和中国更西方化，这有助于与美国和西欧公司在工作关系上有共同的理解，并提高效率。"这些国家共享许多文化因素——音乐、电影、电视节目等。你不用对巴西人解释米老鼠是谁，但对于印度人来说，则需要解释，"Meta 4的一位副总裁卡洛斯·迪亚兹（Carlos Diaz）这样说。"外包不仅是完成一个项目，它还是与你所信任的供应商建立关系。当你的外包伙伴具有不同的文化敏感度，在世界的另一侧时，这变得更需要慎重对待，"巴西软件和服务出口公司协会主席安东尼奥·吉尔（Antonio Gil）说。正如Everest公司的CEO彼得·班多-塞缪尔（Peter Bendor-Samuel）所说，"'是的'在巴西一般意味着'是'，而在印度，可能意味着'不'。"受到如上优势的鼓励，埃森哲、美国电子数据系统公司、惠而浦、盖普（Gap）和IBM等公司已经扩大了它们在巴西的离岸外包活动。

尽管拥有许多优势，但巴西还是有一些局限。例如，发电方面的不足导致的电力管制问题使该国会发生如印度在内的新兴市场的同样困扰。讲葡萄牙语的巴西人一般不擅长讲英语，而巴西的技术和管理层人员也欠缺国际经验，这对于想在那里建立业务的跨国公司来说也是个问题。在该国1.9亿人口中，只有7%的人有大学学历，巴西还有某种程度上麻烦的监管环境，包括僵硬的劳动法，以及在过去几十年里易于波动的货币。甚至与印度和中国上涨后的工资水平相比，巴西也比它们高30%~40%。巴西还存在犯罪和社会不平等的问题，尤其是在里约热内卢和圣保罗等大城市。

问题：

1. 运用本章介绍的国际贸易和投资理论解释巴西在国际信息技术领域的意图和行动。

2. 你会为巴西政府及其外包业提供什么建议，从而帮助他们在构建信息技术外包业务强有力的国际竞争地位上取得成果。

第4章　国际商务视角下的国际机构

联合国全球契约的日内瓦宣言表达了这样一种信念:"如果遵守公认准则,全球化拥有从根本上改善这个世界的力量——为世界各地的个人、社区和市场带来经济和社会效益。"

——2007年全球契约领导峰会日内瓦宣言

阅读本章后,你应该能够:

1. 解释国际机构对于企业决策者及其公司的重要性。
2. 描述全球和区域国际机构的类型。
3. 从新制度理论和结构方面概述联合国这一机构,并解释其与国际商务的关系。
4. 描述两个全球金融机构的目标:国际货币基金组织和世界银行。
5. 论述世界贸易组织及其目标和挑战。
6. 认识经济合作与发展组织的资源。
7. 描述欧佩克的主要目标和作用。
8. 确定经济一体化协议的级别,了解一些主要协议的作用。
9. 论述欧盟的影响及其未来的挑战。

全球契约：具有社会责任感的企业

联合国全球契约是具有两种不同机构——联合国和私人企业——的伙伴契约，其目标是改善穷人的生活。这种全球性的努力促使各种力量在企业中有良好的表现，同时也有利于推动联合国的发展工作。该契约是一项由3,300多家企业、1,000多家劳工和民间社会组织达成的协议，旨在遵守10条有关人权、劳工、环境和反腐方面的公认准则。全球契约是全球企业在世界上作出的最大的公民权益努力。可口可乐公司在泰国、斯里兰卡、印度尼西亚和马尔代夫与联合国合作，通过小规模改善当地环境来解决水资源短缺问题。这种合作关系的雏形是灾后援助。惠普公司正在亚洲和东欧开展一个项目，尝试缓解人才流失。宜家正在印度进行另一个项目，解决童工存在的根本原因。这些仅仅是正在进行的多项生产合作的一些实例。

虽然商业总是让人联想到腐败、收入不均、社会不公等负面社会问题，但是商业、贸易和投资对于繁荣与和平是必不可少的。负责任的商业活动如全球契约发起的活动，通过支持商业的社会合法性，建立发展所需的信任和社会资本。全球契约通过建立本地网络，让成员企业共同合作达成契约目标。企业与企业、大学和公共部门之间建立合作关系，共同完成一些项目，最终在全球传播全球契约准则，开展一些活动来支持更为广泛的联合国目标，如千年发展目标，这是一项雄心勃勃的项目，寻求在2015年以前满足世界上最贫困人口的需要。在最近的全球契约领导峰会的闭幕式上，联合国秘书长潘基文对可口可乐、巴西石油、富士施乐、中国远洋运输集团、塔塔钢铁公司、爱立信公司、毕尔巴鄂比斯开银行等公司的最高执行官说，他们"必须明白市场领导力和可持续性领导力不可分割。这将帮助我们建立创造更具持续性的市场所需的一些支持性措施，最终改善全世界很多人的生活"。峰会正式通过了21条日内瓦宣言，该宣言阐释了企业、政府和联合国全球契约组织成员的具体行动。

任何国家的政府都有责任提供稳定的经济、政治、法律和货币政策，这是企业繁荣发展的必要前提。例如，在美国，联邦政府致力于确保金融和货币市场有序发展，把通货膨胀控制在一定范围内。联邦政府同时提供有序、可预测的法律和政治环境，有利于企业决策者们预见他们将从事的活动可能遇到的风险，然后把设法控制这些风险作为他们长期投资计划的一部分。当商业活动跨国进行时，决策者们同样会寻求稳定性和可预测性。为满足这种需求，各国之间通过合作协议建立了各种国际政治、法律、军事和经济机构。了解这些机构非常重要，原因如下。首先，它们存在的目的是形成和平、稳定的国际环境，这对于开展国际商务是必不可少的。其次，它们通常是获取商业数据和有关市场状况、人口统计资料和贸易关系等重要信息的资源。其三，它们同时具有监督职能。

为了说明强大的国际机构的重要性，请想想美国和中国在国际舞台上的角色，一个是超级大国，另一个正处于迅速发展时期，时刻准备成为全球主角。《金融时报》首席经济学家马丁·沃尔夫（Martin Wolfe）指出两国注定要合作。但也要看到它们之间的区别：正如沃尔夫所指出的，一个是"启蒙运动"的产物；一个是农业国家。虽然合作对于双方都困难重重，但国际机构鼓励合作，通过制定各国合作的多边解决方案来促进合作成功。对于各国而言，同意遵守相互协商的联合国决议或者世界贸易组织规则要比在双边谈判中达成一致更加现实，因为在双边谈判中总是有赢有输，力量和声望利害攸关。而适用于所有国家行为的联合国决议无关荣辱。

我们在本章介绍的机构提供了一些有意思的职业机会。联合国和经济合作与发展组织（Organization for Economic Cooperation and Development，OECD）通常有一些职位，涉及经济、语言、法律、项目管理和信息技术等领域。我们提及的这些机构也都有实习机会。更多信息请通过其网站（联合国的主门户是www.un.org；经济合作与发展组织的网站是www.oecd.org；世界贸易组织的网站是www.wto.org）联系具体组织。

本章详细考察对于国际经理人最为重要的机构。这些国际机构关注各种类型的合作，既包括全球性组织，也包括区域性组织；有些兼容并包，成员包括许多国家；而有些则只包含相对较少的几个成员国。大多数是政府组织，也有一些是私人组织。我们讨论的顺序是从全球性组织到区域性组织，从关注全球合作的组织（如联合国、世界贸易组织和国际货币基金组织）到只关注区域的组织（如军事和区域贸易联盟）。在对这些机构进行考察之前，我们先介绍什么是制度以及它们对公司的影响。

4.1 制　度

什么是制度？

经济学家、政治学者和社会学家在协同工作中形成对制度的一种现代理解，这种说法认为制度是一种社会建构组织，具有"调节、规范、文化认知的元素，结合相关的活动和资源，为社会生活提供稳定性和意义"。这种**新制度理论**（new institutional theory）的一个显著方面是制度被看作一系列规范的集合，"调节个人之间的关系。"也就是说，制度是社会建构的产物——一个组织、社会或文化创立制度——制度反过来限制行为。现代新制度理论学者中较为著名的有W. 理查德·斯科特（W. Richard Scott）、道格拉斯·诺斯（Douglass North）、保罗·迪马乔（Paul J. DiMaggio）、沃尔特·鲍威尔（Walter W. Powell）和彭维刚。诺斯建议最好把制度理解为组织好的基本原则集合和非书面化的行为准则，它们限制和指导企业可以制定的决策。他使用一张游戏规则图来展示制度在努力降低企业外部环境中的不确定性时的这一功能。

制度类型

斯科特开发了一个制度模型，把制度分为正式制度和非正式制度。**正式制度**（formal institutions）通过法律和法规影响行为，而**非正式制度**（informal institutions）使用习惯和意识形态影响行为。正式制度的一个实例是欧盟竞争总署。该组织影响国际企业执行兼并和收购过程中的行为，即使要进行交易的企业不属于欧洲。如果被合并后的业务要扩展到欧盟，该并购需要欧盟的批准。欧盟也可以要求产品构成公开和计算机代码开放，如微软获悉必须捆绑销售其软件和共享代码。

图4-1 制度：特点、支柱和属性

制度支柱		正式	非正式	
		调节性	规范性	认知性
属性	合规性基于	便利	社会责任	倾向（想当然）
	制度化基于	强制	规范	模仿
	逻辑基于	达到目的的手段	适当	一致性、正统
	合法性基于	执法	道德治理	文化支持、概念更正
	指标/证据	规则、法律、制裁	认证、认可	主流、相似性

正式制度借助法律和法规获得服从，而非正式制度依赖于规范和价值观来约束行为。非正式制度的一项实例是企业的供应商关系模式，该模式在日本和美国有着很大的不同。日本的"游戏规则"需要供应商与他们的潜在客户建立关系；该过程中价格不是购买决策的决定性因素。由负责人判断的供应商和业务的可靠性才是最为重要的因素。在美国，价格在最初往往起着更为重要的作用。美国的文化习惯是交易结束之后才会一起喝茶，而在日本是交易开始之前喝茶，一直持续到交易进行直至结束。这些过程都不是正式的，但这些规范基于文化价值观，在两种情况下都能够限制行为选择，降低供应商和购买者的不确定性。汉语中的"关系"一词描述了一种关系类型，其性质类似于社会资本和良师益友的结合体，是另一种非正式制度。"关系"的双方拥有比公民责任和对商业形势的理性认识更强的义务。这些实例说明非正式制度对于企业能够在国际活动中进行的选择具有深远的影响。

斯科特的制度模型进一步描述了制度赖以存在的三大支柱：调节性、规范性、认知性。图4-1对这些关系进行了总结。法律、政治和经济领域的正式制度依赖于调节性支柱。它们的作用是通过规则、法律和制裁（强制遵从的各种机制）限制和规范企业的行为。企业遵守正式制度的规则是因为这么做有意义；便利是企业遵从的基础。

非正式制度依赖于规范性和认知性两个支柱之一。规范性支柱通过价值观和规范的集合影响企业行为。专业组织是非正式规范性机构。当企业的行为符合专业组织的要求时，企业就会得到授权、认证、委派之类的奖励，如由国际标准化组织授予的质量管理ISO级别。认知性支柱稍难识别，因为它涉及到塑造我们意思表示的一个共同假设集合，使我们有共同的现实。一位学者曾将认知性支柱比作心灵的软件。前文所述的形成日本和美国供应商关系的文化规范依赖于认知性支柱。第5章将进一步对该领域进行探讨。

在正式制度正在建立的发展中经济体，非正式制度有很大的重要性。彭维刚在其新兴国家的创业研究中表明，正式制度建立的约束越弱，非正式制度的作用越强。它们为发展中经济体混乱的环境带来更多秩序，体系完整的正式制度为无序环境带来的一部分价值是它们提供游戏规则，从而简化公司可以作出的行为选择。

制度理论与国际商务

机构的职能影响企业可以采取的行动范围。正式的机构，如国家政府，是其地理区

图 4-2 机构对公司、管理者和公司行为的影响

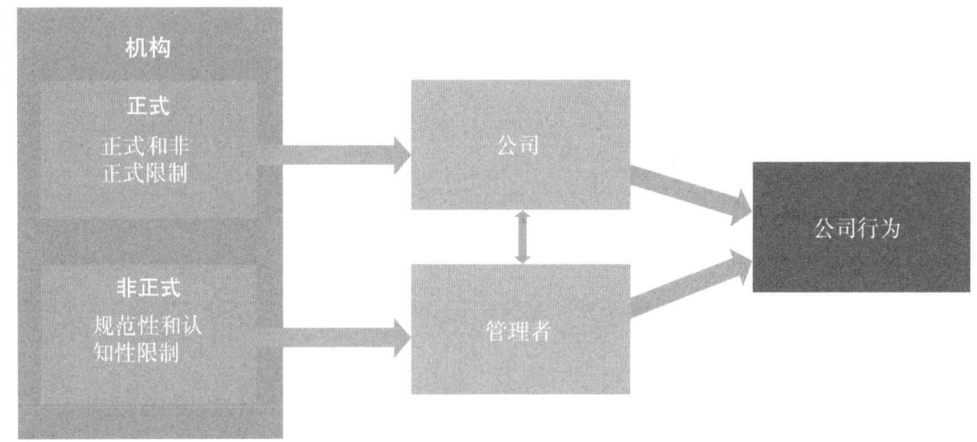

资料来源：Influenced by W. R. Scott（2008）and M. W. Peng（2002, 2008）.

域中的主要参与者。它们通过规则和监管约束公司。非正式机构的范围从专业组织到越来越多的非政府组织（NGO），它们建立标准，"传播原则并广泛代表'人性'"。依靠认知支柱的非正式机构通过制定框架和创造准则来用想法定义现实。这些机构在切实性上不如那些依靠调节和规范支柱的机构，当然，因为想法是无形的。然而，他们对于国际管理者进行决策有重大影响，因为它们包含普遍的模式或思维方式，这会限制管理者如何思考问题。图 4-2 说明了当企业制订自己的增值战略时机构对这些企业的影响。机构给公司带来的限制减少了公司外部环境的不确定性。减少的不确定性为公司带来了优势，它为公司决策提供了一个复杂性较低的环境。

我们首先在全球层面上了解这些机构，从公司的角度看一下联合国所作的贡献。然后我们转到被称为布雷顿森林体系的两个国际金融组织：国际货币基金组织和世界银行。最后介绍的世界级机构是世界贸易组织。区域机构包括合作性军事联盟；经济合作与发展组织（OECD）；两个规模较小的经济联盟，石油输出国组织（OPEC）和八国集团。然后，我们将继续讨论经济一体化协议，从那些较低层次的一体化，如自由贸易区，逐步通往更高层次，如关税同盟和共同市场。最后，我们探讨欧盟这一取得了广泛的经济和政治一体化的机构。

4.2 世界级机构

联合国

联合国的背景 在第二次世界大战结束后充满乐观和希望的氛围中，50 个国家和地区的代表于 1945 年在旧金山会面，制定了联合国宪章。今天，联合国（United Nations，UN）可能是最知名的世界性组织。其 192 个成员国家致力于促进和平与全球稳定。其许多活动与商业和公司可能采取的行动直接相关。

联合国安理会成员举行会议。

联合国负责许多国际协议，包括国际法的主体部分。联合国的"世界人权宣言"于1948年通过，旨在确保全世界人民的基本人权。作为世界经济的一个稳定力量，联合国致力于改进国际企业的运营环境。由于联合国的工作属于协议范畴，它很大程度上是一个非正式机构，其权力依赖于规范性支柱。

联合国的组织 联合国的工作通过五个主要的组织或机构来执行。联合国所有成员国都是**联合国大会**（General Assembly）的成员，这是联合国的主要审议机构，每个国家无论其大小、贫富或权力，都拥有投票权。大会通过决议采纳表达成员国意愿的方案。由于其规范性特质，大会的决定对成员国的政府或公民没有法律约束力，但它们主导了世界舆论。

联合国安全理事会（Security Council）简称安理会，是一个包括15个成员的机构，其目标是维持国际和平与安全。安理会有5个常任理事国——中国、法国、俄罗斯联邦、英国和美国，其中每个国家都拥有否决权，另外还有10个非常任理事国，它们代表特定区域以确保每一个地区都被覆盖。目前安理会的维和行动活跃在18个地区：非洲（乍得和中非共和国、达尔富尔、苏丹、科特迪瓦、利比里亚、刚果民主共和国、埃塞俄比亚和厄立特里亚以及西撒哈拉）；美洲（海地）；亚洲（巴基斯坦和印度边境的查谟和克什米尔地区以及东帝汶）；欧洲（塞浦路斯、科索沃和格鲁吉亚）；中东（戈兰高地和黎巴嫩）。

经济及社会理事会（Economic and Social Council，ECOSOC）简称经社理事会，主要关注经济事务，如贸易、运输、工业化和经济发展，以及社会事务，包括人口增长、儿童、住房、妇女权利、种族歧视、非法毒品、犯罪、社会福利、青年、人类环境和食品。经社理事会就如何提高教育和医疗条件提出建议，并促进尊重和观察世界各地的人权和自由。

联合国干涉国际公司事务的具体方式 联合国在全球参与者之间协商游戏规则，以支持货物、服务、资金和信息的国际交换。联合国内部有28个主要组织，每一个都致力于商业秩序和开放。这里有联合国协议简化国际公司的决策环境的一些具体例子。

- 保护船舶自由航行的规则在联合国会议上合法化。
- 国际民用航空组织协商协议网络，允许商业航空公司飞越国界和在紧急情况下迫降。
- 世界卫生组织设定药品质量标准和规范药品名称。
- 万国邮政联盟的协议防止损失和允许邮件跨国邮递。
- 国际电信联盟分配电波频率。
- 国际劳工组织致力于提高劳动权利、工作安全条件和培训。
- 世界气象组织收集和发布气象预报中使用的数据。
- "联合国销售公约"和"联合国海上货物运输公约"为建立买家和卖家在国际交易中的权利和义务作出了贡献。
- 联合国国际贸易法委员会和联合国国际劳工组织为国际交易和劳动标准设置条件和协议。

国际法院（International Court of Justice，ICJ）也称为国际法庭，在各国政府之间提供涉及纠纷的法律决策和咨询意见。因为只有国家在法院提起诉讼，政府往往代表他们国家的公司和个人进行干预。即使法庭已在全世界范围内具有调停政府之间纠纷的司法管辖权，但真正的案例却比较少。目前有2例正在审理，12个案件待审。国际法院有15名法官，来自15个不同的国家，任期为9年，由联合国大会和安理会投票任命。国际法院的活动将在第9章考察法律环境的时候详细探讨。

秘书处（Secretariat）是由联合国秘书长领导的联合国机构。秘书长由安理会推荐，联合国大会任命，任期5年。联合国秘书处的工作人员来自170个国家，共约8,600人。在世界范围内，为联合国及其相关组织工作的人员超过52,000人。

联合国的展望　目前很多问题需要全球性或区域性的解决方案，联合国是一个准备帮助我们面对以下严峻挑战的机构：艾滋病、恐怖主义、导致种族灭绝的相关种族问题、环境问题、人道主义危机、军事冲突、毒品和人口贩卖等。在我们面临这些艰巨危机的同时，在历史上首次，由于互联网和手机的出现，世界各地的人们以新的方式相互联结。我们可以在几乎任何地方直接即时地沟通。由于教育水平的提高，旅行和媒体访问的便捷，以及可以获得世界上最好的理念，我们的视野与过去相比变得更为广阔。此外，世界上五分之一的人口用英语阅读和讲话，所以很多不同国家的人能够共享同一种沟通方式。当我们努力满足日益复杂的挑战时，联合国的定位是领导和协调。没有其他机构可以召集全球居民来解决我们的全球需求。在潘基文的领导下，联合国也已经开始认真地把重点放在亟需的内部改革上。这些内部管理改革努力许诺对一直困扰联合国的问题产生根本性的影响，其中包括浪费和腐败。

国际货币机构

1944年，在第二次世界大战临近尾声时，44个盟国代表在新罕布什尔州**布雷顿森林**

（Bretton Woods）的华盛顿山饭店举行了会面，共同计划货币的未来。金本位使用黄金作为各国货币的共同衡量标准，从1870年到第二次世界大战开始期间承受了严重压力，包括大萧条时期（1929—1933年）。布雷顿森林体系十分重要，因为它促成了世界上第一个独立国家之间的谈判协议，以支持通过货币机构进行贸易。这些会议的结果是成立国际货币基金组织和世界银行。国际货币基金组织的目的是为国际货币政策及其执行建立规则。世界银行也称为世界复兴开发银行，其成立目的是向发展项目出借资金。

国际货币基金组织　国际货币基金组织（International Monetary Fund，IMF）以国家合作的方式运作，其前提是在一个可行的国际货币体系中，所有国家的共同利益远远超越国家利益的冲突。185个成员国均需提供资金，也称为配额，具体金额由该国在世界经济中的相对大小决定。配额也被用来确定一个国家可以从国际货币基金组织借款多少以及它有多少票。美国占总票数的17.08%，英国占总票数的4.94%，中国占3.72%，日本占6.13%。

虽然国际货币基金组织仅与各国政府打交道，但其政策和行动也会对全球企业和人民产生深刻的影响，因为他们制定贸易的货币框架。国际货币基金组织协议条款的第一项条款列出了该机构的六个目的：

- 促进国际货币合作。
- 促进国际贸易的扩大和平衡增长。
- 促进成员国之间的汇率稳定和有秩序的汇率安排。
- 协助建立一个多边支付系统。
- 使基金的资源足以平衡国际收支修正。
- 缩短周期，减少成员国的收支余额不平衡。

国际货币基金组织和汇率　国际货币基金组织协议条款设定了成员国家货币之间的固定汇率，以及基于黄金和美元的**票面价值**（par value），即每盎司黄金35美元。举例来说，英国英镑的票面价值为2.40美元，法国法郎为0.18美元，德国马克为0.2732美元。在该体系中，美国政府将美元兑换成黄金，美元成为兑换黄金的唯一货币。这个系统一直持续到1971年，是一个以美元为基础的黄金汇兑标准。通过该体系，美元成为国际支付手段和储备货币。在第10章我们将讨论这种安排对美国经济的影响，以及自1971年尼克松总统令美国脱离了黄金标准之后汇率制度的发展情况。他确实关闭了美国财政部的黄金窗口，人们曾经在这里排队用货币换取黄金。随着国际货币基金组织在不断变化的世界中围绕其建立宗旨相关的核心问题斗争，一些经济学家认为，汇率可能会重新成为国际货币基金组织的重点领域。

国际货币基金组织的当前事务　地球研究所董事、经济学家杰弗里·萨克斯（Jeffrey Sachs）指出，随着经济、货币和金融等层面的挑战不断演进，国际货币基金组织已经能够自我改造。他认为国际货币基金组织应在五个主要领域进行改革，以确保国际货币体系顺利运作。首先是亚洲经济体的崛起，这将使国际货币基金组织以美国为中心的方法成为过去。正如他所说，"美国将不再是全球货币体系的总指挥。"国际货币基金组织需要在说服新兴经济体接受多边责任，而不是只关注自己经济的工作中发挥宝贵的作用。第二，随着亚洲的崛起，美国和欧洲的贸易保护主义将逐渐抬头。这些国家将对中国施加压力来操纵其货币，以满足他们的目标，国际货币基金组织可以帮助确定中国的货币政策既对中国有益，也利于多边长期稳定。

萨克斯预计国际货币基金组织和国际货币体系的第三个挑战是，金融危机将更具全球性且更复杂，这说明国际货币基金组织应该更加具有行动力。非洲债务危机20年后，非洲债务才被取消。这种时间滞后在一个快节奏、全球化且不断发展的经济环境中不会起到有效作用。正如我们在2008年春天的银行危机中看到的那样，债务人的流动资金将需要维持，国际货币基金组织可以通过制订制度性的债务人和债权人试验计划对此进行保证。同时，随着全球贸易的不断增长，萨克斯认为流通货币将会减少，一方面是因为规模较小的经济体将采用主要货币，如美元或欧元；另一方面是因为区域贸易集团将模仿欧元模型开发区域货币。国际货币基金组织的第四个挑战是以政治、经济和技术方式支持这一进程。

第五个挑战是应对越来越多的生态灾难，如最近的东南亚海啸、巴基斯坦和印度尼西亚的地震以及美国的飓风。这种灾难还包括越来越多的疾病，如耐药性结核、艾滋病和禽流感。国际货币基金组织在这方面的挑战是为全球金融市场找到一种方式，通过保险等手段来帮助政府分担这些生态灾害风险。

国际货币基金组织取得了许多成功。它开发和维护的货币兑换系统使全球贸易成为可能。它支持政府进行非通货膨胀性的货币管理，它帮助世界贸易体系避免金融灾难。萨克斯为国际货币基金组织总结的五大挑战可能是其作为全球性货币机构接下来的发展步骤，也是其过去成功的结果。这并不表明，国际货币基金组织没有巨大的失败，因为它肯定有。这些失败大多涉及发展中国家的危机管理不善。

2006年初，巴西和阿根廷提前还清了贷款，这着实让国际货币基金组织感到吃惊。巴西、阿根廷、土耳其、印度尼西亚拥有国际货币基金组织70%的贷款，所以提前还款引发了一些顾虑。除了提前还款，新增贷款的数量自1970年以来达到了最低。国际货币基金组织贷款需求的减少是由于新兴市场经济体坚实的经济表现，因此这可以看作是一个积极的发展。然而，利率是国际货币基金组织运营费用的来源，所以当国际货币基金组织的贷款发放减少后，收入便开始下降。国际货币基金组织是否需要一个新的商业模式？答案是肯定的，专门有一个委员会提供这一方向的发展建议。

世界银行 世界银行（World Bank）在布雷顿森林会议上与国际货币基金组织一起成立，目的是解决发展事务。其组织架构包括两个主要机构和三个较小的机构，作为非营利性机构与其185个成员国进行合作。其主要职责是向发展中国家提供低利率贷款。世界银行集团的两个主要机构是国际复兴开发银行（International Bank for Reconstruction and Development，IBRD）和国际开发协会（International Development Association，IDA）。这两个机构都向各个国家提供贷款以支持其发展，国际复兴开发银行向中等收入国家（人均GDP从1,000美元到6,000美元）和信誉不良的国家提供贷款，国际开发协会向贫穷国家提供贷款。2007年，国际复兴开发银行和国际开发协会向301个项目发放了247亿美

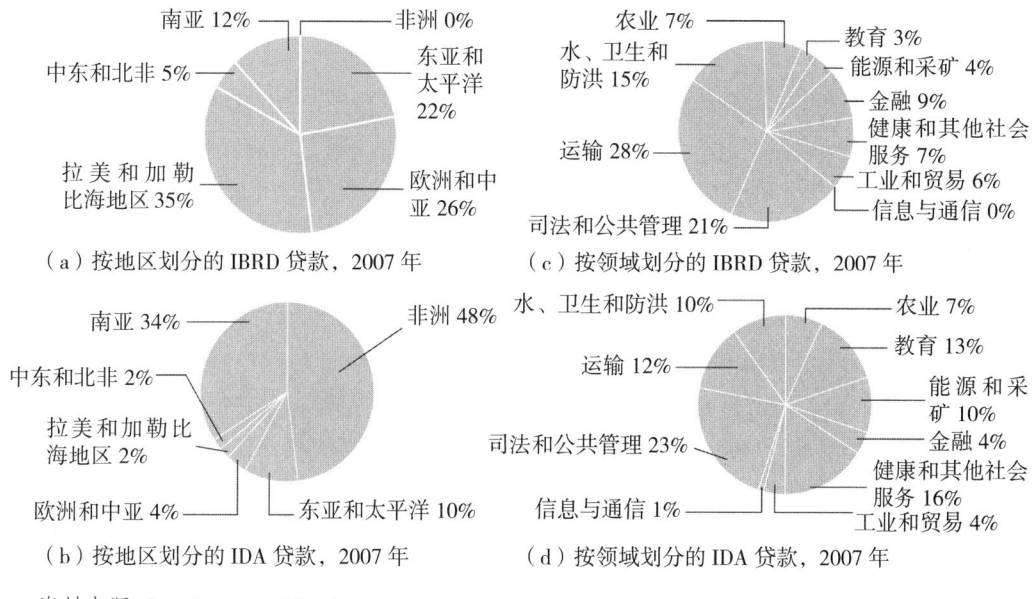

图 4-3 按领域和地区划分的世界银行贷款

资料来源：http://www.worldbank.org

元的贷款，旨在发展基础设施、卫生和教育以及与发展有关的其他领域。这种贷款按地区和领域在图 4-3 中描述。

访问谷歌的世界银行互动式地图，网址为 http://geo.worldbank.org/。你可以看到世界银行全球各地项目的地图、卫星地图和混合视图。关于国际货币基金组织的更多信息，包括发达国家的金融危机公报，可以访问 www.imf.org。

加入世界银行集团的其他三个机构分别是国际金融公司（International Finance Corporation，IFC）、多边投资担保机构（Multilateral Investment Guarantee Agency，MIGA）和解决投资争端国际中心（International Centre for the Settlement of Investment Disputes，ICSID）。

国际金融公司是世界银行的私营部门机构，它主要向发展中国家的公司和金融机构进行投资。国际金融公司是世界银行的投资银行家，可安排在发展中国家的私人风险投资。多边投资担保机构通过政治风险保险、技术援助和纠纷调解，担保在发展中国家私营部门的投资。解决投资争端国际中心帮助解决政府和外国投资者之间的纠纷，而且以这种方式帮助建立外国直接投资。

国际金融公司支持企业家的小额贷款 国际金融公司正在帮助建立国内资本市场，使发展中国家的本地企业家有机会获得资金。这样的资助对于传统上被正规经济排除在外的那类企业家特别重要——妇女、土著群体、农村地区的人和刚刚摆脱冲突的国家。在阿富汗，国际金融公司与阿迦汗经济发展基金会合作，于 2004 年创建了阿富汗第一个小额信贷银行，这是该国战后第一个获得牌照的银行。国际金融公司还提供创业贷款和咨询服务，其中有一个受益的客户是一个年轻的阿富汗企业家，他在喀布尔的大医院附近开设了一家药店。喀布尔面临长期的不稳定局势，所以这位企业家没有地方筹集营运资金以购买存货和支付自己的经营成本，除非是借高利贷。在战争期间，整个银行体系已经崩溃。他从阿富汗小额信贷银行借到的第一笔贷款是在2006年底。半年后，他的营运资金增加了30%左右，销售增长了15%。他说，"当我借到的第一笔贷款全部还清后，我还想申请第二笔贷款。我的客户群不断扩大，我能买更多的存货。我甚至还雇了人来帮我。说不准几年后我能给更多的人提供就业机会。"在35个受冲突影响的世界银行成员国中，国际金融公司在其中23个国家有项目。国际金融公司启动迅速、长期保持、提高融资获得能力并通过合作伙伴关系开展工作。

世界银行展望　中等收入国家在努力减少贫困和促进繁荣，他们从私人出资者手中获得贷款，许多国家喜欢采取这种方式，因为这些贷款承诺不附带任何条件，和从世界银行贷款一样。这些中等收入国家占据了世界银行业务的很大一部分，当他们发展成为可靠的客户后，世界银行也就失去了这些客户。就像国际货币基金组织那样，世界银行也开始寻找新的活动。一种方法是将建议和贷款当作单独的活动来对待。通过这种方式，不需要世界银行资金的成功发展中国家（如中国）可能会采纳建议。其他国家可能更愿意贷款，而不接受建议。最近的内部评估报告也提到了其他四个银行应重点关注的领域：腐败、经济不平等、农业和环境。世界银行的新领导层也可能会对世界银行继续帮助各个国家摆脱贫困的能力产生很大的影响。世界银行行长罗伯特·佐利克（Robert Zoellick）已经打破传统，任命了一名来自发展中国家的新世界银行首席经济学家。这一职位对世界银行提供智识领导有很大影响力。林毅夫博士是出生在台湾的中国学者，任教于北京大学。他认为，中国和越南有长期的可观经济增长，但忽视了一些自由市场政策。他的方法很可能更倾向于更多试验和循序渐进。

世界贸易组织

世界贸易组织（World Trade Organization，WTO）是全球唯一旨在建立并帮助落实国家之间贸易规则的国际组织。自1995年开始，世界贸易组织的目标一直是在全球范围内减少或消除贸易壁垒和限制，通过降低成本来帮助商品和服务生产者、出口商和进口商开展他们的业务。世界贸易组织是一个以规则为基础的成员驱动型组织，所有成员国政府一起协商各种决策。世界贸易组织协议限制政府可能在贸易关系中采取的行动（例如，设置关税和为国内生产者提供补贴）。在制度理论方面，世界贸易组织协议设定贸易的规则。这些规则以两种方式影响公司：在他们的贸易交易中直接影响，以及在更广的层面上影响，因为它们简化了贸易环境。

在寻求建立公平的贸易条款方面，世界贸易组织开展三类活动：磋商核心协议，由所有成员签署和批准；建立贸易规则；帮助解决贸易争端。世界贸易组织目前有151名成员，每个成员均需签署每一份WTO协议。主要的非世界贸易组织成员有：阿尔及利亚、伊拉克、伊朗、黎巴嫩、叙利亚、波斯尼亚和黑塞哥维那、阿富汗以及乌兹别克斯坦。简要回顾世界贸易组织的发展，有助于说明它当前对贸易自由化的贡献，这一进程有可能为所有参与者带来好处，第3章对此进行说明。

世界贸易组织的发展：GATT　第二次世界大战后，西方国家领导人试图建立一个国际贸易组织以推动贸易自由化，该组织在商务领域的职能与联合国在政治和维和领域

世界贸易组织的贸易谈判委员会在日内瓦举行会议。我们可以看到，会议的座位安排十分有趣，谈判代表在一排排会议桌前相向而坐，管理层领导坐在讲台前。

的职能十分类似。**关税和贸易总协定**（General Agreement on Tariffs and Trade，GATT）在1947年有23个初始成员国家。关贸总协定的基本原则**最惠国条款**（most-favored nation clause），是成员国家将平等地对待所有关贸总协定成员。如果两个成员国同意削减关税，则该关税削减将扩展到所有关贸总协定成员。关贸总协定在降低关税、补贴、配额和非关税壁垒（如劳动法和出口补贴）方面非常成功。

关贸总协定的谈判共召开了8个扩展会议，称为"回合"，从1947年的第一回合到1986年最后的乌拉圭回合。前七回合的谈判将发达国家的平均关税从40%减少到了5%。此外，在关贸总协定所处理的10项贸易争端中，有9项以谨慎且非公开的方式得到了圆满解决。从1947年到2001年，制成品贸易的规模翻了20倍。在20世纪50年代和60年代，制成品贸易的平均增长率为8%，而在实施关贸总协定的时期，贸易增长始终超过生产增长。

乌拉圭回合（Uruguay Round）是一次雄心勃勃的会议，部分原因是前七回合已显著降低工业产品关税。乌拉圭谈判成功地降低了关税，而且超出他们目标的三分之一。乌拉圭回合还取得了关贸总协定的新突破，编写了关于服务和农业贸易以及知识产权保护的国际规则。他们还同意逐步淘汰多种纤维协议（MFA），这是一项由发达国家磋商达成的纺织品和服装贸易协议，这也许是世界上最古老的贸易管理系统。多种纤维协议通过配额和关税限制发展中国家纺织品的生产和出口。

不过，批评者认为，关贸总协定是在一根细芦苇上挂起整个世界贸易体系。其争端解决机制是错综复杂的，在农业、纺织品、服装和服务方面有很多漏洞。世界贸易体系自1947年以来不断发展，贸易自由化需要一个更加坚实的制度框架支持。针对这些问题，关贸总协定乌拉圭回合谈判成立了世界贸易组织，从1995年1月1日起，这个新的组织开始带着比关贸总协定更广泛的任务管理国际贸易协定。这个任务包括修改贸易规则的固定步骤，以取代关贸总协定周期性回合的做法。

世界贸易组织的原则　在世界贸易组织的谈判中，成员已建立了五项基本原则，作为全球贸易体系的规范基础：

1. 无歧视贸易。这是最惠国（MFN）原则，它要求各个国家对待所有WTO成员一视同仁。如果一个国家与另一个国家签订了一份特殊的贸易协议，这一协议将适用于所有WTO成员。非歧视的另一个方面是，应平等对待国外公司和当地公司。这意味着进口商品一旦入市，就不应该受到歧视。

2. 通过谈判逐渐实现自由贸易。降低贸易壁垒，包括可见的（如进口关税）和较不明显的（如繁琐规则），以鼓励贸易增长。WTO协定通过渐进改变建立"逐步自由化"。发展中经济体将用较长时间进行调整。

3. 通过约束力和透明度获得可预测性。可预测性帮助企业了解真实成本。世界贸易组织制定关税"绑定"或协议，在给定的时间段内不提出特定关税。这样的承诺与降低关税一样有利，因为这为商务人员提供了真实的数据。透明度使贸易规则尽可能明确和方便，也有助于商务人员预期稳定的未来。

4. 促进公平竞争。虽然许多人将WTO形容为"自由贸易"组织，它也确实在做着贸易自由化的工作，但世界贸易组织也意识到国与国之间的贸易关系是极其复杂的。许多世界贸易组织协议在农业、服务业和知识产权方面支持公平竞争，禁止补贴以及以低于其生产成本的价格倾销产品。

5. 鼓励发展和经济改革。四分之三的世界贸易组织成员是发展中经济体和正过渡到市场经济的经济体。这些国家在世贸组织的多哈发展议程（Doha Development Agenda）上表现积极。乌拉圭回合结束时通过的一项决定建议，发达国家应对来自最不发达国家的商品给予市场准入并对其增加技术援助。发达国家开始允许对来自最不发达国家的许多产品实行免税和免配额进口，但农业仍然是一个在达成协议上十分困难的领域。

多哈发展议程与发展中国家　2001年于卡塔尔的多哈举行的WTO谈判中，成员国政府同意推出一项新的议程以实施目前的协议。来自泰国的前世界贸易组织总干事素帕猜·巴尼巴滴（Supachai Panitchipakdi）博士（第一个来自发展中国家的世界贸易组织或关贸总协定总干事）指出，如果发展中国家对多哈发展协议失去信心，那么"世界上最贫穷和最脆弱的国家将是以其他交易为重点的政策的最大输家，成为多边主义的牺牲品"。2005年开始其四年任期的总干事帕斯卡·拉米（Pascal Lamy），也表达了这种担忧。世界贸易组织成员已经认识到，发展中国家面临的约束将限制他们从世界贸易组织的贸易体制中获益的能力，尤其是纺织品、服装、农业和渔业等方面的贸易问题。世界贸易组织最近发起了一项援助计划，向这些世贸组织成员提供援助，主要包括基础设施、技术支持和生产能力三个领域，以提高发展中国家从贸易协定中获益的能力。2008年，此项贸易援助计划得到了所有WTO成员的批准。

多哈发展议程暴露出了很多与发展中国家的贸易需要相关问题的不同意见。2003年在墨西哥坎昆举行的谈判破裂，来自非洲、加勒比和亚洲的发展中国家代表离开会议，因为他们看到许多发达国家不愿意在农业问题上作出妥协。二十一个国家联合陈情，认为富裕国家向本国农民支付的农业补贴损害了世界各地的贫困农民。特别是非洲的农民要求美国和欧盟降低棉农的补贴，同时向非洲农民支付3亿美元以补偿他们因为这种不公平竞争所遭受的损失。这是一次重要的会议，因为发展中国家确立了自己在谈判中的力量，挑战美国和欧盟的领导地位。2004年6月，世界贸易组织的代表同意就发展中国家呼吁各国减少和消除农产品关税的提案进行辩论。在随后的一年里，巴西成功地在世界贸易组织起诉美国对棉花的补贴。美国和欧盟已分别在原则上同意减少农业补贴。

2006年春天，总干事拉米对世贸组织成员表示"已经取得真正和重要的进展，但速度还不够快"。世贸组织未能在2006年4月的最后期限内达成农业关税和补贴削减以及非农市场准入的框架协议。一些鸿沟仍然不可逾越，所以总干事拉米中止谈判，并重点展开非正式谈判，试图实现一些突破。这些努力仍在继续。可以访问世界贸易组织网站 www.wto.org 了解最新进展。

世界贸易组织的挑战　世界贸易组织在国际舞台遭遇过相当大的争议。1999年，在西雅图举行的世贸组织会议遭暴力示威破坏，所以这次会议于2001年在多哈重新启动，并于两年后在坎昆继续召开，然后也是在两年后的2005年在香港再次召开。自此，那些主要诉求是解决世贸组织对发展中国家的经济、环境问题、人权、工作条件和劳动保护等问题麻木不仁的抗议活动偃旗息鼓。除了这些问题，多哈发展议程仍然面临的谈判问题包括发达国家的农业补贴、规则和裁决的执行以及知识产权。

富裕国家的农业补贴已证明对于这些国家来说是一个棘手的问题，部分原因在于这些补贴对国内政治的影响。2008年春天，在这个问题上传出了好消息，农业谈判主席新西兰大使克劳福德·福尔克纳（Crawford Falconer）表示，进口国和出口国已取得进展，并有可能实现突破。他的公开声明和最新进展可以到 http://www.wto.org/english/news_e/news08_e/agric_14march08_e.htm 收听。

所有世界贸易组织成员都关注的问题是其成员是否遵守世界贸易组织的决定。世界贸易组织是一个非正式机构，其权威源自通过取得共识的谈判创建的道德基础。如果一个国家不理会世界贸易组织的裁决，那么挑战将非常严重。例如，美国和欧盟之间就香蕉展开了贸易战争，原因是欧盟未对美国主导的拉丁美洲香蕉进口开放市场，在此期间世界贸易组织两次裁定欧盟的政策非法。美国认为欧盟的优惠香蕉进口规则是歧视性的，世界贸易组织允许美国对欧盟商品征收1.914亿美元的贸易制裁罚款。欧盟并未遵守这一裁决，继续保持市场封闭。"香蕉战"停火协议现在已经达成，欧盟最初不遵守裁决的状况已经改变。然而，潜在的问题仍然存在：世界贸易组织依靠其成员的善意来执行其决定。最近，欧盟和美国已同意削减农业补贴，作为对世界贸易组织对其所作裁决的回应。

世贸组织成员面临的最艰难的谈判领域之一是**与贸易有关的知识产权协议**（trade-related intellectual property rights，TRIPS）。WTO协议规定各个国家认可20年的专利权利和50年的版权权利。侵犯知识产权在几个行业盛行，如音乐、软件和药品。这些违规行为往往发生在一小部分发展中国家，在中国音乐和软件盗版猖獗，在印度、中国和巴西医药专利侵权屡见不鲜。然而，药品专利侵权问题还涉及发展中国家提供医疗保健的能力。例如，印度制药公司可以生产在西方受专利保护的一般等效药品，然后以那些消费者可以负担的价格向发展中国家市场销售这些药物。多哈发展议程已经同意，知识产权应该为公众健康让路。采用TRIPS的任何国家都有1995年以前的专利药品的仿制权。世贸组织还建立了强制许可制度，规定版权持有人向发展中国家的生产者发放许可。

贸易利益不均衡　虽然有开放边界、新的贸易协议等成果，但到目前为止，世界贸易组织还没有达到贸易理论（第3章）所讲到的贫穷国家将获益的效果。相反，根据国际劳工组织联合国研究小组全球化社会影响世界委员会的调查，全球化利益不均衡使得富国和穷国之间以及国家内部的差距越来越大。它建议，全球化"正处于一个转折点，国际机构需要解决社会不平等以及开放边界带来的其他后果"。

世界贸易组织展望　世界贸易组织已取得了令人印象深刻的关贸总协定成就，为其增添了一个更稳定的框架，并继续为世界构建一个公平的贸易体制而不断前进。世界贸易组织可以走多远是一个悬而未决的问题，但可以肯定的是它已经有了一个良好的开端，努力促成了更加稳定的贸易环境，让国际商务快速增长。有评论者观察到一种日益倾向于民族主义和孤立主义的趋势，这当然不是支持全球贸易的方向。世界贸易组织自2000年以来的放缓期间，区域贸易协议不断增长以填补这一缺口。世界贸易组织的报告指出，到2010年，已有400多个区域贸易协议计划准备实施。区域协议（如欧盟和北美自由贸易协定）可能会削弱世界贸易组织的力量，因为它们会破坏区域贸易协议以外各国的贸易。因为这些贸易协议大多是发达国家之间的，因此对发展中国家的影响可能是巨大的。

到此为止，我们已经了解了联合国；全球金融机构，包括国际货币基金组织和世界银行；以及世界贸易组织。下面我们来看看可能会影响公司在国际商务中作出选择的区域机构。我们首先从军事联盟开始，然后介绍区域经济和行业的各种机构，包括经济发展组织、石油输出国组织和八国集团。然后，我们重点关注为经济一体化建立的机构，包括北美自由贸易协定、南方共同市场、欧盟以及其他机构。

4.3　区域级机构

合作性军事和安全协议

你可能想知道为什么军事和安全联盟包含在我们介绍的国际商务机构中，因为它们与贸易联盟完全不同。然而，军事联盟对国际商务有重大影响，因为当成功的时候，它们会稳定国际局势，从而稳定跨境经济环境，只要它们存在即可，而无需其他行动。军事和安全联盟也会直接影响合作伙伴之间的贸易。在考虑军事联盟和国际贸易之间的关系时，密歇根大学社会学教授迈克尔·肯尼迪（Michael D. Kennedy）十分肯定地指出，军事联盟是能源安全的一个关键因素，也因此对贸易政策有所贡献。

第 4 章 国际商务视角下的国际机构 89

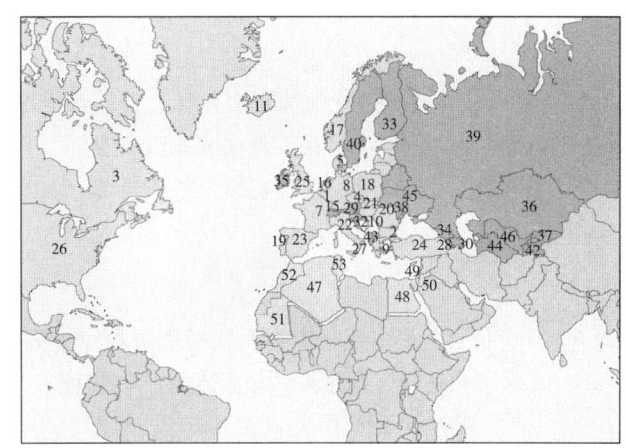

	北约国家	
□成员国	20. 罗马尼亚	38. 摩尔多瓦
1. 比利时	21. 斯洛伐克	39. 俄罗斯
2. 保加利亚	22. 斯洛文尼亚	40. 瑞典
3. 加拿大	23. 西班牙	41. 瑞士
4. 捷克共和国	24. 土耳其	42. 塔吉克斯坦
5. 丹麦	25. 英国	43. 马其顿
6. 爱沙尼亚	26. 美国	44. 土库曼斯坦
7. 法国	□伙伴国	45. 乌克兰
8. 德国	27. 阿尔巴尼亚	46. 乌兹别克斯坦
9. 希腊	28. 亚美尼亚	
10. 匈牙利	29. 奥地利	□地中海对话国
11. 冰岛	30. 阿塞拜疆	47. 阿尔及利亚
12. 意大利	31. 白俄罗斯	48. 埃及
13. 拉脱维亚	32. 克罗地亚	49. 以色列
14. 立陶宛	33. 芬兰	50. 约旦
15. 卢森堡	34. 格鲁吉亚	51. 毛里塔尼亚
16. 荷兰	35. 爱尔兰	52. 摩洛哥
17. 挪威	36. 哈萨克斯坦	53. 突尼斯
18. 波兰	37. 吉尔吉斯斯坦	
19. 葡萄牙		

图 4-4 北约成员国
资料来源：www.nato.int/education/maps.htm。

我们简要地考察一下当前两大军事协议，北大西洋公约组织和集体安全条约组织。本节最后重点介绍东南亚国家联盟，该机构最开始作为安全协议出现，现已经走向经济合作领域。

北大西洋公约组织　北大西洋公约组织（North Atlantic Treaty Organization，NATO）简称北约，是由1949年的北大西洋公约管辖的26个北美和欧洲国家组成的安全联盟。该公约的主要条款是"对其中欧洲或北美任何一个或多个国家的武装攻击均应视为对所有国家的攻击"这一协议。北约成立于第二次世界大战后，目的是应对所谓苏联日益增加的威胁。第一任北约秘书长伊斯梅勋爵（Lord Ismay）提出了北约目的的更通俗版本，他声称它是为了"孤立俄国人，抑制德国人，扶持美国人"。北约唯一一次提及其核心的集体回应是在2001年9月11日美国遭到恐怖袭击后。今天的北约成员国中，有10个是前苏联集团国家。北约也已与俄罗斯签订了伙伴关系协议，即北约-俄罗斯理事会，这使俄罗斯在某些北约决定中也有发言权。近日，北约在巴尔干和阿富汗进行军事干预。

集体安全条约组织　前苏维埃社会主义共和国联盟（USSR）的10个州，即独立国家联合体（独联体）根据集体安全条约（CST）组成了安全联盟。目前，7个独联体成员组成**集体安全条约组织**（Collective Security Treaty Organization，CSTO）：俄罗斯、白俄罗斯、哈萨克斯坦、吉尔吉斯斯坦、塔吉克斯坦、乌兹别克斯坦和亚美尼亚。2007年，集体安全条约组织与上海合作组织（SCO）签署了合作协议，上海合作组织是成立于2001年的中亚互助安全集团，共有六名成员，分别是中国、俄罗斯、吉尔吉斯斯坦、塔吉克斯坦、乌兹别克斯坦、哈萨克斯坦。集体安全条约组织还同意扩大该组织的活动，包括可在联合国授权下在内部或外部部署维和部队，并将确保按俄罗斯国内价格进行内部武器销售。

东南亚国家联盟　东南亚国家联盟（Association of Southeast Asian Nations，ASEAN）简称东盟，成立于1967年，其目的是促进成员之间的和平关系和针对其所在地区的共产主义发展提供相互保护。此政治合作导致了一些经济合作。东盟的基本原则是：

- 相互尊重所有国家的独立、主权、平等、领土完整以及国民身份认同。
- 每一个国家都有权保证自己不受外来干涉、颠覆或胁迫。
- 各成员互不干扰彼此内政。
- 以和平方式解决分歧或争端。
- 不采用威胁手段或使用武力。
- 成员之间有效合作。

东南亚是世界上发展最快和经济最活跃的地区之一。总体来看，其成员——文莱、柬埔寨、印度尼西亚、老挝、马来西亚、缅甸、菲律宾、新加坡、泰国和越南——是美国的主要贸易伙伴。2007年，东盟获得联合国大会的观察员地位，并已开始把重点放在解决环境问题的区域合作上，如阴霾、野生动植物保护和气候变化。图4-5给出了东盟成员国的地图。最近东盟发展了两个附属机构：东盟10+3，包括中国、日本和韩国，共同讨论某些东盟议题；东亚峰会，包括东盟10+3以及澳大利亚、新西兰和印度。这一合作的目的是达成一个区域性的自由贸易协议。东盟最初的成立目的是应对冷战时期共产主义在东南亚的叛乱，以及改变区域领土争端的历史。东盟互不干涉内政的初步协议，使他们克服了彼此之间的冲突，但要形成建立一个共同市场所需的凝聚力和共同的价值观，将需要更多的时间。

区域和行业经济机构

本节我们介绍因国家间的经济协议所产生的区域或行业机构。它们包括：经济合作与发展组织、石油输出国组织、八国集团以及根据国与国之间的经济一体化协议建立的区域贸易协议。

经济合作与发展组织（OECD） 简称经合组织，该组织通常被称为"富人俱乐部"，因为它由当今世界上最富有的30个国家组成（见表4-1）。但是，成为成员的讨论对所有的致力于市场经济和多元民主国家开放。经合组织支持政府努力促进经济增长、与贫困作斗争、维护金融稳定并帮助非成员国家发展经济。

经合组织从早期管理第二次世界大战后美国在欧洲的马歇尔计划援助分配的合作发展而来，该组织为其成员国家提供有关经济和其他活动的信息，并提供一个环境以讨论共同的经济和社会政策问题。经合组织发布了关于多种国际商业和经济主题的广泛研究报告。这些出版物和资源材料对于研究人员和商务人员十分宝贵。

经合组织已在许多领域提供帮助，包括鼓励各成员国杜绝贿赂、建立跨国公司的行为守则，以及提议通过具体的立法。经济合作与发展组织的商业和工业咨询委员会（BIAC）创立于1962年，它代表企业和行业，为商业相关的各个领域提供支持，如税收、贸易自由化、可持续发展、电子商务和生物技术。

经合组织受到高度重视的单个国家调查可在www.oecd.org找到。这些调查是美国中央情报局《世界概况》（*World Factbook*）（网址为https://www.cia.gov/library/publications/

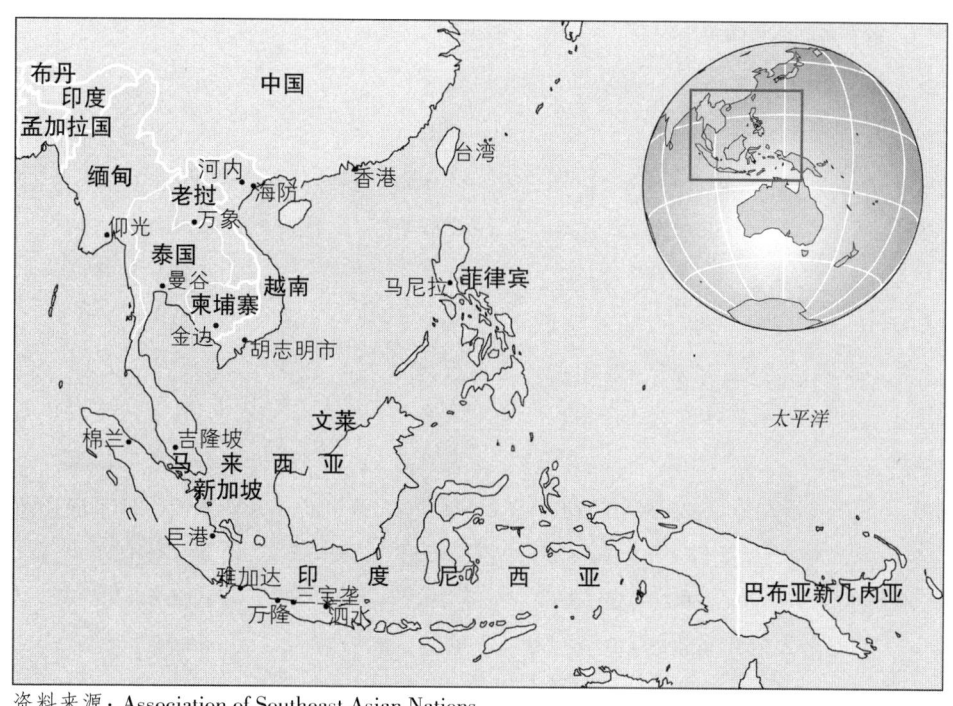

图 4-5 东盟成员国

资料来源：Association of Southeast Asian Nations.

the-world-factbook/）的一个很好补充。这些网站是进行国家一级的一般研究的绝佳开始。有关 BIAC 的信息，可访问 www.biac.org。

石油输出国组织 伊朗和委内瑞拉认识到如果石油出口国联合起来，他们可以更有效地与大型石油公司讨价还价，1959 年，他们参加了阿拉伯石油大会在开罗召开的会议。此次会议上的讨论和秘密协议成为了石油输出国组织的种子。

1960 年初，委内瑞拉矿业和碳氢化合物部长和沙特石油部长写信给在委内瑞拉和中东经营的外国石油公司，要求他们先与东道国政府磋商，然后才作出任何价格变动。1960 年 8 月，石油公司降低油价，但东道国政府说，他们是阅读报纸之后才得知此次降价。这些公司没有征询意见的做法激怒了这些国家，也增加了这些国家对他们的控制力以及保护自己国家自然资源能力的焦虑。在这种情况下，这些国家在巴格达举行了一次会议。伊朗、伊拉克、科威特、沙特阿拉伯和委内瑞拉的代表出席了会议。**石油输出国组织**（Organization of Petroleum Exporting Countries，OPEC，中文音译为欧佩克）成立，欧佩克成员国拥有了价格控制权。

今天的 12 个欧佩克成员国都是发展中经济体。大多数在中东（伊朗、伊拉克、科威特、卡塔尔、沙特阿拉伯和阿拉伯联合酋长国），四个在非洲（阿尔及利亚、安哥拉、利比亚和尼日利亚），两个在世界其他地方（委内瑞拉和厄瓜多尔，于 2007 年 11 月重新加入）。亚洲唯一的欧佩克成员国印度尼西亚于 2008 年 5 月退出，该国已经从一个石油出口国变成了消费国。另有一些其他大石油出口国（如墨西哥、挪威、俄罗斯、英国）不是欧佩克成员。

表4-1 经合组织成员国

国家	加入日期	国家	加入日期
澳大利亚	1971年6月7日	韩国	1996年12月12日
奥地利	1961年9月29日	卢森堡	1961年12月7日
比利时	1961年9月13日	墨西哥	1994年5月18日
加拿大	1961年4月10日	荷兰	1961年11月13日
捷克共和国	1995年12月21日	新西兰	1973年5月29日
丹麦	1961年5月30日	挪威	1961年7月4日
芬兰	1969年1月28日	波兰	1996年11月22日
法国	1961年8月7日	葡萄牙	1961年8月4日
德国	1961年9月27日	斯洛伐克共和国	2000年12月14日
希腊	1961年9月27日	西班牙	1961年8月3日
匈牙利	1996年5月7日	瑞典	1961年9月28日
冰岛	1961年6月5日	瑞士	1961年9月28日
爱尔兰	1961年8月17日	土耳其	1961年8月2日
意大利	1962年3月29日	英国	1961年5月2日
日本	1964年4月28日	美国	1961年4月12日

表4-2 世界石油生产国和消费国

世界石油生产国排名/国家/产量（千桶/每天）		世界石油消费国排名/国家/消费量（千桶/每天）	
1 沙特阿拉伯	10,665	1 美国	20,687
2 俄罗斯	9,677	2 中国	7,273
3 美国	8,330	3 日本	5,159
4 伊朗	4,148	4 俄罗斯	2,861
5 中国	3,845	5 德国	2,665
6 墨西哥	3,707	6 印度	2,587
7 加拿大	3,288	7 加拿大	2,264
8 阿拉伯联合酋长国	2,945	8 巴西	2,217
9 委内瑞拉	2,803	9 韩国	2,174
10 挪威	2,786	10 沙特阿拉伯	2,139

*所有数字均为2006年数据。

1973年末到1974年初，欧佩克阿拉伯成员国对荷兰和美国实行石油禁运，并对所有客户实行非常大的价格上涨，其对石油进口国的经济威力变得十分显著。欧佩克的力量源于各成员国的凝聚力和对68%的世界已知石油储量的控制。欧佩克供应了欧洲所需石油的84%，日本所需石油的90%以上。

利用它的这种力量，欧佩克将石油价格从1973年的约每桶（42加仑）3美元抬高到了1980年的约35美元。这种能源价格的急剧上升，导致了石油进口国的经济衰退和失业。它也引发了非欧佩克国家的保护措施和石油勘探的增加，以及替代能源的研究。由于这些措施，欧佩克的市场大幅削减，但其成员拒绝减少生产，形成了供过于求的局面。欧佩克曾在20世纪70年代中期掌握价格的控制权，但到了80年代初，随着鹿特丹、纽约和芝加哥等主要市场的设立，价格转为由自由市场设定。欧佩克对市场的控制已被在哈萨克斯坦、阿塞拜疆和俄罗斯开发的大型石油和天然气项目所削弱。

今天，欧佩克在世界石油供应中所占的份额是40%，石油价格在不断上升。石油价格高企的原因除了下降的生产趋势、前导时间以及炼油厂阶段的瓶颈外，还有作为石油交易货币美元疲软；美国国会讨论的加税打击了勘探和生产热情；中东的政治动荡，包括伊拉克战争；伊朗核危机；飓风中断炼油能力和石油平台；委内瑞拉的政治不稳定；西非的政治危机；以及发展中国家，如中国、印度和印度尼西亚不断增长的需求。与此同时，一些石油生产国的恐怖主义输出增加了总体不稳定。也有这种可能性，价格反映了这种不可再生的化石燃料供应的高峰期。表4-2显示了石油生产国和消费国前10名的排名。完整的排名和交互式地图可以在http://tonto.eia.doe.gov/country/index.cfm上找到。发展中国家的石油消费量继续增加。

八国集团 八国集团（Group of Eight，G8）由几个工业国家组成的小集团发展而来，

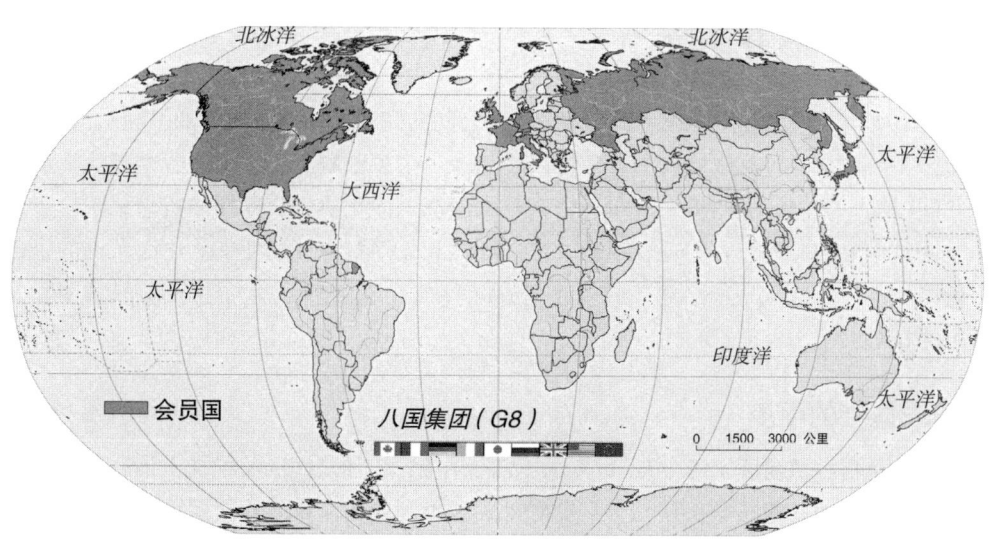

图4-6 八国集团的成员国（www.undp.org）

资料来源：Original map data provided by The Atlas of Canada Produced under licence from Her Majesty the Queen in Right of Canada, with permission of Natural Resources Canada.http://atlas.nrcan.gc.ca/site/english/maps/reference/international/g8/map.jpg.

其经济深受1973年石油危机和随之而来的经济衰退的影响。来自美国、欧洲和日本的财政官员进行会晤，讨论全球金融问题。法国随后提议定期会晤，于1975年形成了六国集团——法国、西德、英国、意大利、日本和美国。次年，加拿大加入了这些会议，形成了七国集团。冷战结束后，俄罗斯也加入了会议，第一次临时参加（七国集团＋1），然后成为正式成员（八国集团）。八国集团是一个没有工作人员或预算的非正式组织。八国集团的地图，见图4-6。

八国集团会议的讨论领域也扩大到包括全球范围内的问题，包括健康、环境、安全、执法、发展和其他共同关心的领域，并邀请相关的政府官员。例如，八国集团的内政和司法部长就恐怖主义进行合作，并在最近同意建立一个国际恋童癖者数据库。

八国集团会议已成为大量抗议的焦点，部分是因为八国集团领导人有很高的知名度，他们所代表的经济体占世界GDP的65%。批评的要点之一是八国集团国家之间的贸易对发展中国家的影响。因为八国集团和经合组织国家往往相互贸易，发展中国家失去了潜在的发展机遇。从发展中国家的角度来看，八国集团似乎是一个相对封闭的、富裕国家之间的非正式贸易联盟。其他批评关注八国集团对碳排放和全球气候变暖、贫困以及发达国家对艾滋病危机缺乏足够响应的影响。可以看出，八国集团对全球贫困、贸易、卫生和环境问题等根本问题作出了响应，但对其批评者却没有作出足够的响应，他们可能将合理批评与更普遍和更主观的针对全球化的批评混为一谈了。

经合组织、欧佩克和八国集团等经济机构对从事国际贸易的公司有重要意义，无论是在一般外部环境还是内部环境层面，这些机构都能为企业作出决策以及适应外部环境的变化带来帮助。这里我们介绍的只是最重要的经济机构。

4.4 经济一体化协议

自1945年第二次世界大战结束以来，各国之间的经济合作已大幅增加。通常情况下，合作始于一项自由贸易区协议。这一协议发展为一个关税联盟，关税联盟继而演变成一个共同市场。该协议可能最终走向一个完整的经济一体化协议。这样的贸易集团对于国际企业是重要的，因为它们通过削减关税、配额和其他贸易壁垒使一体化区域内的企业降低了成本，这些贸易集团之外的企业则成本增加了。表4-3比较了主要贸易集团和贸易国的相对大小。

经济一体化的程度

在一个**自由贸易区**（Free Trade Area，FTA）中，成员之间的关税被取消，但每个成员国对世界各地其他国家保持其自身的对外关税。因此，成员彼此之间可自由贸易，但与非成员国家之间有其自身的贸易限制。自贸区范围内，限制一般在服务（如会计、保险、法律服务等）、人员（劳动力）和资本流动方面。北美自由贸易协定（NAFTA）和欧洲自由贸易联盟（EFTA）是自由贸易协议很好的例子。

关税联盟（customs union）向自由贸易区增加共同对外关税。这是自贸区合乎逻辑的延伸：关税联盟国家之间没有关税，这些成员国对世界其余国家收取的关税在各成员之间保持一致。例如，南部非洲关税联盟（南非、莱索托、纳米比亚、斯威士兰和博茨瓦纳）；南方共同市场（阿根廷、巴西、巴拉圭和乌拉圭）和安第斯共同体（秘鲁、厄瓜多尔、玻利维亚和哥伦比亚）。

共同市场（common market）是一个关税联盟，对各成员国之间的服务、人员和资本流动没有任何限制。南方共同市场希望往这个方向发展。欧盟的发展已经超越了共同市场阶段，正朝着**完全经济一体化**（complete economic integration）迈进。这种一体化还涉及高度的政治一体化，这会要求成员国家交出其主权的某些重要元素。例如，欧盟有一个中央机构专门负责为所有欧盟成员国协调和统一税率、劳动系统、教育系统以及其他社会和法律系统，而货币政策是由欧洲央行制定的。单一货币欧元已经发行，以取代成员国货币。南方共同市场和安第斯共同体已经宣布他们意图仿照欧盟进行合并，建立一个共同市场。

知识产权与最近的自由贸易协定

在最近的自由贸易协定谈判中，欧盟和美国通过降低关税开放市场展开竞争。他们还充分利用自由贸易协定的潜在好处，要求其新的自由贸易伙伴重新制定知识产权规则。就是这样：使用自由贸易协定作为工具，美国和欧盟已出口其知识产权规则。

以2007年美国与韩国签署的自由贸易协定为例。该协定用于为合作伙伴双方建立更广泛和更重要的市场准入，作为该协定的一部分，韩国不得不重新制定知识产权规则以与美国保持一致。韩国专利和版权法将发生重大变化。欧盟和美国都规定版权有效期为作者死亡后70年。这种保护包括支付版税，并适用于企业和个人创作。这对于复杂的韩国传统来说是一个实质性的变化，根据产品不同，他们承认的个人作者知识产权的期限为5年到50年。批评修订这些规定的观点认为，如果它是用来延长药物、软件和媒体公司的专利垄断，那么在这些情况下，自由贸易将成为一个悖论。

北美自由贸易协定

北美自由贸易协定（North American Free Trade Agreement，NAFTA）签署于1994年1月1日，在加拿大、墨西哥和美国之间建立了自由贸易区。北美自由贸易协定的目的是提供一个框架，以促进三个北美签署国之间的自由贸易。与联合国、欧盟和世界贸易组织不同，北美自由贸易协定作为每个成员国国家法律的一部分而存在。

自1988年开始，加拿大针对该国是否应该加入美国的双边协定以促进贸易的问题一直备受争论。支持者认为，该协定将对加拿大有益，因为自由贸易将为加拿大南部的企业开放很大的市场。反对者则认为，如果批准该协定，那么加拿大和美国的国界将不复存在，这样加拿大人将失去就业机会，而加拿大将失去其国家身份。加拿大议会批准了该协定，事实证明美国—加拿大自由贸易协定非常成功，这两个国家希望日后将其扩大到包括墨西哥，如果可能，还会包括其他国家。许多人还认为，对美国开放墨西哥市场将提高墨西哥公民的生活水平和工资标准。墨西哥经济的改善将增加墨西哥保留劳动力的能力，否则他们将被美国较高的工资标准所吸引。尽管一些有组织的劳工和政客激烈反对，谈判仍然取得了成功，加拿大、墨西哥和美国的国家立法机关批准了北美自由贸易协定的条约，这是包括劳动和环境方面的协议的第一个大型贸易协定，这些议题现在经常包括在贸易协定中。

在过去的20年间，基于三名成员之间的贸易自由化，北美自由贸易协定为强劲的经济增长和繁荣铺平了道路。与墨西哥经济部长和加拿大国际贸易部长一同加入北美自由贸易协定贸易委员会的美国贸易代表声称，北美自由贸易协定已经给整个北美地区的消费者、企业、工人和农民带来了重大利益。通过北美自由贸易协定，这三个国家创造了世界上最大的自由贸易区——全球经济中具有最强大生产力的组织之一。2008年，北美自由贸易协定的关税自由化迈进了一大步，许多关税下降到0，包括农产品关税这一困难的领域。在北美的贸易几乎是免关税的。最后一个降低关税的贸易领域是美国玉米出口到墨西哥，墨西哥许多小农户获得了从美国进口玉米的过渡性保护。

美国贸易代表办公室的报告指出，大量证据表明，北美自由贸易协定使美国、加拿大和墨西哥的企业最大限度地提高了效率，保持了全球竞争力并增加了销售和出口：

- 北美自由贸易协定成员国之间的贸易增加了两倍多，从2,970亿美元增加到了9,300亿美元。贸易额为平均每天24亿美元，或每分钟170万美元。
- 美国商品对北美自由贸易协定成员国的出口增长了157%，对世界其他各地的增长仅为108%。
- 加拿大和墨西哥是美国最大的出口市场，共占美国总出口的35%。
- 在农业方面，自1993年以来，美国出口增长的50%流向加拿大和墨西哥。
- 在实际GDP上，北美自由贸易协定国家发展很快，从1993年以来，美国增长了50%，墨西哥增长了46%，加拿大增长了54%。

尽管有这些积极的成果，在北美自由贸易协定内这三个国家仍然有着长期的严重贸易争端。时间最长的一个争端是美国和加拿大之间的木材之争。软木材争端其实早于北美自由贸易协定，但加拿大在2005年将其对美国的诉求呈递到由两个国家代表组成的北美自由贸易协定审查小组——一个专为解决争端建立的机构，并于2006年再次呈递到另一个小组，以及世界贸易组织。2002年5月，美国声称加拿大政府为木材生产商提供了不公平补贴，宣布对加拿大出口到美国的软木材征收27%的关税。美国的控诉是加拿大生产商向其政府支付的立木费过低，这与美国的公共林地砍伐成本相比，相当于一种变相补贴，因为在美国，伐木权以市场价值进行拍卖。北美自由贸易协定小组和世界贸易组织的裁决有利于加拿大，他们认为，美国提出控诉所依据的数字基于美国的市场状况，而不是加拿大。最后，在2006年，美国同意将美国海关已经征收的50亿美元关税中的80%返还给加拿大。加拿大要求美国法院强制执行北美自由贸易协定小组的决定。

北美自由贸易协定中存在一些严重的经济问题，但过去20年来，其中包括软木材

微型多国公司　假设你在义乌巴格达餐厅就餐

在中国的义乌市，许多中东小商人背井离乡在此创业，以逃避本国国内的冲突和紧张局势。"为什么是义乌？"你可能会问。这不是中国的穆斯林聚居区，也不是一个领先的城市；20年前，它是一个安静的农业型农村。但有了中东的参与，义乌已经变成了中国最大的小商品市场。许多中东商人来到这里，长期逗留进行采购。他们大批量采购硬件和服装；返回巴格达、迪拜或德黑兰，然后很快再回来。他们来到义乌，吸引了大批来自云南、甘肃和青海的讲阿拉伯语的穆斯林，他们跟随这些中东人，为其提供翻译、咨询服务，或直接为其工作。

虽然他们的国家之间未必有最好的关系，他们对伊斯兰教的官方意见可能差别很大，但在义乌，他们都是穆斯林，所有信徒在一个无神论的环境中进行商业交易。你可以在义乌市中心的巴格达餐厅找到他们，讲着各种阿拉伯方言和少许普通话。要了解更多有关中国穆斯林的信息，请参阅彼得·赫斯勒的《甲骨文》(Oracle Bones: A Journey through Time in China)。

纠纷在内的许多问题均已解决或减弱，因为该协定的经济利益已日益清晰。但确实仍然存在值得关注的地方。其中包括环境和人口问题。一个环境问题是，墨西哥遵守北美自由贸易协定的规定，将环保标准提高到美国的水平。为了解决环境问题，北美自由贸易协定的双边协议建立了北美环境合作委员会和北美开发银行。他们共同发展和投资项目，支持墨西哥的环境保护和发展必要的基础设施，以支持实现可持续发展的生态工程。另一个值得关注的问题是自北美自由贸易协定实施以来，从墨西哥到美国的非法移民有所增加。随着北美自由贸易协定的实施，美国对墨西哥农产品征收的关税大幅减少，墨西哥的商业性农业日益发达。在墨西哥，农业是大多数人维持生计的方式，所以成功的商业化农业迫使250万农民离开他们耕种的土地。他们中许多人来到了美国。这种土地再分配的非经济成本使得家庭分裂，给传统的农村农业造成了严重的压力。

美国、加勒比海和整个拉丁美洲的许多国家希望将北美自由贸易协定扩大为美洲自由贸易区协定（FTAA）。智利曾被提议为初步候选者，而且各方也已开始讨论，但这些努力的热情近年来有所减弱。古巴、委内瑞拉、玻利维亚、厄瓜多尔和尼加拉瓜已表示他们反对任何北美自由贸易协定扩大计划。

欧洲自由贸易联盟

欧洲自由贸易联盟（European Free Trade Association，EFTA）由7个欧洲国家创立于1960年，用以替代欧洲经济共同体，是欧盟的前身。欧洲自由贸易联盟的创始成员是奥地利、丹麦、挪威、葡萄牙、瑞典、瑞士和英国。芬兰在1961年加入，冰岛在1970年加入，列支敦士登于1991年加入。1973年，英国和丹麦转到欧洲经济共同体。葡萄牙、奥地利、

虽然北美自由贸易协定取得了一些积极成果,但成员国之间的争论仍在继续。其中最长的争论是美国和加拿大之间的软木材纠纷。美国对加拿大软木材出口征收27%关税后,加拿大将其投诉呈递到了北美自由贸易协定和世界贸易组织。当两个组织均作出了有利于加拿大的裁定后,2006年美国最终同意归还大部分已征收的关税。

芬兰和瑞典紧随其后。欧洲自由贸易联盟今天的四个成员是冰岛、列支敦士登、挪威和瑞士。虽然欧洲自由贸易联盟重点关注商品,而不是服务或劳动力,但欧洲自由贸易联盟的内部协议也在越来越多地处理服务、人员流动、运输和贸易技术壁垒等问题。欧洲自由贸易联盟也与其他国家和贸易集团就一系列贸易协议进行了谈判,包括东欧和地中海国家以及墨西哥、智利、新加坡、欧盟。在这个意义上,它正在不断向关税联盟方向发展,以实施共同的对外贸易政策。

非洲贸易协定

非洲国家已经形成了区域贸易集团以促进整个非洲大陆的经济增长。其中许多是在谈判阶段。不过,大多数非洲国家的主要贸易关系都是与发达国家建立的,在许多情况下是与前殖民国家。除南非外,非洲国家的经济规模较小且不发达,政府面临着严峻的挑战:基础设施发展,与艾滋病、结核和疟疾相关的公共卫生需求,腐败,以及叛乱和内战。不稳定的环境不利于经济增长,但合作依然存在。其中三个团体是西非国家经济共同体(Economic Community of West African States,ECOWAS)、东部和南部非洲共同市场(Common Market for Eastern and Southern Africa,COMESA)和南部非洲发展共同体(Southern African Development Community,SADC)。图4-7列出了它们的位置和成员国家。

图 4-7 非洲贸易协定

○ 西非国家经济共同体　● 南部非洲发展共同体　○ COMESA　● 2008 年 9 月的 SADC 和 COMESA

最近成立了一个新的组织，可能能够建立一个机构，为其成员提供切实的贸易利益。非洲联盟（African Union，AU）成立于 1999 年，取代了非洲统一组织（OAU），其重点目标是从殖民统治和种族隔离脱离出来，不断向前迈进。非盟有 53 个成员国，除西撒哈拉外，每个国家都包括在内，仿照欧盟的形式而建。其长期目标在其网站上（www.au.org）进行了概述，其中包括社会和政治举措以及经济一体化。

南方共同市场

南方共同市场（Mercosur）于 1991 年根据《亚松森条约》创建，其中包括阿根廷、巴西、巴拉圭和乌拉圭，旨在创建一个共同市场。委内瑞拉已被接纳为新成员，正在等待巴拉圭和巴西的批准。玻利维亚、智利、哥伦比亚、厄瓜多尔和秘鲁是准成员。（见图 4-8。）南方共同市场的目的是建立一个共同市场；联盟已取得进展，并且正在不断增长。南方共同市场内部的贸易大部分都免关税。大部分产品已采取了共同对外关税，但南方共同

图 4-8 中美洲和南美洲的区域贸易协定

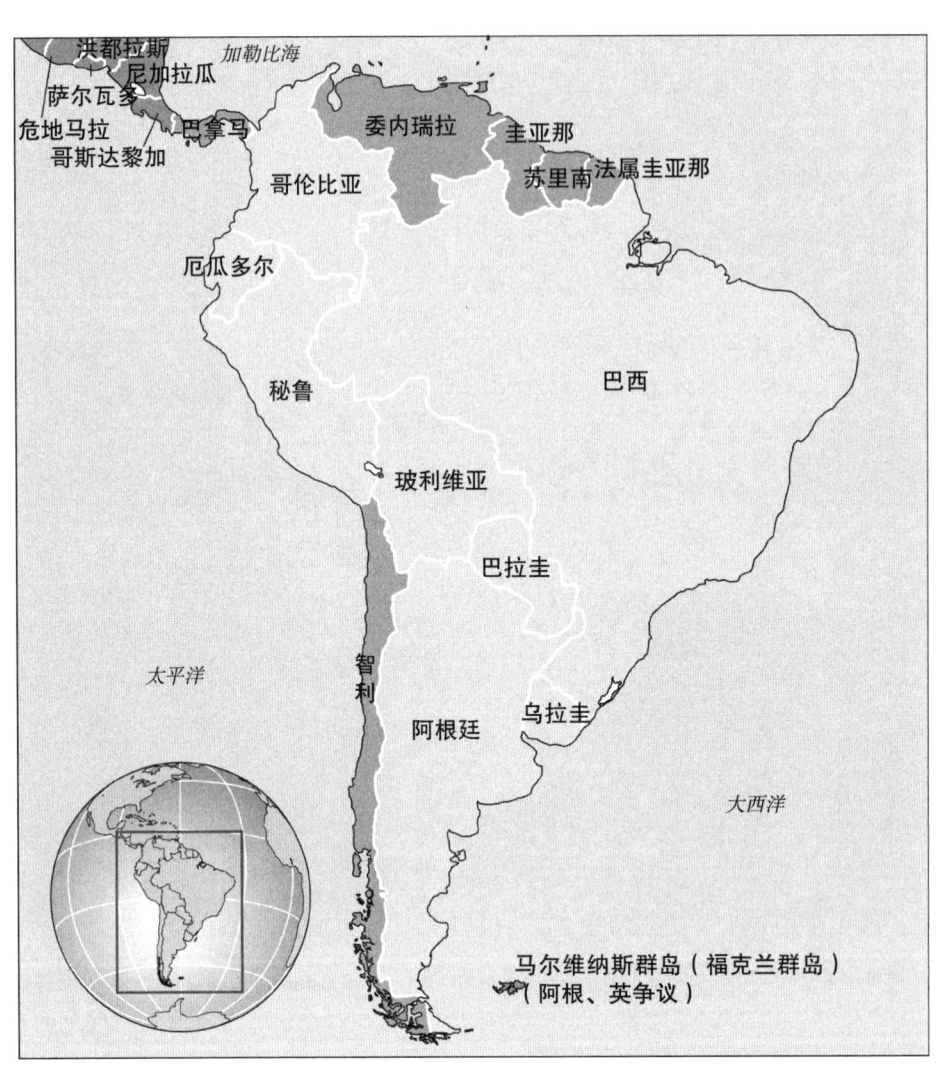

安第斯共同体　　中美洲自由贸易区+多米尼加共和国、美国　　南方共同市场　　无

市场还没有成为一个关税联盟。

自成立以来,南方共同市场的内部贸易以平均每年 27% 的速度迅速增长,而与世界其他地区的贸易仅以每年 7.5% 的速度增长。然而,成员国的基础设施较差(如缺少道路和桥梁),而且设置了很高的对外关税,从而使自己与外部市场隔绝,南方共同市场成员国的低效率使它们的生产成本高昂,尤其是出口到南方共同市场以外的地区。最近值得一提的一点是,巴西和阿根廷曾被认为能够带领拉丁美洲解决其经济问题,但这两个主要国家都经历了几年严峻的经济挑战。这些问题减缓了南方共同市场的发展。此外,其他南方共同市场成员有过摩擦。阿根廷和乌拉圭有严重的边界争端。引发问题的是位于形成边界的乌拉圭河岸边的两家西班牙和芬兰造纸厂。阿根廷已关闭了通往乌拉圭的

桥梁通道，因此建筑材料无法运输；另一个争端是，尽管阿根廷担心环境问题，乌拉圭仍然颁发了经营许可证。2006年春末，在委内瑞拉领导人查韦斯的支持下，玻利维亚总统在国内将石油天然气工业国有化。巴西是玻利维亚天然气的最大消费国，因此是玻利维亚国有化决策的最主要受害者。巴西人要多付高达60%的天然气成本。南方共同市场已经向前发展，于2007年推出了拉丁美洲发展银行，即南方银行。其总部设在委内瑞拉的加拉加斯，初始资本为70亿美元。委内瑞拉总统乌戈·查韦斯提出建立这样一个银行的想法，因此，拉美的发展可以从依赖世界银行和国际货币基金组织的境况中解脱出来。

中美洲自由贸易协定

美国与危地马拉、洪都拉斯、尼加拉瓜和萨尔瓦多在2003年年底达成协议，建立**中美洲自由贸易协定**（Central American Free Trade Agreement，CAFTA），哥斯达黎加和多米尼加共和国后来加入其中。因此，该协定还称作CAFTA-DR（见图4-8）。中美洲自由贸易协定向私人投资开放所有的公共服务、为外国投资提供保障并开放跨国竞标的政府采购。政府承诺减少并最终消除关税的成果之一是，提供市场准入和其他措施，包括消除所有行业保护国内产品的保护主义壁垒。中美洲自由贸易协定已同意免税进口和消除对农产品的补贴、知识产权保护、反倾销规则以及跨国公司在国际法庭起诉的权利。

CAFTA-DR是美国在拉美的第二大出口市场。虽然有批评认为CAFTA-DR是不对称的（中美洲成员国的GDP之和只相当于美国GDP的约0.5%），但贸易数字仍显示CAFTA-DR的经济有了大幅增长，其中很大一部分是由于这个自由贸易区的影响。

其他中美洲和南美洲贸易协定

安第斯共同体（Andean Community，CAN）的成员有哥伦比亚、秘鲁、厄瓜多尔和玻利维亚（见图4-8），委内瑞拉也曾属于该团体，但在2006年决定退出。委内瑞拉总统乌戈·查韦斯解释说，委内瑞拉选择退出是由于其他安第斯共同体成员（哥伦比亚和秘鲁）与美国签署了自由贸易协定。在他看来，"他们过于与美国保持一致。"

美洲国家组织（Organization of American States，OAS）的总部设在华盛顿特区，该组织由西半球国家组成，致力于促进本区域的民主与合作。该组织成立于1948年，美国是其最初的21个成员之一，它的起源可以追溯到1890年，那时第一个美洲国家国际会议在华盛顿举行，建立了美洲共和国国际联盟。今天，美洲所有35个独立国家都是美洲国家组织的成员。尽管古巴也是美洲国家组织的成员，该组织于1962年拒绝当时的古巴政府参与其活动。美洲国家组织的重点一直放在促进民主、保护人权、加强安全、促进自由贸易、打击非法毒品和反腐败斗争上。

亚太经济合作组织

应环太平洋国家经济体重要性日益增加的需要，亚太经济合作组织（Asia-Pacific Economic Cooperation，APEC）于1989年成立，作为一个区域性机构促进开放贸易和切实的经济合作。美国是21名现有成员国之一。APEC是一个非条约组织，其决定通过达成共识作出，不具强制约束力。

在我们对支持经济一体化的机构的介绍中，欧盟是我们最后讨论的重点。欧盟从一个基于一系列经济协议的机构发展为一个共同市场，进而又成为了一个附加政治层面的机构。我们首先着眼于欧盟的背景，然后再讨论它与其他区域贸易机构有什么区别。然后，我们简要地介绍欧盟的主要机构，并说明欧盟所带来的影响。

4.5 欧 盟

欧盟（European Union，EU）是一个包含28个独立国家的机构，这些国家致力于进行密切的经济和政治合作。欧盟最开始作为一个关税联盟存在，然后发展成一个共同市场，现在仍在继续发展，以实现可观的经济和政治一体化。

欧盟的背景和发展

第二次世界大战留下满目疮痍的残局，欧洲人面临着巨大的社会重建任务——从经济、政治到文化——当他们开始时，他们意识到是以往的经济和政治制度害了他们。出于这种担心，他们慢慢开始愿意放弃国家主权的某些方面来获取更大的经济效益和更好的政治环境。今天欧盟的起源可以归功于法国外交部长罗伯特·舒曼（Robert Schuman），他在1950年提出了统一欧洲的第一个步骤，即煤炭和钢铁行业的整合。最初欧洲煤钢共同体（ECSC）的六名成员——比利时、西德、法国、意大利、卢森堡和荷兰——通过《巴黎条约》聚集在一起。持续的一体化导致了1957年《罗马条约》的出现，在六名成员之间建立了一个共同市场。到1967年，这个核心团体成立了欧洲共同体（EC），包括欧洲议会、欧洲委员会和部长会议。1993年，《马斯特里赫特条约》确立了欧盟一体化的三个领域：他们已经建立的经济共同体、外交政策，以及国内事务。

随着新成员的不断加入，欧盟的规模已经扩大到了28个成员国，建立了一个整合了欧洲大部分经济、工业和人口优势的集团。目前，受过高等教育的人口为4.95亿，比美国的3.01亿人口多出60%。欧盟人口占世界人口的7%，其与世界其他地区的贸易占全球进出口的20%。

只要遵守自由、民主、尊重人权和基本自由、法治等各成员国共同遵守的准则，任何欧洲国家均可申请加入欧盟。丹麦、爱尔兰和英国于1973年加入欧盟；随后，希腊在1981年加入；西班牙和葡萄牙在1986年加入；奥地利、芬兰和瑞典于1995年加入。2004年，欧盟迎来了10个新成员：塞浦路斯、捷克共和国、爱沙尼亚、匈牙利、拉脱维亚、立陶宛、马耳他、波兰、斯洛伐克和斯洛文尼亚。2007年，保加利亚和罗马尼亚加入。2013年，克罗地亚成为第28个成员国。目前有五个候选国：冰岛、黑山、塞尔维亚、前南斯拉夫的马其顿共和国和土耳其，所有这些国家的加入申请已获批准，但加入日期仍有待确定。一些欧盟国家公民希望了解欧盟的扩张会走到什么地步，穆斯林国家是否与欧盟的文化兼容。在2004年加入的新成员中，除塞浦路斯和马耳他外，都刚刚从社会主义的中央计划经济转变过来。他们的加入应该是很大的进步。值得注意的是已经拒绝了欧盟成员资格的西欧国家瑞士和挪威，根据全国投票结果，这两个国家决定不加入欧盟。

欧盟作为一个机构有什么不同？

欧盟是一个超国家团体，已经成为一个区域性政府。由于其成员为了加入欧盟同意放弃自己的某些主权，因此欧盟与其他区域性经济机构不同，如北美自由贸易协定和南方共同市场。欧盟可以直接向成员国家收税和直接在每个成员国家实施立法，这与美国十分类似，美国国会颁布立法可直接影响每一个州。欧盟还有一个法院，即欧洲法院，它有权对违反《罗马条约》及后续协议的个人、公司和成员国实施罚款和其他制裁。

欧盟也在向共同的外交政策、安全政策、司法方法和货币联盟发展。这些努力开始于1992年的《马斯特里赫特条约》。欧盟已经制定了一个共同的农业政策，支持整个欧盟的粮食生产和环境保护。大多数欧盟国家内部已经取消了护照和海关检查。**欧洲货币联盟**（European Monetary Union，EMU）包括15个欧盟成员国家。欧元在其他九个国家或地区使用，而且许多其他国家与之挂钩。欧元作为储备货币已成为美元的对手。最近，欧盟成员国家的财政部长要求欧元区在国际货币基金组织作为一个整体出现，而不是作为单独的国家。另一个通向欧盟一体化的重要一步是《里斯本条约》，这是《马斯特里赫特条约》的修改版，确立了欧盟作为各成员国的附属机构，并确立了进一步集中化的目标。

欧盟的机构

欧盟有九个主要机构，执行的功能类似于一个国家的政府：欧洲议会、欧盟理事会、欧盟委员会、欧洲法院、审计法院、欧洲经济和社会委员会、地区委员会、欧洲央行和欧洲投资银行。这里我们具体介绍前四个机构的作用，因为它们是最关键的，然后简要介绍其余五个机构。

欧洲议会（European Parliament）是由整个欧洲的人民投票选出的，每五年选举一次，被广泛认为是欧洲人民在欧盟的声音。目前欧洲议会有所有28个欧盟国家的751名成员，是2014年改选的结果。议会成员席位按政治党派而不是国家确定，这种安排强调了议会的欧洲身份。议会的主要职能是通过欧洲的法律。它在法国的斯特拉斯堡召开会议，可访问www.europarl.europa.eu观看实况会议。

欧盟理事会（Council of the European Union）是欧盟的主要政策制定机构和听取成员国声音的机构。理事会部长都是各自国家政府的成员，他们就共同的外交政策和安全问题作出重要决定。一般情况下，理事会开会时，代表有待讨论的特定领域的部长作为该国的代表。例如，就财政事项进行讨论时，所有成员国的财长将出席。理事会主席在各成员国之间轮转，任期为六个月。每个国家有按人口分配的票数，但比重有利于小国。移民政策、安全和防务政策以及外交政策等理事会敏感问题需要全票通过，大多数其他问题需要多数票通过。理事会的决定是超越国界的法规和指令。最近的指令处理外交政

欧盟的旗帜

策问题（恐怖主义、大规模杀伤性武器控制、缅甸问题）以及健康和安全问题（流感跟踪和预防措施、防灾规划、工作场所安全设备、电脑使用规则以及工作环境安全）。

欧盟委员会（European Commission）是执行机构，代表欧洲作为一个整体的利益。它管理欧盟的日常运作，并确保《罗马条约》条款的实施。此外，欧盟委员会还负责起草向欧洲议会和欧盟理事会递交的法律。委员会有28个委员，每个成员国一个。委员会成员由他们的国家提名，由委员会当选主席任命，然后由欧洲议会的投票表决批准。

欧洲法院（European Court of Justice，ECJ）根据《罗马条约》裁决上诉的案件。对于欧盟事务，其权威高于成员国的国家法院。欧洲法院的影响力正在稳步增长，因为它裁定的案件越来越多。此外，欧盟的许多裁决由设在各成员国的欧盟原讼法院作出，它具有比欧洲法院更有限的司法管辖权，负责商务人员相关领域：竞争、商业政策、区域政策、社会政策、制度法、商标法和运输。

其余五个欧盟机构主要负责金融和社会问题。欧洲审计法院（European Court of Auditors）是欧盟的财务问责机构。它审计欧盟资金的支出，确定该支出是否合法并用于预期目的。欧盟的资金来源以税收为基础，包括增值税（VAT）、关税和成员国支付的其他费用。欧洲经济和社会委员会（European Economic and Social Committee，EESC）是职业和社会利益等领域的专业顾问和咨询机构。其344名成员由各国政府提名担任，任期四年，代表雇主、雇员和其他社会利益。地区委员会（Committee of the Regions，CoR）是一个咨询小组，代表当地在交通、教育和卫生等事务上的观点。其344名成员往往是当地政府领导。地区委员会确保欧盟持续致力于四个层次的参与：地方、区域、国家和欧洲。**欧洲央行**（European Central Bank，ECB）管理欧元以确保欧洲市场的价格稳定。其主要职责是管理通胀，并独立于各成员国政府作出决定。欧洲投资银行（European Investment Bank，EIB）支持有利于欧盟的内部和外部贷款项目。欧洲投资银行的活动包括发展基础设施（如运输系统和建筑，特别是在欠发达地区）、支持小企业以及向成员国政府提供贷款。

欧盟的成就

欧盟国家已经大踏步走向联盟，欧盟是世界上主要的政治和经济力量之一。欧盟指令取代了28套国家规定。他们有统一的10万个国家标准、标签法、测试程序和消费者保护措施，涵盖范围从玩具到食品，从股票经纪到教学。28个国家在他们的共同边界已取消了超过6,000万种海关和税收费用。这些成就令人印象深刻，许多人期望欧洲一体化实现更多的进展。

欧洲货币联盟是欧盟最重要的成就之一。欧元的纸币和硬币于2002年1月1日在原欧盟15国中的12个国家正式投入使用，其中不包括丹麦、瑞典和英国。后来又有三名成员加入欧洲货币联盟。这种单一货币减少了跨欧洲货币联盟国家边界做生意的成本，因为在这15个国家之间没有货币兑换成本，也没有货币汇率波动风险。

欧盟的影响

欧盟在全球商业界已经声名卓著。它是最大的贸易经济体，全球外国直接投资流出的主要来源，约占世界总出口的31%。

由于欧盟的规模和作为贸易伙伴的重要性，有相当数量的欧盟法规在美国、日本、中国和其他国家产生影响。欧盟规则迫使微软更改了与软件制造商签订合同的方式，迫使麦当劳停止在开心乐园套餐中提供软塑料玩具。欧盟的标准往往是先进的，尤其是在生态和可持续发展要求方面。例如，为了防止产生电子设备废弃物，欧盟要求至少回收所有设备的50%，包括手机、电脑、家用电器和电视机。它要求的回收比例为：较大的家电为80%，IT和电信设备为75%，小家电为70%。此外，要求制造商提供的废弃物不是从私人家庭收集的。

事实上，今天欧盟已经拥有了制定许多影响世界贸易的规则所需的经济力量。2001年的一个具有里程碑意义的决定是，欧盟委员会投票否决了美国司法部已批准的两家美国公司通用电气公司和霍尼韦尔公司的合并提议。"正如通报所提到的那样，通用电气公司和霍尼韦尔公司的合并将大大减小航空航天工业的竞争，这最终将导致客户，尤其是航空公司将承担更高的价格，"欧盟竞争专员马里奥·蒙蒂（Mario Monti）说。如果成功合并，该市值420亿美元的巨型公司将不能在欧盟这个世界上最大的单一市场运营。

微软公司的业务受欧盟影响显著。2004年，欧盟委员会责令该公司支付4.97亿欧元，与竞争对手共享其软件代码并且提供Windows操作系统的非捆绑版本。微软遵守了这一要求。然后，在2005年，欧盟裁定如果提供给竞争对手的软件代码没有更好的文档，微软将被处以每天237万美元的罚款。2008年，欧盟对微软处以13.5亿美元的罚款，因为微软没有完全遵守其2004年共享代码的要求。事实很清楚：如果外国公司要进入欧盟市场，就必须按照欧盟的规则开展业务。从某种意义上说，这种影响导致了欧盟标准和法规的出口。在一些地区，其他国家甚至美国的一些州都自愿采用欧盟法规。加利福尼亚州目前正在探讨加入欧盟碳排放交易计划，这是一项超越了美国联邦政府规则的制度。

美国和欧洲一直拥有完善的商业关系，欧盟的成功促进了欧洲的繁荣，进而使这种关系更加稳固。欧盟和美国是世界上最大的经济体，并且互为最大的贸易伙伴。它们的GDP之和约占世界GDP的57%，占世界贸易的40%。此外，这两个经济体对世界贸易的模式产生了极大的影响，因为欧盟或美国也是大多数其他经济体的最大贸易伙伴。它们也存在贸易纠纷，但这只影响欧盟和美国贸易的2%左右，相关产品包括航空、香蕉、牛肉和钢铁等不同类别。

欧盟特别欧洲委员会驻美代表团网站关注欧盟和美国的关系以及与欧盟与各个州之间的贸易活动。见 www.eurunion.org。欧盟的主网站提供了大量的信息，有23个欧盟官方语言版本，网址为 www.europa.eu。欧洲央行的网站包含欧洲货币联盟的历史和欧元的采用，网址为 www.ecb.int。

小　结

解释国际机构对于企业决策者及其公司的重要性。

新制度理论解释各种机构作为实体的作用是限制公司可作出的选择。各机构通过简化外部环境来完成这一约束。无论是正式的还是非正式的机构，它都会建立规则、行为方式、思维方式（正式、非正式的规范和非正式的认知），并通过强力、社会规范和共同假设来实现，以减少公司的选择范围。机构建立游戏规则。它们对企业的重要性体现在简化了外部环境。

描述全球和区域国际机构的类型。

作为全球性机构的例子，我们介绍了联合国、世界贸易组织和两个金融机构——世界银行和国际货币基金组织。当然，还存在许多其他全球性机构，包括企业和非政府组织。区域机构包括军事和安全联盟，如北约、集体安全条约组织和东盟；基于经济利益的区域联盟，如经济合作与发展组织和八国集团；以同一行业利益为基础的区域联盟，如欧佩克；以及经济一体化协议。经济一体化协议可能采取自由贸易区、关税同盟、共同市场或完全经济一体化等形式。这方面的例子有：欧洲自由贸易协定、南部非洲关税联盟和南方共同市场；努力实现完全经济一体化的机构有欧盟。还存在许多其他区域性机构。我们的重点是它们给国际公司带来的最广泛的影响。

从新制度理论和结构方面概述联合国这一机构，并解释其与国际商务的关系。

使用我们学习的新制度理论来描述联合国，我们会发现这是一个非正式的规范性机构。各国政府基于道德原则和社会责任来遵守联合国协议。与此同时，看看联合国的组成部分，维和部队可以看作是一个正式制度，它使用强制性的监管权力要求遵守。再看一下结构。联合国的工作通过五个主要的组织或机构进行：联合国大会、安全理事会、经济及社会理事会、国际法院和秘书处。联合国大会是一个论坛，每个国家都有一票；安理会侧重于和平与安全，拥有常任成员和当选成员；经济及社会理事会处理贸易、教育、卫生事务以及其他经济和社会事务；国际法院审理国家之间的案件；秘书处由秘书长领导，是联合国的行政机构。联合国在世界各地拥有多个机构，以促进和平与稳定以及推动贸易和经济活动。联合国等国际组织对国际企业产生深远的影响。联合国为各国政府提供了一个可以相互对话的论坛，促进和平与稳定，为推动国际商务发展提供了良好环境。这样的对话也推动了与商业直接相关的领域的协作，如海运协议、通信协议以及其他规则和标准以支持多边合作。此外，这些机构中许多都支持发展项目，或者通过他们的合同直接推动商务发展，或者通过他们对发展市场的支持。

描述两个全球金融机构的目标——国际货币基金组织和世界银行。

国际货币基金组织的基本思路是，在尊重所有国家利益的前提下建立一个可行的国际货币体系。协议的条款概述了该组织的六个主要目的：促进国际货币合作；促进国际贸易的扩大和平衡增长；促进成员之间的汇率稳定和有秩序的汇率安排；协助建立一个多边支付制度；使基金的资源足以平衡国际收支更正；缩短周期，减少成员国的收支余额不平衡。世界银行为中等收入国家和信誉不良国家的发展项目提供贷款。它提供低息贷款，旨在帮助各国发展基础设施、卫生和教育，以及与发展相关的其他领域。

论述世界贸易组织及其目标和挑战。

世界贸易组织尝试消除全球贸易壁垒。其成员由世界主要贸易国家组成，因此它能够对世界贸易产生重大影响。世界贸易组织例行宣布各国之间的贸易争端决定。世界贸易组织的前身关贸总协定通过贸易自由化大大促进了贸易增长。世界贸易组织建立在关贸总协定的基础上，为国际贸易提供更加坚实的机构框架，包括有关修改贸易规则的固定步骤，以取代关贸总协定周期性的多回合谈判的做法。多哈发展议程仍然面临的谈判问题包括发达国家的农业补贴、规则和裁决的执行以及知识产权。

认识经济合作与发展组织的资源。

经济合作与发展组织对多种国际商业和经济主题进行了广泛的研究，发布了引人注目的国别调查。这些资源对研究人员和商业人士十分宝贵，有助于他们开发和理解市场。

描述欧佩克的主要目标和作用。

欧佩克的主要目的是让发展中国家提高他们在国际市场上销售石油时的价格控制能力。欧佩克在一段时期内成效显著。今天，尽管中东局势动荡，欧佩克在短期内仍有能力影响石油价格，但能够生产或很快将生产石油的非欧佩克国家数量已经显著增加。让欧佩克更为头疼的是，哄抬价格的行为可能将导致燃料替代品的开发和保护增加，最终导致需求下降。诚然，美国市场SUV车型的普及表明，石油价格将大幅升高，从而引发这种可能性。

确定经济一体化协议的程度，了解一些主要协议的作用。

经济一体化的四种主要形式是自由贸易区（成员之间取消关税）、关税联盟（自由贸易协定加上共同对外关税）、共同市场（关税联盟加上服务、人员和资本流动）以及完全经济一体化（共同市场加上共同货币）。北美自由贸易协定相当有效，而目标是共同市场的南方共同市场最近面临困难，安第斯共同体也类似。非洲在尝试经济一体化时也遇到了困难。欧盟则取得了明显的成功。

论述欧盟的影响及其未来所面临的挑战。

欧盟是一个由27个欧洲成员国组成的超国家实体。其目的是整合其成员国的经济，建立一个货物、服务、人员和资本可以在其中自由流动的贸易区。近年来，欧盟还向政治联盟方向迈出了重要的几步。欧盟是一个区域性政府，因此在欧洲，它对社会和环境问题有监管权力，包括兼并和企业运营。欧盟市场的深度和广度使其事实上影响着全球企业。欧盟发行了共同的货币欧元，目前在15个欧盟国家使用。欧盟在货币一体化上的成功降低了欧洲货币联盟内企业的风险。欧盟作为一个大市场，比整合前的27个国家之间存在的限制少。

问题讨论

1. 对于国际机构可能会如何影响新进入国际商务的企业家的做法这一问题，新制度理论的相关知识能够如何帮助他们？

2. 虽然联合国最有名的可能是其维和部队，但它还有很多影响商业活动的机构。以你的判断，对联合国来说这些活动是否提供了足够的支持？如果这些机构的活动由贸易团体等私有实体来开展，是否会更好？

3. 主权财富基金和发展中国家的高储蓄已经改变了国际货币基金组织和世界银行发放贷款的借贷市场。面对贷款需求减少的状况，这两个机构会如何调整？

4. WTO 成立的过程及原因是什么？你认为双边贸易协议比世界贸易组织的多边方法更好吗？北美自由贸易协定和南方共同市场这样的双边协议是否削弱了 WTO？

5. 尽管遭到有组织的劳工反对，美国国会仍批准了北美自由贸易协定。你是否同意劳工反对北美自由贸易协定？请解释。

6. 欧佩克是一个基于石油这一特定行业的机构的例子。作为制定"游戏规则"的组织之一，应如何理解欧佩克可能的影响？欧佩克产生影响的基础是什么？

7. 南方共同市场的主要贸易伙伴是欧盟，而不是美国。为什么会出现这样的情况呢？

8. 使用新制度理论的概念描述欧盟的主要机构。

9. 欧盟对其内部和外部的企业产生了什么影响？

10. 国际机构的批评者经常提及主权概念以及国家治理自己的权威。反驳观点之一是，参加国际机构所获得的取舍是积极的。运用这一观点，用我们在本章介绍的机构举几个例子。

案例分析 4-1　运用国际制度——建立 100%控股的全资子公司

你是一名美国的国际商业顾问。你的特长是在发展中国家进行出口、投资、许可或特许经营。你的一个客户是经营酒店的公司，希望在拉美国家建设、运营自己完全拥有的酒店。在制订国家的选择标准以及可能的投资地点清单方面，你可以寻求本章讨论的哪些组织的帮助？

International Environmental Forces
第二部分 国际环境力量

在第一部分第1章，我们提到国内的很多做法可以原封不动地用在其他国家。但是我们还提到，由于环境力量的不同，一些开展业务的方式必须根据某些当地条件部分或彻底改变。

在第二部分，我们研究这些力量，看看它们与我们在国内碰到的有何不同。第二部分从第5章开始，我们讨论文化力量，指出各种文化中的不同观念和价值观会影响所有商务活动的管理者。接下来我们关注物理力量，比如位置、地形和气候（第6章）。我们重点讲自然资源和环境可持续性的重要性。

在第7章，我们探索经济和社会经济力量，其中包括地下经济。管理人员必须知道如何将土地、劳动力和资本分配到生产和分销中。

在第8章，我们研究影响外国企业成功或失败的政治力量：其中包括民族主义、恐怖主义、不稳定的政府、国际组织、贸易限制和政府所有的企业。

第9章的主题是法律力量，是管理者们必须遵循的各种限制。

在第10章，我们讨论金融力量：其中包括汇率风险、税收、关税、货币政策和财政政策、通货膨胀和国家的会计规则。

最后，我们讨论一个地区劳动力的构成、技能和态度，这是必须分析的，因为这些力量影响公司的生产力和盈利能力。这些都在第11章讨论。

第 5 章 社会文化力量

说到欧洲人之间的文化差异……将重点放在相似之处和共同利益,希望这样就能解决问题是不行的。我们必须认识到他们之间的差异,并与他们进行合作。

——艾伦·约尔特博士,哥本哈根商学院,跨文化行为培训师

阅读本章后,你应该能够:

1 解释文化对于国际商务的意义。
2 确定文化的社会文化组成部分。
3 讨论宗教信仰对于商务人士的意义。
4 解释技术的文化方面。
5 讨论信息技术时代的普遍性。
6 解释能讲当地语言的重要性。
7 讨论潜语言在国际商务中的重要性。
8 讨论社会内部的两类关系。
9 讨论霍夫斯泰德的文化价值维度。

跨文化经商的六条经验法则

了解国外任何地方的客户与了解国内客户一样重要,不管你是要在阿比让(科特迪瓦首都。——编注)出售电脑还是在吉隆坡卖软饮料。每种文化都有其逻辑,外国人的做事方式只要符合这种逻辑就是合理的。如果商业人士能够分辨出其文化的基本形式,那么他或她在与国外客户或国外同事交流时会更有效。这里有六条有效的经验法则:

1. 做好准备。无论是在国外拜访还是在国内销售,在没有做好准备工作的情况下,没有人能够进入国外市场。有个导师最好,同时阅读一些有关社交和商务礼仪、历史民俗、时事(包括两国之间的关系)、文化价值观、地理、引以为豪的事物(艺术家、音乐家、体育等)、宗教、政治结构以及实际问题的资料,如货币和营业时间。业务主要在印度尼西亚的出口商咪咪·墨菲(Mimi Murphy)说:"当我旅行时,每到一个城市,第一件事就是阅读当地报纸。然后约见客户时,就可以谈论当日的体育或新闻。客户知道我对他关注的东西感兴趣时,就更乐意和我做生意。"互联网是信息来源的有效途径。

2. 放缓速度。美国人是急性子。在许多国家的人看来,美国人总是匆匆忙忙——换句话说,就是不友好、傲慢以及不值得信任。在其他国家,日本人和德国人被认为更注重时间。但是,随着当前"手机文化"的青少年成为商务人士,我们可能会越来越倾向于"自由的"自我组织。

3. 建立信任。通常情况下,美式纯粹的业务关系不会给你带来任何好处。因为产品质量、价格以及清晰的合同都会对长期维护的个人关系和信任造成威胁。所以建立长期和谐、可靠以及有利于业务的关系是必须的。

4. 了解语言的重要性。显然,翻译必须由精通两种语言的专业人士来完成,同时翻译必须对词汇的细微差别和内涵很敏感,还必须深入了解两种文化的成语和比喻。译员往往很关键,即使在一方当事人讲对方的语言时也会很有帮助。

5. 尊重文化。礼仪很重要。拜访者是在该国的客人,必须尊重东道国的规则。正如沙特阿拉伯官方在一部《走向国际》的电影中所说的那样:"在国外的美国人有一种倾向,就是对待当地人像对待外国人那样,但是他们忘了,其实他们自己才是外国人!"

6. 了解文化的组成部分。任何地区都是一种文化冰山,由两个部分组成:表层文化(潮流、风格、食物等)和深层文化(态度、信念、价值观)。一个地区只有不到15%的文化是可见的,不了解该文化的陌生人必须看到表面下的实质。想想英国人等公交时的习惯,自动在人行道上排队。这种表面的文化特点似乎反映了喜欢整洁和可控制生活的深层文化。了解其他文化以及这些文化如何影响人们的经商方式,会给在不同于自身文化的地方工作的商务人士一些提示:他们的解决方法对于某一特定的任务可能是不恰当的。理解了这一点,就学会了利用文化差异赢得战略优势的第一步。处理不当或忽视文化差异可能会导致许多问题,如销售损失、优秀的员工离职以及士气低落导致的生产力低下。然而,正确对待这些差异后,就可能产生比任何一种文化本身还要卓越的创新经营手法。

资料来源:Lisa Hoecklin, "Managing Cultural Differences," www.latinsynergy.org/strategicjointventure.htm#CHILE(December 27, 2000); "How to Negotiate European Style," *Journal of European Business*, July - August 1993, p. 46; and "Japanese Punctuality," http://joi.ito.com/archives/2005/04/28/japanese_punctuality.html(August 4, 2006)。

本章及其他地方提到的国家特征都是一般性的。它们通常是正确的，但也会有例外。而且，特征是会随着时间变化的。斯堪的纳维亚人被一位10世纪作家看作是"有史以来最肮脏的民族"，而一位著名的18世纪作家却非常惊讶地看到德国人缺乏德国军人精神，而且和法国人比起来更容易相处。在我们研究文化对于国际商务的意义之前，我们先来定义文化。

5.1 什么是文化？

尽管有无数对文化的定义，但是大部分人类学家将文化视为信念、规则、技术、机构和人工器物等表征人群的事物的总和。换句话说，文化包含了"个人世界观、社会规则以及在特定时间和地点下一群人的人际动态关系"。大部分人类学家也同意以下内容：

1. 文化是习得的，不是与生俱来的。
2. 文化的各个方面是相互关联的。
3. 文化是共享的。
4. 文化界定了不同群体的界限。

因为社会是由人及其文化构成，只提到其中一个方面而不涉及另一方面几乎是不可能的。人类学家经常使用通用的术语或者将它们组合成一个词——社会文化。这就是我们将使用的术语，因为商务人士所感兴趣的两个词语就是社会和文化。

当人们在不同于自己的社会和文化环境中工作时，他们处理单种文化时遇到的问题会随着其国外市场中文化种类的数量而成倍增加。不幸的是，很多时候，只熟悉一种文化形式的人通常认为他们意识到与其他国家和地区的文化差异，但实际上却没有。除非他们有机会与其他文化进行比较，否则他们甚至可能不会意识到自身拥有的重要特征。他们还可能拥有**民族优越感**（ethnocentricity），认为自己的文化优于所有其他文化，引入"德国方式"或"美国方式"的尝试可能会遭到顽强抵抗。

国际商务人士如何学习在其他文化中生存？第一步是认识到有不同于自己的文化存在。然后，他们必须继续学习这些文化的特征以便能够适应。著名人类学家霍尔（E. T. Hall）称这只能通过两种方式来完成：(1)在一个国家生活一辈子或(2)接受广泛、高度综合的培训项目，其内容包括语言等涵盖文化的主要特征。他提到的项目不仅仅是一个国家风土人情的简介。它应该研究文化是什么和它做什么，传授关于各种已经在一个国家标准化的人类行为方式的知识。

5.2 文化影响所有商务职能

市场营销

在市场营销中，态度和价值观方面的巨大差异要求许多公司在不同的市场中采用不同的市场营销组合。

在日本，宝洁（P&G）为卡玫尔（Camay）香皂做的广告：一位男士与一位女士第一次见面，将女士的皮肤比做精致的瓷娃娃。虽然该广告在南美和欧洲效果不错，但却是对日本人的亵渎。为该客户工作的广告人员说："对于日本男人来说，如果他对一位日本女人说了那样的话，那意味着他要么是天真，要么是无礼。"有趣的是，尽管得到了广告代理公司的警告，但宝洁还是使用了该广告。

另一则在日本失败的卡玫尔广告是：一位日本女人正在浴室洗澡，这时她的丈夫走了进来。她开始谈论她的新美容香皂，但是她的丈夫却抚摸着她的肩膀，暗示他的脑海中出现的不是泡沫。尽管这则广告在欧洲反响不错，但在日本却是糟透了。在日本，丈夫的行为被认为是对妻子无礼的行为。

因为缺乏商业文化知识，宝洁公司也犯了错。公司通过降低价格来引入奇尔（Cheer）洗涤剂，但这却降低了它的信誉。一位竞争对手说："与欧洲和美国不同，一旦降低产品的价格，以后将会很难再提上去。"因为利润低，挣的少，所以批发商们也会疏远。此外，宝洁公司显然没有意识到日本家庭主妇在离家5公里以内或更近的社区便利店购物。这些小零售商出售日本总洗涤剂的30%，但是货架空间有限，从而不愿意接受利润低的折扣商品。

虽然学习日本文化知识既费时又昂贵，但是事实证明宝洁是很好的学习者。在奇尔洗涤剂之后艰苦奋战八年，公司终于重新进入了肥皂市场，当时这一市场由两家实力强大的日本消费产品公司控制：花王株式会社（Kao）和狮王株式会社（Lion）。仅仅两年后宝洁就占据了该市场的20%。这次有什么不同呢？

当总部告知日本分公司去为产品寻找新的市场，这些产品在世界其他市场占有率很高，日本宝洁派出研究人员去研究日本人的洗碗习惯。他们发现日本家庭主妇使用洗涤剂比需求用量要多得多。这表明消费者想要洗涤能力更强的洗涤剂，而这种产品在宝洁实验室内已经研发出来。营销信息很简单：易洁（Joy）强力清洁，每次只需一点点。这条信息冲击了家庭。一位家庭主妇看到这条引导性广告后，尝试买了一瓶，说"特百惠（Tupperware）产品上的油污是最难洗掉的，我必须试一试"。

零售商想要这种产品，因为宝洁为它做了没有在奇尔产品上做过的事情。例如，这次零售商的利润率非常高。宝洁还利用了日本竞争产品上的弱点：它们的长颈瓶浪费了空间，但是易洁瓶是压缩的圆柱形，在商店、仓库和送货车上占据的空间较少。日本一家大型连锁商店的采购人员估计该包装瓶将商店的分配效率提高了40%。

全球视点：迪士尼乐园在文化上的成功与失败

为什么巴黎迪士尼乐园参观者日渐减少并面临亏损问题，而东京迪士尼乐园参观者人数却稳步上升并且成为最盈利的迪士尼公园？专家预测东京迪士尼乐园参观人数会在第一年达到顶峰，然后逐渐下降，这种预测是错误的，事实是参观人数稳步上升。迪士尼将其成功部分归因于其选址，它位于一座拥有3,500万人口的大都市，但是文化的改变被认为是其成功的主要原因。有人说，迪士尼公司通过普及家庭出游乐趣多的想法，书写了日本社会史的新篇章。现在家庭出游占乐园游客的一半。迪士尼的一位高管称："休闲并不总是日本生活方式的一部分。父亲们习惯把家庭出游看作一种责任。"

早期巴黎迪士尼乐园将巨大亏损归于高利息成本和开销，这些损失主要是由文化错误导致的。为了筹集项目的40亿美元成本，迪士尼仅仅投入1.7亿美元以持有49%股份，公众股东支付10亿美元，持有其余的51%，余额29亿美元为借贷，利率高达11%。迪士尼管理层希望通过出售已建成的6家大酒店来减少负债，但是每晚340美元的收费只能保证一半的入住率。此外，客人停留时间或花费并没有像迪士尼此前预期的那样长、那样多。

而且，迪士尼高管错误地认为他们能够改变法国人的态度，那就是，不想像美国人那样在学期中把孩子带出来，还有就是不想在一年中休多次短假，而是在八月份休一个长假。这种做法会使欧洲迪士尼全年都有很高的、稳定的游客量而不是只有一个月。游客消费不高的一个原因是价格太高。差不多两年后迪士尼才降低了价格。游客消费不高的另外一个原因是：即使价格低，他们想要消费，但还是由于一些文化因素放弃了——糟糕的早餐。显然，迪士尼涉及数百万美元收入的决策不是基于研究，而是源于某些人的转述。一位高管说："有人告诉我们，欧洲人不吃早餐，所以我们精简了餐馆。"然而当乐园开放时，每个人都希望吃早餐，而且不会满足于只用羊角面包和咖啡来解决，他们想要培根和鸡蛋。迪士尼试过在可容纳350人的酒店餐厅提供2,500份早餐。迪士尼为法国公众提供的解决方法，被世界认为是吃饭的好方法：将预先包装的早餐送到酒店客房。

1995年后，巴黎迪士尼乐园致力于改正导致游客量少和亏损的文化错误和财务错误。乐园将票价降低了22%，将酒店价格降低了三分之一。此外，除了原有的迪士尼误认为所有欧洲人都喜欢价格昂贵、坐下就餐的餐厅，现在还有自助餐厅，提供廉价的快餐。巴黎迪士尼乐园将办事处设在欧洲所有主要国家的首都，并且每个办公室量身定制旅游套餐以适应自己的市场，而不是将乐园作为像国家一样的整体营销到欧洲。到1998年，巴黎迪士尼乐园成为法国最吸引游客的景点。

迪士尼还继续在亚洲建立主题乐园。位于东京附近的第二个乐园——迪士尼海洋乐园——在2001年开业。在中国，迪士尼开办了香港迪士尼乐园。同样，在早期，迪士尼一路跌跌撞撞，游客少，弄不清客人期望什么。迪士尼作出反应，开始了新的营销活动，在乐园内部做了许多变化，包括增加更多的座位，因为中国游客吃饭比美国人吃饭的时间平均要多出 10 分钟。管理层也采取行动，不会使本地游客错误地混到英语导游的队伍里。迪士尼计划在上海建立中国的第二个迪士尼，将比香港乐园大四到八倍。

资料来源："Euro Disney's Fortunes Turn as Number of Visitors Rises," *Financial Times*, November 14, 1997, p.13; "The Kingdom inside a Republic," *The Economist*, April 13, 1996, pp.66–67; "Tokyo Disney Shifts Japanese Ideas on Leisure," *The Columbian*, May 1, 1994, p. F7; "Mickey n'est pas fini," Forbes, February 14, 1994, p.42; "Euro-Disney's Wish Comes True," *The Economist*, March 19, 1994, p.83; http://hongkongdisneyland.com/eng（September 22, 2004）; Merissa Marr and Geoffrey A. Fowler, "Chinese Lessons for Disney," *The Wall Street Journal*, June 12, 2006, pp.A1, A5; and "Disneyland Resort Paris," Wikipedia, http://en.wikipedia.org/wiki/Disneyland_Resort_Paris（June 3, 2008）.

宝洁的广告活动也取悦了日本零售商。其广告代理公司设计了一个电视广告：著名的喜剧演员拜访未经摄制组公布的家庭主妇，以测试易洁对于家里脏盘子的效果。摄像机焦点集中在水锅中的大片油渍。滴入一滴易洁之后，油渍奇迹般地消失。日本洗涤剂制造商发现，超过 70% 的易洁用户是在看过此电视广告后开始使用的。"我们误以为日本人并不在意洗碗剂的去油污能力，"花王洗碗剂品牌经理说。但是宝洁公司专门研究过日本文化，他们知道去油污能力的重要性。

营销的每个环节都要考虑到其文化相关性，这点是很重要的。例如研究表明，广告中的背景音乐与广告其他部分不符——如一个现代的洗发水产品广告，以金发碧眼的模特为特色，但使用中国传统音乐——即使会提高广告的回忆，但也可能产生整体的负面反应。

与宝洁不同，迪士尼似乎更有一个理想的全球产品和全球推广战略。根据《东京迪士尼乐园指南》，东京的主题公园与美国加利福尼亚州和佛罗里达州的相同。巴黎迪士尼乐园也类似，尽管因为法国坚持保护自己的语言和文化，米老鼠和唐老鸭变为法国口音，睡美人城堡被称为 Le Chateau de la Belle au Bois Dormant（睡美人的家）。"全球视点"专栏说明了一个全球性公司的管理层在制订文化敏感决策时所遇到的问题。

人力资源管理

民族文化也是评估管理者的一个关键因素。一位美国总经理抱怨，在英国人们是基于他们所上的学校和家庭背景被晋升而不是他们的成就。学校关系在法国也很重要。事实上，这种现象也延伸到其他地方，例如印度的科顿主教男校。

生产和财务

另外一个社会文化变量是，对待权威的态度差异可能导致人事问题。拉丁美洲人传统上认为经理是老板，一个负责他们福利的权威人物。当习惯了参与式领导风格的美国经理转移到拉丁美洲，他们必须变得更加专制一些，否则他们的员工会认为他们软弱无能。

生产经理发现对待改变的态度会严重影响新生产方式的接受程度；即使财务主管都认识到了社会文化力量的强大，当他们带着优秀的资产负债表到本地银行时才发现，银行更重视他们自身而不是公司有多强大。迪士尼在巴黎的财务问题就是迪士尼高管对欧洲的商业文化麻木不仁的表现。一位参与谈判重组乐园债务的法国银行家称，"迪士尼集团正在犯一个重大错误，那就是它可以再次将其愿望强加于人。"这些只是几个例子，说明社会文化的差异肯定会影响到所有商务活动。当我们考察社会文化因素的组成部分时，我们再讨论其他活动。

5.3　社会文化的组成部分

很明显，要与其他国家的人成功建立关系，国际商务人士必须学习文化。他们必须获得实际的相关知识，这是比较容易的；同时还必须对文化差异变得敏感，这点是比较困难的。正如我们所见，霍尔建议在一个国家生活一辈子，或者在这个地方进行广泛的培训项目，研究文化是什么和它做什么。但是大部分国际商务新人甚至没有接受地区培训的机会。不过，他们可以采取重要的第一步，认识到其他文化的存在。在本章，我们会指出一些重要的文化差异，了解必须知道的文化差异，因为这些对商务人士意识到保持文化差异敏感度非常重要。请记住，你对另一个人的文化了解得越多，就能更好地对此人将来的行为作出预测。

文化的概念是如此之广以至于民族学家（文化人类学家）不得不将其拆分成不同的课题以便于研究。这样的课题列表会让我们更好地理解文化是什么，也可以作为国际管理人员从社会文化角度分析特定问题时的指南。

专家们对文化的组成部分看法各有不同，但下面的列表是他们思考的代表方面。文化是：

1. 美学
2. 态度和信念
3. 宗教信仰
4. 物质文化
5. 语言
6. 社会组织
7. 教育
8. 法律特征
9. 政治结构

我们在本章探讨前六个组成部分，教育问题、法律特征和政治结构留在后面的章节讨论。

5.4 美 学

美学（aesthetics）属于对美和品味的一种文化感觉，表现为艺术、戏剧、音乐、民俗和舞蹈。

艺 术

国际商务人士特别关心的是艺术、颜色和外形的形式方面，因为它们传达的是象征意义。尤其是颜色，在不同的文化里意味着不同的事情。在美国和墨西哥，哀悼的颜色是黑色，在远东地区是黑色和白色，而在巴西却是紫色。在伊斯兰世界，绿色是吉祥的颜色，任何以绿色为特征的广告或包装在这里看起来都非常喜庆。而在美国，薄荷糖用蓝色或绿色纸包装，在非洲的包装是红色的。因此，营销人员在将颜色用于产品、包装和广告之前必须小心确认是否有任何特殊的含义。

对于符号同样要小心。数字七在美国表示好运气，而在新加坡、加纳和肯尼亚则相反。在日本，数字四是不吉利的数字。如果你给一位日本客户高尔夫球，要确保一包里多于或少于四个。此外，在一般情况下，避免使用一个国家的国旗，或任何与宗教有关的符号。

耐克曾召回38,000双鞋，上面带有用火焰形的字母书写的单词"air"，因为根据穆斯林，它在阿拉伯语中象征阿拉。另外30,000双被从阿拉伯运送到对此不怎么敏感的国家。最近，随着穆罕默德头戴炸弹形状头巾的漫画在丹麦出版后，抗议活动就在欧洲兴起了。

了解当地对外形是否有审美偏好也同样重要，这可能会影响产品、包装甚至是公司所在建筑的设计。美式风格的钢铁和玻璃矗立在东方建筑中无疑是在时刻提醒当地人口有外来者的存在。

美和形体 在缅甸克伦族的巴东部落，女人用绕圈的铜环拉长脖子。理想体重的定义在不同地区也各不同——在较富的国家，有钱人比较瘦，而在较穷的国家则是穷人比较瘦。在日本，明星运动员都为了相扑过度增肥；在尼日利亚部分地区，女孩进入"育肥室"去增肥。与此同时，法国已通过了"反节食"法，禁止媒体（主要是直接在网站上）提倡厌食的生活方式（在法国，妮可·里奇［Nicole Richie］和维多利亚·贝克汉姆［Victoria Beckham］是"瘦身精神领袖"）。

这里不是有意说文身，文身正在美国兴起，并且在新西兰的毛利人和婆罗洲的达雅族人中被广泛认可。保存至今的最古老人类，在奥地利和意大利之间发现的冰人就有文身。日本的政府机关曾通过在罪犯身上文身的方式来区分他们。如今，日本黑道分子就在自己身上文身。

音乐和民俗

音乐商业广告在各地普遍流行，但风格各不相同，营销人员必须了解每个市场喜欢什么样的音乐。因此在美国，一首民谣的广告要比墨西哥的波莱罗曲调或巴西的桑巴音乐更受欢迎。但是，如果广告商要将产品打入以年轻美国人为主的市场，那么美国音乐将有助于提升其形象。

希望踏足另一种文化的人会发现，研究民俗也十分有用，民俗可以展示更多的社会生活方式。不恰当地使用民俗，可能会失去某些市场份额。例如，在智利或阿根廷将产品与牛仔关联起来，不会获得与在美国相同的结果。因为在这些国家牛仔不是一个很浪漫的形象，而只是一份工作。另一方面，斯米诺（Smirnoff）将已故革命领袖埃内斯托·切·格瓦拉（Ernesto che Guevara）的形象用于烈性伏特加的广告中，此举在古巴引发争议，因为格瓦拉在古巴是位民族英雄。另一个例子是，一家美国公司可能会付出高昂的特许权使用费来在其推销中使用美国的卡通人物，但却发现这些人物在国外市场并不怎么重要。在墨西哥，所有青少年和他们的母亲都熟知"唱歌的小蟋蟀"这首歌，与该形象结合的商业广告对于公司是有利的，就如同公司使用钢铁侠或米老鼠一样。在许多地区，尤其是民族主义感强的地区，当地企业能通过这些口号和谚语形式的本地民俗，成功地与外国公司的子公司竞争。故事和民俗在维持民族团结意识方面十分有价值。知道这些故事和民俗表明一个人属于这个团体，而这可以区别于不熟悉这些的外人。

5.5 态度和信念

每一种文化都有一系列态度和信念，几乎影响人类行为的方方面面，且有助于维护社会及其个体之间的秩序。管理者对某些关键态度了解得越多，在理解人们的所作所为方面就会做得越好，尤其是根据不同人的行为反应，采取不同的策略对人员进行管理。

在各种各样的文化态度和信念中，有些对于商业人士来说是最重要的，特别是对待时间、成就感和工作的态度以及对待变革的态度。

对待时间的态度

对待时间的态度这种文化特征对于海外美国人来说，可能比其他态度有更多的适应问题。在美国，时间很重要，如果我们等待与某人见面超过了约定时间，我们可能会认为我们的约会没有得到此人应给予的重视。然而，等待在其他地方可能意思正好相反。拉美或中东的高管可能会更关注商务的微小细节，这样他们在与重要客户会面时，不至于被打断。

长期的耐心可能比短期耐心更重要。美国人注重每月盈亏，这在与亚洲和中东高管成功建立商业关系方面是一个难以克服的障碍，特别是在发展有长期巨大潜力的合资企业和其他业务关系期间——这正是那些人最感兴趣的因素。

美国人，请准时　如果会见一群德国人，预约定在中午12点，那么我们可以肯定他们会准时到达。但是为了得到巴西人相同的反应，我们必须说"英国时间中午12点"。如果不这样说的话，巴西人可能会出现在中午12点和下午2点之间的任意时间。

美国人是应该遵守当地习惯呢，还是要守时呢？这视情况而定。在西班牙，一般情况是从不守时。如果你准时，那么你被认为是早到了。然而在中东，美国人喜欢准时是众所周知的，如果美国人迟到，被认为是不礼貌的。然而，阿拉伯高管通常不会在指定的时间到达；他们为什么要为了一个陌生人改变他们一生的习惯呢？

明天 一些到拉丁美洲的游客对于mañana（明天）这个词很迷惑。它的字面意思是"明天"，但它真正的意思是"在不久的将来"。这个例子说明，能讲当地语言只是完成了一半的交流任务。位于沙特阿拉伯的一家美国分公司的一名经理说："你可以说与某些人一样的语言，但你们是在以同一波长说话吗？"他说他见过一些日本人或韩国人，虽然不能讲一口流利阿拉伯语，却能够比西方人更好地理解和适应当地条件，因为他们似乎对中东人的心理更敏感。

再见，午睡 宝贵的三小时午睡从墨西哥消失了。联邦政府从1999年开始要求大部分政府雇员（从文员到内阁部长）的工作时间从上午9点到下午6点，午餐时间现在只有1个小时，而不是之前的3个小时。为了确保人们在下午6点而不是晚上8点离开，灯和空调在6点整准时关闭。这种变化的结果是，人们发现很多工作在中午前就完成，而在旧日程表时，这种情况很少。因为人们已不再因为午宴而在下午昏昏欲睡，所以他们现在倾向于在下午作决策，而不是等到晚上。

在西班牙，三小时午睡在大城市不太常见。西班牙不断增长的经济使年轻人迁往郊区，但这造成了更长的通勤，更难回家午睡。一家西班牙床垫公司进行的一项调查发现，所有受访者中只有25%的西班牙人仍然午睡，而且很少有人真正上床睡。该公司的营销总监称，"午睡对于大多数在西班牙工作的人来说是过去式了。他们没有时间午睡。"不过，大城市以外的地区可能不是这样。

直接 美国人的直接和急迫被许多外国人理解为傲慢和粗鲁。美国人在讨论中想要直入主题，而这种态度往往会激怒别人。礼节有助于建立和睦的关系，这在许多国家被认为是商务讨论的一个必要前提。任何试图忽视公认礼节的同时推动谈判的尝试都会招致失败。

期限 西方对于速度和期限的强调可能是广泛的倾向。在远东国家如日本，第一次见面时，美国人可能被问到，他或她打算停留多久。当日本人知道外国人想急于完成工作和如期回家而会作出额外的让步后，会故意将谈判推迟到美国人离开前几个小时敲定。

> 三个美国人，没有一个人去过日本，到日本买家那里去卖拖拉机。他们认为讨论进行得很好，并准备完成这项交易。然而，日本人没有任何反应。沉默令人不安，所以美国人降低了价格。还是没有反应，他们再次降低价格。这种情况一直持续，直到价格远远低于他们原来的计划。他们不知道的是，日本人的沉默并不表示拒绝提议，而仅仅是想再考虑一下，这是日本人习惯性的谈判做法。

对待成就和工作的态度

"德国人休闲第一工作第二,"在德国出生,现居美国的一位女子称,"在美国,则是完全不同的方式。"

> 安吉拉·克拉克(Angela Clark)出生于德国,现在在美国华盛顿特区的杰西潘尼(JCPenney)做采购经理。安德烈亚斯·德拉施克(Andreas Drauschke)在柏林有一份收入相对不错的工作。虽然没有可比性,但是在每周工作时间上还是有不同。德拉施克每周工作37小时,有六周的年假。克拉克每周至少工作44小时,包括晚上,有时是周六和周日。她把工作带回家,从来没有休过一次一周以上的假期。"如果我休更长时间的假,我会觉得自己好像失去了控制。"她说。

外籍管理人员很惊讶,加班的承诺可能留不住工人。事实上,提高员工的工资会导致他们工作减少(经济学家称这种效应为"向后弯曲"的劳动供给曲线)。但值得注意的一点是,在发展中国家,随着越来越多的消费品存在,另一个变化反复出现。**示范效应**(demonstration effect)即看到其他人拥有这些商品基础设施的改善(将产品运送到消费者的道路以及操作产品的电力),使工人认识到,拥有更多的商品可以得到更大的名誉和乐趣。因此他们对工作态度的转变不是因为他们的道德或宗教价值观发生了任何改变,而是他们现在想要得到的东西只有金钱可以买到。

在工业化国家,这种示范效应普遍存在下降的趋势。美国生产工人平均工作时间在1994年达到峰值,每周43.3小时,之后下跌到了1996年的42.6小时和2008年的41小时。德国和法国1996年的平均值分别为39.0小时和38.3小时(法国和德国的官方规定是每周工作35小时)。即使日本平均每周工作时间在1988年达到43小时,也在1996年下降到了39.5小时。事实上,2001年的日本工人比1988年的同行每月少工作近25个小时。

工作声誉 对待工作的态度的另一个方面是与某类工作相关的声誉。蓝领工人和办公室职员之间的差别特别大,就如西班牙语使用的两个典型词——obrero(劳动者)标志着蓝领工人,而上班族是empleado(雇员)。

5.6 宗教信仰

宗教信仰是文化的一个重要组成部分,承担着许多影响人类行为的态度和信念。具备一些世界主要宗教的基本信条的知识,将有助于更好地理解各国人们之间的态度差别为何如此之大。

工作伦理

我们已经提到了工作态度的差异。欧洲人和美国人都将兢兢业业地工作视为美德,而对闲暇看不惯。这种态度部分源于路德（Luther）和卡尔文（Calvin）的**新教工作伦理**（Protestant work ethic），他们认为每个人都需要辛勤工作和努力节俭来歌颂上帝。

儒学对亚洲国家的影响很大，同样的工作态度被称为**儒家工作伦理**（Confucian work ethic）。如前所述，由于其他因素的影响——例如日益繁荣的感觉和向五天工作日转变（有两天假期，员工发展新兴趣）——日本雇主发现，年轻的员工可能不会像他们的前辈那样对自己的工作作出相同的贡献。工人很少在工作开始之前提前预热他们机器里的油，而且一些管理培训生会休完他们所有的假期。最近毕业的一位大学生声称，"学生们在冬季滑雪，在夏季打网球。有时公司发现一些新员工喜欢滑雪更甚于他们的工作。"

亚洲宗教

来自西方世界的人会接触到一些非常不同的**亚洲宗教**（Asian religions）里的神、人和现实。在犹太教和基督教的传统里，这个世界是真实的、重要的，因为它是由上帝创造的。人类也同样重要；时间也是，因为它开始于上帝造人，并将在上帝的所有愿望实现时结束。每个人只有一生的时间去听从神的教诲，实现永生。

在印度的宗教里，有一个概念就是这个世界是虚幻的，因为没有什么是永恒的。时间是循环的，所有万物都是，包括人类在内，是不断出生、死亡和轮回的过程。救赎的目标是摆脱循环，进入一个永恒的极乐状态（涅槃）。因果报应（道义报应）认为人生中犯下的罪恶将在来生受到惩罚。因此，因果报应是行善的强大动力，为的是在来生达到更高的精神状态。持这些观点的亚洲人不能想象他们没有前世，在前世中他们可能是植物、动物或人类。七个起源于亚洲的知名宗教中，四个来自印度（印度教、佛教、耆那教和锡克教），两个来自中国（儒教与道教），一个来自日本（神道教）。

印度教 印度教虽然没有单一的创始人或核心人物，但超过80%的印度人信仰印度教。虽然地区和社会阶层之间存在巨大差异，但是印度教具有一定的特有特征。大多数印度教徒相信，世界上的万物遵循一个永恒过程，即死亡与重生（轮回），以及个人的灵魂会从一个人的身体转移到另一个人的身体。他们相信，一个人可以通过以下方式从轮回循环中解脱出来，实现永恒的极乐（涅槃）：(1)瑜伽（净化心灵和身体），(2)虔诚崇拜神灵，或(3)好好工作和服从所属种姓的法律和风俗（法律）。

种姓制度（caste system）的知识对管理者很重要，因为种姓是社会劳动分工的基础。最高等级是婆罗门或祭司，其次是武士（政客、地主）、商人、农民和贱民（dalit），dalit是印地语词汇，意思是"受压迫"或"被压迫者"，取代了"不可触碰的人"（untouchables）。一个人在种姓内的地位是继承的，在种姓内的工作也是继承的，上升到更高的种姓只能在来世完成。虽然印度政府已经取缔基于种姓制度的歧视，并一直努力改善较低种姓人们的境况，但是这种歧视依然存在。印度报纸通常为那些寻找婚姻伴侣的人分出一块版面，并且广告往往明确说明刊登广告人的种姓以及对婚姻伴侣种姓的要求。

在日本，类似制度也存在，是从17世纪遗留下来的产物，当时德川幕府的封建政权强加的一种严格社会秩序。武士管理者的武士阶级在最上层。下面是农民和手工业者，然后是商人，而在最底层的是那些从事被认为是肮脏、恶心工作的人，如刽子手、屠夫和皮匠。正如在印度对贱民的歧视是非法的一样，具有日本血统的所有日本本国人在法律上是平等的。然而，日本最底层等级的后代仍然被困在自己的聚居区，在小型家族企业工作，生产针织服装、竹制品、毛皮及皮革制品、鞋和凉鞋。他们称自己为部落民（"贫民窟的人"），并声称他们人数约有300万，生活在6,000个聚居区。他们的平均收入远远低于其他日本人。

佛教 起源于印度，是印度教的改良。乔达摩王子在29岁时，抛弃了他的妻子、儿子和财富，开始研究解决苦难、年老和死亡的奥秘。经过六年的瑜伽体验之后，他突然明白了如何打破因果报应和重生循环（轮回）的规律。乔达摩于是化身为佛（觉悟者）。他放弃了印度教徒严厉的自律以及自我放纵的偏激，这两点依赖于将人禁锢到对重生循环的渴求。乔达摩教诲他的追随者，通过消除欲望，可以获得启示，逃脱轮回，进入涅槃的境界。从他对每个人的教诲看来，他反对种姓制度。

耆那教 耆那教由第24代祖师尊者大雄创建。耆那教的教义教导，没有创造者，没有神，没有绝对的原则。耆那教徒可以通过正确的信念、正确的行为和灵魂的知识，净化自己，逃脱轮回，实现涅槃。尽管耆那教徒在数量上相对较少，但是他们在商业和学术上是具有影响力的领导者。他们对印度文化最大的影响表现在他们非暴力教义的广泛接受，教义禁止屠宰动物、禁止战争，甚至禁止暴力想法。

锡克教 锡克教是由那纳克（Nanak）创立的教派，那纳克寻求建立印度教和伊斯兰教之间的桥梁。锡克教徒相信只有一个神，但他们也接受印度教的轮回、因果报应、精神解放的观念。80%以上的锡克教徒生活在印度旁遮普邦。

儒教 孔子的名字与中国的文化和文明是分不开的，当他开始将古老的传统转化成能够指导个人和社会行为的体系时，文化和文明就已经非常发达。儒教可能被认为是一个宗教，因为孔子将他的哲学基于一切受制于上天。孔子告诉我们，每个人心中应有无私爱他人的原则——仁。第二个原则——礼，规定了所有活动中的仁慈礼仪，是中国人强调礼貌和尊重长者的原因。

道教 道教是由老子创立的一种神秘哲学。就像他从来不存在似的，《老子》是一部文学作品集。道教的意思是"道的哲学"，认为我们每个人都是男性和女性（阴和阳）能量的反映，而这种能量控制着宇宙。道家冥想和礼仪的目的是自我摆脱杂念，心无旁念，让宇宙力量去掌握一切。

神道教 神道教是日本的本土宗教。神道传说日本帝国的建立是上天的行为，天皇应该具有最神圣的地位。作为第二次世界大战和解的一部分，天皇被迫放弃这种说法。神道教没有详细阐述的宗教理论，也没有每周的礼拜。许多家庭中都有小神社。

伊斯兰教

伊斯兰教有大约13亿到18亿信徒，是仅次于基督教的第二大宗教，后者拥有20亿信徒。伊斯兰教接受《古兰经》，其中收集了真主给穆罕默德的启示，穆罕默德被穆斯林视为真主的使者。穆罕默德不仅是真主的先知，还引导伊斯兰国家。

耶路撒冷的岩石圆顶清真寺，是伊斯兰教的信徒穆斯林膜拜的历史中心。

所有穆斯林的基本精神职责包括五大信仰支柱：(1) 接受信仰的忏悔（"除真主外别无神灵，穆罕默德是真主的使者"）；(2) 面向麦加（穆罕默德的出生地）每天做五次祷告；(3) 行善；(4) 在斋月的白天禁食，斋月是伊斯兰教的阴历有29天或30天的月份；以及(5) 一生中至少一次到麦加朝圣。有些穆斯林声称有另一个职责，圣战，指为信仰而做的各种斗争，如净化内心的挣扎。然而，这个词通常翻译为"神圣的战争"。

穆罕默德死后，信徒们分为逊尼派和什叶派。逊尼派可能比什叶派更少专制和更务实。在他们看来，只要穆斯林接受真主安拉，就可以自由地如他们所想的那样理解他们的宗教。什叶派则与此相反，坚持认为那些自称是穆斯林的人必须接受圣人（阿亚图拉）的管制。这就创建了神职人员，拥有巨大的世俗和精神力量，使宗教领袖能够影响商业。

逊尼派－什叶派冲突　与穆斯林国家做生意的商人应了解逊尼派和什叶派之间的冲突。虽然大多数穆斯林国家受逊尼派统治，但是其中不乏一些国家，如科威特、阿联酋、巴林和其他海湾地区的小国，有大量什叶派穆斯林人口。而且，少数什叶派就能引起政府的麻烦。例如，沙特阿拉伯的什叶派人口非常少，只有25万，集中在东部油田地区。伊朗的什叶派政府不断呼吁沙特什叶派推翻政权。哈马斯组织是逊尼派；真主党是什叶派。

五大支柱信仰中的两个可能给外国管理人员造成麻烦。斋月期间黎明到黄昏的禁食会导致工人的产出大幅下降，而且每天祷告五次的要求也会影响效率，因为穆斯林工人听到祷告的呼唤时，不管他们在做什么，在什么地方，都会停下来做祷告。

泛灵论

在一些非洲和拉丁美洲国家，泛灵论是一种精神崇拜，包括魔法和巫术，是一种主要的信仰。它往往与其他宗教相结合，是神秘主义、禁忌和宿命论的混合物。据历史学家称，泛灵论也许是人类最古老的信仰之一，它的起源可能追溯到旧石器时代。术语泛灵论（animism）来自拉丁语anima，意思是"呼吸"或"灵魂"。泛灵论认为自然界中的一切，包括树木和植物之类的生物甚至无生命的岩石或溪流，都有自己的精神或灵性。日本神道教在某种程度上等同于泛灵论。

宗教对商业的影响很广泛。宗教节日和仪式可以影响员工的表现和工作日程。当来自不同宗教团体的成员在一起工作时，甚至可能出现内部纷争。管理者必须尊重他人的宗教信仰，而且要使商业行为适应其他文化中存在的宗教约束。当然，要做到这一点，他们必须先知道这些信仰和约束是什么。

5.7 物质文化

物质文化（material culture）指所有人类制造的物体，与人们如何制造事物（技术）以及谁制造何物、为何制造（经济学）有关。

技　术

一个社会的技术是应用于社会并指导实现文化、经济目标的有用知识的综合，它以某种形式存在于每一个文化组织。它在提高人民生活水平方面意义重大，并且是跨国公司竞争战略中的一个关键因素。当然，大多数公司的目标是技术领先，但是技术对于跨国公司尤其重要，原因是：

1. 它使企业更具竞争力，甚至获得世界市场的领导地位。
2. 技术可以出售（通过许可或管理合同），也可以体现在公司的产品中。
3. 它可以使要进入国外市场的公司树立信心，即使其他公司已经在那里开拓了市场。
4. 它可以使公司的国外市场投资比正常投资获得更好的条件，因为东道国政府希望得到只有该公司拥有的技术（例如，允许建立全资子公司，而通常该国政府坚持外国公司不占多数股份与本地企业建立合资企业）。
5. 它可以使一个公司通过少数股权控制合资企业，并使公司生产的半成品垄断进口市场，而不是合资企业生产的产品。
6. 它可以改变国际劳动分工。一些将生产转移到劳动力便宜的海外国家的公司又返回自己的国家，因为基于新技术的生产方法已经减少了其产品的直接劳动量。

例如，劳动力成本降到总生产成本的5%，走向海外可以节省劳动力成本30%至40%，那么生产大约只有2%的成本节约。这可能比将制成品运到美国的运输成本抵消还要多。芬达乐器公司（Fender）在墨西哥的恩塞纳达（Ensenada）和美国加利福尼亚州的科洛纳（Corona）制造吉他，两个地区的吉他销售量大概相等。

7. 这使大公司形成有竞争力的联盟，其中每一个合作伙伴共享技术及研究和开发成本。这就是所谓的战略技术利用，这是一种使用外部技术来补充而不是替代内部技术的概念。

技术的文化方面　技术的文化方面对国际管理者十分重要，因为新生产方法和新产品往往需要人们改变他们的信念和生活方式。个体经营的农民可能会发现，工厂的工作是没有吸引力的。如果工人已经习惯了家庭工业那种由每个人完成所有工序的工业条件，那么他们很难调整到单调的只拧紧一个螺栓的工作。许多新产品设计背后"扔掉而不是修复"的理念迫使人们改变使用习惯，这些人已经习惯了修复东西使它继续运转直到完全用坏。一般来说，新旧方法或产品的差异越大，公司实施变革就越难。

技术二元论　技术二元论（technological dualism）是许多发展中国家的一个突出特点。在同一个国家里，一个行业可能技术先进，生产效率高，而另一行业的生产技术可能是旧的劳动密集型。这种情况可能是东道国政府坚持外国投资者只进口最先进的设备而不是那些使用过的二手设备，这些设备成本更低，而且还可以创造更多的就业机会。

有时偏好则相反。受高失业率困扰的东道国，可能要求劳动密集的工序，而外国公司倾向于自动化生产，因为这是外国公司总部最熟悉的生产方式，而且它的使用减少了对熟练劳动力的需要。了解东道国政府实行的政策，管理层必须研究其法律和法规，并与东道国官员交谈。

适宜技术　与其在劳动密集型和资本密集型的工序之间选择，许多专家在经济发展中建议**适宜技术**（appropriate technology），它可以是劳动密集型、资本密集型或中间型。这种想法是选择最适宜社会使用的技术。

适宜技术可体现在交付产品中。例如，处理多种手机功能的单芯片的开发大幅度地扩大了印度手机市场，因为物理手机成本下降了。

反向效应　企业有时害怕将其技术出售到国外的一个原因是**反向效应**（boomerang effect）。例如，日本企业一直不太愿意将他们的技术出售给工业化国家，如韩国。有趣的是，对反向效应的恐惧使一些美国公司限制将他们的技术出售给日本。然而，平板显示器产业的一项研究表明，美国和日本公司之间对其他国家知识的分享、适用倾向没有什么不同。

信息技术时代

信息技术行业正在以许多企业高管意想不到的速度发生变化。电子化处理洪水般的数据是一个挑战，但是从交易数据中捕获的信息却为研究趋势走向提供了有利的机会。全球互联网的影响力使企业以最小的投资进入全球市场。当然，它也给公司自己的国内市场带来了新的竞争。显然，在新信息技术上的投资是值得的。早在2000年，互联网经济已经达到了8,500亿美元，超过人寿保险和房地产行业的规模。

物质文化与消费

日本物质文化的独特表现之一是自动化的广泛使用——不仅是在制造业的机器人方面，在各种商品自动售货机方面也是，其中包括热餐和酒类（最近）的自动售卖。直到2000年颁布禁令时，日本有近17万台酒类自动售货机。男性青少年当时用此购买啤酒，因为他们不够年龄在商店购买（日本购买酒类的法定年龄是20岁）。当然，有人担心便利店将遍地都是，而便利店不会自找麻烦去检查顾客的年龄。

5.8 语　　言

也许国际商务新人能察觉到的最明显的文化区别是交流方式。口语的差异容易辨别，但在新的文化环境中待过一段时间后会发现，潜语言（风俗习惯）有明显的不同。

口　　语

语言是文化的钥匙，如果没有它，人们会发现自己被锁在一种文化的边缘之外。同时，在学习语言的过程中，人们无法理解话语的细微差别、双重含义以及俚语，除非他们也学习文化的其他方面。庆幸的是，两种学习可以同时进行；对人及其态度的"感觉"会自然地增加对他们语言的掌握。

语言区分文化　　口语就像物理障碍一样划分文化。事实上，没有什么在区分文化上能等同于语言。如果一个国家说两种语言，那么那里肯定有两种不同的文化（比利时）；如果说四种语言，那么就会有四种文化（瑞士），依此类推。

加拿大说英语和说法语地区之间的明显划分是语言力量划分文化的充分证据。巴斯克语、加泰罗尼亚语和西班牙语之间的差异，法语和弗拉芒语在比利时的差异，是语言组之间文化和政治差异明显的其他显著例子。但是，语言不遵循这种一般规则，即所说语言相同的地方文化也是相同的。作为西班牙殖民统治的结果，西班牙语是21个拉美国家的主要语言，但没人认为这些国家在文化上是相似的。此外，一般来说，由于文化差异，这些国家的许多文字在书面和口语上是完全不同的。一位智利人告诉作者之一，当她看到波多黎各咖啡品牌叫"El Pico"（山顶）时感到十分惊讶。她说，在智利，el pico指代男性性器官。

外语　　当一个国家存在多种口语时（印度和许多非洲国家），通常将某一种语言作为跨文化交流的主要工具。以前是殖民地的国家往往使用其前统治者的语言；因此，非洲的前法国殖民地和前比利时殖民地使用法语作为**通用语言**（lingua franca）或"联系"语言。印度使用英语；安哥拉使用葡萄牙语。这些语言是非洲前殖民地国家中多数人说的唯一语言。因此这些语言在大众市场或管理人员和工人之间的日常交流中可能会多少比母语更有效。甚至在只有一种主要语言的国家，如德国和法国，为舒缓劳工短缺而雇用大量"客工"的现象会引起交流问题。一位德国主管可能管理来自三个或四个国家的工人，而且不能直接与其中任何一位对话。为了改善这种情况，一些管理者试图根据生源地来划分劳动力；例如，所有的土耳其人都放在油漆店，所有的希腊人放在流水线上，等等。但更好的解决方案是教管理者听懂工人所说的语言。毫无疑问，这样的培训提高了产量，减少了产品缺陷，并提高了工人的士气。

英语，商务的纽带语言 当瑞典商人与日本商人谈判时，对话一般会用英语。英语作为商业通用语言已经在欧洲迅速推广，以至于超过一半的欧盟成年人都能说英语。在欧盟，超过40%的人将英语作为第二语言。更多的人（69%）认为"每个人都应该讲英语"。

与此同时，其他语言并没有被遗弃。例如，设在布鲁塞尔的欧盟总部估计，欧盟扩大后，口译员需要大概22种语言的可能组合——共有462种组合！

必须讲当地语言 尽管越来越多的商务人士讲英语，但是当他们购买商品时，往往坚持用自己的语言做生意。会讲当地语言的卖方具有竞争优势。此外，懂得该地区的语言，表示对其文化和人民的尊重。图5-1是世界主要语言的地图。正如我们之前所说，以业务交谈展开商务对话通常是一个社会错误。大多数外国人期望先建立一种社会关系，商务会谈之前的闲聊、试探性谈话可能需要几次会面。显然，人们可以在一对一的会话中比通过翻译建立更好的默契。想想下面这个人本来可以通过讲西班牙语来避免麻烦：

> 一位在哥伦比亚工作的德国工程师进入一家酒店，他试图向接待人员解释，他有一个装满现金的手提箱，希望酒店保管。因为他不懂西班牙语，所以很难让别人明白自己的意思。谈话过程中，接待人员在大堂里当着所有人的面打开了手提箱。一个星期后，工程师被一支游击队绑架并监禁了一个月。

翻译 语言说得好并不能消除对翻译人员的需要。最小的市场也需要技术手册、目录和良好的广告创意，缺乏做这些工作的本地人才并不意味着公司要在没有这些宝贵销售援助的情况下工作。解决的办法是从总部获取这些材料，如果翻译成本不是太高而且当地有合适的复制设施，那么就将其翻译出来。但要记住，法语或西班牙语的翻译可能比英语版的长25%。

让总部翻译风险可能会很大，因为来自同一种语言的词语，在不同国家甚至是不同地区的含义常常是不同的，正如前面提到的那样。一个发生在墨西哥的著名例子，说明了只要有一个词翻译不正确，就可以毁掉原本良好的翻译。除臭剂制造商的美国总部将公司的国际主题翻译成西班牙语发出去："如果您使用我们的除臭剂，您将不会在公众面前尴尬。"不幸的是，翻译人员将"尴尬"翻译为embarazada，这个词在墨西哥西班牙语里是"怀孕"的意思。想象一下，墨西哥子公司得到那个翻译时的情景！

回译 为了避免翻译错误，经验丰富的营销人员喜欢有两个真正译本。第一版由精通双语的本地人翻译，然后他们的作品被通晓双语的外国人翻译回去，看看与原始版本

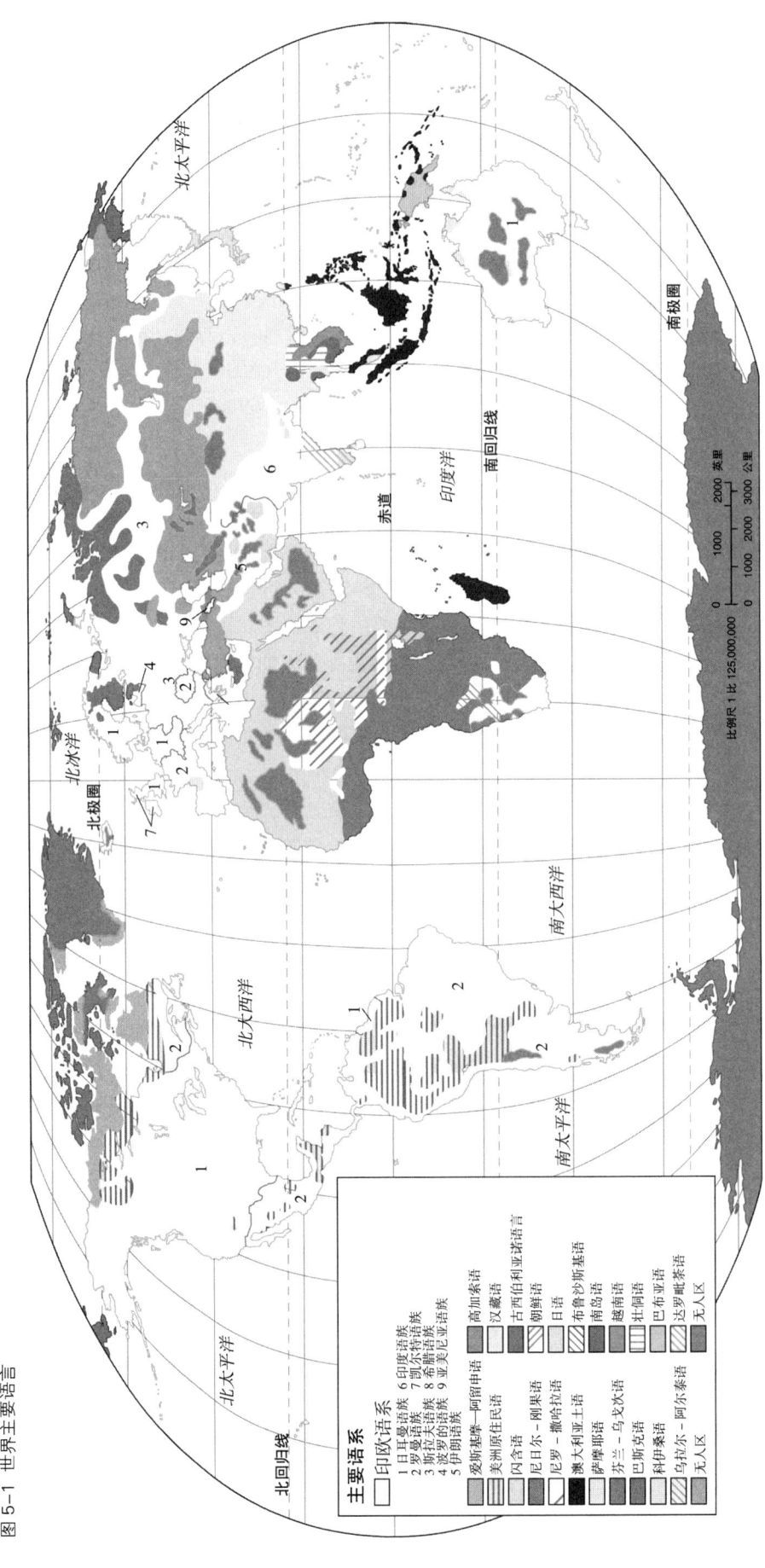

图 5-1 世界主要语言

的差距。这项工作最好在使用该材料的市场所在地进行。没有方法是万无一失的,但回译的方法是目前为止最安全的方式。

专业词汇 翻译人员很难翻译不存在于一种语言中的专业术语以及对于特定行业有特殊意义的一般词汇。例如葡萄牙语,渔业和海洋方面的术语很丰富,但是关于新行业的专业术语却有限。唯一的解决方法是引用英语单词或编造一个葡萄牙新词。除非翻译人员有特定的行业知识,否则他们会查字典找字面翻译,但是字面翻译经常是没有意义或者是错误的。通过使用英语单词来解决这些问题的方法并不令人满意,即使公众理解它们,尤其是在国家院校试图保持语言"纯粹"的法国和西班牙。法国人正在努力保持自己的语言不受英语词汇影响,如果法语中有合适的相同意义的词汇,那么会禁止在所有商业和政府交流以及广告中使用外来词和词组。法国电台广播五分之二的歌曲必须是法语歌曲。在西班牙,西班牙皇家学院尝试为西班牙语执行大概相同的功能。

法语打击英语 为了不断努力保护法语不受其他语言的侵犯,由文化部资助的各种法语组织,会定期控告那些在他们看来触犯了该法律的人。有好几次他们提交了诉讼,控告法国大学佐治亚理工学院在其网站上书写英文、美体小铺(Body Shop)在法国出售没有法语标签的产品以及电子产品连锁店销售只有英语说明书的电脑游戏。

尽管法国政府和其他法语维护者尽力维持法语出现在互联网上,但是他们注定要失败。据估计,75%的全球互联网网站是英文的。更令人悲伤的是,法国麦当劳是麦当劳公司在欧洲最赚钱的子公司。它既适应了法语又适应了法国口味("Croque McDo"是一款法国版土司先生,法国人喜欢的火腿奶酪三明治)。这里不仅仅是骄傲的问题。一条科学经验法则是"以英语发表,或以法语修饰"。

请注意保持语言纯粹和区别于其他语言的经济原因。那些学外语的人不仅是潜在的游客,而且可能会喜欢上来自这个国家的任何东西。一个会讲德语但不会讲匈牙利语的阿根廷时尚买家,可能会觉得在德国观看时装表演比在布达佩斯观看时装表演更舒服。

在日本,却存在相反的情况,可能是因为几十年来,这个国家在努力超越西方时,一直垂涎国外产品。即使是现在,日本国内市场上销售的大多数日本汽车上几乎只有英文。日产的官方解释是英语被认为是更能吸引人眼球的语言。或许,这就是为什么人们用畅销的"Pocari Sweat"(宝矿力水特)的软饮来解渴,订购菜单上写有"sandwitches"和"miss Gorilla"(烤什锦)的菜肴。他们也在香烟上做文章,称之为"Hope"(希望)。

避免不愉快 许多国家的许多地区存在着这种情况,就是不愿对听者说任何不同意的话。日本人的礼貌使得即使在有分歧的情况下也很少说"不"字。令一位美国高管高兴的是,她的日本合作伙伴对她的所有提议都点头并说是,但是在了解到听者任何时候所说的"是"是"我在听"的意思而不是"我同意"之后这种想法可能会动摇。西方管理者在问巴西人是否可以做些什么的时候,可能会得到meio deficil("有些困难")的回答。如果管理者从字面来理解这个回答的话,那么他们可能会要求无论如何也要做。然后,巴西人会详细阐述困难直到(他们希望)高管开始理解他们的要求是不可能的,但巴西人不想给他们坏消息。

幽默 仅仅对什么是有趣，应该有多快乐这样的问题也很容易因国家而异。喜马拉雅山南麓的不丹王国有一个国民幸福指数（GNH），并有GNH委员会负责在国家现代化的同时使其公民保持快乐。这可能并不容易，因为我们对有趣的理解不一致。例如，苹果公司运用在广告上将时尚的Mac用户与古板的PC用户作比较。在日本，这种直接的比较不得不淡化，所以重点强调PC对于工作更适合而Mac更适合娱乐。用Mac者的穿着，意在看起来更休闲，但在日本被解读为低成本因此更低端的服装。

潜语言

非口头语言沟通，或**潜语言**（unspoken language），常常可以告诉商务人士一些口语没有表达的东西——如果他们理解的话。不幸的是，文化之间的风俗差异可能导致沟通的误解。

姿势 虽然姿势是一种跨文化交流的常见形式，但是姿势因地区而不同。例如，美国人和大多数欧洲人明白大拇指竖起意思是"好"，但在意大利南部和希腊，这个手势无异于对人竖中指。用拇指和食指围成一圈在美国表示友好，但在法国和比利时，它的意思是"一文不值"，而在希腊和土耳其则表示粗俗的性邀请。

日本前首相森喜朗为了向他的前任小渊惠三表示敬意，在装有小渊惠三骨灰的骨灰坛前鞠躬两次。不幸的是，日本礼仪要求鞠躬三次以表示对死者的尊重。森喜朗在吊唁大厅6,000名吊唁者以及数百万的电视观众面前显然是失礼了。

关门 美国人都知道，重要高管的一个待遇是拥有一间大办公室并带一个可以关闭

在东京，百货公司迎宾会礼貌地向顾客鞠躬。

的门。通常情况下，门是一个信号，开着表示办公室主人准备迎接他人，但是当它关闭时，意味着里面正在进行重要的事情。与美国人的开门政策相反，德国人经常让门关着。本章前面提到的人类学家霍尔说，关闭的门并不意味着门后的主人不想见客，只是他或她认为门开着是不整洁和杂乱的。

办公室大小　尽管办公室大小是一个人重要性的标示，但是在不同文化里意味着不同的事情。在美国，高管的地位越高，办公室越大越幽静，但是在阿拉伯世界里，总裁可能在一个狭小拥挤的办公室里。在日本，一间百货公司的顶层是保留给"特价商品部"（廉价阁楼），不是为高层管理人员准备的。法国人更喜欢将重要部门负责人放在活动的中心位置，他们的助手则从这个中心向外延伸。为了安全起见，不要通过办公室的大小和位置来衡量人的重要性。

对话距离　文化专家称中东地区对话距离较小，在亚洲可能较大，比西方平均距离要大。对话距离因性别和文化的不同而不同，而且舒适距离也可能因各方的熟悉度而不同：我们有拥抱或窃窃私语间的亲密距离（0.15 ~ 0.45米）、好朋友间谈话的个人距离（0.45 ~ 1.2米）、熟人间谈话的社会距离（1.2 ~ 3.6米），以及公开演讲的公众距离（3.6米以上）。

赠送礼物的语言

赠送礼物是每位商务人士国内生活和国外生活的一个重要方面。办公时间外的娱乐和礼物互赠是人们更好地熟悉彼此的一部分。然而，送礼的礼仪或语言因文化而异，就像口语一样，虽然外国人不懂这种语言一般是可以被原谅的，但是当然，如果他们遵守当地风俗，他们的礼物肯定会更受欢迎。

合适的礼物　例如在日本，一个人从来不会将未包装的礼物送出，或者空手拜访日本家庭。送礼时说明它只是小玩意，暗示着送礼者卑微的社会地位不允许送礼物给社会地位高的收礼者来保持联系。反过来，收礼者不会在送礼者面前打开礼物，因为收礼者知道最好不要当面打开这种小礼物让送礼者难堪。

日本人用送礼物的方式来表达对收礼者的关心和体贴，随着时间的推移，收礼者会建立起对送礼者的信任和信心。白色和黄色的花朵并不是作为礼物的最好选择，因为在很多地区，它们隐含着死亡。在德国，送红玫瑰给一位女士，表示对她有强烈的感觉；如果你送餐具，记得要求对方用一个硬币来支付，这样礼物才不会削弱你的友谊。对于俄罗斯人和法国人，餐具也是"友谊杀手"。世界各地的传统有很大的不同，但是一般来说，在各地都安全的礼物是巧克力、红玫瑰和不错的苏格兰威士忌（但是在阿拉伯世界不是，而是要带一本好书或办公用品）。

礼物还是贿赂　偶尔会贿赂丑闻暴出，即赠送非常昂贵的礼物和金钱给重要位置的政府官员来获得特殊优惠、大订单以及保护的做法。有些款项是**贿赂**（bribes）；即诱导收款人为付款人做违法的事而所支付的款项。但也有些是**敲诈**（extortion）的结果，付款是要求收款人不要以某种方式危害付款人。还有些是促使政府官员做好本职工作的小费。

欢迎来到服务费的黑暗世界。一些其他例子（从美国的角度）：如果你因给领班小费而得到一个好位子，这是贿赂；但若不付小费，他会将你放在靠近厨房的位子，那么这是敲诈。如果你在吃完后为良好的服务而付给他小费，那这就是小费。有时礼品或付款都需要得到政府官员有利的行动，如是否获得大订单、避免工厂关闭，或接受更快的海关服务。其全球范围的普遍性可以通过这些款项的不同名字来说明：mordida（"咬"——拉丁美洲），dash（"破折号"，在西非也是"小费"的意思），pot de vin（"一壶酒"——法国），la bustarella（留在意大利官僚办公桌上的信封）和 grease（"油脂"——美国）。

可疑付款 这些付款有各种形式和规模，小到对报酬低的政府官员来说必要的"催货"付款来督促他们做日常工作，大到赢得大订单的巨额资金。

透明国际（Transparency International，TI）的一项使命是"作出改变，让世界远离腐败"。它的清廉指数（Corruption Perception Index，CPI）运用了商务人士和政治分析家的调查。CPI 的设计是这样的，被认为最不腐败的国家给予最高得分 10 分。透明国际敦促分析师看分数，而不是排名来理解企业如何看待单个国家的腐败。常常有这样的情况，一个国家或地区与上一年相比分数提高了，但是排名还在下滑。

5.9　社会组织

每一个社会都有其结构或组织，这是形式化的关系安排，界定和规范其成员之间互相交际的方式。人类学家一般通过将文化的组成部分分解成两类来研究文化的这个重要方面：基于亲属关系和基于自由团体。

亲属关系

家庭是基于亲属关系的基本社会单位。与通常由父母和孩子组成的美国家庭不同的是，许多国家的家庭——尤其是发展中国家——会扩展到包括所有通过血缘和婚姻联系的亲属。

大家庭 对于外国企业来说，**大家庭**（extended family）是一种员工和商务联系的来源。人们对于亲属的信任，无论关系多远，都可能会促使他们在其表弟的表弟那里采购，即使价格较高。本地人事经理倾向于将其家庭成员填补到最好的工作位置，无论他们是否有资格。

成员责任 虽然大家庭很大，但每个成员对家庭的责任感是很强的。不管是什么亲属关系，如果要求个人与大家庭中的失业成员共享个人收入，那么他或她的工作主动性会受挫。对家庭的责任常常是发展中国家高缺勤率的一个原因。在发展中国家，工人常常被叫回家帮助收割庄稼。管理层花大量金钱为工人及其直系家属提供舒适的住房，结果却发现他们仍生活在拥挤的条件下，因为大家庭的成员都搬了进去。

社　团

不基于亲属关系的社会单位，被人类学家称为**社团**（associations），它们可能是根据

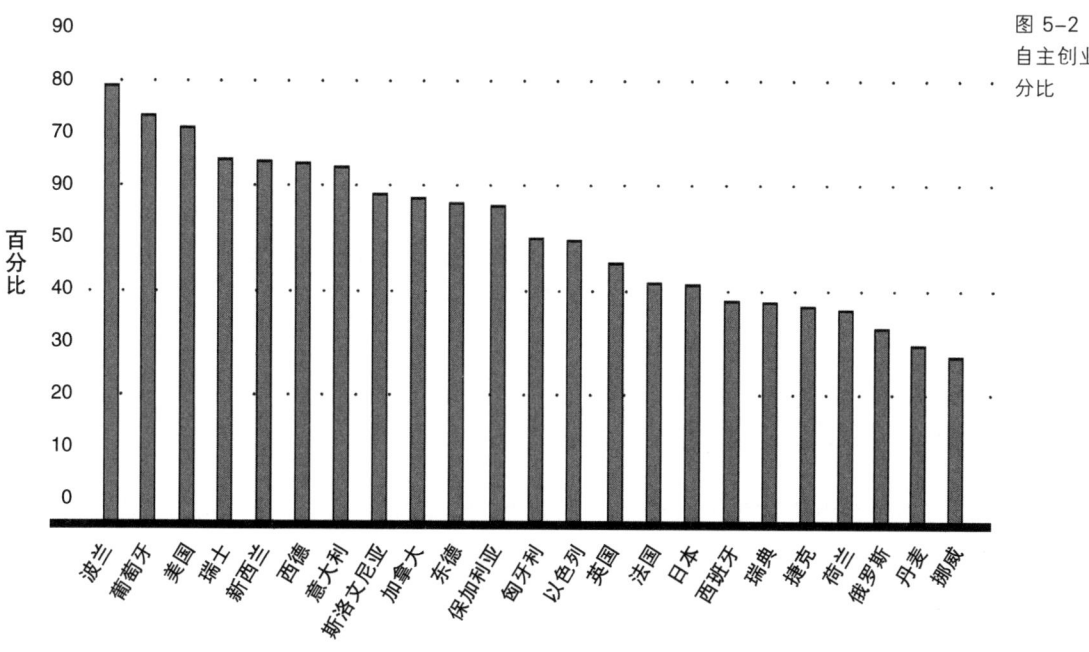

图 5-2 偏好自主创业的百分比

资料来源：David Blanchflower and Andrew Oswald, "Countries with the Spirit of Enterprise, *The Financial Times*, February 17, 2000, p. 27. Reprinted with permission.

年龄、性别或共同利益组成的。

年龄 消费品制造商都深知按年龄段细分市场的重要性，这常常能够削减跨文化的影响。这一事实已经使营销人员成功地将服装和唱片等产品销售给发达国家和发展中国家的青年。然而，如果他们认为世界各地的年轻人与此地年轻人一样对其父母施加同样的购买影响，国际市场营销人员可能会偏离太远。凯洛格（Kellogg）试图通过儿童在英国出售麦片粥，结果没有成功，因为英国母亲和美国母亲比起来，在产品选择方面很少受子女的影响。在美国，老年人形成了一个重要的细分市场，那里的老人与子女分开生活；但是在大家庭的观念很普遍的地方，年纪大的人继续与该家庭年轻成员生活在一起，并且对他们发挥着有力的影响。

性别 随着各国的工业化，越来越多的女性进入职场，在经济中的重要性也越来越大。随着女性的性别平等运动蔓延到欠发达国家男性主导的传统社会，这种趋势得到进一步的推动。无论女性在特定市场的工作地位如何，任何一个国家的消费者购买行为都可能反映强大的女性影响力。中国丈夫有时被称作"国防部长"，而妻子则是"内政部长"。

自由团体 自由团体由一群通过共同纽带联系在一起的人组成，纽带可以是政治、职业、休闲或宗教信仰。在进入一个国家之前，管理层应确定这类团体并评估其政治和经济力量。正如我们将在后面的章节看到的，消费者组织已经迫使公司改变它们的产品、促销、价格，投资也受到工会支持或反对，这往往是强大的政治力量。

企业家精神

令人意想不到的是希望成为一名企业家是许多人的一个共同志趣。我们可以假设，一些国家可能有比其他国家更本质的创业文化，而这也是真实的，但这些国家是不是有更多的准企业家就不能预料了。在一项简单的研究中，研究人员询问市民是愿意成为雇员还是愿意自主创业，布兰奇弗劳尔（Blanchflower）和奥斯瓦尔德（Oswald）发现想自主创业的百分比排名比较高。甚至在抽样国家中百分比最低的国家，工作年龄人口的四分之一都希望自己创业。图5-2显示了调查结果。

5.10 了解民族文化

荷兰社会心理学家吉尔特·霍夫斯泰德（Geert Hofstede）分析了IBM世界贸易公司收集的员工调查数据库，其中包括来自72个国家的超过116,000份问卷。他发现，受访者对32个问题的回答差异可能基于四个价值维度：（1）个人主义与集体主义、（2）权力差距的大小、（3）不确定性规避的意愿强弱，以及（4）男性化与女性化。（霍夫斯泰德后来增加了第五个维度，长期与短期取向。）

个人主义与集体主义

据霍夫斯泰德称，集体主义文化中的人属于那种应该相互照顾以换取彼此忠诚的团体，而个人主义文化中的人被认为只照顾自己和直系亲属。因此，在集体主义文化中经营的组织相比个人主义文化中的组织，可能更依赖群体决策，而在个体主义文化中，强调个人决策。

权力差距的大小

权力差距是社会成员接受个体之间权力分配不均的程度。在权力差距大的社会，员工相信他们的上司是正确的，即使他们是错误的，因此在制订非常规决策时员工不会采取任何主动行动。另一方面，参与式管理风格可能对于低权力差距国家的公司是有成效的。

不确定性规避的意愿强弱

不确定性规避是社会成员对不确定性感到威胁程度和规则导向的程度。在不确定性规避意愿很强的文化中，如日本、希腊和葡萄牙，员工倾向于长时间留在他们的组织。与此相反，在低不确定性规避意愿的国家，如美国、新加坡和丹麦，员工倾向于更多的流动。

很明显，在高不确定性规避意愿的国家里，组织的变化可能受到员工的强烈抵抗，使得管理者很难实施变革。

表5-1 霍夫斯泰的价值维度分数

国家	权力距离	不确定性规避	个人主义	男性化
墨西哥	81	82	30	69
委内瑞拉	81	76	12	73
哥伦比亚	64	80	13	64
秘鲁	90	87	16	42
智利	63	86	23	28
葡萄牙	63	104	27	31
美国	50	46	91	62
澳大利亚	49	51	90	61
南非	49	49	65	63
新西兰	45	49	79	58
加拿大	39	48	80	52
英国	35	35	89	66
爱尔兰	28	35	70	68

资料来源：Geert Hofstede, "Cultural Dimensions in Management and Planning," *Asia Pacific Journal of Management*, January 1984, p. 83.

男性化与女性化

男性化与女性化维度是社会主导价值观强调获得自信、金钱和地位以及有形与象征性组织奖励（男性化）的程度，相比强调关系、关心他人和整体生活质量（女性化）的程度。

四个维度及对管理的启示

表5-1显示了霍夫斯泰德所调查国家中三分之一国家的四维度分数

图5-3显示了所选盎格鲁和拉丁美洲（霍夫斯泰德的术语）在权力距离和不确定性规避维度方面的分数。第二象限的拉美国家在权力距离和不确定性规避愿方面的分数比较高。这些国家中组织内的沟通渠道是垂直的，员工知道向谁报告。通过清楚地定义角色和程序，组织行为的可预测性非常高。第四象限的盎格鲁国家在这两个维度上分数较低。这些国家的组织的特点是较少的正式控制，较少的管理层级，使用更多的非正式沟通。

个人主义和权力距离的分数如图5-4所示。拉美国家（第一象限）的权力距离分数比较高而个人主义分数低。员工往往期望他们的组织照顾他们，维护他们的利益。他们期望密切的监督和父亲般的经理人。另一方面，盎格鲁国家（第三象限）的人，权力距离分数低，个人主义分数高，偏向于喜欢为自己做事情，不指望组织照顾他们。

霍夫斯泰德的四个维度对管理者了解文化差异如何影响组织和管理方法提供了基

图 5-3 所选国家权力距离和不确定性规避分布图

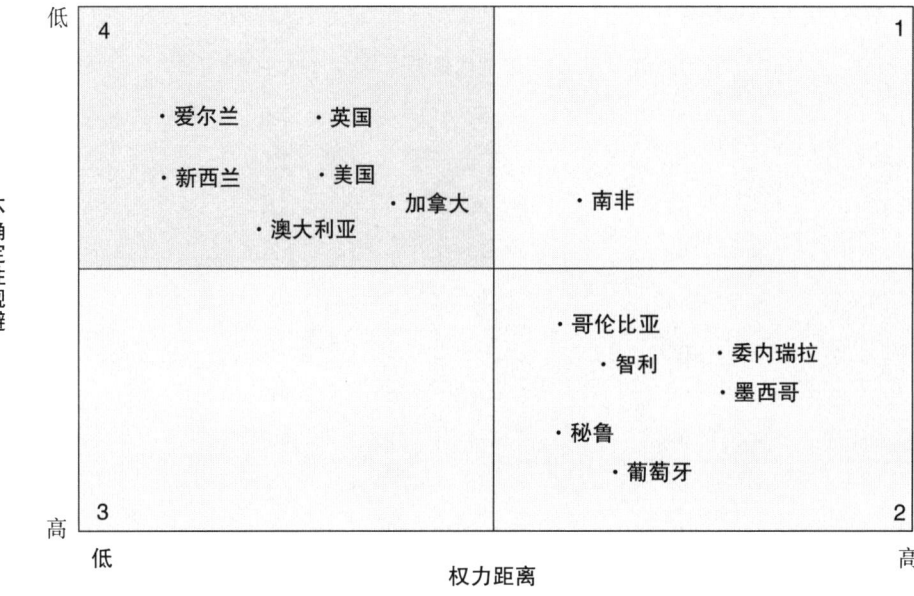

图 5-4 所选国家个人主义和权力距离分布图

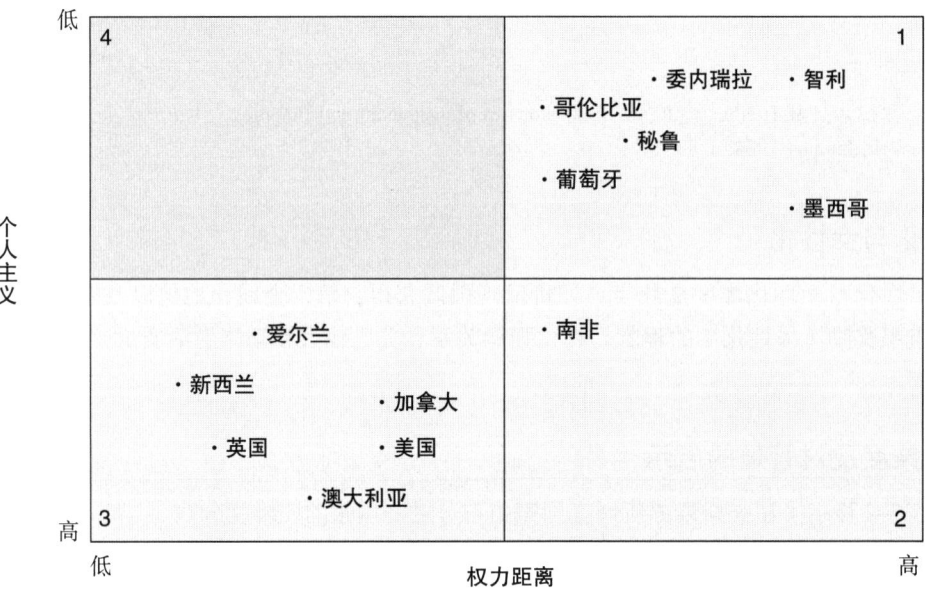

础。它们有助于说明管理技能是文化特定的，也就是说"在一个民族文化适合的管理技术或理念，未必在另一个民族文化适合"。显然，在不同的西方国家进行管理，要求不同的活动，因此一概而论是没有道理的。然而，其他研究人员利用其他数据，也发现了相同或大致相同的维度，使得霍夫斯泰德总结出"有确凿的证据表明四个维度确实通用"。

小　结

解释文化对于国际商务的意义。

要成功建立海外关系，国际商务人士必须学习文化。他们不仅要有实际知识，还要变得对文化敏感。文化影响公司的所有职能领域。

确定文化的社会文化组成部分。

尽管专家们对文化的组成部分有不同的观点，但是以下是许多人类学家认为存在的代表方面：（1）美学、（2）态度和信念、（3）宗教信仰、（4）物质文化、（5）语言、（6）社会组织、（7）教育、（8）法律特征和（9）政治结构。

讨论宗教信仰对于商务人士的意义。

了解其他宗教的基本信条，将有助于更好地理解其信徒的观念。这可能是特定市场的主要因素。

解释技术的文化方面。

物质文化，特别是技术，对于考虑海外投资的管理层是很重要的。外国政府已越来越多地参与到销售和技术援助的控制中。技术可以使一个企业成功地进入一个新市场，尽管其竞争对手已经在那里建立市场。这往往使公司获得更优越的海外投资条件，因为东道国政府希望得到该技术。

讨论信息技术时代的普遍性。

企业家必须时刻注意信息技术方面的变化，以避免落后于竞争对手。互联网使小企业能够在全球市场中竞争，这是事实，给一些企业提供了新机遇，也给一些企业带来了新竞争。可以从交易数据捕捉到信息的商业人士比那些做不到这一点的人有显著的优势。例如，零售行业的观点是，这种能力是沃尔玛成功的首要原因。

解释能讲当地语言的重要性。

语言是文化的钥匙。对人及其态度的"感觉"会自然地加强对他们语言的掌握。

讨论潜语言在国际商务中的重要性。

由于潜语言常常告诉商务人士一些口语没有表达的信息，所以他们应该了解这种形式的跨文化沟通。

讨论社会内部的两类关系。

关于社会如何组织的知识很有用，因为社会关系的安排界定和规范了其内部成员相互交际的方式。人类学家将社会关系分为两类：一类基于亲属关系，一类基于自由团体。

讨论霍夫斯泰德的文化价值维度。

吉尔特·霍夫斯泰德分析了IBM在72个国家的员工，发现受访者对32个问题的回答的差异可能基于四个价值维度：（1）个人主义与集体主义、（2）权力距离的大小、（3）不确定性规避意愿的强弱、（4）男性化与女性化。这些维度帮助管理者理解文化差异如何影响组织和管理方法。

问题讨论

1. 为什么知道民族文化有两个组成部分对国际商务人士是有利的？

2. 了解文化知识是迪士尼在东京成功的原因，忽略文化是迪士尼在巴黎损失重大的原因。请讨论。

3. 为什么国际商务人士在制订营销决策时

需要考虑美学?

4. 如何利用示范效应提高生产率?提高销售呢?

5. 有些社会看待变革的观点与美国人不同。这对营销人员在这些市场运作的方法有什么影响?对生产人员作业的方法有什么影响?

6. 为什么国际商务人员必须熟悉他们工作地区的主要宗教信仰的信念?

7. 营销和生产管理人员将其在美国的营销计划或奖金计划移植到一个有大量佛教徒的地方之前,佛教信仰会让他们仔细考虑些什么?

8. 为什么技术领先优势对于国际公司尤其重要?

9. 大家庭对于国际管理者的重要意义是什么?

10. 请使用霍夫斯泰德的四维度分析以下情况:约翰·亚当斯(John Adams),在美国有20年工头经验,被送到公司在哥伦比亚的新工厂当生产督导。选中他是因为他在与工人打交道方面做得很成功。亚当斯使用参与式管理风格。你能预见他在这份新工作上可能遇到的问题吗?

案例分析 5-1　适宜的商务礼仪

谚语"入国问禁,入乡随俗"适用于旅游者,也适用于商务人士。商务礼仪可能促成一笔交易也可能搞砸一笔交易,尤其是在那些历史悠久的国家,传统可能是规定适当行为的规则。任何想成为成功营销者的人都应该注意以下事项:

- 本地客户、礼仪和礼节。出口商在国外的行为可以给出口商、公司,甚至产品的销售潜力带来有利或不利的影响。
- 身体语言和面部表情。有时,动作比语言更有力。
- 感谢的表达。赠送和接受礼物,在许多国家可能是一个敏感的问题。做得不好可能比不做更糟糕。
- 词汇的选择。知道何时以及是否使用俚语、讲笑话或者只是保持沉默是很重要的。

以下非正式测试将帮助出口商评估其商务礼仪。看你能正确回答多少个。(答案在最后一个问题后面。)

1. 你在一个阿拉伯海湾国家参加商务会议。提供给你的是一小杯豆蔻苦咖啡。给你续杯多次后,你决定不再要了。你如何拒绝再加满下一杯?
   a. 当咖啡壶经过时,将手掌放在杯子上面。
   b. 将空杯倒扣在桌上。
   c. 握住杯子,从一边到另一边扭动手腕。
2. 在以下哪个国家应该准时参加商务会议?
   a. 秘鲁。
   b. 日本。
   c. 中国。
   d. 摩洛哥。
3. 赠送礼物在日本社会普遍存在。生意上的熟人送你一个小封装包裹,你会:
   a. 立即打开礼物并感谢送礼者?
   b. 感谢送礼者,稍后再打开礼物?
   c. 建议送礼者为你打开礼物?
4. 下列哪个国家将小费视为一种侮辱?
   a. 英国。
   b. 冰岛。

c. 加拿大。

5. 在沙特阿拉伯，正常的工作日是？
   a. 周一到周五。
   b. 周五到周二。
   c. 周六到周三。

6. 你在首尔参加一个商务会议。你的韩国商业伙伴递上他的名片，他的名字在上面是以韩语的传统次序显示的：朴哲苏（Park Chul Su）。你怎么称呼他呢？
   a. 朴先生。
   b. 哲先生。
   c. 苏先生。

7. 通常，以下哪个话题在拉美国家是合适的谈话话题？
   a. 体育。
   b. 宗教。
   c. 当地政治。
   d. 天气。
   e. 旅行。

8. 在许多国家，造访者经常在客户的家中被招待。以花作为礼物送给女主人通常是一个安全的方式来表达对热情款待的感谢。然而，花的类型和颜色有表示爱情的、消极的甚至不祥的寓意。将花与国家匹配，在那里将它们作为礼物是失礼的做法。
   a. 巴西。   1. 红玫瑰。
   b. 法国。   2. 紫色的花朵。
   c. 瑞士。   3. 菊花。

9. 在中东国家，哪只手用来接受或传递食物呢？
   a. 右手。
   b. 左手。
   c. 哪只手都行。

10. 在许多国家，身体语言与口语同样重要。例如，在大多数国家，竖起大拇指表示"可以"。但是，在以下哪个国家被认为是粗鲁的手势？
    a. 德国。
    b. 意大利。
    c. 澳大利亚。

答案：1. c。将杯子留满也是可以的。2. a、b、c、d。甚至在当地风俗不强调准时的国家，国外访问者都应该准时。3. b。4. b。5. c。6. a。韩语的传统模式是姓，后面跟着名字。7. a、d、e。8. a和2（紫色的花朵在巴西象征着死亡），b和3（同样，菊花在法国象征着死亡），c和1（在瑞士以及许多其他北欧国家，红玫瑰象征着浪漫）。9. a。用左手是失礼行为。10. b、c。

你的商务礼仪如何？

将你的分数相加：

8～10：恭喜你，显然你已经做好到海外开展业务的准备。

5～7：虽然你有一些对其他文化细微差别的敏感性，但是你仍然可能犯一些社会错误，使国外销售受到损失。

1～4：小心，如果你不咨询专家就出国的话，可能会迎头碰上麻烦。

何处寻求帮助

无论你是完全不懂商务礼仪，还是只想强化自己的技能，你可以求助于以下几种来源：

- 书本。许多书店都有帮助企业代表出行的各种材料。
- 讲习班和研讨会。许多私营商业机构和大学给对解开国外经商奥秘感兴趣的出口商提供培训课程。
- 营销专家。在一些国家，你第一次接触的可能是国有商业或农业部门，国际专家会在那里传授他们的专业知识，或帮你认识到一些专家。

第 6 章 自然资源和环境可持续性

气候变化可能成为21世纪最重要的商务事务。企业管理人员若想对股东和社会负责，必须对气候变化所带来的挑战和机遇予以认真的准备。数万亿美元，数百万生命，数千物种——无数种解决方案。
——斯坦福商学院
MBA 的气候变化入门

经济要实现可持续发展，必须遵循生态的基本原则，否则将逐渐衰败终至崩溃，没有任何中间地带。
——莱斯特·布朗
地球政策研究所所长

阅读本章后，你应该能够：

1. 运用波特的钻石模型，描述地理位置、地形、气候和自然资源作为要素条件所起的作用。
2. 解释地表特征对国家之间以及一个国家不同地区之间的经济、文化、政治和社会差异有何影响。
3. 概述内陆水道和出海口的重要性。
4. 描述气候对商业的广泛影响。
5. 概括不可再生能源和可再生能源及其广泛的商业影响。
6. 描述创新与要素条件之间的关系。
7. 描述环境可持续性及其特征。
8. 解释利益相关者理论作为环境可持续性框架的使用。

瑞士：地理、手表、巧克力和奶酪——地理劣势成就竞争优势

手表、蕾丝、雕刻品、巧克力、奶酪、精密机械、制药——它们有什么共同之处？这些产品均产自瑞士，单位重量价值高，质量上乘。从某种程度上讲，这些瑞士制造依赖的不仅仅是瑞士的自然资源，还包括其自然资源的匮乏。

此话怎讲？试想一下：（1）瑞士山地多，平原少；（2）紧邻西欧人口稠密的低地；（3）通往这些[市场的运]输成本较高；（4）[……]

本地[……]服这些[……]原材料[……]口。瑞士[……]们从瑞典[……]钢铁，然[……]表芯。因[……]精密机械[……]大体积[……]艺，考究[……]

我[……]部门[……]以发展[……]主要市[……]题。液[……]

输成本高。乳牛场场主借鉴了钟表商的做法，将牛奶转化为一种体积小、价值高的产品，即奶酪。与来自低地乳制品区的竞争对手比起来，瑞士的奶酪制造商远离重要市场，处于劣势，因此只能以良好的品质和信誉来打造竞争优势。

大量牛奶又创造出另一种产品，即牛奶巧克力。瑞士人从国外进口生巧克力，将牛奶转化成另一种单位重量价值高的产品。不过与美国宾夕法尼亚州的好时公司（Hershey）相比，瑞士生产商在进口糖和巧克力以及出口制成品时支付了更高的运输成本。同理，瑞士的产品只有品质上乘，提高售价，才能抵消更大的成本。

瑞士的蕾丝和雕刻品又是怎么一回事儿呢？同样是因地制宜，这次是气候。瑞士的冬天冰天雪地，除了用储存的干草喂喂牲畜，农民几乎无事可做。为了打发时光并赚取收入，瑞士妇女选择制作蕾丝和刺绣，而男人们选择了木雕。

资料来源：Adapted from Rhoads Murphey, *The Scope of Geography*, 2nd ed.（Skokie, IL: Rand McNally, 1973）, pp. 65–67.

正如[……]只能在自然环境赋予的条件下开展经济生活，所以[……]气候和自然资源能够深刻地影响人类的行为方式。此[……]和经济特征等基本要素也有一定影响。它们决定了[……]

与第1章[……]们将自然环境因素视为很大程度上不可控的力量，企业管理人员必须据此调整战略以弥补市场中这些力量所带来的差异。我们还可以利用迈克尔·波特（Michael Porter）的钻石模型（见图6-1）来解释环境和自然资源的重要性，波特开发这个模型来解释全球市场中许多国家所取得的不同程度的成功。

图 6-1 影响竞争优势的变量：波特钻石模型

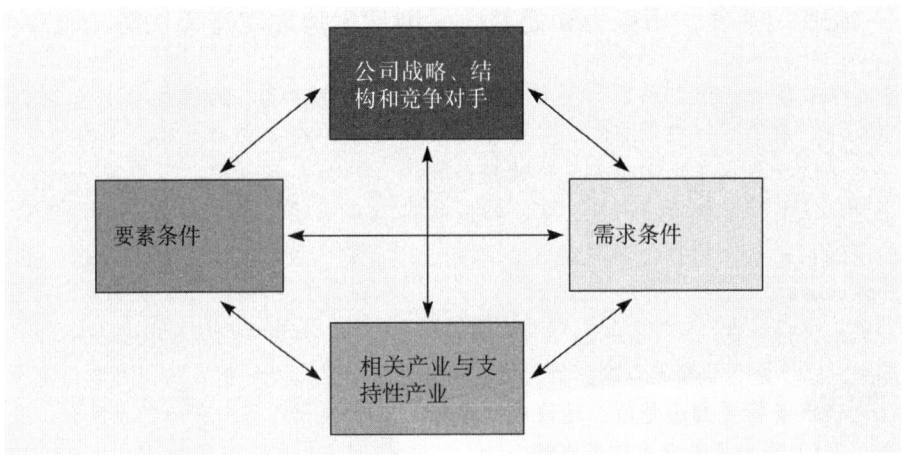

资料来源：Reprinted by permission of the *Harvard Business Review*. "The Competitive Advantage of Nations" by Michael E. Porter, March‐April 1990, p. 77. Copyright©1990 by The President and Fellows of Harvard College; all rights reserved.

6.1 竞争优势：波特钻石模型

波特钻石模型认为一个国家的竞争地位取决于其经济环境的四个方面：要素条件，相关产业和支持性产业，需求条件以及公司战略、结构和竞争对手。他的理论认为"钻石"结构最完美的国家才能成为赢家。我们在考察自然环境时其实是在考察左边的小框，即**要素条件**（factor conditions）。波特将要素条件划分为初级要素和高级要素，初级要素是一个国家天然拥有的资源，如瑞士的山峰；高级要素是一个国家可以建设和培养的，如劳动力和基础设施。

我们在本章讨论初级要素，即我们不能控制或只能非常有限地控制的要素，如地貌、气候和自然资源。早期经济学家称这些天赐的要素为"土地"（即生产三要素理论——土地、资本和劳动中的要素，此理论也被马克思称为"三位一体公式"）。波特提出了一个有趣的观点，即某地要素条件中的劣势也可能转化为优势并推动创新。无论是初级要素方面的不利条件，如地形和气候条件恶劣、原材料匮乏，还是高级要素方面的不利条件，如劳动力短缺，都将促使企业寻求新出路并不断创新，这些创新常常会成为国家比较优势。因此，请务必理解这些属性。

回到瑞士高附加值浓缩产品的例子，瑞士在发展其专业领域时考虑到了地理条件，主要是不利条件（基本要素），在有意发展高级要素条件时，承认并纳入这些基本的固有条件。瑞士培养了有文化、懂技术和专业化的劳动力队伍；他们保护农业以对抗国外竞争；他们奉行中立原则，从而保持开放的贸易关系；他们已经建立了一个可靠的运输系统，克服了地形的挑战；他们鼓励高储蓄率，所以他们可以同时利用国内储蓄和海外在瑞士的储蓄。瑞士已采取以下战略方针发展资源：利用基本禀赋，创造高级禀赋。这种做法使得瑞士在手表、巧克力和奶酪等领域极具竞争优势。

我们的话题，即自然资源，其范围就其性质来说是相当广阔的。我们首先考虑地理位置、地形和气候等基本方面，然后讨论能源和非燃料矿产等主要自然资源。对自然资源的关注将直接导向对其管理的关注。最后一节通过讨论环境可持续性来解决这些问题。

6.2 地理位置

一个国家的位置在哪里、它的邻居是谁、其首都和主要城市的状况如何属于初级要素条件（波特的钻石模型）。这些要素以及它们如何帮助一个国家建立其竞争优势，是所有国际商务人士都应了解的一般知识。地理位置有助于解释一个国家的各种政治和贸易关系，其中许多直接影响公司的运营。我们先看看地理位置与政治关系之间的关联，然后了解地理位置与贸易关系之间的关联。

政治关系

在冷战高峰期，奥地利的地理位置使其成为西方非共产主义国家和东方共产主义国家之间的政治桥梁（见图6-2）。它西邻德国和瑞士，东北有捷克和斯洛伐克，东依匈牙利，南靠意大利和南斯拉夫（斯洛文尼亚）。此外，奥地利政治中立，这使它成为开展东欧业务的国际公司设立办事处的抢手位置。而且，因为奥地利领导奥匈帝国一直到1918年，所以奥地利人完全熟悉这些邻国的文化和做法。最后，奥地利的首都维也纳仅距捷克共和国40公里（24英里），距匈牙利60公里（36英里）。

由于西欧和东欧的政治和经济变革，奥地利充分利用其地理位置优势：（1）增加与东方的贸易、（2）成为两个地区之间的主要金融中介、（3）加强其作为国际企业在东欧运营的区域总部的作用。

图6-2 奥地利及其邻居

1991年苏联集团（经互会，包括保加利亚、捷克斯洛伐克、东德、匈牙利、罗马尼亚、波兰、苏联、古巴、蒙古和越南）的崩溃迫使东欧企业将其贸易方向调整到西方。由于它们的地理位置——与捷克共和国、斯洛伐克、匈牙利和斯洛文尼亚接壤——及其地缘关系，奥地利企业家取得了西方国家向东方出口的重要份额。由于东欧国家工资成本低，再加上奥地利紧靠其东方邻国，运输成本也很低，因此奥地利生产商将纺织品、家具和机械部件运往东方国家进行进一步加工和装配，然后再将其运回奥地利。这就是所谓的**被动加工**（passive processing），与外国公司在墨西哥组装工厂完成的工作类似。此外，奥地利在搭建通向东方的桥梁方面一直非常活跃，在各个层面增加与东欧和前苏联国家的接触。奥地利人与中欧和东欧国家保持着持续的业务代表、政治领袖、学生、文化团体和游客交流。奥地利政府和其他组织给前东欧集团国家提供援助，帮助他们适应该地区正在发生的变化。

贸易关系

地理上的接近，往往是国与国之间贸易的重要原因。正如我们在第2章介绍的那样，美国的主要贸易伙伴加拿大和墨西哥与其接壤。2007年，加拿大和墨西哥占美国进口的26.4%和美国出口的35.1%。由于地理上的接近，交货速度较快，运输成本较低，销售者为客户提供服务的成本也会低一些。地理位置接近一直是贸易集团形成的主要因素，如欧盟、欧洲自由贸易联盟和北美自由贸易区。

在地理上靠近市场也有助于解释为什么日本是中国的最大进口地和最大的贸易伙伴。日本也是东南亚国家联盟（东盟）的主要贸易伙伴之一，与美国一起，通常是外国直接投资的首要来源。由于日本邻近中国，而且日本需要与这个快速增长的邻居保持良好的政治关系，因此日本也增加了从中国进口农产品，包括新鲜蔬菜。中国已经能够接管以前由美国出口给日本的大豆和小麦的一部分。

智利位于南半球的地理位置部分为其带来了出口增长优势，北美11月到3月间吃到的葡萄、桃子、木莓全部来自那里，这个季节的本地供应极少。智利向美国出口的水果占所有智利水果出口的20%以上，平均每年的销售额超过10亿美元。这种出口之所以存在，是因为该国的农作物生长季节与北半球（欧洲和美国）正好相反。

6.3 地 形

我们现在研究一些主要的地表特征，大致了解这些物理特征中哪些可能会影响商务，以及如何产生影响。山脉、平原、沙漠和水体等地表特征会导致国家之间和一个国家的地区之间在经济、文化、政治和社会结构上形成差异。这些特征中有一些既可以阻碍也可能帮助物流。**地形**（topography）差异、地表特征可能要求产品作出改变。例如，海拔对食品的影响在900米以上的高度开始显现，蛋糕粉的生产商必须更改烘烤说明。内燃机在1,500米海拔开始明显失去动力，这可能需要以汽油为动力的机器制造商使用更大的发动机。

山脉和平原

山脉往往会分隔和阻碍交易与互动，而水平的地区（平原和高原）会推动这一点，除非气候使得交易不太可能，如在撒哈拉大沙漠和戈壁沙漠。山脉在多大程度上成为障碍取决于它们的占地面积、坚硬程度和横断山谷。

此类障碍的一个例子是喜马拉雅山脉。在这些山脉之间穿行非常困难，因此印度和中国之间的运输是通过空中或海洋，而不是陆路。生活在山脉南侧的印度马来人和生活在北侧的中国人之间文化对比明显，这是喜马拉雅山脉作为屏障的有效证据。山脉屏障的另一个例子在阿富汗，其地形大部分是山脉，从东北一直到西南，直穿该国的中心，包括兴都库什地区。阿富汗超过40%的地区海拔在1,800米以上。相比之下，美国密西西比东部只有两个山峰达到1,800米海拔，分别是北卡罗莱纳州的米切尔山和新罕布什尔州的华盛顿山。在阿富汗高高的群山中，一队队大篷车在其间穿行。阿富汗境内，有至少10个主要民族和33种语言。与此类似，阿尔卑斯山脉、喀尔巴阡山脉、巴尔干山脉和比利牛斯山脉长期分隔北欧与地中海文化。

图6-3 西班牙

就像阿富汗一样，那些被山脉分割成较小地区的国家，对商人构成了严重挑战，因为每个区域的市场有自己的特色产业、气候、文化、方言，有时甚至是语言。现在，我们更深入地了解一下此类市场的四个例子，西班牙、瑞士、中国和哥伦比亚。

西班牙 西班牙的17个省份通常被分为五个区域，这些区域文化差异巨大。其中两个地区是加泰罗尼亚和巴斯克自治区（见图6-3），它们有单独的语言，加泰罗尼亚语和巴斯克语。每个地区还有人数可观的少数民族，它们希望从西班牙脱离出去，形成独立的国家。虽然巴斯克人和加泰罗尼亚人可以讲西班牙语，他们彼此交流时都使用自己的语言，这是其他西班牙人难以理解的。这将产生与存在语言差异的地区一样的问题：讲西班牙语的管理人员做不到像在西班牙其他地区那样，与当地员工进行换位思考，而讲当地语言的销售代表会更有效。此外，语言的差异增加促销成本，因为如果要更有效，西班牙公司需要以加泰罗尼亚语、巴斯克语和西班牙语准备各种资料。你可能知道巴斯克人，因为他们的政治动荡。类似的骚乱也在加泰罗尼亚出现，但程度较小。

瑞士 瑞士被山脉划分为多个迥然不同的文化区域（图6-4）。瑞士的国土面积为美国缅因州的一半，有四种不同的语言：意大利语、法语、德语和罗曼什语（拉丁语系），这其中还有35种以上的方言。让试图覆盖该国所有地区的广告经理惊愕的是，三大语言群体——德语（75%）、法语（20%）和意大利语（4%）——分别有自己的广播和电视网络，而且德语电视台还以罗曼什语播出。

中国 中国有几十种语言，每一种又在群山隔开的村庄发展出许多方言。这造成了

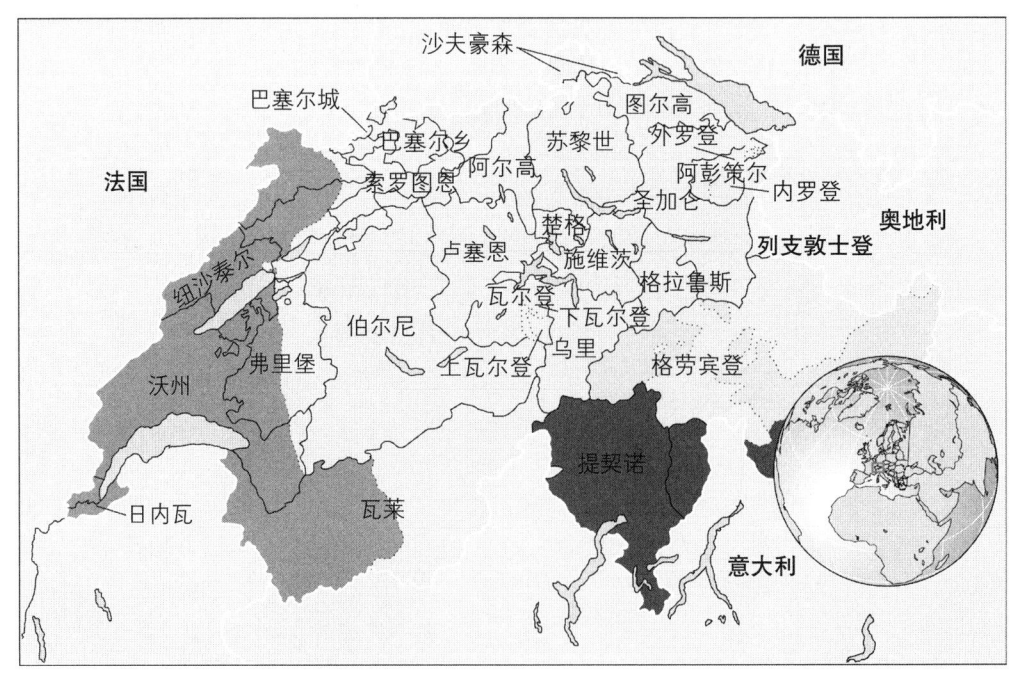

图6-4 瑞士的州和主要的语言区

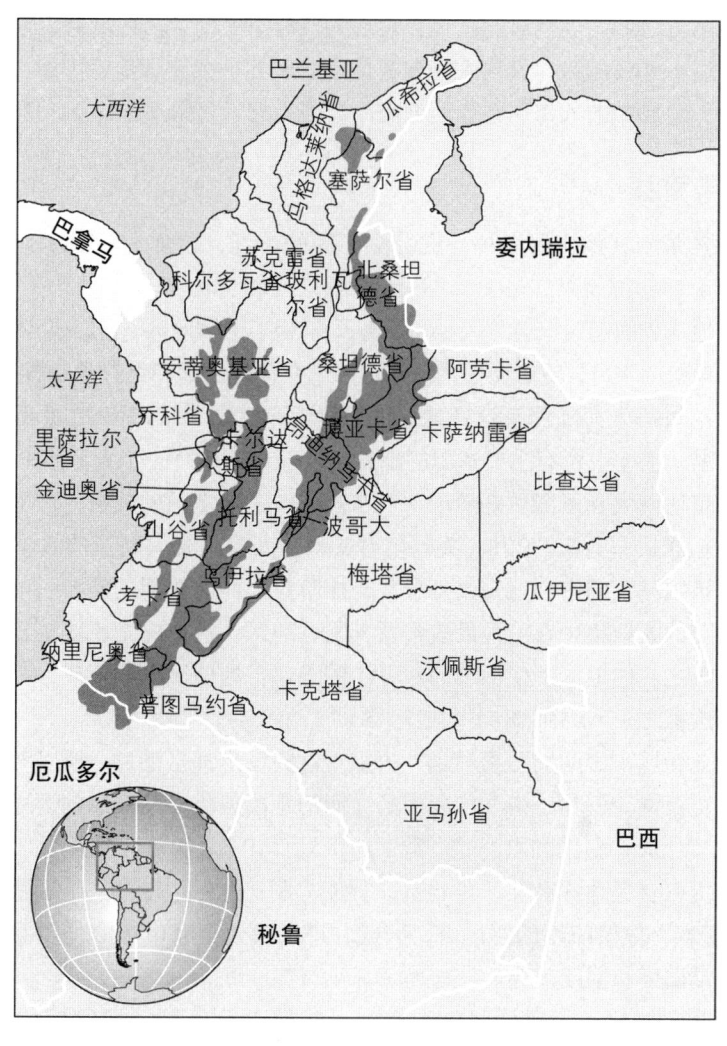

图6-5 哥伦比亚

— 省界线　　　● 海拔高度在 1,400 米以上

沟通问题，阻碍了经济的发展，直到政府于1956年将普通话定为官方语言。然而今天，多种方言仍然在使用。许多语言群体使用相同的书面语言，但口语跨越语言边界后几乎是无法理解的。语言区正好与山区和平原等地形特征相对应。

哥伦比亚　哥伦比亚与瑞士类似，市场被山区隔开。安第斯山脉从北到南连绵起伏，将哥伦比亚分为四个不同的市场，每个市场都有自己的文化和方言（见图6-5）。根据产品的不同，营销人员可能需要创建四种不同的促销方案。此外，哥伦比亚由于国内可居住地区在海拔上的巨大差异，形成了一系列截然不同的气候。从闷热潮湿的巴兰基利亚海平面到寒冷干燥的波哥大，迥异的气候给制造商带来了很大的生产和仓储挑战，他们必须为每个气候带生产不同的产品和包装。

哥伦比亚的山脉还产生了另一个影响。因为它们形成天然屏障并导致气候变化，它们也造成了不同的人口密度。除热带地区外，人口密度通常随海拔高度增加而减小。如果将人口地图与地形图进行对比，你会发现人口地图上的空白区域通常是海拔较高的地区。因此，瑞士90%的人口聚居在阿尔卑斯山底部的一个狭长地带。然而，在位于热带的哥伦比亚，近80%的人口居住在西部高原，因为那里气候适中。

沙漠和热带雨林

沙漠和热带雨林像山脉一样，会分隔不同的市场，增加运输成本，造成人口密度不同。

沙漠 地球表面超过三分之一的部分是干旱和半干旱地区，它们或者位于沿海地区，风带走了陆地上的水分，或者位于内陆地区，风在穿过山脉和经过长途跋涉到达这里时，已失去水分。每一个大陆都有这样的地区，位于赤道以北或以南20度至30度的每个西海岸都很干旱。唯一一个有主要水源的地方是埃及，这里有一个人口集聚区。

没有哪里比澳大利亚能更好地说明供水和人口密度之间的关系，这里的大陆面积与美国相当，但居民只有2,070万。美国则有2.96亿人口。澳大利亚的海岸线周围地区潮湿肥沃，而该国巨大的中心地带大部分是与撒哈拉大沙漠相似的沙漠。由于这种地理特点，澳大利亚的人口集中在沿海的首都及其附近地区，这里也是主要港口。在东南部占全国面积五分之一的地区，生活着超过一半的人口。这使澳大利亚成为世界上城市人口比例最高的国家之一，约93%。

澳大利亚各城市之间的距离较远，再加上这些城市都是港口，所以海上运输比公路和铁路运输更普遍。但是，由于主要市场之间的距离很长，使产品的运输成本占最终成本的30%之多，而在美国和欧洲这一数字通常只有10%。

尽管全国70%是干旱或半干旱地区，但澳大利亚北部边缘一些地区每年的降雨量却高达2,500毫米，很像印度的季风区。因此，进入澳大利亚市场的公司面临着与哥伦比亚相同的极端温度和湿度差异。

热带雨林 与沙漠相反的另一个极端，热带雨林也是经济发展和人类居住的巨大障碍，尤其是当它们伴随着恶劣的气候和贫瘠的土壤。这出现在亚马孙河流域、东南亚和刚果的热带雨林。除西非和爪哇的部分地区外，热带雨林通常人口稀少，经济发展落后。例如，最大的热带雨林位于巴西亚马孙流域，其面积超过100万平方英里（美国陆地面积的四分之一），占整个巴西的一半，但这里居住的人口只有该国总人口的4%。人口密度低于亚马孙流域每平方英里一个人的地区可能只有真正的沙漠了。

加拿大地盾 虽然加拿大地盾既不是沙漠，也不是热带雨林，这种覆盖加拿大一半面积的大规模基岩区陆地仍值得一提，因为它具有这种地貌大部分的特点——险峻的地形、贫瘠的土壤、恶劣的气候（见图6-6）。极地吹来的风从地盾地区横扫而过，无霜的生长季节只有四个月。与沙漠和热带雨林一样，它的人口密度也非常低：在这一300万平方英里的地区，居住的人口只有加拿大总人口的10%。

管理人员知道，在人口较稠密的国家，营销和销售产品的成本更低，因为人口居住中心较近，通信系统更发达，可供雇佣的人更多。因此，当他们比较人口密度时，如果

图6-6 加拿大地盾

按加拿大每平方公里3个居民、澳大利亚2个、巴西22个、美国31个、荷兰395个或日本339个来计算，他们可能会得出错误的结论。但是，如果他们了解到，加拿大、澳大利亚或巴西的人口高度集中在一个相对较小的区域内，就像我们讲到的那样，那么情况就会完全不同了。

下面将探讨水体如何影响人口密度。

水 体

与山脉、沙漠和热带雨林不同的是，水体会吸引居民，且方便运输。水作为地形特征，是一种重要的自然资源，对于生活不可或缺，对于工业非常关键。水源之争可导致重大冲突，如苏丹的达尔富尔。农业和制造业使用的水被称为"虚拟水"，其使用是大多数消费者看不见的。生产一个汉堡包要使用2,400升水，而一条牛仔裤要使用11,000升水。世界人口地图清楚地表明，靠近水体的地区比远离水体的地区对居民更有吸引力（见图6-7）。人口稠密地区如果没有河流或湖泊，一般都靠近大海。正如你可以从人口地图看到的那样，人们聚居在亚马孙河、刚果河、密西西比河、圣劳伦斯河和五大湖周围。在欧洲，意大利的波河平原，以及起源于瑞士冰川的莱茵河，流经列支敦士登、奥地利、法国、德国和荷兰，最后归入北海，都很容易辨认。因此，对于那些穿越沙漠的河流，如尼罗河、印度河（巴基斯坦）、底格里斯河–幼发拉底河（伊拉克）和阿姆河（中亚），它们带来的灌溉用水和肥沃土壤比运输更重要。一般情况下，得不到干净用水的通常是

图 6-7 世界人口地图

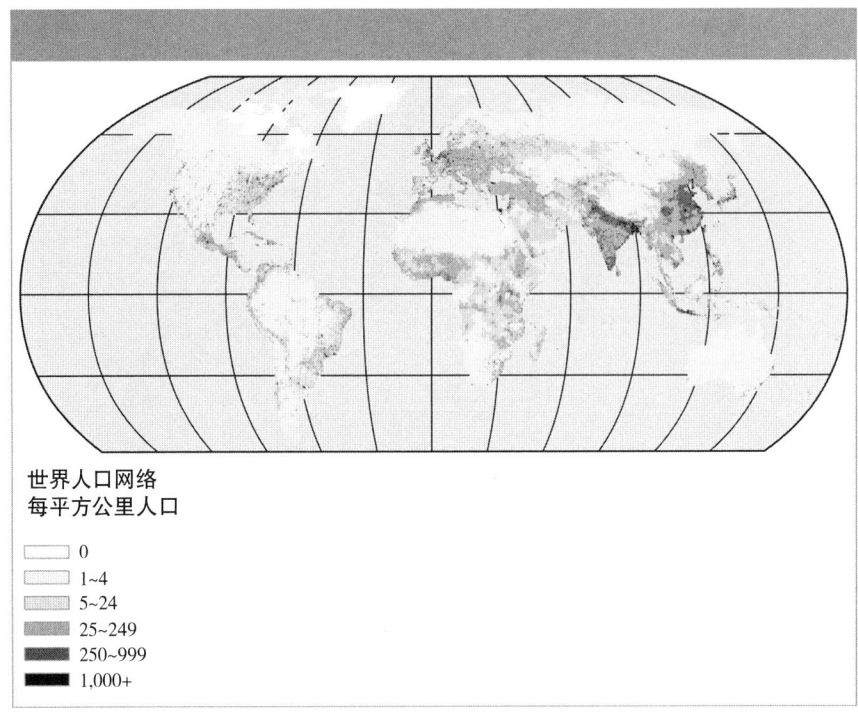

穷人。是的,这是丰富的自然资源,但很难公平分配。据非营利组织"水援助"(WaterAid)研究,在坦桑尼亚达累斯萨拉姆的贫民窟,购买 1,000 升水要花费 8 美元,而相同数量的水在达累斯萨拉姆的富人区只需 0.34 美元,在美国需要 0.68 美元。

内陆水道 由于在各国内部提供廉价的市场通道而作用重大的水体被称为**内陆水道**(inland waterways)。在铁路出现之前,对于大宗货物的长距离转移,水上运输是唯一一种经济实用的方式。即使在铁路修建之后,水上运输也在不断增加;今天,除了没有内陆水道的澳大利亚,每个大陆仍然在广泛使用水运。然而,在所有地区,水路相对于铁路的重要性已经减弱,但有一个例外,这就是世界上最重要的内陆水道系统——莱茵河水道。

欧洲 **莱茵河水道**(Rhine waterway),是欧洲的主要交通动脉,它运送的商品数量,比与其平行的铁路加起来还多。要说明莱茵河的重要性,瑞士一半的出口和近四分之三的进口是通过瑞士的内陆港口城市巴塞尔。货物由该国的 31 支远洋船队运输,通过莱茵河水路,运到北方 500 英里远的鹿特丹(见图 6-8)。从远古时代开始,货物就一直通过莱茵河及其相连水道源源不断地在荷兰、比利时、德国、法国、奥地利、列支敦士登和瑞士之间运输。莱茵河-美因河-多瑙河运河于 1992 年通航,连接了荷兰和北海与黑海之间的 15 个国家和地区。从那里,运输可通过伏尔加河和顿河互联水系延伸到莫斯科。很少有船只走完从鹿特丹到黑海(3,500 公里)的整个 30 天航程,但这个水道推动了较短的东-西航线的航运,如纽伦堡到布达佩斯和维也纳到鹿特丹。越来越多的企业选择莱茵河水道作为公路运输的一种环保替代。

出于环境考虑,再加上可靠性、成本和效率等问题,欧盟已经制定了一项计划,将交通运输转向内陆水道。欧洲海运和内河水运实施和发展计划(NAIADES)在 2006 年实行,

图6-8 莱茵河–美因河–多瑙河运河

资料来源：Center for International Earth Science Information Network（CIESIN），Columbia University, and Centro International de Agricultura Tropical（CIAT），used by permission, http：//ciesin.columbia/edu/gpw.

货船在欧洲的主要交通动脉莱茵河水道通过德国。

到2013年来往船只共11,000艘，容量相当于10,000列火车或44万辆卡车。据负责运输的专员说，比荷卢三国和法国的内陆水道在运输业务上已获取大量份额，荷兰是欧洲国家中利用内陆水道最多的国家，利用这些重要动脉进行的运输占其总运输量的约40%。相比之下，在欧洲中部和东部，多瑙河的运力只有7%至10%被利用。由于水运成本低、效率高且污染水平低，许多国家的政府最近制定了计划以提高内陆航道的使用。

南美洲 在南美洲，亚马孙河和其支流在汛期可提供约57,000公里的航道。远洋船只可以抵达巴西的马瑙斯（上游1,600公里），较小的河流轮船可以行至秘鲁的伊基托斯（距大西洋3,600公里）。

再往南，阿根廷、巴西、巴拉圭和乌拉圭等南方共同市场各国政府正在努力开发巴拉那河和巴拉圭河，旨在将其建成连接南美洲广大内陆和蒙得维的亚附近河床口海港的贸易走廊（见图6-9）。虽然目前这些河流只有部分通航，但阿根廷用巴拉那河的港口处理其25%的出口，巴拉圭大部分的燃料进口都通过巴拉圭河运输。

亚洲 亚洲的主要河流有长江（中国）、恒河（印度）以及印度河（巴基斯坦）。河流在中国尤其重要，因为水运是最便宜而且往往是唯一的将工业原料运往制造中心的方式。远洋船只可以沿长江到达武汉，距海洋1,000公里。庞大的三峡水电站项目完成后，远洋船只在到达武汉后还能继续前行，去往重庆，该城市距海洋2,400公里，将成为一个内陆港口。三峡大坝是有史以来最大的混凝土大坝，于2006年5月完工，但在开始运行之前，该项目还有其他建设任务需要完成。大坝水库长650公里，约转移安置190万人。由于预

图6-9 巴拉那河-巴拉圭河贸易走廊

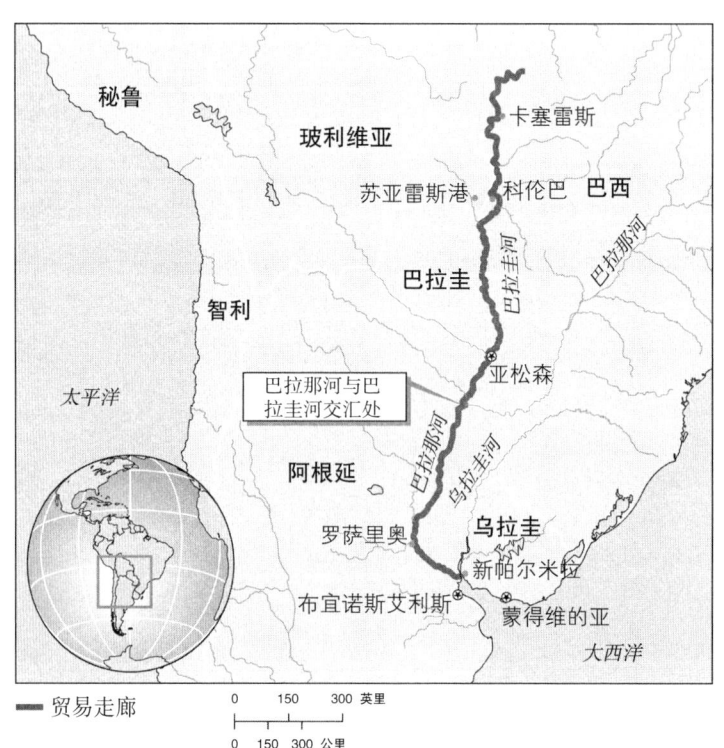

期的环境问题（项目淹没的区域与美国大峡谷相当，包含三个峡谷），世界银行拒绝为大坝投资。跨国建筑公司和一些商业银行参与了这个项目。中国政府估计，当它完成时，三峡大坝的总成本将达到245亿美元，但成本可能会增加，因为严重的淤积问题已经出现。在国际河流网站上，你可以观看乘船游览长江的视频。见www.irn.org/programs/threeg。

美国 美国主要依赖两条水道。一个是五大湖–圣劳伦斯河，远洋货轮可在其上航行3,700公里的内陆水域，从而将湖港转化为海港。另一条水道是密西西比河，它连接五大湖和墨西哥湾，对于小麦、棉花、煤炭、木材和铁矿石等大宗商品的运输特别重要。

出海口 出海口是水道另一个值得注意的方面。从历史上看，通向海洋的航道能够以低成本将货物和人员从一个国家的海岸运输到内陆，即使是现在，它在许多发展中国家仍然是从海岸进入内陆的唯一方式。世界上20个内陆发展中国家中有14个在非洲，如何去往沿海地区是一个重大问题。各国政府必须为相对较低的交通量建立昂贵的、长距离的卡车路线和广泛的支线网络。此外，那些拥有内陆国家进出口必须通过的海岸线的国家具有较大的政治影响力。争夺出海口的斗争作为重要的政治和经济因素仍然存在。

玻利维亚提供了这种斗争的一个例子。在1879—1883年与智利的太平洋战争期间，它失去了一个到太平洋的出口。经过几十年的讨论，依然没有可行的协议。玻利维亚必须通过智利北部阿里卡的自由港和内陆水道航行。1996年，玻利维亚铺设了其第一条连接太平洋的道路，这是一条长192公里的高速公路，通往玻利维亚和智利边境，至此玻利维亚1,000公里出口通道的最后一节完工，为玻利维亚和巴西农民打开了亚洲市场（见图6–10）。虽然玻利维亚使用智利港口作为出海口，但该国仍然不与智利保持全面的外交关系，他们于1978年结束了这个问题的谈判。这一争端影响的业务关系远远不止是运输。这两个国家基本断绝了商业往来。

图6-10 玻利维亚的出口走廊

6.4 气候

气候（climate）包括温度、降水和风，是最重要的自然环境力量，因为它比任何其他因素更能在环境上和经济上限制人们可以做的事。气候恶劣的地区很少有人居住，而气候适宜的地区往往人口密集。然而，气候并不是决定性的，它是发展的前提，但不是根本原因。在贸易和制造业的发展方面，矿藏、交通方便性、经济和政治组织、文化传统、资本状况以及技术的发展等非气候因素比气候更重要。在波特的钻石模型中，虽然气候是一个固有资产要素条件，但可应用技术来改变其影响。相似的纬度和大陆位置往往具有相似的气候，一个区域的水体越多，它的气候越温和。

气候与发展

几个世纪以来，作家们用气候差异来解释人类和经济发展的差异。他们认为最大的经济和智力发展发生在欧洲北部和美国的温带气候中，因为温带气候较少限制人类的精力和精神力量。然而，商人绝不能听信这样的种族中心主义推理，它并不能解释北美东北部和北欧居民在17世纪的技术水平差异。显然还存在其他因素，如工业革命、人口规模和地理位置等。贾雷德·戴蒙德（Jared Diamond）的普利策奖获奖作品《枪炮、病菌与钢铁：人类社会的命运》（*Guns, Germs, and Steel: The Fates of Human Societies*）探讨了这些因素的基础。他认为，人类社会之间技术的差距是反馈循环放大的环境差异造成的。这些差异不会导致智力或道德上的优势。

气候已经对经济发展产生了一些影响。世界银行的研究表明，造成大多数热带国家不发达的因素许多都是由于热带气候的原因。由于持续高温和冬季低温的缺乏，杂草、昆虫、病毒、鸟类和寄生虫的繁殖和生长不受控制，导致农作物毁坏、牛群死亡，并使人感染疾病。这一严峻情况可以应对时，就会看到希望。世界银行指出，现在已经可以利用技术来控制病虫害和寄生虫。这一步完成后，现在对非洲热带地区非常不利的那些因素不但不复存在，反而会给农业带来超出温带的巨大优势。由此将在非洲热带地区创建一个可以很容易超过中东的市场。以类似的方式，用于疟疾的滴滴涕（DDT）和空调这两项技术创新使得巨大的发展机会从美国北部转移到了南部各州。

气候的影响

一家公司的生产地点和市场之间的气候条件差异，对其制造和产品结构有重大影响。例如，为温带气候设计的内燃机引擎通常需要额外的冷却能力和特殊的润滑，以抵御热带地区较高的温度。在高湿环境下会变质的商品需要特殊的、更昂贵的包装；在多尘条件下使用的机械需要特殊的防尘保护等。加拿大的严冬，或者澳大利亚北部和印度的强季风降雨会阻碍发货。这可能需要公司在其主要市场保证特大库存，以弥补工厂交货的延误。所有这些条件可能对盈利能力造成不利影响。

地理位置、地形和气候为商业投资设定了基本的固有环境；它们是一些既定的条件。

像瑞士人那样努力改变可能的事情，瑞士很可能继续是一个多山的国家，人口大都聚居在阿尔卑斯山脚下的平原。当然，人们可能会进行大规模的改变：位于北海海平面以下的荷兰建设了堤防系统保护自己。新加坡通过对周围海域进行填海造地大大增加其土地面积，就像日本将堆填区扩展到东京港一样。此类对固有因素的改变说明了波特将劣势转变为优势的观点。

然而，大部分的地理位置、地形和气候是永久性的事实。通常情况下，企图改变这些天然特性可能会适得其反。在中国中部，巴丹吉林沙漠正在迅速吞噬整个村庄，使民勤县附近的湖底外露，干燥多尘。家住民勤的一名环保专家解释说："我们必须找到一种与自然环境保持平衡的生活方式。试图控制自然的做法对自然带来的首先是伤害。"相比之下，我们下一节的重点自然资源将为商人提供原料的来源，这与地理位置、地形和气候不同，这些是可提取的，有延展性。

沙漠正在逐渐侵蚀距中国西北宁夏回族自治区首府银川以西约100公里的肥沃种植土地，并威胁到外围的铁路和村庄。中国每年出现的新沙漠相当于一个国家的面积。摄于1996年7月31日。

6.5 自然资源

什么是**自然资源**（natural resources）？就我们的目的而言，它们是自然提供的人们赖以生存的任何事物。对商业很重要的一些主要自然资源包括能源和非燃料矿物。在本节，我们先考察不可再生能源和可再生能源。这两类重要自然资源对生产能力至关重要。然后，我们看看非燃料矿物。本章最后一节讨论可持续性。

能　源

能源是不可再生或可再生的自然资源。石油、煤炭和天然气等化石燃料是不可再生的，一旦我们使用了它们，它们的供应将减少。可再生能源包括水电、风能、太阳能、地热能、海浪能、潮汐能、生物质能和海洋热能转换。我们先看看不可再生能源的主要来源，然后是可再生能源。

不可再生能源　不可再生能源的主要来源是化石燃料和核能。

石油　石油是一种廉价的能源，是塑料、化肥和其他工业应用的原材料。据一些分析师说，世界上的石油即将耗尽，但根据其他消息来源，石油储备充足，以目前的甚至稍高的消费速度计算，至少可持续供应50年。剑桥能源研究协会的观点认为，是现今存在的各种问题推动了石油成本上涨,而不是储备本身。另一个因素是容易获取的来源已经被开采,现在需要使用更难以获得的储备。这些储量估计因各种原因而不同:

- 在已探明的地区借助改进的勘探设备继续获得新发现。
- 政府开放其国家的勘探和生产。
- 改进的技术(如蒸汽和热水注入)使生产者能够从已运营的油井中获得更大的输出,并将新区域投入运营。
- 自动化、更便宜的设备可降低钻井成本;例如,位于海底的井口可以取代昂贵的海上平台。这使公司能够从较小规模从发掘中获利,否则它不会触及这一领域。

然而,毫无疑问,我们正面临石油依赖问题。石油行业的专业人士,高峰石油和天然气研究协会指出,我们现在可能在生产高峰期。他们认为,关键的问题是:我们要调整多久,石油价格才会降低?对资源制约的影响感兴趣的该科学家协会指出,石油用尽不是问题的根本;而是一旦有迹象显示我们已经达到生产高峰期,这一正在耗尽的资源的价格如何。

美国能源信息署预计,世界能源消费在2025年之前将继续增加,由于进行工业化,中国和印度等发展中国家的增长尤为显著。在这一时期,石油预计将一直是世界上的主要能源。目前产量约为每天8,400万桶。保守的分析家认为,30年后将达到每天9亿桶的高峰产量。无论是30年、50年或150年,我们知道,这样的日子即将到来。表6-1按国家显示了最大的石油储备,后面的图6-11按投资风险显示了这些储备。需要注意,越来越多的政府开始控制石油储备,限制主要石油公司进行开采。

合成石油有一个非常规能源,由于传统能源来源日渐枯竭,加上主要私营石油公司(BP、壳牌)的开采受国有石油公司的限制,就像俄罗斯和欧佩克成员国的资源那样,因此这一来源的吸引力逐渐增加。其中包括油砂、含油页岩、煤炭和天然气。除了作为石油的来源外,后两种材料本身也可作为能源使用。

大部分油砂主要分布在加拿大(阿尔伯塔省阿萨巴斯卡)和委内瑞拉。由于非常规石油的开发投入生产,油砂和其他不容易开采的石油来源一起被归类为**重油**(heavy oil),是石油公司的未来。油砂新的埋藏点也已在刚果发现。油砂中包含沥青,是一种类似焦油的原油,占加拿大原油产量的约39%

由于传统石油来源日渐枯竭,合成石油来源(如油砂、含油页岩、煤炭、天然气)正在变得越来越有用。

（每天一百万桶）。由于这些储备，加拿大的重油储量位列第一，总体探明储量位列第二，仅次于沙特阿拉伯。要是以目前的消费率来看，加拿大的储量能够满足全球约五年的需求。最近的预测是，油砂产量将从2006年的每天110万桶增加到2015年的每天300万桶。2008年6月，提取石油的原料沥青的成本为每桶138美元，与常规原油相比很有竞争力。此外，蒸汽辅助重力泄油（SAGD）等新技术使生产者可以挖掘离地表较深入的额外资源。

含油页岩（shale）是细粒的沉积岩，当加热到500℃时，每吨岩石可产生25升或更多的液态烃。这种材料的最大来源位于美国的三个州：犹他州、科罗拉多州和怀俄明州。据估计，使用现有技术从油页岩采集的石油几乎是已探明常规石油储量的两倍，达3.8万亿桶。由于常规石油价格更便宜、废石处置引发的环境问题以及需要大量的用水，油页岩的开发仍然不足。最近的技术进步以及石油价格上涨使以最小的环境影响页岩采油在经济上变得可行。由于绿色和平组织的反对，澳大利亚一个主要的油页岩项目被取消。绿色和平组织的主要论点是，与提取传统的钻井采油相比，从页岩中提取石油将产生四倍的温室影响。绿色和平组织的立场是，当我们知道最终我们将转而开发可再生能源时，再将政府的资金和精力投入到开发更多的不可再生能源没有任何意义。然而，当传统的

表6-1　2007年1月按国家排列的世界石油储备

排名	国家	已探明储量（十亿桶）	储备生产比（年）	占世界产量份额*（%）
1	沙特阿拉伯	262.3	75	13.3
2	加拿大	179.2	10	1.8
3	伊朗	136.3	83	5.7
4	伊拉克	115.0	168	2.6
5	科威特	101.5	110	3.5
6	阿拉伯联合酋长国	97.8	106	3.5
7	委内瑞拉	80.0	107	2.7
8	俄罗斯	60.0	18	12.6
9	利比亚	41.5	65	2.3
10	尼日利亚	36.2	37	3.6
11	哈萨克斯坦	30.0	23	1.5
12	美国	21.8	11	7.2
13	中国	16.0	14	5.0
14	卡塔尔	15.2	50	1.2

*此列为2005年的数据。

资料来源："Worldwide Look at Reserves and Production," Oil & Gas Journal 104,47 (December 18, 2006), pp. 24–25, Energy Information Administration, *World Oil Markets Analysis to 2030*, http://www.eia.doe.gov/emeu/international/oilreserves.html (accessed May 19, 2008).

图 6-11 按投资风险排列的全球已探明石油储量

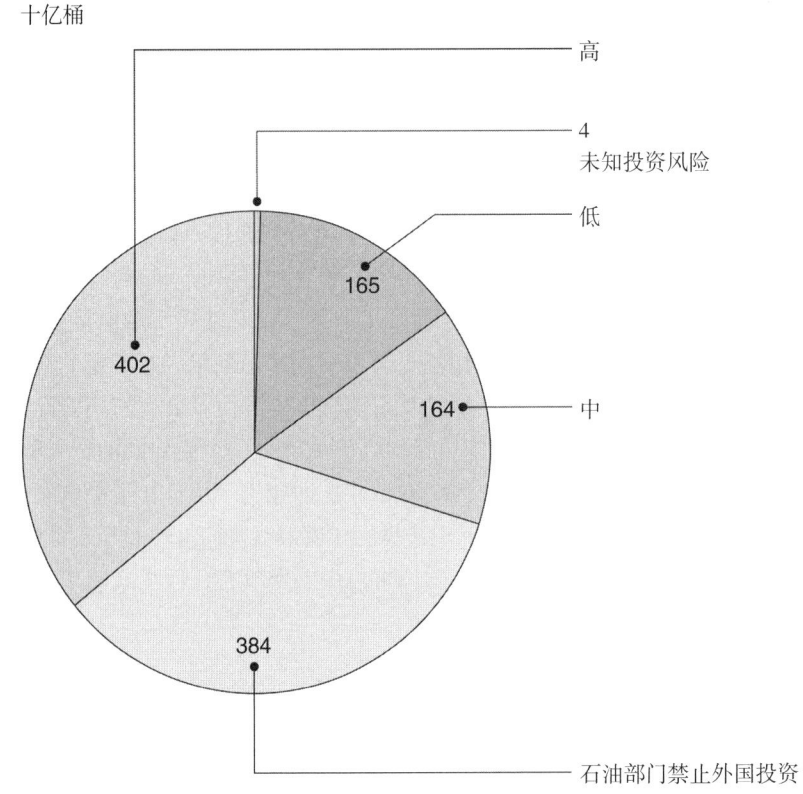

资料来源：www.gao.gov/new.items/d07283.pdf

石油来源耗尽时，油砂和含油页岩等合成石油资源将变得更加有用。

煤和天然气通过一个复杂的化学过程也可以转化为油。20世纪80年代南非遭到种族隔离联合抵制期间，石油出口国拒绝向南非出售石油，南非政府商业化了以德国发明家命名的费-托反应过程，通过催化化学反应从煤炭中提取石油。煤炭在高温下加压可转换成粗煤气。经过冷却和净化后，气体通过一个转换过程，产生出高价值的化学成分和合成油。可对天然气使用类似的过程。长久以来，如何经济可行地处理距离市场过远的大型、孤立的天然气储备，是石油公司头疼的问题。然而，将气体转化成液体会使生产有利可图，并且能以比气态形式更低的成本将其运送到世界市场。通过这个过程，石油公司使用原本被烧掉的天然气，同时还产生比其他炼制方法更清洁的燃料。雪佛龙公司（Chevron）与萨索尔公司（Sasol）合资组建了创新的南非石化公司，其气制油（GTL）技术在世界范围内使用。萨索尔公司在卡塔尔和尼日利亚开展项目，并计划在德国、中国、印度和美国开展项目。美国军方是美国最大的石油消费者，开始使用合成油等替代品，并鼓励其发展。空军计划到2016年购买合成油的比例达到其喷气飞机燃料的25%。

核电 据预测，核电最终将退出历史舞台，因为其废料储存存在问题，核电厂发生意外甚至可对远离当地环境的地方产生危险。我们可以从1986年乌克兰的切尔诺贝利核灾难了解到这种危险。然而，由于核电厂在其正常运作时产生的污染少，也由于石油价格上升，新型被动设计的出现，核电产量并没有下降。少数核电厂将退役，那些正在服役的核电站在以高功率生产。

预计发展中国家核电将出现较高增长，因为全球在建的核反应堆中绝大部分位于发展中国家。国际原子能总署（International Atomic Energy Agency，IAEA）列出了正在建设的34座核电站，分布在印度、中国、巴基斯坦、乌克兰、罗马尼亚、俄罗斯、日本、韩国、芬兰、法国和美国。中国计划在未来20年每年建两座核电站，对此，一位澳大利亚作者指出，这对世界其他地区是有利的，因为中国的能源主要是高污染的煤炭。根据美国核能研究所的报告，在美国，有30多座核电站牌照正在积极申请。此外，法国已经作出很大努力，遏制化石燃料的消费和制定战略性的能源安全政策。这样，它将严重依赖核能发电。法国核电站生产78%的电力，是温室气体排放量最低的工业化国家之一。由于采用核能发电，法国已经从能源的净进口国变为净出口国。如果石油价格继续维持高位，核电很可能从目前世界能源网18%的市场份额继续增长。几乎可以肯定，核能正在蓬勃发展。尽管存在燃料贮存和辐射的危险，但核能的碳排放量非常低。它的使用也有助于能源自给自足，就像法国的情况一样。

煤炭　　与核电类似，有人预计煤炭作为能源也将走下坡路，主要是因为污染严重，但目前还没有出现这种预期的减少。事实正相反：煤炭的消费量预计到2030年将增加74%，主要是由于中国和印度煤炭使用的增长。然而，因为其他燃料来源以比煤炭更快的速度发展，预计其在世界主要能源消费中所占的份额只会略有增加，从2004年的26%到2030年的28%。预计到2030年，在煤炭使用量的年增长中，中国和印度将占到85%。按目前的消耗率，美国的煤炭储量可使用200年，如表6-2所示，这使美国在各国的实际可采煤炭储量中位列第一。

中国的发展对煤炭价格的影响　　中国曾是一个煤炭净出口国，但情况在2007年发生了巨大变化，中国对煤炭的需求导致价格增长了近一倍。然后，在2008年1月，50年来最严重的雪灾造成了电力短缺，导致中国政府暂停所有剩余的煤炭出口。此外，由于安全原因，中国关闭了许多煤矿，所以在新的煤矿开采前，中国国内的煤炭供应将一直受到限制。煤炭发电占世界电力供应的40%，是比石油更平均地分布在世界各地的资源。大部分煤炭都在开采使用。中国对煤炭需求的增长似乎改变了这一切。一个有趣的发展现状是，美国的煤矿正在不断扩大。矿工的工资有所上升，矿工及港口和铁路工人的需求也在增加。一个巴尔的摩矿点的出口在2007年增长了20%，预计在2008年将增长25%。至少目前，中国的雪灾和安全问题导致了美国产业就业机会向中国转移这一趋势的逆转。

不幸的是，燃煤经常导致废气排放，这对全球变暖负有直接责任。用于清理燃煤排放的技术正在开发，但这非常昂贵，往往不为政府或消费者所需要，因此这些技术缺乏经济动力。正在开发的几个新技术承诺减少燃煤电厂的排放，其中一个是将排放物排到地底深处，另一个是将燃烧前的煤炭做净化处理，还有一个使用在南非商业化的转换过程，在煤炭燃烧前将其转换成气体。

中国和印度排放了大量的温室气体。还要记住，目前美国对于减少二氧化碳减排量没有规定。事实上，得克萨斯州的二氧化碳排放量排名全球第八，仅位于加拿大之后。

表6-2 按国家排列的可采煤炭储量

国家	总计（百万吨）	份额（%）
美国	246,643	27.1
俄罗斯	157,010	17.3
中国	114,500	17.3
印度	92,445	10.2
澳大利亚	78,500	8.6
南非	48,750	5.4
乌克兰	34,153	3.8
哈萨克斯坦	31,279	3.4
波兰	14,000	1.5
巴西	10,113	1.1

资料来源：BP Statistical review of world energy, June 2007. British Petroleum, www.bp.com/productlanding.do?category id56929&contentid57094480, accessed May 26, 2008.

温室气体导致全球变暖问题已成为一个政治问题，两个主要政党都有排放控制的大力支持者。美国已经签署了联合国气候变化框架公约，称为《京都议定书》（Kyoto Protocol），该公约要求各国共同努力，减少以二氧化碳为主的温室气体排放，从而降低全球变暖的速度。迄今为止，只有美国和哈萨克斯坦拒绝批准《京都议定书》。美国和中国一共产生世界上一半以上的二氧化碳排放量。

天然气 天然气比其他碳基燃料有更多好处。它是燃烧最干净的化石燃料。因此，温室气体排放量明显比石油和煤炭少。这种提高的燃烧效率意味着天然气对酸雨、固体废物和水污染的影响要低得多。到2030年，它的使用量预计以每年1.9%的速度增长。由于石油价格上涨，作为替代燃料的天然气消费量预计将增加。由于天然气需求的增加，其价格预计也将上涨。那时，煤炭预计将成为天然气的替代品，尤其是工业使用。

国际能源机构的报告 国际能源机构（International Energy Agency，IEA）作为其27个成员国的能源政策顾问，在1973—1974年的石油价格冲击期间成立，如今重点关注与能源相关的安全、环境保护和经济发展问题。IEA预计，石油消费量将从目前的每天8,700万桶增加到2050年的每天1.35亿桶。其中传统石油为每天9,200万桶。因此，必须投入大量成本来利用非传统的来源，特别是在许多政治不稳定的地区。另一种方案，"全球能源技术革命"可将石油需求从今天的水平下降27%。这样的革命将包括提高交通中的燃油效率、使用生物燃料，还有一些其他方法，如使用氢气和电力。

可再生能源 每个人都同意有一天可再生能源将取代化石燃料，或者是由于不可再生能源的价格相对于发展可持续、可再生能源的成本过高，或者是由于能源本身会枯竭。此外，消费者日益关注煤炭和石油所产生的碳排放对气候变化的影响。至少有八种可再生的替代能源：水电、太阳能、风能、地热能、海浪能、潮汐能、生物质燃料（如乙醇）

美国加利福尼亚州棕榈泉的风力涡轮机农场。

和海洋热能转换。这些都不随处可见，但它们似乎都可在适当的条件下应用。世界上70多个国家和地区有主要的风力发电装置。可再生能源增长最快的来源是太阳能，特别是光伏（PV），这一增长的大部分来自将光伏太阳能电池板安装在屋顶上的家庭。改进的技术使可再生能源获得了新投资者的支持，这一行业已成为一个蓬勃发展的行业。

乙醇是一种**生物质**（biomass）燃料，巧合的是，它也是酒精饮料中的酒精来源。生物质的意思是能量来源是光合作用，植物将太阳的能量转化为化学能。因此，这种能量的植物来源统称为"生物质"来源。上涨的石油价格已经超过了乙醇的生产成本，因此乙醇的使用增加。此外，乙醇比汽油燃烧更清洁，它的使用可减少碳排放量。乙醇的来源多种多样，玉米、小麦和甘蔗是时下最流行的几种。巴西从甘蔗生产的乙醇可满足其汽油需求的40%。巴西还率先推出灵活燃料汽车的概念，并增加了25%的乙醇燃料出售。从玉米芯等农业废料生产乙醇的纤维素乙醇技术正在开发。

可再生能源仍然只是世界能源供应的一小部分，但它是一个不断增长的部分。

非燃料矿物

虽然世界上大部分对自然资源的注意力都集中在新能源的寻找和开发上，但还有其他矿产资源值得各国政府和工业界作一番战略思考。非燃料矿物在现代生活的各个领域都在使用，从房屋建筑到计算机和汽车制造。世界上大部分的铬、锰、铂、钒产自南非、俄罗斯和中国。铬和锰是硬化钢不可缺少的原料；铂是炼油过程中的一种重要催化剂，并用于汽车催化转换器；钒用于形成航空航天钛合金和生产硫酸。中国还拥有世界上锡、

微型多国公司　　小企业：海洋采矿的创新

鹦鹉螺矿业（Nautilus Minerals）是加拿大温哥华的一家矿业公司，一直致力于搜索洋底以寻找休眠的热液喷口——黑烟囱，并已在巴布亚新几内亚海岸发现。这些喷口含有金属硫化物——金、银、铜、铅和锌的丰富来源。鹦鹉螺目前正在巴布亚新几内亚海域积极勘探和取样。海王星矿业（Neptune Minerals）是另一家矿业公司，它正在探索新西兰北岛的北海岸。两家公司都表明，海底采矿的经济效益十分可观。

深海采矿取决于海洋地质学和深海技术的最新进展。今天，已经可以实现在深达2公里的水下获取这些资源。

这种开采造成的环境问题是巨大的，因为采矿会扰乱海床和野生生物栖息地。然而，一直致力于保护黑烟囱的多伦多大学地质学家史蒂芬·斯科特博士说，深海采矿对环境的影响比传统采矿要小，程度也较轻。资源存储在海底，所以没有石堆。那里也没有矿山酸性排水，因为任何酸都会被碱性海水中和。另外，也不会对活跃的黑烟囱进行采矿。

重晶石和钨的大部分蕴藏量。

创新与要素条件

回到波特钻石模型，我们可以看到，创新对于自然资源影响一个国家的要素条件的方式起到很大的作用。例如，能源存在替代来源，其中一些是可再生能源，例如风能和太阳能。这些来源可发展到更广泛的应用。当不可再生的化石燃料生产达到顶峰，或它们的成本使可再生能源成为经济合理的选择，这种情况就可能发生；较早开发可奠定竞争优势的基础。正在进行的革新包括合成燃料、为获取传统燃料的卫星测绘、新加工方法，以及开发可再生能源，如利用电化学过程释放出能量的经济实惠的燃料电池。

虽然由于化石燃料必然枯竭，许多自然资源的前景可能会逐渐暗淡，但要记住，创新与可持续性相结合能起到至关重要的作用。替代性的可再生能源有很大的潜力，它们是未来的选择。关乎生存的政治问题、化石燃料的短缺以及对于气候变化的广泛关注可能会影响它们的发展。由于其成本相较化石燃料变得有竞争力，其发展和广泛实施将逐步增加。这些作为能源的自然资源——太阳、风、水、温度差异——是通过创新可以修改的要素条件。

我们已讨论了主要的自然资源，它们是所有企业依赖的要素条件。这些资源提供了我们工作所必需的材料。现在我们讨论更具挑战性的问题，即我们如何利用现有资源，如何使用这些资源。目前，正如吉迪恩·拉赫曼（Gideon Rachman）指出的那样，我们的世界正面临两种能源危机。第一种涉及我们已经在这里讨论的不可再生能源最终的枯竭，再加上关乎生存的政治舞台。世界上最大的经济体们如何保证它们所需的能源？第二种能源危机是由气候变化引起的。它的解决需要全球合作。奇怪的是，气候变化是由稀缺而引起第一种危机的碳基燃料的排放而导致。对这两种危机的一个回应将是发展清洁能源。下面我们讨论企业在此类环境可持续性方法中所起的作用。

6.6 环境可持续性

可持续性的范围很广。可持续性是指维护某种事物，这种事物可能是环境、社会、经济、经济中的人或组织。就其性质而言，可持续性是一个系统概念。我们努力维护的事物（一个企业、一种生活方式、自然世界）存在于一个较大的系统内，如果较大的系统没有持续，那么子系统是不可能维持的。例如，考虑印度尼西亚巴布亚省的卡莫罗和阿蒙梅人的语言。如果他们的生活方式由群居转为定居，他们的子女前往东亚城市成为教师、国际银行家和营销经理，它还会持续吗？还是让我们举一个生态的例子。如果温度和降水显著变化，湿地还可能维持吗？这里的要点是，给定一个具体的、当地的地理环境，如果大环境没持续，那么其持续的可能性非常渺茫。所有的可持续性实际上是在地方和全球同时存在的，因为任何地方都会涉及全球性系统。在美国或中国产生的温室气体会影响法国人，即使法国通过发展核能作为其能源网基础来控制其温室气体排放。我们生存和维持或生活质量的改善在我们的经验看来是地方性的，但在更大的范围内，从系统的角度来看它是全球性的。图6-12说明了这种"立足地方，放眼全球"的可持续性真理。

生态	社会	经济
生存可持续性		
生命支持系统防止物种灭绝	解决严重问题的能力	谋生
维持生活质量		
维护合宜的环境质量	维护合宜的社会质量（如有活力的社区生活）	维持合适的生活标准
改善生活质量		
改善环境质量	改善社会质量	改善生活标准

图6-12 可持续性是地方性和全球性的

资料来源：Philip Sutton, www.green_innovations.asn.au/sustblty.htm local_global.

环境可持续性（environmental sustainability）取决于企业承诺其经常活动不降低给后代留下的环境质量的承诺。实现环境可持续性的一个方法所包括的行动可获得积极的长期社会和/或环境效益，满足当代人的需要，而又不损害子孙后代满足需要的能力。这种方法的挑战是巨大的。发达国家以损害自然资源为代价实现了向前发展，正如发展中国家的许多领导人指出的那样，这种损害可能会被认为是发展的一种退步。环境可持续性的方法寻求替代方案。这样做的时候，通常会考虑生态、社会和经济三个方面，分别代表各参与系统的背景——自然世界；社会世界；增值活动世界，即经济世界。在本节，我们了解可持续性商业实践的特点，研究可持续性的利益相关者模式，并分析两个促进可持续性的企业的例子。

环境可持续性商业的特点

不断发展的可持续性商业实践有三个公认的特点：限制，适用于生态系统；相互依存，适用于社会系统和另外两个系统；公平分配，适用于经济系统。限制的前提是必须认识到环境资源会耗竭。水、土壤和空气可以成为有毒的物质，对它们的使用需要有对这种危险的认知。目前关注的温室气体及其导致的全球变暖就是限制的一个例子。排放控制是对生态负责任的决定。由于全球变暖的严重影响，如果这样的标准是维持生存的可持续性不可避免的，那么在采用过程的早期就学会如何在排放控制的限制内运营，会为企业带来优势，因为它已经学会如何去应对这一情况，从而在竞争中领先。

相互依存描述生态、社会和经济系统之间的关系。一个系统中的行为会影响其他系统。这种相互依存关系可在采掘业明显看到。印度尼西亚巴布亚省的采矿作业场所设置在土著部落的狩猎场，其中包括卡莫罗和阿蒙梅地区，在这些群体中引起相当大的社会压力。采矿作业涉及一些残渣造成的河流和溪流污染，这是可以避免的，且在许多情况下已经减轻。自由港迈克墨伦公司（Freeport McMoRan）为居住在该地区的土著人提供医疗和教育，似乎在努力成为一个很好的社会公民，是一个有用的、对社会负责的邻居。然而，公司通过发展和教育带来的进步正在威胁这些土著人的继续生存。试想一下，绑着缠腰带和使用毒箭捕杀猎物的父母作为传统的狩猎者生活，而他们的子女被教育使用互联网技术和吃西餐，社会制度的压力可想而知。这一偏远地区的采矿作业和良好企业公民相互关系的问题已经超越污染和侵害狩猎区，成为与发展相关的复杂道德和社会问题。在这种情况下，社会、经济和生态系统的可持续性都受到了威胁。在不是那么尖锐的层面，生态、社会和经济系统之间相互依存的例子主要是围绕制造和废物处理的相关决定。导演迈克尔·摩尔描述密歇根州弗林特的影片《罗杰和我》（*Roger and Me*）提到了这些问题中的一个，即地理位置。它探讨了通用汽车公司决定将生产迁出弗林特所带来的经济、社会和生态影响。

公平分配建议，要使相互依存发挥效力，就不能在收益分配上差异过大。特别是在全球化的世界中，各国间的关系日益密切，或至少他们的信息是这样，严重的不平等可能导致动乱和暴力。由于无法实现公平分配而给企业带来问题的例子并不鲜见，

全球视点 为什么欧洲领先一步：环境与企业

正当美国降低环保标准，并拒绝签署环境条约（《京都议定书》），而欧盟继续向前推进，不断提高环保标准。欧洲有许多环保法规针对产品制造时产生的废物和有毒污染。欧盟的规定包括要求汽车回收，对转基因作物进行详细追踪和检查，电子产品回收，以及禁止在电子产品、化学测试和环保设计中使用最有毒的化学物质。欧盟已经接受称为预防原则的环保方法。这种方法建议，在发现潜在危险迹象时便开始干预，而不是等待研究确定事实。预防原则将这一责任交给行业，以证明其产品没有危险。美国的做法正相反，他们重点关注现存问题的解决方案："如果没有出现问题，就不进行修正。"

20世纪60年代末，环保主义者蕾切尔·卡森（Rachel Carson）的著作《寂静的春天》（Silent Spring，1962）出版后不久，美国在环保意识、立法和责任上全球领先。国会成立了环境保护署（Environmental Protection Agency, EPA），并通过了《国家环境政策法》、《清洁空气法案》、《濒危物种法案》和《清洁水法案》。然而，最近欧盟在这一领域已经远远超过了美国。为什么呢？没有一个简单的解释可以说明这种转变，但文化和人口等方面的差异是答案的一部分。大多数欧洲人生活在人口稠密的城市，所以，相对于人口分散、更多人居住在农村和城市郊区的美国来说，空气和水污染等环境问题对他们有着更强烈、更直接、可观察到的影响。

这种转变的另一个原因可能是文化。美国的基本精神是保护公民个人免受干涉和打扰。在美国，企业的做法被认为是个人自由行为。而在欧洲，企业被赋予了完全不同的功能，包括社会义务和更高层次的社会责任。

体现方法差异的一个例子是最近欧盟对化学品行业的监管：《化学品注册、评估、授权和限制制度》（REACH）。REACH要求化工企业管理化学物质的风险，收集可以保证安全处理的信息，并将其登记在一个中央数据库中。该法规还要求在发现替代品时逐步替代危险化学品。前欧盟环境专员马格特·沃斯特罗姆（Margot Wallström）指出，作为一个关键的工业行业，化学行业的成功也可能是社会的致命弱点："我们已经形成了对化学品高度的依赖。然而，我们却对其潜在风险和长期影响没有足够的了解，为此我们将付出高昂的代价。"欧盟法规要求化工企业表明它们的材料不会对人体有害，目的是消除这一知识差距。

在美国，《有毒物质控制法案》授权环境保护署管理会给人类和环境带来不合理风险的化学物质。1979年环保署开始审查时，便已要求对正在使用的62,000种化学品中的200种左右进行测试。环境保护署还要求对新的化学品进行制造前审查。在已提交审查的32,000种化学品中，环境保护署已经采取行动，减少了约3,500种物质的风险。与美国的做法不同，REACH的举证责任相反，它责令包括产品生产者和进口商在内的整个行业，而不是政府负责提供必要的信息，并采取有效的风险管理措施。有趣的是，美国政府和化学品制造商公开反对REACH，声称这将是一个贸易技术壁垒，违反了WTO原则。

美国自由港迈克墨伦铜金矿公司在格拉斯堡运营的巨型矿山采矿区鸟瞰图。如果不能按照建议停止其在巴布亚作业带来的污染，印度尼西亚会毫不犹豫地起诉美国矿业巨头自由港迈克墨伦，印尼环境部长拉赫马特·维托埃拉尔说。

例如，壳牌石油公司在尼日利亚南部的业务由于遭到声称为当地依角部落主张权利的团体的袭击而被迫关闭。该部落声称，"中央政府和石油企业骗走了从他们的土地上抽出的石油财富。"作为要求公平薪资的一种手段，壳牌员工采取了停工，导致在需求不断增长的市场上，美孚、壳牌被迫削减了25％的生产。与公平分配有关的政治紧张局势在委内瑞拉和玻利维亚的石油企业中也出现过。这些问题引发了社会层面可持续性的相关问题。壳牌石油公司与尼日利亚联邦政府建立了良好关系，但其石油产地附近的南部居民并不买账，因为他们并没有从其土地上开采的石油中获得收益。壳牌需要针对可持续性作出决策，同时满足联邦政府和当地居民。壳牌在后一条上显然出现了短板。

企业将越来越需要作出决策，对他们的业务如何影响环境设置限制。他们也会看到决定其企业所处环境的社会、经济和生态系统之间的相互依存增加的迹象。公平分配是实现这种相互依存关系的途径之一。它需要一种商业模式，将企业通过价值创造获得的收益分配给所有相关人员。这就是所谓的一荣俱荣。IBM公司的首席执行官彭明盛（Sam Palisano）曾谈及对商业的这一新理解。他说，IBM希望结束其殖民式的公司模式，转向真正全球一体化的模式，在这种模式下，所有利益相关方之间保持高度的信任。

可持续性商业的利益相关者模式

可持续性的概念是复杂的，因为它影响企业决策的所有方面。最常涉及的领域是：

替代燃料	办公室维护
棕地（污染现场）整治	污染防治
公司问责	社会投资
生态建设	可持续性技术
生态旅游	交通替代方式
节约能源	减少废物
绿色建筑设计	节约用水

为思考企业相关的环境可持续性问题提供有用框架的一个模型是**利益相关者理论**（stakeholder theory）。这种方法由爱德华·弗里曼（R. Edward Freeman）开发，不同于传统的输入—处理—输出经济商业模式，因为它涉及确定和考虑任何企业内都存在的各种竞争要求所引起的紧张关系网络。传统的商业经济模式考虑的影响范围过窄（员工、所

有者和供应商），这是由创造利润的单一目标驱动的。利益相关者理论要求企业面对其根本价值观和原则。它"促使管理者清楚他们希望如何做生意，具体而言，就是为了实现自己的目的，他们想要与其利益相关者建立什么样的关系"。该理论还坚持，企业环境中不同利益之间的紧张关系可以平衡。这样企业就涉及更大范围内的各种关系，以及从这些关系发展而来的责任。在利益相关者理论中，利润是价值创造的结果，而不是像在经济模式中那样，是这个过程的主要驱力。弗里曼指出，有许多公司在依据利益相关者理论运营，其中包括强生、易趣、谷歌和林肯电气。

要在相互竞争的紧张关系中实现平衡，公司在考虑自身利益的同时不能忽略其利益相关者，如图6-13所示。于是公司在整个社会大环境中审视自己，以明确其目标、原则和责任。图6-14说明了这重要的一步。此时，限制、相互依存和公平分配都得到了考虑。在这种更大背景下衡量公司活动的方法之一是三重底线会计流程。公司除了衡量其传统的经济绩效外，还考虑其社会和环境绩效。关于三重底线报告的例子，见自由港迈克墨伦对印尼采矿业务的处理（www.fcx.com，尤其是关于可持续发展的报告和视频）。该公司的公开材料表明，它使用的是利益相关者做法，增加价值并提高包括当地人在内的相关人员的生活质量，同时降低采矿产生的环境影响。

文化在走向环境可持续性商业的过程中具有关键作用。这里有其潜在影响的两个例子。首先，关系对于集体主义文化比个人主义文化更加重要。这个概念我们在第5章解

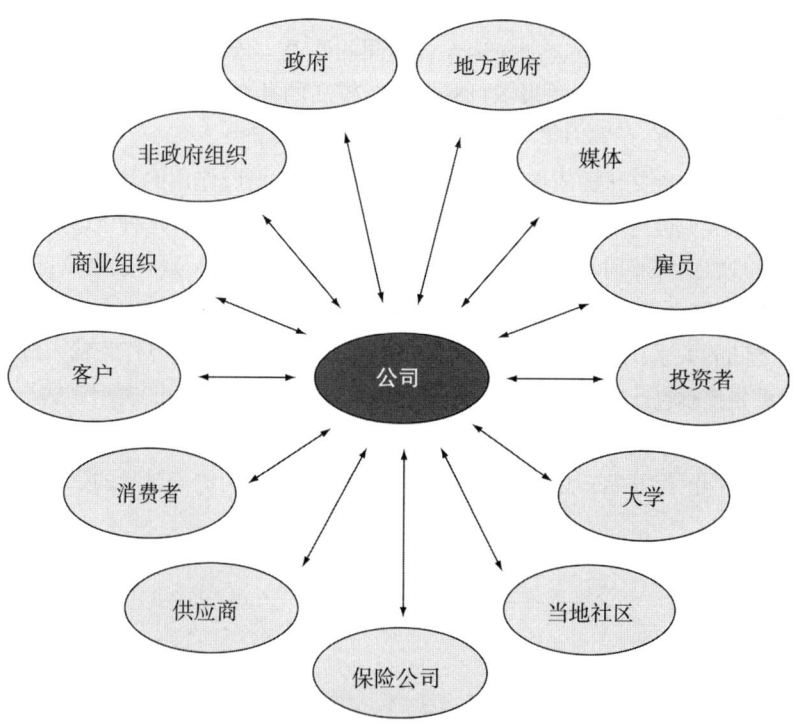

图6-13 基于利益相关者的观点

资料来源："The Stakeholder Based View, Who Are My Stakeholders?" Slide 6 from Pathways PowerPoint presentation *Sustainability and Business*, World Resources Institute, http://pathways.wri.org/index.asp?Topic1（accessed May 23, 2008）.

图 6-14 处于社会大环境下的公司

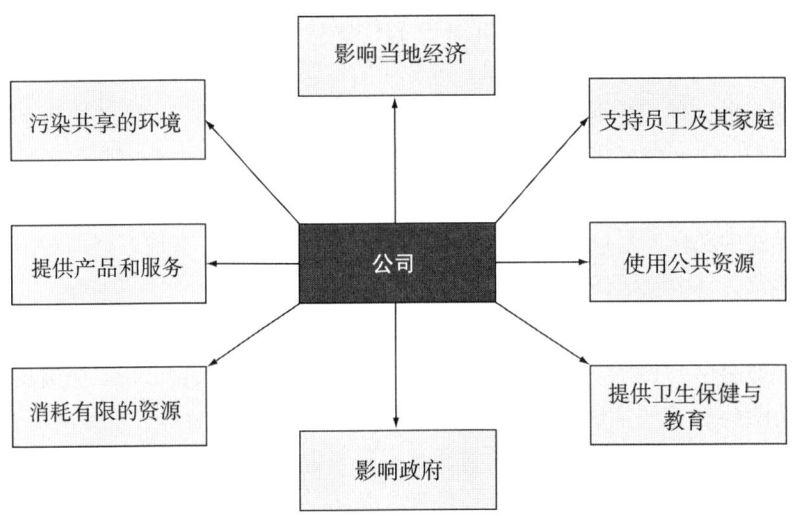

资料来源："Your Company in a Societal Context," Slide 7 from Pathways PowerPoint presentation *Sustainability and Business*, World Resources Institute, http://pathways.wri.org/index.asp?Topic1（accessed 2008）.

释过，它建议在关系丰富的文化中，转换到可持续性的经营方式可能与传统态度有更大的关系。例如，欧洲人往往比有个人主义倾向的美国人更重视关系。在可持续性商业的实践中，欧洲表现更好，欧洲消费者之所以要求采用绿色发展方法，可能部分是由于欧洲人对什么是企业以及它应如何运作有不同的假设。传统上，关系及其所承担义务对于欧洲人的重要性要求企业的根本目标应包括较高的社会义务和责任，远远超出了美国的假设所要求的水平。

其次，在一种文化的成员对于个人在自然环境中所起作用的基本价值观中，我们发现了另一种在实现可持续性过程中可能会发挥作用的文化层面，这种价值观通常在面对挑战时才会显现，而在平时不会提及甚至通常都不会感知到。人类学家克拉克洪（Kluckhohn）和斯乔贝克（Strodtbeck）在他们的价值观取向理论中，从三个价值维度描述一个人与自然环境之间的关系：支配、顺从与和谐。支配价值观将自然世界作为输入源来理解，与自然的关系是控制它。顺从则认为人类是大自然力量的对象。和谐表示自然与人类共存而不相互伤害。强烈的支配取向可能需要向和谐维度倾斜，以使可持续性成为强大的商业价值。这一过程可能已经开始，正如下面的可持续性商业实践的例子显示的那样。

小 结

运用波特的钻石模型，描述地理位置、地貌、气候和自然资源作为要素条件所起的作用。

地理位置、地形、气候和自然资源是公司可以利用的固有要素。要素条件中的地区性劣势可以转变成优势，成为创新的动力。初级因素层面上的当地地形和气候不佳或原材料稀缺等不利条件会迫使企业开发新的方法，而这种创新可能会使一个国家获得比较优势。因此，了解这些因素是很重要的。

解释地表特征对国家之间以及一个国家不同地区之间的经济、文化、政治和社会差异有何影响。

山脉可将一个国家分隔成通常具有独特文化、产业和气候的较小区域市场。有时甚至是不同的语言。沙漠和热带雨林成为人员、货物和思想的障碍。

概述内陆水道和出海口的重要性。

水体会吸引居民并方便运输。它们与山脉和沙漠的效果相反，它们将人们聚集在一起。即使在铁路和公路建设之后，水上运输仍在不断增长。欧洲各公司都在莱茵河水路上使用驳船运送货物，而不是使用公路。

描述气候对商业的广泛影响。

一家公司的市场与生产基地之间的气候条件差异会显著影响其业务。就拿营销方案来说，在加拿大北部出售的产品可能需要针对寒冷天气的保护，而在热带地区使用的相同产品可能需要额外的制冷。强季节性降雨或长时间的寒冷或干旱要求公司储备大量库存，因为在恶劣天气下补充库存十分困难。其他有关气候变化的配货挑战包括针对寒冷、炎热和潮湿的保护。

概括不可再生能源和可再生能源及其广泛的商业影响。

不可再生能源包括石油，它可以来自传统的来源，也可以来自页岩、油砂、煤炭、天然气等非常规来源。其他不可再生能源有煤炭、核能和天然气。可再生能源包括水电、风能、太阳能、地热能、海浪能、潮汐能、生物质能和海洋热能转换。这些能源的成本会影响其使用。随着不可再生能源接近枯竭，可再生能源由于其相对成本降低将得到更广泛的应用。

描述创新与要素条件之间的关系。

波特指出要素条件的地方性缺点如果得到充分认识，将成为推动创新的力量。初级因素层面上的当地地形和气候不佳或原材料稀缺，或高级因素层面上的劳动力短缺等不利条件会迫使企业开发新的方法。而这种创新往往会使一个国家获得比较优势。从碳基能源到可再生能源的必然转变发生之前就发展可持续性商业实践，就是一个不利要素条件下（限制使用不断减少的化石燃料资源）如何激发可能创造优势的创新的一个例子。了解要素条件与创新之间的潜在关系非常重要。

描述环境可持续性及其特点。

环境可持续性依赖于企业对运营时不减少环境能力，为子孙后代留下生存空间的承诺。不断发展的可持续性商业实践有三个公认的特点：限制，适用于生态系统；相互依存，适用于社会系统以及其他两个系统；公平分配，适用于经济系统。

解释利益相关者理论作为环境可持续性的框架。

利益相关者理论要求企业面对其根本价值观和原则。利益相关者理论鼓励管理人员清楚表述他们要如何做生意。为了实现自己的目的，他们想要与其利益相关者建立什么样的关系？这样，按照利益相关者理论来经营引发了面向所有利益相关者的企业责任的公开讨论。

问题讨论

1. 在联合国列出的38个最不发达国家中，有16个是内陆国家。为何处于内陆可能导致发展较慢？当你考虑这个问题时，请记住瑞士是内陆国。

2. 对油页岩和油砂成为未来能源的可能性进行评论。

3. a. 为什么人口地图上的空白区域一般都是地形图上较高海拔的地区？
   b. 为什么热带地区是这个规则的例外？

4. "不从事矿物或石油提炼业务的国际商业人士没有必要从世界自然资源发展的角度考虑问题。"你是否同意这一论断，请解释原因。

5. 山脉、沙漠和热带雨林通常是文化障碍。解释原因。

6. 2005年，内陆国家瑞士赢得了美洲杯帆船比赛。如何使用波特的要素条件解释这件事？

7. 从国际商业人士的角度来看，你在选择制造地点时，将如何应用所学的要素条件知识？

8. 通过一个具体的例子，解释利益相关者模型如何用于可持续性商业。这个例子可以来自你的社区、商业媒体或课堂讨论。

9. 可持续性商业实践既是地方的也是全球的这个概念如何成立？

案例分析 6-1　可持续性与协作：全新的思考方式

美国最大的制造业工会美国钢铁工人联合会（United Steelworkers，USW）和最大的环保行动小组塞拉俱乐部（Sierra Club）联合推动环保政策和绿色就业机会。蓝绿联盟（Blue Green Alliance）是一种让人意外的合作伙伴关系，它跨越了地理和经济阶层。环保人士反对在阿拉斯加的北极国家野生动物保护区进行石油钻探，得到了工会的支持。工会曾经经常反对环保，因为他们的观点认为环保成本过高。

现在，这两大组织（拥有85万成员的钢铁工人联合会和75万成员的塞拉俱乐部）已经联手推动在贸易协定中加强对环境和工人的保护，呼吁批准《京都议定书》、限制温室气体排放和提高燃油效率标准。"好工作、清洁的环境和更安全的世界"是他们的口号。

该联盟的执行董事和西北地区钢铁工人联合会董事大卫·福斯特解释说："那些采用健全的环保原则、转为采用替代和可再生能源的公司才能在未来生存。在今天的汽车行业中这种因素的作用尤为明显。"[a]

USW的国际总裁W·里奥·杰拉德表示赞同："良好的工作和干净的环境对于美国工人非常重要，二者缺一不可……事实上，21世纪能够确保的工作是那些有助于解决全球变暖、能源效率和可再生能源问题的工作。"

塞拉俱乐部执行董事指出，我们现在处于全球转折点，我们可以利用资源实现可持续性，也可以"制造更加危险的富有和贫穷两极分化"。在2008年地球日，蓝绿联盟联合自然资源保护委员会发起了美国绿色工作运动，重点关注利用清洁的可再生能源使美国能源自给自足，帮助结束对化石燃料的依赖，并在这一日益增长的部门创造数十万的绿色就业机会。

访问蓝绿联盟的网站 www.bluegreenalliance.

org，可以深入了解这个联盟。你认为它的有效性如何？

[a] Steven Greenhouse, "Steelworkers and Sierra Club Unite," *The New York Times*, June 8, 2006, www.nyt.com（accessed May 25, 2008）; "Sierra Club, United Steelworkers Announce Blue/Green Alliance," June 7, 2006, www.uswa.org/uswa/program/content/3035.php（accessed May 25, 2008）; Bluegreen Alliance: Green Jobs for America, April 8, 2008. http://www.bluegreenalliance.org/site/c.enKIITNpEiG/b.3227091/k.E4AB/Blue_Green_Alliance.htm（accessed May 25, 2008）.

第 7 章　经济与社会经济力量

就收入而言，十七个发展中国家和三个转轨国家中有超过10亿人口足以列为中产阶层。按照当地购买力计算，他们的总消费能力达到每年6.3万亿美元。到2010年，他们的数量将增加一半，而他们的消费能力也将进一步增长。这是有史以来如此短的时间内幅度最大的消费增长。

——诺曼·迈尔斯，《新消费者：
　　富裕的环境及其影响》的作者

阅读本章后，你应该能够：

1. 陈述经济分析的目的。
2. 根据国家经济发展水平和发展中国家的共同特点区分不同的类别。
3. 描述国家的经济维度和社会经济维度以及用于评估它们的不同指标。
4. 讨论一国的消费模式的重要性和购买力平价的意义。
5. 解释各国劳动力成本的差异程度。
6. 讨论某些国家大笔外债对商人的意义。
7. 讨论经济发展（不仅仅包括经济增长）的新定义。

急皮士和中印发展竞赛

印度的报纸将拥有好工作的年轻人称为"急皮士"（Zippies）——怀揣大量金钱，自信地行走（迈着有力的步伐）。在印度，这样的年轻人有许多——20~34岁的人口接近3亿。他们是有11.5亿人口的消费主义先锋和世界第四大经济体（基于购买力平价）。据估计，这个国家的中等收入人口约为6亿。

那么印度和中国哪一个国家可能会先富起来呢？目前的假设是，中国会先富起来。中国的人口更多，有13.3亿人，经济规模也更大。中国拥有更高的储蓄率。中国在1990—2007年间吸引了超过6,500亿美元的海外直接投资，而印度仅有这一数字的7%。中国的生产率更高：有来源说在相同的时间里，中国工人生产35件衬衣，而印度工人只生产20件。

此外，中国的富豪更多，至2007年初，中国有约35万百万富翁，而印度只有10万。中国的奢侈品销售额在全球位列第三，在全球奢侈品市场所占的份额超过5%。

不过，进一步看，印度却拥有长期优势。印度不仅有更多的人说英文——据估计，1.5亿到2亿印度人能够完全流利地说英语，大概有2,000万人将英语作为首要语言，而且许多人通过观看《六人行》的重播去除了口音，并且由雇主支付相关费用。虽然数字存在争议，但更多的印度人接受了高等教育，印度的380所大学和1,500所研究机构每年培养出220万大学毕业生。到目前为止，印度的优势在服务领域；而中国的优势则在制造和生产领域。两个国家都成为了美国企业外包业务活动的主要目标国。

事实上，许多观察家认为到本世纪中叶，中国和印度的经济总量都将超过美国。

资料来源：U.S. Census Bureau, *International Data Base*, http://www.census.gov/ipc/www/idb/（June 17, 2008）; "What's behind the Overseas Forays of U.S. Online Giants?" Knowledge@Wharton, July 14–27, 2004, knowledge.wharton.upenn.edu/article/1013.cfm（June 17, 2008）; Takashi Kitazume, "Young and Tech-Savvy, India's Market Remains Largely Untapped," *The Japan Times Online*, September 30, 2006, http://classified.japantimes.com/ads/kkc/2006/kkc20060930a1.htm（June 17, 2008）; Om Malik, "The New Land of Opportunity," *Business 2.0*, July 2004, pp. 74–79; Jeffrey D. Sachs, "Welcome to the Asian Century," *Fortune*, January 2004, pp. 53–54; Anand Krishnamoorthy, "India Eases into the Lap of Luxury," *International Herald Tribune*, July 28, 2004, p. B4; "India's Millionaires Over 1 Lakh," *The Financial Express*, June 28, 2007, http://www.financialexpress.com/old/latest_full_story.php?content_id_168475（June 17, 2008）; "China Has 345,000 Millionaires: Study," *AFP*, October 17, 2007, http://afp.google.com/article/ALeqM5ixQlU1GeghWewhn1PFb2nZwzEPPg（June 17, 2008）; "Millionaire Boom Favors Banks," *The Standard*, September 20, 2006, www.thestandard.com.hk/news_detail.asp?pp_cat_22&art_id_27647&sid_9992379&con_type_1（June 17, 2008）.

对于管理者而言，经济力量是最重要的不可控力量之一。为了跟上最新发展和为将来作计划，许多公司多年来一直在评估和预测国家和国际经济层面的形势。

分析师利用政府和国际组织，如世界银行和国际货币基金组织发布的数据来评估和预测经济形势。虽然这些组织发布的数据在时效性或准确性方面可能没有达到商业分析师的期望，但有大量数据可供分析师使用。

图 7-1　经济预测对公司职能领域的影响

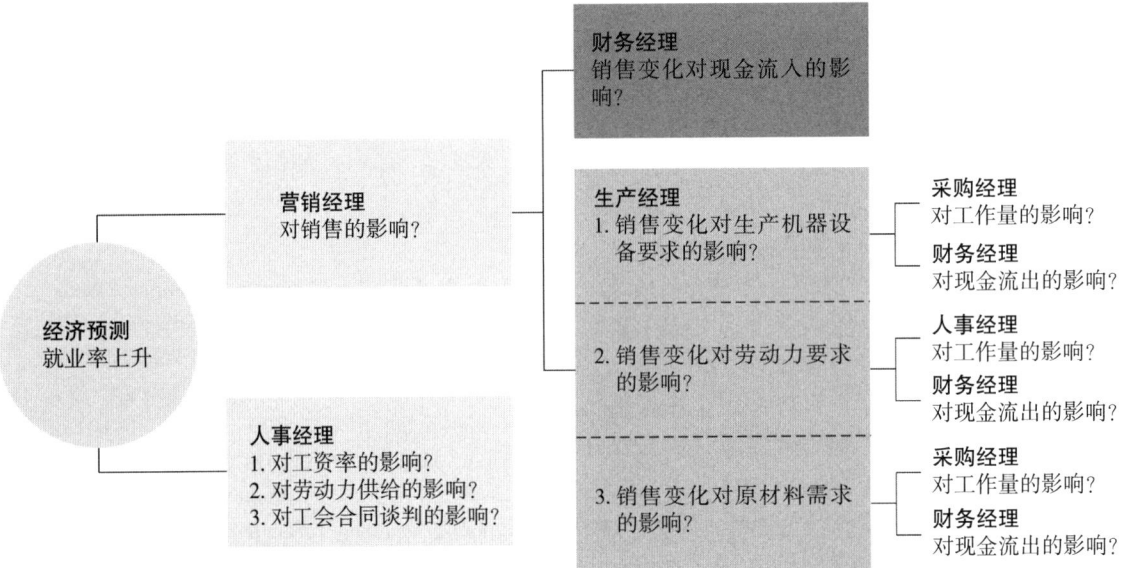

分析师不会单独使用政府发布的数据。私营经济顾问——如数据资源公司（Data Resources Inc.）、大通计量经济学研究所（Chase Econometric Associates）、商业国际（Business International）、经济学人智库（Economist Intelligence Unit）和沃顿经济计量预测公司（Wharton Econometric Forecasting Associates）——为许多跨国公司提供经济预测（一些也做行业预测）。其他来源还包括各种行业协会，它们通常为成员提供特定行业的预测。

此外，经济学家和营销人员还利用某些经济指标来预测特定行业的发展趋势。我们将在第14章，"评估和分析市场"中进一步讨论市场指标的使用。

经济分析的目的首先是评估整个经济的前景，然后评估经济变化对公司的影响。图7-1将说明仅仅一个经济要素的变化如何影响公司的所有主要职能。

预测特定市场的就业率上升会使大多数营销经理上调他们的销售预测，从而要求生产经理增加产量。虽然生产经理可以通过增设一个额外的轮班来增加产量，但如果工厂已经处于24小时运作状态，那就需要购买新的机器。无论哪一种情况都可能需要更多的工人和原材料，这会增加人事经理和采购经理的工作量。如果原材料和劳动力市场处于供不应求状态，公司将可能需要支付高于正常水平的价格和工资。

财务经理随后可能需要就贷款一事与银行协商，以使公司应对更大的现金流出，直到增加的销售获得额外的收入。请注意，这一系列影响的产生仅仅是因为一个要素的变化。当然，这实际上涉及许多经济要素，并且它们彼此间存在着复杂的关系。经济分析的目的是分离和评估那些被认为会影响公司运营的要素所产生的影响。

7.1 国际经济分析

当公司进入海外市场时，由于管理者现在必须在两种新环境（国外和国际）中开展经营活动，经济分析变得更为复杂。在国外环境中，经济体有多个，而不是一个，并且它们的差异很大。

由于这些差异，针对一个市场的经济状况制定的政策可能不适用于另一个市场的状况。例如，总部可能会要求子公司尽可能保持最低水平的库存，而由于利率更为有利，首席财务官可能要求子公司只进行外币贷款。对于那些年通货膨胀率较低（0%～15%）的国家，这些政策通常行之有效。然而，对于津巴布韦这样在2008年通货膨胀率高达138,000%（日通货膨胀率超过370%）的国家，这些政策又如何呢？

持有现金或外币贷款是在这些国家的子公司最不希望发生的情况，因此，相比在低通货膨胀率的国家行之有效，这些政策在高通货膨胀率的国家产生了负面影响。除了监控国外环境，分析师必须确保了解国际环境中的各个成员所采取的行动，如区域集团（欧盟、中美洲自由贸易协定）和国际组织（联合国、国际货币基金组织、世界贸易组织）。对于欧盟在实现其目标方面的进展以及这对欧盟和美国之间的贸易关系的影响，美国公司非常关注。此外，它们还密切关注联合国在制订全球污染标准、健康标准等方面的进展。这些行动可能会对美国公司造成非常大的影响。

国际经济分析将会提供有关实际市场和潜在市场的经济数据。作为竞争力量评估的一部分，由于不断变化的经济状况可能增强或削弱竞争对手在全球市场的竞争力，许多公司都会监控它们的主要竞争对手所在国家的经济状况。鉴于经济信息对公司总部的控制和计划职能的重要性，数据的收集和报告工作通常由总公司负责。尽管如此，国外子公司和当地代表还是希望对市场调研作出巨大贡献。对于公司没有派驻地方代表的区域，数据通常可能有些不够详细，并且这些数据通常由国家和国际机构提供。中央银行或国际银行提供的报告是单个国家经济信息的理想来源。其他可能来源包括：设在全球大多数国家首都的商会、大使馆的商务领事、联合国、世界银行、国际货币基金组织以及经济合作与发展组织。

7.2 经济发展水平

从国内商务转向国际商务时，公司管理者面对的市场，其经济发展水平与此前市场的经济发展水平存在很大差异。由于一个国家的经济发展水平会影响公司业务的各个方面，包括营销、生产和财务，管理者必须了解这一点。尽管各国的经济发展水平存在巨大差异，我们通常还是可以根据其经济发展水平对它们进行分类。

发达（developed）一词用于描述已实现高人均收入、基于服务的现代化或后现代化国家。典型的经济发达国家包括西欧国家、日本、澳大利亚、新西兰、加拿大、以色列、韩国和美国。**发展中**（developing）一词用于描述技术方面欠发达的较低收入国家。下面的"全

全球视点　经济发展中国家和发达国家的特点

虽然许多发展中国家差异很大，但大多数国家具有以下共同特点：

1. 人均国民总收入低于11,116美元（世界银行标准）。
2. 收入分配不均，中产阶层所占比例非常小。
3. 技术二元论——一些公司采用最新技术，而另一些公司则采用非常原始的方法。
4. 区域二元论——一些地区拥有高生产率和高收入，而另一些地区的经济则很不发达。
5. 大部分人口依靠相对没有收益的农业谋生。
6. 变相失业或不充分就业——两个人做一个人就能做的工作。
7. 高人口增长率（每年2.5%到4%）。
8. 高文盲率，并且缺乏教育设施。
9. 普遍存在的营养不良问题和多种健康问题。
10. 政局不稳。
11. 高度依赖少数产品的出口，通常是农产品或矿产品。
12. 不适合居住的地形，如沙漠、山地和热带森林。
13. 低储蓄率，并且缺乏银行设施。

虽然存在明显差异，但大多数经济发达国家具有以下特点：

1. 人均国民总收入达到或超过11,116美元（世界银行标准）。
2. 高物质生活水平和高生活质量指数，并且大部分人口为中产阶层。
3. 频繁使用最先进的生产技术和设备。
4. 巨大的生产资本、成熟的金融市场和银行系统以及充满活动、且涉及各个行业的国际贸易。
5. 农业通常在总产出中所占的比例非常小，并且制造业在总产出中所占的比例正在减少。
6. 成熟的政治制度，健全的法律体系。
7. 保持低文盲率，为国民提供充足的教育机会。
8. 失业率或不充分就业率相对较低。
9. 低人口增长率（年增长率通常低于2%）。
10. 充足的营养，就医条件完善。

通过这些不同的特点，你可以发现发展中国家的居民与发达国家的居民在生活水平方面存在巨大差距。虽然经济学家对经济发展的各个方面已进行了两个多世纪的研究和推理，但他们对贫穷国家的真正关注却始于"二战"之后。联合国将下面的发展中国家列为全球50个最不发达的国家：

阿富汗	马达加斯加
安哥拉	马拉维
孟加拉国	马尔代夫
贝宁	马里
不丹	毛里塔尼亚
布基纳法索	莫桑比克
布隆迪	缅甸
柬埔寨	尼泊尔
佛得角	尼日尔
中非共和国	卢旺达
乍得	萨摩亚
科摩罗	圣多美和普林西比
刚果民主共和国	塞内加尔
吉布提	塞拉利昂
赤道几内亚	所罗门群岛

厄立特里亚	索马里	http://web.worldbank.org/WBSITE/EXTERNAL/DATASTATISTICS/ 0,,contentMDK: 20420458_menuPK: 64133156_pagePK: 64133150_piPK: 64133175_theSitePK: 239419,00.html（June 17, 2008）; "UN List of LDCs After the 2006 Triennial Review," United Nations Conference on Trade and Development, http://www.unctad.org/Templates/Page.asp?intItemID_3641&lang_1（June 17, 2008）; "Glossary," United Nations, www.un.org/cyberschoolbus/infonation3/menu/advanced.asp（June 17, 2008）; and "The World's Economies," www.infoplease.com/cig/economics/world-economies.html（June 17, 2008）.
埃塞俄比亚	苏丹	
冈比亚	东帝汶	
几内亚	多哥	
几内亚比绍共和国	图瓦卢	
海地	乌干达	
基里巴斯	坦桑尼亚	
老挝	瓦努阿图	
莱索托	也门	
利比里亚	赞比亚	

资料来源: "Country Classification," World Bank,

球视点"专栏，"经济发展中国家和发达国家的特点"归纳了发展中国家的特点。曾经，**新兴工业化国家**（newly industrializing countries，NIC）这个分类只包括"亚洲四小龙"（中国台湾、中国香港、新加坡和韩国）。这些国家和地区（1）拥有世界银行所认为的快速经济增长、中等收入或更高的经济发展水平；（2）拥有较高的国外投资；（3）出口包括高科技产品在内的大量制成品。后来，其他国家在工业化进程中取得了充分进展，许多组织也将它们归类为NIC。按照所采用的标准，最新的NIC列表包括下述的部分或全部国家：巴西、墨西哥、阿根廷、马来西亚、泰国、智利、委内瑞拉、匈牙利、南非、印度尼西亚、巴基斯坦和中国。

由于"亚洲四小龙"的经济增长速度快于其他NIC国家，并且接近了发达国家的经济规模，国际货币基金组织及其他组织已经开始将"亚洲四小龙"称为**新兴工业化经济体**（newly industrialized economies，NIE）。

你还会发现国际机构（如联合国、国际货币基金组织和世界银行）采用不同的分类体系。例如，国际货币基金组织将NIE和工业化国家合并为一个类别，称为先进经济体。

发展中国家类别中有一个称作新兴市场经济体的子类别，包括智利、马来西亚、中国、泰国和印度尼西亚。第三个类别称作转轨国家，包括前共产主义国家。联合国仅仅使用发达经济体和发展中经济体，将前共产主义国家称作东欧和前苏联。

相比之下，世界银行则使用基于2006年人均国民收入的分类：

1. 低收入（905美元或更低）。
2. 中低收入（906～3,595美元）。
3. 中高收入（3,596～11,115美元）。
4. 高收入（11,116美元或更高）。

世界银行过去采用基于人均国民生产总值（GNP）的分类体系，之后于2002年改为采用基于人均**国民总收入**（gross national income，GNI）的分类体系，该分类体系沿用了大多数国家的统计方法。GNI计算的是一个国家的居民通过国际和国内活动产生的收入，相比GDP——计算一个国家的居民和非居民通过国内活动产生的收入，国际组织更愿意使用

GNI。根据世界银行的经营性贷款类别，可将经济体分类为低收入、中低收入、中高收入和高收入。世界银行还采用发展中国家这一术语来表示低收入和中等收入国家。

7.3 经济的维度及其与国际商务的关联

为了估算市场潜力并为公司的其他职能领域提供信息，管理者需要关于许多经济要素和社会经济要素的规模和变化速度的数据。要成为潜在市场，一个地区必须有足够的想要购买公司产品的人口。社会经济数据提供了有关人口的信息，而经济维度则告知我们这些人是否有购买力。

经济维度

更重要的经济指标包括：国内生产总值、国民总收入、收入分配、个人消费支出、商品的个人所有权、私人投资、单位劳动成本、汇率、通货膨胀率和利率。

国民总收入 如前文所述，GNI计算一个国家的居民通过国际和国内活动产生的收入。由于GDP计算的是一个国家的居民和非居民通过国内活动产生的收入，大多数国际组织更愿意使用GNI来评估经济规模。GNI的范围从美国的13.4万亿美元到基里巴斯的1亿美元。GNI与国际商人有什么关联呢？相比GNI为2,830亿美元的丹麦（不到印度的三分之一），GNI为9,090亿美元的印度是一个更具吸引力的投资市场吗？为了对比各国的购买力，管理者需要知道人均GNI。

人均GNI 利用世界银行的表格提供的人均GNI进行购买力对比，我们发现丹麦比印度富裕得多：丹麦的人均GNI为52,110美元，而印度只有820美元。虽然印度的经济总量是丹麦的三倍多，但印度的人口是丹麦的210倍。

我们可以从人均GNI中了解到什么？我们通常可以假设人均GNI越高，经济越发达。不过，由于高经济增长率意味着快速发展的市场——这是营销人员一直追求的，营销人员通常更看重经济增长率。假如在一个拥有较高人均GNI、低经济增长率的国家和一个情况完全相反的国家之间选择投资对象，管理层会选择后者。

尽管人均GNI被广泛用于比较国民幸福感和评估市场潜力或投资潜力，管理者还是必须慎重使用它。例如，为了计算GNI，政府经济学家必须将货币价值分摊到各种未在市场上销售的商品和服务，如供个人消费而种植的粮食。此外，低收入国家（因为人们持有的现金非常少）和高收入国家（人们希望减少报告的收入，从而支付较少所得税）的人们还以交换的形式来获取许多商品和服务。这种交易被视为地下经济的一部分。

地下经济 关于官方统计中未计算的国民收入的报道已有很多，这是因为要么少报，要么未报。地下经济（underground economy）也称作黑色经济、平行经济、非正规经济、隐蔽经济或影子经济，是未申报的合法生产、非法商品和服务的生产（如违禁药物、受版权保护的音乐或视频的非法拷贝、淫秽物品）以及匿报的实物收入（物物交换）。通常而言，税收水平越高，政府的繁文缛节越多，地下经济的规模越大。图7-2显示了一

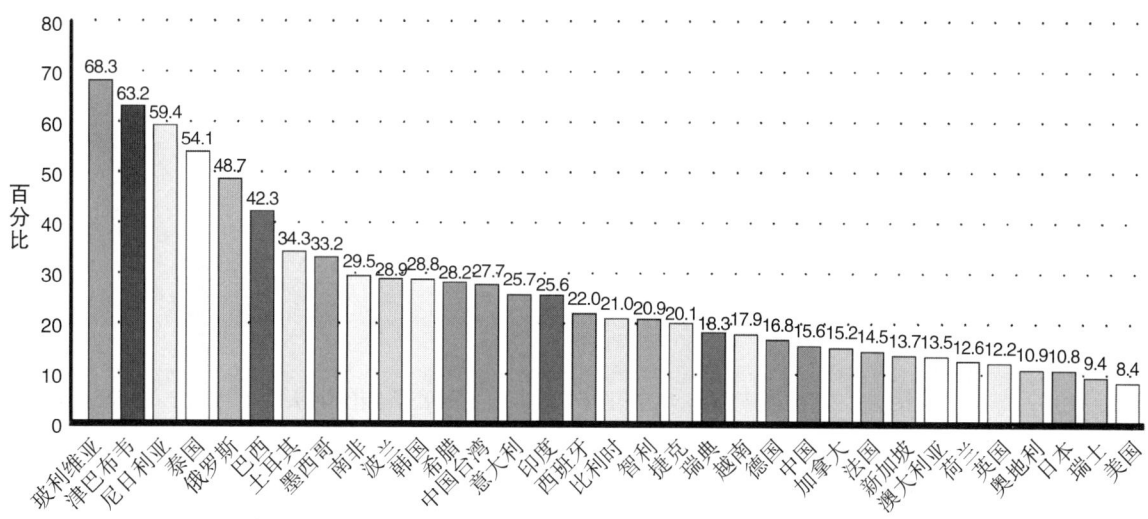

图7-2 部分国家和地区地下经济占官方GDP的百分比（基于2002~203年的数据）

资料来源：Friedrich Schneider, "The Size of the Shadow Economies of 145 Countries All Over the World: First Results Over the Period 1999 to 2003" IZA Discussion Paper No. 1431,（December 2004）, http://papers.ssrn.com/sol3/papers.cfm?abstract_id_636661（accessed June 17, 2008）.

些地下经济的估计。美国的地下经济从1970年占GDP的4%增加到了2003年的超过8%。2002—2003年期间，据估计地下经济在OECD国家平均占GDP的16.3%，在27个亚洲国家平均为30.8%，在25个东欧、中欧以及前苏联转轨经济体平均为40.1%，在非洲国家平均为43.2%，在21个中美洲和南美洲国家平均为43.4%。地下经济在一些国家占GDP的比例超过了50%，包括比例超过68%的玻利维亚和格鲁吉亚。由于采用的计算方法不同，地下经济的估算存在显著差异；而且，即使拥有未申报收入，人们也不大会承认，并且也不大会因逃税而遭到检控。除了减少应向政府缴纳的总税额外，地下经济还会导致经济数据失实，因此，管理者在使用这些数据制订商业决策时必须考虑这一点。

货币兑换 GNI估算的另一个问题是比较，必须使用汇率将以本地货币为单位的GNI换算成一种通用货币——通常是美元。如果两种货币的相对值准确反映了消费者购买力，这是可以接受的。不过，世界银行认识到"使用官方汇率将本国的货币换算成美元没有反映本国货币的购买力"。

为了弥补这一不足，联合国国际比较项目（ICP）制定了一种基于**购买力平价**（purchasing power parity，PPP）的比较GNI的方法，而不是基于货币的国际需求（汇率）。下面是购买力平价汇率的计算方法。

假设泰国向世界银行报告其上一年的人均GNI是93,624泰铢。世界银行必须将该值换算成美元。如果当前的汇率是37.6泰铢1美元，那么使用这一汇率会将93,624泰铢换算成2,490美元（93,624/37.6）。利用这种方法来评估泰国国民的幸福会怎么样？相比人均收入为41,440美元的美国人的购买力，人均收入为93,624泰铢的泰国人的购买力如何？假设下表反映了同类商品在两个国家的当地价格：

商品	泰国（泰铢）	美国（美元）
肥皂（条）	40	0.50
大米（磅）	25	0.35
鞋（双）	495	60.00
衣服	580	45.00
袜子（双）	95	2.00
总计	1,235	107.85

在泰国，1,235 泰铢的购买力相当于107.85美元在美国的购买力。因此，比较两种货币的购买力，1,235泰铢/107.85美元=11.45泰铢/1美元。如果采用11.45泰铢=1美元的汇率，泰国的人均GNI是93,624/11.45=8,177美元。按照37.6泰铢=1美元的官方汇率，泰国的人均GNI是2,490美元。按照11.45泰铢=1美元的购买力平价汇率，泰国的人均GNI是8,177美元。

基于PPP的比较使得发展中国家人均GNI的值要高许多，许多发达国家要低许多；换句话说，考虑购买力时，发展中国家GNI与发达国家GNI之间的实际差距比通常公布的要小。

阿特拉斯换算系数 由于对采用PPP和官方汇率换算都不满，世界银行决定采用阿特拉斯方法来进行人均GNI估算。阿特拉斯换算系数（Atlas conversion factor）是当前汇率和根据国内通货膨胀率与欧元区、日本、英国和美国的综合通货膨胀率的比率进行调整的前两年汇率的算术平均。阿特拉斯换算系数计算出的收入通常更加稳定，收入排名更可能随着相对经济效益变化，而不是汇率的波动。

虽然人均GNI的差异可以帮助我们了解一个国家居民的相对财富，但由于财富通常分布不均，这一信息会造成一定程度的误导。因此，我们在完善购买力的初步粗略估算时必须纳入有关国家的实际收入分配数据。

收入分配 世界银行通过多种来源收集有关**收入分配**（income distribution）的数据，并且每年在《世界发展指标》（World Development Indicators）中公布它们。尽管收入分配研究相当困难，如计算方法不一致和样本代表性存在很大差异，这些数据还是提供了有用的商业见解。

1. 它们确认了这样一种信念：虽然发达国家与发展中国家之间存在着显著差异，但国家越富裕，通常收入分配越平均。

2. 长期比较的结果表明收入再分配的进展非常缓慢，因此，以前的数据仍然有用。

3. 相同的比较结果表明收入不公平在发展初期呈上升趋势，而在后面的阶段这一趋势则相反。例如，2004年，正当中国经济高速增长的时候，贫困人口的数量却增加了80万，达到了近8,500万。在一些国家，中间阶层在增加，而上层的20%和底层的20%则在减少，表明中等收入家庭增加了，这对营销人员尤为重要。

根据产品的类型和总人口，每一种情况（相对平均或不平均的收入分配）都可能代表市场机会。例如，虽然按照PPP计算哥斯达黎加的GNI为430亿美元，但仅仅20%的人口获得53%以上的收入表明相当多的人是小批量高价奢侈品的潜在消费者。另一方面，对于那些离不开高销量的低价商品而言，该国的市场非常小（410万人口）。这种基于GNI的总人口和收入分配的简单计算可能充分表明某个国家不是一个良好的市场；不过，如果结果看起来有希望，分析师会继续收集有关消费的数据。

个人消费 消费者在购买生活必需品和非必需品之间分配他们的可支配收入（税后个人收入）的方式是营销人员感兴趣的领域之一。例如，家庭耐用品生产商希望了解消费者在这类商品的支出，而非生活必需品生产商之所以对**可自由支配收入**（discretionary income）（可支配收入减去生活必需品的购买）感兴趣是因为消费者可以用这部分钱购买他们的产品。幸运的是，我们可以通过《联合国统计年鉴》（*UN Statistical Yearbook*）查看可支配收入和购买生活必需品的支出，从可支配收入中减去购买生活必需品的支出就可以得出可自由支配收入。可在世界银行发布的《世界发展指标》中找到更详细的开支模式。

由于基于PPP的消费支出能够消除相对价格的差异，营销人员利用这些数据来分析消费组成如何随发展水平而变化。例如，发展中国家居民的食品和服装支出占家庭开支的百分比是工业化国家的两倍。另一方面，发达国家的家庭在交通和通信、耐用消费品、医疗以及其他消费（饮料、香烟和服务，包括餐馆用餐或外卖）的支出百分比是发展中国家家庭的两倍。请注意，一个消费类别内的百分比差异不会随着人均消费支出而显著变化。例如，服装和鞋子。有趣的是，尽管法国高级女装的吸引力非常大，法国居民时装支出所占的百分比还不到香港居民的一半，只有美国居民的78%。

国际商务管理者不会低估各国间百分比细微差异的重要性。他们知道每个百分点都意味着一大笔钱。为了认识其价值，试试用总人均消费支出乘以1%的人口。例如，法国设计师可能希望注意到如果美国消费者在服装上的支出增加了1%，这相当于服装行业的销售额增加了43,740美元乘以0.01乘以2.96亿（人口）=1,295亿美元。

我们需要了解的有关个人消费的其他指标包括商品的所有权和重要材料的消耗。例如，人均商业能源消费量与现代部门的规模有关——市区、工业和机动化交通。世界银行发现高收入经济体中居民的人均商业能源消费量是发展中经济体的近七倍，并且能源的数量和成分比例构成了一个国家经济发展水平的粗略指标。在工业化程度更高的国家，这些指标的数值远远高于发展中国家。

单位劳动力成本 获取低于当前**单位劳动力成本**（unit labor costs）（总直接劳动力成本除以生产的产品数量）的能力有助于公司创造有利的投资机会。鉴于每个国家单位劳动力成本的增长速度各不相同，公司必须密切关注国外这些成本的变化趋势。

劳动力成本上升速度较慢的国家之所以吸引公司管理层的注意是出于两个原因。首先，如第2章所述，对于正竭力降低生产成本的公司而言，这些国家是潜在的投资目标；第二，如果同行业的其他公司已在这些国家开展业务，它们可能会成为全球市场新的竞争来源。

此外，工资率的变化也会使从许多子公司获取产品或组件的跨国公司改变其供货来源。

耐克于1964年开始在日本的工厂生产其在美国市场销售的运动鞋。20世纪70年代中期，由于日本的劳动力成本上升，该公司转为在韩国和中国台湾的工厂生产运动鞋。后来，耐克又在泰国增设了工厂。然而，随着这些国家劳动力成本的上升，耐克开始收购印度尼西亚和中国的50多家工厂。由于零售价格75美元到100美元的运动鞋的生产成本和运输到美国的成本高达10美元，耐克将运动鞋的生产外包给了越南的工厂，并且还成为了中国最大的运动鞋销售商。

劳动力成本相对变化的原因是什么？这取决于三个因素：薪酬、生产率和汇率。由于额外福利有多有少，相比工资，时薪的差异更大。如果生产率的提高超过了时薪的增加，单位劳动力成本不会随薪酬率上升。事实上，如果生产率的提高速度足够快，即使公司需要向工人支付更高的薪金，单位劳动力成本也会降低。

表7-1解释了跨国公司密切关注全球劳动薪酬率的原因。例如，1975年，瑞典的时薪最高，美国和德国的时薪并列第五。请注意，日本的平均时薪还不到美国的一半。然而，到了1985年，美国的时薪在全球排首位，美国公司的管理者开始积极寻找海外生产工厂。仅仅10年后，美国的时薪排名就下降到了第13位。除了英国和西班牙，每一个欧洲国家的平均时薪都高于美国。1995年，虽然美国的平均时薪排在第11位，但该排名发生了一项重要变化：日本的平均时薪在1985年时还不到美国的一半，到了1995年，已飙升至美国的138%。由于这个原因，许多日本公司将大部分生产迁移到劳动力成本更低的其他亚洲国家，如泰国、中国和印度尼西亚。（此外，日本大量熟练机器操作工人和技工的退休使得国外的劳动力更具吸引力，这也是影响此次海外迁移的因素。）到2006年，表7-1中列出的13个欧洲国家中有12个劳动力成本高于美国，排在第1位的挪威的劳动力成本比美国高出69.8%，而日本的相对劳动力成本已经下降到了仅为美国的84%。

其他经济维度 我们已经介绍了分析师研究的众多经济指标中的一部分，你在第10章将了解利率、国际收支以及通货膨胀率对商务人士的重要性。分析师选择哪些经济指标作为研究对象取决于研究的行业和目的。

中低收入国家背负的大笔外债正使它们的政府和跨国公司面临多重挑战。

这仅仅只是跨国银行面临的问题，还是同样困扰跨国公司管理层的问题？高债务指标（如负债与GDP的比率以及偿债与出口额的比率）引起广泛关注是否对在这些国家设有子公司的跨国公司具有重要意义？世界银行对发展中国家经验的实证分析表明，"当负债现值与出口额比率达到200%到250%，偿债率超过20%到25%时，偿债难度将加大。"如果管理层同意，公司将根据所做的分析定期发布有关这一情况的报告。让我们来看看这些大笔外债会对跨国公司造成哪些后果。

如果一个国家无法将赚取的大部分外汇用于进口本地产品所需的组件，要么本地工业必须制造这些组件，要么进口这些组件的公司必须停止生产。如果跨国公司一直在向其子公司出售在本国工厂生产的零部件，无论哪一种选择都会使该公司的销售额下降，因为本国工厂通常比子公司的**垂直整合**（vertically integrated）度更高。外汇短缺还会使

表7-1 劳动力薪酬成本，1975—2006年*

国家/地区	包括额外福利在内的平均时薪（单位：美元和本地货币）							
	2006		1995		1985		1975	
	美元	本地货币	美元	本地货币	美元	本地货币	美元	本地货币
加拿大	25.74	29.19	16.04	22.02	10.94	14.94	5.96	6.07
美国	24.18	24.18	17.19	17.19	13.01	13.01	6.36	6.36
墨西哥	2.75	30.01	1.51	9.66	1.59	409.00	1.47	18.00
亚洲								
中国香港	5.78	44.92	4.82	37.30	1.73	13.46	0.76	3.73
日本	20.20	2,350	23.66	2,223.00	6.34	1,512.00	3.00	889.00
中国台湾	6.43	209.2	5.82	154.26	1.50	59.60	0.40	15.17
欧洲								
奥地利	30.46	24.25	25.38	255.87	7.58	156.75	4.51	78.46
比利时	31.85	25.35	26.88	792.10	8.97	532.39	6.41	235.10
丹麦	35.45	210.6	24.26	135.86	8.13	86.18	6.28	36.00
芬兰	29.90	23.80	24.83	108.64	8.16	50.56	4.61	16.88
法国	24.90	19.82	19.34	96.45	7.52	67.49	4.52	19.34
德国★	34.21	27.23	31.85	45.61	9.60	28.23	6.35	15.59
意大利	25.07	19.96	16.52	26,911.00	7.63	14,563.00	4.67	3,048.00
荷兰	32.34	25.74	24.18	38.79	8.75	29.04	6.58	16.59
挪威	41.05	263.2	24.38	154.46	10.37	89.11	6.77	35.29
西班牙	18.83	14.99	12.70	1,582.00	4.66	792.00	2.53	145.00
瑞典	31.80	234.4	21.64	154.51	9.66	83.12	7.18	29.73
瑞士	30.67	38.43	29.30	34.61	9.66	23.71	6.09	15.72
英国	27.10	14.69	13.73	8.70	6.27	4.84	3.37	1.52

* 按照年平均汇率换算成美元。
★ 前西德。

资料来源：Bureau of Labor Statistics, "International Comparisons of Hourly Compensation Costs for Production Workers in Manufacturing, Supplementary Tables," www.bls.gov/fls/hcompsupptabtoc.htm (accessed October 6, 2004); and Bureau of Labor Statistics, "Hourly Compensation Costs for Production Workers in Manufacturing, 34 Countries or Areas, 22 Manufacturing Industries, 1992–2006," ftp://ftp.bls.gov/pub/special.requests/ForeignLabor/pwCountryTables.txt (accessed June 17, 2008).

子公司难以进口生产设备所需的原材料和备件。如果希望子公司继续生产，公司总部必须借出外汇并等待还款。为了应对这一情况，一些跨国公司结束了它们在某个国家的经营活动，采取物物交换，甚至开始出口它们子公司的产品，即使这些行为降低了其国内工厂的出口额或本地销售额。

政府可能会实行价格控制（会使子公司难以赚取利润）、削减政府支出（降低公司销售额）和实行薪资控制（限制消费者的购买力）。随后发生的经济动荡会转变成一场政治危机，如在阿根廷和秘鲁发生的一样，这两个国家试图采取紧缩措施，骚乱随之发生。在亚洲金融危机期间，韩国境内爆发了抵制政府通过的旨在缓解该国经济问题的法律。

外汇短缺会使那些只向背负高额外债的国家出口的公司受到影响，因为政府将肯定会实行进口限制。1981—1983年期间，当拉美国家的负债快速增加时，美国在这一地区的出口份额下降了三分之一。为了保护这些出口市场，公司不得不延长长期信贷。通过这个例子，你会发现对于那些背负高额外债的国家，除了我们一直关注的经济数据，管理层还希望获取这些国家外债情况的信息。

社会经济维度

市场潜力的完整定义还必须包括按照社会经济维度衡量的人口物理属性的详细信息。对于这部分，我们将从分析总人口开始。

总人口 作为衡量潜在市场规模的最常见指标，总人口是分析师研究的首要人口特征。人口规模的差异非常大，从中国和印度的逾10亿居民到斯瓦尔巴特群岛的2,701个居民和无人居住的印度礁。事实上，对于许多人口不到1,000万的发达国家而言，作为衡量经济实力和市场潜力的指标，人口规模显然不够理想。人口规模只能为一些低价产品（如软饮料、香烟和肥皂）提供估算消费的根据。

对于不在此类之列的产品，虽然大量人口和快速增长的人口可能并不意味着市场会立即扩大，但是如果收入不断增加，最终部分人口将成为消费者。通过比较人口增长率和经济增长率，我们可以深入了解这一切发生的速度。如果GNI的增长速度超过人口增长速度，将会出现一个不断扩大的市场，而相反的情况不仅表明潜在的市场萎缩，甚至还可能指出某个国家可能会出现政治动荡。在这种情况下，如果对教育系统的分析揭示专科毕业生和本科毕业生人数不断增长，出现政治动荡的可能性将更大。这部分人希望找到专业工作并获得薪水，如果没有足够的新工作吸收这些毕业生，政府会陷入严重的困境。很多国家正面临着这一难题；埃及就是一个例子。

年龄分布 由于很少产品是每个人都会购买的，营销人员必须确定更有可能购买他们商品的那部分人。对于一些公司而言，虽然年龄是决定市场规模的一个重要因素，但人口中年龄段分布的差异却很大。一般而言，相比工业化国家，由于出生率高，发展中国家的年轻人口更多。

发展中国家人口在世界总人口中所占的比例超过四分之三。图7-3显示预计到2050年将出现的10个人口大国，其中只有一个是高收入国家（美国）；其余的主要是低收入国家。

这对业务经理意味着什么？在发达国家，虽然人们对学校用品和儿童用品的需求将减少，家具和服装市场将缩小，但对医疗及相关产品、旅游和金融服务的需求将增加。如果市场对自己产品的需求不断下降，公司不得不寄希望于在年龄分布上相反的发展中国家来增加销售额。

导致出生率下降的因素有很多。虽然政府在积极推行计划生育，但大量证据表明促使传统家庭规模缩小的原因是医疗和教育水平的提高、妇女地位的提高、收入分配更平均和城市化程度提高。事实上，专家一度断言有效的计划生育和初级以上的妇女教育的联合效应在促使家庭规模缩小方面起到了非常大的作用。

发达国家的担忧　在非洲和中东的一些国家，生育率高达每个妇女七个孩子，显然它们愿意看到家庭规模缩小。然而，出生率的下降却引起了工业化国家的担忧。世界银行报告这些国家的生育率大大低于2.1个孩子的生育更替水平。印度、墨西哥和中国的出生率也在下降。

欧洲的未婚青年越来越多，并且那些较晚结婚的夫妇生育的孩子也较少。意大利的人口预计到本世纪中叶将减少1,500万，而西班牙和俄罗斯的出生率将进一步下降。欧盟目前的失业率为9%，而预计到2025年，许多成员国都将出现工人短缺。欧洲各国政府将向65岁以上的居民提供医疗服务和养老金，这部分人占总人口的22%，而工作的纳税人则将减少（见图7-4）。

日本的情况看起来更严重。该国的生育率仅为每个妇女1.5个孩子，远低于2.1个的人口更替值，预计到2025年，日本65岁以上的人口将占总人口的26.8%，而在美国，相

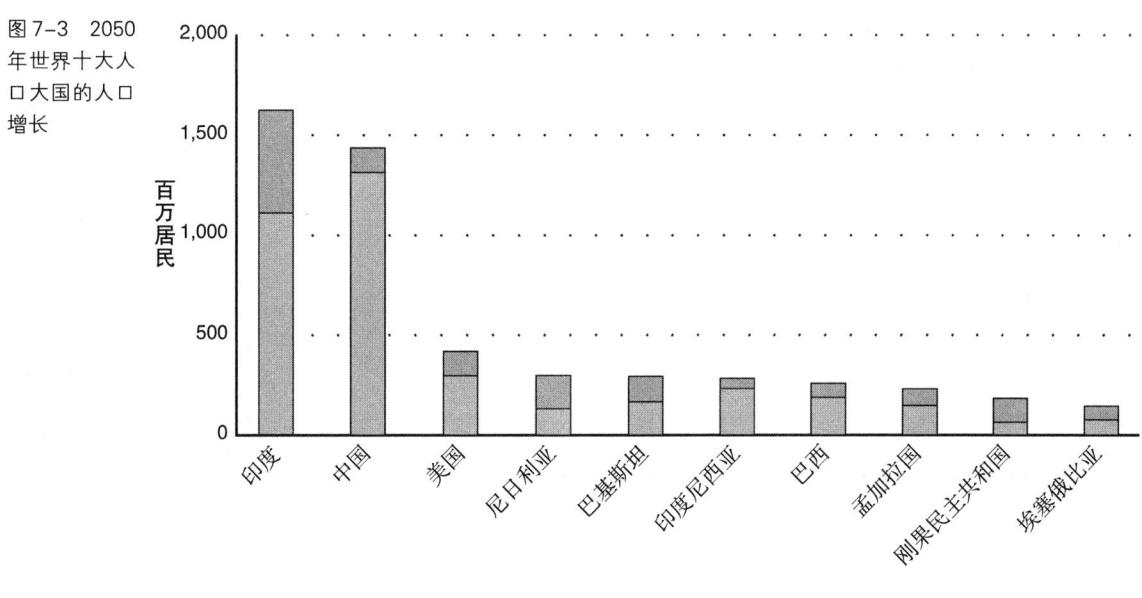

图7-3　2050年世界十大人口大国的人口增长

● 2050年人口　● 2006年人口

资料来源：U.S. Census Bureau, *International Data Base*, www.census.gov/ipc/www/idbpyr.html（accessed October 8, 2006）; and Population Reference Bureau, *2006 World Population Data Sheet*, p. 2, www.prb.org/pdf06/06WorldDataSheet.pdf（accessed June 18, 2008）.

同年龄段的人口仅占总人口的18.5%。到2025年，作为工业世界老龄化速度最快的国家，日本的老年人数量将达到儿童数量的两倍。由于老年人的退休成本和医疗成本预计将占该国国民收入的73%，该国政府的社会保障金储备将枯竭。

提前退休加上退休人员的长寿，也使得许多其他国家的社会保障体系面临着压力。在工业化国家，不仅社会保障体系的成本因退休人口的不断增加而上升，而且工作并把钱存入社会保障体系以维持该体系运转的人口也在减少。然而，在发展中国家，情况则截然相反。较高的出生率导致了人口年轻化，从而降低了抚养比和工作者维持该体系运转的成本。

人口密度和人口分布 业务经理关心的其他人口问题包括：**人口密度**（population density）和**人口分布**（population distribution）。相比低人口密度地区，在人口稠密的地区，产品销售和通信不仅更容易，而且成本更低；因此，相比加拿大（3人/平方公里）或巴西（22人/平方公里），人口密度为192人/平方公里的巴基斯坦是一个更易服务的市场。不过，我们期待的是基于算术平均数的人口密度。我们必须了解这些人口的分布情况。通过比较城市人口在总人口中所占的百分比来了解加拿大和巴西的人口集中度有助于公司开展营销活动。巴基斯坦的城市人口仅占总人口的34%，而巴西和加拿大则分别为83%和80%。这样的人口集中分布情况在很大程度上是由我们在第6章所讨论的物理力量所致。

从农村向城市转移（rural-to-urban shift）是改变人口分布的一个重要现象。这一趋势几乎成了世界各国的普遍现象，尤其是在发展中国家，人们迁移到城市是为了寻

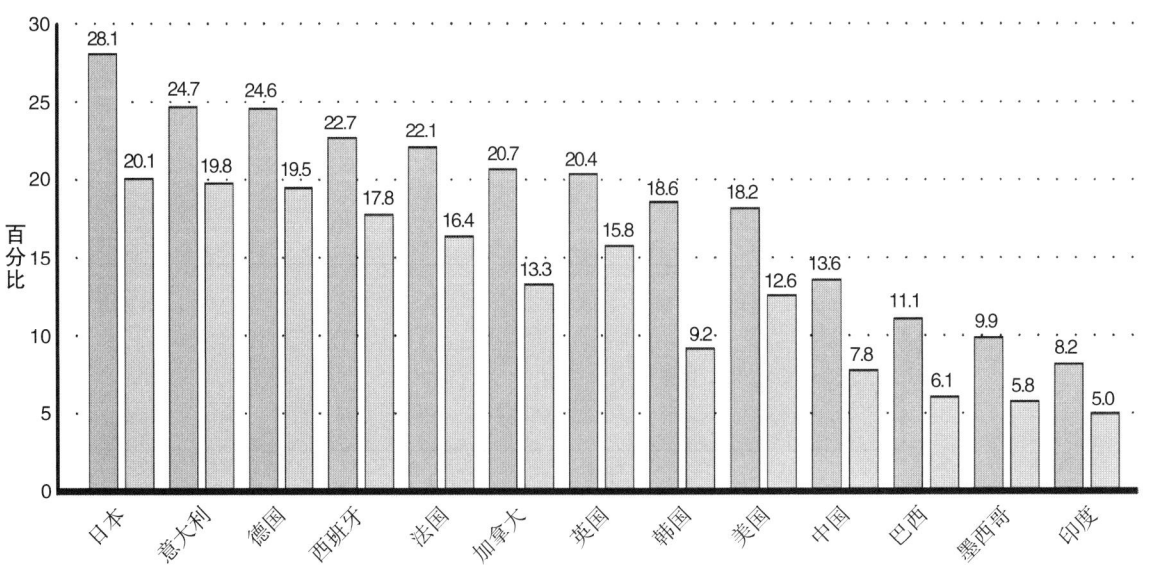

图7-4 部分国家老年人在总人口中所占的百分比，2006年和2025年

资料来源：U.S. Census Bureau, *International Data Base*, http://www.census.gov/ipc/www/idb./summaries.html（aecessed june 18, 2008）.

求更高的工资和更便利的生活。城市人口百分比的变化是衡量迁移程度的指标。2008年，全球城市人口所占的比例首次达到了50%，预计到2030年这一比例将增加到60%。如表7-2所示，最大规模的往城市迁移发生在中低收入国家。这一迁移之所以对营销人员具有重要意义是因为城市居民自给自足的能力弱于农村居民，从而必须进入市场经济。许多城市居民将生活在贫民窟，从而引起一系列社会和经济等领域的机遇和挑战。

为了应对人口大量涌入问题，城市政府将扩大市政服务，这也使它们成为购买设备的客户。图7-5列出了全球25个具有可观的潜在销售前景的最大城市。请注意，在发展中国家，预计2015年大多数快速增长的城市都将发展成为人口超过100万的大城市。相比之下，图7-6列出的全球排名前25位的商业中心基本上都位于经济更发达的国家。

其他社会经济维度　其他社会经济维度可以为管理层提供有用的信息。例如，工作女性的增加可能导致家庭收入上升、便利品市场规模扩大以及需要改变**促销组合**（promotional mix），这对营销人员具有非常重要的意义。人事经理之所以关注工作女性的增加是因为这能够扩大劳动力供给。此外，这还表明生产流程、员工设施和人事管理政策需要一系列的变化。

一个国家的离婚率数据将使营销人员密切关注单亲家庭和单人家庭的构成，相比双亲家庭，他们的产品需求和购买习惯有很大不同。在许多国家，重要族群需要营销经理和人事经理的特别关注。

沃尔玛在美国的两个邻国都遇到了语言问题。在一个标签和通信采用英语和法语的国家，这家零售商向魁北克的居民邮寄了只含英文的广告传单，而该省83%的人口说法语。在对这一过失作出道歉后一周，沃尔玛因仅通过英文版的备忘录要求加拿大的员工每周无薪加班12小时而受到严厉批评，公司的高层不得不再次道歉。

一个月后，该公司又在美国的另一个邻国遇到了语言相关的法律问题。墨西哥

表7-2　从农村向城市转移

	城市人口的百分比					
	1950	1970	1990	2005	2015（估计）	百分比变化（1950—2015）
全球	29	36	43	49	53	82.8
较发达地区	52	65	71	74	76	46.2
欠发达地区	18	25	35	43	48	166.7
最不发达国家	7	13	21	27	32	357.1
欠发达地区，不包括最不发达的国家	20	27	37	46	51	155.0

资料来源：United Nations, *World Urbanization Prospects: The 2005 Revision Population Database*, http://esa.un.org/unup/index.asp?panel_1(accessed June 17, 2008).

的商业检查员临时关闭沃尔玛在墨西哥城的超市,认为该公司违反一项执行了40年的法律——零售商必须在所有陈列的商品上放置西班牙语标签。

行业维度

公司之所以关注一般经济新闻是因为它会影响消费者的购买习惯、原材料的价格和投资决策,不过,对于特定行业或公司的一个特定职能领域而言,某些因素更重要。例如,汽车行业的规模和发展趋势对轮胎制造商至关重要,但对设备制造商却没有什么意义。

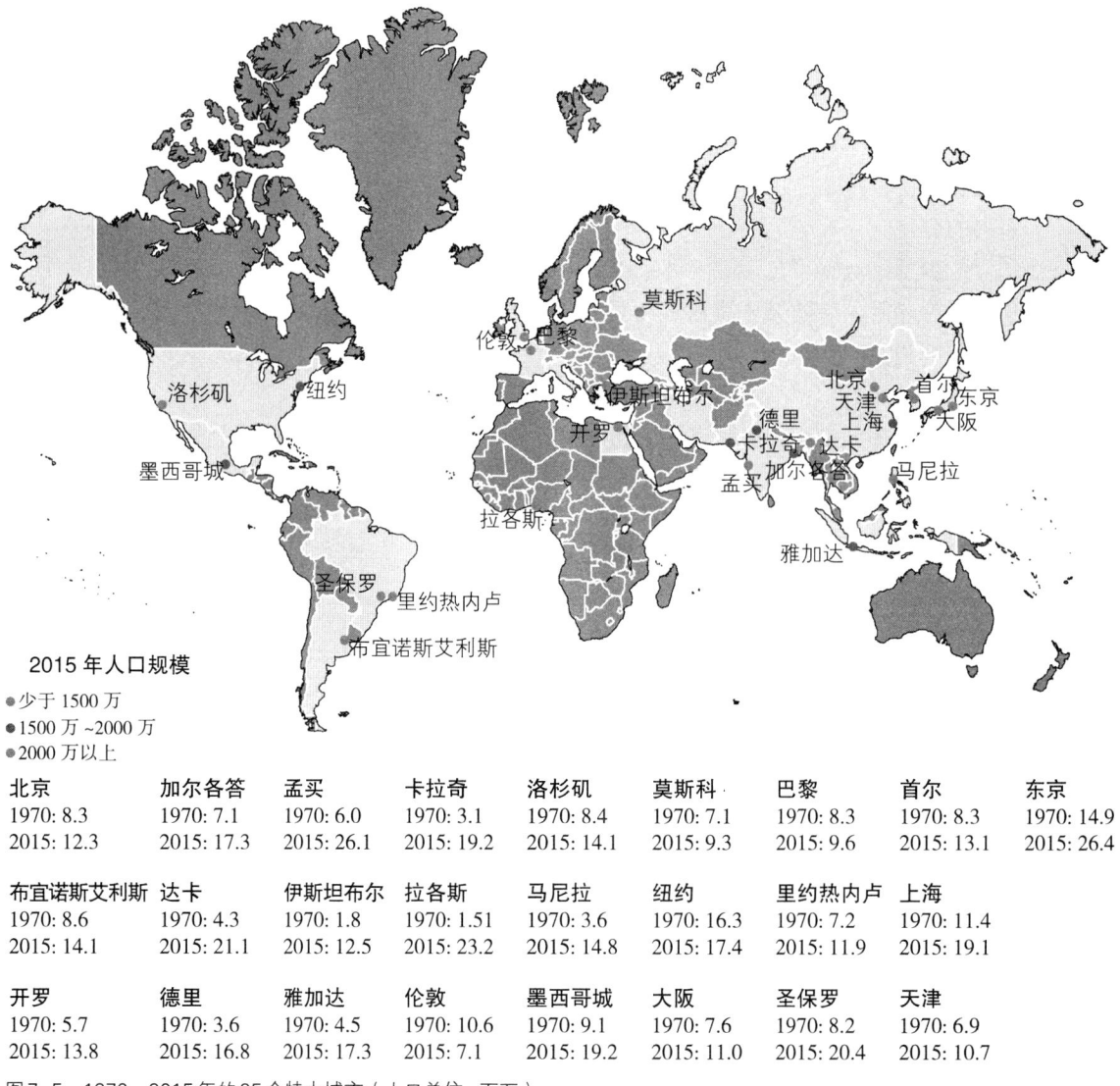

2015 年人口规模
- 少于 1500 万
- 1500 万~2000 万
- 2000 万以上

北京	加尔各答	孟买	卡拉奇	洛杉矶	莫斯科	巴黎	首尔	东京
1970: 8.3	1970: 7.1	1970: 6.0	1970: 3.1	1970: 8.4	1970: 7.1	1970: 8.3	1970: 8.3	1970: 14.9
2015: 12.3	2015: 17.3	2015: 26.1	2015: 19.2	2015: 14.1	2015: 9.3	2015: 9.6	2015: 13.1	2015: 26.4

布宜诺斯艾利斯	达卡	伊斯坦布尔	拉各斯	马尼拉	纽约	里约热内卢	上海	
1970: 8.6	1970: 4.3	1970: 1.8	1970: 1.51	1970: 3.6	1970: 16.3	1970: 7.2	1970: 11.4	
2015: 14.1	2015: 21.1	2015: 12.5	2015: 23.2	2015: 14.8	2015: 17.4	2015: 11.9	2015: 19.1	

开罗	德里	雅加达	伦敦	墨西哥城	大阪	圣保罗	天津	
1970: 5.7	1970: 3.6	1970: 4.5	1970: 10.6	1970: 9.1	1970: 7.6	1970: 8.2	1970: 6.9	
2015: 13.8	2015: 16.8	2015: 17.3	2015: 7.1	2015: 19.2	2015: 11.0	2015: 20.4	2015: 10.7	

图7-5 1970—2015年的25个特大城市(人口单位:百万)

资料来源:United Nations, 1995, www.megacities.nl/top_15/topworld/.html; *The Economist*, April 29, 1995, p. 122; *World Development Report 1994*, pp. 222–23; and www.jhuccp.org/pr/urbanpre.stm.

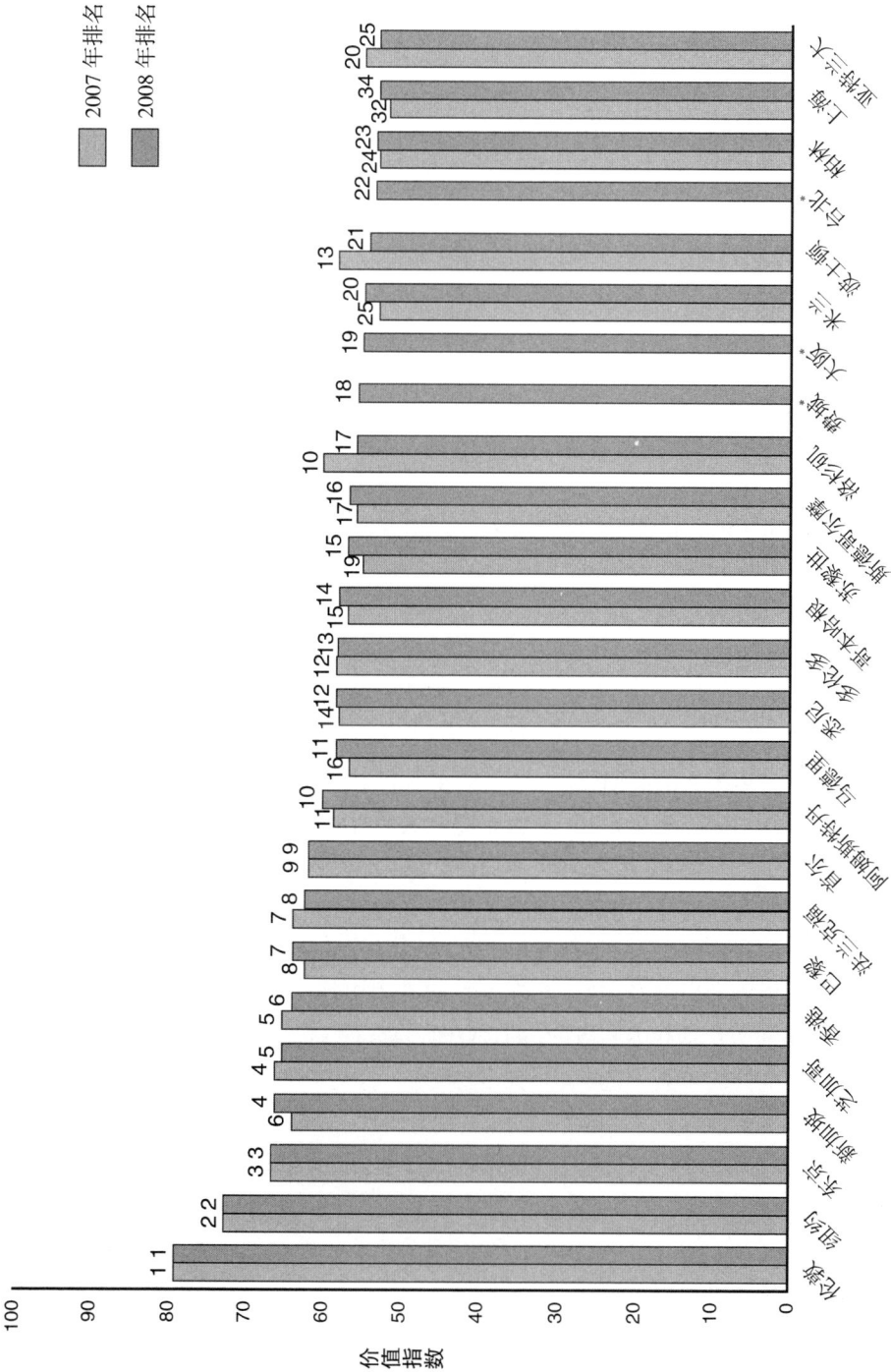

图7-6 全球排名前25位的商业中心

* 指未进入2007年研究排名。

资料来源：Mastercard Worldwide, *Worldwide Centers of Commerce Index, 2008*, http://www.mastercard.com/us/company/en/insights/pdfs/2008/MCWW_WCoC-Report_2008.pdf（accessed June 18, 2008）.

虽然技术学校毕业的机器操作人员数量对财务总监没什么用，但制造工厂的人事经理却非常注重这些数据。管理者不仅需要公司所在行业的数据，而且还需要向公司供货和购买公司产品的相关行业的数据。后面的微型多国公司专栏，"利用互联网进行经济调研"，列出的来源可能有助于获取这类数据。

虽然行业研究通常由公司的经济学家或行业协会完成，但公司也可以向独立研究组织购买它们，如Fantus（纽约）和经济学人智库（伦敦）。政府机构、商会和行业刊物（如《广告时代》）也会发布行业研究报告。许多跨国银行会发布包含有用经济数据的免费电子刊物。

小 结

陈述经济分析的目的。

为了了解最新的经济发展和为将来作计划，公司会定期评估和预测地方、州和国家层面的经济形势。当公司进入国际市场时，由于管理者现在必须在两种新环境（国外和国际）中开展经营活动，经济分析会变得更为复杂。我们还有更多的经济体要研究，而这些经济体通常差异很大。

根据国家经济发展水平和发展中国家的共同特点区分不同的类别。

管理者在开展国际商务活动时遇到的市场，其经济发展水平与他们在国内商业环境中遇到的有着巨大差异。一个国家的经济发展水平会影响商业的各个方面，而我们通常根据经济发展水平对它们进行分类，如发达、发展中、新兴工业化国家。发展中国家的共同特点，包括不平均的收入分配、技术和区域二元论、大量从事农业的人口、高人口增长率、高文盲率、缺乏教育和低储蓄率。

讨论国家的经济维度和社会经济维度以及用于评估它们的不同指标。

公司不同的职能领域需要大量有关经济和社会经济因素变化程度和变化速度的数据。其中，更为重要的经济维度包括：GDP、GNI、收入分配、个人消费支出、私人投资、单位劳动力成本和金融数据（如汇率、通货膨胀率、利率和一个国家的外债总额）。主要社会经济维度包括：总人口、人口增长率、年龄分布、人口密度和人口分布。

讨论一国的消费模式的重要性和购买力平价的意义。

营销人员必须知道消费者分配他们的可自由支配收入的方式，因为这部分钱会用来购买他们的产品。他们还必须利用购买力平价（PPP）来了解一个国家的真实购买力。如果一个国家由于GNI太低而无法成为一个有活力的市场，那么在将基于市场汇率的GNI转换为基于PPP的GNI时，该国的消费者可能会拥有一部分可自由支配的购买力。

解释各国劳动力成本的差异程度。

时薪，尤其是在以美元计算时，变化非常快。主要是受到以下三个因素的影响：薪酬的实际变化、生产率的变化和汇率的变化。

讨论某些国家大笔外债对商人的意义。

大笔外债可能表明政府将对本国的企业实

行汇率管制。如果该国的大部分出口收入都用于偿还外债，剩下的可供该国公司用于进口原材料、产品部件和生产设备的资金将非常少。政府可能会实行价格和薪酬控制。公司也可以购买部分贴现债务，从而获取汇率有利的当地货币。

问题讨论

1. 经济预测会对公司的职能领域产生什么影响？如果管理层通过经济分析了解到A国明年的工资率将提高10%，公司的哪个职能领域将受到影响？这为何成为管理层的顾虑？

2. 发达国家和发展中国家在特征上有哪些差异？

3. 一个国家的经济发展水平对营销人员有什么重要性？

4. 使用人均GNI和人口密度时遇到的常见问题是什么？

5. 什么是地下经济？对于管理者而言，地下经济的存在和发展水平为什么重要？

6. 什么是购买力平价，跨国公司的管理者为什么要关注它？

7. 对于跨国公司的营销人员而言，收入分配为什么重要？

8. 如果公司的德国子公司所属的服务行业协会可能启动一项能够将德国人的年服装支出提高1%的促销计划，那服装行业的总销售额将增加多少？

9. 2006年，意大利的平均劳动力薪酬成本为25.07美元（约合19.96欧元），而1995年的平均劳动力薪酬成本为16.52美元（约合26,911里拉）。

　a. 按美元计算，增加或减少的百分比是多少？

　b. 致使当地1995年和2006年的工资率存在巨大差异的原因是什么（提示：欧元对里拉）？

10. 一家在土耳其设有子公司的大型跨国公司聘请的经济专家向该公司的首席财务官提交了一份有关土耳其外债情况的报告，参见表7-7。首席财务官可能会担心什么？

11. 什么是用于评估经济发展的人类需求方法？联合国发展计划署用来实施国家人类需求评估的人类发展指数的要素有哪些？

12. 进口替代战略致使一个国家的政府更加注重它们的出口鼓励政策，因此引发的问题有哪些？

13. 出生率下降使欧洲政府和日本政府面临什么问题？

14. 对于跨国公司而言，发展中国家人口从农村向城市转移的趋势意味着什么？

15. 选择一个国家和一种产品，从经济维度和社会经济维度评估该产品的市场潜力。你还应当调查哪些其他环境力量？

讨论经济发展（不仅仅包括经济增长）的新定义。

人类需求方法将经济发展定义为减少贫穷、降低失业率和减少收入的不平均分配。

案例分析 7-1　Galawi 的发展政策的影响

Industrias Globales 公司的总裁阿曼多·苏亚雷斯和公司的国际业务总监佩德罗·加西亚正在讨论 Galawi 的财政部长今天发表的一项声明。

苏亚雷斯：佩德罗，你听了部长今天对发展战略修改建议发表的评论吗？

加西亚：是的，我听了，而且感到担心。我们花了大量的时间和金钱来计划进入 Galawi 市场，如果政府实行新的经济战略，我们将不得不改变我们的工厂设计，计划生产不同的产品系列，并且彻底改变我们的营销计划。

苏亚雷斯：这显然比我想的要严重。他们的发展战略从进口替代变为出口鼓励会对我们产生什么影响？

加西亚：总裁，冷静点，别激动。我会解释每一种战略以及这一变化将会如何对我们在 Galawi 的整个启动计划产生什么影响。顺便说一下，我们在 Galawi 的竞争对手也不得不改变他们的计划。

假设你是佩德罗·加西亚。

1. 向总裁介绍这两种战略。
2. 解释发展战略的变化如何以多种方式对公司造成影响。
3. 公司必须对市场进入计划作出哪些改变？

第 8 章　政治力量

愚蠢从来不是政治的障碍。
——拿破仑·波拿巴

阅读本章后，你应该能够：

1. 确定影响商务的意识形态力量，了解讨论它们时所使用的术语。
2. 讨论这一事实：虽然大多数政府拥有企业，但它们正逐渐将其私有化。
3. 诠释恐怖主义不断变化的根源和原因，以及恐怖分子采用的方式及其不断增长的力量。
4. 说明出行的国际企业高管应当采取哪些措施以保护自己免于恐怖分子的伤害。
5. 评估政府稳定与政策连续性对商务的重要性。
6. 解释国际商务的国别风险评估。
7. 讨论实施贸易限制的争论。
8. 解释两种基本的进口限制：关税和非关税贸易壁垒。

塑造和重塑一个国家

2008年2月,一个新的国家——科索沃,前身为塞尔维亚的一个省份,诞生了。作为将这个国家标示"在地图"的一种方式,奥美广告公司制作了一件高10英尺、长79英尺、厚3英尺的金属雕塑,写着"NEWBORN"(新生)。在国家成立的那天,市民们在这几个大字上签名。现在它已成为新首都普里什蒂纳的标志之一。

几乎在同一时间,在世界的另一个地方,以色列也在孜孜以求地"重塑"自己的国度。以色列成立已近60年,为了吸引更多的游客,它正在努力重塑一个"富于生活气息的旅游地"的形象。以色列的公共关系问题非常糟糕。除伊朗外,它是世界上公众认可度最低的国度。所以,以色列除了在男性杂志 Maxim 上发起"以色列军队中的女人们"的活动外,还在 MySpace 和 Facebook 上创建了国家站点,并建立自己的博客 Israeli.org。这些都是为了改变人们对以色列的军事化和宗教化印象,塑造"人文印象"。而在科索沃,几乎所有的国家概念都有待重建。此外,它还必须摆脱多年来一直折磨这一地区的暴力行为。

资料来源:"Anholt National Brands Index," http://www.nationbrandindex.com/(accessed June 9, 2008);David Kaufman, "Best Face Forward: How Israel, Approaching Sixty, Is Rebranding Itself to Attract More Visitors," *AdWeek*, March 17, 2008, pp. 20-21; Eleftheria Parpis, "Creative Change Agents," *Adweek* pp. 46-47,(accessed May 26, 2008)。

一个国家的政治面貌与这个国家的地貌、自然资源和气象气候一样,以各种方式影响着商务的运作。确实,一个友好稳定的政府能克服诸多地理或气候障碍或自然资源稀缺问题,鼓励和吸引商务投资和增长。反之亦然。世界上一些相对富有自然资源和具有良好地貌和气候的地区,却由于政治不稳定而发展滞缓。偶尔,一个国家的政府会不欢迎海外企业在其境内投资,即使它们可能提供资金、技术和培训以发展该国的资源和人民。

国际商务必须面对众多政治力量,除了意识形态,还包括很多其他来源。这些来源包括民族主义、恐怖主义、社会敌视、不稳定的政府、国际组织以及国有企业等。

国际企业本身也能成为一种政治力量。一些企业的预算或销售比与其谈判的某些国家的国民生产总值(GNP)还要大。虽然预算和GNP并不能直接转换成权力,但显而易见的是,如果企业拥有较大预算,或国家拥有较高GNP,它们就能在谈判中掌控更多资产和优势。

本章介绍私有企业面临的几种风险。如我们所见,有些风险可能来自多种政治力量。我们还将了解政治力量深刻影响国际贸易的某些方式。

8.1 意识形态力量

共产主义、社会主义、资本主义、自由、保守、左翼、右翼这些名称被用于描述政府、政党和人民。这些名称表明了意识形态信仰。

资本主义

资本主义的理想是所有的生产要素都应由私人拥有。在理想的**资本主义**（capitalism）里，政府功能应限制在那些私有部门无法执行的领域。包括国防、政治、消防和其他公共服务，以及政府与政府之间的国际关系等。

这样的政府根本不存在。现实中所谓的资本主义是非常复杂的。这些国家的政府通常密切地管理着私有企业，而且它们也有自己的企业。

法规和繁文缛节　在所有的资本主义国家，所有的企业都必须在它们的活动中遵守政府法律、法规和那些繁文缛节。从事某些职业如法律和医药，还必须获得政府许可。还有相应的法律法规在管理银行、保险、交通和公共事业。州政府和当地政府要求营业执照，对于建筑物和区域有各种使用规范。

社会主义

社会主义（socialism）提倡政府拥有或控制基本的生产、分配和交易手段。利润不是社会主义的目标。

事实上，所谓的社会主义政府的行为经常与这些信条不一致。最令人震惊的例子之一是新加坡，它虽然自称是社会主义国家，但事实上却相当资本主义化。

欧洲的社会主义　在欧洲，社会主义政党在几个国家曾执政，包括英国、法国、西班牙、希腊和德国。在英国，工党——社会主义者如此称呼他们的政党——曾经国有化一些基本行业，如钢铁、造船、煤矿和铁路等，但他们并未就此深入。一个大胆的工党左翼派曾提倡国有化英国所有的主要行业、银行以及保险公司等。

德国人使用"社会民主党"一词来描述他们的社会主义政党。社会民主党正与基督教民主党组成联合政府。法国和西班牙的社会主义政府曾进行过国有企业私有化运动；这些运动都不符合社会主义信条。事实上，由于资本主义和社会主义似乎都不够完美，"结合主义"或"共同决策"一词被用来描述西欧资本主义和社会主义混合的状况。

发展中国家的社会主义　发展中国家通常自称它们是某种程度的社会主义国家。政府通常拥有和控制着许多生产要素。缺乏资本、技术、熟练管理人员和劳动力是发展中国家的特点，发达国家和国际组织常通过发展中国家的政府来提供帮助。同时，许多发展中国家的受教育公民倾向于在政府工作或与政府建立关系。而政府则可能拥有或控制着主要的工厂或农场。

无论政府的政治标签是什么，大多数政府会允许并寻求资本投资。尤其是发展中国家寻求的优势不得不依靠私有资本才能现实时，比如为人们创造更多工作、新技术、熟练的管理和技术人员以及出口机会等。

保守派或自由派

谈到意识形态，我们不得不提到保守和自由，它们是常用词语。在美国，政治上的**保守派**（conservative）是指一个人、团体或政党希望最小化政府活动、最大化私有企业和个人的活动。保守有时类似于**右翼**（right wing），但在美国和英国，后者通常更激进。

例如，英国的一个主要政治党派保守党，其中就有一小部分右翼分子。

此外，保守派的意义也会因应用环境而所有差别。例如，随着东欧国家从计划经济转向市场经济，从专制转向民主，那些试图妨碍、阻止或逆转这一趋势的个人、团体则被称为保守派。这些人怀念政府掌握和管理一切的"美好时光"。美国和英国的保守派则截然不同，他们希望政府尽量少参与经济活动。

在美国，**自由派**（liberal）一词现在有着与19世纪完全相反的含义。它现在指倡导政府参与经济和管理或掌握企业的个人、团体或政党。自由派和**左翼**（left wing）含义相似，但后者更激进，更接近社会主义。

美国独有 这一用法仅局限于美国。

> 笔者之一与一位意大利律师在罗马享用午餐时聊到了政治。这位意大利人宣称他自己是自由派，而作者以美国的意义来理解他。随着谈话的深入，作者发现他理解错了。这位律师是自由党的成员，意大利政治谱系中接近右翼的一个政党。

我们并不想强调保守派、自由派、右翼和左翼这些标签的重要性。首先，个人和组织会随时间而改变，或者当他们发觉投票者的情绪改变时，他们也会随之改变。这些标签太过单纯甚至天真，事实远比这复杂。然而，我们还是要介绍它们，因为在讨论国际事务时需要用到这些概念，也因为右翼政府与左翼政府有不同的政治力量。商务人士必须尽其全力影响这些政治力量，预测它们，及时对它们作出反应。

"左翼"和"右翼"使用的例子在现代国际政治报道中处处可见。下面是一些摘录自新闻报道文章中的文字，"右翼联盟自信将在法国大选中获胜"，"若斯潘先生的突然退出给左翼领导层造成了真空局面"。无论是左翼还是右翼政治宣传组织，它们的规模和权力不断增长。一个调查显示，这样的组织在美国仅以字母"A"开头的就有约60个。它们在欧盟和其他国家的权力走廊中都同样具有影响力和权力。更鲜为人知但却同样重要的是，这些组织会提起能影响到未来几年司法判决的诉讼先例。这些法庭判决，以及因这些组织游说而立的法规，极大地影响着各个层面的经济活动。

8.2 国有企业

有人可能认为政府拥有生产要素的情景只存在于共产主义或社会主义国家，但其实不然。从不认为自己是共产主义或社会主义的国家政府也拥有企业。政府所有的行业以及所有权程度因国而异。

企业为何被国有化

政府向企业伸手的原因众多，有些原因重叠交错。其中一些是：(1) 从企业中抽取更多金钱——政府怀疑企业隐瞒利润；(2) 有利可图——政府认为它们能更好地经营企

图8-1 计划者和企业投资者——为何他们不能合作?

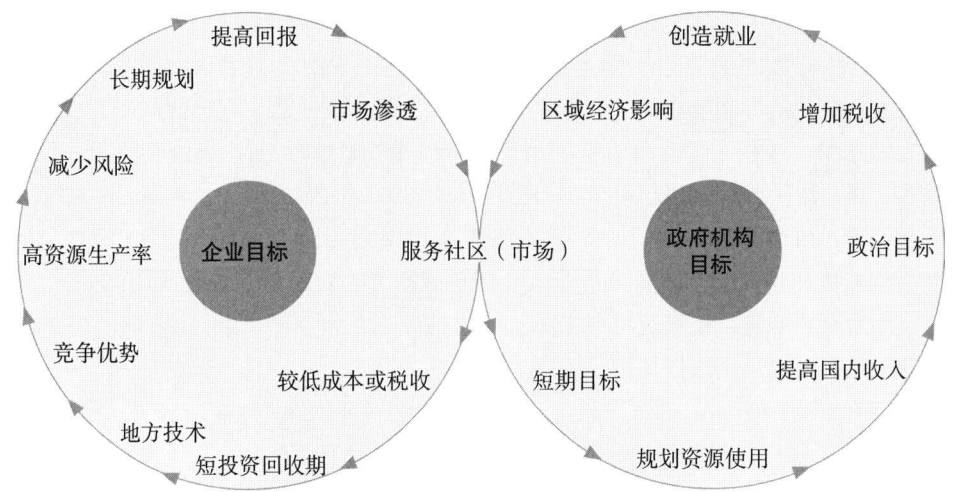

资料来源：Reprinted from *Long Range Planning*, Vol. 3, No. 1, Vichas et al, "Public Planners and Business Investors," p. 83. Copyright ©1981, with permission of Elsevier Science.

业，能产生更多利润；(3)意识形态——使得政府国有化某些行业，如英国、法国和加拿大；(4)保持就业——为了维持就业，努力维护那些行将衰落的行业；(5)由于政府在某些企业或行业里投入了资金，控制也自然随金钱而来；(6)意外事件，"二战"后德国人在欧洲拥有的企业被国有化。

不公平的竞争？

当国有企业与私有企业竞争时，私有企业有时会抱怨国有企业不公平地占有各种优势。这些抱怨包括：(1)由于国有企业无需考虑利润，它们可以不公平地降价；(2)它们能获得更低的融资成本；(3)它们能获得政府合同；(4)它们能获得出口便利；(5)它们能利用政府支持来控制薪酬成本。

相对于私有企业，国有企业享有的另一个优势是直接补贴：政府给予这些企业的资金。欧盟委员会正在努力遏制这些补贴。多年以来它们都要求国有企业递交年度财务报告，以此控制扭曲竞争的补贴行为。

国有—私有企业合作的困难

私有企业与政府机构的目的和运作方式通常不尽相同。图8-1诠释了部分差别。

8.3　私有化

英国前首相玛格丽特·撒切尔（Margaret Thatcher），是**私有化**（privatization）运动的主要领导人。在她执政的11年里，撒切尔将英国国有企业占GNP的比重由10%降至仅占3.9%。她出售了30多家企业，所涉金额高达650亿美元。一个更早的例子是智利。

从1975年至1989年，皮诺切特（Pinochet）卖掉了160多个企业、16个银行和3,600多个工农业场、矿场和房地产中的政府股份，其中还不包括返还前总统萨尔瓦多·阿连德（Salvador Allende）在职期间征收的房地产。

机场、垃圾场、邮政服务，还有……

例如，洛克希德公司（Lockheed）运营加利福尼亚的伯班克机场数十年，继而进军海外。洛克希德以所有者或管理者身份经营或投标经营加拿大、俄国、土库曼斯坦、澳大利亚、土耳其、匈牙利、阿根廷和委内瑞拉的机场。休斯飞机公司经营着特立尼达和多巴哥的机场，在乌克兰完成了前期研究，以升级该国的机场。

阿姆斯特丹的史基浦机场（Schiphol Airport）的管理层也发现管理外国机场是不错的业务。史基浦机场集团管理着纽约、布里斯班和澳大利亚的机场。

一项研究发现纽约卫生局需要花费40美元来处理一吨垃圾，其中人工费为32美元。而私有企业却只需花费17美元（其中人工费为10美元）。

一些国家也在私有化它们的邮政服务。德国邮政集团已成为成功私有化的一个典例。日本的邮政体系也在2007年开始了私有化进程。日本邮政持有超过3万亿美元的个人储蓄和保险，所以它不仅仅包含邮政服务。

1997年，莫桑比克政府引进了英国皇家代理公司来管理其海关行业。由于这一公共部门薪资低廉，贿赂极度盛行。皇家代理公司设立了反走私团队，快速而成功地阻止了香烟、白酒、电子产品、肉类食品、炼乳和酸奶的走私。

中国也开始鼓励国有企业多元化其所有权。私人和海外投资者都可以持有股份。早在2006年，首次公开募股（IPO）、合并与收购（M&A）以及私有化指数已开始出现在中国炙热的经济中。

非洲在私有化进程中也没有落下。我们先前提到过莫桑比克。人口最多的非洲国家尼日利亚，也在与《非洲商业》杂志合作，鼓励私有化。

工业和商业企业私有化以后，银行部门发现它们的偿付能力和稳定性提高了。私有企业能更快地提高它们的利润，使得银行的贷款组合也得到了明显的改善。

私营业主经营良好，但美国人仍需通行证

虽然私有化在全球是一种炙手可热的政治潮流，但在美国这一趋势却并不明显。

幸运的是，美国投资者可以通过购买共同基金来获得全球新近私有化的企业的股票，他们可以通过这种方式来参与这一趋势。

私有化遍地开花，形式多样

私有化并不总是指将所有权从政府转移给私有实体。先前由政府实施的活动也可以通过合同外包的形式转移，如莫桑比克将其海关管理合同外包给英国的公司，泰国的一些私有企业也在经营着一些国有铁路的旅客列车。

即使是失业服务也可以私营化。澳大利亚是这方面的领先者，它发现教会团体是最

图 8-2 各地区的私有化

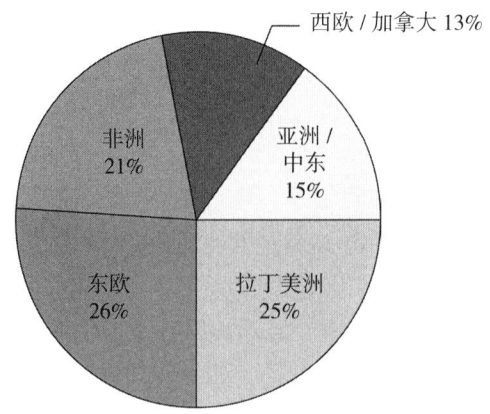

资料来源："Privatization Worldwide Summary," prepared for the Transnational Corporations and Management Division of the United Nations. Used here by permission of the author, Michael S. Minor.

成功的就业代理机构。这些团体获得了利润可观的政府合同，这些以社区为基础的慈善机构在帮助长期失业人员就业方面比一般团体的效果好25%。

图8-2显示了不同地区的私有化状况。除美国以外，百分比数字的和为100%；该图表明美国联邦政府和州政府都较少参与私有化趋势。

超级碗：政府与私人

这里有一个鲜明的对比。英格兰的保守党政府于1989年私有化了供水业。从1989年至今，英格兰的供水业已转移到私营企业之手，但隔壁的苏格兰仍是政府所有和经营。

苏格兰家庭的水费在此期间增加了94%，而英格兰只涨了22%。苏格兰一个中型办公室支付的水费是英格兰的16倍。相对于英格兰，苏格兰不仅水价在飙升，而且水质和服务也在恶化。苏格兰水质较差，而且下水道受到污染，它们的管道漏水情况是英格兰的两倍多。

现在苏格兰正在迈向私有化，但直到2006年，水费一直未能下降。在下调水价之前，苏格兰供水必须花费10亿英镑来更新机械、管道和下水道。

8.4 政府保护

政府的一个历史职能，不论其意识形态，是在其地理区域内保护经济活动——农业、采矿业、制造业等。这些活动必须受到保护，以免受到土匪、革命者、外国侵略者或恐怖分子的攻击、破坏或抢劫。1990年，伊拉克军队入侵科威特时，迅速压倒了这一小国的保卫者。

一个联合国认可的国际联盟为中东动员并输送了武装部队。1991年初，他们发起了代号为"沙漠风暴"的短暂战争，迫使伊拉克军队退离科威特，不过伊拉克人在撤退时放火焚烧了数以百计的科威特油田。

这场战争的后果展现了政治对企业的影响。为了感谢美国领导的"沙漠风暴",科威特和其他海湾合作委员会国家——沙特阿拉伯、卡塔尔、巴林、阿拉伯联合酋长国和阿曼购买了约360亿美元的美国武器。但在1997年向科威特出售72枚自行榴弹炮的竞争中,虽然美国公司的产品被广泛认为更优秀,但却被一家中国公司击败。科威特官员在私下说,他们购买中国产品的原因与产品范围、价格、精准性无关,只和政治有关。原因似乎是中国将在联合国暂不延长对伊拉克的贸易制裁,除非科威特给中国公司约3亿美元的订单。

恐怖主义

自20世纪70年代以来,**恐怖主义**(terrorism)一直困扰着世界。各种团体劫持飞机,袭击和绑架个人,实物轰炸。在70年代和80年代,意大利的企业和政治家遭受了尤为严重的恐怖暴力活动。恐怖团伙在1975年到1982年之间,几乎毁灭了意大利政府的执政能力。然而,意大利政府建立了一支25,000人的强大反恐部队,成功反击了恐怖分子。2008年,梵蒂冈的安全服务部门成立了自己的反恐机构。

与此同时,恐怖主义对于受过教育、理想主义的意大利青年的吸引力正在减退,而他们曾经是这些恐怖主义团伙招募的主要来源。随着它们的声望衰退,恐怖团伙中开始有许多叛逃者。由于这些年轻的意大利人开始醒悟,恐怖头目转向更传统的犯罪。他们开始与黑手党加强合作,这让意大利当局越来越担心。意大利银行警告说,黑手党曾威胁说要攻击意大利的金融体系。

2001年9月11日 2001年9月11日,恐怖分子大规模袭击了美国,造成大量死亡。他们劫持了刚从华盛顿特区、波士顿和纽瓦克的机场起飞的4架美国客机。其中两架撞击了纽约的世界贸易中心的双塔并坠毁,一架撞向弗吉尼亚州华盛顿特区的五角大楼。第四架飞机的劫机者被乘客控制住,飞机在宾夕法尼亚州坠毁。总而言之,数千人因此丧生。

美国的机场和边境安全、移民政策、学生签证以及如核电厂和政府设施等敏感地区的安全都有了各种改变。国会批准了一个新的内阁级别的政府机构:国土安全部,它结合了许多机构的活动,多方面打击恐怖主义。国土安全部拥有20多万雇员。

全球的恐怖主义 "基地"组织绝不是世界上唯一的恐怖组织。其中较为著名的团伙还包括爱尔兰共和军(IRA)、哈马斯和其他伊斯兰原教旨主义团伙、巴斯克分离主义运动(ETA)、日本赤军、德国红军派以及拉丁美洲的各种恐怖组织。

政府资助的恐怖主义:一种战争行为 一些国家资助、训练并保护恐怖分子。1986年,英国法庭宣判一名巴勒斯坦人有罪,他试图在一架以色列艾拉747飞机上走私爆炸物(隐藏在他怀孕女友的行李中)。他打算在从伦敦飞往特拉维夫的航班中在奥地利上空引炸。据审讯透露,炸药的材料是通过叙利亚政府航空公司的叙利亚外交邮袋带入伦敦的;叙利亚大使许可甚至直接操作了此事。国际法规定,政府采取行动以破坏或打击另一个国家是一种战争行为。美国国务院已经确定了提供财政、赞助并训练恐怖分子,为他们提供避难所的几个国家。这几个国家包括古巴、伊朗、苏丹和叙利亚。

绑架勒索 绑架是恐怖分子使用的另一种武器。受害者通常被绑架并被勒索大量的赎金，这为恐怖分子提供了一个重要的资金来源。据估计，每年有8,000至10,000起勒索和绑架案，绑匪带回家的赎金高达5亿美元。一个从事企业风险咨询公司的FAQ（常见问题）列表指出，大量赎金的重量也很惊人——混合了20美元、100美元钞票的100万美元重约66磅。

支付赎金适得其反 然而，人质交易正在迅速增加。2000年发生在菲律宾的一次著名的人质交易解释了其中的原因。

利比亚的穆阿迈尔·卡扎菲（Muammar Qaddafi）上校为了摆脱该国贫贱的地位，买了几个伊斯兰土匪在菲律宾绑架的西方人质来。赎金价格约100万美元。绑匪显然吸取两个教训：绑架少量人质不会招来军队，绑架更多人质则会让钱财滚滚而来。收到赎金后的几周之内，菲律宾绑匪购买了新的武器和一艘新快艇，用它们绑架更多的人来

图8-3　出行之前

安排好你的个人和法律事宜

- 除了需要知道的人，不要将你的旅行计划告诉其他任何人。这不是歇斯底里的偏执，这是良好的纪律。如果一位来自迈阿密渔船上的业务主管在古巴渔工的面前讨论他即将进行的中美洲之旅，他可能会发现他在中美洲停留的时间比原计划长很多。

- 对所有文件和企业身份进行保密。所有公文包和行李上的公司标志和标识都应去除。使用姓氏或者你起的假名来标识这些东西就足够了。如果你的名片上印有CIA（国际注册内部审计师），那么这样的首字母缩写词应该去掉。可以提前邮寄或传送业务需要的文件，使它们提前到达。如果出差任务来得突然，或者没有公司办公室来接收文件，将它们携带在你的行李中。切勿随身携带任何企业标识或文件。除了签证和护照，珠宝手镯或标有姓名、社会安全号码和血型的挂件类ID就是你在差旅途中需要的唯一标识。

- 通过你的公司和其他公司寻找一位曾在你差旅目的国办理过业务的人。联系此人，多向其了解相关文化习俗和该国的政治氛围。然后阅读百科全书，或去图书馆了解所有相关主题。

- 如果你的公司没有指定的人员来协调和监督海外差旅，联系相关管理机构查看是否有人了解目的国的地点、时间和差旅情况。应当告知你家人此人的姓名和电话号码。

- 公司应为所有需要进行海外业务的人员设立代码。如果没有设立代码，至少也应当设计一个简单的代码系统，以方便在特殊情况下进行交流（如在绑架你的恐怖分子的视频上）。公司和你的家人应当知道代码。

- 让你的公司购买一本由政府印制的国务院电话簿。可以使用它来联系相关部门，进行出行前查询（业务情报）。一旦公司雇员不幸被绑架，在危机管理中绝对需要用到它。

资料来源：Reprinted with permission from the October 1986 issue of *Internal Auditor*, published by the Institute of Internal Auditors Inc.

出售。根据一项全球范围的恐怖主义调查显示，菲律宾团伙被认为与"基地"组织有联系。它自称阿布·沙耶夫（Abu Sayyaf）。

行业对策　赎金支付保险、反恐学校、与绑匪谈判的公司应运而生。保险被称为KRE（绑架、勒索和敲诈），它可以为受害人及其家人支付赎金、专家谈判费用、人质工资，并提供咨询。CEO们的安全费用可高达每年170万美元，如甲骨文公司董事长拉里·埃里森（Larry Ellison）；瓦莱罗能源公司主席的家庭报警监控服务为239美元。

图8-4　抵达以后

- 首先，放慢脚步。给自己留出时间去思考和判断。你不是在美国。美国商人典型的匆忙步伐只会让你在这里惹上麻烦。

- 不要掉以轻心。让自己即使在黑暗中也可以找到电梯和楼梯。

- 熟悉你的房间。找到窗户和门，检查它们，看看是否锁定，或者是否可以被锁定。如果你对你的房间不满意，换一个房间或换一个酒店。记住，如果你换了酒店，让公司和你的家人知道。

- 不要在你的房间或通过电话进行任何业务。其原因是显而易见的。

- 只要有可能，由你来安排商务会面和地点。如果无法实现这些，请与你的联系人确定原定的会议地点是否安全……请记住，并不是与你进行业务的人对你有危胁（除非你是一家大型企业高管，而且大家事先已知）；危险的是你正成为某些人的监控对象。

- 当你移动时你是最脆弱的，尤其当你的行动路线可以预测时。改变行动时间和方法。无论你使用的是公司提供的汽车和司机或的士，当你进入和离开酒店时请使用不同的出入口。如果你使用的是公司车辆或租用的车辆，只要你心情突然变化，就请换乘其他车辆。始终相信你的直觉。

- 始终注意你周围的环境，对周遭保持警觉。如果恐怖分子在跟踪你，并意识到你可能发觉这一事实，他们就可能考虑袭击你的风险成本是否会太高。恐怖分子不仅只会潜伏在街头等待他们可以袭击的人。他们会花费很多时间，进行大量工作来观察潜在目标。然后，他们会选择攻击成本最少的目标。保持警觉能让你成为更困难的目标，也更能增加一种可能性——让恐怖分子认为你已通知或将通知有关当局。

- 避免被偷拍。

- 不要回应电话查询，或你遇到的、出于兴趣想了解你更多的人，无论他们显得多么无辜或真诚。巧妙地回避他们。

- 避免夜间行动，但如果你必须行动，永远不要选择步行。在任何地方任何时候都不要步行，这是最好的原则；但如果不能避免，请特别注意是否被监视，并尽量留在人多拥挤的地方。

- 阅读报纸，保持与国内的联系，每天都进行联系以了解政治氛围指标。

- 尝试并尽可能适应当地人的着装和举止。这不仅能帮助你融入当地，也会让人更难以注意你。

资料来源：Reprinted with permission from the October 1986 issue of *Internal Auditor*, published by the Institute of Internal Auditors Inc.

由于针对企业和政府机构的绑架和勒索日渐增多，针对此类行为的保险已经发展成为一个上千万美元的生意。世界上最大的绑架和勒索承保公司位于伦敦。卡西迪和戴维斯公司（Cassidy and Davis）是伦敦劳合社的保险商，他们说其业务已涵盖了约9,000家公司。该公司并不坐视和等待客户提出索赔。它为执行官们开设反恐培训课程，从防卫性驾驶技术——逃逸战术和突破封锁至危机管理等。使用国际计算机连接，可立即访问各个国家的风险分析。

图8-3和8-4列出了高管们在有被绑架危险的国家出差的注意事项。图8-3是在离开本国前应完成的事宜；图8-4讨论在东道国该如何行动。

美国有各种反恐监视检测和逃离驾驶培训。国际培训公司（ITI）提供培训，每年教约5,000名学员如何阻挠潜在刺客和绑匪。学员是公司高管和高收入个人。为了提高你驾驶培训的成功率，你还可以强化你的汽车。例如，Centigon公司提供四个级别的装甲车辆保护：手枪、突击步枪、穿甲弹以及简易爆炸装置和爆炸保护装置。

哥伦比亚现在已没有那么危险了。一方面，委内瑞拉总统查韦斯在2008年撤销了他对哥伦比亚游击队组织革命武装力量的支持。此外，总统阿尔瓦罗·乌里韦·贝莱斯自2002年上任以来已将哥伦比亚的谋杀率降低了40%。

核恐怖主义 由于前苏联核设施的安全标准疏漏，铀可能被偷走，它们常被走私并出售给未经授权的买家，如恐怖分子。北约将它形容为自冷战结束以来最大的国际安全威胁。

国际刑警组织，即国际警察机构，已成立了一个来自24个欧洲国家的警力的专门小组，但走私仍在继续。国际刑警组织正在对付极严重的30个案件，但这可能只是冰山一角。有些案件涉及多达250公斤武器级铀，其他案件可能涉及更多。7公斤这种铀就足以制成一枚核弹。

化学和生物恐怖主义 1995年，奥姆真理教在东京地铁发动了神经毒气袭击，造成12人死亡，5,500人受伤，其中许多人遭受了严重的神经损伤。据说炸弹输送系统出了故障，使得其他数千人免受伤亡。沙林神经毒气曾在东京地铁袭击中被使用。沙林毒气的化学信息可在互联网上查找到，恐怖分子可以学习它并借此对任何地方进行威胁。

8.5 政府稳定性

可以从两个方面考虑政府**稳定性**（stability）。政府或者保证自身的权力稳定，或者保证政策的稳定性或持久性。可以说政策稳定的——或者至少政策变化是逐步进行的——稳定政府最能促进企业（实际上包括几乎所有的农业、商业和金融活动）的繁荣。不稳定可能由革命、国外入侵或种族冲突造成。

稳定性和不稳定的案例和结果

黎巴嫩的不稳定 这是一个繁荣国家从秩序变为混乱的例子——从稳定变成**不稳定**

(instability)——它说明了这种情形对商业和金融造成的影响。1974年前，黎巴嫩作为中东的贸易、银行、国际公司区域总部、商业服务（会计、法律、金融服务等）、运输和旅游中心而欣欣向荣。

后来黎巴嫩爆发了内战。写字楼、银行、商店、交通、通信和医院被摧毁。为了存活下来，人民逃离该国或进行战斗。以往的商业活动几乎全部停顿。2006年以色列和黎巴嫩之间的战争也造成了类似的影响——来自其他阿拉伯国家的游客纷纷逃往埃及或欧洲。

津巴布韦的不稳定 津巴布韦是一个相对富裕的非洲国家，曾是一个粮食净出口国。抵抗运动领导人罗伯特·穆加贝（Robert Mugabe）当选了津巴布韦的总理。20世纪90年代，他决定攫取大农场的土地和设备，将它们重新分配给小农场主。与穆加贝亲近的人得到了最好的土地，但他们没能很好地生产粮食。

因此，津巴布韦现在严重粮食短缺，国家依赖对外援助。但是援助捐赠国渐渐厌烦了腐败的政府、军队、法院和警察，不断缩减其援助。人们还普遍认为是穆加贝偷走了2008年总统大选。

这种不稳定使潜在的海外投资者失去信心，所以金钱、专业知识和技术不再涌入。现在津巴布韦很多人处于贫穷和饥饿状态。

8.6 传统的敌对行动

我们只需要提及世界上少数的**传统敌对行动**（traditional hostilities）就足以说明它们对商业和贸易的强大冲击。

布隆迪和卢旺达的胡图人和图西人

大多数胡图人和图西人相互敌视已有多年。但直至20世纪90年代，敌对行动一直保持在较低水平，首先在布隆迪，然后1993年和1994年在卢旺达，他们的敌对行动都被镇压。胡图人控制着卢旺达的政府和军队，其中至少有部分军队发起了消灭图西人的运动，约一百万人被屠杀，来自乌干达的图西人军队对此进行了报复。图西军队击败了胡图人，胡图人的撤退导致了世界历史上最严重的难民情形。超过一百万胡图人逃亡到刚果，他们被安置在边境的难民营里。霍乱和痢疾夺走了成千上万人的生命。

胡图人、图西人以及其他部落之间的战争持续到2005年。战争所需的部分费用，如购买武器和弹药，是靠矿场和出售钻石来维持。非洲中部某些战争发生的地方正好位于钻石丰富的矿区，任何控制了这些矿场的部落都可以带走财富。这种在内战中滥用钻石利润的行为已经蔓延到其他西非国家，损害了钻石行业本身的声誉。

这导致进行钻石切割和销售的矿业公司戴比尔斯和其他几个国家拒绝购买这些用于支持战争的"血腥钻石"。而事实上这很困难，因为毛坯钻石几乎都一模一样，无法区别来自哪个矿场。

斯里兰卡的泰米尔人和僧伽罗人

泰米尔人是斯里兰卡一个人口众多的少数民族。自称是泰米尔猛虎组织的武装集团在与斯里兰卡军队作战。

泰米尔人想要一个独立的国家，而且印度也有大量泰米尔人给予他们支持。已故的印度总理拉吉夫·甘地（Rajiv Ghandi）出兵斯里兰卡，企图镇压泰米尔人起义。他们失败了，部队被撤回，但甘地的行为滋养了泰米尔人对他的仇恨。猛虎组织或他们的盟友被指责为甘地被刺杀负责——当他在印度泰米尔邦参加竞选活动时，炸弹隐藏在一个女人献给他的花中。

僧伽罗-泰米尔战争一直持续到2008年。与其他冲突一样，它们对商业的影响是不利的；即便是短期销售，商人也不敢进入战争地区，企业更不愿意让人员去冒险，将它作为长期投资基地。因此，这些地区被剥夺的不仅是优良人才，还有他们会带来的资金和技术。

8.7　国际公司

国际商务也不只是政治势力的被动受害者。它可以是世界政治舞台上的一个强大力量。正如第1章指出的，世界上100个最大的经济实体中约一半是企业，而不是国家。

国际公司不断决定在哪里投资，在哪里进行研究和开发，在哪里制造产品。投资或实验室、研究机构或生产工厂所在的国家或地区能受益，因为它们可以创造工作岗位、带来新的或改进的技术、生产用于出口或替代进口的产品。

当然，国际公司会寻求生产经营最有利可图的国家和地区。它会与正在考虑投资的国家和地区进行谈判，努力争取最大的好处，如减免税收、改善基础设施以及劳工培训计划等。

众多国际公司形成的金融规模使它们具有较强的谈判地位。国际公司的影响力不仅源于其规模，还可以来自资金、技术和管理技能，以及在世界各地调用这些资源的能力。一个国际公司可能拥有成功利用原材料所必需的加工、生产、分配与销售能力，或生产、销售和营销某种产品所需的能力。这些能力往往不是发展中国家拥有的。国际公司的投资正日益受到认可。

8.8　国别风险评估

国别风险评估（country risk assessment，CRA）涉及政治风险以外的许多风险。因此，我们此处只简单介绍国别风险评估；如果你有更深兴趣，你可以从文献资料中找到越来越多的相关信息。

近年来的政治事件使得企业更多关注国别风险评估。已进行了评估的企业更新和加强了这一职能，其他许多公司也在尝试这方面的措施。

国别风险的类型

国别风险越来越具有政治性质。其中包括战争、革命和政变。不太引人注目，但对于企业同样重要的是民族主义政府选举造成的政府更迭，这可能对民营企业尤其是外商独资企业不利。

风险也可能来自经济或金融层面。国家可能有持续的国际收支赤字或高通胀率。还款可能成为一大问题。劳工条件可能会导致投资者叫停。劳动生产率可能太低，或工会可能太激进。

税收、货币兑换、关税、配额和劳动许可证等法律可能会变动。当地法院进行公正审判的机会必须评估。

可能存在恐怖主义。如果确有恐怖主义的话，公司可以保障其人员和财产吗？

国别风险评估的信息内容

根据公司的业务性质以及投资、贷款或其他参与方获得满意回报的时间长度不同，各公司需要判断的国家风险信息也不尽相同。

业务性质 例如，对比一家酒店公司与重型设备制造商、个人卫生用品制造商或矿业公司的不同需要。银行有自己的问题和信息需求。有时同一行业的不同公司之间存在差异，或项目与项目之间也存在差异。公司的母国可能是一个因素，东道国对母国是否特别敌意或友好呢？

时间要求 出口融资通常涉及最短期限的风险。支付一般在180天内完成——通常短于这个时间，出口商就可以得到保险或银行保护。

银行有短期、中期或长期贷款。然而，当企业需要在东道国组装、配制、制造，或开采石油或矿物，长期承诺则是必要的。对于长期投资或贷款承诺，风险评估存在无法解决的固有问题。大多数这样的投资项目需要5年、10年或更长时间才能还清。随着时间拉长，对社会、政治和经济因素的风险分析的效果就会大打折扣。

为何评估国别风险？

近年来以各种不同名义进行的分析———般分析或特定分析，宏观或微观分析，政治、社会和经济分析——日益增多。世界大型企业联合会（The Conference Board）将国别风险评估零碎地分隔到不同部门中进行——如国际分工和公共事务、金融、法律、经济、规划以及产品生产部门。有时这些工作是重复的，一个部门的人不知道该公司的其他部门也参与了这些工作。

咨询公司和出版公司是国别风险分析的另一个来源。由于评估的重要性受到认可，一些这类公司已形成或扩大规模。较知名的一些国别风险评估咨询和出版公司包括：

- 商业环境风险评估公司（Business Environment Risk Intelligence, BERI）

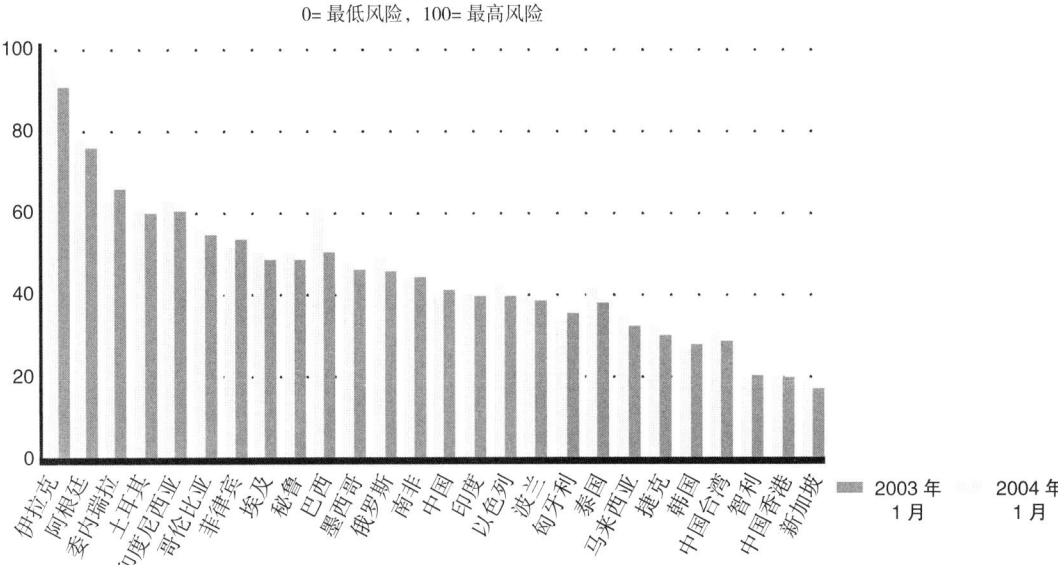

图8-5 国别风险

资料来源：*The Economist*, February 14, 2004, p. 98. © 2004 The Economist Newspaper Ltd. All rights reserved. Reprinted with permission. Further reproduction prohibited www.economist.com.

- 控制风险信息服务公司（Control Risks Information Services）。
- 经济学人智库（Economist Intelligence Unit，EIU）。图8-5是一个柱状图，显示了EIU的国别风险评级。
- 《欧洲货币》杂志。
- 战略预测公司（StratFor Inc.）
- 《哈佛商业评论》的全球风险导航。
- 标准普尔评级公司。
- 穆迪公司的投资者服务。

除了使用外部顾问，许多企业已通过聘请国际商业或政治学教授，或国务院、中央情报局的退休专家或人员，填补了其内部风险分析人员的空白。

8.9 贸易限制

也许除了时装秀，没有什么外国事件比贸易更多地出现在美国报纸的主题上。例如，我们看到的大米贸易限制——即便世界粮食价格可能会上涨40%。中国在热切讨论新兴产业；转基因及相关食品的限制已在欧洲出现。韩国对美国的牛肉限制是一个重大的政治问题；发达国家仍然存在着农业补贴。这些只是上周报纸的小部分头条新闻。虽然我们有充足的理论支持自由贸易，但世贸组织正在经历因政治障碍而困难重重的谈判，而随着更多的通胀压力、气候相关问题和资源限制，这些障碍在未来几年还将加重。

决定进口限制的政府官员对可能因国际竞争而受伤害的群体利益特别敏感。这些团体由少量、很容易识别的人群或组织组成，相反，广大的消费者却通常能从自由贸易中获益。在针对进口限制提议的政治争论中，贸易保护主义团体会联合起来对政府官员施加压力，而热爱自由贸易的消费者们却很难组织起来。

从正反两面讨论贸易限制

支持贸易限制有一些传统论点。我们介绍几个最常见的论点，以及相关的反驳论点。

国防 从国防来考虑贸易限制的论点认为，某些行业需要保护，因为它们对国防安全至关重要，哪怕它们相对国外供应商根本没有竞争力。如果外国公司的竞争将这些公司淘汰出该行业，使该国依赖进口，那么战争期间可能无法获得进口产品，从而威胁国家安全。

批评者声称，政府对众多企业已提供了足够的补贴，足够保持战时的生产力。这些公司的产量可以根据计算的国防需要而进行变化。此外，对纳税人而言，补贴就明显意味着以国家安全的名义来维护这些公司——有时只是那些不为人知的利益群体而已。目前，大多数美国海运公司都拥有政府补贴，没有补贴它们将会被淘汰，因为外国公司拥有更低的运营成本。我们用这种方式来维持备用商船，以备敌对情形出现，尽管我们知道这样做须付出成本。

支持禁止出口先进技术的一方也有类似的论点。支持者认为，这样的禁令，可以防止有价值的技术被用来加强竞争对手，特别是在军事方面。然而，这些禁令也将隔离潜在市场，减少制造商的出口收入。禁令还将阻碍企业保持国际市场份额和投资于持续创新，使得其他国家的竞争对手提高他们自身的竞争力。

用制裁来惩罚犯规国家 另一个施加贸易限制的论点，是给其他国家造成经济损失，以惩罚它们或鼓励它们改变行为。一个常用方法是通过立法来禁止与"犯规"国进行贸易。例如，美国已对超过75个国家和地区实施了某种形式的制裁。

通常被忽略的是，实施制裁不仅很少能达到强行改变被制裁国家的目标，还往往给联合实施制裁的国家带来经济损失。20世纪90年代的经济制裁，除了因限制外国直接投资、资本流动、旅游和其他来源的收入或输出造成的损失外，还导致美国每年约150亿至230亿美元的出口损失。在美国对伊拉克制裁期间，来自法国、俄罗斯和其他国家的公司签订了数十亿美元的业务合同，而美国公司却被禁止与伊拉克做生意。另据报道，对伊拉克的贸易制裁无意间给土耳其、约旦和希腊也造成了大量经济损失——这些国家一直与伊拉克从事广泛贸易。此外，对伊拉克石油出口的限制，使得利比亚和伊朗（因其行为也受到美国贸易制裁的国家）获得了可观的经济收益。

保护新兴（或行将衰落）的产业 保护新兴产业的倡导者声称，从长远来看该行业将具有比较优势，但其企业需要进口保护，直到获得所需的投资资本、劳动力培训，掌握生产技术，并实现规模经济。实现这些目标后将不再需要进口保护。倡导者认为，如果没有保护，公司将无法生存，因为来自国外成熟竞争者的进口产品成本较低，在本地市场的售价也较低。虽然政府能够预测未来的比较优势这一逻辑是值得商榷的，但国际经理人会发现，新兴产业的说法很容易被大多数发展中国家的政府所接受。张夏准（Ha Joon Chang）在南方中心（一个发展中国家的政府间论坛）写道："大家是尊重对目前尚未盈利行业的关税保护的，尤其是在发展中国家。""我们以同样的方式保护我们的孩子，直到他们长大后，能够在劳动力市场上与成年人竞争，发展中国家的政府需要保护自己的新兴产业，直到它们经过一段时间的学习，能够与较先进国家的生产者进行竞争。"

保护新兴产业的行为当然不仅限于发展中国家。例如，2006年，科罗拉多州议员肯·萨拉萨尔认为，为了"给新兴产业一个更大的发展机会"，应当对外国生产的乙醇征收一加仑54美分的保护性进口关税，其中包括来自低成本生产国巴西的进口乙醇。美国2007年生产的乙醇比其他任何国家都要多，尽管美国乙醇行业每年的补贴费用估计高达10亿美元至40亿美元。

一个相关论点认为应保护"行将衰落"的行业，因为进口的冲击会危及国内企业的生存以及它们所提供的就业机会。根据这种论点，它需要时间来进行必要的调整，将该行业的劳动力和资本转移至其他行业。因此，对这些行业实施进口保护可以促进平稳的过渡。这种逻辑已被用来保护美国和欧洲的纺织品和鞋类等行业，以应对2005年《多种纤维协定》（Multi-Fiber Agreement）结束后中国迅速扩张的进口产品。搬迁到其他地域或工业区的补贴，为失业工人提供援助等其他支持也是提议的解决方案的一部分。

保护国内就业机会，拒绝廉价外国劳动力　持有这种论点的保护主义者通常将较低的外国每小时工资率与本国支付的工资率相比较。他们的结论是，外国出口商能以大量低价商品充斥本国市场，从而减少了本国的劳工就业机会。这种说法的第一个谬误是，工资成本既不是所有的生产成本，也不是所有的劳动力成本，所以只以相对时薪来比较会产生误导。正如第11章要讨论的，许多最不发达国家，法定福利占直接工资的比例比工业化国家高得多。

其次，发达国家每名工人的生产率要高得多，因为每个工人拥有更多资金、更好的管理和先进的技术。因此，即使他们工资较高，但生产产品的劳动力成本却更低。

第二个谬误是因为未能考虑其他生产要素的成本。在低工资率国家，资金成本通常很高，所以生产成本实际上更高。颇具讽刺意味的是，发展中国家制造商用来保护自己的论据之一就是他们无法与低成本、高生产率的工业化国家的公司竞争。

那些可能被这种说法说服，想停止进口以保护国内就业机会的人应当记住，出口创造就业机会。例如，美国每10亿美元的出口平均能在美国创造25,000个新的就业机会。如果一个国家对另一个国家实施进口壁垒，第二个国家的政府可能会采取报复行动，对第一个国家的出口实施更高的进口关税。从而带来就业机会的净损失，而不是带来预计的收益。

科学的关税或公平竞争　这种说法的支持者说他们相信公平竞争。他们只希望进口关税能将进口货物的成本提高至与本国产品的成本一样。这将消除外国竞争对手因先进技术、较低原料成本、较低税率或较低的劳动力成本而拥有的任何"不公平"优势。他们并不希望禁止出口，他们只希望一切平等以进行"公平"竞争。如果法律是这样，其设置的税率将毫无疑问保护效率最低的美国生产者，从而使高效的国内厂商赚取大量的利润。高效的外国生产商却受到惩罚，当然，它们的比较优势也将丧失。这对消费者也可能造成不公平的影响，因为进口关税肯定将导致他们支付的价格提高。

报复　出口受到进口限制的行业的代表可能会要求他们的政府对限制国进行类似的限制报复。报复的一个例子是欧盟禁止进口来自美国的激素牛肉。

因为在动物养殖中使用激素在欧盟被认为是危害健康的，欧盟于1988年关闭了其价值1亿美元（占美国肉类出口总额的12%）的牛肉市场。美国牛肉生产商抱怨这一说法并没有科学证据的支持，美国立即进行报复，对价值约1亿美元的欧盟产品，包括去骨牛肉和猪肉、果汁、酒柜、西红柿、法国奶酪和速溶咖啡实施进口关税。欧盟则威胁说要禁止美国出口的价值1.4亿美元的蜂蜜、罐头大豆、核桃、干果等。美国在答复中宣布它将报复欧盟的禁令，禁止所有欧洲的肉类。如果这些发生了，约5亿美元的美国与欧盟贸易将受到影响。

一般而言，这样的纠纷会上诉至世界贸易组织（WTO）。欧盟禁止其牛肉8年后，美国与世界贸易组织于1996年5月推出了正式的争端解决程序以挑战这一禁令。世贸组织上诉机构宣布，欧盟没有理由实施禁令，欧盟于1998年3月宣布，它将执行上诉机构的裁决，但它并没有遵守世贸组织设置的1999年5月的期限。当美国要求世贸组织允许报复，欧盟要求仲裁以解决这一问题。1999年7月26日，世贸组织授权美国采取报复行动，对欧盟每年1.16亿美元的产品征收100%的进口关税。2003年9月，欧盟宣布了一项新的指令，声称它遵守了世贸组织的裁决，但实际上它仍然禁止美国和加拿大的大多数牛肉。美国声称，欧盟的新准则仍旧违反了世贸组织的要求。2008年，在欧盟对美国激素喂养牛肉实施贸易壁垒约20年后，美国对欧盟价值1.16亿美元的产品也实施了全额进口关税。

倾销　报复也会因**倾销**（dumping）而发生。WTO将倾销定义为将产品以以下三种价格销售至海外:(1) 低于出口国的平均生产成本，(2) 低于出口国的市场价格，或 (3) 低于销往第三国的价格。制造商可能会以不扰乱其国内市场的价格来出售多余产品，以应对周期性或季节性问题（例如，在经济低迷时期或服装季节将结束时）或作为一种方法来提高市场占有率。制造商也可能降低其出口价格，以此来淘汰进口国的国内生产者，一旦达到这一目标就会提高价格。这就是所谓的掠夺性倾销。

1916年，美国成为第一个禁止外国商品倾销到自己市场的国家（虽然美国没有法律来禁止美国公司向海外倾销自己的商品）。倾销现已成为世贸组织的管辖范围，因为众多国家提起相关投诉，反对针对其国家的公司征收的反倾销保护税。在美国，当一个制造商认为外国生产商在倾销产品，它可以要求商务部调查办公室进行调查。如果商务部认为该产品确实存在倾倒，国际贸易委员会（United States International Trade Commission，美国国际贸易委员会是一个政府机构，就国际贸易和关税事宜向总统和国会提供技术援助和建议）将接手此案件以确定进口产品是否伤害到美国生产商。如果委员会认为属实，案件会呈交给美国总统，以决定是否需要实施反倾销关税。不像大多数贸易限制适用于某产品的所有出口商，反倾销措施只适用于特定国家的特定生产商。

当倾销被认为损害了当地产业时，大多数政府都会进行报复。例如：

> 2005年，从中国进口到欧盟的鞋平均价格下降了大约四分之一，而配额取消后的前七个月进口鞋数量上升了近700%。这导致欧洲制鞋商发起投诉，表示中国和越南制鞋商的倾销行为让他们受到损害。批评者警告说，鞋类和纺织品的不公平外国竞争破坏了国家劳动和社会标准，造成了工作岗位流失。他们表示有"令人信服的证据"证明进口皮鞋以低于成本价非法销售，担心欧盟的鞋类制造商将被淘汰出局。2006年7月，欧洲委员会贸易部门建议对来自这两个国家的鞋实施反倾销进口关税。
>
> 该提案将允许进口中国的1.4亿双皮鞋和越南的9500万双皮鞋——不实施任何"倾销税"。这一数量大约是2005年进口数量的一半。超过以上配额的中国进口皮鞋将面临23%的关税，超过配额的越南皮鞋将面临29.5%的关税。中国商务部公平贸易局总干事王世春说："欧盟的指责缺乏基础。欧洲的产品没有遭受实际的损害。"一家中国制造商的总经理说："限制中国商品（出口）是不好的，无论是零售商还是消费者，没有人会获利。"

新型倾销　　支持公平贸易的游说团体认为现在至少有5种新倾销，为了维护国际贸易的公平竞争环境，对它们进行制裁是合理的。在现实中，这些呼吁公平竞争环境的特殊利益群体希望提高其海外竞争对手的生产成本，以保护当地的高成本生产者。倾销的类别包括：

1. 社会倾销——公司造成的不正当竞争，这些公司通常来自劳动力成本较低和工作条件较恶劣的发展中国家，它们会破坏社会支持系统，包括工人福利。
2. 环境倾销——由于一个国家的环保标准不严造成的不公平竞争。有人认为，全球化使得各国政府纷纷设置宽松的环境政策，尤其对是那些工厂可在国际之间搬迁的行业。
3. 金融服务倾销——一国较低的银行资本资产比率要求造成的不正当竞争。
4. 文化倾销——由帮助本地企业的文化障碍造成的不正当竞争。
5. 税收倾销——公司税率或相关的特殊节假日差异造成的不正当竞争

补贴　　报复的另一个原因可能是政府因鼓励出口或进口保护而对国内企业实施**补贴**（subsidies）。例如现金支付、政府参与所有权、对国外买家和出口商给予低成本贷款、优惠的税收待遇等。

如图8-6所示，经合组织国家每年向其农民提供2,800亿美元的补贴，其中欧盟1,330亿美元，日本490亿美元，美国470亿美元。以水稻为例，日本对水稻征收500%的关税以在国际竞争中保护本国农民，欧盟对乳制品的最高关税超过200%。这种援助造成的最大损失者可能是最贫穷国家数以百万计的农民。高关税限制了产品进入富裕国家的市场，而拥有补贴的发达国家则大量生产，从而人为地压低了世界市场价格，损害了较贫穷国家农民的收入。发达国家大多数农业补贴的受助者通常是一个很小比例的人

图8-6 经合组织成员国的农业补贴（单位：十亿美元）

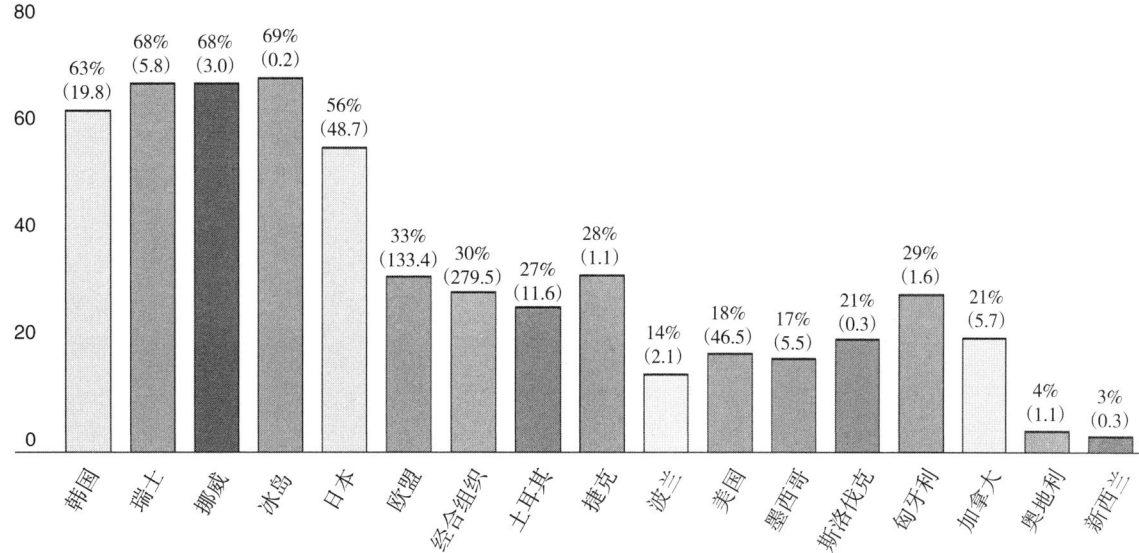

资料来源："Agriculture: Support Estimates, 2004," *OECD in Figures: Statistics on the Member Countries* Link: http://dx.doi.org/10.1787/758034618756（accessed July 2005）.

群，如大型企业。例如，从1995年至2003年，美国农业补贴的72%分配在10%的美国农民中，前15%的法国农民收到了该国60%的直接补贴。

进口国的竞争对手经常要求他们的政府征收**反补贴税**（countervailing duties），以抵消补贴的影响。在美国，如果商务部收到一家美国公司的请愿书，声称来自某一特定国家的进口产品拥有补贴，商务部首先确定补贴是否属实。如果补贴属实，商务部将征收与补贴金额相等的反补贴税。在涉及世贸组织成员的多数案例下，另一个独立的政府机构美国国际贸易委员会，必须在商务部实施征税前确定该公司是否因补贴而受到损失。

其他论点 我们已经研究了支持贸易限制的最常见论点。其他进口保护论点包括：（1）保持国内经济的多样性，或（2）改善贸易平衡。你应该已经从这些讨论中了解到，进口保护一般仅服务于特殊利益集团的狭隘利益，却牺牲了大众的利益。虽然贸易限制有时可以为需要保护的产业争取时间，让它们走向现代化，在世界市场上具有竞争力，但真正的危险是一国的贸易伙伴可能会采取报复行动对它们进行限制，使得其他没有受到保护的行业受伤。让我们来看看这些限制。

关税壁垒

关税（tariffs）或进口关税是指对进口货物征收税赋，其主要目的是提高产品在进口国的市场销售价格，以减少与国内生产者的竞争。一些较小的国家也用它们来提高进口和出口收入。发展中国家通常对咖啡和铜等出口商品征收关税。然而，征收关税可能会导致报复行为，这对于一个国家及其福祉往往弊大于利。

20世纪20年代后期，经济衰退使美国农场主游说国会对农产品实施关税保护。这一建议少有支持者，只有共和党公开支持这一保护主义。随着时间的推移，更多的国内生产者加入了农业利益，以保护自己不受外国竞争对手排挤。由此产生的立法提案对多种行业的20,000多种产品提高了关税。广泛的行业支持，使得民主党与进步党也于1929年10月28日加入共和党，支持《斯姆特－霍利关税法》(The Smoot-Hawley Tariff Act)。已经实施保护主义的美国实施了有史以来最高的关税。当天股市崩盘，下降了12%。在接下来的几个月中，34个外国政府发起抗议该法案的活动，一千多名经济学家敦促胡佛总统不要签署该法案。然而，胡佛还是于1930年6月17日签署了该法案。结果导致一场报复性贸易战争，贸易国之间制定了针锋相对的关税和保护政策，很快席卷了大多数国家。其结果是可以预见的：世界贸易从1929年的57亿美元锐减至1932年的19亿美元，工业效益和比较优势的影响大幅降低，失业率急剧上升，世界进入了长达十年的经济衰退期。

从价税、从量税和复合税 进口关税包括(1)从价税、(2)从量税，或(3)这两种关税的组合。**从价税**(ad valorem duty)按产品的发票金额的百分比表示。例如，美国关税税率规定不含有酒精的香料提取物和水果香料征收6%的从价税。因此，发票价值为10,000美元的香料提取物到达美国时，进口商在领取货物前需支付600美元给美国海关。**从量税**(specific duty)是按照产品物理单位征收的固定金额关税。例如，一个进口盒装或桶装爆破炸药的公司，不论发票价值多少，每磅将支付0.37美元。如果刚才提到的香料提取物和水果香料按重量计含有超过50%的酒精，它们必须缴纳每磅0.12美元的从量税和3%的从价税。因此，对于价值10,000美元、重5,000磅的货物，进口商将支付的**复合税**(compound duty)为900美元(0.12×5,000 + 0.03×10,000 = 900)。请注意，在通货膨胀时期，除非经常调整，否则从量税将很快失去其重要性，而从价税则随着发票金额的上涨而增加。但是，有时候出口商可能将价格标识得比国内价格低非常多，即使从价税也无法弥补这个差距。一些政府设置官方价格或使用差额税来弥补这一不足。

官方价格 一些国家的关税包含了官方价格，它是实际发票价格较低时计算从价税的基础。无论实际发票价格是多少，官方价格都将征收某个最低的进口关税。它阻止了一个相当常见的情况，即许多生活在高税国家的进口商与其国外供应商同谋，出具虚假的较低发票价格以减少应缴纳的税款。进口商分别发送虚假发票价格和真实价格。

差额税 欧盟对进口谷物实施了一种形式的**差额税**(variable levy)，它能保证进口货物的市场价与国内生产的货物的市场价相同。这一关税每日计算，根据世界市场价格与国内生产者的支持价格之间的差额来设定。

降低关税以鼓励更多本地生产 许多国家以某种特殊方式设定进口关税，以鼓励本地生产。例如，准备向消费者出售的成品可能有70%的从价税。但是，如果该产品是散装进口，因此它必须在进口国包装，关税可能只有30%。为了鼓励一些本地生产，政府可能会收取半成品10%的关税。这些情况可以为低技术含量产品的国外厂商提供机会，如油漆工具和盥洗用品，少量的投资就可回避高关税壁垒。

当关税税率非常低时，它们有时被称为无意义关税（nuisance tariffs）。这是因为进口商仍需经历漫长的流程来缴纳关税，即使很低的关税可能不再符合保护国内生产者的初衷。

非关税壁垒

非关税壁垒（nontariff barriers，NTBs）是指对进口产品的各种形式的歧视，我们已研究过的进口关税除外。随着各国逐步降低进口关税，非关税壁垒开始显现出相对更大的重要性，据联合国反映，非关税壁垒在迅速增加。例如，从1994年至2004年，政府要求的测试和认证提高了600%。非关税壁垒有多种形式，包括下面讨论的量化和非量化壁垒，它们对生产商和出口商征收的额外费用给贸易添加了阻力。

量化非关税壁垒 量化壁垒之一就是**配额**（quotas），是一国对特定产品在指定时期内无限制地进口的数量限制。如果配额是绝对的，一旦进口数量达到指定数量，其余的时期（通常为一年）将禁止继续进口。配额一般是全球性的；也就是说，总数量是固定的，但来源没有限制。它们也可能被分配，在这种情况下，进口国政府将数量分配到特定的国家。美国曾将食糖的具体吨位配额分配到41个国家。由于配额的性质，分配的配额有时被称为歧视性配额，例如下面欧盟进口香蕉的例子。

一些生产商使用转运的欺诈手段来逃避分配的配额。在这种情况下，先将成品运到一个尚有配额的国家，将货物标记为该国的产品，然后再运到实施配额的国家。在限制从其他国家进口纺织品的《多种纤维协定》于2004年结束之前，估计中国使用这种欺骗性标签的方法每年向美国出口了20亿美元的服装。

有些货物有关税配额，在规定的数量内享有免税或低税率，但超过数额后，后续进口需缴纳高额关税。例如，截至2006年，欧盟允许每年从加勒比和非洲国家免关税进口775,000吨香蕉。超过该限额的加勒比和非洲国家，以及所有中美洲和南美洲的生产者，需要缴纳每吨176欧元的关税。实际上，欧洲的消费者在补贴非洲和加勒比地区的香蕉生产商（其中有许多是欧洲国家的前殖民地）的同时，损害了中美洲和南美洲的生产者。

多年来各国一直反对单方面对进口商品施加配额（农产品除外）。因此，各国政府在与其他国家谈判**自愿出口限制**（voluntary export restraints，VERs）。例如，日本政府建立了自愿出口限制，限制其制造商每年出口到美国的汽车数量，加拿大政府也同意限制加拿大出口到美国的木材数量。

有序销售安排 **有序销售安排**（orderly marketing arrangements）是一种自愿出口限制，它由出口国和进口国政府达成正式协议，限制国际竞争，保留一些当地生产者的市场。通常情况下，每个国家都对某一特定产品制定出口或进口配额。最大也是最久的有序销售安排是1973年开始的《多种纤维协定》，它规定约80%的世界纺织品和服装可以出口到工业化国家。

根据1994年关贸总协定谈判（乌拉圭回合），大多数非关税壁垒，如配额、自愿出口限制和有序销售安排都将被取消。例如，纺织品配额于2005年1月1日起取消。

非量化非关税壁垒 许多国际贸易专家称，最显著的非关税壁垒是非量化非关税壁垒。各国政府倾向于建立非量化非关税壁垒，以保持以前由进口关税提供的保护。一项研究显示有超过800种形式的非量化非关税壁垒，可以分为三大类：（1）政府直接参与贸易、（2）海关和其他行政程序，及（3）标准。

1. 政府直接参与贸易。政府直接参与的最常见形式是补贴。除了受到补贴保护的行业，如前面提到的，几乎所有的政府对农业都有补贴。农业支持项目的目标本来是小农场和传统农村经济。然而，最大的25%的农场享受了美国90%、加拿大75%、欧盟70%和日本68%的农业资助。

"政府采购政策"也是一种贸易壁垒，因为它们通常偏向国内生产商，严格限制政府机构购买进口货物。这种政策可能还规定，政府机构采购的产品必须有一个最小比例的本地成分。世界贸易组织的《政府采购协定》生效之后，大多数国家已遵守其要求，打开政府业务对外国投标者的大门。不过，欧盟指出，美国政府的政策仍然能大大干扰国际贸易。例如，与加拿大和世界其他地方的做法类似，《购买美国产品法》（Buy America Act）有一系列的措施，它们要么禁止公共机构从外国供应商购买货品或服务，要么通过各种机制阻碍这种购买，如要求本地成分，或为美国供应商提供有利的定价条款。美国政府最大的公共采购代理机构国防部，在许多合同中都不接受外国供应商，其中包括但不限于本章前面讨论过的"国家安全"问题。例如，在2003年入侵伊拉克后的城市重建工作中，许多重大合同只限于授予美国公司。

2. 海关和其他行政程序。这些壁垒包括种类繁多的政府政策和程序，它们要么歧视进口，要么偏袒出口。例如，在中国，一种进口产品可能有不同的关税，取决于入境口岸和对关税价值的武断判断。由于这种灵活性，海关费用经常取决于与中国海关官员和管理人员之间的谈判。

政府还有各种方式来歧视服务出口。向国际市场提供服务时，航空公司面临着一些情况：国有航空公司享有各种优惠待遇，如提供机场服务、机场柜台位置、降落点的数量等。其他歧视的例子如加拿大政府给予在加拿大电视台做广告的本土企业税收减免，但当它们越过边界在美国电视台做广告时却不给予税收减免，澳大利亚则要求电视广告必须在澳大利亚拍摄。

3. 标准。旨在保护公民的健康和安全的政府和私人标准当然是可取的，但多年来出口企业已经受到许多复杂和歧视性标准的困扰。例如，加拿大规定将含钙丰富的橙汁产品视为药物，因此有特殊的生产和营销要求。日本禁止进口含山梨酸钾（一种众多国际食品机构认可、日本也允许在36种其他食品中使用的添加剂）的奶油芥末、蛋黄酱或无花果。凯洛格公司（Kellogg）的欧洲工厂必须生产四种不同版本的玉米片，因为不同国家对可以添加到谷物中的维生素有不同的标准。卡特彼勒（Caterpillar）发现不同国家对于让路标志的尺寸和位置以及车辆后面的车牌架有不同的要求，有些仅有厘米之差。

欧洲议会通过的生物技术食品标识要求，强制要求转基因食品标识其可追溯性并严格标识含基因改造成分的食品。理由很明显是保护消费者不受转基因食品的潜在危害，尽管美国和其他国家抗议并没有科学证据能证明此类伤害。这些要求规定标签必需说明"该产品是由转基因材料生产"，并严格限制混合了转基因和非转基因成分的食品出口到欧盟。美国是世界领先的转基因作物生产商和出口商之一，75%的大豆、71%的棉花、34%的玉米有转基因。美国大豆协会的罗恩·赫克（Ron Heck）表示，"新的法律将进一步限制美国大豆及大豆产品进入市场，这也会给欧盟的消费者带来负面影响。"加拿大油菜籽理事会的芭芭拉·艾斯曼（Barbara Isman）表示，"因为新的标签和追溯性制度很可能只是用来'替代'限制贸易的非关税壁垒，我们并不奢望市场会很快打开。"面对美国可能向世贸组织投诉欧盟的威胁，环保团体地球之友发布一份新闻稿称："很显然，有一群最富有和最强大的游说团队在幕后支持美国政府，他们决定利用世贸组织遮遮掩掩、偏见专制的程序来威胁其他国家，企图建立最低的环境、社会和卫生标准。如果他们的企图得逞，美国将迫使转基因食品进入欧洲市场，而不考虑消费者的意愿。"

这几个例子说明了撤销非关税壁垒所涉及的复杂工作。乌拉圭回合谈判取得了巨大的进展，但要取消非关税壁垒并消除其造成的贸易扭曲，仍有大量的工作要做。

出口公司需要了解与其做业务或将要做业务的国家的关税和非关税壁垒的动态变化。那些曾因极高进口关税或非关税壁垒（如旨在阻止外国产品的产品标准或海关手续）而不敢进入市场的企业会发现这些壁垒将不复存在。

贸易壁垒的代价

美国和其他国家的贸易限制让消费者每年损失数百亿美元，却使受保护行业的一小部分公司受益。如前所述，制糖业就是一个有趣的例子。

糖业并不是唯一因贸易壁垒而损失的例子。最近一项对受保护行业20组产品的研究表明，保护一个职位的年均成本为231,289美元。这意味着因为进口限制，消费者每年要支付高于制造工人平均年薪七倍多的成本来保护这些工作。这些行业中有很多受到进口保护已有45年或更长时间。在其他国家做的研究也显示了类似的结果。

小 结

确定影响商务的意识形态力量，了解讨论它们时所使用的术语。

意识形态力量包括资本主义、共产主义和社会主义。本章讨论了用于描述不同政治立场的术语（保守派、自由派、右翼和左翼）。

讨论这一事实：虽然大多数政府拥有企业，但它们正逐渐将其私有化。

即便认为自己是资本主义和保守派的政府也拥有一些企业。但几乎所有的政府——美国相对滞后——都在私有化它们的企业。

诠释恐怖主义不断变化的根源和原因，以及恐怖分子采用的方式及其不断增长的力量。

前苏联和东欧卫星国已不再资助、培训和庇护恐怖分子，但伊朗和朝鲜等国家取代了他们。激进的伊斯兰原教旨主义者是一个日益严重的威胁。他们被以色列与其阿拉伯邻国之间的和平举动激怒了。核恐怖主义是一种新的威胁，由于前苏联核设施的安全失误，大量铀被盗和走私至世界各地。

说明出行的国际企业高管应当采取哪些措施以保护自己免于恐怖分子的伤害。

图8-3和8-4提供了一些建议。例如，图8-3建议旅行计划保密。与此同时，应当让公司知道出差者的行踪。发生自然灾害时同样适用。最近的一个问题是，由于打折机票的原因，有些旅客停止使用旅行管理服务。2006年8月在伦敦盖特威克机场发现了一起炸毁飞机的阴谋，出行经理必须花费额外的时间来帮助出差员工重新预订航班或完全避开伦敦。

评估政府稳定与政策连续性对商务的重要性。

企业很难在一个政府不稳定或政策剧烈变化的国家茁壮成长。玻利维亚的情形说明了这一问题。

解释国际商务的国别风险评估。

大多数国际企业现在都认为在对外国进行人员、财务或技术投资前必须进行国别风险评估。国别风险评估涉及评价一个国家的经济形势、政策及其政治。

讨论实施贸易限制的争论。

特殊利益集团要求保护国防工业，使他们国家的这些行业能在战时进行生产，而不依赖届时可能无法获得的进口产品。批评者说，这还不如补贴一些企业，也就是说，供养它们为战时做准备。发展中国家的新兴产业经常要求对从发达国家进口的竞争产品设置壁垒。它们的理由是新兴产业在面对世界竞争之前需要一段时间来积累经验。保护主义者声称那些劳动力价格比受保护国低廉的国家将利用其低价产品抢夺市场，淘汰受保护国的生产者，所以需要进行保护。然而，劳动力价格在众多行业只是生产成本中的一小部分。他们的法定福利占直接工资的比例可能比发达国家高得多。发展中国家的人均生产率可能较低，因此每小时生产的产品也较少。此外，生产成本中还必须考虑其他生产要素的成本，这一成本在发展中国家通常更高。另一些人则希望"公平"竞争，通过进口关税，将进口商品的成本提高，以消除国外竞争对手可能具有的任何"不公平"优势。这当然抵消了比较优势。公司也会要求其政府对倾销以及竞争对手所在国提供补贴的行为进行报复。

解释两种基本的进口限制：关税和非关税贸易壁垒。

为了应对保护要求，政府征收进口关税（关税壁垒）；非关税壁垒如配额、自愿出口限制、有序销售安排；以及非量化非关税壁垒，如政府直接参与贸易、海关，以及其他卫生、安全和产品质量方面的行政程序和标准。

问题讨论

1. a. 什么是意识形态？
   b. 为什么对国际商务很重要？
2. a. 什么是资本主义，是自由企业的理想吗？
   b. 资本主义国家的实际情形如何？
3. 恐怖主义会对商务造成什么影响？

4. 为什么企业担心政府政策的突然变化?
5. 传统的敌对行动对公司有什么影响?
6. 国际公司如何利用它们的力量影响政府政策?
7. 国别风险评估是一门精确的科学吗？请解释。
8. a. 根据所承受的政治风险，你认为哪项业务最易受到影响，哪项最不易？请解释。

　　银行　　　　　　矿场
　　油田　　　　　　炼油厂
　　重型设备制造商　酒店
　　化妆品制造商　　个人卫生用品制造商
　　汽车制造商

　b. 最容易受影响的企业是高调还是低调呢？可以通过哪些方式改变公司在外国的姿态？
9. 讨论国别风险分析师应该从世界债务危机中吸取的教训。
10. 伊斯兰原教旨主义是一个日益严重的恐怖威胁。为什么？
11. 哪些因素会增加跨国交易的货物与服务的成本？这些费用可以减少吗？如何减少？
12. 自由、不受限制的国际贸易（每个国家都生产和出口具有比较优势的产品）似乎可以使每个人拥有更高水平的生活。那么，为什么每一个国家都有进口关税限制呢？
13. "我们当然需要国防工业，我们必须对竞争性进口产品进行限制以保护它们。"这是真的还是假的？是否有更有经济意义的办法来替代贸易限制？
14. 假设一个国家与贸易伙伴协商，通过自愿出口限制来限制进口。实施这样的自愿出口限制可能有什么影响？
15. "美国每小时支付工人20美元，但台湾只有4美元。我们当然无法竞争。我们需要保护我们的工作不被廉价外国劳动力挤兑。"这个声明可能的问题有哪些？
16. 一般有两种类型的进口关税：关税和非关税壁垒。

　a. 描述各种关税壁垒。
　b. 有哪些非关税壁垒？

案例分析 8-1　你的巧克力是不正当剥削童工的结果吗？

当你最后一次品尝一盒浓郁的巧克力、一杯热可可，或一块巧克力蛋糕或巧克力冰淇淋，你可知道，你可能已在无意间消费了使用童工生产的产品？

巧克力用可可树的果实（可可豆）制成，可可豆是世界上贸易量最大的农产品之一。排名前十位的巧克力消费大国都是美国或欧洲的发达国家。在美国，130亿美元巧克力行业中的三分之二由两家公司主导：玛氏（M&M Mars）和好时（Hershey）。

世界上约70%的可可在西非生产。在实践中，来自不同国家的可可豆通常被混在一起出口和运输到进口国的加工厂。所以好时巧克力条、士力架、M&M、奇巧巧克力（KitKats）、雀巢巧克力、巧克力软糖、热巧克力——基本上所有这些无数消费者享受的美味佳肴——都包括来自西非，特别是科特迪瓦（象牙海岸）的可可。科特迪瓦的可可产量约占世界的43%，其产量比第二大可可产地多三倍以上。

2002年公布的一份关于西非童工的调查发

现，284,000名儿童在环境危险的西非可可农场工作，其中大部分（200,000名）在科特迪瓦。近三分之二的童工未满14岁。他们的工作情形如同奴隶，科特迪瓦29%被调查的童工表示，"他们不能按自己的意愿离开工作地点。"其中许多儿童是从科特迪瓦的偏远地区或布基纳法索、马里和多哥等贫困国家被绑架到可可种植区的。有些童工是被父母售卖至此，希望孩子挣的钱能被寄回家。虽然他们获得的工资不足成年工人的60%，但这些儿童经常每天工作超过12小时，每周工作6天，经常被殴打。超过一半的孩子在喷洒农药而没有防护装备。在可可农场工作的儿童只有34%能上学，是没有在可可农场工作的儿童的一半。女孩的入学率更低。

这些童工似乎被困于一个恶性循环：他们由于被绑架或自己和他们的家庭所面临的经济情况而被迫工作；他们赚取的工资仅能维持生计，因为上不起学，技能非常有限，所以他们寻求其他就业前景的选择也非常有限。

20世纪90年代后期，非政府组织开始揭露可可行业的童工剥削情况。但努力提高这种意识却面临巨大的挑战，即使在今天，大多数消费者似乎不知道他们最喜爱的巧克力背后还有这种情况。然而，可可行业虐待童工的情况使媒体、公众利益团体和其他团体继续努力。新闻报道开始出现在电视和电台以及北美和欧洲的杂志和报纸上。干预的压力如国际贸易制裁开始增强。美国国会众议院通过了《哈金—恩格尔法案》（Harkin-Engel bill），法案提出了一种联邦机制的认证和标签要求，标明可可产品是否采用"非奴隶"生产方式。

巧克力行业的代表担心美国和欧洲等主要市场的抵制、贸易制裁或认证和标签要求带来的影响，他们试图建立一个战略来解决这一问题。巧克力制造商协会聘请了前参议员乔治·米切尔（George Mitchell）和鲍勃·多尔（Bob Dole）游说反对《哈金—恩格尔法案》，防止其在美国参议院通过，行业同意自律，并试图改变童工状况。行业制定了一份议定书，建立了在可可生产中取消童工和强迫劳工的时间表。行业自定了建立一个可行的监测和认证体系的截止日期：2005年7月1日。

行业代表抱怨在以农业为基础的生产国家消除可可生产中的童工有传统文化方面的阻碍，因为涉及内战和其他问题。然而，尼日利亚和加纳等重要的可可生产国在国际劳工组织和国际消除童工计划（IPEC）的援助下，已逐渐建立了国家方案来消除童工。到目前为止，科特迪瓦的这种方案只取得了有限的进步。

2005年2月，一些美国国会议员在新闻发布会上宣布，他们不会在情人节给他们的妻子买巧克力糖果，因为这些糖果可能由科特迪瓦童工生产的可可制成。随后，国际劳工权利基金指责该行业没有遵守行业自定的2005年7月的最后期限，国际劳工权利基金在洛杉矶联邦法院对几个国际巧克力厂商提起了诉讼。该诉讼声称，这些厂家忽视了对科特迪瓦可可农场剥削童工的反复警示。

由于巧克力和可可行业缺乏迅速而有效的行动，一些企业已经开始生产公平贸易认证巧克力。这些公司遵守一套严格的公平贸易认证规则，保证其巧克力产品的消费者绝不是"这种非人道情形的不知情参与者"。国家公平贸易标签组织——一个来自加拿大、美国、日本和17个欧洲国家的公平贸易组织的联盟——建立了认证标准。美国公平贸易组织（Transfair USA）是美国认证公平贸易措施的唯一独立第三方机构（www.transfairusa.org）。

公平贸易措施实质上涉及对发展中国家农场主的国际补贴，它确保从事公平贸易措施的农场主的产品价格至少能覆盖他们的生产成本。通过提供一个最低价格，公平贸易措施保护了第三世界的农场主，让他们免于因自由贸易竞争而产生的商品价格的毁灭性波动。同时，公平贸易认证还要求农场主在社会、劳工和环境方面进行改善，如提供能维持生活的工资、不使用童工或奴隶劳动等。除了可可生产外，公平贸易认证项目已实施到其他一系列产品，如咖啡、香蕉和工艺品中。

虽然仍然是处于发展期的运动，但公平贸易认证产品的销售在不断增长。例如，邓肯甜甜圈（Dunkin' Donuts）只在其商店销售公平贸易咖啡。巧克力会不会有类似的结果呢？美国已经有二十多家企业在生产公平贸易巧克力，包括 ClifBar、Cloud Nine、Newman's Own Organics、Kailua Candy Company 和 Sweet Earth Organic Chocolates。

问题：

1. 在国际贸易中是否应考虑另一个国家的劳工措施？为什么或为什么不？

2. 关于如可可制品方面的贸易，政府、企业和消费者可以作何种选择来处理其他国家童工或奴隶劳工的做法？这些选择有何意义？

3. 国际贸易理论家会如何看待这些公平贸易运动？

资料来源："Child Labor in the Cocoa Sector of West Africa," International Institute of Tropical Agriculture, August 2002, www.iita.org/news/cocoa.pdf（accessed August 2, 2006）; "Combating Child Labour in Cocoa Growing," International Programme on the Elimination of Child Labour, Geneva, February 2005; "Cal Poly Professor Heading to Africa to Investigate Chocolate‐Slave Labor Ties," www.calstate.edu/newsline/2005/n20050819slo1.shtml（accessed August 2, 2006）; Sweet Earth Organic Chocolates, "Our Philosophy," www.sweetearthchocolates.com/level.itml/icOid/68（accessed August 2, 2006）; Tom Neuhaus, "A Luscious Exploration of 3 Fair‐Trade‐Certified Cocoa Cooperatives," *HopeDance Magazine*, www.hopedance.org/new/issues/47/article6.html（accessed August 2, 2006）; "Fair‐Trade Q&A," www.globalexchange.org/campaigns/fairtrade/fairtradeqa.html（accessed August 2, 2006）; and Samlanchith Chanthavong, "Chocolate and Slavery: Child Labor in C?te d'Ivoire," www.american.edu/TED/chocolate-slave.htm（accessed August 2, 2006）.

第 9 章　知识产权和其他法律力量

国际法院通过司法和国际法的力量所起的作用……被广泛认可，这一点可由法院的待审案件数量证明。……在很多情况下，这些案件处理与国际和平与安全有关的问题。在履行其解决纠纷的功能时，法院体现了所有人在法律面前平等的原则，作为国际法的守卫者来行事，并确保维护一致的国际法律秩序。

——前国际法院院长史久镛法官，
于联合国大会，2003 年 10 月 31 日

阅读本章后，你应该能够：

1. 讨论国际商务所面临的法律力量的复杂性。
2. 认识外国法律的重要性。
3. 解释国际争端解决的可能性。
4. 认识保护你的知识产权的必要性和方法。
5. 认识很多税种具有增加收入以外的目的。
6. 讨论反垄断法的执行。
7. 解释产品责任的法律行为风险。
8. 讨论一些影响国际商务运营的美国法律。

当地方事务具有国际影响

世界变得越来越相互关联，法律反映了这一趋势。1996年6月，针对缅甸政府采取的镇压行动，美国马萨诸塞州决定采取反对立场。马萨诸塞州立法机关通过了一项法案，禁止马萨诸塞州的实体从与缅甸开展业务的企业购买商品或服务。这包括在缅甸有业务或专营权或为该国政府提供任何商品或服务的企业。马萨诸塞州豁免提供医疗用品或国际电信产品或服务或者报道新闻的商业实体。马萨诸塞州通过了该项法律三个月后，美国国会通过了《海外业务、出口融资和相关项目拨款法案》，规定除特定形式的人道主义援助资金、用于打击毒品的资金及用于促进人权和民主的资金外，禁止向缅甸政府提供援助。国会还指示美国总统制订一项战略，推动缅甸走向民主和提供改善人权的措施。如果确定应用制裁将违背美国的国家安全利益，总统有权放弃任何制裁。

私人贸易团体全国外贸理事会在马萨诸塞州的联邦法院对马萨诸塞州的官员提起诉讼，试图阻止他们执行这一州法律。联邦地区法院同意了全国对外贸易理事会的请求，判决马萨诸塞州停止执行这一法律。联邦上诉法院维持了这一判决。此事最终上达了美国最高法院，结果最高法院同意马萨诸塞州的法律应停止执行这一判决。最高法院裁定，马萨诸塞州的法律是违宪的，因为国会授予了总统针对缅甸经济制裁的灵活性和有效权力。最高法院认为，如果国会打算允许州法规"拖总统自由行动的后腿"，"根本难以置信"。基于宪法具有至高无上地位的条款，最高法院推翻了马萨诸塞州的法律，因为它与联邦法律相抵触。马萨诸塞州试图弃联邦政府于不顾做一些事情。根据宪法规定，总统和国会才有权制定外交政策。违反宪法的州法律将被废止。

资料来源：U.S. Supreme Court, *Crosby v. National Foreign Trade Council*, No. 99-474, 530 U.S. 363 (2000).

国际商务的参与者应该了解全世界各司法管辖区法律的巨大广度和深度。任何学习影响国际商务的法律力量的人很快便会意识到，这些力量的数量和种类之广让理解法律的任务变得复杂。影响国际商务的法律不计其数，各国政府几乎在各个层面都制定了相应法律。

一方面，企业必须了解法律以遵守；另一方面，企业也期望法律在必要时帮助它们。在国际上经营的企业十分关注的一个问题是东道国政府及其法律制度的稳定性。当企业进入一个国家，企业需要知道该国政府是否能够通过充分的法律制度来保护外国企业。法律制度必须能够保证合同执行，保障员工的基本权利。在研究国际法律力量时，我们必须牢记，稳定的政府和完善的法院系统对于确保给外国企业提供良好的环境来说是必要的。

本章将探讨影响国际商务的国际法和特定国家法律。

9.1 国际法律力量

法 治

在研究世界各国时，重要的一点是确定该国是否是法治国家。一个国家应在法治的基础上行使其职能，而不是由政治独裁者或强大的精英集团统治。一个国家的法律制度建立于法治的基础上，将更容易吸引外商投资，因为这样外国企业就会知道，他们的利益将得到保护。实行法治也确保保护当地人民的人权更容易。

例如，在中国，香港在吸引外国投资方面比上海更具优势，因为香港具有英国殖民统治时期通过的法律传统，而上海的法院则可能倾向于关照中国的诉讼当事人。这两个城市之间法律制度的差异使香港成为外国公司投资地点的更佳选择。

什么是国际法？

每一个主权国家都会在其管辖范围内建立和实施法律。法律一旦跨越国界，执法的问题就变得复杂，因为必须经过国家间协商解决。适用于国内法律的概念并不一定适用于国际法。

所谓国际法可以分为国际公法和国际私法。

国际公法（public international law）包括政府之间的法律关系，其中包括国家之间外交关系的法律和涉及主权国家权利和义务的所有事项的法律。

国际私法（private international law）包括管理跨越国际边界的个人和公司交易的法律。例如，国际私法包括两个不同国家的企业之间签订的合同中所涉及的事项。

国际法的来源

国际法有几个来源，其中最重要的是国与国之间的双边和多边**条约**（treaties）。条约是国家之间的协议，也可能被称为公约、盟约、协约或协议。联合国等国际组织为许多条约的缔造提供了平台。联合国主办了许多会议，有关大范围事项的各国之间的协定都在此完成，包括邮递和使用其他国家的驾驶执照。此外，国际法院作为联合国机构之一，负责裁决会员国向其提交的争端。

国际法的另一个来源是国际习惯法，包括数百年来使用的习俗和国际规则。国际习惯法的一个例子是禁止种族灭绝（也有一个特定的国际反种族灭绝规约）。

治外法权

许多国家，包括美国和欧盟成员国，往往试图在其国界之外执行其法律。这就是所谓的**法律域外适用**（extraterritorial application of laws）。这种到国外执行法律的尝试，不是通过武力，而是通过传统的法律手段。例如，美国政府对美国公民和美国永久居民征税，无论收入来源或纳税人住在何处。如果一个美国公民居住在马德里并且她的全部收入来自西班牙，美国仍然期望纳税人遵守美国税法。同样，在其他国家运营的美国公司雇用美国员工时，美国公司必须遵守美国法律，包括劳动法。当然，这些公司还必须遵守东道国的法律。美国法律的域外适用已经扩展到许多其他领域，包括反垄断法和环境法。

9.2 国际争端解决

诉 讼

诉讼可能非常复杂和昂贵。除涉及审判本身，大多数诉讼都存在冗长的审前活动，包括所谓的取证过程。取证是发现对方已知的与诉讼有关的事实的手段，包括在对方身上获得文件。一些取证方法看起来相当具有干扰性，因为法院授予各方很大的自由来获取对方隐藏的信息。取证是很多美国以外的人不喜欢在美国进行诉讼的原因之一。

涉及跨国纠纷的诉讼可在州和联邦法院提起。其他国家在取证方面有特别规定，且因国而异。一些国家允许美国的诉讼者自由取证。其他国家则有一些限制。例如，如果要在瑞士取证，即使涉案双方均为美国人，也必须获得瑞士政府许可。未获得许可可能会导致处罚，包括可能的刑事制裁。

跨国诉讼通常涉及的主要问题之一是，适用哪个司法管辖区的法律以及诉讼应该在何处提起。每个国家（以及美国的每个州）都制定了确定适用哪部法律以及应在何处提起诉讼的法律。与任何其他有争议的问题一样，这些问题的最终决定权在法院。偶尔，两个国家（或两个州）的法院将试图解决同一争端。同样，这要通过参考特别选择的法律规定来解决，可能相当复杂。出于这个原因，审慎的做法是在合同中包含发生争议时的法律选择条款和法庭选择条款。法律选择条款是在合同中指定发生争议时适用的法律。例如，对于一个美国卖家和澳大利亚的买家，双方可能同意通过美国法律解决任何争端。法庭选择条款是在合同中指定解决争端的地点。例如，前面例子中的当事人可以约定争议在加利福尼亚州洛杉矶县的加利福尼亚州法院裁决。

合同履行

每当企业与其他企业订立协议时，都可能存在要求对方履行其义务的问题。不存在有权在全球范围内强制执行其法令的法院。全球范围的法院确实存在，如联合国国际法院（见第4章），但这需要当事各方自愿遵守。世界上每个国家都是主权国家，都有各自区别于其他国家法令和判决的规则。

当缔约方是来自同一个国家的居民时，该国的法律将管辖合同的履行和各方之间出现的任何争端。该国的法院对各方具有管辖权，法院的判决将按照该国的程序执行。当两个或两个以上国家的居民订立合同时，不存在相对容易的争端解决方案。强制执行跨国合同往往相当复杂。

联合国解决方案　当两个或两个以上国家之间的当事人出现合同纠纷时，哪个国家的法律适用？许多国家（包括美国）已批准使用《联合国国际货物销售公约》来解决这些问题。

销售公约建立统一的法律规则来约束国际销售合同的订立以及买方和卖方的权利和义务。销售公约自动适用于来自已批准销售公约的不同国家的商人之间的所有商品销售合同。除非合同双方明确选择排除销售公约，否则将自动适用该公约。

私人解决方案——仲裁 如前所述，美国以外的许多人不喜欢美国的法院系统。同样，许多美国商人不喜欢或至少害怕在其他国家进行诉讼。基于这些原因，国际商人往往同意通过仲裁解决纠纷，而不是前往任何国家的法院。**仲裁**（arbitration）是替代诉讼的争议解决机制。仲裁通常比诉讼更快、更便宜、更私人化，它通常对各方均具有约束力。现在至少有30个执行国际仲裁的组织，其中最有名的大概是位于巴黎的国际商会仲裁院（The ICC Court of Arbitration，ICCCA）。此外，伦敦和纽约也是仲裁中心。有些组织专门处理特定类型的仲裁案件。例如，世界知识产权组织仲裁与调解中心专门处理技术、娱乐和知识产权纠纷。从逻辑上讲，国际投资争端解决中心专门解决投资纠纷。

总的来说，出于以下几个原因，个人和企业可能更喜欢仲裁。他们可能不相信外国法院。仲裁一般比通常存在案件积压的法院解决问题更快。仲裁程序通常比法庭程序更非正式。仲裁可以保密进行，避免公开的法庭审理可能带来的负面影响。仲裁一般可能会更便宜。

外国仲裁裁决执行 各国的法庭通常强制执行仲裁裁决，但偶尔执法会出现问题。一种解决方案是《联合国承认及执行外国仲裁裁决公约》。美国和许多联合国会员国已批准了这一公约。双方在合同中约定时，它对批准的国家具有强制仲裁并执行最终裁决的约束力。

其他组织也在努力制订全球性商业法律。国际商会的《国际贸易术语解释通则》和《信用证统一规则和实践》现在几乎得到了普遍接受。联合国国际贸易法委员会和国际统一私法协会做了许多有益的工作。国际法协会制定的关于提单的《海牙—维斯比规则》已被一些国家采用。

尽管存在法律不确定性，国际商务仍在增长

尽管在其他国家做业务存在法律不确定性，但趋势表明，国际商务活动未来将会不断增长。出于这个原因，国际商人必须了解自己所处的法律环境。各国之间的法律制度差异很大，理解这些差异很重要。以美国的法律制度为基础所做的假设可能并不适用于其他国家。

9.3 知识产权

专利是政府批准给予一个产品或工艺的发明者制造、开发、使用和销售该发明或者工艺的专属权利。商标和商品名称属于设计和名称，往往会正式注册，商家或制造商由此指定和区分他们的产品。版权是作家、作曲家、软件创造者、剧作家、艺术家和出版商发布和出售自己作品的专属法律权利。商业机密是企业希望保密的信息。所有这些统

称为**知识产权**（intellectual property）。

商业机密可以有很大的价值，但每个国家都以自己的方式处理和保护它们。保护期有所不同，产品可能受保护，也可能不受保护。一些国家允许保护产品的生产过程，而不是产品本身。国际企业必须学习和遵守每个可能要在其境内制造、创造或销售产品的国家的法律。

专 利

在专利领域，《保护工业产权巴黎公约》简称为《巴黎公约》，提供了某种程度的标准化。约有173个国家遵守本公约，甚至朝鲜也是其中一个缔约方。大多数拉美国家和美国是《美洲公约》的成员，它提供了与《巴黎公约》类似的保护。

走向专利统一对待的重要一步是欧洲专利组织（European Patent Organization，EPO）。通过EPO，专利申请人只需使用英语、法语或德语填写一份申请，便可在所有24个成员国被授予专利保护。EPO成立之前，申请人必须在每一个国家用该国的语言填写一份申请。专利案件通常涉及多个公司。例如，2008年美国最高法院裁定的美国电脑芯片专利案件中，韩国的LG电子公司授权给了英特尔公司，当台湾厂商使用芯片时，LG电子提起了诉讼。

处方药行业在很大程度上依赖于专利。跨国制药公司说它们需要多年的专利保护来弥补研究和开发新药物治疗上的巨大投资。辉瑞公司研制了一种重要的抗胆固醇药物立普妥：辉瑞公司从立普妥获得的年销售收入约130亿美元。辉瑞公司的专利在2010年过期，因此辉瑞公司在2008年与印度仿制药制造商兰伯西实验室达成了一项协议，兰伯西的仿制版本在2011年11月之前不能上市。这延长的20个月对辉瑞公司非常重要，因为该药品平均每月收入达10亿美元以上。

世界知识产权组织（World Intellectual Property Organization，WIPO）是联合国的一个机构，负责管理23个国际知识产权条约。WIPO就运营专利局和起草知识产权立法等事项为发展中国家提供指导。发展中国家对知识产权相关事务的兴趣日益增加。还有另一个"与贸易有关的知识产权"（TRIPS）的组织在世界贸易组织的主持下运作。此外，2007年美国、欧盟、墨西哥、日本、瑞士、澳大利亚、韩国和加拿大开始就"反假冒贸易协议"（ACTA）进行谈判。具体规定目前仍保密，但通过该协议可能会使边境检查员更容易找到包含盗版内容的笔记本电脑。反对者声称，ACTA将对互联网上的信息传

许多企业（如可口可乐）在世界各地销售其产品，它们非常了解在全球保护商标的重要性。

播产生负面影响。

在联合国，较小的国家已经开始对专利保护的独占性和时间长度发起攻击。他们希望保护期从目前的15至20年缩短为5年，甚至缩短到30个月。但是，跨国公司抵制这些变化。他们指出，他们花费巨额资金开发新技术的唯一动机就是专利保护期持续足够长的时间，让他们能收回成本和赚取利润。

另外一个方面就是所谓"专利钓饵"的增长，可以将其比喻为制造麻烦以趁火打劫的现代公路劫匪。这些人大多是购买被错误地授予给失败公司的专利的律师和投资者。在一个案例中，专利钓饵者声称其花费约5万美元购买的一个专利被英特尔的微处理器侵权，威胁要起诉英特尔支付70亿美元的赔偿金。这一领域具有极大的吸引力，不仅有专利钓饵，还有专利海盗、专利丛林等。

商　标

商标保护因国家而异，就其持续时间来说，可能是10年到20年。这种保护大多数国家采用1891年的《马德里协定》，也有针对西半球的《商标和商务保护泛美公约》。此外，保护也可能在双边基础上在友好、通商和航海条约中提供。

统一商标规则的重要一步是1988年起草的欧盟商标条例。被称为内部市场协调局（OHIM）的单一欧洲商标局负责在所有欧盟国家承认和保护专有标志，包括属于非欧盟成员国家公司的商标。

商品名称

商品名称在遵从前面提到的《保护工业产权巴黎公约》的所有国家都受保护。那些具有非法的商标、商号或虚假陈述其来源的商品出口到这些国家时将被扣押。

版　权

保护版权的条例有1886年制定的《伯尔尼公约》，该公约有77个国家遵守；1954年的《世界版权公约》，被大约92个国家采用。美国直到1988年才批准《伯尔尼公约》。那时，由于需要加强对抗计算机软件盗版，美国不得不这样做。

9.4　普通法或民法？

历史上，普通法和民法之间一直存在着明确区分，前者发源于英国并蔓延到英国的殖民地，后者源自欧洲大陆。法院执行的是普通法，因为它们裁决个别案例；国王、王子或立法机构签发的法令或通过的法案属于民法。在普通法司法管辖区法官有权解释法律，而在民法司法管辖区法官仅有权适用法律。这是相当显著的区别。普通法司法管辖区的法官有更大的扩展规则的权力，以适应特殊案例。相反，民法在其应用上更加刚性。民法司法管辖区的法官被法令条文紧紧束缚。但这种严格遵守法令条文的做法使得民法

> **微型多国公司**　　**专利理论的新理解**
>
> 经济学家佩特拉·莫泽（Petra Moser）最近的研究揭示了针对专利目的的经济理论可能是错误的。直到最近，经济学家的共识还是专利的存在可刺激创新。她的历史性研究发现了一个有趣的细节："许多高科技时代最好的创新者（19世纪的荷兰、丹麦和瑞士）都来自一些欧洲最小的国家，而这些国家没有专利法。"此外，当时实际上只有不到五分之一的发明者依赖专利而不是保密。
>
> 资料来源：Teresa Riordan, "Patents," *The New York Times*, September 19, 2003, p. C10. Copyright 2003 The New York Times Co. Reprinted with permission. See also web.mit.edu/moser/www/Research.html（accessed June 21, 2006）.

制度的可预见性远远超过普通法制度。随着时间的推移，美国的立法机构和政府机构制定了越来越多的法律和法规。反过来，在当事方对条文的意思产生争议时，法院解释这些法律和法规。

欧洲的做法

欧洲有几千年的专制历史，最近民主在不断发展。与美国人相比，这种悠久的历史使欧洲人更有理由担心他们的政府。一项新的法律在提交至立法机关（与美国的立法机构不同，始终由控制行政部门的同一政党控制）前，要在大多数将受到影响的人、企业和政府机构之间达成一致。与美国的做法相反，欧洲的法律很少修订，而且法规也很少修订。法院不会经常被要求给出解释，如果要求，他们的裁决也很少被上诉。一旦共识已经达成，再次讨论这一主题被认为是非常糟糕的，那些这样做的人可能会发现自己在下一次磋商中将被排除在外。

欧盟是一个主权国家的组合。尽管所有欧盟成员国都已经向欧盟出让了一定量的主权，但欧盟仍只拥有有限的权力在整个欧盟实施全面的立法。但这种权力正变得越来越大。重要的是要记住，欧盟的立法方式与美国十分不同。欧盟的主要政策制定机构仍然是部长理事会，该组织由各国政府控制。在立法权方面，欧盟在某一天可能会仿照美国，但目前尚未如此。

美国的做法

与欧洲的习俗相比，美国人民和企业服从政府的传统较弱，也很少对其抱有恐惧。美国公民比欧洲人更有可能在法庭上和街道上挑战法律，或不服从法律。在美国，立法是一个持续的对抗性程序的产品，而不是达成共识；法律由政府的一个独立部门书写，另一个部门执行，第三个部门解释。通常这三个不同的政府部门由不同的政党或持相互冲突理念的人控制。

在美国，法律法规不断地被立法机关和机构修正或修订。法院解释法律的方式有时令人惊讶，法院可以废止违宪的法律。美国宪法规定立法权属于国会，其拥有为整个国家书写法律的权威，总统可以否决。

9.5　标准化世界各地的法律

为了实现各国法律的统一，人们作了许多尝试。对于国际企业来说，标准化的优势是，如果有一个统一的规则，业务流程更完善。但是，在大多数领域，全球协调工作都进展缓慢。现在，商人必须面对标准不同的现实。

在税收领域，国与国之间也有税收公约或条约。每个国家都试图使每一个这样的条约尽可能与其他国家类似，所以在其中可能会发现相同的模式和条文。

在反垄断方面，欧盟成员国遵循《罗马条约》第81条和82条，这与美国的反垄断法类似。在一个不寻常的双边举动中，德国和美国签署了一项反垄断合作的执行协议。这是各国政府首次尝试针对在两个国家经营的企业的反垄断问题进行合作。已经有人建议建立全球反垄断协议。

在国际商业仲裁方面，已经存在一些协议，包括仲裁裁决的强制执行。如果有争议的合同涉及从一个国家到另一个国家的投资，则可以提请世界银行国际投资争端解决中心仲裁。第4章介绍了一些其他的联合国相关组织和其他全球性协会。其中每个组织都对成员国的法律有一定的统一或规范效果。同样，第4章提到的区域性国际组织也有类似功能。

《联合国国际货物销售公约》为其使用各方带来了国际销售协议的一致性。

在清算和破产标准的全球统一方面也有一些尝试。例如，第15章介绍的美国破产法主要讲述了由联合国国际贸易法委员会制定的跨国界破产示范法。

两个标准化组织是国际标准化组织（ISO）和国际电工委员会（IEC）。国际电工委员会促进几乎每一个电工领域的测量、材料和设备标准化。国际标准化组织提出其他技术领域的标准。世界各地的大多数政府和私人购买都要求产品满足IEC或ISO规格。所有的IEC和ISO度量标准都采用公制系统，所以没有使用公制度量的美国公司出口产品必须进行转换。只有两个其他国家（缅甸和利比里亚）没有采用公制度量。

9.6　一些具体的国家法律力量

税　收

目的　某些税种的首要目的并不是提高政府的收入，这可能会让那些没有学过税收的人有些惊讶。许多**非收入税收目的**（nonrevenue tax purposes）是将收入从国家的一个群体再分配到另一个群体、降低酒精和烟草等产品的消费、鼓励国内消费而不是进口商品消费、抑制到海外投资、实现收入相当的纳税人平等上缴税金，以及给予外国侨民互惠。

尽管这个目的列表很短，也足以显示出影响负责税收立法和征税的政府官员的经济和政治压力。在每一个国家，实力强大的群体都推动税收政策朝着符合他们利益的方向发展。这些群体和利益因国家而异且经常冲突，这也是影响跨国公司税收实践复杂性的一部分因素。

各国方法不同　在世界上的许多国家，税收制度有许多差异。

税负水平　税负水平的范围可从一些西欧国家的相对较高，到避税天堂的零税负，即特定类型的收入应纳税额为零。一些国家征收资本利得税（指资产在出售时收入大于成本而取得的收益），一些国家则不征收。这些国家的征收水平也不尽相同。资本利得税是有争议的。支持征收较高资本利得税的一方认为，税率应保持高位，因为任何削减都会让富人更得利。反对征收较高资本利得税的一方认为，资本利得税冻结了本来可在其他地方进行更好投资的资金。（资本利得税是在每一次资产出售时征收。因此，较高的资本利得税往往导致资金留在原地。）有人认为，美国不应开征资本利得税，就像其他几个国家那样。

税收法律和条例的复杂性　税收制度的复杂性因国家而不同。以任何人的标准来看，美国的税收法令都是非常复杂的。美国财政部的国家税务局（Internal Revenue Service）管理税务法令。税法是美国联邦法律的一部分，包括数千页的内容。此外，财政部还撰写了数千页的税收法规来解释或扩大税法。

谁遵守法律？　税法的遵守和强制执行在各地有很大的不同。德国和美国等一些国家非常严格。另一些国家则相对宽松。哥斯达黎加的逃税率估计有70%。意大利的做法是，允许纳税人申报一个非常低的应纳税收入，政府则计算非常高的数额。然后，他们商讨一个折中的数字。有人说，在意大利有83%的人申报了不到4,000欧元的收入。除缴纳企业所得税外，意大利的企业可能会发现自己支付了商会税、许可税、贸易协会税、印花税、地方税、租赁协议税、增值税、健康检查税、会计账簿税、福利制度税、水资源税甚至室外遮阳篷税。据估计，意大利企业要支付约300种独立的税费。

其他差异　税收上还有许多其他的差异，这里不能完全列出。它们包括在特定地区投资的税收优惠、豁免、费用、折旧免税额、外国税收抵免、调节税以及双重企业税（企业利润税以及支付给股东的股息税）。美国税法给美国纳税人减免了可能由一个以上司法管辖区发起的双重征税。例如，如果美国纳税人在瑞典生活和工作，纳税人应遵守美国和瑞典两国的税收法律。如果没有某种形式的税收减免，该纳税人最终可能要支付超过其全部收入的税费。这种税收减免的形式有**外国税收抵免**（foreign tax credits）和各种税收条约的规定。美国税法规定，如果美国纳税人向另一国支付税费，将减免其美国税费。这项减免措施显得尤为重要，因为美国公民和美国永久居民（绿卡持有者）就其全球收入缴税，无论纳税人的收入来源和居住地为何。

税务条约或公约　由于各国的税收实践有无数差异，许多国家已经相互签署**税务条约**（tax treaties）或税务公约。通常情况下，税务条约定义各国的收入、来源、居留地以及什么是应税行为等事项。它们规定每个国家对一个国家在外国居住或工作的国民所赚取的收入可以征收多少税额。所有这些条约都包括两国税务机关之间的信息交换的规定。

美国已与50多个国家签订税务条约。

存在或不存在税务条约往往是国际商务和投资地点的一个因素。税务条约使业务经营更具可预测性，因为它们方便货物、资本、服务和技术的国际流动。但是，各国签署条约的动机不同。大多数经合组织国家签署条约的目的是为所有国家在分配税收管辖权方面提供标准框架。税务条约往往决定哪个国家对哪种收入征税。在新兴市场国家，税务条约可能被外国投资者视为稳定性的关键标志。

消失的纳税人　电子商务——加上公司和个人将其业务和居住地从一个国家转移到另一个国家变得越来越容易——使人们更容易离开税赋高的国家，或者完全避税，因为在互联网上做业务往往难以追查交易记录。

并非所有的企业、工人和产品都具有同样的移动性。企业家、科学家、网球运动员和电影明星可能能够随意迁移以寻求降低税收，但普通工人仍然不大可能成为一个避税者。因此，政府可能不得不削减生产中流动性最强的要素（特别是技术工人）的税收，而流动性不高的非技术工人的税收可能上升。其他正在考虑的税法变化包括从征收收入税转向征收消费和财产税。

美国税收的影响　假设总部在美国的跨国公司希望在美国开设一家新工厂、商店、仓库或办公楼。这种扩张将在美国创造新的就业机会，以及新就业机会带来的所有好处。但是，当公司的高管看到美国税法时，他们可能会因处理利息支出分配的部分而犹豫。当一个在许多国家设有分公司的美国公司贷款来资助美国业务时，利息将按部分融资给海外业务来收取。最终，将造成部分利息税减免损失，从而推高税后利息成本。

外国公司——包括总部在外的跨国公司——没有这样的规定，对于资助美国运营的借款，可以扣除100%的利息。因此，它们的税后利息成本较低，以至于在美国比许多美国公司更具竞争力。当然，这种税务法令使得美国商人在其他国家的经营也更复杂。

反垄断法

反垄断法的目的是防止形成垄断等异常强大的经济力量。执行反垄断法的行动通常涉及政府针对企业的行动，但也可能涉及企业对其他企业的行动。

美国的法律和态度不同——但分歧在缩小　美国**反垄断法**（antitrust laws）的规定和执行都非常严格。美国司法部负责执行美国反垄断法。其他国家以及欧盟在反垄断领域也变得越来越活跃。现在已有80多个国家有反垄断法，其中包括新加坡和中国等新加入者。在欧盟，这些法律有时被称为**竞争政策**（competition policy）。欧盟委员会负责执行欧盟竞争政策。除了对企业执行竞争政策外，欧盟委员会也有权力迫使欧盟成员国政府消除国家垄断，打破阻止走向开放、全社区市场进程的堡垒。

美国、其他国家和欧盟之间在反垄断法律、法规和实践方面存在一些重要的差异。其中一个区别是美国法律有"本身"（per se）的概念。根据美国法律，包括价格操纵在内的某些活动"本身"非法。这意味着，即使并没有造成伤害或损害，它们也是非法的。欧盟《罗马条约》中关于限制性贸易惯例的条款不包含美国反垄断法中"本身违法"的概念。例如，使消费者享受到公平份额的利益的卡特尔在欧盟被合法接受。此外，该条约未规定市场支配地位本身违法，而是仅当滥用这种主导地位损害竞争对手或消费者的权益时才违法。

美国反垄断法重点关注的是企业行为对消费者的影响，而欧盟则更加关注行业的竞争结构，并因此十分注意竞争者的异议。在日本，反垄断法是在"二战"结束后由美国在其占领日本期间引入的。日本的反垄断法以美国反垄断法为蓝本，并没有与日本政府设立的现有合作财阀（企业集团）协调。事实上，日本的经济发展方法视反垄断措施为一个障碍。然而，随着外国反垄断法的影响不断增强，尤其是在美国和欧洲（如欧盟竞争法），日本企业纷纷在自己的战略中纳入反垄断思维。日本的文化非常重视合作，所以这是一个挑战，特别是当涉及卡特尔时。

美国反垄断法的全球应用 美国政府往往试图在其国土之外执行其反垄断法。例如，在1979年，华盛顿特区的一个大陪审团起诉三个外商独资海运集团在未获美国联邦海事委员会批准的情况下实行价格操纵。欧洲和日本提出不满抗议，认为：（1）航运是国际定义的，因此美国无权单方面采取行动，（2）被指控的罪行在美国以外完全是符合法律和道德的做法。美国最高法院已多次允许海外适用美国反垄断法。

欧盟竞争政策的域外适用 欧盟委员会负责欧盟竞争政策的执行。像美国司法部一样，欧盟委员会在欧盟范围内的商务受到影响时，也越来越多地寻求在海外执行其竞争政策。例如，美国在线和时代华纳的合并谈判进行之前，欧盟委员会必须进行批准。在获得合并批准之前，美国在线—时代华纳不得不同意断绝与德国媒体集团贝塔斯曼的一切关系。欧盟还认为微软反竞争，并于2006年处以该公司2.8亿欧元罚金。

刑事案件 美国反垄断法包含民事和刑事处罚。美国联邦上诉法院的一项决定裁定刑事反垄断法适用于外国公司，即使阴谋发生在美国以外的地方。虽然先前的决定允许美国反垄断法适用于民事案件中的外国公司，但针对日本制纸公司的这一决定开了反垄断法也可用于刑事定罪的先河。

日本的"无牙老虎" 日本公平贸易委员会（FTC）的职责是执行反垄断法，又被戏称为"无牙老虎"。它被看作是日本政府中最薄弱的机构之一，容易被财政部以及国际贸易和工业部（MITI）左右，这两个部门是确保日本实行传统、协作的经营方式的既得利益者。FTC的目标大多是小的、外国的或较弱的行业，当它调查强大的行业，如国产汽车、汽车配件和建筑等行业时，它提出的最严厉惩罚就是"建议"。这些建议通常为目标公司所接受。如果不接受，接下来会举行听证会，然后下达指令。

美国和日本反垄断之间的主要区别在于，在美国的投诉中，约90%是由私人发起的，而在日本，只有在FTC首先调查的情况下，私人反垄断行动才可以进行。由于日本的有限取证法律，FTC可以获取公司有关信息的唯一途径就是搜捕。因此，除非确定发生了违法行为，否则FTC不能采取任何行动。如果没有信息，几乎不可能确保这一点。鉴于这一切，我们就很容易理解为什么FTC被认为是无牙老虎。

全球反垄断审批建议 国际企业往往难以遵守世界各地的各种反垄断法。一个很好的例子是微软。20世纪90年代，美国政府和美国的几个州发起了针对微软的反垄断行动。行动一直持续到21世纪初。欧盟也对微软发起了几次行动,最终罚款总额约为25亿美元。

2008年有传言称，中国正在研究微软是否具有垄断地位。微软案是一个很好的例子，说明了一个公司如何在多个司法管辖区陷入反垄断法的纠纷。鉴于许多国家在世界各地执行反垄断规则，许多人认为，在更大范围内开展全球反垄断执法合作是必要的。有人认为，世界贸易组织是这种全球合作的正确途径。另一些人则认为，国际反垄断机构才是恰当之选。达成这样一项协议将是困难的，因为这涉及不同的利益。美国政府提出建立一个处理反垄断差异问题的世界组织。如果获得批准，该组织将可能采取合并申报清算中心的形式。寻求成立此类实体的呼吁一直在增加，因为多数大型并购都具有跨国性质。

关税、配额和其他贸易壁垒

虽然我们在第8章介绍了贸易壁垒，但它们也是法律力量。出于这个原因，我们在这里再次提到它们。每个国家都有这些方面的法律。关税的既定目的是提高政府的收入，但它也有另一个目标，即将某些商品拒于国门之外。配额限制进口的数量或金额。

国家法律中还有许多其他形式的贸易保护或壁垒。其中一些属于健康或包装要求。其他一些则与语言有关，如对于在法国出售的商品，标签以及广告、手册、保证书等必须使用法语，包括网站的物理服务器要位于法国。当越南鲶鱼进口到美国充斥市场时，美国鲶鱼产业的律师成功地争辩说，越南的产品不是鲶鱼，而是其他鱼类。此举并没有停止进口，他们调转矛头，声称这些鲶鱼被倾销到美国市场。表9-1是一些贸易壁垒的例子。

在许多国家，美国和欧盟的出口可能会遇到微弱的专利或商标保护、高关税、隔离期和其他各种障碍。

美国在处理国外贸易壁垒时有许多方法。它可以对来自对美国商品设置障碍的国家的产品设置报复性壁垒。它有时会使用关税和配额。它还使用一种配额形式，一些国家称为"自愿"限制协议（VRA），其他国家称为"自愿"出口限制（VER）。"自愿"加引号，是因为这些障碍是由美国政府强加给出口国的。其所导致的必然结果是美国消费者的成本提高，因为出口商只出口生产线中价格较高的顶级产品，进口商将为稀缺产品收取更高价格。美国远远不只是唯一一个对其贸易伙伴施加VRA和VER的国家。日本、加拿大、欧盟国家和许多其他国家要求向它们出口的国家"自愿"限制出口货物的数量或价值。

侵权行为

侵权行为是指对其他人造成伤害的行为，无论是故意还是过失。在美国，侵权案件往往会造成大额的金钱赔偿。其他国家有侵权法限制可在侵权诉讼中获得的金额。

产品责任 侵权行为的一个重要领域是**产品责任**（product liability），特别是在国际舞台上。产品责任法规定公司及其管理人员和董事的责任，在其产品导致死亡、受伤或损害时可能被处罚款或监禁。这种故障或危险产品的责任是从20世纪60年代开始在美国法律界不断增长的领域。责任保险保费金额猛增，有人担心较小、实力较弱的制造企业将无法生存。20世纪80年代，这一趋势迅速蔓延到欧洲和其他地方。经济咨商局调查了500多名首席执行官，其中超过五分之一认为，严格的美国产品责任法造成了他们

表9-1 关税及其他贸易壁垒的全球示例

产品	目的地	壁垒
美国苹果	日本	果园检查、缓冲区
欧盟葡萄酒和烈性酒	印度	联邦和州政府的额外关税
集成计算机电路	中国	本地生产电路的退税，给它们带来了相对于进口产品的不公平价格优势
欧盟提供商的互联网赌博	美国	歧视性立法
美国谷物	欧盟	欧盟暂停对转基因谷物的进口
美国计算机技术	巴西	30%的关税
美国家禽	俄罗斯	进口限制（配额）

资料来源：Office of U.S. Trade Representative, Monitoring and Enforcement Press Releases, www.ustra.gov (accessed August 1, 2004); and European Commission, "Trade Issues," http://ec.europa.eu/trade/issues/respectrules/tbr/cases/usa_gam.html (accessed June 15, 2008).

公司的业务被外国竞争者夺走。但是，当外国公司在美国购买或建造工厂时，他们也面临着美国公司长期面临的相同的责任和保险问题。

产品制造商往往受到**严格责任**（strict liability）标准的限制，其中规定设计者和制造商要对由产品造成的损害承担责任，而不需要原告证明产品的设计或制造方面存在疏忽。有几个理由可以让我们相信，严格责任在欧洲和日本对产品设计师和制造商的影响将不会像在美国那样严重。欧盟允许公司使用"最新技术"或"发展风险"防御，允许设计者和制造商在设计或制造时使用最现代化、最新的知名技术。它们还允许设置赔偿上限。相比之下，美国陪审团判定的损害赔偿会高达数亿美元。

与欧洲和日本相比，美国法律程序中的其他分歧将让欧洲和日本法院限制或阻止产品责任赔偿。如前所述，在美国而不是其他地方，律师在风险代理收费的基础上接手很多案件，而在产品责任案件中律师不收取任何费用便会开始陈述和起诉。只有在被告和解或输掉审判时，才支付律师的费用，但随后的费用是比较大的，在和解或裁决费用的三分之一到一半之间。此外，在美国以外，当被告赢得诉讼时，原告往往要支付被告所有的律师费和原告起诉造成的其他费用。

在美国，产品责任案件由陪审团审理，可以判给原告实际损失加上惩罚性赔偿。顾名思义，惩罚性赔偿的目的是惩罚被告，如果原告严重受伤或以其他方式激发了陪审团的同情心，可能会获数百万美元的赔偿，以"给被告一个教训"。在美国以外的国家，由法官而不是陪审团审理产品责任案件。法官比陪审团更不容易起情绪反应，即使法官对原告表示同情，非美国的法院也不会判罚惩罚性赔偿。

惩罚性赔偿对医药行业的影响 美国法院动辄判定数百万美元的惩罚性赔偿，导致外国公司产品不想进入美国。例如，英国公司阿克明斯特电子生产的一种设备可通过监测婴儿的呼吸，帮助防止婴儿在床上死亡。但这种产品不在美国销售，因为它不能确保产品责任保险。在美国，每一个药物公司都知道，如果一个人使用药物后生病，美国某处的陪审团就有可能追究制造商的责任，并责令其支付赔偿金。默克公司（Merck）最近在万络案件中的判决就是一个例子。

买家在日本需谨慎　日本法律关于产品责任的规定要求原告证明设计或制造疏忽，这对于复杂的高科技设备来说十分困难。独特的日本取证法律程序使原告的困难加剧，原告需要通过这一程序来寻找被告与案件有关的文件。在美国法院原告可以使用取证，但在日本会受到限制。

其他法律事项

在国外工作的个人一定要警惕，以免陷入当地法律和警察、军队或政府官员之间的冲突。让我们看一下这方面的一些例子。

一位普莱西公司（Plessey）的英籍雇员在利比亚因"给外国公司提供信息危害革命"被判处终身监禁。藏有15克或以上硬性毒品的两名澳大利亚人在马来西亚被处决。沙特阿拉伯和其他穆斯林国家对进口或饮用酒水和穿着暴露服装执行严格制裁。在日本的外国人不携带外国人登记卡走出家门将被逮捕，有一个人在倒垃圾时就发生了这样的事情。在泰国，毁损印有国王图片或形象的纸币或硬币的人可被判入狱，比如一个外国人用脚停止滚动的硬币。在新加坡，乱穿马路、乱抛垃圾、随地吐痰是非常严重的违法行为，某些罪行可以使用鞭刑。在中国，未婚情侣（包括外国人）在同一房间过夜可能会面临10天的拘留处罚。在希腊，刷爆信用卡透支额度的旅客可能被判处12年的徒刑。

在美国大使馆和领事馆无法提供足够法律帮助的国家，以及监狱条件恶劣到关乎生存的国家，费城的国际法律辩护律师（International Legal Defense Counsel，ILDC）可以提供很好的帮助。其处理的一个案件涉及弗吉尼亚州的摄影师柯南·欧文，他同意将一包可卡因从哥伦比亚运输到西班牙，在那里他被逮捕，并受到严厉的监狱服刑判决。美国总检察长亲自交涉，但没有成功，欧文在监狱里待了近两年。然后，ILDC通过双边囚犯转移条约使其获得了自由，该条约允许在外国监狱服刑的美国犯人回到自己国家的监狱继续服刑。返回美国之后，欧文很快就被释放。

小　结

讨论国际商务所面临的法律力量的复杂性。

国际商务受到各州、各国和各国际组织颁发的成千上万的法律和法规的影响。有些存在不一致的目的，还有一些削弱了企业与外国公司竞争的能力。

认识外国法律的重要性。

东道国的各种法律可能让外国商人或游客陷入纠纷。指控的范围可以从未携带外国人登记卡到藏有毒品。

解释国际争端解决的可能性。

国际争端解决的可能性包括诉讼和仲裁。跨国诉讼往往涉及应适用哪个司法管辖区的法律以及在哪里提起诉讼的问题。仲裁往往比诉讼成本更低、速度更快、更非正式。诉讼和仲裁在执行上都面临困难。

认识保护知识产权的必要性和方法。

专利、商标、商号、版权和商业机密被称为知识产权。这些产权的盗版非常常见,对所有者来说代价十分昂贵。联合国世界知识产权组织创立的目的是管理国际产权条约,还有世界贸易组织的一个机构 TRIPS,也具有类似的目的。

认识很多税种具有增加收入以外的目的。

某些税种有其他目的,而不是提高收入。例如,一些税种意在进行收入再分配、减少某些产品的消费、鼓励使用国产商品或抑制到国外投资。此外,各国的税收不尽相同。各国之间的税务条约或公约可能会影响投资和地点的决定。

讨论反垄断法的执行。

美国和欧盟在域外执行反垄断法。这是在多个国家经营的公司所关注的问题,因为在不同的司法管辖区面对这么多法律具有很高的复杂性。

解释产品责任的法律行为风险。

产品责任是指产品的设计师或制造商对产品导致的伤害或损害承担的民事或刑事责任。在美国的法律制度下,产品责任在几个方面与其他国家的规定不同。例如,只有在美国才存在律师风险代理费用、这些案件的陪审团审判和惩罚性赔偿。虽然欧洲采用了严格责任原则,但被告可获准使用最前沿技术来辩护,并且国家可设置赔偿上限。产品责任在日本几乎不为人所知。

讨论一些影响国际商务运营的美国法律。

许多美国法律影响着美国和外国公司的国际商务运营。美国联邦就业法应用于在任何地方经营的任何美国公司。这种治外法权意味着在国外经营的美国公司必须遵守美国就业法,就和它适用于美国公民一样。《反海外腐败法》和《萨班斯—奥克斯利法案》也适用于美国企业在海外的运营以及在美国开展业务的外国企业。

问题讨论

1. 决定一个国家是否遵循法治的意义是什么?
2. 国际法和国家法律有何不同?国际法有哪些来源?
3. 其他国家对美国在域外适用其法律有什么异议?
4. 将合同纠纷提交仲裁而不是诉诸法庭诉讼有什么优势?
5. 为什么企业关心自身的知识产权问题?
6. 税收通常有增加收入之外的原因。税收还用于哪些其他目的?
7. 为什么有些人认为,增值税应该取代部分或全部的美国所得税?
8. 关税是唯一一种国际贸易壁垒吗?如果不是,请指出一些其他壁垒。
9. 产品责任会成为犯罪吗?如果是的话,在什么情况下产品责任会成为犯罪行为?
10. a. 美国和英国的法律制度实践之间有何差异?
    b. 出现这些差异的原因是什么?

案例分析 9-1　意大利法律

一家加利福尼亚州的公司正在顺利扩张，刚刚进行了首次出口销售。到现在为止所有的销售和采购合同都含有一项条款，规定如有任何关于合同的争议，将根据加利福尼亚州法律解决，诉讼也将在加利福尼亚州法院进行。

新的外国客户是意大利人，她反对这些一切遵从加利福尼亚规定的解决方案。她说，她花钱购买了产品，所以加利福尼亚的公司应该作出让步，让意大利的法律和法院管理和处理任何纠纷。

你是该加利福尼亚州公司的首席执行官，你很希望接下这个订单。你对你的律师事务所的服务感到满意，但你知道它没有国际经验。

你在加利福尼亚州的公司可以通过哪些方式来解决争端？每种方式对你的公司来说有哪些优势和劣势？

第 10 章 理解国际货币体系和金融力量

金钱的功能不是赚取金钱,而是转移货物。金钱只是我们的运输系统的一部分。它将货物从一个人转移给另一个人。钞票就像是邮票:除非是将商品从一个人转移给另一个人,否则它没有任何好处。如果邮票不能用来寄信,或钱不能用来转移货物,那么就如同不能运行的引擎。会有人走出来修复它。

——亨利·福特在福特汽车公司的讲话

阅读本章后,你应该能够:

1. 描述国际货币体系中货币制度的演变。
2. 讨论国际清算银行的目的。
3. 解释货币价值波动的影响。
4. 描述外汇兑换管制。
5. 总结金融力量如税收、通货膨胀和国际收支对公司的影响。
6. 解释国际收支的作用。

洗钱、恐怖主义和国际货币制度

国际恐怖主义的关键要求之一是资金。恐怖行动需要资金，这些资金涉及洗钱以掩盖其来源，将其移出国界以使其不受监督。因此，国际货币制度是至关重要的：如果货币流动可以停止，恐怖主义就会停止。今天，那些支持恐怖主义的机制正在被国际金融机构用来打击恐怖主义。

在打击与恐怖分子融资活动有关的洗钱方面，国际金融机构已通过反洗钱金融行动特别工作组（Financial Action Task Force on Money Laundering，FATF）起到了带头作用。FATF 由七国集团国家（现在的八国集团）成立，建立和推广国家和国际政策，以使洗钱更困难和更具风险。FATF 与国际货币基金组织、世界银行、联合国、FATF 式的区域机构（FSRB）以及国家机构（如美国财政部）密切合作。

FATF 监测各国通过哪些举措来控制向恐怖主义提供资助，并定期公布其研究结果简报。这样，所有的政府都会收到通知，建议它们的银行和其他金融机构行使适当的尽职调查和谨慎义务，对于所列国家的所有交易给予特别注意。如果你在此列表中，金融世界将密切注视着你。

在金融方面，FATF 提供了哪些帮助打击恐怖主义的建议？它的建议包括将向恐怖主义提供资助定为犯罪；冻结和没收恐怖分子的资产；报告与恐怖主义有关的可疑交易；跟踪并行或替代性汇款系统，如哈瓦拉（脱离银行体系，依靠信任及家人或宗教关系）；监视电汇、非营利组织和现金运送。在美国，财政部列出了已通过美国政府制裁的国家、个人和网络。你可以在 www.treasury.gov/offices/enforcement/ 看到这些定期更新的列表。

国际货币体系包含机构、协议、规则和流程，以完成国际交易所需的支付、货币兑换、资本流动。要了解现在我们在国际货币体系制度进程中的位置，有必要先看看这些制度是如何发展的。这将让你了解推动跨国界付款的机构和制度是如何演变的。因此，本章从探讨黄金标准和布雷顿森林体系开始。我们已经讨论过（第4章）1944年布雷顿森林会议上成立的两个机构：国际货币基金组织和世界银行。在这里，我们更深入地讨论其中一个机构，即国际货币基金组织。通过提供国际货币体系的"游戏规则"，它起着核心作用。然后，我们考察浮动汇率制度和现行汇率制度的出现。我们还会简要了解一下国际清算银行。考察完国际货币体系后，接下来我们看看活跃在公司国际环境中的主要金融力量。这些力量包括货币价值波动、外汇兑换管制、税收以及通货膨胀率和利率。最后，我们重点讨论各国之间的货币兑换如何记录、国际收支账户及其与国际管理人员的相关性。

10.1 国际货币体系

金本位简史

由于十分稀缺且易于鉴定纯度，黄金自古以来便被人们用作存储价值、交换价值和价值尺度。从大约公元1200年到现在，黄金价格一直呈上升趋势。从远古时代直到19世纪后叶，国际贸易商一直使用金条和金银币。然而，由于贸易增长，携带大量黄金变得不切实际。想想看：黄金很重，运输和储存成本很高，而且无法赚取利息，此外其庞大的体积使它极易成为盗贼的目标。这些缺点导致了货币的演变，政府发行纸币，并承诺这些纸币能够以固定汇率换取黄金。

1717年，伟大的数学家和英国皇家造币厂负责人艾萨克·牛顿确定了以英国货币计算的黄金价格：每盎司3镑17先令10.5便士，英国建立了事实上的**金本位**（gold standard）。大多数贸易或工业国家跟随英国的举动，采用了金本位。每个国家都设置一定数量的每盎司黄金可兑换货币金额，它们的黄金等价比例建立了任何两种货币之间基于金本位的汇率。从本质上讲，货币与黄金挂钩。因此，假设兑换一盎司黄金需要5英镑，或10法郎。则英镑和法郎之间的汇率为每英镑2法郎，或每法郎0.5英镑。

除拿破仑战争期间外，英国总是愿意将黄金和货币相互转换，直到1914年开始的第一次世界大战。在这两个世纪中，伦敦是主要的国际金融中心，超过90%的世界贸易在伦敦筹措资金。第一次世界大战的财政负担迫使英国出售其很大一部分黄金，并暂停黄金兑换。战争所涉及的其他国家，包括德国、法国和俄罗斯，也暂停了纸币兑换黄金，并停止了黄金出口。在第一次世界大战和1939年开始的第二次世界大战之间，金本位曾短期恢复，但并未成功重建。

金本位的很大一部分吸引力来自其简单性。当出现贸易不平衡时，它们通过黄金向盈余方流动来予以纠正。货币供应量的上升和下降与黄金流动有直接关系。这种自动调节被称为价格—铸币流动机制（铸币是"硬币"的另一种说法），这是苏格兰哲学家大卫·休谟（David Hume）建立的一个概念。早在1758年，休谟就进行了令人印象深刻的尝试，说明贸易不是一个"零和游戏"，而是所有参与者都可以从贸易中获益。他的论点和他的朋友亚当·斯密（Adam Smith）的论点被接受后，重商主义当道，人们认为，货币储备是衡量一个国家财富的最好方式，那些具有贸易顺差的国家更富裕。休谟在《贸易的猜忌》(Of the Jealousy of Trade)中指出，所有国家的财富都与贸易总额直接相关，所谓水涨船高。

虽然金本位早已不是国际货币体系，但仍有一些有影响力的热心倡导者——大多数经济学家不在其中——呼吁回归金本位和固定汇率。他们的核心论点可用一个词表示：纪律。在金本位下，如果没有黄金的支持，政府不能创造货币。因此，无论创造更多货币对于政治优势有多么大的诱惑，如果没有所需数量的黄金，政府就不能这样做。不幸的是，这一要求牺牲了政府的货币灵活性。在金本位中，增加货币供应量以抵御经济衰退不是一种选择。正如你将看到的那样，当前货币制度并没有为黄金分配特殊的角色。各国中

一位伊朗货币交易员在数金币。一位专家称金币为"伊朗人的政治对冲基金"。

央银行并不需要将其货币与任何物品关联。经济学家保罗·克鲁格曼(Paul Krugman)指出，这种灵活性是1987年的股灾没有造成类似1929年的大萧条的原因。

对于担心通货膨胀的人来说，黄金仍然是一个庇护。例如，在伊朗，随着其核计划紧张局势不断升级和经济停滞，对黄金的需求急剧上升。"金币是伊朗人的政治对冲基金，将黄金放到家里会让我们感到安全，"《伊朗经济》的编辑海达尔·保里安说。

布雷顿森林体系

1944年在布雷顿森林举行会议讨论货币制度计划的政府代表之间达成共识，认为亟需采用稳定汇率，但需要根据经验进行调整。他们还同意，汇率浮动或波动令人不甚满意，但这一意见的理由并未过多讨论。这些会议成立了国际货币基金组织，我们在讨论全球机构时有过介绍。国际货币基金组织的协议条款中包含新的国际货币体系——**布雷顿森林体系**（Bretton Woods system）的规则，该体系也被称为金汇兑本位制和固定汇率制度，于1945年12月开始生效，此后一直作为国际货币体系的基础，直到1971年。

新系统在各成员国货币之间设立**固定汇率**（fixed exchange rate），**面值**（par value）基于黄金和美元，每盎司黄金价值35美元。例如，英镑的面值为2.40美元，法国法郎面值为0.18美元，德国马克面值为0.2732美元。根据规定，美国政府用美元兑换黄金，而美元是可兑换黄金的唯一货币。这种以美元为基础的金汇兑本位制使美元不仅成为国际支付手段，而且也成为了政府持有其国债的储备货币。

20世纪50年代和60年代，布雷顿森林体系支持了大量的国际贸易增长。其他国家改变其货币对美元和黄金的价值，但美元始终保持固定。这意味着，为了满足日益增长的储备需求（因为各个国家将美元作为黄金代理），美国出现了国际收支赤字。也就是说，在美国，美元流出大于流入；国外持有美元的需求大于作为出口销售收入的流入金额。从1958年到1971年，美国的累积赤字达到560亿美元。为了弥补赤字，美国一方面动用了黄金储备，使其从248亿美元减少至122亿美元，另一方面要求外国中央银行承担债务融资。在此期间，这些负债从136亿美元增加到了622亿美元。到1971年，对于这些银行持有的每一美元，财政部只持有22美分的黄金价值。

经济学家罗伯特·特里芬（Robert Triffin）指出，这样的赤字最终会导致对储备货币信心不足，导致金融危机。也就是说，外国人持有的美元越多，他们对该货币的信心越不足。这就是所谓的**特里芬悖论**（Triffin paradox），而这真的发生了，在20世纪60年代末的贸易赤字后，法国总统戴高乐敦促法兰西银行将其持有的美元兑换成黄金。最终，在1971年，美国总统尼克松暂停了美元兑换黄金的业务。

布雷顿森林曾试图作出调整，以避免迫在眉睫的危机，1969年，创建了一种国际储备资产，即**特别提款权**（special drawing rights，SDR）。特别提款权的价值基于四种一篮子货币，欧元、日元、英镑和美元。国际货币基金组织及其185个成员国和其他15个官方国际机构使用特别提款权作为记账单位，就像另一金融机构国际清算银行所做的那样。然而，如今SDR作为储备资产的使用十分有限，其在国际货币体系的运行陷入严重困难时作为安全网的能力还有待检验。

浮动货币汇率制度

为了回应戴高乐推动法国将其持有的美元兑换成黄金，尼克松总统在1971年宣布，美国将不再支持外国央行将其持有的美元纸币兑换成黄金。他有效地"关闭了黄金窗口"，美元不再承担黄金代理和国际货币体系稳定者的角色。这一冲击导致外汇市场关闭数天，当其重新打开时，他们开始开发一种只有少量规则的新系统。货币价值开始浮动，每盎司黄金35美元的规定价值现在毫无意义，因为美国不再进行任何美元兑换黄金的业务。

通过两次尝试，达成了全新的持久固定汇率体系，一次是在1971年12月，另一次是在1973年2月，其结果是《史密森协定》的诞生。然而，这两次中，银行、企业和个人都认为央行坚持使用了不正确的汇率，而投机者每次都正确。1973年3月，在外汇市场中，主要货币开始自由浮动，**浮动货币汇率**（floating currency exchange rates）制度仍然存在。基于这一事实，建立浮动制度规则的协定在1976年于牙买加召开的会议中被国际货币基金组织成员国所接受。这被称为《**牙买加协议**》（Jamaica Agreement），它允许IMF成员国之间实行灵活的汇率机制，中央银行可在货币市场自由操作以顺利度过动荡时期。《牙买加协议》还废除了黄金条款，黄金不再作为储备货币。

当前货币制度

最初国际货币基金组织认可三种类型的货币汇率制度，但后来扩展到八个类别。首先，我们来看看原来的三个类别：自由浮动、管理浮动和固定汇率，然后探讨后来发展的其他类别。自由浮动（清洁浮动）是世界上最接近完全竞争的方法之一，因为既没有政府的干预，也没有成千上万的买家和卖家交易的各种大笔款项。由于信息、传闻或情绪的变化，或者由于客户需求的变化，买家和卖家可能会在短时间内改变立场。在管理浮动（肮脏浮动）中，政府基于保护自己国家利益的立场干预外汇市场。各国会将它们对货币市场的干预解释为"处理市场违规行为"或"确保市场秩序"。在固定汇率中，一个国家将其货币的价值以固定汇率与另一种货币挂钩。

下面解释八大类汇率制度，国际货币基金组织现在用它们来描述每一个国家如何针对其他货币来定位本国货币，从没有任何法定货币，到固定汇率，然后到自由浮动。

- 无独立法定货币的汇率制度描述一个国家采用另一种货币或一组国家采用共同货币。第一种情况的例子是萨尔瓦多和厄瓜多尔使用美元。第二种情况的例子是欧盟的欧元在欧盟15个成员国（斯洛伐克在2009年加入）被用作共同货币。欧盟以外还有9个国家也在使用欧元。
- 货币发行局制度描述以固定利率将本国货币兑换为特定外国货币的法定承诺。货币发行局制度承诺政府持有的外汇储备相当于其国内货币供应量。例如，在爱沙尼亚，克朗（EEK）的上升和下降与欧元挂钩。在中国香港，港币（HKD）与美元挂钩，与巴拿马的巴尔博亚一样。

- 其他传统的固定汇率制度描述这样一种汇率，其中有一个固定的比率关系，并允许汇率以不到1%的较小幅度波动。汇率可能针对一种货币，也可能针对一篮子货币。沙特阿拉伯的里亚尔以这种方式与美元挂钩，尽管从技术上说它要钉住的是特别提款权。
- 水平波幅内的钉住汇率描述允许汇率以大于1%的幅度围绕一个中心汇率波动的钉住制度。丹麦克朗以这种方式与欧元挂钩。
- 有限浮动汇率制度中的货币以一个固定的、预先公布的比率定期调整，或根据指标变化进行调整。博茨瓦纳、哥斯达黎加和伊朗执行有限浮动汇率制度。
- 爬行波幅制度描述围绕一个中心汇率维持波动空间的货币调整。
- 不事先宣布汇率轨迹的管理浮动汇率描述一国货币管理局积极干预外汇市场，而不指定或公开其目标。阿尔及利亚、印度、马来西亚和新加坡都是这种方法的例子。最近，中国针对一篮子交易货币管理人民币浮动，其与美元挂钩已超过10年。
- 独立浮动汇率是一种依赖市场的方法。有可能实施干预，但目的是缓和变化率，而不是建立货币的水平。采用这种方法的国家有美国、墨西哥、日本、南非、瑞士、加拿大、印度和英国。

浮动汇率制度及其各种方法最近似乎遇到了挑战，其中有几次非常严重，包括2008年春天发生的中央银行流动性危机。除了经济政策外，八国集团（G8）的协调已成为外汇市场的一个关键因素。G8央行在影响汇率变动方面变得更加老练，但世界外汇市场货币交易额的爆炸性增长仍在挑战它们的努力。1979年的年外汇交易额约为180亿美元，现在估计每天为3.2万亿美元，自2004年以来增长了71%。这一数额让储备最富有的国家也相形见绌，如中国为1.5万亿美元，所以市场影响汇率的杠杆作用逐渐增加。例如，如果外汇市场参与者认为，日元应相对于美元走强，那么无论政府如何干预市场，日元仍将走强。浮动汇率制度似乎能够以足够的灵活性和相对秩序响应市场变动。图10-1总结了货币制度。

浮动汇率可以相互快速变化和大幅波动。导致这些变化的原因很多，包括政治事件、预期和政府的经济政策，如允许贸易失衡和赤字。这些变化造成重大的不确定性，当我

图10-1 货币制度总结

体系	黄金	布雷顿森林固定黄金汇兑	浮动
优点	简单 广泛信任 执行货币纪律	固定汇率 支持贸易增长	灵活性（自由/管理浮动、钉住） 反映市场力量 处理金额巨大
缺点	不适合大型贸易流动 持有成本	美国的支付赤字 美国政府的外国中央银行负债 收缩美国的黄金储备	货币价值大幅波动
控制机制	黄金流动：价格—铸币流动机制（休谟）	政府调整的对美元汇率 美元对黄金常数	市场力量及一些政府干预

国际清算银行被称为世界上最谨慎的金融机构。虽然该银行的圆塔是瑞士巴塞尔的独特地标,但并没有任何该建筑的标志。

们考虑国际环境下的财务管理时,管理人员通过第20章介绍的对冲过程进行应对。现在,在我们继续讨论外汇交易本身之前,我们必须简要地了解一下另一个十分重要但往往被忽视的机构:国际清算银行,它是国际货币体系的一部分。

国际清算银行

国际清算银行(Bank for International Settlements,BIS)被称为世界上最谨慎的金融机构。事实上,虽然该银行的圆塔是瑞士巴塞尔的第一地标,但对于从火车总站前往市中心的人来说,并没有任何指向该建筑的标志。国际清算银行是各国中央银行的国际组织,旨在它们之间建立合作,以促进货币和金融稳定。主要工业国家的中央银行行长每年至少在国际清算银行会面7次,讨论全球金融体系。国际清算银行是世界上历史最悠久的国际金融机构,于1930年成立,旨在解决《凡尔赛条约》中的德国战争赔款。今天的国际清算银行有四个主要功能:各国央行的银行家、国际货币合作论坛、研究中心以及各种国际金融制度中的政府代理人或受托人。

我们已经探讨了国际货币体系的基础知识,包括从金汇兑本位制到固定汇率,然后到浮动汇率的货币体系的发展,现在我们把重点放在公司外部、在很大程度上不可控的金融力量上,它们影响国际管理人员决策的环境。这些力量包括货币汇率的波动及其相关汇率风险,以及公司外部对公司的管理有很大影响的其他金融力量,如外汇兑换管制、税收、通货膨胀和国家层次的国际收支账户余额。虽然不可控意味着这些金融力量源于企业外部且不受其影响,但公司的财务管理人员在面对这些力量时并非束手无策。在讨论财务管理的第20章,我们将讨论管理这些力量的可能方式。我们这里开始讨论货币价值波动:报价、汇率波动的原因和汇率预测。然后继续讨论外汇兑换管制、税收、通货膨胀、国际收支账户,将其作为国际商务环境中运作的其他外部金融力量来源。

10.2 金融力量

我们对金融力量的讨论从关注货币价值波动开始,主要研究外汇、外汇报价、汇率

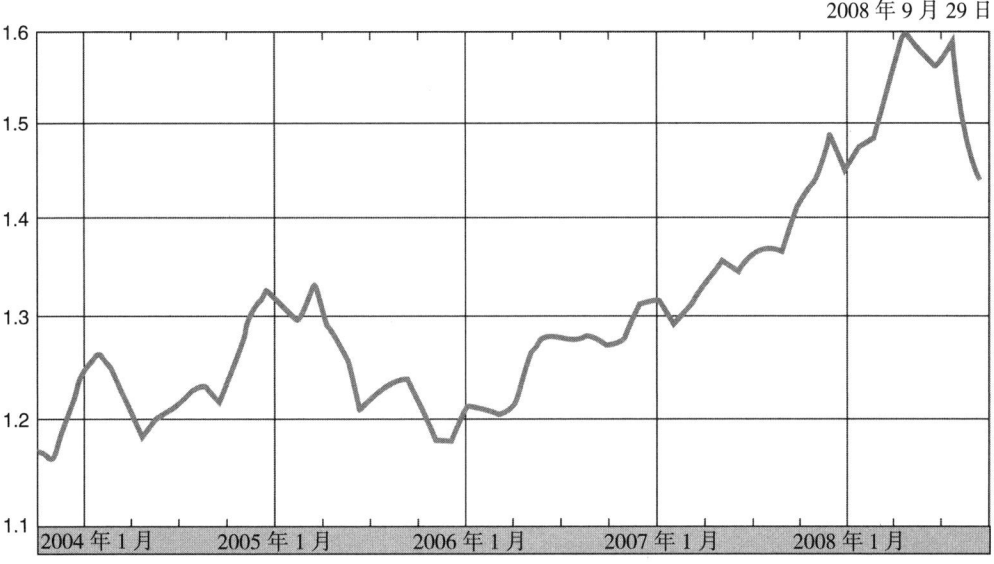

图 10-2 欧元兑美元的汇率

资料来源：Copyright 2008 Yahoo Inc. http://finance.yahoo.com/

变动的原因和汇率预测。然后再考察其他金融力量，包括外汇兑换管制、税收、通货膨胀和利率。最后，我们重点关注将国际收支作为快速感知一个国家的经济和货币政策的可能走向的手段。

货币价值波动

在后布雷顿森林体系时期，自由浮动货币彼此波动。有时，中央银行通过购买和出售大量货币以影响特定的货币供应和需求来干预外汇市场。然而，在大多数情况下，主要货币（美元、英镑、日元和欧元）的央行允许它们彼此自由波动。这些波动可能相当大。例如，在1999年1月，欧元的汇率为1.1667美元。到2000年5月，欧元已经下降到0.8895美元，下降了23.75%之多。然后趋势逆转了，如图10-2所示，到2006年6月，欧元汇率升至1.2644美元，比其2000年5月的汇率上升了42.14%。欧元兑美元明显走强，并且呈继续大幅波动的趋势，如锯齿形趋势线所示。2008年6月初，1欧

全球视点　　**其他国家也使用美元符号**

在美国，"$"符号一般是指美元。我们必须注意，因为$符号也在世界其他地方表示当地货币。例如，澳大利亚、加拿大和新西兰也称当地货币为dollar，使用$符号表示当地货币，新加坡、中国台湾和津巴布韦也一样。中国香港也是如此。墨西哥称其货币为比索，使用$符号表示墨西哥比索。阿根廷比索、巴西雷亚尔和智利比索也使用美元符号来表示其货币。

元可兑 1.5768 美元。

这种波动对金融交易有着相当大的影响。这种影响已经在第3章讨论汇率对贸易方向的影响时讨论过。另一个例子将强调货币汇率对公司的重要性。想象一下，你用美元购买货物，于2000年5月签署了一项金额为10万美元的购买协议，收到货物时以欧元支付。当时，每欧元的成本是0.8895美元。但现在，几年后你收到货物时，每欧元的成本已上升至1.50美元，因此，与当初购买时相比，每欧元的成本多出了0.6105美元。购买10万美元的货物将花费你161,050美元，多花费了61,050美元，这是一个巨大的差别。为什么会出现这些货币波动——即什么力量决定汇率——是我们下面关注的重点。我们先来看一下外汇报价，然后探讨其原因。

10.3 外　汇

人们往往喜欢用自己的货币做生意，因为一般来说他们不愿意承担汇率风险，所以我们需要货币交易。外汇报价——一种货币的价格以另一种货币表示——在世界外汇市场是根据美元公布的，欧元和当地货币也越来越多。我们的汇率摘自《金融时报》，因此英镑包括在报价中。从理论上讲，任何一种货币都可以用作外汇，但从历史上看，美元作为许多国家的主要**中央储备资产**（central reserve asset）、**基准货币**（vehicle currency）和**干预货币**（intervention currency），有着核心的作用。这种作用仍在继续，但日元和欧元越来越多地与美元一起分担这些功能。

汇率报价

根据交易，你可能想要从美元等值率转换到每美元的货币汇率。通过使用美元等值汇率的倒数，可以得到每美元的货币汇率，反之亦然：

$$\frac{1}{\text{美元等值率}} = \text{每美元的货币汇率} \qquad \frac{1}{\text{每美元的货币汇率}} = \text{美元等值率}$$

外汇交易在两天内交割的汇率称为**即期汇率**（spot rate）。

你也会注意到，《金融时报》引用了多种货币（日元、英镑、欧元、美元）1、3、6个月的价格。**远期外汇市场**（forward currency market）使管理人员能够将货币购买锁定在已知汇率。**远期汇率**（forward rate）是承诺以预定的汇率在一个固定的未来日期买入或卖出商定数额的货币。承诺是一个远期合约，对于经常交易的货币，合约通常有30天、60天、90天或180天。你也可以与银行谈判，约定不同的时间段或签订其他货币的合约。远期市场汇率可以帮助你预测交易商期望的货币走向。例如，预计欧元在一年后将对美元下降而对英镑上升。货币趋势的方向和规模取决于全球金融社会、企业、个人和政府对未来的期望。这些期望因素基于如下考虑：这两种货币的供应和需求预测；这两个国家的相对通胀；相对生产率和单位劳动成本的变化；预期的选举结果或其他政治事态发展；预期的政府财政、金融和外汇市场行动；国际收支账户；以及心理因素。

到现在为止，我们还没有讨论外汇市场的运作方式。其中大部分的交易都是场外交易（over the counter，OTC），意思是没有实际的交易大厅，交易是通过电子方式完成的。市场由银行和其他大型金融机构（如养老基金和共同基金）组成。价格包括**买入价**（bid price）和**卖出价**（ask price），买入价低于卖出价。两种价格之间的差异，即买卖价差，为银行或机构提供了利润空间。金融出版物中列出的汇率是银行同业买卖汇率，适用于大额购买的客户，通常为100万美元或以上。收取小客户的费率对小客户不那么有利。

正如你能想象到的那样，外汇市场十分巨大、具有流动性且竞争非常强烈，通过国际银行24小时不间断交易。根据国际清算银行的报告，2007年外汇市场平均日成交额为3.2万亿美元。外汇市场基本上无管制。《华尔街日报》的一篇文章将其描述为"全球资本主义的狂野西部……与主要股票和商品市场不同，外汇市场几乎没有任何政府或监管监督"。

10.4 汇率变动的原因

自1973年以来，浮动汇率的相对价值及其方便的可兑性已由市场力量建立，并受多种因素影响。这些因素包括货币的基本供给和需求、利率、通货膨胀率以及对未来的预期。政府的货币和财政政策，如税收、利率和贸易政策，以及其他企业外部力量，如世界性事件，都可以在这个过程中发挥重要的作用。政府的**货币政策**（monetary policies）控制流通的货币量，是否增长，增长速度如何等。**财政政策**（fiscal policies）是政府进行的货币收集和支出。

汇率由广泛和复杂的多种因素决定，经济学家还没有建立一种公认的理论解释。不过，大多数经济学家同意，通货膨胀、利率、市场预期在汇率决定中扮演重要角色。经济学家们已经确定了几个平价关系，也就是汇率变动所涉及的一些复杂因素之间的等价关系。我们现在看看其中的两种关系，利率平价和购买力平价，因为它们是我们进一步探讨汇率的基础。它们都依赖于**一价定律**（law of one price），即在有效市场中，同样的产品将有一致价格。如果存在价格差异，**套利**（arbitrage），即通过买入和卖出实现无风险利润的过程会迅速弥补任何差距，市场将处于平衡状态。

当一价定律应用于利率时，不同的通胀预期水平会对应不同的利率。投资者希望在高通胀的环境下赚取更多利润，以弥补通货膨胀对投资的影响。这种导致利率平价关系的经济解释是**费雪效应**（Fisher effect）。它指出实际利率将等于名义利率减去预期通货膨胀率。实际利率（rr）等于名义利率（rn）减去预期通货膨胀率（I）：

$$rr = rn - I$$

因此，预期通货膨胀率的上升将导致利率上升。预期通货膨胀率下降将导致利率下降。

两国之间的名义利率差异反映汇率的预期变化。例如，如果美国的名义利率是每年5%，欧盟为3%，我们将期望下一年美元兑欧元下降2%。这被称作**国际费雪效应**（international Fisher effect）：任何两种货币的利率差将反映汇率的预期变化。

第二种平价关系是**购买力平价**（purchasing power parity，PPP）。PPP（在第7章解释为在国内市场购买在美国花费一美元购买的商品和服务所需的货币单位数量）是一价定律应用到一篮子商品货物的结果。购买力平价指出，在英国和美国用一美元要能够购买同样多的商品，英国的成本应该等于美国的成本乘以美元（$）和英镑（£）之间的汇率。这种关系用下面的公式表示，其中 P 是一篮子商品货物的价格，

$$£ P\,(\$/£) = \$P$$

另一种解释购买力平价理论含义的方式是，两个国家之间的货币汇率应该等于它们的商品篮子的价格水平的比率。也就是说，对于英镑和美元有如下关系，其中 P 是一篮子商品货物的价格，

$$(\$/£) = \$P/£P$$

例如，如果一篮子商品在美国的成本为1,500美元，在英国为1,000英镑，那么购买力平价汇率将为1.50美元/1英镑。在交易市场上，如果实际即期汇率是2美元/1英镑，则英镑被高估了33%，或者相当于，美元被低估了25%。

英国周刊《经济学人》重点报道经济新闻，该周刊半年公布一次"巨无霸指数"，这是一个有趣的购买力平价理论应用，该指数运用购买力平价理论，并以"巨无霸"取代一篮子商品。该指数表明，从长期来看，许多发展中国家的货币被低估，欧元和许多欧洲货币被高估。巨无霸购买力平价汇率指的是相对于美国，汉堡在其他国家的价格是多少。例如，最近巨无霸在中国的价格为10.5元，而在美国三个城市的平均价格是3.10美元。为了使价格相等，汇率应为1美元兑换3.39元人民币。市场汇率实际上是8.03元人民币兑1美元。因此，人民币比隐含PPP汇率低56%。这是一个相当便宜的汉堡。《经济学人》声称，从长远来看，它的巨无霸指数表现相当不错，包括了许多折扣和溢价货币校正。还要记住，巨无霸的价格代表的内容远远超过一篮子可交易商品，也就是购买力平价理论说明的情况。巨无霸中麦当劳的服务无法交易，麦当劳的租金也不足以支付其建筑成本。尽管如此，巨无霸指数仍是快速了解相对货币价值及其可能走向的一种有趣且有效的方式。查看最新版本的巨无霸指数可能会帮助你选择下一个十分超值的度假胜地。

现在，我们已经了解了两种平价关系，利率平价和购买力平价，接下来我们探讨一下汇率预测。

汇率预测

由于汇率的变动对国际商务的所有方面——生产、采购、营销和财务——都是如此重要，因此许多商务决策都将汇率变动的风险考虑在内。有多种方法可用来预测，其中

三个主要方法是有效市场法、基本分析法和技术分析法。我们简要地了解一下每种方法。

在**有效市场法**（efficient market approach）中，假设当前价格充分反映了所有可用的相关信息。这表明，我们应着眼于远期汇率，并假设它们是未来即期汇率的最佳预测工具，因为它们考虑到了所有可用的信息。例如，如果两个国家之间的利率不同，那么远期汇率将反映这一点（国际费雪效应）。有效市场法并不是说远期汇率就将是未来的即期汇率。相反，状况将是随机的。一个相关的方法是所谓的**随机游走假说**（random walk hypothesis），该假说认为短期因素的不可预测性表明，预测明天价格的最好指标是今天的价格。

汇率预测的**基本分析法**（fundamental approach）着眼于在确定汇率方面发挥作用的基本力量，并开发各种计量经济模型，试图找出各种变量及它们之间的正确关系。这些变量可能包括前面提到的因素，如通货膨胀率、利率和经济增长率。基本分析基于这些独立的变量进行，每种变量都有相应的值或权重。因此，对于要预测两年后汇率的预测人员，第一步是选择一个模型。然后预测人员将估计两年后这些独立变量的值。我们有两个主要问题需要考虑：公式是否正确？然后，预测的变量是否正确？切奥尔·尤恩（Cheol Eun）和大卫·雷斯尼克（David Resnick）这两位著名国际金融学者对各种基本模型的研究进行了调查，得出了这样的结论，"基本模型在汇率预测的准确性上不如远期利率模型，即我们所称的有效市场模型，或随机游走模型。"

技术分析（technical analysis）着眼于历史，然后预测未来。该方法通过分析历史数据了解趋势，然后，假设过去将成为未来，从而预测这些趋势的发展。技术分析员基于波动和趋势来考虑。因为技术分析法没有理论基础，学术研究往往不予重视。然而，外汇交易市场营销材料表明商人经常使用该方法。

为了了解这些不同方法的表现，尤恩和萨巴瓦尔（Sabherwal）近期对主要商业银行的汇率预测研究表明，所研究的10家银行无法超越随机游走模型。他们的研究结果还表明，远期汇率与即期汇率在预测未来汇率方面价值相当。在另一项研究中，理查德·列维奇（Richard Levich）评估了13个使用不同方法的专业预测机构的预测。只有24%的情形下，预测人员优先使用远期汇率作为预测工具。现有的证据表明，无论是技术分析法还是基本分析法都无法超越有效市场法。

我们已经探讨了国际管理人员必须面对的主要金融力量、外汇波动、其产生原因及预测方法。关于管理人员如何解决这些问题所造成的风险，我们将在第20章讨论掉期合约和对冲时说明。还有许多国际管理人员必须正视的其他金融力量。如第3章和第9章所述，关税也属于金融力量，因为它们代表着成本的增加，并且会在不作通知的情况下变化。你可以在美国国际贸易委员会的网站上查看美国目前的关税税率表。关税表的一个有趣方面是它有多具体。例如，在协调关税表（HTS）的分类0704.10.20中，6月5日至10月25日期间，当美国作物正在收获时，花菜的关税税率为2.5%。如果花菜切块或切片，任何时候税率都为14%。汽车（HTS 8703.2x.00）的关税是2.5%，但卡车（HTS 8704.22.50）的关税是25%。下面，我们来看看更多的重要金融力量，先是外汇兑换管制，然后是税收、通货膨胀率和利率，以及国际收支的影响。

10.5 外汇兑换管制

政府可以限制其货币与另一种货币的兑换。根据交易类型，各国之间的管制有很大的不同，甚至在一国之内也有所不同。一般情况下，发达国家很少有或根本没有外汇兑换管制，但这些国家只占世界上的一小部分。多数国家实行某种形式的外汇管制。然而，许多发展中国家（如墨西哥）减少或消除了这种管制，以鼓励外国投资。国际企业管理人员在贸易之前和贸易时都必须了解某一国家是否存在外汇兑换管制，因为情况变化很快。

可兑换货币（convertible currencies）可兑换为其他货币，没有任何限制。这些硬通货包括日元、美元、英镑和欧元。政府实行外汇管制以限制或禁止一个国家的货币在国际交易中的合法使用。当货币不可兑换时，其价值可任意确定，通常高于其在自由市场上的价值。政府还需要通过一个政府机构进行所有其他货币的购买或销售。此类限制的形式多种多样。这种限制可以仅限于该国的居民，其货币在外部仍然可兑换，或此类限制对居民和非居民均有效。这些限制也会限制国内货币兑换成外币的数量。此类限制可能影响一个公司汇回其利润的能力，也就是将利润返回本国的能力。存在这些货币限制时，黑市将不可避免地出现，但希望遵守该公司所在国家法律的国际管理人员基本不会使用。此外，黑市很少能够应对国际企业所涉及的交易规模。

当一个国家担心可能会耗尽其外汇储备时，就会对本国货币的可兑换性设限。外汇储备是外债服务、进口采购和国内银行可能会遇到的其他外币需求的货币来源。在银行界，在国际货币基金组织提供经济转型国家的外汇管制条款后，限制本国货币的可兑换性的国家被称为"第14条国家"。外汇管制国家的一个例子是中国，其人民币在经常账户可兑换（日常银行账户），但在资本账户（长期账户）不可兑换。中国正在减少对国内公司活动的外汇管制限制，使它们能够参与外国直接投资。古巴是外汇管制的又一例子。古巴使用两种货币：一种是不可自由兑换的国家比索，这是一种国内货币，在古巴以外没有价值，另一种是可兑换比索，这是一种旅游货币，价值钉住1.08美元。这两种货币都不在古巴境外交易。

直到2002年，伊朗里亚尔一直有一个进口官方汇率和一个出口官方汇率。进口汇率用于基本商品的进口和石油出口，通常比出口汇率低很多，接近50%。出口汇率用于非石油出口和奢侈品进口。突尼斯第纳尔不允许在突尼斯境外使用；阿尔及利亚第纳尔不能由外国人输出，但阿尔及利亚公民被允许少量带出。

通常，当政府要求公司具有购买外币的许可时，汇率要比自由市场汇率高。如果没有被授予许可或外币的成本异常高，被限制的货币只能在国内使用。这种汇回限制通常

在达卡，员工在孟加拉银行许可的外汇兑换处等待客户。一些国家设置货币的"官方汇率"，并通过政府机构进行所有其他货币的购买或销售。

使国际管理人员在寻找合适产品和在该国投资时遇到问题。

为了将被限制的资金带出实行外汇管制的国家，很多公司会采取非常极端的措施。当在前苏联面临货币限制时，百事公司曾经在俄罗斯购买了一艘油轮，在里面装满伏特加，全部使用限制货币支付并且全用来出口。百事还使用卢布购买了苏联的退役潜艇，将其在西方作为废料出售。在新德里，一家大型国际航空公司的当地经理送了一箱苏格兰威士忌给一名政府官员。此后不久，该官员所服务的机构授予了该航空公司使用受限制卢比购买近2,000万美元货物并将它们运回本国的许可。这是一个将受限制货币转换为可兑换货币的极端方法。这也是非法的。大多数财务管理人员在接受存在这种做法的漏洞时会犹豫不决。面对外汇兑换管制的不利影响时，有可用来保护公司利益的合法途径，我们将在第20章介绍财务管理时讨论。

税　收

我们在第9章了解了有关税收的法律方面。税收也是一个金融力量，其影响十分显著。如果一家公司的税负比其竞争对手低，便能够向客户降低价格，或获得更高的收入用以

表10-1　企业所得税率

国家	百分比（%）
爱尔兰	12.50
新加坡	18.00
瑞士[a]	24.10
中国	25.00
芬兰	26.00
秘鲁	27.00
荷兰	29.60
澳大利亚	30.00
日本	30.00
英国	30.00
法国	33.33
美国[b]	35.00
德国[c]	41.60

[a] 此税率包括联邦和州税收，它们有所不同。给出的是典型税率，针对在苏黎世的公司。
[b] 此为联邦税率。州和地方的税率范围从0到20%。
[c] 其中包含一种专业税，约在18%左右，但各城市从12%至20%不等。
资料来源：Pricewaterhouse Coopers, 2007, See http://www.pwccn.com/home/eng/tax_inf_cn_2007.html（accessed June 1, 2008）.

支付更高的工资和分红。世界各地的政府广泛使用三种类型的税收获得收入：所得税、增值税和预扣税。所得税（income tax）是对个人和企业收入征收的直接税。表10-1列出了部分国家企业所得税率的对比。

增值税（value-added tax，VAT）是对商品从原材料生产转移到最终买主的过程中增加的价值收取的税。这实际上是一种销售税，其生产过程中从一个阶段到另一个阶段的完税凭证对于税收抵免十分重要，因为卖方要对售出的商品纳税，然后对于之前生产过程中已经缴纳的增值税获得税收抵免。在欧盟内部，增值税率仍然有待统一，因此，跨国货物移动过程中存在增值税的影响。例如，塞浦路斯的税率是15%，而在瑞典和丹麦是25%。从增值税的角度来看，在所有其他条件都相同的情况下，在瑞典或丹麦采购将多付出10%的成本。世界贸易组织的规则允许征收增值税的国家对出口商的增值税实行退税，以使出口产品更便宜，从而更具竞争力。

第三种常见税是预扣税（withholding tax）。这是对公司将支付给另一个税收管辖权的非居民、人员或公司的被动收入（如股息、特许权使用费和利息）征收的间接税。各国建立双边税务条约对各种被动收入的预扣税率进行分类。拿利息来说，美国对来自非税务条约国家的居民征收30%的预扣税。来自英国的居民无需缴纳预扣税，而来自巴基斯坦的居民需要缴纳30%的预扣税。

在国际层面，作为企业必须关注的复杂金融力量，税收变得非常重要。国际公司需要了解它们在其中运营的所有国家的税法，以及这些税法如何与其他国家的税法相关。这种额外的税负可能带来金融风险，但如果拥有良好的税务计划，也可成为节约的机会。在第20章考察财务管理的部分，我们将详细讨论税收。

通货膨胀和利率

通货膨胀是物价上涨的趋势。一些经济学家认为，这是供不应求导致的，而另一些则认为原因在于货币供应量增加。然而，所有的经济学家都同意，在膨胀过热的经济中，价格将上涨。图10-3显示了按通胀水平绘制的世界地图。日本、欧盟和美国近几年在保持低通货膨胀率方面有相对良好的记录。许多拉美国家饱受通胀的困扰。从20世纪70年代到90年代，拉丁美洲最严重的通货膨胀发生在玻利维亚，通货膨胀率在1985年达到了11,750%。这远远超过了位列第二的巴西，1990年通货膨胀率达到了3,118%。在经过一个戏剧性的转折后，玻利维亚在1996年将通货膨胀率降低到只有7.9%，并在2007年进一步将其降至4.0%。同样，在2007年，巴西通货膨胀率下降到了4.5%。通货膨胀率最高的国家是津巴布韦，通货膨胀率高达66,000%。美国现在处于一个通货膨胀相对较低的时期。在20世纪70年代和80年代初，美国的通货膨胀率相对较高，有几个月达到近14%。

大多数通货膨胀由消费价格指数（consumer price index，CPI）——一篮子消费品价格的变化来衡量。经合组织通过更广泛的指标——国内生产总值平减指数（gross domestic product deflator）来衡量通货膨胀，该指数考虑了中间商品和服务的价格，而不只是那些在消费篮里的商品的价格，以及资本资产的价格。

通货膨胀是公司外部的金融力量，从几个主要方面影响公司。几乎每家公司偶尔需

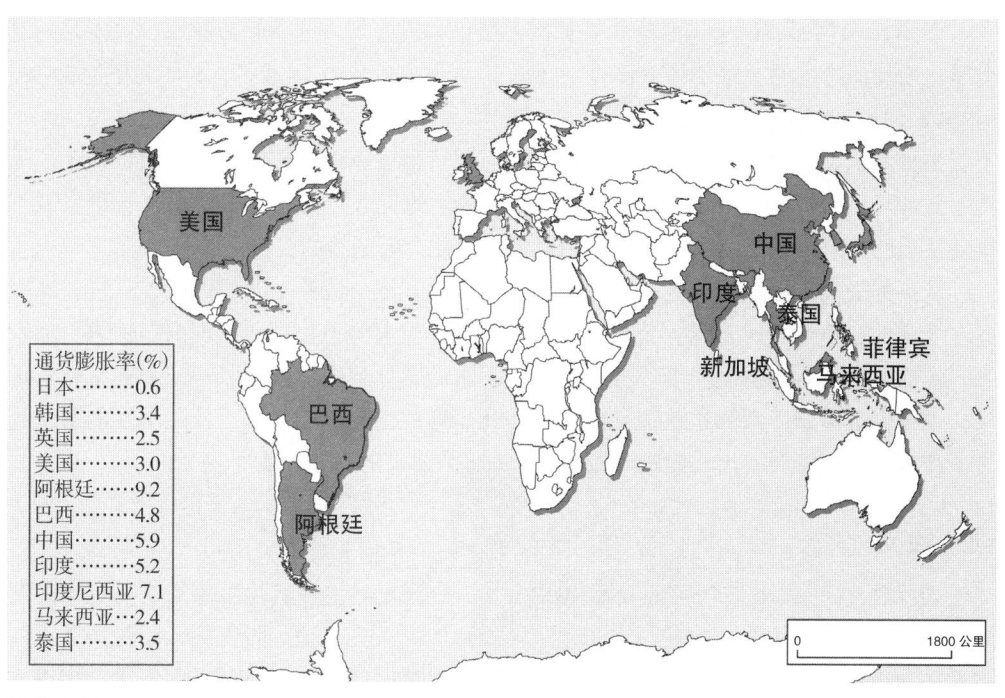

图 10-3 通货膨胀地图

资料来源：http://finance.mapsofworld.com/financial-market/world-inflation.html, IMF Projections.

要借钱，而通货膨胀率决定了在资本市场借贷的实际成本。你应该还记得我们讨论汇率时提到的费雪效应。即使在一个国家内，通货膨胀也是管理层关注的问题。高通货膨胀率使资本支出计划面临更多的风险。例如，管理层为工厂分配 100 万美元，但由于通货膨胀的影响，将被迫支付更多费用来完成建设。当公司在多个国家经营时，它有加倍的货币风险，并且处理通胀的复杂性上升，因为各国通货膨胀率不同。管理层可能会筹集资金，如果是这样，是应该通过股本还是债务呢？在哪个资本市场？以哪种货币呢？

通货膨胀率升高将鼓励借款，因为贷款将使用膨胀的更便宜的资金偿还。但高通货膨胀率带来了高利率，因为银行提供更多的奖励以吸引存款。通货膨胀可能阻碍贷款，因为潜在的贷款人可能会担心，即使有高利率，但偿还的金额加上利息也会低于出借金额。即使贷款人能获得 25% 的利率，但如果通货膨胀率是 30%，贷款人将损失金钱。因此，通货膨胀率和利率之间存在关系。在汇率变化和国际费雪效应的讨论中，我们已经看到，货币价值和利率之间存在一定的关系。因此，通货膨胀和货币价值之间也存在关系。膨胀的货币趋于弱化。在膨胀过热的经济中，货币持有人更愿意购买预期将增值的东西，而不是用于贷款，从而进一步推动通胀。在巴西最近一次的通货膨胀时期，农民囤起他们的作物收成，不向市场出售，然后利用它们交换进口的农业设备和奔驰汽车。贷款人已经开始使用随通货膨胀上升或下降的可变利率将金融风险转移给借款人。这种转变要求借款人对借款异常谨慎。原始利率和未来的任何变化基于一个基准利率，如美国最优惠利率（银行贷款给它们的最好客户的利率）或伦敦银行同业拆放利率（伦敦银行和银行之间的利率——LIBOR）。

如图10-4所示，四个国家的长期利率趋势已趋向降低。这一趋势的原因可能是随着全球化增加而带来的金融市场一体化。在图10-4包含的20个国家中，平均利率为3.8%。而1993年这一数字为6.9%。

正如我们在讨论汇率时说到的那样，相对通货膨胀率也将影响相对货币价值（国际费雪效应），因为高通胀国家的货币对低通胀国家的货币走弱。管理层通常会尽量减少较弱货币的持有。因此，通货膨胀率相对较高往往会限制新的投资。

较高的通货膨胀率会导致一个国家生产的商品和服务成本上升，因此，其货物和服务在全球的竞争力有所下降。公司设在高通货膨胀国家的子公司会发现出口销售更加困难，像那里的所有其他生产者一样。这种状况可能会导致国际收支账户出现赤字，管理层必须警惕政府试图消除这些赤字的政策变化。这些变化可能包括更具限制性的财政或货币政策、外汇管制、出口激励和进口壁垒。现在我们来看看国际收支。

国际收支

国际收支（balance of payments，BOP）是一个国家与世界其他国家的交易记录。国际收支数据为国际企业家所关注出于以下几个原因。首先，国际收支揭示了该国货币的需求。如果一个国家的出口超过进口，其他国家对该国货币将会有较高的需求，用以支付出口货物的货款。这种需求可能会对出口国的货币形成压力，在这种情况下，它可能预期走强。相反，当一个国家进口超过出口时，货币可能预期走弱，如果没有浮动汇率则将贬值。面对贸易赤字，政府可能倾向于紧缩的货币或财政政策。可能会引入货币或贸易管制。国际收支所显示的趋势也可以帮助管理人员预测该国会出现什么样的经济环境变化。这一预测可能影响他们在某个特定国家选择承担的战略风险。

国际收支账户 国际收支以复式记账形式记录。每笔国际交易都是借方和贷方的资产交换。向其他国家的支付和资金流出标记为借（−），来自其他国家的支付和资金流入标记为贷（+）。一个国家的国际收支表分为几个账户和许多子账户。表10-2是一个经常账户的货物和服务表的例子。图10-5列出了国际收支主要账户。

国际收支账户的赤字和盈余 使用复式记账方法时，国际收支经常账户和资本账户加起来的总账户是平衡的。因此，经常账户的赤字总是伴随着资本账户的等额盈余，反之亦然。让我们看看其原理。如果你在美国购买一箱价值200美元的法国葡萄酒，你的付款从美国流向法国酒厂，在美国的经常账户中将被记录为借项。酒厂一旦收到你的美元，将对其进行某种处理。如果酒厂的财务人员决定将你的付款存入美国银行的美元账户，该金额将在美国的资本账户中显示为贷项。如果酒厂将你支付的美元兑换为欧元，那么收到美元的银行必须作出如何花费或投资这笔美元的决定。迟早，这些美元会作为贷项出现在美国账户上。

与人们的普遍看法相反，经常账户赤字并不总是经济状况不良的标志。它意味着该国在进口资本。其自然程度或危险性与进口葡萄酒或奶酪是一样的。赤字反映了一个国家的总体情况。这些情况可能是过度的通货膨胀、生产率低下或储蓄不足。对于美国来说，发生经常账户赤字可能是因为在美国投资较为安全且盈利较高。如果存在问题，那

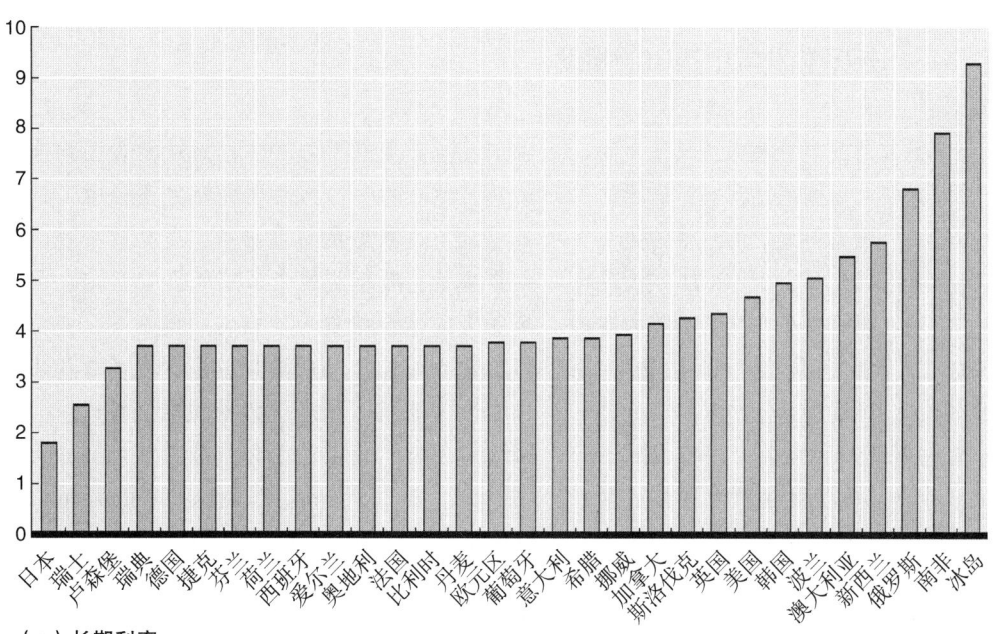

(a)长期利率

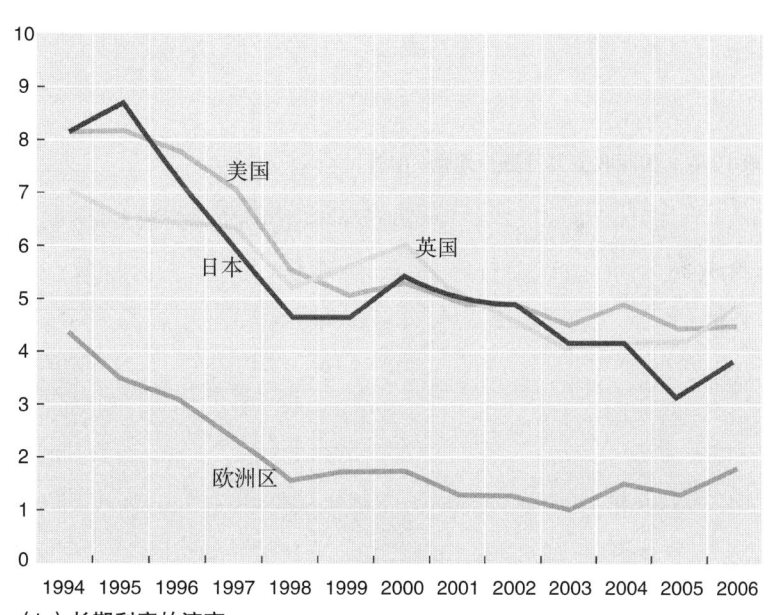

(b)长期利率的演变

图 10-4 长期利率及其演变

资料来源：OECD, *Factbook* http://lysander.sourceoecd.org/vl_6134730/cl_13/nw_1/rpsv/factbook/040103-g1.htm

么它是基本条件造成的，和赤字本身无关。具有相对较高的价格水平、国民生产总值、利率、汇率以及进口门槛较低和投资吸引力较高的国家比其他国家更有可能出现经常账户赤字。

现在美国经常账户存在大量赤字，但似乎正趋于下降，2006年为8,115亿美元，

全球视点：外国对发展中国家的援助

富裕国家真的有为发展中国家提供重要的外国援助，以帮助贫穷国家的政策吗？这样的外国援助是衡量一个国家对发展的承诺的传统方法。华盛顿智库全球发展中心（CGD）与《外交政策》杂志一起，根据六个与发展相关的政策的平均得分对21个富裕国家进行排名：援助、贸易、环境、移民、投资和维持和平。

美国是绝对额最大的捐助国，但相对于其经济规模来计算，美国的援助力度排名第19位，其外国援助开支只占国内生产总值的0.19%。在此类援助中，有57%与购买美国出口产品相关。这种附带条件的援助是对美国卖家的间接补贴，尤其是电子、重型设备以及其他基础设施相关的产品。丹麦的援助占国民生产总值的0.80%，而瑞典占国内生产总值的0.93%。然而，援助并不是唯一的甚至也不是最好的帮助措施。贸易政策是至关重要的：阻断发展中国家的出口肯定会导致贫穷国家继续贫穷。在这一类别中，美国和加拿大对农产品的进口壁垒比大多数CGD排名国家要低。日本、挪威和瑞士在这一领域排名最低。荷兰的总体得分最高。更多详细信息，请访问 http://www.cgdev.org/section/initiatives/_active/cdi/_non_flash/。

资料来源：Center for Global Development, http://www.cgdev.org/section/initiatives/_active/cdi（accessed June 7, 2008）.

表10-2　国际收支经常账户示例：中国

项目	行	余额	贷	借
中国2007年上半年的国际收支				
I. 经常账户	1	162,857,962	656,184,959	493,326,998
A. 商品和服务	2	132,549,018	603,062,616	470,513,597
a. 商品	3	135,690,881	547,174,215	411,483,334
b. 服务	4	−3,141,862	55,888,401	59,030,263
1. 运输	5	−4,843,018	13,554,628	18,397,646
2. 旅行	6	3,341,977	17,935,000	14,593,023
3. 通信服务	7	125,237	592,293	467,057
4. 建筑服务	8	619,002	1,878,559	1,259,557

单位：1,000美元

资料来源：Chinese Ministry of Commerce, November 29, 2007 www.fdi.gov.cn/pub/FDI_EN/Economy/Investments%20Environment/ Economic%20System/Finance%20&%20Foreign%20Exchange/Foreign%20Exchange%20Control/t20071129_87817.htm (accessed June 1, 2008).

I. 经常账户
    商品和服务的出口和进口净变化——有形资产和无形资产。
    A. 货物或商品账户——有形资产；被称为贸易差额的净余额
    B. 服务账户——无形资产
    C. 单方面转移收支——无互惠转移（赠与、援助、移民工人收入），为满足复式记账的需要，该项将援助或赠与视为购买商誉

II. 资本账户
    一个国家的国际金融资产和负债的变动净额；居民向非居民出售股票、债券或其他金融资产时产生贷项。居民的长期国际负债（借项）增加时，资金流向居民。
    A. 直接投资——位于一个国家，由另一个国家的居民所控制
    B. 证券投资——不加控制的长期股权投资
    C. 短期资本流动——在远期、期货、期权和掉期市场对冲的货币汇率和利率等；波动性和交易隐私保护使得此条的度量最不可靠

III. 官方储备账户
    A. 黄金进口和出口
    B. 政府持有的外汇（外币）
    C. 对外国中央银行的负债

图10-5 国际收支主要账户

2007年为7,386亿美元。美国公民进口的商品比出口多，但出口的服务比进口的多。美国资本账户也存在盈余。由于支付进口商品而流出美国的这些美元又以外商独资投资（如纽约市的国库券和投资财产）的形式进入美国。因此请记住，解释或评估经常账户的赤字或盈余时必须考虑资本账户的相应盈余或赤字。

当美国的经常账户余额由1981年的80亿美元盈余转变为1987年的1,470亿美元赤字时，受到了广泛关注。这一转变被列为在美国造成失业的原因之一。然而经济学家赫伯特·斯坦（Herbert Stein）指出，"1981年到1987年间，就业人数上升1,200万以上，就业人口占人口的百分比从60%上升到了62.5%"。

当资本账户呈现平行盈余，被解读为一个国家面临危险。普遍的担心是美国将由外国人所拥有。特别是，阿拉伯对商业性农业的投资和日本对洛克菲勒中心（现归芝加哥的一个家族和一个纽约房地产开发商所有）等建筑的房地产投资吓坏了许多美国人。但事实是，外资并未减少美国人所拥有的资产。相反，它增加了国内资本存量。

在货币体系和金融力量的讨论中，我们简要探讨了三种货币制度：金本位、布雷顿森林体系（这是一个修改过的固定汇率制度）以及浮动汇率制度。我们也了解了目前的货币体系和国际清算银行。然后，我们介绍了公司必须面对的主要金融力量：货币价值波动、外汇兑换管制、税收、通货膨胀率和利率。最后，我们介绍了国际收支账户及其对国际管理人员的意义。

小　结

描述国际货币体系中货币制度的演变。

金本位支持贸易一直持续到1914年。货币与黄金挂钩，通过兑换环境来调整。然后是被称为布雷顿森林体系的固定汇率时期，可使用美元兑换黄金。这使美国出现持久的赤字和黄金储备减少。美国停止美元对黄金的兑换，允许美元相对其他货币在公开市场上自由浮动。这开启了浮动汇率时期，就是我们现在的汇率制度。国际货币基金组织的《史密森协定》制定了浮动制度的规则和汇率制度，从自由浮动、不自由浮动到钉住汇率。

讨论国际清算银行的目的。

国际清算银行的目的是作为一个中央银行的银行。此外，它还作为央行行长们讨论的论坛，导向国际货币合作；作为研究的中心；以及各种国际金融制度的政府代理人或受托人。

解释货币价值波动的影响。

货币价值波动影响成本和估值，所以它们是公司决策中的关键因素。在目前的自由浮动制度下，货币汇率明显的突然变化增加，这为公司带来了风险。影响汇率变动的因素包括货币的基本供求、利率、通货膨胀率、对未来的预期以及政府的货币和财政政策。

描述外汇兑换管制。

政府可以限制其货币对其他货币的兑换。这些管制限制该国境内的外国货币购买或兑换量。这些限制对于公民和非公民可能会有所不同，并可能会限制企业支付进口和汇回利润的能力。各国政府制定外汇兑换管制以减少其外汇储备枯竭。

总结金融力量如税收、通货膨胀和国际收支对公司的影响。

金融力量超出了公司的控制，所以它们的监控和预测是很重要的。税收增加企业的成本，无论是增值税还是所得税。通货膨胀是价格上涨的趋势，由消费物价指数来衡量。通货膨胀伴随着更高的利率。公司需要限制在有通货膨胀倾向的国家的活动，并以战略性的方式对债务作出决策。通货膨胀也影响消费者的决策。

解释国际收支的作用。

国际收支揭示了对一国货币的需求。通过监控国际收支数据，企业可以预测未来可能的趋势。如果一个国家的出口超过进口，其他国家对该国货币将会有较高的需求，用以支付出口货物的货款。通过供给和需求，这种需求可能会预期货币走强。相反，当一个国家的进口大于出口时，货币可能预计将走弱，无论是在市场中或是通过政府行动。面对贸易赤字，政府可能倾向于紧缩的货币或财政政策。可能会引入货币或贸易管制。国际收支随着时间的趋势也可以帮助管理者预测该国可能出现什么样的经济环境变化。这一预测可能影响他们在某个特定国家选择承担的战略风险。

问题讨论

1. 想想当代货币体系为支持全球不断增长的贸易水平必须满足的要求。你认为目前的灵活汇率制度和《牙买加协议》达成的其他共识能否支持这一增长的贸易量？

2. 如果布雷顿森林体系一直很成功，那么它是否注定要失败？

3. 你从葡萄牙到美国出差三个月（90天）。你的葡萄牙公司以每日津贴的形式报销员工差旅费。美国的费用是每天400欧元。无需任何收据便可报销这笔费用。公司预先使用欧元支付了这笔差旅费（36,000欧元）。机票费用直接支付给了旅行社。在美国时，你用葡萄牙信用卡支付账单，从你的银行账户向信用卡公司还款。在你出差的这段时间，美元兑欧元走低了15%。这种情况下你面临怎样的道德困境呢？

4. 如果所有国家都使用特别提款权，可能对企业有何影响？在判断这一可能性时，考虑汇率变动的原因。

5. 如果你的公司有可观运营投资的国家突然实施外汇管制，禁止在该国内购买外币和出口其货币，你会与所在地区的财务人员讨论哪些问题？

6. 你的公司在洛杉矶，打算与中国北京的一家银行签订服务提供合同。你希望今天就用美元支付吗？为什么或为什么不？如果你的合同规定在项目完成后一年内付款呢？你的回答会改变吗？为什么？

7. 你在过去几个月每天阅读《金融时报》，发现美联储大幅削减利率，而欧洲央行保持利率不变。这一政策差异是否影响美元兑欧元的相对强弱？如何影响？为什么？

8. 你的公司总部在波士顿，50%的利润来自德国和法国。鉴于你对第7个问题的回答，今天你高兴吗？为什么？

9. 你的公司总部在慕尼黑，50%的利润来自出口高精密汽车零部件到美国。你需要扩大生产能力。你的产品在美国市场有巨大的增长潜力。鉴于你对第7个问题的回答，你会在德国还是在美国扩张？为什么？

10. 管理者为什么要定期监控其开展业务的国家的国际收支？

案例分析 10-1　特别提款权的汇率风险

亚洲开发银行（ADB）对几个东南亚客户发放了SDR贷款。它建立了一个总额为800万单位特别提款权的投资组合。管理层决定在远期市场出售SDR篮子里的货币，以弥补这一缺口。为什么亚开行会持有SDR？每种货币应有多少必须到远期市场出售？要了解更多有关SDR篮子的信息，请访问http://www.imf.org/external/np/exr/facts/sdr.htm。

第 11 章 劳动力量

全球化不仅意味着通过在全球市场上销售商品和服务来努力提高收入;同时它也意味着全球化公司的每一项活动……全球化尤其意味着从全球各地发现并吸纳最优秀的人才,进行无限制的智力资本整合经营。

——通用电气,"增长的关键举措"

阅读本章后,你应该能够:

1. 确定影响一国劳动力数量和质量,并超出管理层控制的力量。
2. 解释人们离开自己的国家前往异国工作的原因。
3. 讨论某些国家有外籍劳工的原因。
4. 解释就业政策的相关因素,包括社会角色、性别、种族和少数群体等。
5. 讨论世界各国的工会差异和未来趋势。

劳动条件差异：以日本和中国为例

正如本章要讨论的，人力资源问题在不同国家和地区间存在许多差异，如妇女在劳动中扮演的角色；移民劳工、童工或强制劳动的存在；农村新兴劳动力向城市转移的程度等。基于文化和地理因素，要讨论劳动条件的所有差异和变化是不可能的，因此我们以两个典型案例的说明——日本和中国，作为本章讨论的开始。

日 本

日本一度在世界经济中处于领先地位，然而20世纪80年代以后，日本经历了超过十年的经济停滞，世界经济领导者的未来似乎也转移到了中国身上。日本既不愿意面对结构上的弱点，也不愿承担风险。这导致日本——一个努力维持安逸、稳定现状的国家——处于一种延绵已久的经济萎靡和社会焦虑中。然而近期以来，日本开始倾向于改变，最显著的变化之一是"终身聘用制"文化正在日本迅速消失。著名的丰田汽车公司已经开始在合同制的基础上聘请一些有经验的汽车设计师。聘请这些新雇员看重的是他们的经验，而无关年龄或国籍。员工的工资增长取决于他们的功绩奉献，而不再靠年资辈分取得。丰田采取的这些措施，其他公司也极易效仿，本田汽车公司和富士通公司就已经实施。但关于人力资源管理的改革实践向来就是一项挑战，它经常伴随着大量的关联问题。

在过去十年间，日本减少了超过一百万个全职职位，同时它也创造了许多兼职和临时职位。许多公司开始使用外包业务，而这些过去都由它们自己完成，例如会计核算、信息技术、市场营销、人力资源管理、采购和培训。甚至许多生产运营活动也转移到拥有大量廉价劳动力的国家进行，比如中国。兼职和临时工在劳动力总数中的比重已经超过三分之一，几乎是二十年前的两倍（相比起来，这一比重在美国和德国分别为4%和14%）。兼职和临时工的工资较低，回报较少，工人们经常在缺乏提前告知的情况下被解雇。这会造成贫富之间的差距。2003—2007年间，丰田、佳能等公司的兼职和临时工数量几乎翻了两番。尽管临时工人中许多是失去工作、年纪较长的人，但数量增加最多的仍是日本"迷失的一代"：这些工人年龄在25岁到40岁之间，他们在经济衰退时开始成为劳动力，从未做过全职工作。工作的不稳定性可能会导致精神方面的疾病。在日本，61%的抑郁、紧张和其他与工作有关的精神疾病发生在三十多岁的工人身上。正如一个日本观察员的评论所言，"对于一个重视和谐、不愿在CEO们身上浪费千万资金的国家而言，允许一些工人处于社会的下层，无疑是一种惊人的转变。"

日本不断下滑的出生率和正在增加的老龄人口也导致了日本政府口中的劳动力"危机"。对于那些因"终身制"文化的没落而失去工作的人来说，这或许是个好消息，劳动力的短缺确实会给他们带来新的工作机会。然而，日本政府对未来面临的养老金问题感到担忧。根据当前估算，到2020年，日本每支付一份养老金的背后仅有两名劳动力的缴纳作为支撑，这只有2005年的一半。

中 国

中国向市场经济的转变是引人注目的。自1978年来，国民经济中国有企业的比重已经从80%下降到大约15%。

中国从农业经济向城市经济的转变也同样令人瞩目。自20世纪70年代后期起，至少3亿人口完成了从农村向城镇的转移，并且到2020年还将有超过5亿农村人口实现城镇化。

这些趋势使中国对技术型人才的需求猛然上涨。相应地，中国拥有本科学历的毕业生数量也是2002年的两倍多。尽管如此，跨国公司仍然认为人才短缺是它们在中国发展的最大阻碍。在许多情况下，来自美国的资深员工仍然填补着中国在制造业、教育业和服务业的需求缺口。在来自国外并在中国工作的高级经理中，31.4%的人来自香港，23.8%的人来自美国，23.3%的人来自欧洲，另有21.4%的人来自其他亚洲国家。

通过内部手段解决技术型人才的短缺问题目前只是部分成功。这一问题主要是由于中国传统制度不能充分适应商业和工业环境的快速变革造成的。例如，在共产主义制度下，大学的"就业分配办公室"根据国家规定给学生分配终身职业，毕业生除了国家安排的工作外很难有其他选择。当代中国经济更加注重以市场为导向，负责将毕业生与国有企业的稳定职位相匹配的就业分配办公室已经消失，而取代它们的就业机构也很少出现。目前，新出现的"大学生就业中心"正试图满足新的市场需求，但这些机构人员配备不足，很难完全达到要求。

许多雇主，特别是在中国经营的外国公司，认为中国的毕业生并没有充分适应商业工作的要求，因为中国学校强调死记硬背，而不重视创造性。许多教授在缺乏真实市场经济经验的情况下教学。据麦肯锡咨询公司的估计，在中国160万的年轻工程师中只有10%的人拥有在国际公司工作所需的语言和实用技能；而在印度工程师中这一比例达到25%。正如跨国化妆品及美容用品公司欧莱雅的发言人所说，"由于中国市场的特性，只有那些一开始就由我们培养出来的人才能达到最佳的效果，我们用自己的文化塑造他们。"

中国的工作环境正在快速地演变，不掌握必要的技能使自己走向成功，就没有光明的前途。将近2亿的中国工人挤在拥挤不堪的公司宿舍中艰难生活，其中有大量来自农村向工厂的移民。他们中的许多人每天在恶劣的条件下工作18个小时，有些疲惫不堪的工人倒下来，伴随着身体多处出血。这又催生了一个新名词的出现：过劳死。

资料来源：Michael A. Lev, "Tokyo Teems with Buzz," *Chicago Tribune*, October 28, 2007, p. 5; Ian Rowley, Kenji Hall, and Hiroko Tashiro, "Japan's Lost Generation," *BusinessWeek*, May 17, 2007, http：//www.businessweek.com/globalbiz/content/may2007/gb20070517_814046.htm（June 20, 2008）; Yuka Hayashi, "Growing Reliance on Temps Holds Back Japan's Rebound," *The Wall Street Journal*, January 7, 2008, pp. 1, 11; Leslie Chang, "China's Grads Find Jobs Scarce," *The Wall Street Journal*, June 22, 2004, p. A17; "Japan's Worry about Work," *The Economist*, January 26, 1999, pp. 35–36; *McKinsey Quarterly*, "Spurring Performance in China's State-Owned Enterprises," www.forbes.com/business/2004/11/04/cx_1104mckinseychina6.html（accessed June 20, 2008）; Jehangir S. Pocha, "The Last 'Competitive Advantage'：Letter from China," *The Nation*, June 4, 2007, http：//www.thenation.com/doc/20070604/pocha（accessed June 20, 2008）; Richard Spencer, "China Appeals for Foreigners to Run Booming Industry," *The Daily Telegraph*, December 1, 2007, p. 22; Victor Mallet, "A Vast Human Tide Floods to the Cities," *Financial Times*, December 16, 2003, p. 5; Matt Forney, "Tug-of-War over Trade," *Time*, December 22, 2003, p. 43; James T. Areddy, "Older Workers from U.S. Take Jobs in China," *The Wall Street Journal*, June 2, 2004, p. B6; and Jihann Moreno, "Compensation Trends in Greater China," Hewitt Associates, www.hewittassociates.com/Intl/AP/en-CN/KnowledgeCenter/ArticlesReports/compensation_trends.aspx（accessed June 20, 2008）.

对雇主，特别是那些重视效率、竞争力和盈利的雇主来说，一个国家现有劳动力的质量、数量和构成十分重要。

劳动力质量（labor quality）是指可用雇员的工作态度、教育程度和职业技能。**劳动力数量**（labor quantity）是指具备雇主要求的职业技能的可用雇员总数。有时候会出现可用工人数量过多的情形，这对商业来说既是好事也是坏事。

如果适合的人选超出一家公司可以合理雇用的数量，那么这家公司的谈判地位就加强了，它可以用相对较低的报酬挑选到最佳的员工。另一方面，高失业率会造成社会和政治的不安定，这通常是不利于商业盈利的。

一个地区的劳动条件是由社会、文化、宗教、态度和其他一些本章讨论的力量决定的。劳动条件的其他决定因素包括政治和法律力量，在本章我们将就第8章和第9章的部分内容进一步展开。我们尤其会关注在不同情况下，造成劳动力过剩或不足的原因，以及哪些类型的劳动力容易出现过剩或不足。我们会看到这些关系是如何被政府和工会等雇员组织影响的。

11.1 世界范围内的劳动条件和趋势

劳动力的数量和质量在不同的国家和地区间存在差异，在不同的时间也不尽相同。劳动条件的考察可以从对人口统计学数据的简单回顾开始。本节也考察其他的国际劳动趋势，包括人口老龄化、农村人口向城市转移持续增长、失业、移民、童工和强迫性劳力。

劳动力总体规模和领域

让我们根据一些相当庞大的人口统计学数据来看看世界范围内的总体情形。2008年，世界人口有67亿，其中年龄在25岁以下的占46%；年龄在15岁以下的占27%。高出生率和婴儿死亡率的下降，使发展中国家的人口数量趋向于增长，并且人口构成越来越年轻化。世界上15~24岁的年轻人中大约有43%来自两个发展中国家：印度和中国，这些人也是下一个十年中新劳动力的主要来源。

与此相反，未来几年中许多发达国家的人口数量都趋于下降，这是低出生率和外来移民数量不多造成的。例如，从2006年到2050年，日本人口数量预计从1.27亿下降到1亿；俄罗斯人口数量预计从1.43亿下降到1.1亿；德国从8,240万下降到7,360万。而美国、英国、加拿大、澳大利亚等允许大规模移民进入的国家，考虑到移民人口的年轻化和较高的出生率，人口数量将继续增长。例如，从2008年到2050年，美国人口数量预计从3.05亿增长到4.2亿；加拿大人口数量预计从3,300万增长到4,100万。

劳动力主要集中在哪些经济部门？从世界范围来看，近几十年来从事服务业的劳动力比重在不断增加，而农业劳动力比重持续缩减。在过去十年间，只有中东和北非地区的服务业劳动力比重没有增长。如图11-1所示，在世界大多数国家，服务业都是劳动力数量最多的部门，比重超过了农业和工业。

图 11-1　各国劳动力的主要职业

资　料　来　源：Various country reports from The CIA World Factbook, https://www.cia.gov/cia/publications/factbook/fields/2048.html（accessed June 21, 2008）.

人口老龄化

世界总人口中65岁以上人口的快速增长已在近年引发许多关注。如图11-2所示，2006年，65岁以上人口占世界总人口的7.4%，而十年前只占6.6%。到2015年，65岁以上人口占世界总人口的比例预计将增长到8.4%，到2050年预计增长到16.4%。

不同国家和地区的人口老龄化程度不同。老龄化趋势在发达国家更为显著，65岁以上人口的比重已从1996年的10%上升到2006年的11.5%，并预计在2050年增长到25.4%。发达国家的人口老龄化问题会对劳动力的规模和技能、移民政策（比如作为一种维持劳动力和人口规模的手段）、经济增长等问题产生重大影响；还会对政治事务产生重要影响，如养老金计划、健康保险或其他关键的社会、经济和政治因素。例如，欧盟委员会预测，除非实施重大政策变革，否则到2050年时欧洲在世界产出中的份额将从目前的18%下降到10%，日本的份额将从8%下降到4%。而与此同时，更加年轻化的美国会将其份额从23%提升到26%。

与发达国家相比，至少到2025年为止，发展中国家的老龄人口比例都只有发达国家的一半。2006年时，世界上20~64岁的人口中将近六分之一来自印度这个庞大的发展中国家，印度人口的老龄化速度相对更慢。由于印度的年轻人数量众多，这个国家的老龄人口比例预计将从2006年该国人口总数的4.9%增长到5.9%（2015年）和14.6%（2050年）。在传统的工作年龄（20~64岁）人口中，印度人的数量会远远多于世界上许多国家，特别是发达国家。这将对国际公司产生重要的影响，比如考虑在何处生产，为定位于工作年龄人群的产品寻找市场等。

劳动力城市化

过去的一百年间，全世界的人口和劳动力都戏剧性地从农村地区向城市转移，这在第7章讨论过。1950年，全球只有不到29%的人口居住在城市地区。到2008年，城市人口超过全球总人口的一半，并且这一比例预计将在2030年增长到60%。尽管发达国家的城市化水平较高，但是发展中国家的城市化速度在1975年到2005年间要快四倍，与此同时这些国家的人口数量和经济发展水平都在快速提高。

随着人口从农村迁移到城市地区，特别是在发展中国家，他们也开始从以农业为基础的就业转向工业和服务业就业。通常，这种从农村地区涌入的劳动力造成了低成本、低技能工人的涌现。那些身处发展中国家的国际公司的劳动培训师已经发现，人们学习工业技术的进步很快；更艰难的挑战是教导那些来自农场和村庄的新工人，让他们在社交和心理方面调整以适应工业或服务业的工作生活。其中的一些工人不仅需要工作技能培训，而且也需要教会他们时间观念。比如说，他们不习惯在每个工作日的同一时间和同一地点开始工作；也不习惯遵从生产计划表。他们必须熟悉工厂团队合作和工业等级体系。企业通常需要折中处理，而不要企图快速彻底地改变农场和村庄的习惯做法。

失 业

正如我们在第2章讨论过的，贸易自由化是国家和经济发展的关键推动力。然而，与此同时，贸易自由化经常对劳动力有着短期和中期影响。贸易和投资的效应在国内、国外创造"赢家"和"输家"方面尤其如此。最容易受到国际化负面影响的个人和组织是穷人、老人、妇女和低技能的工人等，因为他们不能够迅速和有效地应对贸易改革。大多数发展中国家缺乏发展成熟的项目，如再培训计划、失业津贴、养老金计划等，以有效应对这样的情形。

根据联合国国际劳工组织统计，2008年世界上有31亿劳动人口，其中73%的人生活在发展中国家。每年，大约4,600万名新工人进入全球劳动力市场。大约14亿人的工作收入不足以使他们自己和家庭的生活超过每人每天2美元的贫困线。2008年，总体失业水平大约为2亿人，是有史以来的最高水平。失业率最高的地区是中东和北非（13.2%），其次是撒哈拉以南非洲、中欧和东欧及独联体（都是9.7%）。拉丁美洲和加勒比地区的失业率为7.7%，发达国家失业率为6.7%。东南亚及太平洋地区是6.1%，南亚4.7%，东亚3.8%的失业率最低。

世界失业人口中45%是15岁至24岁的青年。许多有工作的年轻人也只是临时工或非正式工，他们只能获得低微的收入和有限的发展机会。在大多数国家，女性失业率仍然比男性高，尽管过去十年间这一差距正在缩小。在经合组织成员国家，男性失业率从1994年的7.1%下降到6.6%；同一时期，女性失业率从8.2%降至7.4%。

移民劳工

虽然古典经济学家假设劳动力是不可流动的,但现在我们知道**劳动力流动**(labor mobility)确实存在。例如,1850年至1970年间,至少有6,000万人离开欧洲到海外工作和生活。从第二次世界大战结束到20世纪70年代中期,大约3,000万名工人从南欧和北非流入因经济繁荣而需要大量劳动力的北欧八国。不管社会经济水平如何,人们会尽可能地转向更好的经济条件,移民至少在一定程度上是由劳动力的供求造成的,而法规又影响了这些因素。

2005年,至少1.91亿人居住在他们的出生国以外的国家,这一水平是1960年的几乎三倍。世界上60%的移民生活在发达国家,特别是美国、欧洲和澳大利亚。其人民移民去其他国家的数量最多的国家有墨西哥、俄罗斯、印度、中国、乌克兰、孟加拉国和土耳其。拥有国际移民数量最多的国家列在图11-3。

移民劳工的范围很广,从高技术工作,如信息技术领域或者药品行业,到低技能工作,如农业、保洁和家政服务。很多移民干的是当地工人不肯做或没有足够工人的"三不"工作——不干净、不安全、不体面。研究表明,移民可能导致该国工人工资水平的降低。例如,1980年至2000年间,移民使加拿大高学历雇员的真实工资水平下降了7%。当移民使劳动力供给增加10%时,工资会下降3%到4%。虽然,移民对于通货膨胀和一国企业的国际成本竞争力可能是净利好,但移民效应对工资水平的影响经常使劳动组织或其他群体反对外来移民。

从人力资源管理和宏观政策制定以及政治辩论角度看,国家内部、特别是国与国之间的大量移民(通常是非熟练工人)的流动,已成为一个日益凸显的问题。这一问题的严重程度可通过马来西亚的例子来说明。2002年7月,马来西亚决定驱逐非法移民。该国200万的移民劳动力中只有75万进行了合法注册,这一决定使全国劳动力显著减少。其他国家也同样存在值得注意的非法移民人口。据估计,移民总数中10%到15%是"不合法的",包括那些未经东道国授权同意就进入国境或从事工作的人。与非法移民相关的问题还包括高强度工作、强迫性劳动和侵犯人权。

2006年3月,成千上万的移民和支持者集结起来在波士顿市区游行,抗议限制性的新移民政策在国会讨论,并呼吁公平的移民政策改革。

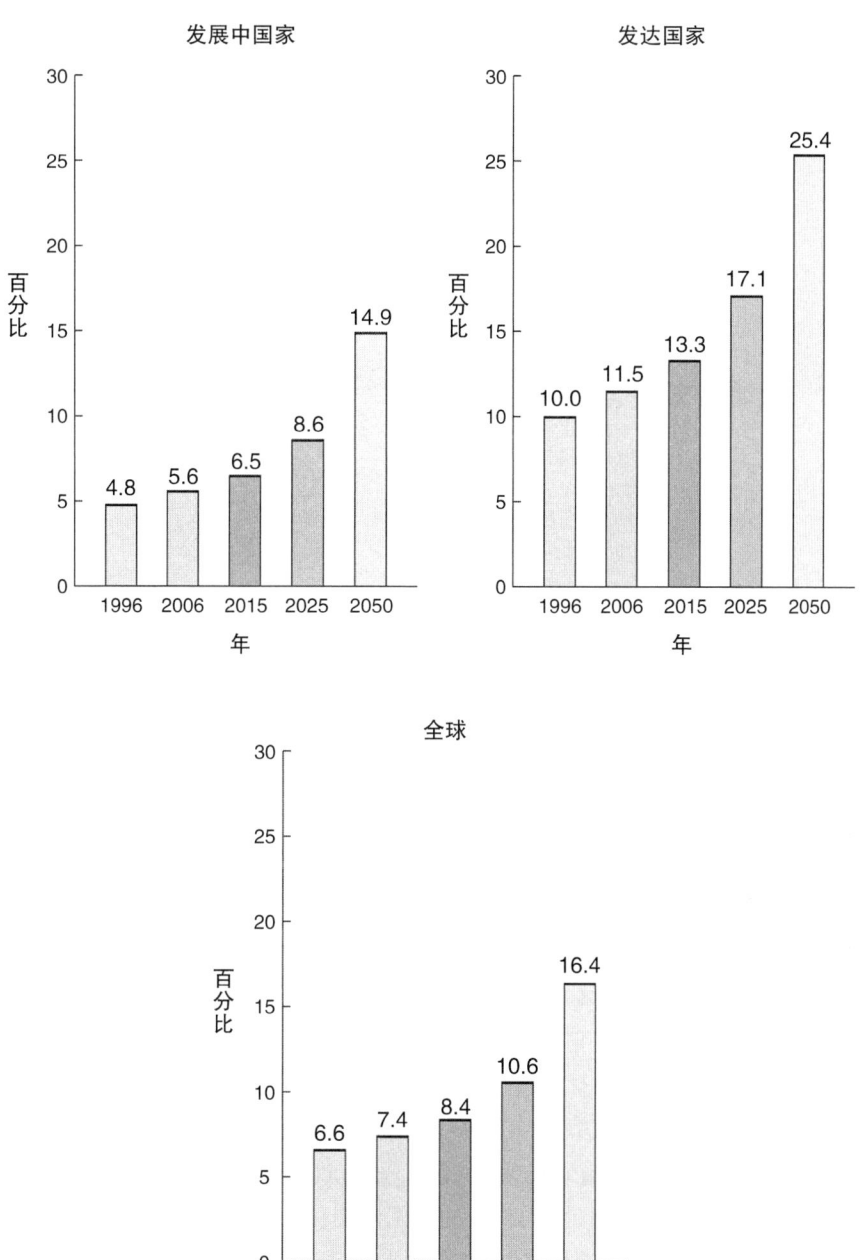

图 11-2 65岁以上人口的比例

资料来源：U.S. Census Bureau, International, "Midyear Population, by Age and Sex," www.census.gov/cgi-bin/ipc/idbagg（accessed July 27, 2006）.

在许多国家和地区，连合法移民甚至也成为问题。例如，一些欧盟国家对最近进入欧盟的东欧成员国的大量工人的无序流入感到恐惧；因而对就业和社会保障计划建立多种限制措施。伦敦大学斯拉夫和东欧研究学院的政治学教授乔治·舍普夫林（George Schöpflin）说："限制措施与统一的理想是相互矛盾的。但是（这些国家）非常害怕东

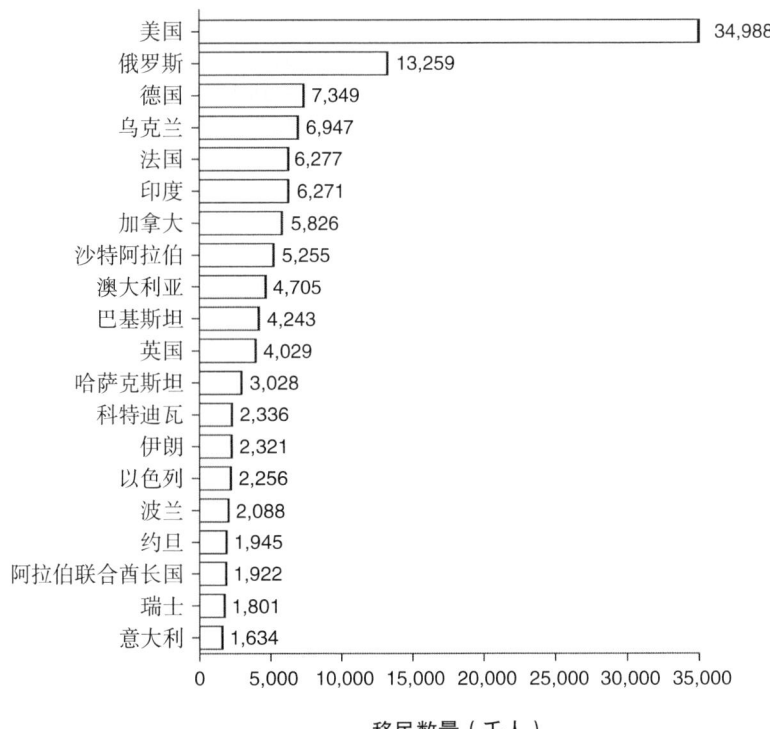

图 11-3 拥有最多国际移民的国家（2000年）

资料来源：United Nations Department of Economic and Social Affairs, *International Migration Report 2002*（New York：United Nations, 2002），p. 3.

部移民带来的文化冲击。"相比之下，高水平的移民有助于促进国家（如西班牙）的经济增长，提高住房需求，促进建筑业增长和其他经济领域的扩张。前往欧盟的移民约有三分之一去了西班牙，西班牙的移民社群已经达到人口的9%，自2000年来增长了四倍。

尽管美国人口只占世界人口的5%，但它拥有全球20%的移民。根据美国人口普查局的数据，2004年，居住在美国的人12%是在国外出生的，而1970年只有5%；2000年到2005年间美国人口的增长有42%来自移民。自2000年以来进入美国的移民有近一半是非法入境者。1995年以来，大约58%的新工作岗位为外国工人占据，其中超过85%的新职位是技工和建筑工人，超过60%是服务人员。总体而言，超过23%的美国人口是在国外出生的，或者双亲或双亲之一是在国外出生的。到美国的移民来自世界各地，外来移民数量最多的是拉丁美洲（53%）、亚洲（25%）和欧洲（14%）。

国际劳工组织估计，移民劳工每年向家中寄回超过3,000亿美元。这一数值超过世界上所有的官方政府发展援助，也对许多发展中国家的经济发展有重大的影响。当移民劳工回到自己的祖国时，他们带回的技术和技能也对祖国的发展有利。

童 工

根据国际劳工组织的数据，世界上5~17岁的未成年人中有2.46亿人（七分之一）在无法满足基本需求，或剥削、危险、违法的环境下工作。他们经常工作和生活在危险或肮脏的条件下，只为了可怜的一点工资或完全没有任何报酬。虽然大多数童工——1.22亿——生活在亚洲，但非洲的童工比例是最高的，所有儿童中26%的人在工作。**童工**(child labor)也存在于发达国家，尽管它的比例低于频繁雇用童工的发展中国家。总体来看，近70%的童工在农业部门。

在尼泊尔，由儿童生产的奢华长毛绒手工编织地毯占该国出口收入的一个重要部分。尼泊尔是世界上最贫穷的国家之一。尼泊尔和其他一些童工普遍存在的国家，对来自国际劳工组织等来源的批判十分反感，它们感到自己被富有的国家所控制。尼泊尔以及与它类似的国家对一些活动抱怀疑态度，例如国际劳工组织或其他组织的消除童工、改善劳动力生活的活动。它们认为这些活动是对方企图消灭它们在世界经济中极少享有的优势之一——低工资——的掩饰。它们也指出，在世界上最贫穷的国家，大部分的孩子没有其他机会。学校只为富人而存在，而富人只占总人口的极小一部分。尼泊尔一家地毯厂的老板说："如果不雇用孩子们，他们会乞讨或是躺在大街上，或者吸毒。"

世界银行和联合国儿童基金会至少在一定程度上支持这个观点。世界银行认为，儿童可能是为了他们自己的利益去工作，一个家庭的生存可能依赖于此。联合国儿童基金会主张，单纯地禁止他们工作可以会伤害到孩子的发展；持续观察发现，强迫孩子们从工厂离开并进入学校实际上可能会伤害到他们，除非他们的家庭能够补偿失去的收入，否则这一政策可能加剧他们的贫穷。

贫困国家的政府甚至一度不愿承认童工问题，现在也只在少数情况下试图解决童工问题。例如，在巴西农村，那些许诺送子女去上学的家庭可以借到一只山羊作为育种，并将山羊的后代留在自己手中。泰国警方对持有雏妓的妓院进行了突击检查。巴基斯坦政府正在回应父母们对更好的学校的需求。在许多情况下，这些政府的努力都有国际公司的参与，甚至是由国际公司发起的。

宜家（IKEA）是瑞典的家具零售巨头。它售卖的地毯来源于印度北方邦的地毯产业带。大约有50万人在那里做地毯编织工作，其中包括4万名童工。童工辩护者说，儿童比成人更适合编织地毯，因为儿童更加灵巧；并且，如果没有雇用孩子们做这项工作，他们的境况将更糟。然而，印度豪华地毯公司（Deluxe Carpets）负责人菲达·侯赛因（Fida Hussain）并不同意这些言论，"地毯编织工作需要力气，在任何阶段的生产中，成人都更加适合。"他进一步说，"孩子们得干活是因为他们的父母在负债。这与他们干活干得多棒没有关系。"为了减少童工数量并弱化童工问题带来的负面宣传，宜家已经开始掌握主动权，只从不使用童工的公司进货。类似工作还包括建立一个促进地毯产业带中贫困妇女经济独立的项目，给她们提供机会来提高工作绩效，同时避免贷款敲诈的束缚和由此造成的迫使子女就业的压力。Suiyawan村的一名妇女说:"既然我们在经济上已经独立,我们就可以把孩子送进学校。"超过21,000名孩子随后接受了教育,数千妇女获得了经济上的独立。

这些由政府、企业和非政府机构所做的工作有效果吗?国际劳工组织的报告《一定范围内童工的终结》(*The End of Child Labour—Within Reach*)披露,童工的数量在2002—2006年间下降了11%(2,800万名儿童)。童工数量的减少在危险工作领域更加明显,报告显示童工数量减少了33%。国际劳工组织总干事胡安·索马维亚(Juan Somavia)说,"我们见证了世界各地对童工问题的认识发生的重大变化,并对根除这一苦难的紧迫性达成了广泛共识。"

然而,这幅图景也许并不像国际劳工组织描绘的那么美好。它的报告是以包括巴西和印度在内的仅仅17个国家为依据的。诸如印度尼西亚等拥有庞大的人口数字和雇用童工历史的国家,并未包括在调查之中,也没有包括像缅甸这样人权记录薄弱(包括童工)的国家。而减少童工,特别是减少那些最危险形式的童工,是一个有价值的目标。实现这个目标需要世界各地的政府、企业、非政府组织、消费者和一般公众的持续努力。

《儿童权利公约》(Convention on the Rights of the Child, CRC)就是其中一项努力。据联合国儿童基金会称,这是"第一个具有法律约束力的国际公约,汇集了全部的人权——公民、文化、经济、政治和社会权利"。《儿童权利公约》制定了世界上关于儿童应该遵守的基本准则。四个核心原则是:(1)不歧视;(2)致力于实现儿童的最大利益;(3)生命、生存和发展权利;(4)尊重儿童意见。凡签署《儿童权利公约》的国家即已承诺保护儿童的权利,并同意在国际社会面前为这一承诺承担责任。除索马里和美国外,所有联合国成员国都加入了《儿童权利公约》。美国未批准《儿童权利公约》是因为综合考虑到与该国宪法的潜在冲突,并被一些宗教和政治保守派所反对。

强迫劳动

强迫劳动最普遍存在的地区是南亚和东亚、北非和西非以及部分拉丁美洲,如今受它影响的人群可能多达2,700万。妇女、儿童和低收入者是典型的强制劳动受害者。据报道,缅甸军队强行征募农民以及他们的妻子和孩子做看门人、工人和矿山探测工。2007年报道了一起发生在中国中部山西省的绑架并强迫儿童在砖厂当劳工的事件。美国国务院《2007年人口贩卖报告》援引美国国务卿康多莉扎·赖斯的话道:

> 贩卖人口是现代形式的奴隶制度,是一种新型的全球奴隶贸易。犯罪者为了利润和收益,欺凌人群中最弱小无助的人,主要是妇女和儿童。他们诱骗受害者进行非自愿劳役和性奴役。

在报告中,人口贩卖的形式包括抵债劳动、非自愿劳役、债务劳役、非自愿家庭奴役、强制童工、儿童士兵、性交易和卖淫、剥削儿童进行商业性行为以及儿童色情旅游。某些形式的监狱劳动和以血统为基础的奴役制度也被认为是强迫劳动;后者中人们由于种族和社会地位（例如，印度"贱民"种姓的地位）而被迫工作却只能得到极少的报酬，甚至根本没有报酬。有75个国家被划分到第2等级，32个国家在第2等级"观察名单"上，16个国家在第3等级的名单上，每一类的划分都是根据该国未能达到起诉、保护和防止人口贩卖的基本标准的程度。据估计，人口贩卖每年涉及金额约100亿美元，它已经真正成为一个全球问题，没有一个国家不牵涉其中。在美国，每年约有18,000名外国公民被贩运至此，其中80%是妇女和儿童，绝大多数是以性目的被贩卖。国际反奴隶组织（Anti-Slavery International）干事艾登·麦奎德（Aiden McQuade）指出，"我们已经有证据说当今存在着比从前更多的奴隶。"

人才外流

移民正在不断流向经合组织国家以寻找工作。经合组织最新版的年度《国际移民趋势》指出，即使是某些经合组织国家在21世纪初期的经济低迷也没有影响始于20世纪90年代年中期的国际移民数量上涨趋势。与就业相关的移民，无论是临时性还是稳定性的劳动力移民数量都有显著的增加，并覆盖各种职业类别：熟练劳动力、季节性员工、实习生、打工度假者、跨国公司员工轮换和跨境工人。

当有熟练技能的劳动力从发展中国家向外移民，这一现象被称为**人才外流**（brain drain），他们通常为了职业机会和经济原因而选择移民。对发展中国家来说，人才外流已经成为一个严重的问题，特别是当移民涉及专业技术人员的流失，如科学家、信息技术专家、工程师、教师和专业医护人员时。世界银行认为，受人才外流影响最严重的国家都是一些非洲、中美洲和加勒比地区的贫穷小国。例如，在肯尼亚公立医院受训的医生中有90%的人随后移民海外，使该国许多地区缺乏足够的医护工作者。图11-4显示了10个国家，分别有30%到84%不等的受过大学教育的本国公民移居其他国家，表明这些国家由于失去了最熟练的劳动力而正遭受损失。

传统上，基于是否拥有优秀大学、有活力的公司、以成就价值为基础的开放经济制度、社会环境和生活水平等因素，这些有熟练技能的劳动力的主要移民目的地为美国。由于可观的薪水和科研机会，美国继续吸引着来自其他国家的科学家和工程师，这些移民已经成为健康的美国经济的一种必不可少的元素。例如，美国大约25%的受过大学教育的劳动力是在国外出生的，其中超过50%的劳动力拥有工学博士学位。大约53%的外国留学生在获得理学博士学位后留在美国。图11-5显示了生于外国并在美国获得理学或工学博士学位的人的出生国，其中超过三分之一来自发展中国家的中国和印度。

看到美国从吸引外籍熟练劳动力中受益后，英国、加拿大和澳大利亚等国也实施了移民政策改革，吸引海外的最优秀人才。这种竞争给有熟练技能的移民劳动力创造了更多机会，也使发展中国家的人才外流问题有了加剧的危险。例如，联合国预计，印度每年有10万名高技术专业人员流向海外。

政府部门十分关注人才流失，并已意识到，要避免陷入抑制发展的不良循环，就必须有所改变。熟练技术工人的大量移民是一个国家经济、政治和社会的深层问题的表面症状；必须更快速地创造薪水丰厚的新就业岗位，这不仅是为了减少代价高昂的人力资

图11-4 人才外流：受过大学教育而在其他国家生活的公民比例最高的国家

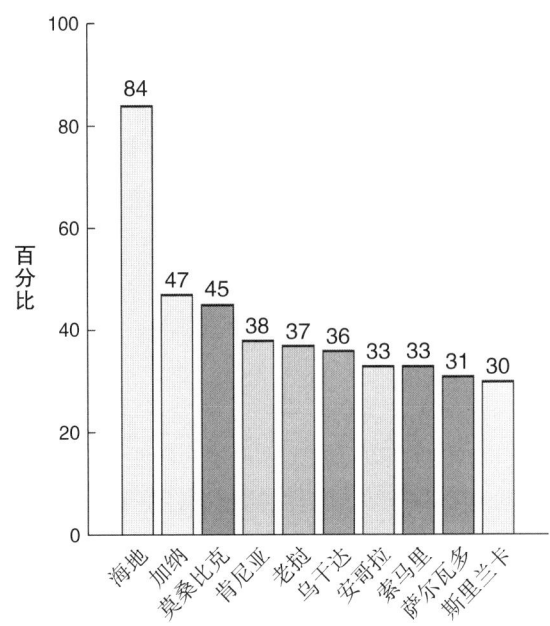

注：图表仅包括那些人口在500万以上的国家。
资料来源：*International Migration, Remittances and the Brain Drain*（Washington, D.C.: World Bank, 2005）. Reprinted by permission of The World Bank via The Copyright Clearance Center.

本损失，也是为了避免严重的政治后果。失业的压力迫使许多地区的政府官员放松外商投资的条件，以此激励富有经验的人才留在祖国。

逆向人才外流 最近，美国的教育工作者和商务人士开始关注逆向人才外流，是与不断增长的外包和联邦政府愿意允许"有争议"的科学家搬到其他国家相关的趋势。由于每年发放给外国有经验劳工的工作签证的数量控制，对企业吸收稀缺优质人才进行的限制，以及有经验的外国劳动力留在自己的祖国或去其他国家寻找就业机会的可能性不断增加，逆向人才外流的情况已经加剧了。发展中国家外包业务的增长，例如印度，正在开始拉动印度的优质人才返回祖国。正如一位最近回国的海归人士所说："我们为了支持国内而放弃了海外机会。"美国公司将知识性工作——工程、软件、产品设计和开发，外包给如中国、印度和俄罗斯等国家，这对逆向人才外流更加推波助澜。英特尔公司主席克雷格·贝瑞特（Craig Barrett）警示说，俄罗斯、中国和印度已经拥有多达2.5亿至5亿的知识型劳动力——高学历、专业技术娴熟的员工，他们能编写计算机代码、设计复杂产品，也能管理高端生产流程。

有些科学家参与了有争议的科学研究，如在美国受到联邦政府限制的干细胞研究；他们将搬到支持最前沿研究的环境中去。

在一些发展中国家，他们本国的科学家和工程师们已经去往工业化国家，一些由当地产业赞助，偶尔也由政府资助的组织实施了一些逆向人才外流项目。例如，泰国国家科技发展署组织了一个逆向人才外流协会。在中国，大约有100万人出国学习，只有

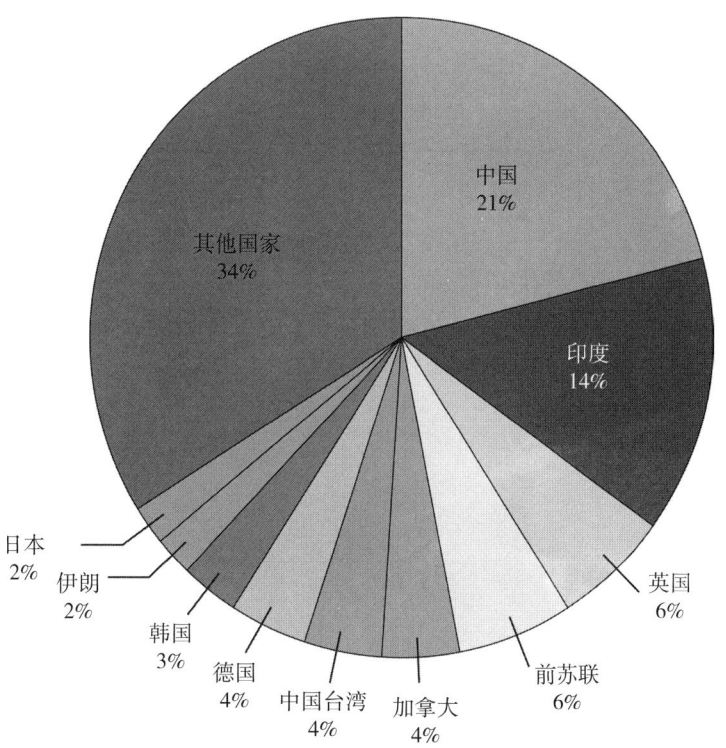

图 11-5 在国外出生，获得理学或工学博士学位并生活在美国的人，按出生地划分，2003年

资料来源：*Science and Engineering Indicators 2006*, National Science Foundation, Division of Science Resources Statistics, www.nsf.gov/statistics/seind06/c3/fig03-39.htm（accessed June 19, 2008）.

30万人返回了祖国。为了阻止这一趋势，国家已经建立了110个"企业基地"，帮助留学归来的中国学生创业。此外，2003年到2007年，中国邀请了超过125万名外国专家到中国工作。2007年末，欧盟发起了一个"蓝卡"计划，吸引有熟练技能的人，如工程师、医生和护士等移民，而同时又竭力阻止低层次劳动力的进入。

外籍劳工

接受大量难民，或者有高出生率的国家可能会出现就业岗位供不应求，但也有一些国家的就业有很多空缺。法国、德国、北欧国家和瑞士都是低出生率国家，它们属于第二种情况。这些国家都用所谓的**外籍劳工**（guest workers）来从事某些类型的工作，通常是在服务业、工厂或建筑业。这些国家的大部分外籍劳工来自土耳其、东欧和北非。

外籍劳工提供了东道主国家需要的劳动力，劳动力在经济增长时是十分需要的。但当经济放缓时，劳动力的需求变少，问题就出现了。国民失业增加，他们的就业机会被外籍劳动力占据。为了安抚国民的情绪，一些国家拒绝续签外籍劳工的工作许可。在另一些国家，工作机会是季节性的，工作期结束时，外籍工人就被驱逐出境，而不能继续留下来寻找其他工作。有时，仅仅是其他国家的人的存在也能引发东道国的不安，正如前面的全球视点"外籍劳工在日本？"中讨论过的，很多时候外籍劳工被当作社会结构中不太重要的部分，得到的保护较少。

全球视点　　外籍劳工在日本？

尽管日本许多部门正面临劳动力短缺，人口的快速老龄化加剧了这一过程，但这个国家仍以排斥移民而闻名。为了解决劳动力短缺问题，日本在20世纪90年代建立了一套精细的制度，为拥有日本血统的外国人创造更多的临时职位。日本国土外，拥有日本血统人口数量最多的国家是巴西——20世纪上半叶大量移民的产物——随后产生了超过30万人口。正如司法部的一名移民政策制定者藤田沙织所言，"把日本人的后裔带回来只是一件很自然的事情；他们一度离开，现在要回来了。"

高限制性的日本制度也允许其他合格人员进入，包括那些符合就业培训计划的人。就业培训计划主要是为来自欠发达国家的人建立的，但工作签证只提供17个领域的就业机会。大约有14万名学员在为期三年的政府授权的就业培训项目下工作，这个项目的设计目的是教授职业技能，使工作者能够带着工作技能回到自己的祖国。一些工人的薪水只有日本最低工资水平的一半。另外有10万名持学生签证的外国人可以以兼职的形式在日本工作，通常是在快餐店和便利商店。

在这些限制范围之外，日本并没有欧洲意义上的外籍劳工；在欧洲，外籍劳工是合法的。然而日本仍然有数以千计的外来工人通过所谓的"后门策略"进入这个国家。这些工人大多来自越南、菲律宾、孟加拉国、巴基斯坦，普遍以旅游或娱乐签证、学生或试用人员的身份进入日本，通常持假护照。然后他们找到工作并留下来。2006年，当时的首相小泉纯一郎说，有25万非法移民在日本工作。

法律只是禁止这些外来务工者在日本工作；它并不禁止雇主雇用他们。所以这些日本的秘密工人基本上没有法律上的权利。他们不能强迫雇主支付合理的工资或向警方求助。

日本厚生劳动省的一项调查显示，平均来说，这些非法劳工的工资收入不到日本同事的一半。公司甚至能省更多的劳动力成本，因为非法工人并不享有保险或其他日本员工通常要求的福利。在小型工厂、快餐行业或建筑业，这些非日本工人经常一周工作60到70小时。

日本的承包商和小制造商已经开始依赖廉价的外国劳动力来抵消上涨的成本和来自中国这样的低成本国家的竞争。即便有更高的合法工资和福利待遇，日本籍工人仍然严重短缺，他们更愿意让非法劳工来做危险、肮脏的工作。

对于那些在日本无所不在的"娱乐产业"的酒吧和按摩店上班的年轻女性来说，情况尤其危险。经常发生的情形是，年轻女性来到日本，希望当个女服务生或酒店职员，但剥削成性的企业老板拿走了她们的护照，迫使她们成为妓女。

日本在历史上很大程度上曾依赖外国劳工来填补劳动力短缺，但日本还远不是一个种族多元化的国家。成千上万的朝鲜人和中国人在第二次世界大战期间被强征到工厂和矿山工作，超过60万人留在了日本，现在很难将他们的后代从日本人中区别出来。超过75%的人出生在日本并能说一口流利的日语。然而，他们仍然被定义为"外国定居者"，必须携带外国人登记卡，并被许多日本人视为"异类"。

资料来源：Charles Barneholtz, "Guests, but Not So Welcome," www.westernreview.com/barney3.htm（accessed July 28, 2006）; Yuka Hayashi and Sebastian Moffett, "Crack in the Door: Cautiously, an Aging Japan Warms to Foreign Workers," *The Wall Street Journal*, May 25, 2007, p. A1; "Migration News: Japan, Korea," http://migration.ucdavis.edu/mn/more.php?id=3191_0_3_0（accessed June 21, 2008）; *Wolfgang Herbert, Foreign Workers and Law Enforcement in Japan*（New York: Columbia University Press, 1997）; "Assessment for Koreans in Japan," www.humansecuritygateway.info/data/item819082824/view（accessed July 28, 2006）; and "Guest Workers Urged to Learn New Language," www.vneconomy.com.vn/eng/index.php?param=article&catid=09&id=74ff2a118356a5（accessed July 28, 2006）.

11.2 就业政策的顾虑

如果一家公司打算在国际市场上做生意，它就必须考虑一系列与就业政策相关的问题。其中一些问题，如社会地位、性别歧视、种族歧视、传统社会中少数群体的存在，以及所有发展中国家普遍遇到的劳动力问题将在本节加以讨论。

社会地位

第5章讨论了文化对国际商务的重要性。在劳动力量方面，文化尤其重要，因为文化支配着人类行为和态度。理解社会地位对理解文化来说是必要的，因为在某些文化中，社会分化比其他文化更极端。

性别歧视

对女性充分参与社会劳动的接受程度在世界范围内差异很大。美国和西欧正在逐渐改善并接受；而某些国家则几乎完全不接受女性参与工作。在许多国家，法律、习俗和社会态度仍然是女性参加商务活动的壁垒。性别歧视，即否定女性在社会中的平等地位，已经在许多基于父权价值观的文化中根深蒂固。给两性提供的平等机会，以及改变妇女在一般社会特别是商业社会中所扮演角色的态度已经发生了更重大的转变，这使女性在世界各地的商业中取得成功变为可能。尽管如此，文化和传统仍然使女性的充分、平等参与成为困难。

由于性别歧视在世界各地广泛存在，女性在取得进步并维持这一进展上遭遇瓶颈。对女性来说，在沙特阿拉伯和其他中东国家经商通常很难。例如，沙特阿拉伯的法律和习俗禁止男女混合工作，并且禁止妇女驾驶车辆。关于性别歧视，尤其是针对移民工作者的报道十分普遍。然而，即使在沙特阿拉伯，女性的角色也正在发生变化。例如，沙特阿拉伯最近已经建立起一些计划，鼓励妇女创业，女性的工作领域也扩大了，女性管理者可以有男下属。

在世界范围内，尽管女性在高级管理职位中只占不到19%，但59%的企业聘用女性担任高级管理职位。在新西兰，尽管只有三分之一的高级管理职位属于女性，但70%的企业聘用女性作为高级管理人员。在澳大利亚，只有22%的高级管理人员是女性。在日本只有29%的公司聘用女性当高级管理者，而女性只占高级管理人员的8%。在俄罗斯，89%的公司有女性高级管理人员，42%的管理职位由女性承担。

女性的教育　研究显示，女性的受教育年限与出生率、儿童的生存、家庭健康以及一个国家的整体繁荣有持续的相关性。如图11-6所示，在过去二十年间，女性受教育的程度取得了明显进步，在所有地区文盲率都显著下降。越来越多的国家正在意识到女性教育的重要性。例如，埃及政府正在将一个成功的女孩社区学校的概念整合进正式的教育体系。这些学校使用女教师、主动学习以及以孩子为中心的管理模式。在中国的某个地区，送女童入学的村庄和家庭可以享有获得贷款和发展基金的优先权。在坦桑尼亚有一个很有前景的举措，旨在通过鼓励女孩讲出她们的困难，解决女孩的社会和学业发展障碍。在美国，25岁至35岁的妇女第一次比同龄男性受到更多的正规教育。美国商学院现在大约有一半的学生是女性。

问题依然存在　即使在那些妇女已经取得了一些进步的国家，其进步也不一定是安

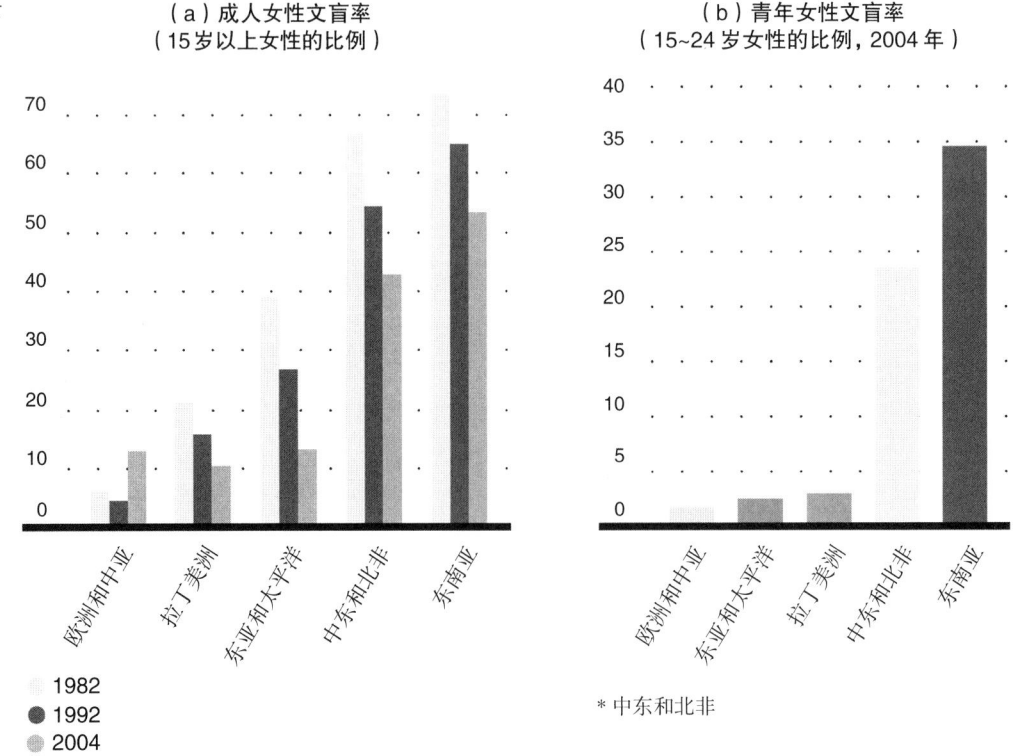

图11-6　女性文盲

资料来源：*World Development Indicators*, World Bank (2006). Copyright © 2006 by World Bank. Reproduced with permission of World Bank in the format textbook via Copyright Clearance Center.

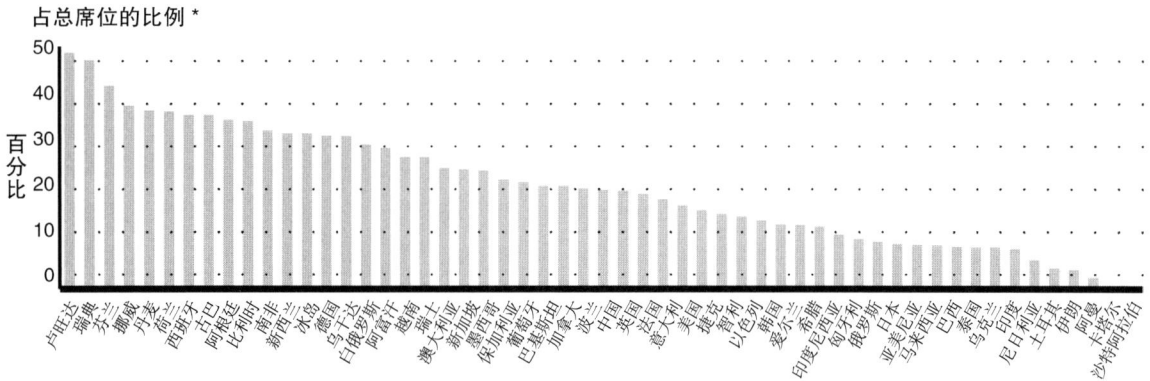

*2007年数据。

图11-7 部分国家女性在议会成员中的百分比

资料来源：United Nations Economic Commission for Europe，http：//w3.unece.org/pxweb/database/STAT/30-GE/05-PublicAnddecision/05-PublicAnddecision.asp（June 19, 2008）；and United Nations Statistics Division,"Seats Held by Women in National Parliament, Percentage," http：//mdgs.un.org/unsd/mdg/SeriesDetail.aspx?srid=557（accessed June 19, 2008）.

表11-1 部分国家的法定产假

国家	产假			育婴假	
	时长（周）	支付（工资的百分比）	雇主延续支付	时长（月）	支付（工资的百分比）
澳大利亚	6	—	—	12	不支付
奥地利	16	100	低薪工人	3—24	21
比利时	15	首月82 其余75	否	3	20
加拿大	17	55	—	8.5	55
捷克	28	69	—	39	10
丹麦	18	100	是	8	90
芬兰	18	65	是	6.5	60
法国	16	100	是	39	25.8
德国	14	100	否	26	11
希腊	17	100	否	—	不支付
匈牙利	24	70	否	20	70
冰岛	13	80	—	3	80
爱尔兰	18	80	否	—	不支付
意大利	21	80	—	4	80

日本	14	60	—	—	不支付
卢森堡	16	100	否	6	62
韩国	12	100	—	9	17
墨西哥	12	100	—	—	不支付
荷兰	16	100	否	6	不支付
新西兰	12	50	—	—	不支付
挪威	9	80	—	10	100
波兰	16	100	—	36	14.6
葡萄牙	17	100	否	6	不支付
斯洛伐克	28	55	—	36	24
西班牙	16	100	否	36	不支付
瑞典	15	80	—	12	80
瑞士	16	100	—	—	不支付
土耳其	12	66	—	—	不支付
英国	26	90	否	6	不支付
美国	12	否	否	—	不支付

资料来源：Ghazala Azmat, Mara Güell, and Alan Manning, "Gender Gaps in OECD Countries," www.oecd.org (2004); and OECD, "Key Characteristics of Parental Leave Systems," http://www.oecd.org/dataoecd/45/26/37864482.pdf (accessed June 19, 2008).

全的。当原教旨主义的伊斯兰政府在1979年从伊朗国王手中夺得控制权后，该政府将男女分开，令女性回到她们严格的传统服饰和角色。近年来，妇女重新获得了部分机会。与阿富汗、伊拉克和许多有着较高"权力距离"（见第5章）的其他集体主义社会一样，伊朗是一个有着严格的社会性别角色的国家。即使在今天的美国，已经取得了很大进步的妇女却在继续面对歧视，尤其是晋升到商业管理的更高层次时。

另一个能够衡量女性在权力职位上的普遍性的办法是看女性在国家议会中的比例。图11-7显示了不同国家的比例。卢旺达拥有最高的48.8%，卡塔尔和沙特阿拉伯最低，为百分之零。应注意到，这些国家中女性在议会中的比例都落后于她们在社会整体中的比例。

劳动力市场中另一个持续的与性别相关的问题是生育和随后的家庭责任问题。即使在美国，仍有许多关于"家庭友好型"商业实践的探讨。如表11-1所示，美国的产假制度与大多数欧盟或经合组织国家有很大差异。对于选择成为母亲并拥有专业职业的妇女来说，挑战从小孩分娩时就开始了。美国没有公共的幼儿日托管理，并且只有最好的老板才愿意提供婴幼儿日托的福利支持。根据地点的不同，私人婴幼儿日托的收费标准差异极大。

纵观全球，女性的平均工资还只有同等职位男性的一小部分。如表11-2中的经合组

表11-2 一些经合组织国家所有教育程度女性与男性工资的比率

国家	30～44岁	55～64岁
澳大利亚	0.62	0.60
比利时	0.75	0.66
加拿大	0.63	0.58
捷克	0.69	0.82
丹麦	0.71	0.68
芬兰	0.71	0.73
法国	0.74	0.64
德国	0.57	0.53
匈牙利	0.87	0.86
爱尔兰	0.63	0.53
意大利	0.73	0.58
韩国	0.51	0.37
卢森堡	0.84	0.56
荷兰	0.62	0.50
新西兰	0.62	0.60
挪威	0.66	0.63
波兰	0.81	0.87
西班牙	0.75	0.65
瑞典	0.72	0.74
瑞士	0.51	0.49
英国	0.57	0.54
美国	0.63	0.57

资料来源：OECD, "Gender Pay Gaps for Full-Time Workers and Earnings Differentials by Educational Attainment," 11/06/2007 update, http://www.oecd.org/dataoecd/29/63/38752746.pdf（accessed June 19, 2008）.

织成员国的情况所示。男女差异的缩减在30~44岁和55~64岁间的对比表明，男女差异在大多数经合组织国家一直在缩小。然而，每一个国家仍然存在显著差异。

种族主义

种族冲突和歧视的例子在世界各地均有发现。在美国、南非、英国及其他地区，有黑人—白人冲突，在非洲地区有阿拉伯人、印度人或巴基斯坦人与黑人的冲突。在欧洲部分地区，种族摩擦的存在与外来务工人员相关。斯里兰卡的泰米尔和僧伽罗人之间已经发生了流血冲突。这样的事情还发生在：波斯尼亚、科索沃、津巴布韦、卢旺达、布隆迪、苏丹。

如果我们把种族主义作为一种延伸的制度化偏见的形式，那么全球化，由于它增加了不同人群之间的个人联系，可能会对反种族歧视起到作用。这一愿景可能不被一些人所认同，他们认为全球化进程是增加种族歧视的一个来源。对这一愿景的合理做法是，成功的国际管理人员建立全球性的心态，包含认知的复杂性和国际性的态度，在其对世界的开放性和重视差异的过程中，不给种族歧视留下空间。

由联合国主办的关于种族歧视、排外情绪以及相关的不宽容的世界会议在南非举行。这一会议全力打造国家级机构来解决以下问题：贩卖妇女和儿童、移民与歧视、性别和种族歧视、反原住民的种族主义以及保护少数群体的权利。

传统社会中的少数群体

传统社会（traditional societies）给雇主带来了机会和困难。在一些社会里，商人和银行家被别人瞧不起，人们更喜欢政治、宗教、军事、专业或农业生涯。在这样的社会，外来者或许能够主宰商业和银行活动。这样的例子包括东非地区的印度人和巴基斯坦人，东南亚的中国人，土耳其的希腊人。

外国雇主进入这些社会的优势是可以立即雇用这些**少数群体**（minorities），他们能给雇主带来金融和管理技能。他们说当地的语言，通常是一种甚至更多。他们比大多数人更少民族主义。不利的条件是，这些人通常不受大多数当地居民的欢迎。外国雇主会很容易变得太依赖少数群体的员工，因此变得孤立，与大多数人远离。对少数群体的歧视常常发生。比如，在乌干达，政府夺走了印度人和巴基斯坦人的财产、商店和土地，将他们赶走，并把抢来的资产分给当地的乌干达公民。在津巴布韦，政府夺走了白人的土地和财产，并将其交给津巴布韦的黑人，这些黑人大部分是总统穆加贝的执政党的支持者。

发展中国家的劳动力

许多发展中国家的劳工状况面临着几个艰巨的挑战。首先是贫困，正如我们所见，影响了劳动力的质量。在许多发展中国家，特别是女性的低教育水平，成为了一个关键的障碍。此外，随着全球化的发展，许多发展中国家的企业面对着全球层面的竞争。全球化市场对当地的低效率企业渐渐变得不再容情。就挑战来说，这些进步好像并不足够，艾滋病造成的毁灭——由于当地的贫困、低教育水平和社会的动荡不安而加剧——正在使许多发展中国家在可预见的未来面临劳动力短缺。在这些国家，技能的提升，或将当地劳动力培训到可以接受的最低标准，成为了雇主的主要挑战。

在具有高教育水平的发展中国家，生产、信息技术支持和越来越多的服务职能（如客户服务热线和营销跟进）的外包已经成为最近的趋势。这在美国已成为一个政治问题，因为它代表工作职位从美国转移到了发展中国家经济体，如印度。但从发展中国家的角度来看，它将被视为全球化所带来的好处之一。

11.3 雇主与雇员的关系

世界上不同国家的雇主和雇员之间的关系相差很大。在一些国家，雇主必须应付强大的工会。在其他国家，雇主必须与代表员工的政府打交道。在任何情况下，一个公司要雇用员工，就必须了解当地的就业环境。员工罢工等因素会显著影响经营活动，这些因素往往在不同国家有所不同。

进入市场时适当准备的重要性

当一家外国公司进入**劳动力市场**（labor market）时，它必须接受现实。当然，一个谨慎的公司在考虑是否要投资于一个国家时，会对劳动力市场进行研究。公司甚至没有必要亲自跑到某个拟定的国家来获得有关的劳动力信息。除了美国劳动部国际劳动事务局发布的《外国劳工趋势》（*Foreign Labor Trends*），另外两个很好的信息来源是《劳工统计手册》（*Handbook of Labor Statistics*），可在华盛顿特区的美国劳动部劳工统计局获得，以及《劳工统计年鉴》（*Yearbook of Labor Statistics*），由瑞士日内瓦的联合国国际劳工局出版。这些资源在许多主题上为世界上大多数国家提供信息，包括罢工的次数或每年的休工。罢工人数和工时损失天数也有标明。也许最有用的信息是，报告了每个国家非农产业中每千名员工的工时损失。不同国家劳动数据的报告在规模、文化、劳动法规和工会的战斗性上有很大的差异。因此，每千名员工工时损失是国家之间的唯一直接比较。图11-9显示了一些经合组织成员国最近十年间，每1,000名员工由于劳动抗争损失的工时天数。这些统计数字都是原始数据，在考虑某一劳动力市场时，雇主应该更深入地调查。

这里有雇主应该考虑的一些其他问题：（1）该国处于异常时期吗？（2）罢工是和平罢工，或是伴随着暴力、破坏或死亡吗？（3）罢工是遍及整个行业，还是仅针对特定的雇主？（4）罢工是未经批准的（突然的），还是通常提前警告通知？（5）工会和职工遵守劳动协议吗？如果不，雇主可以做什么？

计划投资于传统社会的发展中国家的公司，需要考虑文化、宗教、部落以及本书其他地方讨论的因素。当然，宗教、种族、语言的分裂并不只局限于发展中国家。

欧洲、美国和日本的工会

工会（labor unions）在不同国家有显著区别。工会在发达国家倾向于更加有效，但即使是对比欧洲、美国和日本的公会，显然工会服务于不同的目的，也影响不同的员工事务。

欧洲的工会通常代表着不同的政党和社会意识形态。职工身份意识在这些工会是常见的，这大概是因为欧洲劳动者是通过集体行动从封建主义获得自己以及各种不同的权利和权力。

在美国，与此形成鲜明对比的是，工人已拥有许多公民权利，包括投票，从那时起工会变得重要。因此，美国的工会主义通常更务实，而非政治化，它更关注工人的即时需要。

在美国,劳动立法大多将自身局限于**集体谈判**(collective bargaining)的框架。集体谈判的过程中,工会作为谈判的一方,代表每个人的利益(有时包括工会成员和非成员)与管理者谈判。在欧洲,政府的角色更加活跃,工资和工作条件常常立法。许多拉丁美洲国家政府在雇佣关系中非常活跃,这常常是由于工会过于软弱、工会领袖没有经验或未受过教育。

在德国和法国,法律和政府行政行为对工作条件的影响,是广泛而明显的。劳动谈判在国家或区域层面进行,并且在法国,政府代表也参加谈判。

日本工会更多是以企业为基础,而不是整个行业范围的。因此,工会往往趋于强烈认同公司的利益。例如,如果工会确信大幅度的工资增长将损害公司的竞争力,工会就会趋于不要求太多加薪。

工会成员趋势变化　各国工会成员的数量水平大不相同。某些国家不到10%,而另一些国家超过90%。在过去的四十年间,大多数发达国家工会成员的数量在减少,特别是工业部门的工人。造成这种趋势的原因是:

- 雇主努力想让其企业无工会化,包括把员工纳入经营委员会和制定利润共享计划。这一同化方法已经在许多公司达到预想的效果。
- 更多的妇女和青少年成为劳动者,由于他们通常只有次等收入,他们拿着低工资,对工会的信任很少。
- 工会已经是成功的。他们的斗争结果使工资提高了,这导致雇主的成本更高而竞争力更低,进而导致裁员,规模缩减,并使就业机会向低成本的地区转移。所以从这个意义上说,工会是自身成功的受害者。
- 发达国家已经过渡到知识经济时代,过去成为工会成员核心的工业就业机会正在减少。

尽管在工业部门工会成员普遍减少,但许多发达国家近几年出现了工会成员数量的增加。这种趋势在那些工会已经成功将成员扩展到服务部门的后工业国家尤为突出。

跨国劳工活动

20世纪50年代以后,国际公司迅速扩张。各国工会已经开始察觉到,通过相对简单的国际外包步骤,将生产转移到另一个国家,公司有了逃避工会的机会。工会将这些步骤视为危险。为了打击那些危险,各国工会已经开始:(1)收集和传播公司的信息;(2)向其他国家的工会咨询;(3)在应付某些公司时,协调这些工会的政策和策略;(4)鼓励国际公司的规范行为。尽管工会被不同的意识形态所区分,且通常有强烈的民族主义,但这样的跨国劳工活动很有可能增加。与跟其他国家的工会进行合作相比,大量的努力和金钱花费在游说保护民族工业上了。

成功的跨国工会主义发展的第一个重要舞台是欧盟。欧盟各国正稳步消除或统一关税、税收、货币体系、法律,以及更多贸易障碍。由于这个统一过程正在取得长远的进步,随之产生的氛围可能更适合各国工会的合作。

同样致力于这一领域的还有欧洲工会联合会（ETUC）是一个代表82个全国工会联合会的保护伞组织，在36个国家代表着6,000万名成员。一些ETUC成员工会表现非常出色，为追求共同的目标而进行跨国合作。

美国工会联盟劳工联合会—产业工会联合会（AFL-CIO）在世界范围内与劳工组织合作，包括ETUC、国际自由贸易工会联盟（ICFTU）、亚太地区组织（APROICFTU）以及拉丁美洲的区域性国际组织（ORIT-ICFTU）。

国际工会网络成立于2000年，致力于促进全球工会努力回应行业和雇主不断提高的全球化水平。它的总部在瑞士，包括900个工会，在超过140多个国家有超过1,550万名成员。

国际劳工组织 国际劳工组织（The International Labour Organization，ILO）是联合国的一个专门机构，其目的是在全球促进社会公平与国际公认的人权和劳工权益。国际劳工组织成立于1919年，是创立了国家联盟的《凡尔赛条约》唯一幸存下来的主要机构。它在1946年成为第一个联合国专门机构。今天，国际劳工组织制定国际劳工标准，以条约和建议的形式设置最低标准的基本劳动权利：自由结社、组织权、集体谈判、废除强制劳动、机会和待遇平等，以及规范其他工作条件的标准。更多的信息可以从国际劳工组织的网站获取，www.ilo.org。

经合组织的工会咨询委员会 正如第3章讨论的一样，经济合作与发展组织是一个国际组织，其建立宗旨是协助成员国的经济发展问题。工会咨询委员会（Trade Union Advisory Committee，TUAC）是一个享有经合组织和其他委员会的咨询地位的国际工会组织。TUAC的作用是确保劳工问题在全球市场引起重视。TUAC代表工会运动的意见，定期与不同的经合组织委员会咨询。关于TUAC的更多信息可以在其网站找到：www.tuac.org。

统一的劳动标准能够促进贸易和收入吗？ 工会、人权活动家和某些发达国家政府声称，发展中国家进入其市场应该以改进的劳动标准为依托，违反那些标准（即所谓的社会条款）的行为应实施贸易制裁。一些发达国家和发展中国家的政府将这些社会条款视为贸易保护主义。然而即使在贸易协定中，政府也为严格的劳工标准而争论不休。在美国、加拿大和墨西哥之间的北美自由贸易协定中，包含了涉及劳动问题的部分。

国际货币基金组织认为，统一劳动标准的经济学论据不够有力。事实上，在发展中国家出于好意而尝试更高的劳动标准，实际上可能对工人是有害的，特别是当他们是被实施贸易制裁而强制时。较低的劳动标准并不是发展中国家首要的比较优势来源，而大多数劳动标准——如最低工资标准——在许多贫穷国家都达不到。

国际货币基金组织指出，更高的劳动标准，是经济增长的结果，而非原因。提高贫穷国家的劳动标准的最可靠的方法是通过国际贸易促进经济增长。因此，相比强制规定工资和福利水平以及对违法行为实施贸易制裁，追求有利于高经济增长率的贸易和劳动市场政策，能够更有效地提高劳动收入。

小 结

确定影响一国劳动力数量和质量,并超出管理层控制的力量。

劳动力质量与劳动力数量是一个公司所不能控制的力量。在任何劳动力市场中具备雇主所要求的技能的可用雇员数量都是有限的。人口在老龄化,预计在许多发达国家人口会在未来几年下降。劳动力正在显著地从农村转移到城市,特别是在发展中国家。在许多地区,失业仍然是一个问题,特别是年龄在15~24岁的青年。大量的移民劳动力通常是非熟练工人,在国内和国家之间流动。虽然取得了一些进展,但是据估计,5~17岁的孩子中每七个就是一个劳动力,并且这些童工大多数是在发展中国家。

解释人们离开自己的国家前往异国工作的原因。

在世界上许多地区,战争、革命、种族和民族斗争以及政治镇压迫使人们逃离家园。还有一些人去其他国家,是希望能找到更好的工作并得到更高的薪水。

讨论某些国家有外籍劳工的原因。

外籍劳工迁移到某东道国是去做特定类型的工作,通常是服务业、工厂或建筑工作。但当一个国家经济放缓时,其本地工人可能希望得到本来由外籍工人所占据的就业机会。由于外籍工人的存在,一些国家已经发生了种族摩擦。

解释就业政策的相关因素,包括社会角色、性别、种族和少数群体等。

由于一系列影响就业政策和实践的因素,为了在国际市场取得成功,国际公司通常必须调整其劳动实践。即使当地法律已经改为禁止某种做法,文化、历史和其他因素也会导致社会地位成为雇用时需要考虑的内容。虽然在许多国家妇女已朝着平等的目标取得了许多进展,但性别歧视仍然是世界范围的问题。实际上在世界上几乎所有地区,妇女的文盲率仍然更高,工资比同级别男性低,并且在商业和政治上的高级职位,她们的人数很少。种族主义也仍然是一个世界性的问题。

讨论世界各国的工会差异和未来趋势。

从历史上看,欧洲工会倾向于更加政治化,而美国工会则更加务实。针对商务的全球化,许多工会已开始建立国际合作,努力扩大其影响力。

问题讨论

1. a. 过多的合格雇员为何对雇主有利?
   b. 它如何可能有害?
2. 为什么在一些国家,特别是发达国家,人口的平均年龄在上升?这种趋势的意义是什么,尤其是对国际公司来说?
3. 古典经济学家假设生产的劳动力要素是不可流动的。在现代世界这种假设是否正确?请解释。
4. 分析尼泊尔和其他贫穷国家为它们利用童工所作的辩护。
5. 什么是人才外流,以及它为什么发生?国家可能会采取什么行动,以减少甚至扭转人才外流的局面?
6. 在教育、就业和权威职位方面,对待女性的方式相对于男性有哪些明显趋势?这些趋势怎样、并且为什么不同国家和地区大相径庭?
7. 在一些东南亚和南太平洋国家,少数华裔群体在银行、金融和商业领域十分突出。对外国雇主来说，给当地公司雇用这样的少数群体的危险是什么？

8. 欧洲、美国和日本的工会的主要区别是什么？

9. 跨国工会联盟有效合作的前景是什么？请讨论。

案例分析 11-1　巴基斯坦的耐克与童工

1996年的一期《生活》杂志展示了一张12岁男孩Tariq的照片，照片中他被耐克足球鞋的部件包围着，他每天大部分时间都花在将它们缝起来以换取60美分。几天内，北美的维权人士在耐克的门店拿着Tariq的照片抗议。耐克随后采取了一系列措施以解决这些问题，其中包括发展和改善其全球供应商工厂中超过650,000名工人的劳动条件。耐克的努力为其赢得了一系列慈善机构、社会组织和其他人士的好评。然而，仅仅在最初的《生活》杂志事件后，耐克再次由于其在巴基斯坦的活动而将自己陷于公众的争论之中，这也许是处理国际劳工事务的努力具有挑战性和多维度社会责任的反映。

耐克是世界领先的体育和健身活动用品品牌，如鞋、服装、设备和配件的设计者、营销者和分销商。它依赖于遍布全球的承包商来制造其商品。2006年11月20日，耐克公司宣布它切断了与手工缝制足球的主要供应商Saga Sports的合同。在对Saga的运营为期六个月的调查中，耐克发现了继续使用童工和其他重大的劳动、环境、健康和安全违规行为，包括骚扰员工、非法解雇和不足额支付工资。耐克说Saga将足球装配外包到私人家庭，并且"耐克有一贯反对这种做法的政策，因为这可能会导致使用未成年工人的潜在风险，并且在家庭的环境中并不能确保安全的工作条件"。公平劳动协会对Saga的独立审计也发现了类似与劳动相关的违规行为。

尽管问题在耐克的共同努力下得以解决，但耐克公司仍指责Saga未作出所需的改变。耐克的首席执行官和总裁马克·帕克（Mark Parker）说："这个合同工厂固执地打破了承诺，无可挽回地违背了我们的信任；最重要的是，该工厂已使它的雇员们感到失望。与其继续和Saga合作，我们决定缩减对手工缝制足球的供应，同时我们正在开拓致力于维护按照我们的标准公正地对待工人的新工厂。"

Saga的总部设在锡亚尔科特，是一个克什米尔边界附近的巴基斯坦城市。全世界大约80%的足球是在锡亚尔科特由45,000名工人生产的。这些工人平均每月的工资不到100美元。低人均收入和贫穷使该地区出现了使用童工的累累记录，不仅存在于足球生产，也存在于一系列其他出口和国内行业。联合国儿童基金会估计，超过300万名14岁以下的儿童在巴基斯坦的锡亚尔科特和其他地方工作。

从20世纪90年代末开始，在足球生产中对童工的使用开始改变。当时，耐克、阿迪达斯、彪马和其他国际厂商开始与国际劳工组织和本地供应商合作，努力消除在其分包商中存在的童工。虽然本地供应商多数同意参加自愿的童工监察计划，但完全的成功尚未取得。在各种缝制中心进行的突击检查不时发现童工的存在。2006年5月，两个童工在Saga的一个分包商的家中发现。在评论其决定时，耐克公司指出，"在这种情况下，公司穷尽了所有可能的选择，尽管对工人有潜在影响，对耐克足球业务也有短期影响，但公司别无选择，只能停止订单。"

在耐克宣布它的决定之前，锡亚尔科特已经由于与其他低成本制造地进行竞争而面临利润率下降和失业率升高等状况。由于巴基斯坦正在与高度贫穷抗争，并受到好战的伊斯兰教徒的威胁，失去耐克的工作，直接威胁并加剧了已经动荡不安的局势。原本，Saga有70%的业务来自耐克公司，是锡亚尔科特最大的足球供应商。Saga的管理者估计，影响将会是深远的，近5,000名工人会闲置，最终将影响靠这些工作赖以为生的20,000个家庭。"这里不存在恐怖活动，因为每个人都在工作，"当地一家合约制造企业的总裁赫瓦贾（Khurram Khawaja）如是说。"它（Saga与耐克的解约）会（给恐怖主义）创造一片空间"。耐克的行动的成效令人质疑，因为有人注意到，很多童工只是从缝制足球的工作转换到为附近的手术器械制造商工作。

多加尔（Nasir Dogar）是独立童工检测协会（Independent Monitoring Association for Child Labor）的首席执行官，负责监督锡亚尔科特3,000个足球缝制工厂的行为。他说："很明显，Saga做错了。但是，因为他们做错了，所以耐克公司就应该离开吗？"来自锡亚尔科特工商会的扎卡丁（Khawaja Zakauddin）说，"他们原本能够找到一些Saga的替代选择的。离开是最坏的解决方案。如果耐克从这里离开，这些人会没有工作。"纳库伊（Hussain Naqui）曾在Saga的运输部门工作，他说，"没有了耐克，就没有其他就业机会了。我特别担心我的孩子，他们现在还在上学。"位于新德里的反童工全球游行组织（Global March Against Child Labor）主席沙提雅提（Kailash Satyarthi）说，"这不仅仅是政府或当地政府的责任（监测使用童工），耐克公司也负有责任。"

另一些人则对此有异议，他们认为国际公司能做的事情是有限的，并且该责任也倚赖于当地承包商和地方政府。"我们一直与耐克保持紧密的合作，以确保在这些工厂里工作的人们的权利和待遇是公平的，并符合可以接受的标准，"慈善组织乐施会的一名高级政策顾问维尔马（Samar Verma）说，他认为耐克公司终止与Saga Sports的合同的决定是积极的举措。

在短期内，耐克公司的反应是把足球的生产迁移到泰国和中国的其他供应商那里。不过，该公司也回应了一大批利益相关者，包括政府、非政府和行业内各方，讨论帮助那些受其决定影响的工人，并探索替代的、负责任的、可持续性的当地制造方法。

问题：

1. 全球各地都在谴责使用童工，但作为一家跨国企业，当出现使用童工的事件时，选择终止与供应商的关系，而不考虑对该社会群体整体的影响，这样是公平的吗？

2. 如果经济贫困地区的父母心甘情愿地允许他们的孩子去工作，以便能够生存下去，国际公司允许这种情况发生是否是不恰当的？

3. 国际公司有义务帮忙纠正这些问题吗？如果没有，为什么？如果有义务，以什么形式帮助到什么程度？

资料来源：David Montero, "Nike's Dilemma: Is Doing the Right Thing Wrong?" *Christian Science Monitor*, December 22, 2006, p. 01, http：//www.csmonitor.com/2006/1222/p01s03-wosc.html（accessed June 23, 2008）; "Nike Cuts Off Saga for 'Labor Violation,'" *Taipei Times*, November 22, 2006, p. 10, http：//www.taipeitimes.com/News/worldbiz/archives/2006/11/22/2003337472（accessed June 24, 2008）; "Nike Shoes and Child Labor in Pakistan," http：//www.american.edu/TED/nike.htm（accessed June 24, 2008）; Johns Wu, "Nike Sacks Saga Sports," http：//www.thebulltrader.com/813/nike-sacks-saga-sports/（accessed June 24, 2008）; and "Nike Ends Orders with Soccer Ball Manufacturer," http：//www.csrwire.com/PressRelease.php?id56884（accessed June 24, 2008）.

The Organizational Environment | 第三部分
组织环境

在前两部分，本书所讨论的问题主要聚焦于国际商务竞争的环境背景。第一部分介绍了国际商务的性质，包括国际商务、贸易、投资和国际商务运行中的货币体系。第二部分探讨了影响国际商务的力量，以及管理者要处理的相关问题。

在第三部分，我们的关注点从外部环境转移到企业本身，包括管理者如何采取行动，帮助公司在国际商务中更有效地竞争。对于外国和国际环境所引起的问题的回答和解决办法，本书只会围绕国际商务进行介绍。更深层次的专业领域探讨可以在专业教科书中找到。

第12章介绍国际竞争战略的概念以及企业如何利用战略规划来应对国际商业机遇和挑战。第13章考察组织设计和国际企业结构的不同类型。第14章评估和分析国际市场。第15章探究企业进入国际市场的方式。第16章考察进出口实务和流程问题。第17章探讨与国内营销不同的国际市场营销方法。第18章分析国际企业的运营管理问题，如国际供应链管理。第19章探讨国际商务中的人力资源管理问题，尤其是非执行人员、技术人员和销售人员。第20章考察与国际商务活动相关的财务管理问题。

第 12 章　国际竞争战略

商业战略是关于什么，它与其他商业规划的区别是什么？简而言之，它是竞争优势。如果没有竞争者，就不需要策略，战略规划唯一的目的是使企业尽可能有效地获得持续的优势以超越其竞争对手。

——大前研一，麦肯锡公司顾问

阅读本章后，你应该能够：

1. 解释国际战略、能力与国际竞争优势。
2. 描述全球战略规划过程的步骤。
3. 解释使命陈述、愿景陈述、价值观陈述、目标、量化目标和战略的目的。
4. 解释国内复制、多国化、地区化、全球化和跨国战略，以及在什么情况下使用这些战略。
5. 描述战略规划的方法和新方向。
6. 讨论工业间谍活动的重要性。
7. 描述竞争信息的来源。

在不确定的世界从战略角度思考未来

如果石油、食品或铜的价格飙升（正如它们在2007和2008年发生的那样）或突然崩溃，世界会发生什么变化？东道国政府国有化一个行业的可能性如何，比如2006年玻利维亚对石油和天然气行业所做的事情？如果2007年次级抵押贷款危机之后，世界信贷市场枯竭，世界又将发生什么？新兴市场如印度、中国和巴西，持续加速的城市化和工业化意味着什么？本书第二部分讨论的如何确认和评估环境力量的变化，是情景规划（未来可能发生的事情）的一个重要方面，全球能源公司荷兰皇家壳牌公司就在其战略规划中采用情景规划的方法。该过程的目的是使高管们重新审视之前所做的环境假设，从而使企业成功地将那些会深刻影响其在世界上的战略行为和运营表现的不确定性和潜在变化相互融合。

早在20世纪70年代，壳牌就将情景规划作为一个基本工具，对公司的未来进行战略性思考，并着眼于如何处理公司长期规划中的不确定性。战略规划小组采用了兰德公司为美国国防部研发的技术。它们发展了情景规划，从而在对壳牌公司有重大财务影响的问题上提高决策质量，如是否新建一个海上石油钻井平台或是否要在新地域探索石油。

最近，一些像壳牌这样的公司已经开始修改它们的战略规划中情景规划的方法。以前，规划者设定场景，并将其呈现给部门经理——作为一种"展示和陈述"。经理们不参与制订过程。由于壳牌公司的最高管理层将情景规划看作一个重要的管理工具，因此，壳牌公司现在强调，管理者要将情景规划加入他们的决策过程中。

情景规划的目的是从更现实的视角设想可能的未来，预先规划不确定事件和不连续事件，并制定战略以帮助企业应对潜在的未来状况。情景规划强调商业环境的不确定性，并认为商业环境可能会以不同的方式发展，因此会对传统的组织和环境观点提出挑战。情景规划为制订长期战略规划和短期应急计划提供了一个有用的环境，适用于存在风险和不确定性的经营情况。情景规划密切关注那些看似不相关，实则影响未来的外部和内部因素。

情景规划看起来很可信，并具有挑战性，但它们并非预测；也就是说，它们并不是从过去的数据推断来预测。事实上，情景规划是一种手段，这种手段迫使管理者意识到基于过去经验的假设不再适用。而且，如果管理者已经列出了所有可能的情况，那么他们应该能在其中一种情况发生时尽快作出反应。正如壳牌前规划领导所说，"他们可以记住未来。"[a]

管理者们通常组建6到8人的团队来构建场景。首先，他们要在必要的决策问题上达成一致看法，然后通过阅读、观察以及与有学识的人交谈来收集信息。接下来，团队要确认驱动力（环境因素）和"关键的不确定性"（不可预知的事），并将优先次序排列出来。通常，根据问题对决策成功的关键程度，要准备三四个场景。对于每个情景都应该描绘一个可靠的未来，而不是仅仅写出最好、最坏和最可能的情况。然后团队要确定情景的意义并运用领先指标进行跟踪记录。

一个负责培训管理者使用情景规划的咨询公司员工写道：

情景规划是预演未来，通过识别预警信号和关注剧本的演变，人们可以避免意外、及时调整并采取有效行动。一个对一系列可能发生的情况已作出安排的决策是经得起时间考验的，由此产生的战略也将充满活力和弹性，能够创造独特的竞争优势。最后，情景规划的最终结果既是对未来更好的蓝图描绘，也是眼下

更好的决策。[b]

近几年来，世界的不确定性似乎颇为戏剧性地增加，尤其是在某些事件之后，如美国"9·11"所造成的悲剧；全球石油、食品和信贷市场的不稳定，2004年亚洲的海啸。因此，国际企业和它们的管理者们认为，情景规划的价值将会持续增加，并将情景规划看作是战略规划活动不可或缺的一部分。

[a] "A Glimpse of Possible Futures," *Financial Times*, August 25, 1997, p. 8.
[b] "Using Scenarios", *GBN Scenario Planning*, www.gbn.org/usingScen.html (accessed March 20, 1998).

资料来源：A. J. Vogl, "Big Thinking," Across the Board 41, no. 1 (January – February 2004), pp. 27–33; Julie Verity, "Scenario Planning as a Strategy Technique," *European Business Journal* 15, no. 4, (2003) pp. 185–95; "20: 20 Vision," *Global Scenarios*, www.shell.com/b/b2_03.html ((accessed March 15, 1998); and Hugh Courtney, "Decision-Driven Scenarios for Assessing Four Levels of Uncertainty," *Strategy and Leadership* 31, no. 1, (2003) pp. 14–22.

在前两部分，本书所讨论的问题主要聚焦于国际商务竞争的环境背景。其理论框架包括：国际贸易和投资；影响国际商务的国际货币基金组织和其他组织；世界各地的金融、经济、实体、社会、政治、法律和其他制度。现在，我们将注意力从外部转到内部，把重点放在企业本身，包括管理者如何采取行动，帮助他们的公司在国际商务中更有效地竞争。在本章，我们讨论国际战略的概念，以及企业如何运用战略规划和竞争力量分析以改善它们的全球竞争力。

12.1 国际商务管理者所面临的竞争挑战

在第2章，我们讨论了企业从事国际商务活动的一些重要原因，包括进入新市场所带来的利润增长和销售潜力，保护现有市场、利润和销售，以及帮助管理者实现业绩增长的愿望。然而，企业要想在如今的国际市场上获得成功，需要能够快速识别和利用来自任何地方的机会，无论国内还是国外。为了有效做到这些，管理者必须懂得为何开展某项业务、发展业务的方法以及发展业务的地区及时间，是现在还是将来。这就要求管理者对企业的使命有清晰的理解，对如何实现这一使命有清晰的愿景，并懂得如何与其他企业展开竞争。为应对这些挑战，管理者必须清楚企业的优势和劣势，并能将自己的企业与全球竞争者作出准确的比较。战略规划则是管理者应对全球挑战的宝贵工具。

12.2 国际战略的定义及重要性

国际战略（international strategy）指企业对在国际上开发和配置稀缺资源作出基本选择的方式。国际战略包括产品及服务决策、市场进入决策和竞争决策。国际战略不只包括营销或生产这样的单一领域，而且囊括了企业运作过程和活动中的各职能，以及它们的相互作用。为提高成效，企业的国际战略需要在各职能、各产品以及各区域的公司间保持一致（内部一致性），在国际竞争环境中保持各种运作规则的一致性（外部一致性）。

国际战略的目标是在国内外同时获得和保持独特的、有价值的竞争地位，这一地位称为**竞争优势**（competitive advantage）。这要求国际企业或是经营与其竞争者不同的活动，或是对同样的活动采取不同的方式。为创造持续的竞争优势，国际企业应该提高技能或**能力**（competencies），这种能力：（1）能为客户及客户愿意购买的产品创造价值；（2）是罕见的，因为多数竞争对手都拥有的能力不能称为竞争优势；（3）很难被模仿或替代；（4）让企业能从这些宝贵、稀有、难以模仿的能力中充分获取其竞争潜力的价值。

由于资源——时间、人才和资金——总是稀缺的，国际企业的管理者在努力发展竞争优势时面临巨大的挑战。现在，企业可以通过许多方式使用这些稀缺资源（如，选择进入哪个国家、投资何种技术、开发哪种产品或服务），但这些方式的效果却不同。企业的管理者必须为企业作出决策，如开展什么业务和不开展什么业务，现在开展还是将来开展。不同的企业有不同的选择，这些选择显示了企业满足客户需求的能力以及创造稳固的国际竞争地位的能力。如果缺少充分的规划，管理者很可能会作出缺乏竞争力的决策，企业的竞争力也会因此受损。

12.3 全球战略规划

为什么做全球性规划？

正如我们在第二部分各章所讨论的，企业面临政治、经济、社会、科技、法律和环境等一系列力量，这些力量日益复杂化、全球化，且变化迅速。作为应对措施，许多国际企业认为应实施正式的国际战略规划，以帮助高层管理者识别国际上的机遇与挑战，制定应对问题的战略以及提供财务和管理方面的支持。战略规划确保决策者对商务、战略、战略背后的假设、外部商业环境压力、企业发展方向以及促进企业在全球的管理者的行为一致性有清晰的认识。同时，战略规划使参与者开始思考，不同地理和职能领域的企业行为有什么区别。这些规划为解决关键问题提供了一个全面系统的基础，这些问题包括企业未来的发展方向、应该开发哪些资源和培养哪些优势、什么时候开发、怎样开发、如何利用这些资源获得竞争优势。这将使企业比其他竞争对手更有效地应对挑战。同时，战略规划旨在提高战略创新的可能性，促进新想法的产生、发展和应用，进而使企业在充满挑战与竞争的环境中获得成功。麦肯锡的全球调查报告显示，85%的受访者认为,与五年前相比,他们公司的商业环境"更具竞争性"或"竞争性显著提高",这个结果适用于任何行业的所有大型和小型公司。尽管有些企业抱怨有效执行战略规划的挑战性很大,尤其是大企业和国际企业,但是贝恩公司(Bain & Company)2007年的趋势调查报告显示,战略规划仍是全球高管最常用的管理工具,并且是拥有最高满意度的工具。

全球战略规划过程

全球战略规划是企业管理者的主要职责,并且由企业的首席执行官来最终决定企业战略规划和战略决策。战略规划过程有其正式结构,即管理者:(1)分析公司的外部环境;(2)分析公司的内部环境;(3)定义公司的业务和使命;(4)设定企业目标;(5)量化目标;(6)制订战略;(7)制订战术计划。为方便理解,我们将该过程以线性方式呈现出来,但在实际应用中,企业在使用这些步骤的顺序上存在很大的灵活性。在笔者之一参加的企业规划会议上,战略规划的步骤反复进行;也就是说,在分析环境时,委员会成员可以先跳到规划过程后边的某些步骤,讨论新环境对公司现阶段目标的影响。然后,他们再回到前面的步骤,讨论在外部环境变化时企业利用资产的有效性。如果他们认为企业有这样的能力,委员会将制订新的战略。如果已经制定了可行的战略,委员会将制订战略规划来实现企业目标。

全球规划和国内规划的相似性　图12-1是全球规划过程,你会注意到它与纯粹的国内企业的规划过程具有相同的基本形式。如你现在所知道,两种操作中的大多数活动是类似的。不可控力量的变化使得国际企业比完全的国内企业的活动更复杂。

分析国内、国际和国外环境　由于企业无法控制这些外部力量,因此管理者需要懂得力量的现存价值是什么以及力量的作用方向。环境扫描过程与第14章所讲的市场筛选过程相似,可以用于信息的持续搜集。但是对现在及将来的国内、国际及国外环境的性质及意义的认识,是全球战略规划过程的重要内容,正如下面通用电气公司的评估所显示的:

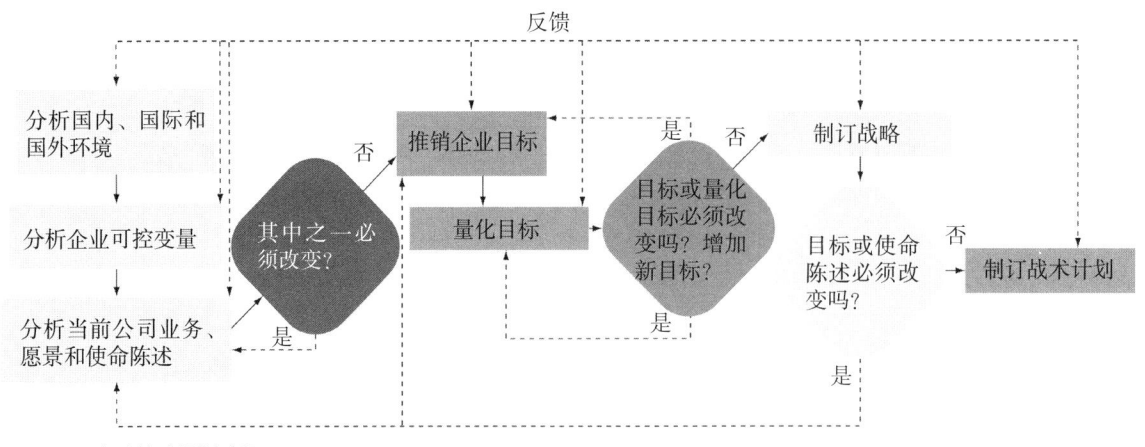

图12-1　全球战略规划过程

未来的经济增长将是不均衡的。企业要成功，就要掌握对评估产生重要影响的全球主要趋势，包括：

- 日益相互依赖的全球经济将饱受产能过剩的困扰，以及由此导致的价格压力。这也是失业率居高不下和利润率难以增长的原因。在竞争中获胜的企业将投资创新领域，并利用现有的能力获取新的收入。
- 新的全球竞争和经济增长格局。中国和印度已不再是廉价劳动力的竞争，而是发展为工科毕业生的激烈竞争，但这些毕业生的薪水比发达国家的生产工人还少。在竞争中获胜的企业会着眼于全球发展，但也要懂得本地发展所带来的影响。在剧烈动荡的全球化过程中，只有具有竞争力的企业可以为投资者、员工和股东提供应有的服务。
- 巩固分销渠道的举措，为消费者创造了价值，但对制造商来说很难维持利润率。而具有竞争力的企业将凭借强劲的直销能力、低成本优势和与消费者紧密联合的价值取向获取利润。
- 建立在人口持续增长平台上的机会。具有竞争力的企业将会依靠为高速增长的市场带来独特技术和管理能力，从而使企业利润保持长期增长。
- 更加动荡不确定的世界。"9·11"恐怖袭击和因股票市场泡沫给市场带来的潜在不安全感不会很快消失。具有竞争力的企业通过保持财务和文化优势，将继续赢得客户、投资者和雇员对企业的信心。

对国际企业的管理者来说，识别关键环境力量的变化是一个必要的战略任务，但仅做到这一点是不够的。管理者要对这些变化采取适当的措施。麦肯锡咨询公司的一项研究显示，在全球范围内，大多数高管认为，环境、社会和商业趋势对公司战略的影响比五年前更重要。尽管如此，很少有企业按照它们所观察到的国际形势制订战略规划，这通常是由于：当企业要决定是否采取行动、如何采取行动时，缺乏必要的技能和资源帮助它们更有效地分析处理这些环境力量。

分析企业可控变量 对企业可控力量的分析还包括情景分析和预测。各职能部门管理者可以将他们的个人报告发送给其所在部门或是规划人员（如果有的话），规划人员将再准备一份报告提交给战略规划委员会。

如今，企业凭借较低的服装价格可以吸引到顾客，但同时也给企业带来了挑战。企业要在竞争激烈的全球市场获得成功，需要掌握几个主要的全球趋势，包括饱受产能过剩、竞争剧烈以及由此导致的价格压力困扰的全球经济。

通常，管理层要分析企业的各种活动，从

如今，企业凭借较低的服装价格可以吸引到顾客，但同时也给企业带来了挑战。企业要在如今竞争激烈的全球市场获得成功，需要掌握几个主要的全球趋势，包括饱受产能过剩以及由此导致的价格压力困扰的全球经济。

图 12-2 价值链

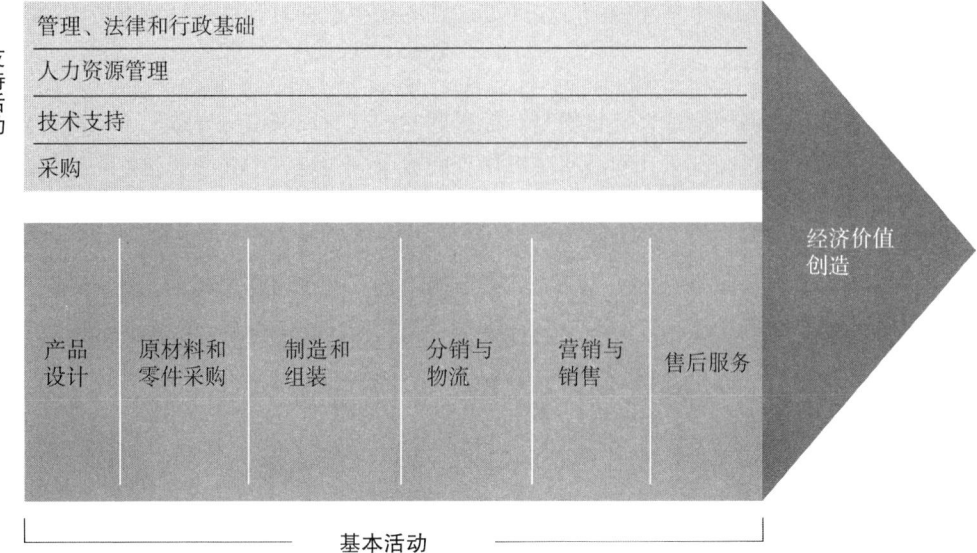

资料来源：Adapted from M. E. Porter, *Competitive Advantage* (New York: Free Press, 1985) .

原材料进厂到最终产品交付用户的整个过程，这通常被称为**价值链分析**（ value chain analysis ）。作为这个过程的一部分，管理者必须解决业务的三个关键问题：

1. 企业的目标客户是谁？
2. 企业想给这些客户带来什么价值？
3. 如何创造这一客户价值？

价值链分析集中于解决第三个问题，它是指从原材料和组件的采购到向最终客户交付产品或服务等一系列的价值创造活动。图12-2是一个简化的价值链。这个分析的目标是使管理者能够对价值链上的一系列活动进行决策，包括什么事情由公司自己做，什么事情应该外包。管理者也要考虑在哪里进行价值链活动（例如，组装应该在国内进行，还是在成本较低的外国，抑或是在离客户较近的国外进行？）。管理者还需要检查价值链活动的相互联系（例如，为了确保客户需求与新产品能够有效结合，管理者需要关注销售和产品开发之间的关系）。管理者不仅要检查企业内部活动间的联系，还要检查与供应商、合作伙伴、经销商和国内外客户等外部群体的联系。该分析所期望的结果是确定和建立一套很好地整合的价值链活动以及这些活动之间的联系，一个能够使企业有成效和有效率地研发、生产、营销和销售产品和服务给目标客户的系统，从而建立全球竞争优势的基础。

知识是一种可控的企业资源　在当今竞争激烈、变化迅速的知识密集型经济里，企业如能利用其跨越国界的组织知识，就有获得竞争优势的潜力。组织知识库包括员工（个人和团队）能力和通过各种结构、制度和组织惯例内置于组织内的知识。知识作为一种有价值、稀缺且通常情况下唯一的组织资源，已被管理者确认为获取竞争优势的基础。因此，管理者应尽力确认和评价其企业在国际层面的知识储备，知识及其伴随的能力将成为企业未来获取成功的基础。这个过程经常被称为**知识管理**（knowledge management）。为加快对有竞争价值的知识的获取、发展、利用，管理者应加快研发技术和实践，将知识融入企业，建立知识库，利用国际运作网络将最好的实践方法传递到企业的各个部门，创造以知识为基础的竞争优势基础。

为有效管理知识，企业应鼓励员工合作完成项目或以某种方式分享他们的想法。许多有价值的知识是**隐性知识**（tacit knowledge），这种知识由个人掌握，且难以用语言、文字或图表传授给其他人。因此，应建立一种能够将隐性知识传授给更多人的机制，使隐性知识转化为**显性知识**（explicit knowledge），通过编辑整理，快速有效地传递给需要它们的人。此外，为了有效设计和交付能够满足顾客需求的产品，企业需要了解与供应商、顾客及其他合作组织相关的那些有价值的知识。在某些情况下，企业甚至需要在其他地方建立公司以获得这些知识。例如，诺基亚和爱立信，作为电信行业的国际领导者，都在硅谷设立了办事处。它们的目标是获取该地区供应商和顾客的最新想法，然后将这些知识发送给它们各自的欧洲总部。企业面临着机制创新的持续挑战，这些机制能够系统且常规地识别机会，获取和传递知识，以确保子公司可以分享企业所拥有的知识，并可以从企业的其他部门中获取知识。企业还需要确保它们能以合理的方式保护专有知识，防止被其他竞争者获取，从而保持企业的持久竞争力。

> 日本的夏普电子公司宣布将开始生产液晶显示器（LCD）并建造一个端到端大型液晶电视制造厂。由于研发和生产人员之间有密切的联系，为了保持生产技术方面的竞争优势，夏普将总部设在日本。若将生产地转移到成本较低的国外，将会限制生产部门的知识传播，从而阻碍生产改进和研发创新的潜力。为了防止将专有知识泄露给竞争对手，夏普为它的许多创新产品和生产技术申请了专利。虽然申请专利可以确保专利申请人的权利，但公众仍会获悉某些技术细节，而侵犯专利权的代价是昂贵且耗费时间的。因此，从战略上考虑，夏普在关键技术上并没有申请专利，而是通过完全的内部保密措施，对其他企业隐瞒。夏普试图通过这种方式防范意图获取夏普专有创新的竞争对手。

国际企业认为知识及其管理是非常重要的，如杜邦公司表示，"知识密集度是杜邦的术语，它体现了公司所拥有的全部知识，而不仅仅是所制造的产品。知识密集度与资本密集度是相对立的，这些经验、知识和品牌资产是用两个世纪的时间获取的。"

> 通用电气为了与中国签署一份价值9亿美元的合同，内容是向中国提供高科技发电涡轮机，被迫同意与两家中国企业分享它的尖端技术（通用电气为该技术已投资超过5亿美元），这两家中国公司的意图是由自己独立生产这些设备。为了在未来的先进制造业中拥有竞争力，中国以巨大的中国市场作为交换条件，换取外国企业的先进技术。对于通用电气的涡轮机合同，中国官员不仅想获得涡轮的图纸，而且想获知叶片形状下的模型、叶片及其防热涂层上的化学物质以及如何在叶片旋转时进行冷却。通用电

气的全球销售总裁德尔伯特·威廉姆森（Delbert Williamson）说："这是一个艰难的谈判。他们想获得全部技术，而我们却要保护这些投入了大量资金的技术。"

在分析完企业可控变量后，规划委员会必须回答以下问题：我们的优势和劣势是什么？我们的人力和财务资源是什么？我们当前的目标是什么？是否有哪些事实证明，我们需要删改或添加目标？在完成内部审计之后，委员会应检查公司的使命、愿景和价值观陈述。

明确企业使命、愿景和价值观陈述　这些陈述将向企业的利益相关者（员工、股东、政府、合作伙伴、供应商和客户）传达企业的任务、发展方向和引导企业成员行为的价值观。有些企业将其中的两点或全部三点通过一段话来表述，而有些企业则针对每一点分别陈述。**使命陈述**（mission statement）定义企业存在的目的，包括其业务、目标和达到这些目标的方法。**愿景陈述**（vision statement）描述企业未来的定位，即如果可以获得必要的能力、成功地实施其战略，它希望实现什么。**价值观陈述**（values statement）是企业对其成员的基本价值观、信仰和优先权的清晰、简洁描述，反映企业如何与员工、顾客、供应商和国际上的其他组织共事。博思艾伦咨询公司（Booz Allen Hamilton）与阿斯彭研究所（Aspen Institute）做了一项针对30个国家的企业的调查，结果显示89%的企业确信，以书面形式陈述企业的价值观并将其运用到企业的日常活动中，将给企业带来更大的利润。随着时间推移，规划委员会必须根据内外部环境分析，评估与现实不符的陈述，并在必要时作出调整。

一些例子　联合利华对企业使命如下陈述：

> 联合利华的使命是让生活更具活力。我们满足日常所需的营养、卫生和个人护理需求，帮助人们感觉舒适，展现健康，享受更美好的生活。

空中客车公司如此陈述其公司使命：

> 空中客车公司的使命是用最高标准的产品支持，生产市场上最先进的综合性飞机，来满足航空公司和运营商的需求。

亚马逊公司如此陈述其公司愿景：

> 我们的愿景是成为全球最以客户为中心的公司；建立一个平台，使人们可以在此找到任何他们想要在线购买的东西。

杜邦公司如此陈述其公司愿景和使命：

> 我们，杜邦人，每日都致力于提升地球上的生活质量。我们有走得更远的好奇

心……更丰富的想象力……更努力的决心……和关心更多人的良知。我们有大胆的解决方案。我们将解决人类的基本生活需求，确保和谐、健康、繁荣的世界。我们痴迷于研究方法。利用全部科学服务人类社会将是我们唯一的关注焦点。我们的头脑就是我们的工具。我们将鼓励非常规的想法，大胆思考，勇于实践。我们在所服务的市场中分享知识、互相学习，我们将以令人惊喜的杰出方式解决问题。我们一定会成功。我们将以严格的方式要求我们自己去完成工作任务。我们的原则是神圣的。我们将尊重自然和生命，保证工作安全，体恤彼此和我们的合作伙伴，我们每日都将带着良知和饱满的精神回家。

日本住友商事株式会社的九个基本价值观：

（1）诚信和完善的管理：遵守法律法规，保持最高的道德标准；（2）整合企业优势：不在企业内部设置界限，从整个公司的视角处理问题；（3）愿景：创建对未来清晰的愿景，并在组织内部沟通分享；（4）变革与创新：接受和容纳不同的价值观和行为，将变化看作新的行动机会；（5）承诺：实施、掌握和实现企业目标；（6）热情：将热情和信心投入到工作中，并以此激励其他人；（7）速度：迅速作出决策并采取行动；（8）人员发展：全力支持发展他人的潜力；（9）专业：达到和维持高水平的专业知识和技能。

在明确了企业的某个或全部三个陈述后，管理层要设定企业目标。

设立企业目标　企业目标直接决定企业行为，使企业的行为保持在企业使命的范围内，并确保能够持续进行。麦当劳的愿景是"成为世界上最好的快速服务餐厅。最好意味着提供优质的产品、服务、卫生环境和价值，使每位顾客在每个麦当劳餐厅都能拥有笑容"。为了实现这个愿景，麦当劳公司有三个全球目标：（1）在世界的每个地区都做最好的雇主；（2）在每个餐厅都为顾客提供卓越的运营服务；（3）运用创新和科技扩大品牌影响力和麦当劳系统的实力，进而获得持久的利润增长。

英特尔的使命是"为我们基本的工作和生活方式搭建平台、提高技术，使我们的顾客、雇员和股东感到愉悦"。其目标如下：（1）在硅谷和平台制造方面扩大领导力；（2）在市场驱动平台方面进行结构性创新；（3）推动全球经济增长。英特尔如何知道是否实现了这些目标？公司如何评估是否实现了"市场驱动平台的结构性创新"？

量化目标　为了提高企业发展和实施战略的能力，使企业能够实现其目标，重要的一点是量化目标。

当然，国际运营的战略规划通常涉及一系列定性和定量因素，因此加大了量化目标的难度。韩国LG公司表示，公司的目标是"到2010年时，在电子、信息和电信领域成为世界上的前三甲之一"。然而，当目标可以进一步以某种方式量化时，就应该这样做。举例来说，3M公司——一个在全球运营的多元化科技公司——的目标是：（1）年均每股收益率增长超过10%；（2）每股经济利润增长超过收入增长，资本回报率在行业企业中最高；（3）至少有30%的销售收入来自近四年推出的产品；（4）每年提高8%的生产率，以当地货币的人均销售额衡量。类似的量化目标在固特异公司很明确。固特异公司是世界上最大的轮胎公司，工厂遍布29个国家，几乎在所有国家都有销售和营销运营，它的企业目标是：

1. 通过进一步削减7.5亿至10亿美元的成本，改善近期绩效。大约三分之一的成本削减应来自业务流程改进和产品更新。
2. 减少公司的全球制造基地，预计每年可节省1亿到1.5亿美元。目标是减少1,500万到2,000万条轮胎的生产力，近似于8%到12%的生产力。
3. 在中国建立新采购部门，以提高低成本轮胎、原材料、辅助材料和固定设备的采购量，目标是节省1.5亿到2亿美元。
4. 简化公司处理交易和组织事务的流程，减少销售费用、管理费用和一般费用，这样可节省1.5亿到2亿美元。
5. 减少营运资金需求以释放现金，从而提高财务绩效和对改善绩效活动的投入。

这些例子说明，尽管多数高管对量化目标有强烈偏好，但他们确实经常制定非量化或仅仅是指导性的目标。举例来说，百事公司的一个目标是，加快利润增长率。虽然这个目标并未量化，但公司为管理者设定了方向，并要求他们制定更多的具体战略来实现它。很多情况下，目标在逐步下达到操作层面的过程中确实倾向于更量化，因为对于绝大多数部分来说，一个层面的战略会成为下一个层面的目标。到目前为止，企业只规定了业务、目标和进展时间。这些目标如何实现将决定于战略的制订。

制订竞争战略　一般来说，战略规划过程的参与者要制订选择性的**竞争战略**（competitive strategies）以及相应的行动计划，对外部环境力量的方向以及企业的优势、劣势、机会和威胁（一些可能危害企业的行为，如两个竞争对手的合并、重要客户的破产、新产品挤占本公司产品市场）作出合理的考虑。

假设（1）外部环境分析使它们确信日本政府为外国公司进入该市场提供更便利的条件，（2）竞争者分析揭示日本的竞争对手正准备进入美国（或者任何本土市场）。企业是否应该采取降低本地价格的防御策略来保护本国市场？企业是否要通过在日本建立子公司来在其本土市场攻击竞争对手？根据状况的解读，管理层可能决定要么其中一个策略要么两者都要。

在开发和评估战略的备选方案时，企业在国际市场上的竞争面临两种相对立的力量：降低成本和适应当地市场。为了保持竞争力，企业要尽力降低单位成本，才可以使顾客不会觉得其产品和服务过于昂贵。在成本较低的地方寻找生产设施，并使产品在多个国家保持高度标准化，这些要求通常会使管理者压力倍增。

然而，除了应对降低成本的压力外，管理者还必须应对当地市场的压力，改善它们的产品以满足业务所在地的市场需求。这需要企业差异化其战略，为不同国家提供不同产品，以适应不同的分销渠道、政府法规、文化偏好和类似的因素。然而，为了满足当地市场的特定需求而修改的产品和服务，会造成额外开支，这会使企业

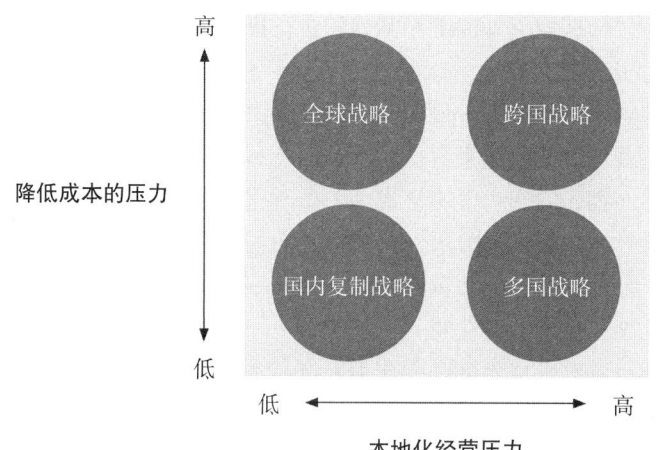

图 12-3 成本和适应压力及其对国际战略的影响

成本上升。

面对这两种对立的压力，企业主要有五种可以应用于国际竞争的战略：国内复制、多国化、地区化、全球化和跨国战略。如图12-3所示，就适应当地市场和降低成本来说，最适合企业整体和价值链中各种活动的战略，取决于企业所面临压力的大小。每种战略有自己的优点和缺点，在制订战略时，国际企业一定要认真考虑如何抉择。

国内复制战略 运用国内复制战略的企业会在本国集中进行产品开发。当他们在国内市场研发出差异化产品后，这些新产品就将被销往国外，以获取额外的价值。要想获得成功，企业必须拥有一个有价值的特殊能力，这种能力正是本地竞争者在国外市场上所缺乏的。通常，企业的母国总部会对营销战略和产品战略保持严格的控制，当地子公司的主要责任是利用母国的能力在国外进行经营。产品供应和营销战略的本地化程度是有限的。然而，竞争优势取决于企业对国际产品生命周期（曾在第3章讨论过）的有效管理。因此，一旦本地需求和环境证明这种投资是正确的，企业就可以在每一个已经开展业务的主要国家建立生产和销售部门。这种战略适合于面临的本地响应压力较弱、降低成本压力较小的企业。但是，当面临较大的本地响应压力时，与强调本地化产品供应和营销战略的企业相比，运用国内复制战略就将对企业不利。由于要为所服务的市场提供生产设施，企业在运用国内复制战略时可能还会面临高额的运营成本。

运用国内复制战略的公司包括微软和麦当劳等。例如，微软公司习惯上在华盛顿州总部为计算机操作系统和应用软件产品开发核心架构。而在其他国家的子公司则从事相对有限的产品定制工作，主要是解决字母或语言这些基本问题。

多国战略 当存在强大的压力要求企业调整其产品或服务以适应当地市场时，倾向于运用多国战略。在这种情况下，为了改善企业的产品并对当地的竞争和需求变化迅速作出响应，企业的决策往往是分散的。子公司被期待能够开拓和发展当地的市场机会，这也意味着知识和能力被期望在子公司层面得以形成。通过为特定市场修改产品，企业可以设定更高的产品价格。然而，产品的本土化过程通常会增加企业的成本构成。为了有效地修改产品,企业要为获取额外的能力和知识进行投资,如当地的文化、语言、顾客人口统计特征、人力资源管理实践、政府法规、经销系统等。而过度迎合当地品味去修改产品也会削减公司产品的特殊性。例如,肯德基在中国很受欢迎,因为当地分店反映并弘扬了美国的价值观和标准。如果肯德基将其门店和产品修改得更像中国的食品门店的话,就会失去很多东西,它很可能不会成功。本土化程度可能会随着时间的变化而变化,当全球通信、媒体、旅游逐渐发展,国与国之间的收入差距逐步缩小时,消费者的需求会变得越来越相似。但是,要协调一系列涉及到不同国家不同地区的战略和产品供应,其成本和复杂性确实是实实在在的。

全球战略 当企业面临降低成本的强大压力而产品本地化的压力有限时,就可以使用全球战略。其战略和决策通常是由总部制定,企业倾向于提供标准化的产品和服务。海外办事处被期望采取全公司最有效的策略。价值链上的活动通常只定位于一个或几个地区,目的是通过规模经济效应来帮助公司降低成本。国际子公司要将信息传输到总部并服从总部集中控制。这种战略倾向于重点强调产品和市场活动的协调和融合,同时开发高效的后勤和配送能力。这种策略在半导体(如英特尔)、大型商用飞机(如波音)这些产业都十分常见。然而,全球战略也会遇到挑战,例如,当不同国家或地区市场上的客户需求变化时,全球战略快速且有效调整产品的能力是有限的,从集中的生产网点出口产品使企业面临增长的运输和关税成本,还有业务过于集中导致的地区风险(例如,政治变革、贸易摩擦、汇率的波动以及其他类似影响带来的风险)。

世界上最大的手机运营商,英国沃达丰集团发现,在公司运营中过于强调全球战略,也会产生问题。2002年,沃达丰公司获得了日本第三大手机运营商日本电信公司(J-Phone)的控制权,日本电信是一家拥有先进蜂窝技术且高速发展的公司。该公司随后在沃达丰名义下更名了,沃达丰巨资推广其全球品牌和国际公司的形象。沃达丰的首席执行官阿伦·萨林(Arun Sarin)表示,"我们控制了许多企业才成就了我们的今天。现在,我们要使这些公司像一个公司那样经营。"作为一个横跨28个国家的服务运营商,沃达丰在手持设备的生产上具有特定的技术条件,在采购方面也能获得强大的规模经济。公司试图使其所有移动电话都实现标准的沃达丰"外观和感觉",从而提高公司的品牌和定价能力。萨林说,"对我们而言,品牌是一个非常重要的问题。当提到快餐时,人们会想到麦当劳。当提到软饮料时,人们会想到可口可乐。我们想做到的是,当提到移动产品时,人们会想到沃达丰。"

然而,在完成收购后,沃达丰在日本遭遇了困难,它的市场份额被市场领导者日本电信电话都科摩公司(NTT DoCoMo Inc.)和第二电电株式会社(KDDI)占据。在一个消费者大都喜欢最新科技产品的国家中,沃达丰的手机被认为是无聊和老式的。沃达丰在日本地区的手机服务订阅量逐年下降,年收入也在减少。问题出在哪里?就是如何在推行全球战略的同时满足本地市场的需求。沃达丰没能给日本消费者提供技术先进、功能复杂的手机,相反,他们只有一个能力有限的普通生产线。"他们不再提供流行的手机和流行的服务,他们着眼的是全球市场而不是满足日本用户的需求，"东京的一家手机零售店的零售人员吉田说。沃达丰也没能及时引进最新的手机服务，而其竞争对手则早已经向用户提供了。例如，沃达丰过度强调它的全球服务而推迟了在日本推出3G手机的计划；正是由于沃达丰偏好那些功能既能满足日本需求又能满足全球需求的手机，使其延长了研发时间并推迟了一年多的时间才发布产品，导致了日本都科摩公司比沃达丰提前推出了自己的3G服务。摩根大通的电信分析师胜间和代认为，"沃达丰如此费力，最大的原因是他们的策略和日本的环境并不匹配。"比起全球性的规模和标准化带来的成就，萨林评价道，"其实，强大的本土和地区性规模正在带来最大的利益。"2006年，沃达丰承认在日本经营失败并出售其日本的业务，预计与日本投资相关的损失将达86亿美元。

跨国战略 当企业同时面临成本效益压力和本地化压力，而企业又有着应对两种压力的潜在竞争优势时，就可以启用跨国战略。这时候，企业对资产和功能的定位，既不像全球战略那样高度集中，也不是多国战略那样广泛分散，而是建立在如何使企业各项特定活动都能利益最大化的基础之上。国际子公司都被期望能为企业功能的发展作出积极贡献，也能开发知识并与公司全球经营总部分享。典型来说，就是更多"上游"价值链活动会更加密集，如产品开发、原材料采购以及产品制造，与此同时，下游活动如市场、销售和服务，则会更加分散，在定位上更接近消费者。当然，对管理者而言，为价值链上的活动定位取得最优平衡是一种挑战，而长期保持这种平衡更是一种挑战，因为在长期中，企业面临着变化的竞争环境、客户需求、规章制度和其他各种因素。管理者必须确保，企业各类价值链活动在定位上的比较优势要充分体现并内在化，而不是放任它由于组织内部的人力资源、组织结构、协调和控制系统的局限性而丧失。采用跨国战略会使得与战略决策和支持机构以及组织体系相关的复杂性更加突出。例如，卡特彼勒一直试图在全球某些地区生产标准化的产品组件。与此同时，公司还在每个主要市场设立了零件组装部门，一些地方还会附加考虑特殊化当地的产品功能，从而提高这些组装部门的能力，能够使他们修改产品以便满足当地需求。

考虑上文讨论的四种战略，在选择战略方案时，管理者必须考虑到企业文化，这点也很重要。如果企业决定实行一种质量控制系统，并且这一系统包含了一个质量研讨小组，但是在此之前，员工却鲜少参与决策，那么该战略必须要考虑，对员工进行企业文化变革的培训所花费的成本和时间。

标准化和规划 虽然前面的内容从一个行业或企业高度来讨论基本的战略备选方案，但必须记住，并不是企业的所有活动都面临相同比例的全球化和地区化压力（可以看下文"全球视点"中提到的"全球化竞争的地区战略"）。例如，根据历史事实来看，相比价值链中的其他活动如营销，企业更多地在研发和制造方面，进行全球范围的标准化和协调一致。许多高管相信市场战略最好是由当地制订，因为各国的环境各不相同。然而，在许多国际企业中仍然存在着一种渴望，想要通过将市场战略及产品本身的各种不同元素标准化，来获得收益，于是总能在企业的全球战略规划进程中看到对这种标准化的尝试。当然，企业市场战略各要素的标准化，也可能是公司管理层为了追求更低的成本，为了给企业树立优质产品的全球供应商的一贯形象，而进行的战略规划的结果。然而，在制订这样的战略规划时，最本质的要点是，企业的眼光要超越目前环境下的常规问题，同时思考未来将会如何变化以及这种变化的意义。这也解释了公司在规划过程中运用情景规划次数增加的原因。

情景规划　正如本章开头所介绍的例子中讨论的那样，由于不可控变量的迅速变化，许多管理者都不再满足于对一组活动进行规划。作为替代，他们选择用**情景规划**（scenarios），对未来可能发生的事情进行多重猜想。情景分析使管理者能够评估各种经济条件和经营战略对企业的意义。情景将对未来的各种想法融为一体，包括最大的可能性和最大的不可能性，并将其以一种有效的容易理解的方式呈现出来。在确定出一个详细明确的行动路径之前，管理者就可以对可能的情景进行头脑风暴，提出或质疑它们的假设和预测结果。这种假设分析经常也会揭露当前战略的弱点。一些常见的情景类型包括，销售的突发性巨大落差（增加或减少）、原材料价格的突然上涨、税收的突然增加以及政权力量的更迭。

尽管情景规划的起源尚不清楚，但跨国公司——荷兰皇家壳牌公司已被广泛认可为是推广这项技术的先驱者。30多年前，世界遭遇一场严重的意料之外的全球石油危机时，壳牌公司就将情景规划作为其战略规划的一种重要方法。在处理不确定性和变化时，建立在历史条件外推法基础之上的传统战略规划方法收效甚微。管理者发现他们很难摆脱现有的世界观，因为这一世界观正是他们毕生学习和经历的结果。而情景规划方法通过展示其他角度来看待世界，使管理者们想象他们传统参照系之外的可能性。这种方法尤其适用于在政治、科技、竞争和其他因素上面临高度变化和不确定性的跨国企业，因为这就使得管理者对那些无法完全预测或控制的机遇和威胁进行预判并做好准备。来源于壳牌公司对不确定性情况的预测与响应的事例，可以在以下网址找到：http://www.shell.com/home/content/aboutshell/our_strategy/shell_global_scenarios/dir_global_scenarios_07112006.html.

在彼得·施瓦茨的经典著作《前瞻的艺术》（*The Art of the Long View*）中，作者就如何制订成功的情景规划提供了以下七个步骤：

1. 确定与企业有关联或有影响的决策区域、范围和时机。
2. 研究各个领域现存的条件和趋势（包括那些可能不常考虑的领域）。
3. 检查那些可能决定情景规划结果的驱动因素或关键因素。
4. 构建多个可能会发生的情景故事。
5. 列出这些可能发生的情景给你的业务或企业带来的任何一种影响。
6. 检查你的答案并寻找普遍适用于你所设计的情景中的决定或行动。
7. 实时监控事情进展，以便在问题发生时尽早启动响应系统。

德·克鲁维尔（De Kluyver）和皮尔斯（Pearce）认为，在情景规划的最后一步应体现出四点：

1. 与使用者相关的内容（比如高管和中层管理）。
2. 内部一致性。
3. 叙述本质上不同的未来，而不仅仅是叙述同一个主题的不同未来。
4. 能在长期存在的未来环境（而不是短期存在的未来环境）中见机行事，使企业从这些准备和行动中获益。

情景规划的主要价值与其说是创建战略计划，不如说是从这些活动中形成战略思维的转换。情景规划应该将企业内部活动以优先顺序排列出来，并能够有助于企业理清内部各项活动的优先级次，然后将这些情景转化为企业现在或将来必须采取的战略和运营决策。通常，情景作为一个学习工具用于备用方案或应急计划的准备，以帮助企业在不确定的国际市场中提高执行能力。

应急计划　许多企业都为其最好和最坏的情景以及重要危险事件准备**应急计划**（contingency plan）。每一个核电站都有应急方案，自瓦尔迪兹石油泄漏和波帕尔毒气泄漏这些生态灾难发生后，大多数石油和危险化学品生产商也制定了应急方案。由于喷气式飞机燃料价格变化会对企业利润造成重大影响，因此对国内和国际航空公司而言，应急计划是一种常见的战略活动。2001年9月11日，针对纽约世界贸易中心和华盛顿特区五角大楼发生的致命恐怖袭击，对许多企业的总部产生了巨大的影响，也提醒了许多企业制定应急计划的重要性，它可以确保企业在总部或重要部门受到攻击或丧失功能后的一段时间里持续有效经营。

准备战术计划　战略计划涉及面相当广泛，因此战术计划（也称为操作计划）是对如何实现目标的一个必要的详细阐述。换句话说，战术计划的目标是以非常具体的短期手段实现企业目标。例如，一个预制食品的美国生产商在英国的子公司制定了一个销售额增长20%的定量目标，它所制定的战略可能会是：向机构用户多销售30%的产品。战术计划可能包括这样的内容，如新雇佣三个专业的销售代表、参加四个商业展示会、下年度每隔一个月在两个行业期刊上发布广告。这是战术计划中一种特有的做法。

战略计划的特性及其推行要点

销售预测和预算　战略计划的两个突出特征是销售预测和预算。**销售预测**（sale forecast）不仅是对收入和销量的估算，而且被视为其他功能领域规划的基础。如果没有这些信息，管理者就无法制定生产、财务和采购计划。**预算**（budgets）就像销售预测，既是规划技术又是管理技术。在规划过程中，销售预测和预算能够协调企业内部各方面的功能，详细阐述未来经营成果，以及为了实现这一结果管理者所需获得的资源。

政策　**政策**（policies）是高层管理者为帮助基层管理人员处理各个方面重复出现的问题而制定的概括性的指导意见。由于政策非常的概括，能够充分给予行动的自由，进行灵活的解释。政策的目标是节约管理时间，使各个不同的操作单元保持一致性。例如，如果企业的经销政策是通过批发商进行销售,那么这个企业在世界范围内的市场经理就会明白,正常情况下他们应该联系批发商,而避免直接出售给零售商。同样地,在不同国际市场普遍发生的商业贿赂受到揭露后,许多企业专门制定了相关政策条款谴责这种做法。管理者也因此受到这些出台的罚则警示,不去行贿。

流程 流程(procedures)规定了特定的活动应该如何进行,从而确保企业全部成员能够在这些活动中做出一致的行为。例如,大多数国际企业的总部都为其子公司制定了编制年报和预算的流程。这就确保了无论预算是在泰国、巴西还是美国制定的,子公司都用相同的格式编制,这也有利于企业内部的横向比较。

绩效评估 绩效评估是战略规划的一个关键部分,它可以用于评估企业是否成功地制定并实施了战略,以及是否需要修改战略。评估战略绩效时,企业至少需要考虑三种方式:(1)企业是否成功获取和应用所需的资源,如金融资源、科技资源和人力资源;(2)企业员工,包括公司内部以及公司跨国网络中的各处经营部门的员工,是否有效地完成了他们的本职工作;(3)企业在实现其使命、愿景和目标方面的进展,以及其做法是否符合企业阐述的值价观。为了评估战略绩效,已经发展了一系列的概念和工具,包括平衡计分卡、三重底线会计,都被认为是帮助衡量战略绩效的可选方法。例如,平衡计分卡就是基于战略规划和企业预算过程的融合,平衡计分卡的短期结果可以被当作一种监测手段,从财务、客户、内部流程、学习和成长四个维度来监测战略目标实施进展。

战略计划的类型

时间范围 虽然战略计划可分为短期、中期或长期,但对于每个阶段的长度仍没有定论。对于某些企业来说,长期计划可能是以5年为期限。对于另一些企业,如商用飞机的制造商,5年只是一个中期长度;他们的长期计划可能要覆盖15年或更长时间。短期计划通常是一到三年;然而,如果形势需要,长期计划也要每年或者更频繁地接受检讨。此外,时间范围也会根据企业的经营年限和市场稳定性发生变动。某些领域,如社交网络(如Facebook)或网络电视(如Brightcove)充满了新的风险,因此很难提前三年进行预测和防范,但对于一个处在稳定市场中的成熟企业而言,完全可以制定一个五年或六年期的战略计划。

组织层级 企业的每个组织层级都有对应的计划。例如,假如企业有四个组织层级,如图12-4所示,就会有四个层级的计划,每个层级的计划都普遍会比它的上一层级更加具体。此外,每一层级的功能区域都有自己的计划,有时还会与层级规划隶属于相同的领导层,这主要取决于企业如何组织。

规划方法

自上而下规划 在**自上而下规划**(top-down planning)中,企业总部负责开发和提供指导方针,包括业务定义、使命陈述、企业目标、财务分析、规划内容和特殊问题。例如,一家企业的国际部门的管理者被告知,该部门需要盈利3.5亿美元。那么,该部

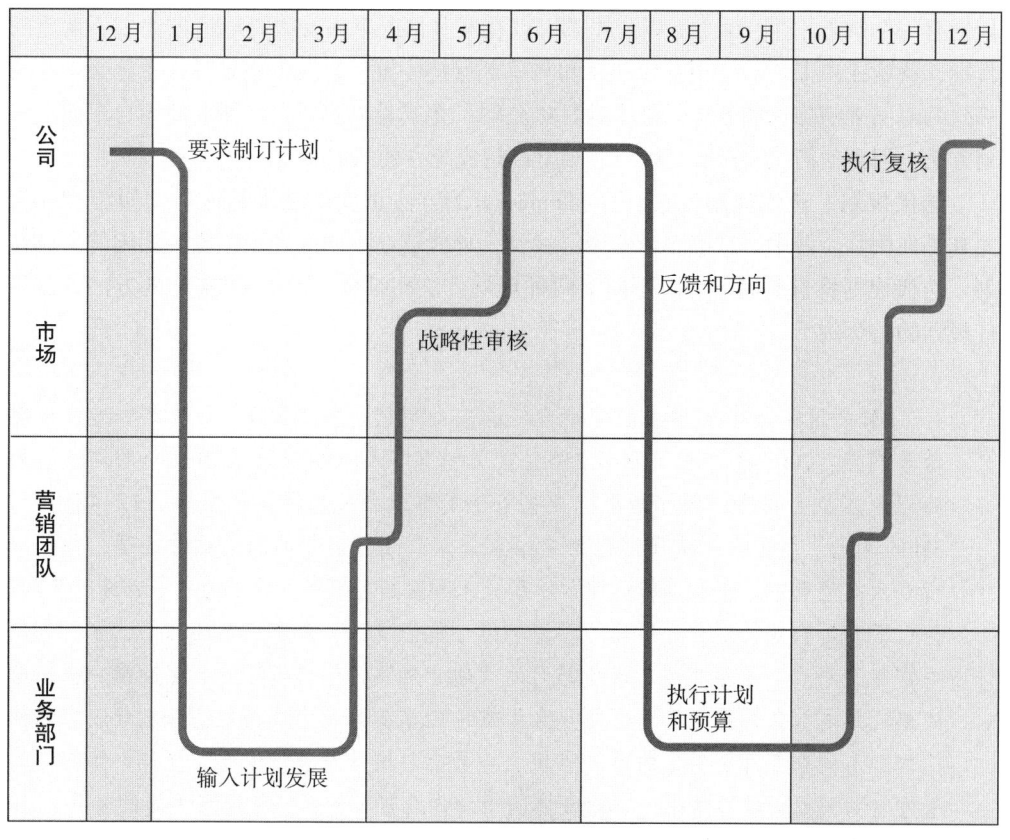

图12-4 3M战略规划周期

门反过来就会分解这个目标给所有的下属分支机构。德国地区的负责人会被告知要在德国业务上盈利3,500万美元，巴西地区负责人会被告知要在巴西业务上盈利400万美元，等等。自上而下规划的优势在于，总公司可以从全球视角制订计划，以确定自上而下使用稀缺资源的最优方式。这种方法也可以提升创造力，因为以自上而下的视角洞察国际机遇，会产生在企业低层次中无法观察到的深入见解，例如在某个单独国家市场的管理者就没有办法产生这种洞察力。

自上而下规划的缺点在于，它限制了基层部门的创新性，对当地状况不敏感，尤其是在有民族优越感的管理团队里。此外，特别是在存在很多种相互联系的国际企业中，讨论磋商是必不可少的。比如，缺少当地团队的意见，企业高管还有可能制定合理的生产决定吗？

自下而上规划　自下而上规划（bottom-up planning）以相反方式运作。最底层的部门告知高层管理人员他们想做什么，这些内容将会成为企业目标。自下而上规划的优势在于，员工建立了他们负责完成的目标。还有谁能够比子公司的主管们更清楚他们各自负责的地区应该销售什么，能够盈利多少？并且由于子公司的董事设置目标时没有受到来自企业高管的压力，他们觉得有义务去取得更好的业绩。另外，他们亲自参与了远景设定，也可能让他们发现更多潜在的创新机遇，在各自负责的当地市场内创造和杠杆化企业价值，这种做法由此也被看作是提高业绩甚至是战略实验的基础。然而，自下而上规划有一个缺点：由于每个下属公司都可以在某些情况下不受限制地追求他们所期望的目标，这就无法保证子公司目标的总和与总部保持一致。当发生差异时，总部必须花费额外的时间来消除这些差异。大多数日本公司，尤其是大公司，习惯上使用自下而上规划方法，因为他们试图在所有组织层级上都达成统一的共识。

迭代规划　　迭代规划（iterative planning）的方法正变得越来越流行（如图12-4），尤其是在国际企业中，这些企业希望寻找到一种能够在不同的外国环境中运用的全球计划。迭代规划将自上而下和自下向上两种规划方法相结合。下面3M采用的方法就是迭代规划的一个例子。

　　3M公司在全球60多个国家设有经营业务部门，并在200多个国家和地区设有销售网点。2007年，3M公司近250亿美元销售额的63%来自美国以外的国家。战略规划在企业资源分配和全球扩张决策中发挥着至关重要的作用。图12-4说明了3M的迭代规划过程。迭代过程的起始点是六个业务运营部门的运营经理，他们分析企业的优点、缺点和外部环境，如新技术和政府监管的变化；对竞争者进行分析；他们还确定企业实现目标所需的资源。然后他们将计划转送到市场部门，市场部门通常有三到五个业务部门。市场部门的管理者对该计划进行评估，然后统一提交给战略规划委员会，战略规划委员会由总部的12名副总裁组成，他们分别代表市场部门内部不同业务部门对应的不同市场。委员会对该计划进行评估，并与市场部门的管理者共同商讨最终结果。以此来协调市场代表与市场部门管理者之间的差异。

　　两个月后（即7月份），公司总部的管理委员会（战略规划委员会的副总裁对其负责）重新阅读该计划，并以投票方式决定支出的优先级别。总部随后将决定结果反馈给业务部门，由业务部门在年底制定运营计划和预算并提交总部。该计划最终与公司全球计划一起确定下来。

　　12月份的前几天，管理委员会举行头脑风暴会议，讨论未来15年的趋势和发展。每个业务部门的总经理分别陈述在未来一段时期该行业可能实现的最好前景。这个会议的结果将为战略规划提供一个综合性指南。虽然规划是由运营经理制定的，但规划服务部门和发展部门的管理者和员工会提供一份3M公司在世界范围内的主要竞争对手的分析报告，以及其他制订规划所需的信息。他们还会尝试发掘新机会和新产品。

　　作为一个代表组织活力的指标，3M公司的主席和首席执行官表示，"我们的目标是将有质量的新3M产品创意翻一番，将在市场上畅销的产品价值提升三倍。我们已经看到了好的结果……我们的新产品有潜力创造超过50亿美元的年销售额。"

新的规划方向

　　战略规划，尤其是20世纪60年代和70年代那种具有代表性的传统主义、官僚主义形式的战略规划，至今仍被许多企业使用，但是这种战略规划已被看作是一个日程表似的仪式，它无法挖掘公司的潜力。这种传统的战略规划通常是由企业的CEO和规划负责人一起制定的，然后将其交给具体操作者来执行。公司的年度战略规划流程已经流于形式，缺乏探索，因为规划者在制订规划时是"从当下向前看，而不是由未来向回看，然后小心地假设，认为未来会与现在存在或多或少的相似，而不管有多少相反的证据"。由于根据历史的状况和表现进行预测，这种传统的规划方法更容易成为集体的受害者——太过时了，因而对竞争环境形成思维定势。由此制定的战略规划很难取得成功，这一点毫不奇怪。

老的管理方法越来越多地被战略管理方法所取代，它将战略思维、战略规划和战略实施联系起来，并且越来越多的企业已经认为部门经理需要参与到制订过程中，不能仅仅只有专业规划人员。尽管战略规划仍旧容易受到群体思维等问题的困扰，但这种更符合时代的方法试图融合三方面的变化：（1）谁制订规划、（2）如何制订，以及（3）规划的内容。

谁制订战略规划　到20世纪70年代中期，战略规划者们已经成为了有影响力的高管，尤其是在许多大型的美国企业中。他们习惯于为每个子公司规划蓝图，然后将规划成果交给每个运营单位的管理者。于是规划者的权力增加了，运营经理的影响力衰退了，当然这两个部门间存在敌意。

20世纪80年代，详细的长期规划已不再适用于大多数国际企业，因为面对一个充满了不确定性以及竞争更强的世界，有必要将实用性知识重点投入到企业和行业的战略规划过程中。这使得高级运营经理也参与到规划过程中，企业角色发生了改变，规划人员数量减少了。

尽管CEO们表示，他们愿意用三分之一的工作时间来进行战略规划，但战略规划再也不是企业高管们的专利了。在战略规划师的激烈劝说下，高管们正在将战略规划的任务分配给来自不同的业务、区域和功能部门的团队和部门经理，类似于过程改进任务和质量小组。通常，这样的团队会包含不同年龄的成员——从具有创造性思维能力的初级员工，到能够"实话实说"的经验丰富的临退休老兵。新、旧方法间的另一个区别是：以前，规划是企业的一项隐秘孤立的活动；现在，顾问们认为规划过程应该包括与重要客户、经销商、供应商以及合作伙伴间的相互交流，进而获得与企业市场相关的一手经验。在战略规划过程中，非直接参与的其他重要利益相关者，如政府、活跃的股东，也会对规划产生相关影响。将这些不同观点相互融合可以使企业获得具有创造性的有效方法，从而应对持续增加的不确定性挑战和国际竞争环境的变化。宝洁公司的CEO雷富礼（A. G. Lafley）说道，"无论我们是否愿意，我们都已经身处全球经济和全球政治时代中了。老实说，我们身上的责任重大。"因此，对于一个国际企业及其高管而言，与"利益相关者"进行广泛地对话，不是一个选择，而是一种需要。

战略规划是如何进行的　20世纪80年代，企业利用计算机模型和复杂的预测方法来制定上文所说的大规模计划。那些计划不仅覆盖面巨大而且内容非常详细。正如德州仪器的高管所言，"公司的管理系统可以追踪到任何细微的地方，现在公司让它渗入到规划制订过程中，所以我们可以做越来越详细的计划。但是管理者清楚无法将五年计划的预测精确到两位小数，这是个影响士气的问题。"

过度注重这些方法往往会导致对可量化因素的过分关注。然而，那些与世界政治相关，与受到环境因素（如前文第二部分提到的）影响的全球化发展相关的不可量化因素也变得越来越重要。同时，随着不确定性的不断增加，国际危机使得先期预测丧失意义，利用先进科技对未来五年进行详细预测就已经没有任何意义，这一点对于高管来说很清楚。例如，1973年之前，曾有很多人讨论每桶原油价格是否会超过2美元。

因为这些问题，许多公司开始追求更少的结构化模式和更简短的文件。通用电气公司的前董事长杰克·韦尔奇说，"一个战略应该可以概括在一两页纸内。"

企业的最高管理层通常会接受这样一个事实："如果这是一个好的战略规划，那么无论在何时何地，它都会引导出新的思想。"正如前面图12-1指出的，目标和战略是交织在一起的，正如战略与战术的关系一样。如果规划团队无法想出合适的战术来实现战略，那么就要更改战略。同样地，如果无法制度战略来实现公司的目标，那么就要更改目标。

计划的内容　　计划的内容各不相同。很多高管都表示，他们越来越关注问题、战略及战略执行，越来越关注在这个变化的、不确定的国际环境中，对获取成功有很大帮助的创造性、前瞻性的思想。英荷跨国能源公司荷兰皇家壳牌公司的规划总监说到：

> 壳牌的规划路径越来越远离机械的方法论，以更具概念性或定性的分析为中心，来预测冲击行业的影响势力和压力。壳牌的规划者将要做的是确定某一特定区域内，决策制订过程中的关键元素——不同的竞争环境、政治、经济、社会和技术力量等这些可能会极大地影响大局的因素。在一个全球性组织中，高层管理者最感兴趣的可能是全球情景，比如展望全球发展前景，而推进私人企业的特定职能、部门和业务领域，焦点则变得越来越狭窄。

在当代全球竞争环境中，企业经常必须在各类新技术和其他竞争能力上下赌注，他们无法在某一个方向上投入大量资金，以免到头来发现这是一个错误的投资方向。在当今全球竞争环境中竞争，必须要具备一种战略规划方法，能够长期有效地融合战略制定决策和资源分配决策。

国际规划过程的总结

也许，我们可以引用跨国管理咨询公司麦肯锡的重要战略管理规划师弗雷德里克·W·格卢克（Frederick W. Gluck）的话来总结规划的新方向。格卢克说：如果那些主要的大企业都加强竞争的灵活性，他们必须在规划过程中作出以下方面的重要调整：

1. 高层管理人员必须承担一个更加明确的战略决策制定角色，将更多时间用于决定应该做哪些事情，而不是光听决策分析。

2. 规划的本质必须经历一个根本性的改变，即从预测变为创造。
3. 培养在第一时间发现到变化并将其转化为竞争优势的意识，替换掉那种假设未来和过去一样的规划流程和工具。
4. 将规划师的角色从渐进主义者变为实践者和各级部门管理者。
5. 战略规划必须回归，要将其作为部门管理者的核心任务。

12.4　竞争力分析

成功的战略管理和战略规划过程，在很大程度上决定于采用的信息质量及对于信息的解释。所获得的信息越准确，制定的决策就越好，并且"国际规划唯一且最大的问题就是缺少有效且优质的竞争信息"。这是本书针对全球范围内90家公司进行研究的结论。研究还发现，许多企业在评估全球竞争力时，缺少有组织的方法，仅是由企业各个部门零星地进行。然而，获取竞争者情报的技术正愈发被视为一种击败竞争对手和增加收入的武器，而且有组织的竞争对手评估和竞争者情报系统的使用范围也越来越广泛，特别是在大企业和参与国际竞争的企业中。

竞争对手评估是新鲜事物吗？

销售经理和市场营销经理总是需要获取竞争对手的产品、价格、经销渠道和促销策略的信息，以帮助自己规划营销战略。销售代表们被期望能获得他们销售区域内竞争对手的活动信息，并定期向总部汇报。与竞争对手的客户和经销商进行交流、测试竞争对手的产品，并在商业展示会上留意竞争对手的展品，这些也是了解评估竞争对手的普遍做法。大企业都拥有企业图书馆，馆员会定期清查出版物并向职能部门报告他们认为对企业有价值的信息。有时，企业为了获得竞争对手的信息甚至会采取**工业间谍**（industry espionage）。实际上全球许多组织都采用了一些不够符合道德的竞争对手评估方法，并且这种情况将继续下去。

尽可能多地搜集竞争对手信息，这种做法已经经历了很长时间，而当今的**竞争者分析**（competitor analysis）与过去有什么不同呢？从本质上讲，区别在于最高管理层认为：(1) 竞争日益激烈，企业需要更广泛、更深入地了解不同国家或地区竞争对手的活动；(2) 企业应该有一个竞争对手情报系统（CIS）（有时被称为商业情报系统）来收集、分析信息并将其传递给企业中需要该信息的人。一个能干的情报部门应该能够利用公开可用的资源获得80%公司希望得到的信息。这是因为大多数企业无法确定哪些是对他们至关重要的信息，而且乐于将这些信息公开给想要获取他们的人。此外，许多企业会雇用专业顾问或专门从事竞争对手分析的公司来为企业提供信息，一些企业还会派员工参加研讨会，学习如何独立地进行竞争者分析。一些企业甚至雇用前中央情报局特工或调查人员来进行数据收集和分析。

有效使用竞争对手情报系统，可以使企业以合法和道德的方式获得有价值的信息，这可以给企业带来一系列好处，比如使企业获得以下能力：(1) 通过更详细地了解竞争对手成本、标价、合同优先级别，提高竞标成功率；(2) 识别竞争对手的主要客户，改善自身的目标市场和销售活动；(3) 识别竞争者的厂房或其他设施的扩张计划，战略重点的变化以及业务或产品线投资方向的变化；(4) 提高对竞争者产品配方、产量和供应链的了解程度。但是，仅仅收集信息并不足以让竞争对手情报系统高效运行。关键是要高管们努力创建一个以事实为基础、分析严谨的决策环境，而不是肤浅的评价和直觉。

信息来源

关于企业竞争对手优势、劣势和威胁的信息来源主要有五个：(1) 企业内部；(2) 包括计算机数据库在内的出版物；(3) 供应商/客户；(4) 竞争对手的员工；(5) 对竞争对手活动的实物证据进行直接观测或分析。以上的这些方法在美国和其他工业化国家都已经被应用，但是，在公开信息较少的发展中国家，这些信息源尤其有用。

企业内部　正如我们前面提到的，一个公司的销售代表通常是最好的信息来源。如果企业有图书管理员，也能够将信息输入到竞争对手情报系统中。另一个信息来源是技术和研发人员，由于他们经常参加专业会议、阅读专业期刊，因此在一些知识被大众熟知前，他们就已经掌握了。顺便说一句，所有国家的政府情报机构都会订阅和分析其他国家的技术期刊。

出版物　除了技术期刊，其他类型的出版物也会提供有价值的信息。如商业经济管理期刊全文图像数据库（ABI Inform）、Dialog系统、道琼斯新闻/检索系统、Lexis-Nexis数据库和新闻网（NewsNet），这些数据库能够帮助分析师获得竞争对手的基本销售量、收入、利润、市场和其他所需的数据，来为竞争对手详细归档。这些服务还可以让用户利用搜索词，如竞争对手的名字、主要客户、供应商或产品技术描述，来创建竞争对手名录的文件夹。

互联网上有用的信息，包括通用和专业的搜索网站、在线杂志和其他出版物以及各种监控服务，它们的数量都在持续增加。企业网站是企业基本信息的重要来源，包括产品、服务、价格、位置、财务绩效、战略及主要高管的信息。你可以通过付费监控服务来跟踪一个你感兴趣的企业或行业，只要网络或其他地方出现相关新闻内容，付费服务就会及时通知你。英国经济学人智库和美国普雷迪卡茨公司都发布有用的行业报告，而且《信息自由法案》规定美国企业及其外国竞争对手可以通过公开文件获得信息。公共数据来源，如建筑许可、环境报告和证券交易委员会（SEC）的报告，都包含了大量有竞争力的高价值信息。如果企业位置靠近航道或企业正在做环境影响的研究，企业就通常可以从美国环境保护署（EPA）或美国地质调查局获得竞争对手设施的航拍照片。这些照片可能揭示了竞争对手生产设施的布局和扩张情况。类似谷歌地球（earth.google.com）这样的资源，也是一个具有历史意义的高价值信息来源。注意不要使用未经授权的航空照片，这种行为是非法的，可能构成非法侵入。

供应商/客户 企业通常会将自己研发的新产品提前告诉客户，以防止客户从其他供货商手中购买相似产品，但与此同时，客户经常会将这类信息传递给竞争对手。企业的采购代理可以询问其供应商将生产多少新产品或生产哪种新产品。因为买家知道自己企业的购买量，任何新增的产能或新产品也可能出售给他的竞争对手。采购代理也可以宣称，如果销售代表能证明自己企业有能力提供更多的订单，他们能为供应商提供新的业务。销售人员通常非常渴望接到新的业务，因此他们会向采购代理透露本企业的生产量和采购代理的竞争对手的采购量来证明他们可以处理订单。

竞争对手的员工 竞争对手的雇员，不论现在的或过去的，都可以提供信息。具有丰富人际关系经验的人会特别关注求职者，尤其是曾在竞争对手企业里实习或做暑期工的应届生。他们有时会在不知不觉中透露某些专有信息。企业还会雇用与竞争对手无关的人，他们大张旗鼓地进行宣传并举办面试，因为这些岗位不需要从竞争对手的员工那里获得什么信息。

直接观测或分析实物证据 企业有时会派技术人员参加竞争对手所举办的工厂参观会来获得对手详细的生产流程信息。一家蜡笔公司曾让他的员工冒名参观一家竞争对手的工厂。他们假扮成潜在客户，很容易就取得了进场券，并获悉了竞争对手有价值的生产过程；不可否认，这种行为是不道德的，因为即便只是站在工厂外面，清点竞争对手的员工数量，了解轮班班次都被认为是不道德的行为。

我们已经提到了还原工程这种常见的做法，它是分析实物证据的一个例子，而情报分析师甚至会去买竞争对手的垃圾。进入对方的经营场所收集对手信息是非法行为，但一旦材料离开了竞争对手的经营场所，间谍就可以从垃圾搬运工那里获取。一家日本公司做了另一个有趣的分析，他们派员工测量通往美国竞争对手的火车铁轨上的铁锈的厚度，然后他们用这个结果测算出了该工厂的产量。

我们已经指出，一种行为何时是合法的、何时是非法的；我们也评论了，在我们看来什么样的行为是道德的。当然，商人有责任使用道德的方式收集竞争对手的信息。

利用竞争对手评估向前看，而非向后看

大多数企业将竞争对手评估结果集中起来，编译配置成文件、简报或其他可交付的成果，这样做旨在揭示竞争对手最近采取了什么行动。然而，这种搜集信息的战略优势是有限的。相反，高管们需要确保，他们的竞争对手评估专注于传递预测性且可操作的信息，从而使他们能够预见威胁和机会，避免不必要的"惊喜"。竞争对手评估应该能够在组织各层级间加强信息共享和战略决策订定，并且能够在一些职能部门间推广使用竞争对手情报。特别是与战略规划技术进行联系，比如情景分析，企业可以针对竞争对手的潜在行动预见和准备自己的行动；并且，可以发展一套简明易懂的情报指标，以便在发生重大竞争变化的时候，向管理者预警。在做出这些努力后，高管们可以帮助提高企业的竞争意识，增强企业发展前景，有效地实施先发制人战略并保护自己的产品，另外也可以在竞争中取得优势来定位自己。

标杆管理

虽然竞争对手分析能帮助企业发现市场绩效方面自身与竞争对手之间的差异，但它无法解释导致这些差异的深入原因。相比之下，**标杆管理**（benchmarking）能够通过识别和应用公司内外部的各种运营和销售活动的最佳实践来提高企业经营绩效。同时，在衡量自己企业与世界各先进企业的差距时，标杆管理已成为一种越来越流行的方式。

标杆管理包括几个阶段：

1. 管理者检查需要改善的业务，如产品、服务或流程，并检查评估绩效时使用的适当度量标准。
2. 然后寻找有类似执行过程的世界领导企业。
3. 由企业代表去访问这些领导企业，和他们的管理者和工人交流，明确使这些企业经营如此之好的最佳运营方案。由于将要运用这些新获取的知识的是运营人员，而不是其他职员，因此应该让运营人员进行访问。
4. 然后，企业进行恰当的分析，不仅仅是模仿这些最佳方案，还应该选出合适的方法对这些最佳方案进行创造性地调整，将其纳入自己的活动中，并以能够满足公司的业绩目标、被组织成员接受的方式来实践。

当然，问题在于应该选择哪些企业作为标杆。一些企业已经成功地在所在行业中选择出标杆企业，但通常最理想的标杆企业在相关行业，甚至是完全不同的行业中。管理者可以选择以下四种基本类型中的一种或多种：

1. 内部比较：将某一部门的经营情况与企业内部另一个部门相比。由于是内部比较，内部标杆管理相对容易实施。它会使生产率提高约10%，而且可以促进内部网络建立，使创新思想和信息能够交换。
2. 竞争性比较：将企业的操作与直接竞争对手进行比较。很明显，这是最难的标杆类型。它能使生产率提高约20%。
3. 职能比较：在广义行业中，将企业的职能与其他企业的相似职能进行比较。例如，美国航空公司将其货运处理过程与联邦快递进行比较。相比竞争性标杆，职能标杆更容易进行研究和实施。很多企业报告和研究结果显示，职能标杆通常可以将生产率提高35%甚至更多。
4. 泛比：将企业的经营情况与完全不相关的行业进行比较。当施乐决定改善其订货供应流程时，它与以快速且准确派发订单而著称的邮购公司L.L. Bean进行比较。虽然行业和产品类型完全不同，但施乐发现两家企业都要处理很多必须手工打包的形态各异的产品。通过对L.L. Bean的学习，施乐将仓储成本降低了10%。

当日产英菲尼迪部门想改变人们对汽车服务行业的消极观点时，它求助于著名的服务公司作为其角色模型。麦当劳告诉英菲尼迪团队，洁净、引人注目的设施和团队合作具有重要价值。百货连锁店诺德斯特姆公司教会英菲尼迪要想提供优秀服务，奖励员工是很重要的。当中国航空业想要在国际航空旅游行业中提高竞争力时，它与英国航空、新加坡航空和维珍航空等主要竞争对手，在经济、商业和头等舱空中旅行等一系列服务维度上进行了基准质量比较。

虽然有时通过对其他企业的访问可以获得一些原封不动就能应用的理念，但适当的调整也是需要的。标杆管理的基本目的是揭露各类不同的行事方法，让管理者和员工不再囿于狭隘的观念，以此来鼓励创新，能够促进组织内部的学习，提高绩效水平，建立竞争优势。

小　结

解释国际战略、能力与国际竞争优势。

国际战略是企业进行国际开发和部署稀缺资源时作出基本选择的有关方法。国际战略的目标是创建一个长期可持续的竞争优势。为此，国际企业应该努力发展技术和能力，这些技能必须是有价值、稀有、难以模仿的，而且企业要充分利用这些能力。

描述全球战略规划过程的步骤。

战略规划过程有其形式结构，即管理者（1）分析公司的外部环境，（2）分析公司的内部环境，（3）明确公司的业务和任务，（4）设定企业目标，（5）量化目标，（6）制订战略，（7）制订战术计划。

解释使命陈述、愿景陈述、价值观陈述、目标、量化目标和战略目标。

企业使命、愿景和价值观的陈述是向企业的利益相关者传达企业的职责和目标，以及企业成员行为背后的价值观。一个企业的目标直接决定其行动过程，管理者通过制定战略实现其目标。

解释国内复制、多国化、地区化、全球化和跨国战略，以及在什么情况下使用它们。

当开发和评估战略备选方案时，企业在国际市场上的竞争面临两种相对立的力量：降低成本和适应当地市场。因此，企业在国际竞争时主要有五种不同的战略可以选择：国内复制、多国化、地区化、全球化和跨国战略。（这里包括区域性战略，因为一些研究人员认为，几乎没有企业可以真正做到在全球范围内经营）。对于价值链整体或其中的各种活动而言，最合适的战略取决于企业在适应当地市场和降低成本方面所面临压力的大小。这五个战略的每一种都自己的优点和缺点。

描述战略规划的方法和新方向。

传统上，战略规划有自上而下、自下而上或迭代三种执行方式。应由运营经理，而不是专门的规划人员，在规划过程中起着重要的作用。企业应使用更简洁的结构化格式和更简短的文档。管理者应该更关心问题、战略和执行方面的事务。

讨论工业间谍活动的重要性。

工业间谍会给国内和国际企业造成每年数十亿美元的销售损失，甚至会使一个企业面临长期竞争和生存风险。间谍对企业的威胁越来越大，尤其是因为信息和知识越来越成为企业竞争力的基石。

描述竞争信息的来源。

竞争情报来源于企业内部、出版材料、供应商/客户、竞争对手的员工以及对实物证据的直接观测或分析。

问题讨论

1. 什么是国际战略，为什么它很重要？
2. 国内企业和国际企业在实施战略规划时有什么区别？
3. 假设竞争对手分析显示，你的德国竞争对手的美国子公司通过引进一条你所没有的新生产线，来扩大其在美国市场的产品结构，从而在国内市场获得更强的竞争力。环境因素分析表明，近期疲软的美元兑欧元汇率态势仍将持续，这会使美国出口到德国的产品相对便宜。在此情况下，你是会选择推荐一个防御性战略，还是选择在你竞争对手的本土市场上向他发起进攻？你将如何实现你的战略？
4. 你是琼斯石化公司的首席执行官，刚刚研究完外国子公司下一年度的计划。令你满意的是，非洲地区子公司的计划很乐观，因为该地子公司将为总公司带来大量的收入。但石油输出国组织（OPEC）下月将举行会议。在明天的会议上，你是否应该向规划委员会询问，是否需要构造一些情景？如果是的话，是关于什么情景？
5. 你的公司多年来一直使用自下而上规划方法，但与子公司计划在取得目标的手段和假设条件上与母公司不同——甚至时间架构也不相同。你作为CEO如何让子公司同意这些观点，同时又能让他们使用自下而上规划方法，将他们个人的观点融合其中？
6. 国内复制、多国化、地区化、全球化和跨国战略，每种竞争战略的主要优势和劣势是什么？每种战略合适什么样的情况，不适合什么样的情况？
7. 一个企业在本地市场的独有技能和产品发生国际转移时，会产生什么战略问题？
8. 什么是情景分析？为什么情景分析对国际企业具有价值？什么因素会限制这种方法的实用性？
9. 竞争者分析的信息来源是什么？在使用这些信息来源时会产生什么道德问题？

案例分析 12-1 沃尔玛在全世界

1962年，山姆·沃尔顿（Sam Walton）在美国阿肯色州建立了沃尔玛公司。到2008年，其年度销售额已达到3,790亿美元，发展成为世界上最大的零售商和《财富》500强名单上最大的公司。凭借高水平的服务、强大的存货管理和采购实力，沃尔玛压倒其他竞争对手，成为美国零售行业的统治者。经历了20世纪80年代和90年代的快速扩张阶段后，沃尔玛本土市场面临增长极限，被迫开始寻找海外机会。

当沃尔玛在1991年打开了它的首个国际市场后，许多怀疑论者声称，沃尔玛的商业活动和商业文化无法在国际上传播。然而，沃尔玛的全球化进程却取得飞速发展。3,150多家沃尔玛国际零售店在13个国际市场雇用了620,000多名员工。2008年，沃尔玛的国际销售额超过900亿美元——占公司总销售额的24%，预计在未来十年仍将大幅增加。

沃尔玛的全球化进程：从哪里开始、如何开始？

当沃尔玛开始进军国际时，它必须先选择目标国家。尽管欧洲的零售市场很大，但沃尔玛想要成功，就必须从竞争对手那里抢占市场份额。于是，沃尔玛有意挑选了一些新兴市场作为其国际扩张的起点。在拉丁美洲，它选择了国家人口基数大、增长快的国家——阿根廷、墨西哥以及巴西；在亚洲则瞄准中国市场。要想同时获取所有市场，沃尔玛尚缺乏组织、管理和财务资源。因此，沃尔玛深思熟虑后，制定了进入新兴市场的决策，它首先专注于在美洲开拓市场，而不是文化和地理上都更为遥远的亚洲市场。

1991年沃尔玛在墨西哥城开了第一家国际门店，并且运用对等持股方式合资经营。这种进入模式使沃尔玛能够有效管理美国和墨西哥之间的巨大文化差异和收入差距。沃尔玛在墨西哥的合作伙伴、零售企业西弗拉（Cifra）公司，在墨西哥市场拥有专业的运营能力并为沃尔玛提供了一个学习当地零售业务的基地。因此，当沃尔玛1996年进入巴西后，它得以利用在墨西哥获得的经验，提高投资比例，与当地的一家零售商 Lojas Americana 成立了一家合资企业，沃尔玛占60%的主要股份。随后，沃尔玛公司进入了阿根廷，此时它已具有了全资的能力。通过与合作伙伴一同经营积累经验后，1997年沃尔玛获得了西弗拉公司的控股权，并进一步扩大了其在墨西哥的市场份额，而西弗拉公司也于2000年重新命名为 Wal-Mart de México S. A. de C. V.。到2008年，沃尔玛在墨西哥经营了1,045家分店，市场份额超过墨西哥超级市场销售额的一半。

不过，学习是一个艰难的过程。"在阿根廷坚持美国国内的蓝图，对沃尔玛来说不是个好主意，就这点而言，对其他一些打开的外国市场来说也不是什么好主意，"沃尔玛国际的负责人说。"在墨西哥城，我们卖的网球无法在高海拔地区弹得很高。我们在一些墨西哥分店建造大型停车场后，才意识到：我们的许多顾客是乘公共汽车去购物的，而他们要拖着沉重的步伐和整袋子的商品，穿过那些大型停车场。为了这个问题，我们随后开设了公共班车，使顾客能够直接到达超市门口。很多错误做法都很容易犯，但是我们现在学得更聪明，会从开始就避免文化和地区上的冲突问题。"[a] 沃尔玛刚开始进入巴西时，通过把店址定在市郊，并采用激进的定价策略来抢占市场份额。但法国零售商家乐福和其他巴西本土的竞争发动了一场成本高昂的价格战。最初，沃尔玛在巴西的国际采购力量是有限的，因为主要的销售品类——食物，是通过本地进行采购的，而家乐福和其他竞争者已牢牢把握了与当地供应商的关系。久而久之，沃尔玛改变了竞争方式，开始加强客户服务并提供更广泛的商品组合，这是规模较小的本地企业无法比拟的。沃尔玛还通过收购来实现内部增长，2004年沃尔玛收购了118家邦普里科（Bompreco）商店，2005年收购了140家苏纳伊（Sonae）商店。到2008年，沃尔玛已成为巴西的第三大零售商，运营着315家门店。

来自中国的挑战

中国的诱惑，这个世界上人口最多的国家，市场之大让人不容忽视。当沃尔玛1996年开始在中国运作时，它成了最早进入中国的国际零售之一。在沃尔玛到来之前，中国的国有零售商通常只能提供范围有限的产品，且质量较低，大多数商店灯光昏暗，肮脏且混乱。

考虑到对当地企业的潜在影响，北京限制了外国零售商在当地的运营。这些限制包括要求必须有政府背景的合作伙伴，以及商店数量和位置的限制。最初，沃尔玛的合作伙伴是在中国拥有大量投资、有丰富合资经验的泰国正大集团。由于在控制权方面产生了分歧，这个合作在18个月后终止。随后开始了和两个有政治背景的合作伙伴——深圳经济开发区和深圳国际信托投资公司的合作，这一次，沃尔玛通过谈判获得了对合资企业的控制权。沃尔玛在中国的第一家商店在深圳成立，这是一个毗邻香港的快速发展的城市。通过对中国零售业的了解，沃尔玛首先选择了深圳。

学习在中国做生意的时候，沃尔玛也犯了许多众所周知的失误。例如，一些在美国沃尔玛中常见的家居用品在中国商店中没有。"他们的购物清单不像我们那样丰富。如果你问这里的大多数人厨房纸巾是什么，他们要么不知道，要么认为厨纸是某种奢侈品，"沃尔玛中国的负责人说。b 沃尔玛取消了厨纸和窗帘这两个品类，因为中国的窗户大小各异，人们都是自己制作窗帘。中国消费者购买了比预计多出四倍的小电器，但沃尔玛不会再向中国客户出售伸缩梯，所供应的酱油和洗发水容量也不会超过一年的使用量，因为他们通常生活在狭小的公寓且只拥有有限的存储空间。然而，尽管"人们都说中国人不喜欢甜食，但我们还是出售了大量的巧克力"，沃尔玛的亚洲零售业务负责人钟浩威（Joe Hatfield）说。c

操作上，由于中国缺乏高度现代化的供应商，使沃尔玛最初实现高效的企图落空。在中国，条形码没有标准化，零售商不得不为商品本身重新编码或给供应商分发标签，这个程序既增加了成本，也阻碍了效率的提高。沃尔玛一方面要安抚政府渴望采购本土产品的愿望，另一方面又要保持美国购物体验的光环，因此沃尔玛的解决方案是从中国本地生产商购买约85%的产品，但多偏重于对当地生产的美国品牌的采购（如从宝洁公司的中国工厂采购产品）。沃尔玛还将一些只在中国偏远地区出产的食品推向大众市场，如广东的椰汁，云南农村的火腿、蘑菇，福建的燕麦。"这些地方在10年或20年后会变成什么样，消费者会喜欢什么，都是很难预测的。中国还有8亿农民，而他们甚至从未喝过可口可乐，"哈特菲尔德说。

沃尔玛还认识到了与中央和地方政府以及当地机构建立关系的重要性。审批过程中的官僚主义繁文缛节、贪污弄权和拖延时间越来越严重。沃尔玛学会了通过一些活动笼络当地政府和机构，如邀请中国官员去沃尔玛的美国总部，协助当地的慈善机构，甚至为当地建学校。沃尔玛希望它的小城镇亲和力能在中国成为实力强大的资产。"价格一直是个问题，但总有人会比你更廉价出售商品。在你购物时，有一个年轻人微笑着说，'我能帮助你吗？'也是非常重要的部分。在这个国家的大多数地区你都看不到这些，"沃尔玛国际的负责人说。d "在过去的两年中，沃尔玛已经针对如何为中国顾客服务进行了大量的学习，我们对在中国和亚洲市场的扩张从未感到如此兴奋。"e

2006年10月，沃尔玛以高于竞争对手家乐福、英国乐购、中国联华的出价，收购了好又多——这是一家在全中国20多个城市拥有超过100家门店的连锁超市。这个大约10亿美元的收购，立即使沃尔玛拥有了中国最大的食品和百货商店网络。到了2008年，沃尔玛在中国经营了206家零售门店。沃尔玛估计，20年后其在中国的业务几乎可能与美国一样大，而沃尔玛所获得的经验也能够让它更加积极地开拓中国市场。

以一种不同的方式进入加拿大和欧洲

在完成针对大型发展中国家的国际扩张计划后，沃尔玛开始进军加拿大和欧洲市场。那些在发达国家已发展成熟强大且根深蒂固的竞争对手阻碍了沃尔玛的发展前景，使得沃尔玛无法凭借内部增长扩大经营规模。相比在进入拉丁美洲和亚洲时首先发展零售业务的做法，沃尔玛在进军欧洲和加拿大时采取了收购方式。

1994年，沃尔玛通过收购122家沃尔科（Woolco）商店进入加拿大市场。沃尔玛采用了已在美国取得成功的多种实践方式，迅速重构了这家已经亏损的加拿大公司。引进了来自美国的过渡团队来帮助公司完成转换过程，并在两年内使加拿大业务实现了盈利。其305家连锁店，占到了加拿大零售市场折扣店和百货商店销售额的35%以上。

在欧洲，沃尔玛在1998年收购了21家沃特考夫（Wertkauf）连锁超市，1999年收购了74家因特斯帕（Interspar）商店，以此进入了德国市场。又通过在1999年收购阿斯达集团下面的229家商店进入了英国市场。到2008年，沃尔玛成为了英国第二大连锁超市，拥有344家门店，但一直落后于行业领袖乐购。这些收购使得沃尔玛在高度发达、竞争激烈的欧洲零售市场上迅速占领了市场份额，特别是德国公司，将作为沃尔玛扩展到东欧的基础。

虽然沃尔玛成功地在欧洲迅速建立了市场份额，但沃尔玛仍然遇到了许多困难。一年之内收购两家总部位于不同城市的德国公司，使沃尔玛的欧洲部门难以应付如此巨大的工作量。这个部门的很多管理岗位都是由外派的美国人担任，但他们中的许多人缺少德语技能。在进行集中采购和应用沃尔玛著名的信息系统和库存管理系统时，沃尔玛与不熟悉这些内容的供应商之间也产生了问题。德国的顾客习惯于自己将产品装袋，因此对于美国做法（由店员负责装袋）并不习惯。沃尔玛禁止主管及员工之间恋爱的规定受到德国人的反对，一场员工诉讼让这项规定被废除。

沃尔玛的"天天低价"原则受到了竞争对手和监管机构的阻碍。事实上，德国卡特尔部门要求沃尔玛提高价格，他们认为沃尔玛通过非法倾销引发价格战。沃尔玛还挑战了现有零售业营业时间的规定。法律要求商店工作日晚上8点关门，星期六下午4点关门，星期天全天关门。作为回应，沃尔玛将开放时间改为7点，这比大多数竞争对手提前两小时开放。这些变化引起了规模较小的竞争对手和员工工会的强烈反对。

沃尔玛努力在德国建立一个强大的竞争基础，这给沃尔玛带来了总计超过10亿美元损失。首席执行官李·斯科特评论说，沃尔玛在德国的经营"是困难的……对我们来说，这显然是一个非常具有挑战性的市场，而之前我们却没发现"。由于在德国缺乏大规模的运作能力，无法形成竞争优势，沃尔玛在这个成熟的市场中面临着巨大的竞争压力，2006年7月，沃尔玛宣布将沃尔玛的德国业务出售给其竞争对手德国麦德龙。"在德国，从一开始我们就经历了艰难的历程，"沃尔玛的艾米·怀亚特（Amy Wyatt）说。"纵览全球的国际业务，寻找将会给我们带来最大利润增长和投资回报的地方，如今有一点越来越清楚，那就是在德国的商业环境中，我们永远不可能取得所期望的规模和结果。"同样在2006年5月，沃尔玛由于在韩国无法获得理想规模以及无法适应韩国的市场特性，宣布出售其韩国业务。

印度：一个预计十亿人的开放市场

虽然印度是拥有3,000亿美元总额和4亿人口（拥有可支配收入）的世界第八大零售市场，但印度零售业效率很低是众所周知的。超过95%的印度零售业务是通过近1,500万家茶站、报刊亭和街边小店进行的。政府严格控制外资零售企业的进入，尽管这可能很快改变无效率的状态。"许多聪明人——比我更聪明——相信，印度将会成为下一个中国，"沃尔玛国际业务前负责人和目前美国商店的副主席庄孟哲（John Menzer）说。"当然，作为一个零售商，印度是我们想去拓展的地方。"[f]

然而，对印度的潜在开发将是一个重大挑战，尤其是考虑到臭名昭著且令人沮丧的官僚主义作风和落后的基础设施。沃尔玛必须学会适应高度的贸易保护主义和反对资本主义的政党，以及糟糕的道路系统、频繁的停电、获得土地的困难和缺乏适当的经销系统和冷藏系统等问题。一位业内人士表示，"在这里，他们将如何开沃尔沃卡车？在他们的供应链中，可能会需要手推的牛车。"这个国家的多样性也可能是个问题，18种官方语言、6,000个种姓和亚种姓、各地区差异巨大的消费者文化。这里已经开始出现精明的新印度连锁店，如Provogue和Shoppers' Stop，民族主义情绪可能会使印度人民对像沃尔玛这样的外国企业扩张产生更多恐慌。

在打开市场的准备中，沃尔玛通过与印度供应商、经销商和消费者建立关系，来建立在印度的基础。"在中国，我们发现当我们开立更多商店后，我们能了解更多的供应商。当我们了解供应商后，我们就有机会了解他们的产品并进行开发，"庄孟哲说。[g] 2007年，沃尔玛建立巴蒂沃尔玛——一家与移动电信领导者巴蒂集团对等持股的合资企业。合资公司的第一家店在2008年开张，目标是到2014年建立10到15家分店。由于零售上的约束，这家合资企业最初集中在批发市场，只将产品销售给大的机构或批发买家，同时企业为零售市场最终的自由化准备基础设施和技能，显然，沃尔玛需要了解这里的政治和市场动态，利用从其他新兴市场学到的经验，在印度放开市场后取得最终的成功。

问题

1. 为什么沃尔玛认为国际扩张是其战略的一个重要组成部分？

2. 沃尔玛在加拿大和拉丁美洲是通过什么取得成功的？为什么沃尔玛在欧洲未能实现类似的成功？

3. 沃尔玛要想在中国和印度取得成功，应该做什么，不应该做什么？

[a] "ASDA Purchase Leads Way for Wal-Mart's International Expansion," *Wal-Mart Annual Report 2000*, p. 10.
[b] James Cox, "Great Wal-Mart of China Red-Letter Day as East Meets West in the Aisles," *USA Today*, September 11, 1996, p. B1.
[c] Tyler Marshall, "Selling Eel and Chicken Feet—Plus M&Ms and Sony TVs," *Los Angeles Times*, November 25, 2003, p. A15.
[d] Cox, "Great Wal-Mart of China Red-Letter Day."
[e] "Wal-Mart China Expansion to Accelerate," www.walmartstores.com/newsstand/archive/prn_980605_chinaexpan.shtml（1999年6月5日）.
[f] Eric Bellman and Kris Hudson, "Wal-Mart Stakes India Claim," *The Wall Street Journal*, January 18, 2006, p. A9.
[g] Ibid.

资料来源："International Operational Data Sheet—June 2008," http://walmartstores.com/factsnews/newsroom/8386.aspx（accessed June 28, 2008）; Peter Wonacott, "Wal-Mart Finds Market Footing in China," *The Wall Street Journal*, July 17, 2000, p. A31; "Big Chains Set for Post-WTO Scrap," *South China Morning Post*, November 3, 2000, p. 5; Glenn Hall, "Wal-Mart Germany Told to Raise Prices: Choking Small Retailers," *National Post*, September 9, 2000, p. D3; Mike Troy, "In South America, Ahold's Loss Is Wal-Mart's Gain," *DSN Retailing Today*, March 22, 2004, pp. 1–2; Ann Zimmerman and Emily Nelson, "With Profits Elusive, Wal-Mart to Exit Germany," *The Wall Street Journal*, July 29, 2006, p. A1; "Wal-Mart Enters India, *Little India*, February 2007, pp. 66–70; and "Wal-Mart to Become Biggest Big-Box in China," http://money.cnn.com/2006/10/16/news/international/walmart_hypermarkets.reut/index.htm?postversion=2006101706（accessed October 17, 2006）.

第 13 章 组织设计和控制

我们正处在20世纪初以来,关于组织和管理实践的一次巨大的变革之中。浑浊的水晶球无法让我们预见,何种组织结构或模型将主导21世纪。因为我们已经不再处于大规模生产和标准化的时代,所以组织结构也不可能只有一种类型。相反,我们将会看到领先的组织逐渐发展,并不断地分化成各种各样的结构和模型以适应变化的环境。

——吉米·克莱默,《高绩效组织的结构和特点》

阅读本章后,你应该能够:

1 解释为什么对国际企业而言,组织结构的设计很重要。

2 讨论在选择组织结构时,必须考虑的组织维度。

3 讨论用于构建国际企业的各种组织形式。

4 解释虚拟企业的概念。

5 解释为什么要在国际企业的母公司与子公司之间作出决策。

6 讨论国际企业如何保持对合资企业或投票权不到50%的企业的控制。

7 列出国际企业需要从世界各地的子公司收集的信息类型。

卡夫食品——重组成"全球最佳和当地最佳"公司

卡夫食品公司在2004年宣布了一项针对其全球所有运营机构的复杂的重组计划，目标是将该公司变成一个综合的全球公司。卡夫的年销售额超过370亿美元，全球雇员达103,000人，是总部设在北美的第一大和全球第二大食品饮料公司，仅次于雀巢。卡夫的使命是"在全球食品行业，成为被广泛认可的无可争议的领导者"。卡夫的产品——像卡夫奶酪、麦斯威尔咖啡、纳贝斯克饼干、费城奶油芝士、果冻甜点、奥斯卡梅尔肉类和帕斯特谷物——已销往世界上150多个国家。

卡夫的重组部分是由于其几个产品类别的增速放缓所触发的，特别是在近年来收入水平下降的发达国家。卡夫的许多经营困境被归因于组织结构问题。为了解决此问题，在新结构下，卡夫创建了一个矩阵组织，包括：

1. 建立一个新的全球市场和品类研发团队，通过发展全球分类策略，新产品平台和改善营销过程，加速业绩增长和全球扩张。
2. 建立两个销售大区，分别应对北美和国际上的各个地区，负责通过逐个了解各个国家的消费者和客户知识、当地销售人员和营销策略，以及盈亏责任，来驱动实现更强势的经营业绩。
3. 在全球范围内对关键职能进行管理，包括技术和质量、供应链、财务、人力资源、法律、信息系统、企业和政府事务、战略和业务发展，以实现更大的规模经济，提高在国际上利用技术和进行实践的能力，使品牌和理念在世界上更快地传播。
4. 前三组的活动将与公司的五大世界产品——零食和谷类食品、奶酪和餐饮服务、饮料、方便食品以及杂货——这些部门进行协作。

卡夫的首席执行官说，"我们今天和未来所面临的重要机会和紧迫挑战，要求我们成为一个更统一的全球公司。但是要想变得更加全球化，我们必须巩固和加强那些使我们获得成功的本地专业知识。通过快速创建卡夫式新的全球'统一的公司'结构，我们可以迅速成为'全球最佳和当地最佳'，并且比以往任何时候都更专注和高效。"就提高组织效率而言，卡夫的领导层预期将可以通过加速创新、改进分类或功能应用的专业知识、加强本地执行能力、改善管理和加快决策过程来实现。通过消除重复功能和整合设施，卡夫可以很容易地提升效率。这种新的组织结构与其他主要的消费产品公司很相似，比如吉列和宝洁。

重组的一个特殊的目标是，通过加快卡夫在美国本土市场以外地区的业务增长来占领更大的国际销售份额，建立更加综合、平衡的全球业务，与它的主要竞争对手如雀巢和联合利华保持一致。成熟的北美区域市场已经出现了利润下降现象，与之相比，国际市场的利润增长超过20%。总的说来，卡夫国际销售额在20世纪90年代不足公司总收入的四分之一；到2007年时，国际销售额已经达到总销售额的36%。卡夫公司的执行副总裁评论说："这一新结构将有助于我们公司加速成长，并能够使我们在决策制订过程中更快行动。这个结构的所有设定都是为了有助于给我们的股东提供真实的、可持续的利润增长。"

2007年，在卡夫划分的国际业务市场中，发达国家的销售额占总销售额的60%。大约60%的收入集中于这四个国家：德国、法国、意大利和英国。同样地，与其他发达国家相比，这些市场面临着许多问题，如人口增长速度缓慢、愈加注重价值的消费者、较高的商业集中度和作用越来越大的折扣店和自有品牌产品。在发达国家，卡夫预测其重组将通过扩大在核心种类商品上的领先地位来促进销售增长，同时建立卓越的品牌价值并加速创新。

卡夫新的组织结构的另一个重要目标是

提高在发展中国家市场上的利润增长前景。来自发展中国家市场的收入已经从1992年的10亿美元增加到2000年的20亿美元，再到2007年的超过50亿美元。在公司重组时，发展中国家市场的收入占公司总收入的12%，并且卡夫已经设想到未来在这些地区能获得可持续的收入。在发展中国家市场，卡夫公司计划在增长潜力最大的大国扩大其核心商品类别的销售。卡夫准备将发展计划集中在墨西哥、巴西、俄罗斯和中国这四大发展中国家，这四个国家共计将近20亿人口，但2005年时卡夫在这些国家的年销售额尚不到15亿美元。

在新的结构下，卡夫的发展中国家战略包含四个主要部分：（1）在已进入的发展中国家引入更多的零食、饮料和奶酪类商品；（2）在已进入的商品类别中，引入各个主要价格段的品牌类别；（3）进入尚未开拓的发展中国家市场；（4）进行战术收购，尤其在零食和饮料领域。新的矩阵结构带来的战略和经营的改进有望提高对这些措施的执行与卡夫在全球食品和饮料行业的地位。

为促进本地化进程，卡夫规定，公司必须把位于伊利诺伊州诺思菲尔德总部的部分决策权，交给具体经营单位。由业务单位对本单位的盈亏全权负责，人力和财务资源也被放在更贴近市场的地方。卡夫还鼓励各国经理们研发符合当地文化的新产品，并且将营销的投入力度提高到30%以上。一个明显的结果就是其代表性的奥利奥饼干，为了进入中国市场，奥利奥被改成了圆棒形状。新的"饼干"几乎瞬间命中市场，迅速占领了超过23%的中国市场，约13亿美元。卡夫又将这种成功的方法运用到国际上，该形状的奥利奥随后被销往亚洲其他地区，以及加拿大和澳大利亚。

资料来源："Company Structure Encourages Best of Global, Best of Local," www.kraft.com/profile/company_structure.html（accessed June 20, 2006）; Neil Buckley, "Kraft Works to Become a More Global Business," *Financial Times*, January 9, 2004, p. 20; "Kraft Foods Announces New Global Organizational Structure," January 8, 2004, www.industrypages.com/artman/publish/Industry News 3702.stm（accessed July 24, 2004）; "Strategies for Growth," http://164.109.46.215/investors/strategies.html（accessed July 24, 2004）; "Visuals from Presentation by Roger Deromedi, CEO, Kraft Foods, to Investment Community, January 27, 2004," http://media.corporate-ir.net/media_files/nys/kft/presentations/kft_o40127b2326.pdf（accessed July 24, 2004）; Business Wire, "Kraft Foods Inc. Reports 2005 Results and Issues 2006 Outlook; Announces Expanded Restructuring Program as Part of Sustainable Growth Plan," January 30, 2006, p. 1; Julie Jargon, "Kraft Reformulates Oreo, Scores in China," *The Wall Street Journal*, May 1, 2008, pp. B1, B7; and Kraft, "2007 Annual Report," http://www.kraft.com/assets/pdf/Kraft_07AR_Complete_Book.pdf（accessed July 8, 200）.

组织存在的目的是让人们有效地协调集体活动并完成既定目标。组织结构是指组织以正规的方法安排国内、国外的各类业务单元和活动，以及这些不同组织部件之间的关系。一个企业的结构有助于决定将正式的权力和威望安置在组织内的哪个部门，而这个结构通常会在企业的组织结构图中呈现出来。

随着时间的推移，对国际组织结构进行创新和发展已经成为高级管理者的基本责任。除了那些高层管理者，几乎没有人能够建立或改变国际企业的整体结构，因为组织的基层管理者缺乏权衡整个组织的利益关系所必需的开阔视野，而这将影响整个组织整体。

然而，所有企业的管理者都要履行企业组织结构所规定的工作职责。进一步讲，大多数管理者需要有效地组织他们职责范围内的各种活动，并且运用与企业的整体结构相一致的方式来完成。因此，加强对国际企业不同组织方式的理解，以及掌握每种组织方式的优劣势，是作为一个管理者必须掌握的基本技能。

在这一章，我们将讨论国际企业可以采用的不同组织形式，以及管理者在选择不同组织形式时必须解决的关键战略问题。同时，对于管理者控制公司国际活动的能力，我们将在讨论中对管理者普遍关心的问题进行验证。

13.1 什么是组织设计，为什么它对国际企业很重要？

组织设计是一个过程，它是指企业通过组织国际业务活动，使全球业务活动能够以一种高效的方式整合在一起。如图13-1，在建立国际组织时，应用的结构和系统不仅要相互一致，还要与企业的运营环境和在这个环境里企业运用的竞争性战略相一致。组织的规模和业务操作的复杂性也要考虑进企业组织设计中。

国际企业的结构必须随时间推移而演进，从而使组织能够应对各种变化并有效地重置企业各单位内部和各单位之间进行能力和资源整合的方式。对国际企业管理者而言，这是一个重大挑战，尤其是当企业在全球的活动越来越分散，并受制于快速持续的环境和战略变化时。如果企业不能有效应对这一挑战，组织运营效益就会受到影响，事实上，还会影响到企业的长期生存。

跨国公司的战略规划会自动改进，因为它包含了对企业外部环境及其优势和劣势的分析，通常揭露出企业需要变革的需求。国际公司战略的改变可能需要组织也进行某些改变，反过来也是一样。例如，新的CEO可能加入该企业，或者该企业可能会收购另一个国家或业务活动地区的公司。战略规划和组织是如此密切相关，以至于组织结构通常被管理者看作战略规划过程的重要组成部分之一。

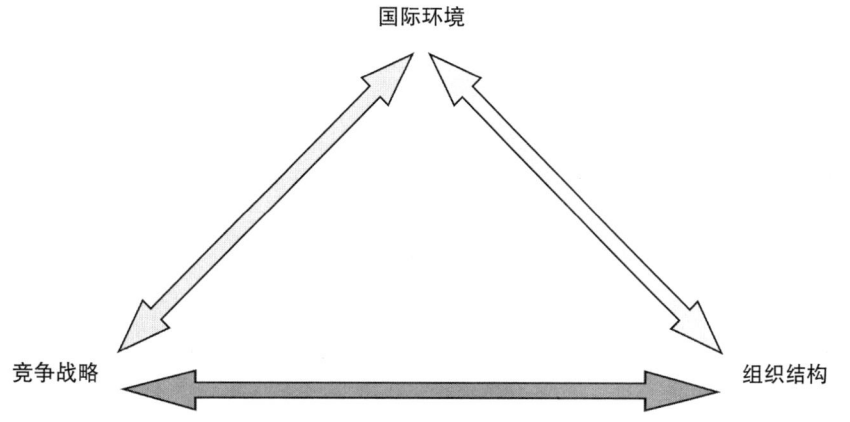

图 13-1 国际环境、竞争战略和组织结构之间的关系

组织设计问题

管理者在为国际企业设计组织结构时面临着两个问题:(1)找出最有效的部门化方式,利用劳动分工带来的高效率;(2)协调这些部门的活动,使企业能够实现其总体目标。就像所有的管理者都知道的,这两个问题是彼此背道而驰的;也就是说,劳动分工增强的效率可能会被协作增加的成本所抵消。在探寻使两者达到最佳平衡的过程中,常常会导致国际企业结构重组。

开篇介绍卡夫食品的例子指出,在设计国际企业结构时,可以考虑四个主要维度:

1. 企业所经营的不同业务中的产品和专业技术。
2. 企业开展业务的国家和地区的专业地理知识。
3. 关于相似的客户群体、行业、细分市场或超越个别国家和地区边界的人群的客户专业知识。
4. 企业参与的不同价值链活动的专业功能知识。

国际公司可以将这四个维度进行组织和整合而得到多种变形。没有任何一种结构能够适合所有企业和环境。相反,当决定何时以及如何修改企业组织结构时,管理者必须考虑企业国际经营环境的本质和战略——同时包括目前的和将来预期的改变。在下面的部分,我们将会讨论国际企业最常见的组织设计类型。现实中,由于复杂的经营环境以及企业结构在历史起源与进化上的细微差别,许多国际企业结构从某种程度上来说,背离了基础的组织设计。然而,理解这些基本设计相关的属性,将有助于国际企业的管理者选择合适的组织结构,来应对现在和未来预期的情境。

国际企业的演变

如第2、3和15章中所讲的,企业通常会先以出口方式进入外国市场,然后随着销售额的增加,企业会在海外形成销售部门并最终建立生产设施。随着企业海外投资的变化,企业组织形式也会发生改变。最初,企业可能没有负责国际业务的部门,仅仅由企业的营销部门负责出口订单。接下来,企业可能会在营销部门之下创建出口部门;当企业开始对海外多个地区进行各方面的投资后,企业可以建立一个**国际部门**(international division)来专门负责所有海外业务。像福特、IBM、固特异这样的大型公司,通常会以地区或地理区位为基础建立国际部门(图13-2)。今天,我们仍会看到一些企业——一些相对中型的企业和世界上最大型的企业——都设有一个主要国内部门,另有一个国际部门作为补充,服务于世界上其他地区的经营活动。

> 沃尔玛是世界最大的零售商,在2008年财务年度实现了超过3,740亿美元的销售额,由三个业务领域组成:沃尔玛超市、山姆会员店、国际部门。这些业务领域所实现的销售额分别占公司总体销售额的64%、11.8%和24.2%。国际部门负责在12个国家和波多黎各经营多种不同类型的零售商店和餐馆,包括折扣店、超级购物中心和山姆俱乐部。

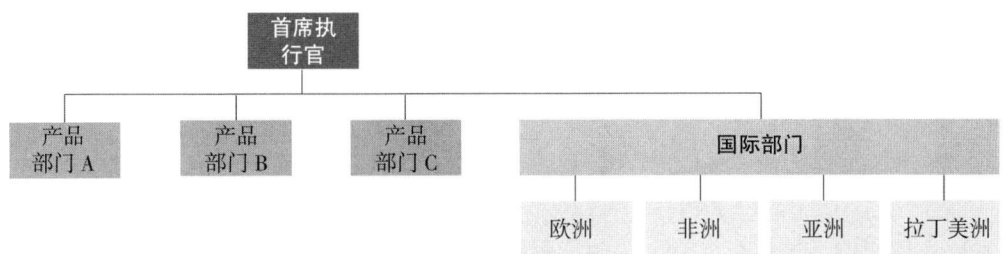

图 13-2 国际部门

随着海外业务的重要性不断提升和涉及范围不断扩大，大多数管理者（也有一些例外）认为，可以取消国际部门，重新建立一个基于产品、地区、功能和客户级别的全球组织。在二级、三级以及其他较低的级别上，在以上四个维度——加上（1）过程、（2）国际子公司和（3）国际或国内这三个维度——为细分市场提供基础。因此，随着时间的推移，企业逐渐成长，大多数国际企业不再设立国际部门，而是选择了全球结构（我们在本章后面的部分会讲到）。在取消国际部门后，企业在选择组织结构时，通常会首先考虑全球产品因素，或是全球地理因素。国际企业设计与演化的选择路径会呈现在国际组织结构的阶段模型中，它最初是由约翰·斯托普福德（John Stopford）和路易斯·韦尔斯（Louis Wells）提出的，如图13-3所示。

改变了企业组织类型后的管理者感觉自己将会：（1）更能发展竞争战略以面对日益加剧的全球竞争；（2）通过全球产品标准化和生产合理化，降低生产成本；（3）加强技术传递和企业资源的分配。

全球企业形式——产品　通常，这种结构是对出口业务产生前的部门形式的回归，那个时候由国内产品部门负责全球生产线和员工操作。转换到当今全球形式下，产品部门负责全球业务，如由他们控制市场营销和产品生产。每个部门一般都有区域专家，所以尽管这种组织形式避免了一个企业的国际部门中产品专家冗余的现象，但它会导致区域专家的冗余。有时候，为了避免区域专家出现在每个产品部门，管理者会将一个管理专家团队安排在国际部门，他们可以为产品部门提建议但是没有控制产品部门的权力（如图13-4）。例如，通用电气的全部业务都是由一个全球性业务线结构进行管理，由每个业务领域的管理者负责对投资机会进行识别和评估。2007年7月1日，宝洁公司的管理层将公司重组成三个全球业务单元：美容、健康和幸福，以及家庭护理。这些业务单元将获得一系列全球部门的支持，如全球产品供应、全球人力资源和全球市场营销。

德国邮政是一家全球物流服务供应商，它在超过220个国家和地区有将近500,000名员工，2007年的总收入超过635亿欧元。这家总部设在德国的公司，由五个部门组成：邮件（包括德国邮政）、快递（包括DHL）、物流（包括DHL业务部门）、金融服务（包括邮政银行）和企业中心（包括集团管理职能和支持整个集团的内部服务，包括金融、IT和采购）。

全球企业形式——地理区域　将地理区域作为部门划分依据的企业，会将该地区所

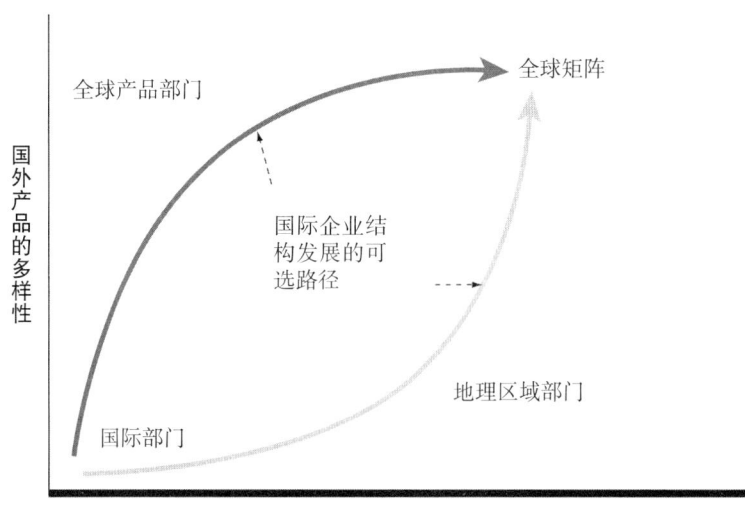

图 13-3 国际结构阶段模型

资料来源：Based on John M. Stopford and Louis T. Wells, *Strategy and Structure of the Multinational Enterprise*(New York: Basic Books, 1970).

有活动交由区域经理负责，并由区域经理直接向首席执行官汇报工作情况。这种组织简化了指挥全球业务的工作，因为世界上每个国家的业务都是由一个能直接与总部联系的人负责（如图 13-5）。

当然，这种组织类型既可用于跨国（多国化）企业，也可用于全球企业。使用该种类型的全球企业将位于本国的部门看作是一个普通部门，只不过这个部门的职责是进行资源分配，也是管理人员的来源。一些美国的全球企业创建了北美部门，包括加拿大、墨西哥和中美洲国家，同时也包含美国，这可能是为了强调本国并未获得任何优待。

地理区域组织类型在技术要求较低或至少很稳定、但市场营销技能要求较高的企业中很受欢迎。这种组织类型也深受产品多元化企业的喜爱，这类企业的每款产品都有不同的市场需求、竞争环境，且面临不同的政治风险。许多消费类产品的生产者，如方便食物、药品和日用品，都使用这种类型的组织结构。地理区域组织的缺点在于，每个区域必须有自己的产品专家和职能专家，所以尽管产品部门中区域专家的冗余现象已不复存在，但产品专家和职能专家的冗余仍是必然的。

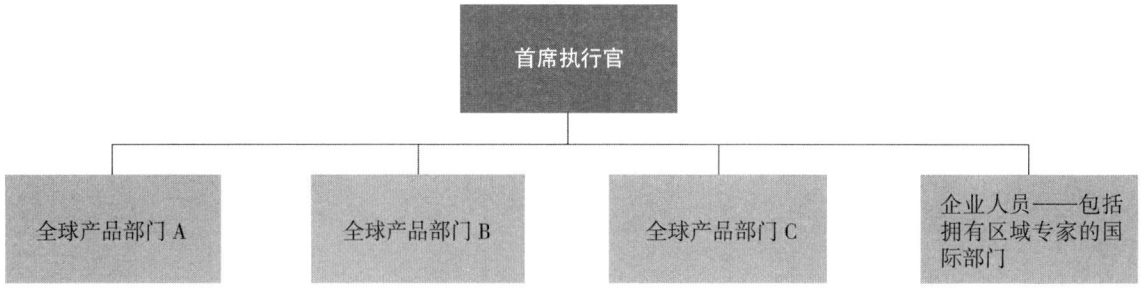

图 13-4 全球企业形式——产品

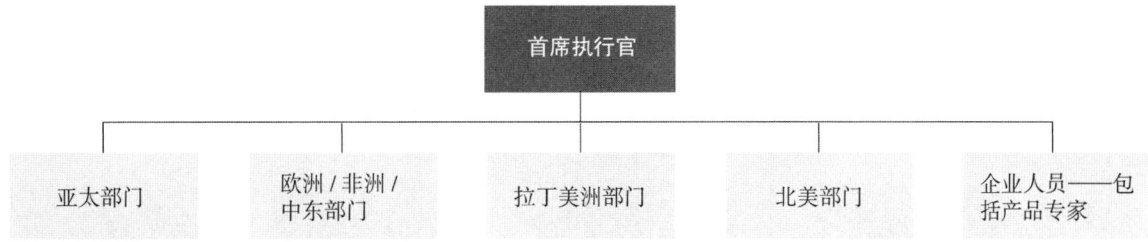

图13-5　全球企业形式——地理区域

区域间的生产协调和全球产品规划都是令人棘手的问题。为缓解这些问题，管理层往往会在总部设置专门的产品经理。虽然这些产品经理没有业务权限，但当企业作产品决策时，他们可以提供建议。

全球企业形式——职能　几乎没有企业会按照顶层职能来进行组织。而这样做的企业显然相信，与产品或地区知识相比，全球范围职能的专业知识更为重要。在这种类型的组织中，向首席执行官汇报工作情况可能是每个职能领域（如营销、生产、财务等）的高级管理人员，如图13-6。使用职能组织形式的企业的共性在于，拥有有限但高度集成的产品组合，如飞机制造商或炼油企业。

位于加利福尼亚州旧金山的基因泰克公司（Genentech），是第一家把生物技术药物引入市场的企业，该公司2007年在全世界取得了117亿美元的收入。基因泰克公司由四个职能领域组织而成：研究、产品开发、产品经营和商业运作。

混合形式　在一个**混合组织**（hybrid organization）中，各类组织形式混合被企业高层使用，而在较低级别则有可能采用也有可能不用。图13-7展示的就是一个简单的混合形式。使用这样的组合形式往往是由于区域性组织企业推出了一个与众不同的新产品线，而管理层认为最好由一个全球产品部门来负责。或是收购了一家与自身产品迥异并具有一个运作良好的营销网络的企业，这个企业就会被重组为一个产品部门，而不管收购企业本身的组织是以地理区域为基础的。等到企业的管理者熟悉了被收购企业的经营之后，可能会对它进行再次的地理区域化重组。

百事公司是一家全球食品和饮料公司，在2007年底进行了重组，采用了产品和

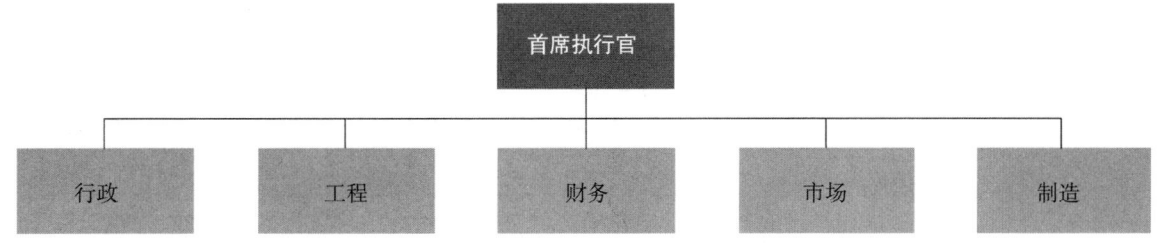

图13-6　全球企业形式——职能

图 13-7 混合组织形式

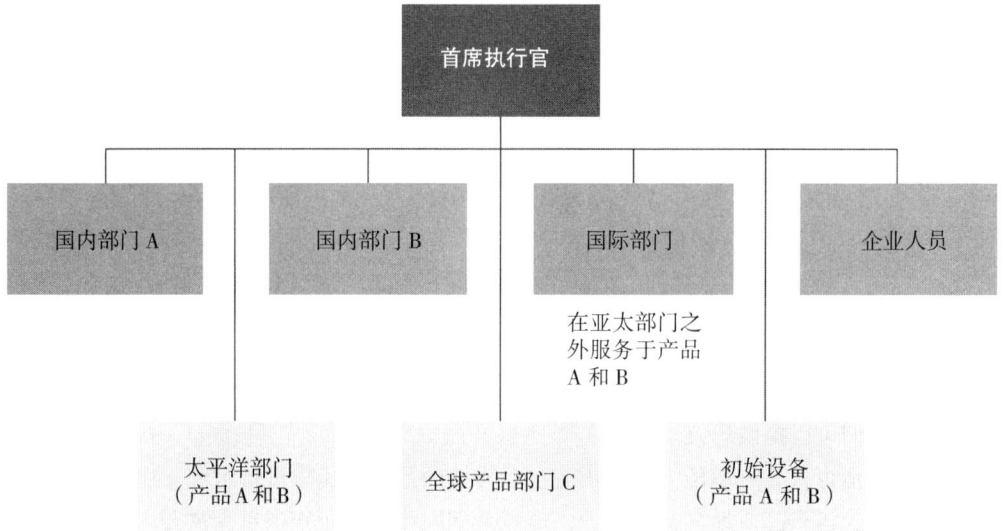

地理区域的混合组织结构。新结构包括三个基本运营单元:百事美洲食品部门、百事美洲饮料部门和百事国际(包括北美和拉丁美洲以外的所有百事食品和饮料业务)。

如果企业的销售对象是大规模的同质类型顾客,这也会成为企业采用混合结构的原因。例如,针对军事机构或初始设备制造商企业通常会设立特殊部门来负责销售,而不是设立同级别的区域或产品部门。

矩阵组织 管理者试图将产品、区域以及职能的专业知识归纳进一个网络,同时又

图 13-8 区域—产品矩阵

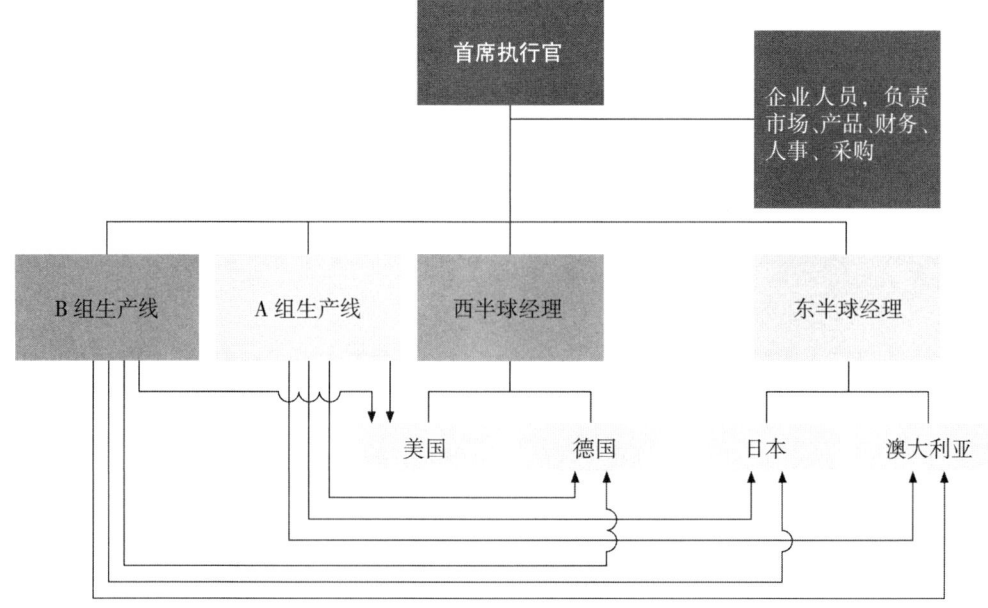

能保持明确的部门权力，**矩阵组织**（matrix organization）正是由此演变而来。之所以被称为矩阵，因为它将基于一到两个维度的组织叠加在以另一种维度为基础的组织之上。在具有两维度的组织中，如区域和产品，地理区域经理和产品经理将在同一层级上，他们的职责也将出现重叠。单个的管理者——比如说一个德国的营销经理——他们之间会存在一个多重的汇报关系，不仅要向监管包括德国在内的地理区域经理汇报工作，在某些情况下，也要向总部的国际或全球营销经理汇报工作。图13-8展示了一个基于两个组织维度的简单矩阵组织形式。注意，这个组织内负责某个国家市场的经理既要向地区经理汇报，也要向产品线经理汇报。

> 法国轮胎制造商米其林公司（Michelin），有着复杂的五元矩阵结构，它基于8个产品线、1个技术中心、5个地理区域（欧洲、北美、南美、非洲、中东、亚太）、10个服务组以及多个分销网络。

矩阵的问题　尽管矩阵组织形式曾一度被认为能使企业同时拥有产品、区域和职能形式上的优势，但矩阵形式的缺点仍使很多全球企业望而却步。矩阵组织的一个问题在于，每一个决定都必须要由两个或三个经理（如果这是一个三维矩阵）在意见上达成一致。这可能导致非最佳选择的妥协、延迟反应以及办公室政治，导致对决策过程的关注多于解决问题本身。当经理们不能达成一致时，问题就会升级，使得高层管理者无法正常履行职责。

由于矩阵结构带来的这些困难，许多企业仍旧保持原有的产品、职能、地区或国际部门的组织结构，并且内置了其他组织维度的责任部门；这就是所谓**矩阵叠加**（matrix overlay）。

矩阵叠加　矩阵叠加试图通过对组织中的所有职能进行问责，同时避免承担纯粹矩阵结构带来的繁重管理压力，来解决矩阵结构的问题。我们已经讲过按照产品组织的企业可能要求员工职能中有一些区域专家参与到产品决策过程中。甚至可以将他们安排在国际部门，就像前面提到的那样。相反，一个地区性组织会让产品经理参与区域决策过程。

战略业务单元　战略业务单元（strategic business units，SBUs）是一个由通用电气首创的概念，在这一组织形式中，产品部门被看作是一个截然不同的独立业务单元。战略业务单元被定义为一个独立的业务实体，它具有清晰的市场定位、具体的竞争对手、执行业务的能力和适于单一经理人控制的规模。大部分战略业务单元以产品线为基础，比如卡特彼勒的31个自主利润中心业务单元。如果一个产品为适应不同市场必须进行修改，那么一个世界性战略业务单元就可以分成几个产品或市场战略业务单元，以服务不同市场或国家。壳牌化学公司的战略业务单元，也被称为产品业务单元（PBUs），该战略业务单元是全球性的。英国石油公司的业务单位，也称之为战略绩效单位（SPUs），也是全球性的。

组织形式的变化

加速的全球竞争、顾客对定制化的偏好而非大规模生产，以及高速技术变化导致了快速变化的商务环境，这一环境迫使企业加强对组织形式的探索，来使企业能够更迅速地采取行动、降低成本并提高产品质量。在组织和它面临的高度竞争的全球环境间保持一致的能力，已成为很多组织幸免于难的基本决定，组织形式的改变已经成为一个常定过程。企业不仅仅是将次序和以前的组织形式行进融合；企业也在不停地变换成不同的组织形式，其中许多是将很久以前的企业组织形式进行修改，再冠以新的名称。

企业频繁进行组织重组的需要，也称为**企业再造**（reengineering），已被越来越多的企业接受，企业再造过程包括如下活动：企业中层管理层次的重大削减、重组工作流程来减少跨职能部门的流程割裂、提高战略执行的速度和质量、员工授权、使用电脑进行即时通信和快速传输信息。CEO们正努力使他们的组织能够精、平、快地处理问题并进行创新。

可口可乐是世界上最大的饮料公司，在2006年初宣布将聘请新部门可口可乐国际的总裁。这个职位将负责北美之外所有的业务运营。董事长兼首席执行官内维尔·艾斯戴尔（Neville Isdell）说，"当我们更加专注于执行时，我们的国际业务——去年总销售额的70%和总运营收入的80%——由一个具有全面运营能力的全职领导进行专门的管理会更合适。"

当前组织趋势

目前，有两种组织形式正受到许多CEO们的关注：虚拟企业和水平企业。

虚拟企业　虚拟企业（virtual corporation）也叫网络公司，是指一种利用传统组织边界之外的资源来整合经济活动将价值传递给客户的组织。换句话说，在很大程度上企业必须依赖第三方开展业务。外包曾是企业裁员和削减成本的方法，但现在企业正在通过外包获取专业知识，这些知识是企业自身所不具备，但又需要用其服务于新市场或运用新技术。

基础技术设备的演化使劳动力和工作方式的变化成为可能，如电子办公、家庭办公室以及灵活的工作方式。所有这些因素催生了虚拟企业的产生。全球连通的互联网使世界上任何规模的企业都可以使用外包。一个众所周知的例子是戴尔电脑公司，戴尔通过与它的全球供应商紧密联系，在收到国际客户订单的几天时间内，就可以对定制化电脑进行组装并完成交付，这样企业就不会积压大量高价值的存货，导致产品因技术落伍而失去价值。下页的全球视点栏目，"埃森哲的'虚拟'全球结构"，讨论了一家发展了虚拟结构来替代传统组织结构的企业。

虽然虚拟企业的名字是新的，但这个概念已经存在了几十年。例如，虚拟企业在建筑业中是一个非常常见的组织形式，每个企业都有一个自己特别擅长的专业领域。为了获得公路建设或机场建设的合约，企业间会通过组成联合体进行投标。在完成工作后，该团体就会解散。各种服装和运动鞋的营销者也是运用网络组织的实例，如DKNY、耐克和锐步。后者的企业也称为模块化的企业。

全球视点　　埃森哲的"虚拟"全球结构

埃森哲公司为全球客户提供一系列的咨询、外包和技术服务，2008年，埃森哲的180,000多名员工创造了超过200亿美元的收入。埃森哲的客户涵盖了《财富》全球100强中的94家公司和《财富》全球500强中超过三分之二的大型国际公司。然而，据埃森哲的高级管理者透露，埃森哲既没有运营总部也没有任何正式的分支机构。相反，该公司组织其全球业务的方法可以被称为虚拟。

2000年之前，埃森哲曾是现已不复存在的安达信会计师事务所的咨询部门。在这段时间里，咨询业务一直由安达信的瑞士全球总部管理。当咨询部门从安达信会计业务中分离出来后，随后成为了一个独立的组织，取名为埃森哲，但合伙人对于是否在百慕大注册公司总部产生了分歧。由于埃森哲的高管们要在路上花费大量的时间，因此高层决定每个人都住在他们希望住的地方，放弃建立统一的中央总部的想法。结果，首席财务官住在加州硅谷，首席技术官住在德国，公司的许多咨询顾问为了他们的客户，几乎不断地环游世界。即便是埃森哲公司波士顿的首席执行官比尔·格林（Bill Green），也没有一个固定的办公地点。

通过技术手段可以协调地理上的劳动力分散问题。埃森哲的员工可以在家里、酒店或机场，或是埃森哲在世界各地的110多个地方设立的任一临时小隔间里登录公司的内部网。员工通过内部网确认每天的工作地点、使用文件和电子邮件、下载或共享文档，并完成无数的其他任务。无论员工位于哪里，都可以通过电话进行补救，客户通常不会意识到他们正在和一个远在国外甚至是其他大洲的顾问或主管通话。

团队会议通常仍是通过电话进行的，尽管调度这类会议可能由于参与者处在不同时区而产生问题。在全球电话会议时，有一个"神奇时刻"，即伦敦时间下午1点、澳大利亚时间午夜12点、北京时间晚上9点、加州凌晨5点。"这个时间对任何人来说都'不是太糟糕'，"埃森哲金融服务部门负责人艾德里安·拉吉塔（Adrian Lajtha）如此评论到，他有85%的时间都在出差中度过。

每隔六周左右的时间，公司执行领导团队的23个成员就会进行为期数天的面对面会议，地点会在全球不同的城市轮换。格林说，"我们会找一个开会的地方，与这个区域的客户见面，也见见这个区域的员工，然后再一起决策——最后再次分头行动。"拉吉塔说，"任何说这种方法简单的人都是在说谎。"

资料来源：Accenture, "Fact Sheet," http://accenture.tekgroup.com/section_display.cfm?section_id=160（accessed July 3, 2008）; "Have Advice, Will Travel," *The Wall Street Journal*, June 5, 2006, pp. B1, B3; Yongsun Paik and David Y. Choi, "The Shortcomings of a Standardized Global Knowledge Management System: The Case Study of Accenture," *Academy of Management Executive* 19, no. 2（2005）, pp. 81–84; and Glenn Simpson, "The Economy: Consultants Accenture, Monday Take Steps That May Reduce Taxes," *The Wall Street Journal*, eastern ed., July 3, 2002, p. A2.

虚拟企业的概念有几个潜在的好处。具体来说，虚拟企业具有典型企业结构所没有的更大的灵活性。相比典型企业需要从无至有地进行建设导致高昂的初始成本，从而限制企业未来的生产决策，虚拟企业会形成一个动态网络关系，使得企业可以相互利用其他组织的能力并对不断变化的环境迅速作出响应。然而，这种组织形式也有缺点，那就是：会减少管理者对企业活动的控制（对于机会主义合作伙伴的行为而言，这种结构是脆弱的，如成本增加、无意的技术和知识"借用"行为、在不适当的时间发生的潜在合作关系破裂问题）。从员工的角度来看，这种组织形式可能会使员工缺少长期雇佣的安全感；而且对员工来讲，企业在不安全的国际市场上保持工资持续增长的承诺将不复存在。

水平企业　　另一种组织形式，**水平企业**（horizontal corporation），已经被一些高度竞争行业如电子产品和电脑行业中的大型技术导向型跨国企业采取。如3M公司、通用电气、杜邦公司就采用了这种组织形式，这使得他们可以更加灵活地应对技术进步和产品创新。在许多企业中，由不同部门所组成的团队会在一起解决问题或进行产品发布。

水平组织被看作是一种"反组织"，因为它的设计者正试图消除传统组织结构的限制。在水平企业中，全球雇员通过一个精心设计的内部关系系统，创造、构建和营销企业的产品。例如，在英国的营销人员可以直接和巴西的生产员工对话，而不必再通过德国总公司进行联络。

水平组织的支持者声称横向关系可以促进创新和新产品的开发。他们还表示，这种组织方法会使中层管理人员和其他专业人员拥有更多的决策权，而不需要向上级汇报工作中每个细节或每件事。其目标是通过进行与每个人都有关的合作与协调活动，替代严格的控制和监督活动。若能有效地执行，这种方法将有助于建立一个由技术工人组成的国际社区，来创造和利用宝贵的无形资产。

21世纪的企业生存

很多国际企业的管理者更希望使用动态网络结构，它将企业的主要职能部门分解成由小型总部组织协调的数个小公司。如市场营销和会计这样的业务职能部门，将由单独的组织负责（国际公司部分地或完整地拥有一些这样的独立组织，还有一些则未被排除在外），并通过电脑与中央部门相互联系。要想达到垂直型整合的最优状态，企业必须专注于其核心业务。对企业而言，非必要的业务，可以交给外部供应商完成，这样会更便宜、更快且更好。

随着企业不断加入到21世纪的全球战争中，我们必须记住，组织就像人一样，也有生命周期。在他们年轻的时候，他们规模小、增长速度快，如随后要介绍的Opera软件公司——一家迷你跨国公司。然而，随着组织年龄的增长，他们往往变得庞大、复杂，且与市场的接触减少。未来的企业要学会如何做到既拥有庞大规模又能够创新。就像一个首席执行官说过，"相比于小规模而言，专注是更好的选择。"

13.2 控 制

每一个成功的企业都通过控制来使自己的计划生效，评估计划的有效性，对计划作出合理的修正，评估、奖励或修正工作中的表现。国际企业应对有效控制的挑战，比单一国家公司还要复杂。在前面的章节中，我们已经讨论了几个复杂的原因，包括不同的语言、文化和态度，不同的税收和会计方法，不同的货币、劳动力成本和市场规模，不同程度的政治稳定以及人员和财产的安全性，以及其他方面的因素。由于这些原因，国际企业在国际市场上需要的控制甚至超过国内。

子公司

子公司（subsidiaries）和**附属公司**（affiliates）这两个概念有时可以互换使用，前提是母公司对其有100%的所有权。至今为止这避免了非全资的合资企业发生的额外问题。这些问题，我们会在之后的章节中讨论。

全资子公司：决策从何而来？

有三种可能性。从理论上讲，国际企业不是由总部作出所有决策，就是由子公司作出所有决策。但需要指出的是，实际中并非如此；相反，一些决策是在总部作出，而另一些决策则是在子公司作出，还有第三种可能性则是合作作出决策。许多变量决定由哪个部门作出哪些决策。一些较重要的变量是：(1) 产品和设备；(2) 子公司管理者的能力以及总部管理层对其信赖程度；(3) 国际企业的规模和历史；(4) 因母公司获利而使子公司受到的损害；(5) 子公司挫折。我们将在接下来的几个部分讨论这些变量。

产品和设备 为了决定子公司的位置，产品和设备的标准化问题以及第二市场的选择问题是国际企业需要解决的重要问题。在第17章中，我们将讨论消费品的大型全球制造商，如宝洁（P&G）和高露洁，是如何从一开始就针对全球市场，至少是区域市场开发标准化产品的。在这些情况下，子公司必须遵循总公司的政策。当然，对宝洁而言，子公司的代表有机会参与产品设计，在全球化战略兴起之前，这与引进新产品的典型方式正好相反。然后，正如我们在第7章讨论的国际产品生命周期，企业通常会将新产品首先引入国内市场。等到生产过程规范稳定后，技术参数会被下发到附属公司（位于第二市场），并在当地进行生产，如果管理层认为与当地市场需求不符的话，也可以进行适当的调整。

在一个缺少全球产品政策的企业中，在母公司的运营管理者们希望海外工厂能生产出尽可能一致的标准化产品，或者至少有标准化生产过程，这一点我们将在第18章中进行解释。然而，如果子公司可以证明，针对本地市场进行调整的产品能够带来的利润潜力比总公司的全球标准化产品利润潜力更大的话，子公司通常获准继续自己的生产。当然，在这种情况下，母公司是有权否决或推翻子公司的决定的。

子公司管理者的能力以及总部对其信赖程度 总部对子公司管理者的信赖程度取决于高管们对彼此的了解程度和对总部政策的了解程度，以及总部管理者是否了解东道国的状况、母国和东道国的距离、母公司的规模和历史。

高管调职 许多国际企业的政策，都会将有前途的管理者在母公司总部和子公司之间，以及子公司之间进行轮岗。从而，管理者既可以得知总部的政策，又能将这些政策有效地运用到子公司中。

这种轮岗的结果虽然难以衡量，但却很重要，它会形成一个国际企业内部的人际关系网络。这会增加高管们的信心，使高管们之间的交流更容易，产生更少的失误。另一个发展是一些国际企业将他们的地区高管调到总部，加强沟通并降低成本。

了解东道国环境 就总部对子公司管理的信赖程度而言，其中的一个因素是总部对东道国的熟悉程度。东道国的实际情况与总部认为的情况相差越大，总公司就会越信赖子公司。

与东道国的距离？ 影响总部对子公司信赖程度的另一个因素是总部与东道国之间的距离。因此，相比于在加拿大的子公司而言，美国总部很可能更信赖印尼子公司的管理者。出现这种情况的原因有两个：美国管理者通常认为，相比于印尼，加拿大的情况更容易理解，且印尼与美国的距离比加拿大与美国的距离更远——不仅仅是地理上的距离，也指文化、政治和其他因素。

国际企业的规模和历史 大企业能比小企业雇用到更多专家、人才和经验丰富的高管，这是一个规则。一家国际企业的历史越悠久，它所拥有的经验丰富的高管就越多，这些高管了解公司政策，且一直在总部这个领域进行实地作战。成功的经验会带来自信。在大多数国际企业中，最高职位都是在总部，最终只有那些最具才华、最执着的高管才能最终胜任这些位置。因此，随着时间的推移，一个成功企业的总部是由一群对母公司对东道国以及对两者都具有丰富经验的高管们来运行，他们自信自己的业务水平。

由此可见，在规模大、历史久的组织中，决策更多是由总部制定，很少授权给子公司。规模较小的企业，接触业务的时间较短，往往没有能力雇用国际经验丰富的高管，也没有时间来进行内部培养。因此，小企业或是新成立的企业往往别无选择，只能授权子公司的管理层来决策。然而，随着许多市场在世界上竞争强度和变化速度的加快，以及市场间永远存在的不同点，即便是经验丰富、历史悠久的企业也发现需要将一些决策权授权给子公司的管理层，从而能够有效地感知适应性的压力，从而服务于开发和交流创新思想，促进战略的有效执行。

因母公司获利而使子公司受到的损害 一个国际企业有机会采购原材料和零部件、确定工厂的位置、分配订单和管理企业内部定价，而这些是非国际企业无法完成的。这样的活动会使母公司获得利益，而造成**子公司损害**（subsidiary detriment）。

转移生产要素 很多原因都会影响国际企业作出决策，将生产要素从一个国家转移到另一个国家，或优先扩大在某个国家的生产规模。除了劳动力的成本、可用性和技能水平外，还有诸如税收、市场以及货币和政治稳定问题等因素。

无论从哪个因素看，子公司都不会主动放弃对现有活动的控制权。最好的情况是，管理者逐渐降低子公司的能力从而缩小并取消本地业务。通常，总部不得不作出这样的决定。

哪个子公司会获得订单？ 类似地，如果一个来自阿根廷客户的订单可以由法国、南非或者巴西的子公司来完成，那总部将决定把这笔订单交给哪家子公司。企业在决定时要考虑运输成本、生产成本、比较关税税率、客户的外汇限制、比较订单储备、政府压力和税收等因素。由母公司作出决策，可以避免同一国际企业不同子公司间的价格竞争。

多国生产 通常来讲，一个国家的市场规模太小，制造业就无法形成规模经济，从而就无法为这个市场提供全部工业产品或全方位的服务。一个例子是，福特为亚洲市场生产的一款轻型汽车。在这种情况下，福特通过与几个国家谈判，最后得出结论，每一个国家生产一种汽车零部件，从而把所有国家都包括在内。这样，一个国家制造引擎，另一个国家制造车身冲压件，第三个国家负责变速器等。通过这种方式，每个操作环节都提高了效率，并形成了规模经济以节约成本。当然，这种跨国生产要求国际企业总部具有高度的控制和协调能力。

哪个子公司获取利润？ 在某些情况下，国际企业可以在两个或两个以上的国家中选择由哪一个来获取盈利。这种情况可能出现在国际企业的两个或多个子公司为某个与国际企业本身没有关系的客户按照合同提供零部件或服务的时候。在这种情况下，企业可能会为一个子公司指定更高的价格，而为另一个子公司指定全球价格区间内的较低价格。

如果子公司所在东道国的税率比其他国家低，企业会很自然地将低税国家的利润最大化，并最小化高税负国家的利润。子公司所在国之间的其他差异将决定设立于当地的子公司的利润分配或利润产出。这些差异包括货币管制、劳资关系、政治气候和社会动荡。例如，明智的做法是将利润尽可能合理地分配给货币管制少、劳动关系好、政治气候稳定以及社会动荡少的国家。

企业间的内部交易也可能给企业带来利润分配的选择。同一企业成员间的定价称为**转移定价**（transfer pricing），虽然国际企业总部能够允许相近市场的总部与子公司或子公司之间的非直接谈判，但是从总体上看，这可能不会为企业带来最有利的结果。

通常，价格和利润分配决策应该保持全局观，为企业寻找到最佳利益，最好由母公司总部制定。自然，子公司的管理者并不愿意接受较低的利润，很大程度上是因为在对子公司进行评估时，子公司层面的利润会明显减少。

以下两个表说明，在其中一家子公司利润比较少的情况下，国际企业的利润将如何变化。假设有一个合作合同，内容是由两个子公司向外部客户销售1亿美元的产品和服务。国际企业的东道国 α 公司所得税征收的税率为50%，而国际企业的东道国 β 征收所得税率为20%。客户在第三国，已同意支付1亿美元，但不关心 α 和 β 的利润分配问题。第一个表显示了如果 α 获得6,000万美元收入，β 获得4,000万美元收入，企业的税后总收入。可见，纳税后企业实现6,200万美元收入。

	收入（百万美元）	税收（百万美元）	税后（百万美元）
α	60	30	30
β	40	8	32
			62

第二个表显示了如果 α 获得 4,000 万美元，β 获得 6,000 万美元，企业的税后总收入。可见，纳税后企业实现了 6,800 万美元收入。

	收入（百万美元）	税收（百万美元）	税后（百万美元）
α	40	20	20
β	60	12	48
			68

这些简单的例子说明了，如果 α 可以将 2,000 万美元的收入转移给 β，企业整体将多获得 600 万美元的收入，而且对客户也没有任何影响，因为客户在两种情况下都要支付 1 亿美元。如果 α 少获得 2,000 万美元的收入，它的税后收入会减少 1,000 万美元，但 β 将增加 1,600 万美元收入，企业总共可以增加 600 万美元收入。世界上有很多国家，税法各不相同，企业为增加收入，有很多种不同的组合方式。金融管理意识和控制是关键。

我们无意留下这样的印象：东道国和母国政府没有意识到或不关心国际企业在其境内操作转移定价和利润分配。东道国和母国政府肯定会质问企业的这种行为，企业必须准备好能证明其价格或分配是在合理的理由下进行的。这可以通过其他企业对相同或相似商品收取可比价格来证明，或者如果没有类似的商品，企业可证明售价包含了合理的成本和利润。至于利润的分配，我们示例中的国际企业可以试图证明 β 所承担的工作量或工作重要性或理应由 β 承担的责任——如融资、售后服务或保修义务——值得 β 获得更高的报酬。当然，如果 α 所在国政府听闻 β 国的应税收入高于本国，它将对此行为进行质疑。

几家美国的大型公司正在接受美国财政部和美国国税局的调查，因为他们曾利用爱尔兰子公司的低税率来分配知识产权和其他资产。有人提出，这些企业在子公司间评估资产、分配收入及利润的行为，已经使美国政府在税费方面蒙受了数十亿美元的损失。例如，微软在爱尔兰的 Round Island One（RIO）子公司，拥有了一系列的资产，主要是受版权保护的软件代码。这段代码声称是在微软的美国公司里诞生的，但随后经由次级市场出售给了 RIO。因此，RIO 拥有微软软件在欧洲、中东和非洲的许可权，而从这个授权中所获得的收益都在爱尔兰公司入账。RIO 是爱尔兰最盈利的公司，不需要向美国支付税收。RIO 获得了 160 亿美元的收入，但支付税收只有3.08亿美元，据说爱尔兰帮助微软至少规避了5亿美元的税收。通过在税率较低的国外赚取收入，如爱尔兰，微软每年实际的全球税率从33%下降到了26%。

子公司挫折 母公司管理者要考虑的一个非常重要的问题是，子公司管理者的积极性和忠诚度。如果国际企业总部制定的或将要制定的所有重大决策，让子公司的管理者在面对员工和组织时会失去激励作用和声望或颜面，子公司管理者可能会产生敌意和背叛。

因此，尽管总部有理由作出全部决策，总部也应该尽可能多地合理下放权力。总部应该与每个子公司的管理者时刻保持联系，并在进行决策、谈判和地理区域的发展问题时认真咨询子公司的建议。许多国际企业将权力由子公司收回到母公司的趋势，都造成了子公司管理者对企业失望，有时还会选择辞职。

非全资的合资企业和子公司

在第15章，合资企业被定义为，一个由国际企业和当地所有人或企业实体共同拥有的企业实体，其中有两个或多个企业来自合资企业所在地区以外，或是由一个企业和其他多个企业合作完成一个工作时间有限的项目（例如，建设大坝）。其他企业可能是子公司或分支机构，也可能是完全独立的实体企业。

所有能够解释由总部决策、由子公司决策或是共同合作决策的原因，在合资企业中也同样适用。然而，在合资企业中，总部几乎不可能拥有与全资企业一样充足的行动自由和灵活性。

失去自由和灵活性 国际企业失去自由和灵活性的原因很容易看出来。如果国际企业以外的股东拥有对附属公司的控制权，他们可以阻止国际企业总部转移生产工厂的行为,阻止从另一个子公司或附属公司填补出口订单的行为,等等。即使外部股东只是少数，不能直接控制附属公司，他们也可以向国际企业施加法律或政治压力，以防止出现为了企业效益而减少附属公司利润的行为。同样地，合资企业的本地合作伙伴不太可能同意为了国际企业利益而对合资企业不利的行为。

可能的控制 即使掌握的投票权不到半数，甚至没有投票权的情况下，国际企业也可以对合资企业进行控制。保持控制权的一些方法包括：

- 签订管理合同
- 控制合资企业财务
- 控制合资企业技术
- 将来自国际企业的员工安排在重要的管理岗位

正如意料中的那样，国际企业在将自己的人员安排在重要管理职位的时候，遇到了来自合作伙伴或东道国政府的阻力。这些合作伙伴和政府自然希望自己的国民至少要担任同等重要的职位，要在技术和管理方面得到培训、获得经验。

报 告

为了进行有效的控制,国际企业的所有运营部门都必须向总部提供及时、准确、完整的报告。所报告的信息有许多用途。所要求的报告类型有:(1)金融;(2)技术;(3)市场机会;(4)政治和经济。

金融　一家子公司拥有的资金剩余可能应该被留存起来,用于投资或应对意外事件。另一方面,在母公司要支付股息时,这些多余的资金对母公司可能更有用。或者是当另一个子公司或附属公司需要资金时,这部分资金可以借给他们或对那里进行投资。显然,母公司总部必须知道是否有剩余资金及其规模以确定最佳的使用方式。

技术　新技术应及时向总部汇报。在不同国家,新技术不断被研发出来,在这些国家的子公司或附属公司要比远在数百英里或数千英里之外的总部更早学会这些技术。如果总部发现了新技术的潜在价值,企业就可以成为第一个从开发者那获得许可证的公司,进而获得竞争优势。

市场机会　位于不同国家的子公司可能会为企业的一些产品发现新的市场。随着国际企业销售更多的产品,附属公司可以获得更多的销售佣金,这对双方来说都是有利可图的。当然,如果新市场足够大,在得到母公司或另一附属公司许可的情况下,附属企业可能会自己组装或生产产品。

其他与市场相关的信息都应向总部汇报,如竞争对手的活动、价格的发展情况、给总部带来潜在利润的新产品等。同样重要的信息是,子公司的市场份额以及未来的增长或萎缩趋势,以及相关解释。

政治和经济　不足为奇的是,过去20年间,随着改革——一些造成了流血事件——推翻和改变了政府,政治和经济报告的数量和重要性正在成倍增加。民主取代了独裁统治,一个独裁者取代了另一个独裁者,国家经历了分分合合——每一个大陆几乎都发生了变化。

在一个失控的世界管理企业

互联网可能是现存的最接近无政府状态的世界。没有人拥有它,没有人经营它,它的大部分公民依靠网络礼仪进行相处,而非规则条例。互联网的建立不存在任何中央控制行为,因为美国国防部希望确保互联网可以幸免于核攻击。网络已经被证明是温室膨胀和不断进化的模范。尽管与企业或机构设计并运行的类似系统相比,互联网显得混乱和低效,但这个不断成长的组织网络具有更好的适应性且不易出现系统性崩溃。

在类似互联网这种失去控制的世界中,为进行管理,麻省理工学院设计了一个分布式控制方案:(1)先做简单的事;(2)学会完美完成任务;(3)在完成简单任务的基础上,添加新级别的任务;(4)不改变简单的事情;(5)像完成简单工作那样,完美地完成新级别的任务;(6)无限地重复下去。通过采取这些看似简单的组织原则,许多组织都将从中获益。

如人们正在使用的机器和程序、人们必须依赖的网络等,这些最成功的公司只有越来越多地通过适应和改进这种有机的自下向上的方法,才能前进。成功的领导者必须放弃控制。他们需要尊重错误，因为突破和错误可能本就难以区分。他们必须不断寻求这种不均衡。

13.3 控制：对还是错

我们曾经谈到过对国际企业母公司、子公司、附属公司和合资企业的控制。这涉及到在各种不同的情况下，针对各种不同的目标，应由哪个部门作出决策。及时和准确地向母公司汇报工作对于国际企业的成功是非常必须的。这一领域的控制发展趋势是更多地由母公司集中进行决策。

我们所说的其他的控制涉及到企业的设计、生产、订货供应职能。在这里，软件、计算机网络和信息技术的爆炸，包括互联网，都倾向于分散化和无工作组织形式。员工在工作时，与他们合作的团队成员的变化频率越来越大。现在，层级消融以及成功的领导者放弃对员工的控制，同时员工们经过培训，被鼓励去应对不断发展变化的任务，并奖励那些好的处理方式。

小　结

解释为什么对国际企业而言，组织结构的设计是重要的。

国际组织的结构，涉及如何安排其国内和国际部门的活动，将正式的权力与威望交由哪些部门掌管。它有助于确定企业整合并提高利用各部门内外的能力和资源的效率，从而有助于企业战略的成功执行。

讨论在选择组织结构时必须考虑的组织维度。

为企业选择的组织结构必须符合组织的能力和资源，还要符合组织运营和战略执行的环境。在选择组织结构时，国际企业的管理者必须考虑到国际企业在专业产品和技术、地理、客户和职能方面专业知识的要求。

讨论用于构建国际企业的各种组织形式。

企业可能会：（1）设立国际部门；（2）通过产品、职能或区域进行组织；（3）采用混合结构（混合形式）。为达到产品和地区专业知识间的平衡，一些管理者已经尝试了矩阵形式的组织。然而，它的缺点使许多管理者在传统的产品、区域或职能形式上形成矩阵叠加，而不是运用矩阵。

解释虚拟企业的概念。

虚拟企业能使得不同公司快速结合到一起，从而抓住特别的市场机会。因为每个成员都专注于自己最擅长的事情，虚拟企业拥有优于所有成员的特有能力。一旦工作结束，虚拟企业通常会解散。

解释为什么要在国际企业的母公司与子公司之间作出决策。

在国际企业组织中，由哪些部门制订决策需要注意以下几点，包括：在不同市场区分标准化产品的意愿、组织管理的能力、国际企业的规模和历史、因母公司获利而使子公司受到的损害，以及建立信心或避免管理层挫折。

讨论国际企业如何保持对合资企业或对拥有投票权不到50%的企业的控制。

在合资企业或国际企业拥有不到50%投票权的公司中，仍然可以进行控制，通过管理合同、财务控制、技术控制、将来自国际企业的员工安排在重要的管理岗位等方式。

列出国际企业需要从其世界各地的单位收集的信息类型。

子公司应向总部汇报金融状况、技术发展、市场机会和发展、经济和政治条件等信息。

问题讨论

1. 对国际企业而言，为什么组织结构是一个重要的问题？

2. 将国际部门作为企业组织结构的一部分有什么主要的优势和劣势？在什么情况下，企业选择这种结构是适合的？

3. 比较国际企业的地理结构和产品结构。

4. 你所在公司的矩阵组织没有效果；决策花费的时间太长了，而且对你而言并不能得到最好的解决方案，而是折中方案。请问公司的首席执行官应如何来解决这个问题？

5. 你是Mancon股份有限公司的首席执行官，公司刚刚收购了意大利小电器（电动剃须刀、小型家用和个人护理电器）制造商Pozoli。它已经经营了40多年，制造工厂遍及意大利、墨西哥、爱尔兰和西班牙。它的产品销售至全球100多个国家，包括美国。你的公司现在建立了两个产品组（剃须和个人护理），这两个组织连同一个国际部门，组成公司的最高管理层。你打算如何将Pozoli纳入你的公司组织内？解释你的理由。

6. 很明显，在制订新的战略时，管理者可能会发现改变其组织的需要。你能描述一些可能不需要改变组织的情况吗？

7. 当决定由母公司制订决策还是子公司制订决策时，如果设备和产品是全球标准化的，而不是针对个别国家市场环境设计的，应该考虑哪些问题？

8. 关于国际企业的控制问题：

   a. 什么决策会使子公司受到损害，但会为整个企业带来更大的效益？

   b. 在这种情况下，决定由哪个部门制订决策——是总部还是相关子公司？

9. 在非全资子公司中，或企业没有所有权的合资企业中，应采取何种控制措施？

10. 一些公司在他们的整个组织中使用标准化组织控制，即用相同的控制系统管理全球的每个单元或业务运营。例如，星巴克、肯德基和麦当劳等公司，在组织的所有方面都应用相同严格的质量控制，即使是海外扩张也不例外。为什么无论在哪个运营区域，这些公司都要执行严格的企业质量标准？这些质量标准由于世界不同国家或地区的差异而进行的哪些修改，企业应该允许？为什么企业会允许这些改动的发生？

案例分析 13-1　国际企业的内部竞争

全球工业企业（WIE）是一个国际企业，在世界数个国家拥有下属制造工厂。WIE刚签订了一笔大单，向土耳其供应火车机车，作为土耳其铁路系统现代化的一部分。

WIE的本土国在法国，在法国工厂里，WIE可以生产全部或部分的机车。WIE在西班牙、捷克共和国、中国和印度的子公司同样能够生产全部或部分机车。所有子公司的管理者都知道这笔大单，且每一家子公司都渴望能够参与到合同的执行过程中。

WIE在巴黎总部召开了一个由子公司首席执行官出席的会议，讨论这份合同里的任务将交由哪家或哪些工厂执行。法国机车部门的经理也参加了这个会议，她强有力地陈述了她所在的工厂需要这份工作。法国工厂已经解雇了3,000名工人，这导致了法国工人工会高调且强烈的罢工活动，如果法国子公司获得这份合同，法国工厂可以将被解雇的工人召回。此外，法国工厂还拥有最先进的技术，其中一些技术尚未与其他子公司共享。

每一个CEO都认为，他们所在的东道国存在失业现象，并且作为一个有责任感的公民，他们必须雇用更多的当地人。而且，这样做可以减少东道国对他们的敌意，并且可以使子公司更好地应对东道国对外商独资企业的政治攻击。其中一家子公司的首席执行官提议，让每家子公司和法国分部都参与竞价，最终由土耳其国家铁路作出决策。

你是一个为WIE的首席执行官提供协助的分析师，而首席执行官要负责为一个或多个工厂分配任务。列出你认为会支配她决策的因素，并解释原因。

第14章 评估和分析市场

按照当地的思维方式去思考，提供价值，保持耐心。最后一个因素很关键：你可以让一只大象跳舞，但是这需要时间去学习正确的曲调。

——奥姆·马利克关于在印度进行
市场营销，《商业2.0》

阅读本章后，你应该能够：

1. 讨论环境分析和市场筛选的两种类型。
2. 解释市场指标和市场因素。
3. 描述评估市场需求和相似市场分组的统计方法。
4. 讨论商务人士贸易访问团和贸易展销会的价值。
5. 讨论市场研究人员在国外市场碰到的难题。
6. 解释国家筛选和分段筛选之间的不同。

市场研究

无论克洛泰尔·拉帕耶（Clotaire Rapaille）是骗子还是顾问，你的公司却离不开他。拉帕耶最初是一位在欧洲治疗自闭症儿童的心理学家，现在他在美国纽约州北部的一个大厦里开展业务，公司的高层管理者向他寻求能够打开印度人、法国人、挪威人内心世界的"密码"。拉帕耶的洞察力帮助高管们领悟吸引这些地方的人购买自己产品的动机。

拉帕耶早期的洞察力来源于比较法国人和美国人对待奶酪的态度。对于法国人来说，奶酪是有生命的，他们不会把奶酪放进冰箱里，就像人们不会把自己的猫放进冰箱里一样，因为两者都是"有生命的"。但是对于美国人而言，拉帕耶洞察到，他们认为奶酪是无生命的，因此美国人往往把它密封在一个塑料"棺材"里面，然后把它放进犹如"太平间"一样的冰箱里。比起味道，美国人往往更关心食品安全，而法国人却恰恰相反。因此，由于吃变质奶酪而死的法国人要比美国人多。但是美国人吃的却是无菌的、无味的产品，而法国人则享受着美国人难以理解的美味奶酪。

拉帕耶也影响了克莱斯勒"漫步者"的发展历程，而"漫步者"这款复古车现已取得了巨大的成功。《财富》100强公司中，有50家公司是他的客户。他声称，在他的指引下团队已经成功破解了"反美主义"、"中国"、"诱惑"、"青年网络"等现象的密码。在最近的一次印度旅行之后，他表示，种姓制度只是一种表明自己社会地位的方法，"这并不是问题，相反这是一种解决问题的方法，"他总结说。

拉帕耶拥有一种近乎傲慢的自信，他遵循一种与众不同的研究方法。他不依赖小组讨论和调查，仅用三个小时左右的会议时间，就可以"破解一些国家的密码"。在这些会议上，有偿的受访者首先谈论感兴趣的话题，然后再挖掘他们的情绪反应，最后拉帕耶会探究这些"爬行动物的大脑"（拉帕耶所谓的）。而最后一步是至关重要的。拉帕耶说："永远不要相信人们说话的内容，我想搞清楚为什么人们要做他们正在做的事情。"最终，他让受访者以胎儿的姿势躺在地板上，重温儿时的记忆。

拉帕耶说，通过这一过程，他发现了文化的原型，尽管观念很容易改变，但文化的原型却是亘古永恒的。以前的客户也曾用"奶酪是死的"来嘲笑他的方法。对于其他人来说，将复杂的态度归结为一个词或者一个短语（例如对美国人来说的德国人的密码"约翰·韦恩"），这种想法是好的，但很愚蠢。但是他的许多客户都会再次回来向他寻求帮助，例如宝洁公司已经回来向他寻求帮助多达35次。

作为管理者，我们可能会（也可能不会）聘请克洛泰尔·拉帕耶或他的公司。但是，作为国际经理人就必须不断寻找能够使他们分析解释国外市场的方法，不管这些方法是新颖的还是传统的。而这正是我们现在要讨论的话题。

资料来源: Danielle Sacks, "Crack This Code," *Fast Company*, April 2006, pp. 97-101: www.pbs.org/wgbh/pages/frontline/shows/persuaders/interviews/rapaille.html（accessed October 3, 2006）; www.archetypediscoveries.com（accessed October 4, 2006）; "The Last Word: Clotaire Rapaille," *Newsweek*, international ed., www.msnbc.msn.com/id/4710897（accessed October 4, 2006）and "Archetype Discoveries Worldwide," http://www.rapailleinstitute.com/（accessed June 30, 2008）.

正如开篇故事中所描述的那样，克洛泰尔·拉帕耶抛开复杂动机只理解"只言片语"的这项技能，听起来有些玄虚，但通过对拉帕耶工作的简要回顾和市场对他的需求，使我们领会管理者需要理解复杂的国外市场。

虽然我们着迷于拉帕耶的方法，但我们认为许多国际经理人会喜欢更系统化的方法，正如本章将要介绍的内容。在接下来的内容中，我们还会描述市场筛选过程的一些细节。

市场筛选过程的第一步是确定潜在的基本需求。我们将在下一节全面地描述这个过程。**市场筛选**（market screening）是环境扫描的改良版本，环境扫描是指企业运用环境因素剔除不理想的市场，从而确定目标市场的过程。

环境扫描（environmental scanning）派生出了市场筛选，是指企业扫描世界上那些可能对其造成影响的环境因素变化的过程。有段时间，环境扫描被管理者用于规划过程，来提供关于世界挑战和机遇的信息。那些专业的环境扫描人员可能会隶属于竞争情报从业者协会（www.scip.org）这类组织。此外，环境扫描服务还可由大量的私营企业来提供。如，史密斯布兰登国际公司（www.smithbrandon.com）和战略预测公司（www.stratfor.com）都是这类服务的供应商。

市场筛选对两种类型的公司会有帮助。一种是只在国内市场销售，但相信通过扩展海外市场可以增加销售的公司。另一种是已经成为跨国公司，但同时要避免丢失新的潜在市场的公司。在这两种情况下，管理者需要一种有序的、相对快速的方法，用以分析和评估近200个国家（和国家内部多个细分市场），从而确定最合适的发展前景。

14.1 市场筛选

市场筛选是市场分析和评估的一种方法，它能够让管理者通过剔除那些被认为缺乏吸引力的市场从而确定出少数的几个理想市场。这可以通过让市场接受基于环境因素（在第二部分已经考察过）的一系列筛选来实现。尽管这些因素能够以任何顺序排列，但图14-1中的安排是以数据分析在可访问性和主体性上的难易程度来排列的。通过这种方式，只有很少数量的候选者会留到最后，经历最严格的筛选。

14.2 两种筛选类型

在这一章里，我们将看到两种类型的市场筛选过程。第一种类型可被称为**国家筛选**（country screening），是一种以国家为相关单位进行的筛选分析。第二种类型可称为**分段筛选**（segment screening），是基于地方性的用户群体进行的筛选分析。

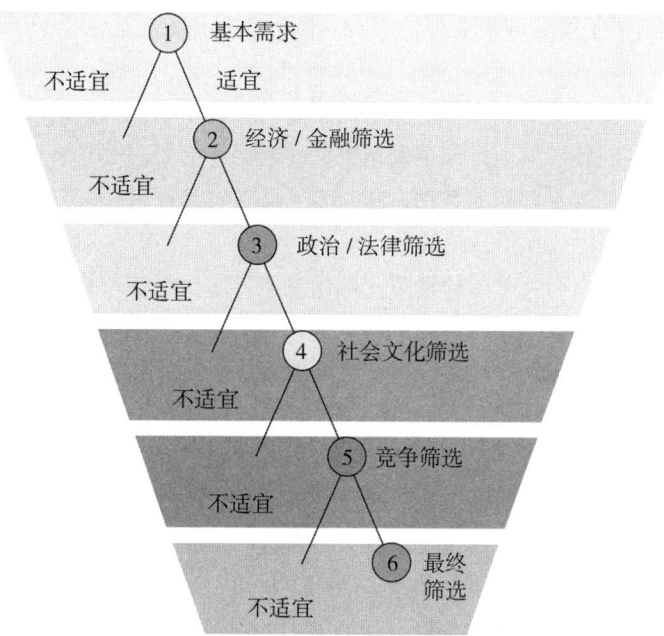

图 14-1 国外市场的选择

初期筛选

潜在的基本需求 基于潜在的基本需求进行的初期筛选是合乎逻辑的第一步，因为如果市场缺少需求，任何人力和资本上的付出都无法让企业在该市场销售其商品或服务。例如，某些商品潜在的基本需求是基于各种物理因素，如气候、地形和自然资源。如果某企业生产空调，分析人员就会去寻找气候温暖的国家。大型农用机械的制造商不会考虑瑞士作为一个有前景的市场，因为瑞士是多山地形，而只有已确定拥有金矿的地区才可能是黄金疏浚设备的市场。

一般来说，专业工业材料和设备的生产者评估潜在基本需求时几乎没遇到过困难。例如，一个水泥窑的建筑者，可以通过波特兰水泥协会（在芝加哥附近）的网站获得世界范围内水泥工厂的名称和地址。某一行业全球范围的公司清单，既可以从行业协会获得，也可以从专业贸易杂志获得。对于广泛使用的非专业化产品又该如何呢？例如，我们很难为巧克力建立一个基本的需要，对于MP3播放器、消费机器人或电影蓝光光盘而言则会更难。既然这样，我们就要将需求变为欲望。

对外贸易 如果分析人士想知道美国竞争对手将他们的产品出口到哪里的话，可以登陆国际贸易管理局（ITA）的网站——www.ita.doc.gov。美国商务部还将美国商品出口公布在美国国家贸易数据库（NTDB）上，该数据库可以通过缴纳订阅费在线浏览。这个报告的信息非常有价值，因为它包括出口数量和美元总值，让分析师能够计算出单位平均出口价格。在美国国际商品和服务贸易报告的基础上，商务部还编制和发布月度对外贸易和累计对外贸易的统计数据，通常称为FT900。例如，最近的FT900显示，从2004年到2006年，美国的版税和许可证收入持续增加。该消息通过新闻稿披露。

为帮助企业搜寻市场，分析师可以从最近的商务部办公室，获得由美国大使馆提供的大量研究成果。《年度全球产业评论》和《国际市场研究报告》为许多产品指出了主要市场。

国家市场调查指出了那些在特定国家已建立的良好市场上销售的产品。我们将在第18章详细讨论这些问题。其他国家也发布类似的数据。例如，欧洲共同体（欧盟统计局）的数据办公室发布年度对外贸易数据，JETRO（日本贸易振兴会）公布各类贸易和行业数据，其中许多内容已放在了其网站上。

进口数据并不能全面衡量市场潜力 即便基本需求已经清楚指明，经验丰富的研究人员仍会继续调查贸易流动情况，以了解目前销售的规模。当然，凭借单独的进口数据是难以全面衡量市场潜力的。很多原因都会影响市场潜力，如低劣的营销手段、缺少外汇和价格过高（由于关税和利润）。对新市场而言，进口指标无法给出准确的潜在需求。

此外，进口数据只能显示一个市场从国外购买了哪些产品，但不能确保该市场会继续进口这些产品。竞争对手可能会决定在本地进行生产，这会导致许多市场上出现进口停止的现象。国家政治结构的变化也可能会影响进口，正如我们看到的，伊朗革命之后，来自伊朗的订单瞬间减少了数十亿美元。然而，进口数据可以使公司了解目前销售了多少产品，为管理者提供一个现行价格下市场潜力的保守估计值。如果当地生产的计算结果表明，本地生产的商品可以以较低的价格出售，公司可以合理预期其本地生产的销售量将超过进口数量。

第二次筛选——金融和经济力量

在初期筛选过后，分析人员得到的是一张数量少得多的市场名单列表。在经过基于金融和经济力量的二次筛选后，这个列表的内容将会进一步减少。通货膨胀、外汇、利率的变动趋势是首要的金融关注点。分析师也要考虑其他金融因素，如信贷投放、客户支付习惯以及类似投资的回报率。应该指出的是，这种筛选并不是一个完全的金融分析。如果市场分析和评估显示一个国家有足够的资本投资潜力，这个过程可以放到以后来完成。

经济数据可能被应用在许多方面，但它对于市场需求的两种测量——市场指标和市场因素特别有效。其他用经济数据评估需求的方法，为趋势分析和集群分析。

市场指标 市场指标（market indicators）是一种经济数据，它被用作测量不同地区相关市场优势的标准。

例如，我们为拉丁美洲开发了一个电子商务潜力指数，这一指数可以将该地区的国家进行比较。结果显示在表14-1中。在这个方法中，我们收集了20个拉美国家的数据，然后将这些国家进行排名。我们希望指标中包括经济整体的增长率和增长强度，以及相关因素，更确切地说是电子商务和可以帮助电子商务增长的通信业务。我们开发了三个指标，每个指标的权重相同。

市场规模　　　＝城市人口规模＋用电量
市场增长率　　＝商业能源使用的平均增长率＋GDP实际增长率
电子商务成熟度＝每千人拥有的手机数量＋每千人拥有的个人电脑数量＋每百万人
　　　　　　　　中上网的人数

这三个指标的排名会形成一个综合排名。我们将这个综合排名称为"电子商务潜力"。正如你在表14-1中看到的，通过这种方法，测量出的最有电子商务潜力的国家似乎是智利、哥斯达黎加、牙买加、巴西，最缺少电子商务潜力的国家是巴拉圭、尼加拉瓜和海地。

市场因素 市场因素（market factors）与市场指标相类似，区别在于市场因素与给定产品的市场需求相关性更高。如果研究国外市场的分析师缺少某个国家的市场因素的信息，他可以从国内市场找一个近似的因素。此外，跨国公司的分析师可以通过类似的

表14-1 电子商务潜力：拉丁美洲的排名

国家	市场规模	市场增长率	电子商务成熟度	电子商务潜力
南美洲				
阿根廷	4	17	3	6
玻利维亚	17	5	15	15
巴西	5	12	3	4
智利	1	5	1	1
哥伦比亚	11	7	9	9
厄瓜多尔	14	1	9	6
巴拉圭	12	16	15	17
秘鲁	12	3	15	11
乌拉圭	7	20	9	12
委内瑞拉	2	19	7	9
加勒比海				
多米尼加共和国	10	9	9	9
海地	20	18	20	19
牙买加	3	14	2	3
中美洲				
哥斯达黎加	6	2	3	2
萨尔瓦多	15	13	9	12
危地马拉	17	11	9	12
洪都拉斯	15	4	19	15
墨西哥	6	15	3	6
尼加拉瓜	17	10	15	17
巴拿马	5	6	7	4

资料来源：Michael S. Minor and Alexandra Brandt, "A Possible Index of E-Commerce Potential for Latin America," working paper, January 8, 2002, updated June 2006 by Adesegun Oyedele and October 2008 by Michael S. Minor. Reprinted with permission of the authors.

子公司获得市场因素信息。如果要把这些关系转移到正在研究的国家中，分析师必须假设在这些市场上，影响需求的因素是相似的。

我们可以通过下面的例子，说明**类比估计**（estimation by analogy）这个过程。如果一家笔记本电脑的供应商知道在英国每年有五分之一的笔记本电脑将被更换，那么他就可能使用相同的关系来估计一个新的海外市场上每年更换电脑的需求量。如果新市场上现有300万台笔记本电脑，分析师会预测每年将售出300万×0.2，即600,000台笔记本电脑。在不同国家，研究情况可能有所不同（通常是这样），但这种方法的估计在大致正确的范围之内。类似的因素很多，一般而言，无论是国内还是国外，公司的研究人员都很熟悉这种方法。

趋势分析 如果已知相关经济变量或进口产品的历史增长率，就可以通过**趋势分析**（trend analysis）预测未来的经济增长。时间序列的构造方式与建立回归模型的方法类似，且过去增长率的算术平均值会被应用到历史数据中。在使用第二种方法时要谨慎，因为如果只是机械地应用年平均增长率指标，因变量可能会在短短几年中得出一个难以置信的结果。例如，5%的增长速度按年复合计算将使原始值在15年的时间里倍数增长。由于趋势分析假设过去的因素对因变量的影响将保持不变，因此分析师通常会考虑可以预见的任何变化，进而修改结果。通常，明显的约束条件将制约经济增长。其中的一个约束是，如果在很长时间内，需求持续大量增加，那么可以确定，在不久的将来竞争对手就将进入这个市场。

集群分析和其他方法 跨国公司正在不断扩大其国际市场，管理者正在通过一些共同特征，寻找组织国家和地理区域的方法。**集群分析**（cluster analysis）将研究对象（市场区域、个人、客户和其他变量）划分为不同组别，从而使每组内的变量都是相似的。例如，餐厅内所有围坐在一张桌子旁的人是一个"集群"。又例如，市场营销人员使用群集分析来识别某个市场，从而在这个市场内使用同一种促销方法；律师可以根据某些法律类型的相似性来将国家划分为不同的组别；等等。换句话说，集群分析就是将一座"山"的信息分类成有不同意义的"堆"。

定期更新 如果在长期预测的周期性更新中，适当改变估计结果，管理者可能会改变公司的参与程度，使其与新的估计相一致。幸运的是，在市场的另一种参与形式中，伴随着投资的增加，公司的参与度越来越高。大多数公司可以阶段性地进入市场，这个序列是：出口、建立国外销售公司、当地组装，最后是当地制造。

即使是要制定海外生产的决策，管理者最初也会将进口与国产的生产部分相结合，然后随着需求上升，逐步在当地制造更多零部件。汽车制造商就是在大量的海外业务中使用这种策略的。

第三次筛选——政治和法律力量

进一步思考，能够剔除备选市场（或使市场更有吸引力）的政治和法律力量很多。

进入壁垒 进口限制既有积极方面也有消极方面，主要取决于管理者是准备出口（产品可以进入这个国家吗？）还是在外国建立工厂（会影响到进口产品吗？）。如果公司的目标是拥有100%的所有权，那么该国家的法律是否允许这种做法，是否有当地参股的要求？政府是否会同意只拥有较少的本土所有权，抑或是规定必须由本国国民对当地子公司拥有至少51%的所有权？是否有保护本国某些产业的法律，规定这些行业只能由本国政府或国民从事？东道国政府是否要求外国企业向拟议的附属公司提供技术支持，从而将技术保留在国内？或者，潜在投资者认为，东道国政府对本地的限制是过度的。也可能会有国有企业与拟议的工厂进行竞争。根据不同的情况和管理者希望进入该市场的愿望强度，这其中的任何一个条件都足以将一个国家从长远考虑剔除。

利润汇出壁垒 即使对进入的要求没有异议，如果管理者认为该国过度限制企业将收益汇回母国的行为，该国同样也会从备选国家中被剔除。当地政府会设置外国投资数量或其他标准的限制，或者有些国家没有能力提供利润汇款的外汇服务。

政策稳定性 管理者在研究国外投资的可能性时，另一个重要因素是该国政府政策的稳定性。例如，当一位新的领导人上台后，政策是否还具有连续性？政治气候怎么样？政府是否稳定，或有政府领导人之间是否有内讧？公众如何？是否有可见的动荡现象？当出现公共动乱时，是否有军队干预的历史？只要当地状况稳定，企业业务就可以适应当地的政府形式并茁壮成长。但是，不稳定性会导致不确定性，并且使规划变得更加复杂。经常能听到的抱怨是："他们又改变了规则。"

区分政治稳定性和政策稳定性很重要。统治者会变来变去，但如果影响企业的政策不发生太大变化，这些政治变动真的不那么重要。事实上，如果太过介意由于高级领导人变动会影响政治稳定，那与许多国家相比，美国政治就很不稳定！

分析政治和政策稳定性的资源很多。例如，已经提到的战略预测公司。此外，商业环境风险评估公司（www.beri.com）和政治风险顾问公司（www.prsgroup.com）发布排名比较各国政治风险问题。您可以在第8章回顾国家风险评估问题。

第四次筛选——社会文化力量

通过社会文化差异继续筛选剩下的备选地区是很不容易的。首先，社会文化因素是相当主观的问题。其次，数据很难搜集，特别是从距离较远的地方搜集数据。除非分析师是某个国家的专家，要不然企业就必须依靠别人的意见。企业可以聘请顾问，他们通常都是拥有当地国家或地区经验的"老手"。其他人也会有特别的方法，如在本章开篇提到的克洛泰尔·拉帕耶。同时，一些专业组织和大学经常举办研讨会来解释在一个特定的地区或国家经营业务时社会文化方面的问题。

阅读《海外商务报告》（美国商务部）、国际商业出版物（《国际商务》、《金融时报》、《经济学人》）和专业书籍将帮助分析师增加社会文化知识。使用主要社会文化清单，正如在第5章提到的，将提醒分析师在这个筛选阶段需要考虑的因素。

尽管有许多困难，但来自国外的近期移民或学生可能用来阐释潜在的社会文化问题。

当然，这里存在一个风险，即移民者和学生已受到外国生活环境的影响。因此，他们的反应并不一定是本土消费者对待你的产品的可靠指标。

在四次筛选后，分析师应该已经有一张国家名单，这些国家对某个行业存在需求。

然而，管理者真正想知道的是，该公司的产品在哪些市场最具发展前景。基于竞争力量的第五次筛选将为企业提供这些信息。

第五次筛选——竞争力量

在这次筛选过程中，分析师将基于竞争力量因素来检验备选市场：

1. 竞争对手的数量、规模和财务实力。
2. 他们的市场份额。
3. 他们的市场战略。
4. 他们的促销计划的有效性。
5. 他们产品线的质量水平。
6. 他们的产品来源——进口还是本地生产。
7. 他们的定价策略。
8. 他们的售后服务水平。
9. 他们的分销渠道。
10. 他们的市场覆盖率。（市场细分能否开发出尚未良好服务的利基市场？）

就第10点而言，在某个外国市场上调查区域或民族亚文化群是很重要的。这些亚文化群可能是自然形成的，或至少是可辨认的区域，在该地区执行具体的营销计划很可能会成功。相类似的实例，如美国有足够多的西班牙人、中国人和其他亚文化群，因此将中国和拉丁美洲的产品进口到美国，这种做法是很有价值的。

也许，别的国家有大量的移民或亚文化人群，而你能够理解他们的需求并提供相应的服务。例如，日本现有一个规模较小但却不断增长的来自拉丁美洲的移民群体，他们的父母曾在早期从日本移民到拉丁美洲。这些海归回到日本后，仍然保留了他们的拉丁文化，这可能为善于向拉美人群销售产品的企业提供了一个利基市场。

如果管理者认为该国有强劲的竞争对手，使得本公司无法在该市场获利，那么管理者将放弃该市场，除非管理者:(1)正在执行一个战略，无论全球竞争对手位于何处;(2)相信进入竞争对手的国内市场会分散竞争对手对本土市场的注意力，这也是我们在第3章讨论的进行外国投资的原因。

对新市场的最终确定

虽然通过分析可以完成很多筛选，但没有方法可以代替对潜力市场进行亲自走访。公司的高管应该去那些筛选过后仍然拥有良好前景的国家进行调研。在进行访问之前，执行人员应该阅读多次筛选所得出的信息，以及任何可供研究的新信息。

在阅读资料的基础上，根据以往类似的国内决策的经验，执行人员需要列一个目标列表，列表中列明这次行程中需要搜集的信息。管理者希望实地调研的结果能验证书桌前的研究成果（即前面的五次筛选过程）是正确的，并期望得到关于市场信息的第一手报告，包括对竞争活动的信息，以及对该公司目前营销组合的适用性和后勤服务的可用性（仓储、媒体机构、信用等）的评估。

实地考察 实地考察不能仓促，企业在类似的国内实地考察上花费多少时间，就应分配同样多的时间给这部分研究。考察的关键是要尝试获得一种到底是怎么回事的"感觉"，这个过程不能很快地完成。例如，虽然日本年轻人会模仿美国篮球明星穿耐克运动鞋打扮自己，但当他们真正打篮球时，仍然会换成杂牌的运动鞋。另一个例子是，相比拉丁美洲的其他国家，智利的男性在杂货店购物似乎是一种常见现象。"自己动手"的家得宝和类似品牌虽然很著名，但东亚的男性似乎并没有"自己动手"的传统。如果不是通过实地访问，企业是不会洞察这类现象的。

政府支持的贸易代表团和贸易展销会 当政府的贸易专家觉察到对某行业而言，海外市场存在机会时，政府就会组织一个**贸易代表团**（trade mission）。贸易代表团的目的是派遣一队由各个企业高管组成的人马，亲自到一个国家或一组国家去调查，以获得一手资料，与重要客户面对面交流，并与那些有意向代表他们产品的人接触。由于机票、酒店折扣等原因，贸易代表团的成本将低于自行出访所花费的成本。

此外，团队访问的影响力要优于个人访问。在贸易代表团到达前，当地领事馆或大使馆官员会先公开代表团的访问信息，提前与可能对此感兴趣的当地企业联系。例如，2002年，加拿大总理带领一队由加拿大企业组成的贸易代表团，访问了德国和俄罗斯，最终为加拿大公司签订了相当于5.84亿美元的业务合同。国家政府、行业协会、商会和其他出口导向型组织也会组织贸易访问团。

大概世界上的每个国家都会定期举行**贸易展销会**（trade fair）。通常，在展会区域内，每个国家都有一个特别标明的展区（中国馆、阿根廷馆等），参展商会为展台配备各自的销售代表。贸易展销会是对公众开放的，但在某段时间内（通常是早晨），展会仅限与参展商商谈业务的商业人士出入。

发展中国家的大多数展会通常都会展示各种各样的产品，在欧洲则是专门化的。一个著名的例子，就是一年一度的CeBIT计算机和电信贸易展销会——全球最大的计算机相关产品的贸易展销会——每年都会在德国汉诺威举行。在2008年，就有超过495,000人参观了展会上5,845家参展商的产品。

除了与潜在的买家和代理商（直接销售也包括在内）进行交流，大多数参展商会利用这些交易会，了解更多关于所在市场的信息并收集竞争情报。他们不仅会获得访客对他们展品的反馈，也会抓住机会观察竞争对手的行动。

有时需要进行当地调研 在很多情况下，管理者的现场调查报告将成为最终的决策信息。然而，偶尔也会由于计划投入的人力和财力巨大，管理者坚持收集潜在市场的数据，而不是仅依赖于书桌前的分析结果和实地考察报告。对于设想进入一个工业化国家的大型竞争市场的消费产品制造商而言，这是必须考虑的问题。如果管理者发现新的市场状况与公司已经习惯的市场情况有本质不同，对于管理者而言进行实地调查是个不错的选择。通常，在面对面的采访中能流露出文字无法记录的信息。在这些情况下，当地市场的调研将不仅提供市场定义和规划方面的信息，还将帮助企业制定有效的市场营销组合。

调查当地市场 如果公司的研究人员对该国家没有任何经验，管理者可以雇用一个

游客参观德国汉诺威的国际信息及通信技术博览会的展品。除了签订销售合同外,大多数参展商会利用这些交易会来进一步了解市场和收集竞争对手情报。参展商不仅会收到游客对他们的展品的反馈,而且还有机会观察竞争对手的行动。

当地的研究小组来完成这个工作。通常,管理者可以在当地使用母国的研究技术,但母国的研究技术可能需要先适应当地的情况。因此,项目负责人必须对该国有所了解,或是对与其文化背景相似的国家有所了解,且两者最好是在同一地理区域,这一点很重要。

如果二手数据不可用,研究人员就必须收集原始数据,这时他们还要面对文化差异和技术难点引发的其他问题。

文化差异　如果研究者来自某个文化区域但是却在另一个文化区域工作,他们可能会遇到一些文化问题。当他们不精通当地语言或方言时,就必须将研究工具或受访者的答案进行翻译。正如我们在社会文化力量那章所学到的,一个国家可能有很多种语言,即便是在只说一种语言的国家,同一单词的意思在两个不同地区也可能会有所不同。

研究人员试图收集数据时,其他的文化问题也在困扰着他们。较低的读写能力几乎使得他们无法使用邮件问卷的方式。如果研究人员在由妻子作购买决定的市场采访一个丈夫,那么所获得的数据将毫无价值。其实我们根本无法决定该由谁来接受采访。受访者有时拒绝回答问题,因为他们一般不信任陌生人。在一些情况下,以礼貌为风俗的调查对象会故意给出让采访者满意的回答,这就是所谓的社会期许偏差。

通常,一些现实原因使得人们不愿接受采访。在一些国家,基于个人价值设定的所得税是用他们的有形资产来测算的。在这些国家里,当人们被问及家中是否有立体声设备或电视时,被采访者可能会怀疑采访人员是一个估税员,而拒绝回答问题。为了克服这一问题,有经验的研究人员通常会雇用大学生作为采访者,因为大学生的言语方式和服饰可以使被采访者准确识别出他们的学生身份。

技术困难　即便不存在过多的文化问题,研究人员还可能会遇到技术困难。首先,最新的地图经常难以取得。选择采样的街道可能由于长度不同而拥有三四个不同的名字,房子可能没有编号。据说,在日本,只有出租车司机可以找到街道地址。电话调查可能是一个艰巨的任务。

邮件调查也很麻烦,在一个城市内发放邮件可能要花费几周的时间,有时并没有效果。例如,意大利的邮政服务速度很慢(将一封信从罗马送到米兰需要两个星期),意大利的企业通常使用私人信使去瑞士派送他们的国外邮件。如果被采访者必须去邮局寄信,那么邮件调查的反馈往往很低。为了提高问卷回收率,公司经常会为完成邮件问卷的人员提供额外奖励,如彩票或产品小样。

调研实践 市场调研中存在着障碍并不意味着国外市场调研不可能。正如你能够从二手数据可用性的讨论中猜测到，市场调研在许多规模较大、决策失误成本较高的市场上广泛运用。我们所提到的市场调研问题普遍存在于发展中国家，但那里的人都熟知这些问题。由于长期居住在这里的居民会很快指出这些问题，因此即便是新来的人，过不了多久也会了解这些问题。

在某些国家，分析师会倾向于少做调研并使用简单的技术方法，因为这些国家是卖方市场，这意味着只需稍做努力，就可以将全部产品都销售出去。此外，发展中国家的竞争程度不会太过激烈，因为：（1）竞争对手较少；（2）除了市场营销外，管理层正疲于应对其他问题，这使得他们难以为市场营销问题投入更多的时间。即使是在墨西哥——这个对于美国企业而言重要的市场，市场调研也并不流行。虽然这种情况正在改变，最常见的方法仍是趋势分析和访问知识渊博的专业人员（如售货员、渠道成员和客户）相结合的方法。然后研究人员会基于主观因素调整结果。

14.3　分段筛选

正如前面所提到的，当企业准备在某几个国家开展业务时，管理者可以选择两种市场筛选方法：国家细分或市场细分。在第一种方法中，巴西可能被视为一个目标细分市场。在第二种方法中，巴西这个有着大量消费者的地理区域，对于这个细分市场的重要变量是跨民族消费者的共同需求和偏好。这些消费者可能位于不同的国家、说不同的语言，但他们对产品和服务有相似的偏好。从这个角度来看，年龄、收入和消费心态（生活方式）是确定市场细分的基本手段。而相关的市场营销问题就是他们是否拥有相似的需求，而不在于消费者是否居住在同一地理区域。目标消费者可能是全球青少年、中产阶级的高管或者带小孩的年轻家庭；这里的每个细分市场虽然都跨越了国界，但它们都拥有相同的需求。有一个例子，"手机冲浪者"——指喜欢使用手机上网的日本年轻人。西方国家那些经常使用台式电脑或笔记本电脑的老电脑用户，可能不会习惯使用手机的小屏幕和小按键。但伴随着任天堂DS游戏机、手机短信和iPod nano长大的西方青少年们，则更容易适应小屏幕和小按钮，并将手机看作上网工具中的一种。另一方面，婴儿潮出生的一代人——无论是在伦敦、洛杉矶、利马还是秘鲁——都抵制使用助听器。瑞士峰力听力集团将助听器设计成15种颜色，就像一个时尚的耳机，并在世界各地将其称之为"个人通信助理"。由于世界各地的女性都在网上购买类似的服装和化妆品，美容养生已经是一种越来越普遍的现象了。

由于我们内心通常以国家形式来划分这个世界，因此我们自然希望能够以国家细分这种方式来对其加以分析。我们很难想象将自己也作为跨越国界的市场细分的一部分。另外，在讨论中所提到的社会文化差异的数据是很难获得的。然而，这些数据又是很重要的，因为这种方法是营销理念合乎逻辑的产物。事实上，某类型的数据难以收集并不意味着该类数据可以被忽略。有句老话说："如果你可以把它计算出来，它就不是它了。"

在我们的语境中，就是容易获得的数据都不是重要的数据。

细分市场应该有如下标准：

1. 可定义。我们应该能够对细分市场进行识别和测量。如果我们越多地注重生活方式上的差异，而不是社会经济指标，那么定义会变得越困难，但它会使得分析结果也会越精确。
2. 规模大。细分市场的规模应该足够大，才不枉费我们进行单独细分。当然，我们越接近柔性制造，寻找大规模细分市场的需求就会越小。此外，细分市场应该在未来有增长的潜力。
3. 可进入。如果我们的细分市场既无法达到促销目标又无法实现经销目的，我们就无法成功。
4. 可实施。如果我们不能将市场营销计划的组件（产品、促销、地点和价格，4Ps）带入新的市场，我们就无法成功。例如，在墨西哥，政府控制了玉米饼的价格。因此，厂商无法利用价格变量进行竞争。外国企业也就无法通过低价格进入墨西哥玉米饼市场。
5. 可捕获。虽然我们希望探索到需求未被完全满足的细分市场，但在大多数情况下，这些市场基本上都已经被开发了。尽管如此，我们仍然可以去竞争。然而，在这些已被开发的市场上，我们的任务将更加艰巨。

重新考虑两种筛选方法

在最后的分析中，我们对世界其余部分的看法是按国境线进行划分的。然而，当考察国际市场时，尝试放下这个观点可能会很有效。

随着对国家内的亚文化和国家间亚文化的相似性的认识增加，国际商人可能希望拓展他们的传统视角，超越以国家为单位进行分析的传统观点。

下一章将讲述一系列的相关问题。我们的需求和欲望变得越来越相似了吗？我们消费偏好之间的差异是更相关而非更相似吗？

小　结

讨论环境分析和市场筛选的两种类型。

正如本章中所描述的，不论是考虑如何首次进入外国市场，还是企业已经成为了跨国企业但仍想系统地监控世界市场以抓住市场营销机会、避免威胁，都可能制定完整的市场分析和评估计划。企业在为国外业务作决策时，尽管需要搜集关于国际和国外环境因素的额外信息，但对于数据的要求与类似的国内决策对数据的要求是相同的。从本质上看，筛选过程需要连续检查各种外部因素，并在每一步剔除不合格的国家。筛选的顺序是：(1)基本需求潜力；(2)金融和经济力量；(3)政治和法律力量；(4)社会文化力量；(5)竞争力量；(6)亲自视察。这些过程是有顺序的，越到后面的阶段，备选国家越少，研究过程越困难，所要支付的费用越昂贵。

解释市场指标和市场因素。

市场指标是一种经济数据，它被看作是测量各个不同地区相关市场优势的标准。市场因素是与产品和市场需求高度相关的经济数据。

描述一些用来估计市场需求和对相似市场进行分组的统计方法。

一些用来估计市场需求和对相似市场进行分组的统计方法包括趋势分析和集群分析。

讨论贸易代表团和贸易展销会对商务人士的价值。

贸易访问团和贸易展销会使商务人士能够廉价地考察市场、销售产品、获得海外展示和观察竞争对手的活动。

讨论市场研究人员在国外市场上碰到的难题。

文化问题，例如低水平的语言能力和对陌生人的不信任感，使得数据采集过程变得复杂；技术难点也是如此，如缺乏地图、电话名录和足够的邮件服务。这些障碍并没有阻挡市场营销研究工作的完成。然而，在某些市场上存在着一种少做研究并且使用简单技术的倾向。

解释国家筛选和分段筛选之间的不同。

如果我们使用国家筛选方法，就是将国家作为同种单位（即"每个生活在墨西哥的人或每个生活在乍得共和国的人在本质上是相同的"）。在分段筛选中，我们将注意力集中在跨越国界的有相似需求和欲望的人群上（市场细分），而并非以国家为单位。

问题讨论

1. 选择一个你的公司可以进行经营的国家，并选择一款产品，列出每个筛选过程所需的信息来源。
2. 本文中所列的筛选顺序是以什么为基础的？
3. 一个公司的出口部门经理发现，通过查阅《联合国国际贸易统计年鉴》，发现公司的竞争对手采用了出口方式。是否有某种方式可以使经理了解到美国竞争对手将产品出口到哪个国家？
4. 一个国家的进口数据能完全测量出产品市场潜力吗？请解释理由。
5. 在进一步的筛选过程中，哪些相关政治和法律力量会使一个国家从备选列表中被剔除？
6. 为什么公司的管理者会考虑参加贸易代表团或参加贸易展销会？
7. 当研究人员收集外国市场的原始数据时，使研究复杂化的两种重要情况是什么？请举例。
8. 你能从市场规模指数和市场增长率指标中获得什么信息？
9. 考虑细分市场的筛选方法。以生活方式划分市场——比如喜欢自己动手进行家居装饰。分段筛选方法建议你如何识别潜在的外国市场？
10. 你是一个蜘蛛侠电脑游戏开发者的顾问。你需要告诉首席执行官哪些海外市场是可以进行开拓的。你将怎么做？
11. 假设你的学术单位（可能是一个商学院）想要在外国开设一家学校，院长要求你准备出可能的国家列表。你将如何满足院长的要求？

案例分析 14-1　糖爸爸巧克力公司

杰克·卡尔森（Jack Carlson）五年前开办了糖爸爸巧克力公司，现在每年约有100万美元的销售额。卡尔森想扩大销售，但美国市场竞争很激烈。他有一个朋友，经营一个小型企业，现在有20%的海外业务。他想知道是否有巧克力出口。

为了找到答案，他找到了一个在大学研究国际商务的教授朋友，并向他询问巧克力能否出口。他希望教授能帮他研究下列问题：

1. 巧克力在出口吗？
2. 巧克力的六大进口国是哪些？
3. 这些市场中哪些是增长市场？
4. 卡尔森出口的竞争对手可能来自哪些国家？

第 15 章 进入模式

我们的发展战略就是要适应不同的市场以解决当地的需要和需求。当前我们使用的三种经营战略包括：合资、经营许可和直营。

——星巴克公司

阅读本章后，你应该能够：

1 解释市场先行者和快速追随者这两种选择；
2 解释国际市场进入方法；
3 明确两种盗版形式，并讨论它们对公司开展国际业务的利与弊；
4 讨论直接出口企业、间接出口企业或者海外生产企业可用的渠道成员。

通过网络进入

随着越来越多的业务在互联网上完成,似乎任何一个人都可以很容易地成为一个网络企业家。但在现实中,这可能会有点复杂。

的确,网络已经遍及世界各地。单就美国而言,2010年,投放在社交网络上的广告就有20亿美元。社交网络的发展是惊人的。像MySpace、Facebook、Hi5这样的网站都有广泛的海外业务。例如,MySpace在日本赢得了每月超过9,300万的浏览量,并在韩国、印度和中国设立了子公司。法国奢侈品公司卡地亚分别在MySpace的英语、法语、意大利语、西班牙语和日语网站为"爱在卡地亚"产品线开设独立的页面。这里有两点十分有趣。首先,卡地亚选择进入的是MySpace的国别化网站,这是因为MySpace是作为青少年网站而为大家知晓的,奢侈品牌广告的投放在这里似乎不太合适——你觉得不会在这里找到受众。毕竟,"爱在卡地亚"还在只有邀请才能进入的社交网A Small World网络投放了针对精英的广告,而这个以阔佬为基础的社交网络似乎更适合用来做高档珠宝品牌的受众目标。但是MySpace发言人称,把MySpace作为青少年聚集地的形象是有一些误导在内,ComScore网站的统计数据显示,MySpace有四分之一的流量来自于年收入超过10万美元的家庭;第二,由于卡地亚选择进入MySpace的国别化网站而非单一的入口,这样,一个意大利人将会看到该网站的意大利文版,而不是用机器直接而翻译成。

为了深入国外市场,有时你也会需要利用本地化的或是国别化的网站。这可以在你要了解当地环境(尤其是当地年轻人)时提供一些帮助。一份超过120个当地化的、国别或地区性网站列表如下:

盛行亚洲

在印度,bigadda.com很受欢迎,Bigadda成立于2007年,已经拥有200万用户,5万个视频资料。

在中国,豆瓣网(douban.com)是以评论电影、书籍、电视节目闻名的网站,豆瓣网的英文版网站是douban.net,拥有超过100万的注册用户。Carsick Cars、边缘乐队、新裤子乐队和刺猬乐队等中国乐队在这里很受欢迎。还有与YouTube相似的土豆网(tudou.com),和易趣网旗鼓相当的淘宝网(taobao.com)。

在韩国,CyWorld.com是一个重要的网站,尤其对青少年来讲。它的美国网站是us.cyworld.com。在韩国,它有2,200万的注册用户,其中600万来自于国外,主要是美国、中国、越南、台湾以及日本等地。几乎一半的韩国人都在CyWorld.com注册,它成立于1999年,音乐是它的主要部分。

风靡欧洲

MySpace.com在德国被认为是最受欢迎的社交网站,它吸引了370万的独立访客,而德国网站StudiVZalso则拥有310万的访客流量。

流行拉美

有几个网站已经得到很好的认可,例如Orkut、Hi5和Wamba。在拉美还有一个比较重要的网站就是位于阿根廷的Sonico。另外,秘鲁是Hi5的大本营,Orkut在巴西很流行,Badoo在委内瑞拉很是盛行。

当然,即将打响的商业战场是移动网络:66%的拉美人拥有手机,而全球平均水平是46%。另外,最大的手机用户群在中国。

资料来源:NyayBhushan, Berwin Song, and Mark Russell, "Rising in the East: A Guide to the Key Asian Social Networking Services," *Billboard*, May 24, 2008, p. 20, "ListofSocialNetworkingSites," *Wikipedia*, http://en.wikipedia.org/wiki/

List_of_social_networking_websites（accessed July 7, 2008）; "German Social Networking CommunityReaches14.8Million," http://www.comscore.com/press/release.asp?press=1737（accessed July 13,, 2008）, and Eric Eldon, "The Latin American SocialNetworkingWars," June3,2008, http://venturebeat.com/2008/06/03/the-latin-american-social-networking-wars-market-leader-hi5-has-been-growing-but-so-has-facebook-and-sonico/（accessed July 13, 2008）.

在开篇中我们得出了一些观点，认为社交网站已经成为当今市场的主导者，但我们不能确定当你读到这本书时，事实是否依然如此。在一个又一个行业中，市场领导者崛起，然后败落，有时甚至完全消失。康柏电脑公司在笔记本电脑领域曾经是无可争议的领导者，而现在也只不过扮演着一个次要的角色。并不是所有的市场先驱都在利用他们的潜在优势，但有证据表明，生存下来的市场先驱在新兴市场保有竞争优势。例如，研究人员发现，当现存的市场先驱的行业平均水平达到成熟之后，他们比那些快速追随或晚期进入的公司拥有更大的市场份额。

另一方面，市场先行者完全可能失败。一项最近的调查研究将失败的市场先行者考虑进去，并将他们的平均业绩和那些最成功的现存者进行比较发现，总体而言，先进入者在长期竞争中的表现并不如追随者好。当然，在这里使用什么样的维度标准也很重要：规模和市场份额并不是评判成功的唯一标准。事实上，不管公司如何执着于寻找进入新市场的时机，这与它在该市场的盈利能力或为股东创造价值都没有明显的关系。

在很多情况下，由于竞争者会以更快的速度抢先进入市场，所以一个公司进入国际市场后往往会变成一个跟随者。但即使公司有能力成为第一个进入者，由于跟随者可以观察到先进入者的缺点和错误，让他人先行和承担初始风险未必不会带来好处。

做到以下几点，先进入公司就能获得市场份额主导权和长期盈利能力方面的最佳机会。（1）至少在短期内，通过强大的专利保护、专利技术（如独特的生产工艺）或大量的投资需求来阻止竞争者的进入（高进入壁垒）;（2）面对后来的竞争者，公司拥有足够的规模、资源和能力来维持其领先地位。事实上，最近的一些证据表明，研发和营销技能等组织竞争力不仅影响一个先驱公司的成功，而且对公司决定是否选择第一时间进入市场有重要的影响。如果公司缺乏必要的能力来维持先发优势，最好的办法就是等待另一个公司主导市场然后尾随。

另一方面，当市场中几乎没有法律、技术、文化或金融壁垒来抑制进入（低进入壁垒），同时跟随者又有足够的资源或能力压倒先进入者的领先优势时，那么跟随者就会在很大程度上有可能成功。最有望成功的跟随者往往比先进入者拥有更多的资源来大规模进入市场，因此他们可以迅速降低单位成本，并提供比现在竞争对手更低的价格。

因此，我们是否应该在第一时间或接近第一时间进入外国市场的理由还不清楚。我们还需要作其他选择来决定采取何种模式来首先进入市场或不首先进入（参见表15-1）。

表15-1 市场进入模式

非股权的进入模式
出口
   间接
   直接
分包
对等贸易（在第20章讨论）
许可证贸易
特许经营
合同制造
管理合同
基于股权的进入模式
全资子公司
合资企业
战略联盟（也可能是非股权的模式）
收购兼并

15.1 进入外国市场

在第一章中我们讲到，可以用各种不同的词语来定义以跨国规模经营的大型企业：全球化、多国化以及国际企业或公司；多国企业或多国公司；国际公司；跨国公司，甚至是多文化跨国公司。然而，在早期，他们通常都是只有国内经验的规模较小的公司。在本章中，我们探讨最开始时的情况，即进入国际业务。首先探究非股权的市场进入模式，其次是基于股权的进入模式。最后我们讨论国际经销渠道和参与这些渠道的不同成员。

非股权的进入模式

大多数公司通过出口来参与海外业务，即把常规产品销售到海外，这种方法投资少，风险相对小。这对于那些不想投入大量人力、财力资源的企业来说是个不错的方法。如果决定要出口，可以选择直接或间接出口两种方法，我们也可以考虑使用非权益方法，例如，交钥匙工程、许可、特许经营、管理合同以及合同制造等方法。

间接出口 由于**间接出口**（indirect exporting）既不需要特殊的专业知识也没有大量的现金支出，并且以国内为基础的出口商就能完全胜任，所以相比于直接出口更容易。出口商可以有以下几种：(1) 替制造商销售商品的制造商出口代理；(2) 为海外客户代买商品的出口委托代理；(3) 替自己进行买卖交易的出口商；(4) 使用海外商品（例如，采矿、建筑和石油公司等）的国际公司。

间接出口商需要为这些服务付出代价：(1) 他们向前三种出口商支付一定的佣金；(2) 如果出口商决定改变供应来源，那么国外业务可能会有损失；(3) 公司从这些交

微型多国公司　　星巴克发生了什么?

在2007年,星巴克新开的美国门店超过1,000家,而2008年约650家,2009年约200家。它关闭了超过600家经营不佳的门店。这其间发生了什么?

首先,什么没有发生?这个关闭门店和缩减扩张的决定只在美国发生了。其2008年的国际计划并没有改变,这个计划在美国之外新开950家门店,包括首次入驻阿根廷。

所以,低迷情况仅限于美国。当然,那也正是普遍经济低迷的时候。沃尔玛、家得宝、彭尼百货和其他企业也都宣布裁员或放缓扩张计划。同时,星巴克的各个门店已经开始互相竞争,相近的店铺彼此争夺对方的客户。

所以星巴克的放缓计划并没有影响它在其他地区的发展前景。正如文中前面提到的那样,在任何情况下,地域不同,市场环境也就不同。所以当星巴克在美国可能不得不慢下来的时候,这也许正是它加快海外扩张的最佳时期。

资料来源:"Starbucks Goes Skinny as Froth Withers," *Financial Times*, July 2, 2008, ft.com(accessed July 4, 2008).

易中没有获取多少经验。这也是为什么许多以这种方式开始的公司慢慢转变成了直接出口。

直接出口　直接出口(direct exporting)的业务是由公司内部的人来负责的。最简单的安排通常是让销售经理负责出口业务的发展。开始时可能会由国内员工处理单据、信贷和航运业务,如果公司业务扩张,就可能设置一个单独的出口部门。当公司已经开始向某一区域内的批发进口商进行出口,并且通过国内办公人员或国外销售代表频繁地考察,公司会发现,销售规模已经壮大到了足以支撑一个完整的营销组织。

管理层可能会决定在这个地区建立一个**销售公司**(sales company)。销售公司会以自己的名义从母公司进口商品,并以当地货币开具发票。新公司可以采取更加有利的分销渠道,也可以沿用相同的经销渠道。这种类型的公司可以不断发展壮大,每年营业额可达到数百万美元。在墨西哥建设工厂之前,伊士曼柯达公司多年来在发展当地电影业的同时,一直从事进口并转卖照相机和摄影器材。许多公司都是以当地的维修点起家,然后扩大到生产简单的组件,渐渐地,他们在当地生产更多的产品,直到一段时间后,他们包揽这个国家的所有组件。

互联网使直接出口变得更加容易。对刚开始做出口业务的出口商来说,使公司产品和服务的国外知名度提升的可能性大大增加。虽然大量的国际网点需要相当大的投资，但是现在试验成本很低。

交钥匙工程　交钥匙工程是指技术、专业知识以及某些情况下的资本设备出口。承包商设计并建造一个工厂，提供加工技术、必要的原材料和其他生产投入，然后培训操作人员。经过试运行，设备被移交给买方。

交钥匙工程出口商可能是专门在某一个行业内设计、建造工厂的专业化承包商，例如，石油精炼或钢铁生产。也有可能是行业内的某家公司，想通过自己的专业技术来建造、交付一个可以运行的工厂赚钱，而不是仅仅靠出售其技术来赚钱。另一种交钥匙工程供应商便是工厂的成立者。

授权许可　全球公司经常被要求向拥有足够资本和管理能力的公司提供技术援助。通过签订**授权许可**（licensing）协议，许可方公司将授予被许可方公司使用任何一种专业知识的权利，如制造工艺（专利或未获得专利权的）、销售程序、许可方公司的一种或多种产品的商标权等。

被许可方在签署授权协议时通常会支付一定的金额，然后在合同有效期内支付销售额的2%~5%作为专利税（常见方式是每隔5到7年会有一次续约的选择权）。专利税的准确金额取决于接受技术援助的数量和双方的相对议价能力。2005年，支付给美国公司的专利税和授权费总额为574亿美元，而美国支付给外国许可方的费用只有24.5亿美元。

在过去，授权许可不是国际公司主要的收入来源。但是，近年来这种现象有所改变，尤其是在美国。这是因为：（1）法院开始比以前更加维护专利侵权索赔案；（2）专利持有者更加注重起诉违法者；（3）联邦政府要求外国政府加强他们的专利法。

这迫使外国公司努力获取许可证而不是非法盗版。例如，德州仪器（TI）起诉了九家日本电子制造商使用其专利流程而没有支付许可费。被告自1986年以来已经向德州仪器赔偿了超过10亿美元。虽然专利收入没有在收入报表中显现，但它着实从6,000项专利中获取了巨大的收益。比如，德州仪器已宣布与现代电子和三星电子签署了为期10年的许可协议，每一项协议的签订都预计会给德州仪器带来超过10亿美元的特许使用金。

可以授权许可的不只有技术。在时尚界，许多设计师是可以授权他们的名字的。皮尔卡丹，作为最大的许可方之一，已经在超过170个国家发放了超过900个授权许可证，从大家熟悉的衣服到滑雪板、煎锅、沙丁鱼、地砖、丝绸、香烟等，这些许可证每年大约能为公司赚取7,500万美元。就像皮尔卡丹自己所说："如果有人问我去授权厕纸许可证，我也会去做。为什么不呢？"

你会在你的T恤上给可口可乐免费做广告吗？可口可乐公司的许可经营经理希望公司可以通过与时尚品牌歌莉娅温德比（Gloria Vanderbilt）的创始人签订协议来增加数百万美元的收益。他说公司已经同意此项协议，因为"服装增强了我们的形象，钱不是最重要的"。

另一个行业，杂志出版，也可以授权海外发行。例如，你可以在世界上超过100个

2004年6月，在河内街头，一位妇女坐在摆放着皮尔卡丹衬衫的货摊边上，这些衬衫就是由法国设计师皮尔卡丹所在公司授权给当地一家服装厂来完成的，每件衬衫售价约10美元。

国家买到时尚杂志 *Cosmopolitan*，它以34种不同语言出版。《花花公子》有20多种不同的国际版本，包括印度尼西亚版本。

尽管通过授权许可可以带来可观的收入，但是很多企业，特别是那些生产高科技产品的公司，往往不会授予许可，他们担心协议期满后被许可方会成为竞争者，会大肆将产品销往授权范围以外的地方。许可方通常会在许可协议里加一项禁止出口的条款，但是大多数政府都不会接受这样的禁令。

特许经营　公司也通过另一种不同形式的授权许可——**特许经营**（franchising）来走向海外。特许经营授权允许特许权使用人以一个众所周知的品牌出售产品或服务，并且有一套精心开发和管理的营销战略支撑的良好流程。美国500家特许方在全球拥有大约50,000家特许经营商，其中快餐企业（如麦当劳、肯德基、赛百味、必胜客）是数量最多的——在一份"十大特许权"排行中，国际影响力最大的特许经营

微型多国公司　你的货物终点在哪？

2003年上映的电影《加勒比海盗》将演员约翰尼·德普（Johnny Depp）的演艺生涯推上了一个新高度，影响深远，接下来的同一系列电影又助长了这种影响，银幕上又出现了声势浩大的厮杀场面。

但海盗不仅仅是电影人物。早期的出口商发现海盗对珍贵的出口货物是一种威胁。水手的危险由于海盗的出现而增加。2004年，公海上水手死亡的数量几乎是2003年同期的两倍。

海盗事件在2007年发生了263起，与2006年相比，增加了10%。更恐怖的是，35%的事件涉及枪支。2008年第一季度，海盗事件又增加了20%，事实上，在2000—2006年期间，几乎每天都有关于海盗事件的报道。今天，任何来自受过严格训练的游击队、流氓军事单位（比如在印尼）、国际犯罪团伙或卡特尔组织的成员都可能成为海盗。海盗也可能属于国际恐怖组织一类（尤其是活跃在菲律宾南部的阿布萨耶夫组织，该组织和一些基地组织以及亚洲犯罪集团和海洛因贸易团伙都有很密切的联系）。或者，他们也有可能仅仅是当地穷困潦倒的渔民，当他们看到诱惑力巨大的丰厚奖品时，会忍不住去试图获取（在加勒比海、尼日利亚、孟加拉国及其他一些地方很多人都是由于生

印尼军事首领说，2004年8月，在印度尼西亚的雅加达海湾，一艘新的海军巡逻船在一艘货船的前方停船。泰国将与其他三个东南亚海军一起，在重要的马六甲海峡航道进行巡逻，目的是打击海盗和恐怖主义。

活贫困才去做海盗的）。

海盗事件一般来说主要集中在东南亚印尼周围。然而，印尼海盗事件已经从2003年的121起降到2007年的43起。马来西亚、新加坡和马六甲海峡一带也在逐渐下降。最近在非洲海岸一带，尤其是在尼日利亚和索马里地区，海盗事件有所增长，索马里也成了海上绑架事件发生最多的地区。

大多数船只人员很少并且很少携带武器，相对来说毫无抵抗之力。相反，他们依靠一些反海盗设备，诸如甲板上的地毯钉、消防水管、甲板巡逻、夜晚在栏杆上设置假人、明亮的甲板灯光或能够帮助国际海事局和当地海军对被劫持船只进行定位的卫星跟踪装置等。但是，要让顽固的海盗放弃船只是不可能的，这时，对于船上的成员来说，不反抗是最好的办法（在很多情况下海盗不进行绑架或伤害）。一些有条件的航运公司会采用更多昂贵的高科技措施和手段，例如给甲板布线接通致命的电荷，使用闭路电视摄像机来监测是否有可疑人潜入船上，特别是遇到游轮、武装雇佣兵（一些游轮雇用了尼泊尔廓尔喀人）。

值得注意的是，最近一项研究表明，海盗和恐怖主义之间的联系并没有加强。尽管二者都在增加，但是以收益为目的的海盗增长较快。

资料来源："Reported Piracy Incidents Rise Sharply in 2007," http://www.icc-ccs.org/main/news.php?newsid=102（accessed July 13, 2008），"Piracy Figures up by 20% for First Quarter of 2008," http://www.icc-ccs.org/main/news.php?newsid=109（accessed July13, 2008）; and "RAND Study finds No Piracy and Terror Links," http://www.marinelog.com/DOCS/NEWSMMVII/2008jun00101.html（accessed July 13, 2008）.

商是日本的7-11，它拥有26,680个特许经营店，其中约1/3是在日本。其他类型的特许经营方有酒店（洲际酒店）、商业服务（Muzak、UPS店）、健身（Curves、Jazzercise）、家庭维修（ServiceMaster、Nationwide Exterminating）以及房地产（ReMax）等。

管理合同　管理合同（management contract）是指一个公司为另一个公司提供全部或部分专业管理知识，并收取一定的费用，一般来讲，为销售额的2%~5%。国际公司一般和以下公司签订管理合同：(1) 没有所有权的公司（例如，希尔顿酒店为海外以希尔顿冠名但是不拥有产权的酒店提供管理，Delta为外国航空公司提供管理援助）；(2) 合资伙伴；(3) 全资子公司。最后一项仅仅是为了让母公司吸收走子公司的部分利润，在外汇短缺的国家尤其重要，因为母公司被允许调回国的利润数额是有限的。此外，由于管理合同的费用也是一笔开销，子公司可以得到一笔税收优惠。

合同制造 跨国企业的**合同制造**（contract manufacturing）有两种方式。一种方式是作为不对工厂设施进行投资而进入外国市场的手段。该企业与当地制造商达成协议，制造商按照该企业的规格要求进行生产加工。企业的销售团队以自己的品牌名称来推广产品。

第二种方法就是将组装供货或零部件生产分包给海外的独立公司。虽然国际公司在分包商那里没有股权，但这种做法实际上与外国直接投资相似。当国际公司是分包商的最大或唯一客户时，它实际上已经在另一个国家创建了一个新公司，为东道国提供就业、产生外汇。国际公司经常会将资金借给外国承包商，就像全球或跨国公司借钱给其子公司一样。也正是因为这些相似之处，这种做法有时被称为无投资的外国直接投资。

基于股权的进入模式

当管理层已经决定进行外国直接投资时，通常会有几个备选方案可用（尽管在某个特定的国家，并非所有的方案都可行）：

1. 全资子公司
2. 合资企业
3. 战略联盟

全资子公司 公司想要持有全资子公司可以：(1) 从头开始建立一个新工厂（绿地投资）；(2) 收购一家生意不错的企业；(3) 买下经销商，从而掌握与其产品紧密联系的经销网络。当然，在第三种情况中，通常需要建立生产设施。

从历史经验来讲，进行国外直接投资的公司普遍更喜欢全资子公司，但却对上述三种获取子公司的方式没有明显的倾向。然而，在美国的国外投资者却不是这样。在美国，国外投资者普遍更喜欢收购一家生意不错的公司，这样就能利用现成的公司立即进入市场。另外，通过收购，他们还减少了一个竞争对手。

有时，不太可能持有一个外商独资子公司：东道国政府可能不允许，该公司可能缺乏资本或专业技能来独立投资，或者存在税收或其他优势使得公司来进行另一种形式的投资，例如成立一个合资企业。

合资企业 一个**合资企业**（joint venture）可能是：(1) 一个国际公司和当地所有者共同建立的企业实体；(2) 由两个想在第三方市场开展业务的国际公司共同建立的企业实体；(3) 由政府机构（通常是在投资国）和一个国际公司共同建立的实体企业；(4) 在一个有限期限的工程持续期间内，由两个或两个以上企业组成的合作企业。大型建筑工程常常会采用第四种形式，例如大坝或机场等。

有时，组建一个合资公司可以令合作伙伴避免进行昂贵而耗时的投资，同时有助于规避与另一家公司的危险竞争。

当东道国的政府需要公司有一些地方参与时，外国公司必须与当地所有者参与合资事业。然而，有些情况下，即使当地没有要求这样做，外国公司也会在当地寻求合作伙伴。

强烈民族主义 强烈的民族主义情绪，会使得外国公司试图通过加入当地投资者来摆脱自己的外企身份。但是使用这个策略一定要慎重。尽管很多发展中国家的人不喜欢跨国公司来到本土赚取他们的钱，但是，他们还是有理由认为外国公司的产品优于完全的民族企业的产品。解决这个矛盾心理的一个很好的办法就是组建一个合资企业，当地企业在其中是十分显而易见的，再给它起一个本土化的名字，然后做广告，宣称是外国企业（实际上是合作伙伴）在提供技术支持，即使是全资子公司也采用过这种策略。

专业知识、税务和其他福利 影响企业组建合资企业的其他影响因素有：可以获得自己所不具备的专业知识、政府对与当地企业合作所给予的税收优惠政策以及对更多资本、经验丰富员工的需求。

事实上，因为政策原因，一些公司组建合资企业是为了减少投资风险，他们用这种策略来与当地企业或国外企业组建合资企业。还有一些其他公司，如福特和大众为了实现规模经济，已经进行了联合。另外，除非是有特定的法律规定，任何部门在合资企业都享有股权。

合资企业的缺点 尽管合资企业有着诸如不需要较大的财务和管理资源以及风险小等优势，但是对于外国公司来讲，它还是有不利的地方的。很明显，首先就是利润共享问题。其次，如果法律规定外国投资者持有股份不能超过49%，那么它就不能对其进行控制。如果一个国家的股票市场很小甚至不存在，那么它一般不会广泛地发行股票，使外国公司持有合资企业49%的股份而成为最大股东。

许多公司之所以不愿组建合资企业就是因为他们无法控股合资企业。这些公司认为，要想有效分配投入产出并维持、协调全球营销计划，就必须要对外国子公司进行控制。例如，当地的企业可能希望把产品出口到国际企业产品所在的市场，当全球公司的战略是在当地只生产部分组件，其余都从子公司那里进口的时候，这些企业或许会希望在本地生产整个产品。

最近一段时间，许多发展中国家的政府通过法律规定要求本地拥有多数股权，目的是将企业的控制权保留在本国国土内和本国国民手中。尽管已经出台了这些法规，但是外国公司凭少数股权来掌握控制权还是可行的。

少数股权控制 在某些时候，一个外国企业在持有49%的股份，并且将2%或更多股份给予当地律师事务所或另一位值得信任的国民的情况下，它也能确保实现控股。另一种方法是，吸收多数合伙人，如政府机构、保险公司或金融机构，该合伙人仅仅为了拿到回报而出资，不承担风险（这被称为"沉睡"的合伙人/匿名合伙人）。如果这两种方法都不采用，通过基于非股权的控制机制手段，例如管理合同，外国公司可能仍然能够控制合资企业，至少在主要领域。

通过管理合同控制合资企业 在本章的前面已经讨论了基于非股权模式的管理合同，这类合同可以使全球合伙人即使在控股份额很少的情况下控制一个合资企业的许多方面。如果全球合伙人提供关键性人才，如生产和技术经理，那么全球公司就可以保证产品质量，而产品质量会被与全球公司联系起来，并且通过向合资企业出售其在本国工厂生产的产品也可以带来额外的收益。由于全球公司的垂直整合程度更高，所以这样的收益也是非常有可能实现的。例如，一个当地油漆厂，可能不得不进口外国合作公司在它的本国工厂生产的一些半成品颜料和催干剂，用于国内加工。但若是在其他地方可以以更低的价格购买到的话，当地大股东都会考虑接受其他供应商提供的原料。

但这种情况很少发生，原因是，生产和技术经理可以说，用从他们的雇主那里采购的原料生产的产品质量会更好，而且他们是专家，通常有最终决定权。

战略联盟 面对不断加剧的全球竞争，研究成本、产品开发成本、市场营销成本的上升，以及加快实施全球战略的迫切性，很多公司都与客户、供应商和竞争对手形成了**战略联盟**（strategic alliances）关系。事实上，安永顾问公司通过对12个国家进行研究发现，65%的非美国公司，和75%的美国公司都在进行着某种形式的战略联盟。这些公司的目标是更快速地进入市场开展新业务，获取新产品、新技术和新市场以及分担成本、共享资源和承担风险。这些联盟承载了各种不同的伙伴关系，可能包括也可能不包括股权。需要技术共享的企业或许会签订技术交互使用权（每个企业都会将自己的技术使用权授权给对方）。如果这些企业就是想要合伙发掘研发资源，他们也可以形成研发合作关系。

战略联盟可以是合资企业 也有一些公司通过在生产和营销方面组建合资企业来加强合作。

20世纪90年代，日本的日产公司负债200亿美元，并且市场份额在逐渐下降，陷入困境。法国雷诺公司没有选择合并它，而是与其结成联盟。雷诺委派卡洛斯·高森（Carlos Ghosn）担任日产公司的CEO和总裁。高森的团队对日产进行了全面而拓展性的整修计划，这为双方都带来了好处。由于他们没有必要建造新的工厂，所以用较少的成本实现了以更大规模和更雄厚的实力更快进入市场的杠杆效应。例如，雷诺利用日产在墨西哥的组装厂，同时，日产也使用雷诺在巴西的工厂和分销网络。该联盟的形成增加了两个公司的销售额、利润和市场资本总额。2006年，两个公司开始探讨与美国的一家境况不佳的公司——通用汽车公司建立联盟关系的可能性，但是最后，这个联盟关系还是没能签订。

贸易联盟与共享联盟 有几点是可以帮助区分共享联盟和贸易联盟的。共享联盟是由相似性和整合促成的，而贸易联盟是在献出不同资源的逻辑下产生的，这两种类型的目标（共同目标与兼容目标）、最优结构（许多合作伙伴与几个合作伙伴）以及管理挑战（低协调需求与高协调需求）通常也不相同。

联盟与兼并和收购 一般来讲，兼并与收购不能称之为联盟，但是，这两种方式都可以使企业通过收购或联合较小但具有创新性的公司来获取新技术。

加拿大摩森和美国康胜啤酒公司的合并被称作是两个"挣扎中的"中型啤酒公司的联合。合并后的公司在2008年是作为美乐啤酒生产商在美国业务的合资企业南非美乐的一部分而存在的。瑞士药品制造商山度士为了使其食品部门的规模扩大一倍而斥资37亿美元收购了美国嘉宝,两年后,由于全球竞争的加剧和技术成本的不断攀升,山度士和另一家瑞士药品商汽巴嘉基合并成立了诺华公司,并成为世界上第二大制药公司。2007年,诺华将嘉宝卖给了雀巢公司。

联盟的未来 很多联盟都以失败告终,或被其中一家合伙企业接管了。两个或以上的合作企业——通常既是竞争对手又是合作伙伴,存在战略、经营方法和组织文化上的差异——往往会令联盟难以管理,尤其是在快速变化的国际竞争环境中。联盟也会使某个合作企业获取公司的技术或其他能力,从而提高其重要竞争力。麦肯锡管理咨询公司的调查显示,与日本企业建立联盟关系的合作企业中,有150家企业已经终止了这种联盟关系,其中有3/4的联盟都被日本合伙企业接管了。

虽然要成功参与组建和管理联盟会遇到很多挑战,但是毫无疑问,很多联盟还是顺利实现了目标。CFM国际公司,是由通用电气与法国的斯奈克玛发动机公司联盟组建的,它生产喷气式发动机已经超过20年。空中客车工业是由英国、法国、德国以及西班牙的飞机制造商联盟组建的,现在是商用飞机制造业的引领者。可见,各种形式的联盟将作为重要的战略和战术武器被继续采用,尤其是在考虑到公司在竞争日趋激烈的国际市场中所要面对的金融、技术、政治及其他方面的挑战。

15.2 分销渠道

另一项进入模式的决策是分销渠道。通过渠道体系,产品和品牌由生产者向用户传递。渠道体系包括可控和不可控变量。在本节内容中我们将讨论不可控因素,检查所有的不可控力量,然后在第十六章中,这些不可控变量会被看作是营销组合里的可控变量。

分销渠道怎么既是可控又是不可控的呢?可控的是渠道领导者(分销渠道中具有领导地位和控制权的渠道成员)可以在一定程度上选择有效的渠道成员,确保公司达到目标市场,以合理的成本来完成其应有职能,并达到它所想要控制的渠道成员的数量。假如公司认为已建立的渠道还不够充分,它可能就要建立一个不同的网络。

举例来说,可口可乐公司不满足于只渗透到中国和印度的城市市场。他们开始着力于小村庄的营销。这需要批发商把可口可乐派送到农村最小的零售商那里,包括小商贩和修理铺,在那儿每年会售出少量的曲线形小玻璃瓶装(200毫升)可乐。

15.3 国际分销渠道成员

为了联系生产者与国外用户,分销渠道成员的选择首先依赖于进入市场的方式。如本章前面讨论过的,为了支持国外市场,公司必须出口到外国或者在国外加工制造。如果是为了出口，那么公司可能直接出口或者间接出口。图15-1表明了管理部门在渠道形成上有相当大的活动范围。

间接出口

对于间接出口，许多设在美国的出口公司（A）为生产商代售、(B)为海外客户代购、（C）为自己的客户买进卖出，或者（D）代表海外用户和中间商购买。

A. 为生产商代售的出口商

1. 生产商的出口代理充当着多种无竞争性的国内厂商的国际代表。他们一般直接负责管理促销，完成销售、开单、运输并处理财务，通常他们以厂商的名义来完成这些事，并收取佣金。
2. 出口代理公司（EMCs）为一些无竞争关系的厂商充当出口部门。他们也以厂商的名义来处理业务并负责运输和商品推广的日常细节。当出口代理公司实行佣金制时，厂商直接给消费者开具发票并处理国外买主的任何财务要求。可是，大部分的出口代理公司都是基于买卖协议，他们先向厂商支付，再将产品转卖到国外，然后直接给消费者开具发票。根据买卖协议，出口代理公司可以用所代表公司的名义来开展业务，或自己的名义来开展业务。
3. 国际贸易公司与出口代理公司相似，他们同样也为一些公司充当代理并为其他公司担任批发商。可这仅仅是他们活动的一部分。他们频繁地进出口，拥有自己的运输设备并提供资金。W.R. Grace曾是当时在南美太平洋海岸运营的主要贸易公司，它拥有糖厂、大型进口商行、各种各样的制造厂、一个轮船公司和一个航空公司。虽然许多欧洲和美国的国际贸易公司运转了好几个世纪，但是最多元化和最大的贸易公司仍然是日本的综合商社（一般贸易公司）。

   a. 综合商社。一般贸易公司起初都是由集权化、家族领导的经济集团——财阀建立的，比如三井、三菱、住友商事——并成为了他们商业经营的中心。一般贸易公司为财阀集团的其他公司取得出口市场、原材料和技术支持，也进行进口商品转卖。被纳入财阀里的不仅仅是银行和一般贸易公司，而且还包括运输业、保险业、不动产公司和各种制造企业。虽然财阀在第二次世界大战后被迫解散，但公司内部的主要组织幸存了下来。第二次世界大战后，统一的所有权和管理模式被终止了，但是交叉持股和合作关系促使了附属公司在许多商业活动中密切配合。近几年，交叉持股和合作的水平有所下降，金融市场的自由化，绩效优化和公司治理的压力以及其他因素促进了其发展。

   日本拥有数千家贸易公司，其中最大的七家在世界各地有1,100处办公实公室。比如，日本三井公司在67个国家的157个办事处雇用了5,869位雇员。三井公司还只是是三井集团下面的一家公司，三井集团由上百个公司组成，从事很大范围的商业业务：包括炼钢、造船业、银行、保险、报刊、电力、石油、仓储、旅游业和核能。日本三井集团不是一

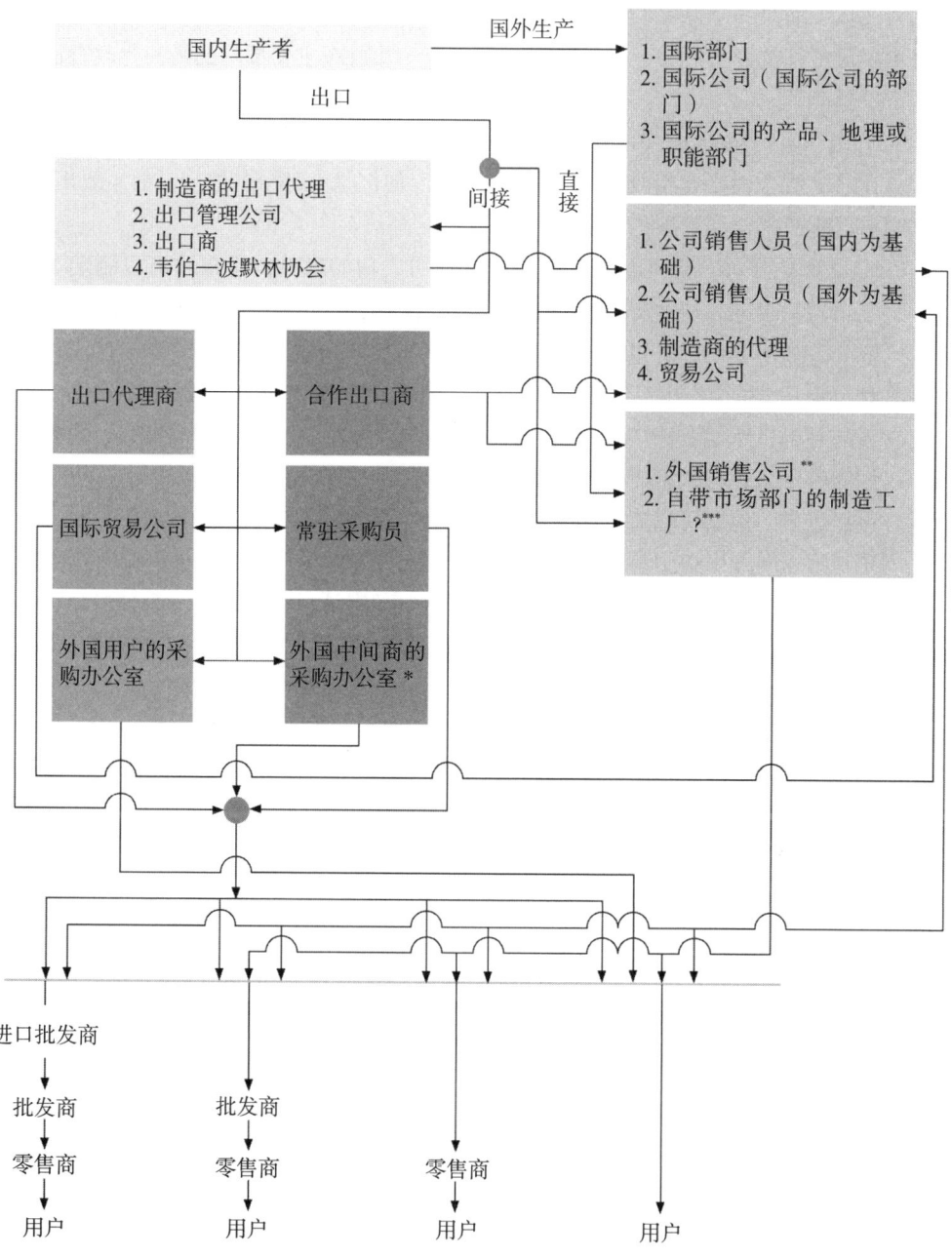

图 15-1 国际分销渠道

* 该分类和使用者之间是没有直接联系的。为了简便,排除使用者的分割线没有明确标出。
** 它可以是全资公司或合资企业。国外销售公司可以销售进口产品,同时销售来自许可证持有方、合约制造商或者合资企业的当地产品。
*** 它可以是全资公司、合资企业,或者许可证持有方。

资料来源: From *World Development Report 1999/2000* by World Bank. Copyright by World Bank. Reproduced with permission of World Bank in the format textbook via Copyright Clearance Center.

个法人实体，而是一个联系利益相关和财务结构相关的重要企业的一个非正式组织，以促进集团成员间的经济利益。为了确保合作，前三井财阀主要部门的最高行政官们在每周举行午餐会。

  b. 韩国一般贸易公司。在业务范围上与日本的综合商社相似。韩国的贸易公司为韩国各大综合性企业组成的韩国财阀所拥有。他们是大部分韩国产品的主要出口商，同时也是关键原材料的重要进口商。

  c. 出口贸易公司。受日本以及韩国贸易公司成功的影响，里根政府也制定了一项出口贸易公司法案。这项措施为创建新的间接出口渠道即**出口贸易公司**（export trading company, ETC）提供了机制。美国历史上，商家首次被允许联合起来出口商品与服务或者提供出口便利服务，而不用担心违反反垄断法。银行控股公司也可以参与到出口贸易公司中。这不仅提高了贸易公司出口交易融资的能力，而且使他们能够进入银行大范围的国际信息系统。此外，因为出口贸易公司既可以出口也可以进口，他们可以通过销售他们客户的产品到其他市场来进行对等贸易。世界贸易组织对《出口贸易公司法案》顾虑的增加导致了该法案的许多方面在2002年被废止。任何潜在的出口商都可向美国商务部申请审查许可，一个提供免于各州和联邦反垄断起诉以及私人反垄断法律诉讼的重要保护性法律文书。这一许可使公司和组织可以进行联合定价、合作投标，并自由划分企业之间的出口市场，在不同的海外市场拥有共同担保、服务和培训中心。要注意的是《ETC法案》的受益人是所有的出口商，而不仅仅是出口贸易公司。美国商务部已经发布了超过100个许可，覆盖了4,400个公司。虽然现在大部分的许可是签发给集团公司的，但是大多数收到许可的公司是为同一行业的两个或两个以上公司服务的出口中间商。比如，美国全国加工工业协会是拥有3,150个成员的全国贸易协会。另一个例子是美国电影营销协会（有170个成员）。

B. 为海外客户代购的出口商

1. 出口代理商代表海外购买者，比如进口公司和大工业用户。在工业化国家，他们作为常驻采购员收取购买者付给的佣金。

C. 为自己的客户买卖的出口商

1. 出口商直接以自己的名义从制造商那里购买产品，然后卖出，开具发票并运出产品，所以海外消费者不能直接和制造商进行买卖往来，这与出口代理商的情况一样。假如出口商在海外领地拥有独家经销权，通常这样被称为出口经销商。一些EMCs企业实际上就是许多客户的出口经销商。

2. 由国际制造商建立的**合作出口商**（cooperative exporters）销售自己产品的同时会卖出其他公司的产品，有时候他们被称作携带出口商。携带者（出口商）可以以他们自己的名义购买再转卖产品，或者在佣金制下完成工作。运输公司，例如EMCs，担当的角色是他们所代表的公司的外销部门。像通用电气和华纳这样的大公司已经担任携带出口公司很多年。
3. 韦伯—波默林协会是由一些竞争企业组成的组织，这些企业的目的只有一个，那就是出口，目前这样的协会还不到25个。电影协会（MPA），是韦伯—波默林协会的遗留机构，是与全世界电影盗版行为斗争的最初组织。

D. 为海外用户和中间商代购的出口公司

1. 大型海外用户如采矿、石油和国际建筑公司，他们在海外购买产品为己所用。所有全球性公司的采购部都在持续地为他们的国外子公司进行采购，在工业国家、海外政府和海外公司都在工业化国家设置有采办处。
2. 出口常驻地采购员本质上执行与出口代理商相同的职能。可是，他们通常与一个国外公司有着紧密的联系。他们可能被任命为官方购买代表，并支付预付费用，他们甚至也可能是员工。与此形成对比的是出口代理商，他们通常是一群海外购买者的代表，并按次工作。

直接出口

如果公司选择自己做出口贸易，可以从以下4种海外中间商的基本类型中选择：（1）制造商代理；（2）经销商；（3）零售商；（4）贸易公司。他们由销售人员服务，销售人员或者常常出差到销售地，或者常驻销售地。假如销售额足够，可能会建立国外销售公司来取代进口批发商。大部分的全球性公司的制造附属公司也从原公司进口产品或者其他子公司进口他们自己不能生产的其他产品。

1. **制造商代理**（manufacturers' agents）是指在一个国家或地区内，为公司开展业务的常住居民。他们代表着各种各样的无竞争性的海外供应商，并以这些公司的名义接受订单。制造商代理通常实行佣金制，自己承担费用，并且不承担任何的财务责任。他们常常储存一些供应商的产品，兼具代理商和批发商的职责。
2. **经销商**（distributors）或批发进口商是为自己采购的独立商人。他们为了转售而进口和库存。批发商通常是一些专业领域的专家，比如农场设施或药品方面。他们可以被赋予独家代理权，所以，作为条件，他们不能再受理竞争品牌的产品。当出口商雇用他们时，经销商会从制造商代理买进产品。或者，他们也可以将订单直接发到出口公司。与雇用制造代理商不同的是，出口商可能会雇用他们自己的销售团队来覆盖市场，并协助批发商。多年来，像卡特彼勒和固特异轮胎这样的世界级企业在出口领域早已开始采用销售代表。
3. **零售商**，特别是对于消费品来说，通常是直接的进口商。为了出口商，通过制造商代理或者区域或派出的出口商销售代表保持联系。
4. **贸易公司**（trading companies）在美国相对不出名，但在其他国家是非常重要的进口商。在一些非洲国家，贸易公司不仅仅进口从消费产品到固定设备各类产品，而且还是矿石、棕榈油和咖啡这些原材料的出口商。另外，他们还经营百货公司、

全球视点   盗版与产品传播

虽然我们之前讨论过海盗对于运输的风险，但是海盗/盗版行为也可以为产品的全球性推广作出贡献——某种偶然的市场进入。

日本动漫拥有80亿美元的全球销售，是十年前销售额的十倍。日本首相小泉纯一郎曾把它比作"日本文化的救世主"。迪士尼已经购买了一些动漫电影的版权。卡通频道播出了一系列成人动画节目。TOKOPOP将出版400种日本漫画的译本供美国人消费。

20年前日本动漫在美国是没有市场的。这种改变不是来自日本媒体公司的共同推广，而是满足美国动漫迷需求的结果。

虽然在20世纪60年代早期日本动漫就开始出口到西方国家，但是很多人认为这些东西儿童不宜，到60年代末期动漫还只在日本海外团体中存在。录像带的出现使配音和资源分享成为可能，不久动漫迷们都能联系日本人和驻扎在日本的军队来获取这些录像带。粉丝俱乐部实质上是作为租赁店和配音中心而出现的。在八九十年代，业余爱好者开始为录像带进行英文配音："字幕组"开始发展。在90年代初，大规模的动漫展带来了日本的艺术家和经销商，他们对从未推广就形成的繁荣景象感到惊讶。回到日本后他们准备投入商业市场。粉丝俱乐部继续运营，之后的商业化使他们停止了字幕制作和分销。

这种"盗版行为"现在得到了商业行业的支持，实际上它也促成了一些事件：粉丝创作的漫画，作为商业产品的高度衍生物，被销售一空。[a]媒体公司以此来宣传自己的版本，发掘新的人才以及迎合观众的口味。

一些盗版行为实际上对于传播新的产品理念起到了一定的促进作用，这不仅仅局限于日本动漫，在软件方面也被证明如此。

仔细分析就能发现盗版软件对一个软件公司推出新产品未必都是坏处，因为它产生了第一批接受者，即盗版者，加速了软件的传播：这些最初的盗版者影响了其他人的购买。一般来说，当产品扩散到市场后，防范盗版的强度应该加强。

在第三产业里，来自全球25个国家的例子表明院线电影的盗版实际上对电影产业是有轻微益处的。

[a] 日本动漫代表的是动画电影，漫画是一种印制的卡通片。

资料来源：Henry Jenkins, "When Piracy Becomes Promotion," *MIT Technology Review*, August 10, 2004; Ernan Haruvy, Vijay Mahajan, and Ashutosh Prasad,

"The Effect of Piracy on the Market Penetration of Subscription Software," *Journal of Business* 77 (April 2004), pp. S81-S108; Ashutosh Prasad and Vijay Mahajan, "How Many Pirates Should a Software Firm Tolerate? An Analysis of Piracy Protection on the Diffusion of Software," *International Journal of Research in Marketing* 20, no. 4 (2003), pp. 337-53; Sung Woo Ji, "Piracy Impact on the Theatrical Movie Industry," http://www.allacademic.com/meta/p172966_index.html (accessed July 4, 2008).

食品杂货铺、汽车和农业机械的代理行。虽然许多贸易公司规模很大，但是他们无论在规模和多样化（产品和功能）上与综合商社都完全没有可比性。巴西、韩国、中国台湾、马来西亚的贸易公司近年来也有了新的发展。由于他们的基本职责是促进自己国家产品的出口，所以出口商对那些国家的出口没有什么作用。另一方面，英国进口商/代理人履行了贸易公司的部分功能，对出口商来说是有价值的。它为海外制造商存储货物，根据当地市场为产品定价，并运输到国内任何地方，然后代理经营（代理卖方的应收账款）。然而，出口商必须仍然发展其销售业务。另一种形式的贸易公司是国有贸易公司。在朝鲜、古巴，政府垄断某些产业的非共产主义国家，比如墨西哥的石油贸易，进出口贸易是由国营贸易公司来运营的，而出口商或者他们的代理必须与这些国有实体往来。

批发机构　在发达国家，市场能够选择可以拿到货物所有权的批发商（商品批发商、供应超级市场批发商、产销直达货运批发商、现购自运批发商、货车贩运批发商）和没有拿到货物所有权的批发商（代理商、经纪人）。但是在美国，零售商规模已经壮大，他们能够避开批发商，直接从当地制造商和海外供应商那里购买商品。

批发结构的多样性　一般来说，批发和零售的方式是随着经济发展阶段不同而变化的。在发展中国家，他们依靠进口来供给市场，进口批发商数量少规模大，供应链长。历史上，大部分进口商是由跨国企业建立的贸易公司，用来进口他们当地公司所需的机械和商品，并出口一些用于本国生产的原材料。为了获得经销商价格，供应商要求他们同时也向其他消费者进行销售。这些贸易公司变得非常多样化，拥有汽车、工厂机械代理、食品杂货铺和百货公司。他们基本上能够满足一个城市和一个工厂所有的需求。

当殖民地变成国家，新政府开始施加压力把贸易公司转变成当地所有企业。此外，这些国家开始实现工业化，这就意味着更多的物资开始在本地生产，进口越来越少。大部分当地的制造商能够控制进口批发商的渠道。为了覆盖范围更广的市场，他们取消了进口批发商的独家经销权，把产品线移交给了新的批发商，这些新的批发商是由进口商的前雇员建立的。随着经济持续发展，市场拓展，更多更小批发商的进入将使得分工更加专业化。

在本章开始我们讨论了第一个进入市场是不是意味着就能盈利，答案是"不一定"，不管是第一个还是早期的追随者，或是后来者，都有机会获得成功。

小 结

解释市场先行者和快速追随者这两种选择。

正如前面案例所表明的那样,一个企业可以在任何位置成功,不过,一般来讲,拥有大量资源的追随者成功的可能性更大;相反,规模较小、资金不充足的追随者成功的可能性较小。

解释国际市场进入方法。

进入海外市场的方式可以分为基于非股权和基于股权两种情况,非股权进入方式包括间接或直接出口,交钥匙工程、授权许可、特许经营、管理合同、合同制造。基于股权市场进入方式包括全资子公司、合资企业和战略联盟。

确定盗版的两种不同形式,并讨论它们对公司拓展海外业务的利与弊。

显然无论是对出口商还是进口商,公海的海盗行为都是有害的。另一方面,盗版行为作为一种分配形式,对参与方有可能有害,也有可能无害。事实上,这可以成为一种产品的"试用品"。

讨论直接出口企业、间接出口企业或者海外生产企业可用的渠道成员。

渠道成员的选择:(1)间接出口或为制造商代售的出口商;(2)为海外客户代购;(3)为外国用户或中间商代购。直接出口商使用制造商代理、经销商、零售商和贸易公司,海外生产的公司通常拥有与国内市场同样的渠道成员:但是他们的操作方式可能不同。

问题讨论

1. 企业进入国外市场的方式有哪些?
2. 本章讨论的两种形式的海盗行为分别是什么?哪一种是有害无利的?哪一种可能是有益的?
3. 如果合资企业和战略联盟有区别,区别是什么?
4. 当进行国外投资时,在什么情况下,一个公司会更倾向于建立合资企业而不是全资子公司?
5. 在合资企业里,为什么国外合作伙伴会希望与当地合作伙伴签订管理合同?
6. 为什么一个全球公司或跨国公司已经拥有了独资子公司却还要与子公司签订管理合同?
7. 什么是间接出口,它与直接出口的区别是什么?间接出口主要有哪几种类型,每种类型的主要优点和缺点是什么?
8. 综合商社和它们的美国同行有什么区别?
9. 像皮尔卡丹这样的时装设计公司、如德州仪器这样的高科技公司,在进入模式上的相同之处有哪些?

案例分析 15-1　进入方式——McGrew 公司

麦克格鲁公司（McGrew Company）作为花生收割机器的制造商，多年来在巴西出售了大量的机器。但是，一个巴西公司已经开始生产花生收割机，并且麦克格鲁公司的当地经销商告诉主席吉姆·艾伦（Jim Allen），如果麦克格鲁想要维持市场份额，就必须在本地制造，艾伦左右为难，虽然市场前景十分诱人，但是麦克格鲁公司没有开展国外制造业务的经验。由于巴西的机器销售和维修已经被经销商操控，在麦克格鲁公司里没人拥有巴西市场的第一手经验。

艾伦进行了一些粗略计算，认为公司在巴西进行生产可以盈利，但是公司在巴西缺乏专业生产知识，这让艾伦感到为难。他召来出口经理琼·比尔（Joan Beal），让她列举麦克格鲁公司面临的所有可能选择，以及其优缺点，并询问了她的意见。

1. 假设你是琼·比尔，试列举所有选项，并给出每个选项的优缺点。
2. 你建议采取哪种选择？
3. 如果艾伦的计算是正确的，假设有一个公司可以在本地生产出麦克格鲁公司现在出口到巴西的全部机器数量，而且这也将会带来比较令人满意的投资回报，那么，你想搜集关于巴西的哪些具体信息？

第 16 章　进出口实务

贸易保护伤害了实施这项政策的国家的经济,这一事实是经济学给出的最古老和最令人吃惊的见解之一。这个思想追溯到经济科学本身的起源。亚当·斯密的《国富论》,产生了经济学,其中已经包含了自由贸易的论点:通过生产专业化而不是生产一切,每一个国家将会从自由贸易中受益。

——贾格迪什·贝格瓦提教授,
哥伦比亚大学

阅读本章后,你应该能够:

1　解释企业为什么出口以及出口面临的三个挑战。
2　找出出口咨询服务和支持的来源。
3　讨论各种销售术语的含义。
4　确定出口融资的来源。
5　描述外国货运代理的活动。
6　概述出口所需的文件。
7　确定进口来源。

集装箱是怎样改变世界的?

50多年前的某个4月26日,装有剩余作战物资的油轮理想X号在新泽西纽瓦克市离开港口,带着焊接在夹板上的钢制框架。被钢制框架固定住的铝制集装箱5天后在休斯敦被卸到货车上。那就是使我们世界变得更小的集装箱革命的开始。集装箱极大地降低了运输成本,并且允许制造商离开本地到海外充分利用廉价的劳动力去生产以前不能出口获利的商品。

马尔科姆·麦克林(Malcolm McLean)是一个成长在北卡罗莱纳农场的卡车司机,负责把棉包拉到霍博肯,他不得不坐在那里闲坐一整天等他的货物卸载。他在等待的时候观察了整个卸载过程。这个过程缓慢、辛苦并且催生偷盗行为。他产生了一个想法,即把货车车身分开然后把它们装到能容纳它们的船上。

没有人能够明白集装箱是怎样改变进出口、船舶和港口、商品贸易、贸易路线和工会等这有关的一切的。马克·莱文森(Marc Levinson)写作了《集装箱:集装箱是怎样使世界变得更小而使世界经济变得更大的?》一书,称集装箱化是经济学最有影响力的法则——意外效应法则的纪念碑。

资料来源:Wally Bock, "A Man Who Changed the World," *Monday Memo*, June 11, 2001, www.mondaymemo.net/010611feature.htm (accessed August 1, 2006)); Marc Levinson, *The Box*: *How the Shipping Container Made the World Smaller and the World Economy Bigger* (Princeton University Press, 2006); Marc Levinson, "Unforeseen Consequence: How a Box Transformed the World," *Financial Times*, April 25, 2006, p. 17.

16.1 出口——为什么和为什么不?

随着海外做生意的规模日益庞大复杂,为什么公司还会选择出口而不是在国内做贸易?原因有很多,它们都与提高利润和销售的业务目标相联系,或是想要保护自身市场免受侵蚀。下面是公司出口最常见的原因。

- 为公司没有或只有有限生产设施的市场服务。许多跨国公司,如杜邦,通过出口来供给它的外国市场,因为没有一个公司,不管它的规模有多大,都不能够在其销售商品的每一个国家中都拥有完整的生产线。没有当地工厂的市场是通过从母国出口或从外国子公司出口来得到产品供应的。在一个规模足够大的市场,生产部分产品而不是所有产品组合是合理的,子公司会通过进口来补充当地的生产。一个发展中国家的汽车生产商可能会生产最便宜的汽车并进口奢华车型。垂直一体化程度较高的工厂可能会出口中间产品,这些中间产品是垂直一体化程度较低的子公司的投入品。

- 为了满足东道国政府对当地子公司出口的要求。发展中国家政府常常要求当地公司出口,并且有些东道国要求它获得充足的外汇来弥补进口的成本。这就是为什么福特在巴西建立无线电工厂并将产品出口到福特的欧洲组装厂。

- 为了保持国内市场的价格竞争力。许多公司进口在国外子公司生产的劳动密集型零部件，或将组件出口到劳动力较便宜的国家进行组装然后再将成品进口。
- 为了低成本地检测外国市场和外国的竞争。对投资当地生产设施之前想要测试产品的接受程度的公司来说，这是个常用的策略。在较小的市场上，出口可以让企业检测市场策略，并以较小的风险作出调整。如果策略或产品失败，从海外市场撤退也不会给整个公司带来较大的损失。但是，这个策略有一个缺点：不管在国外市场上做什么都会被竞争对手所了解。这尤其适用于大型跨国企业比如联合利华和宝洁。前宝洁首席执行官埃德温·阿兹特（Edwin Artzt）在推出新产品上改变了策略。不再等到公司积累了足够的市场营销经验后再拓展全球市场，而是在发展早期就在世界范围内推出产品，从而避免给竞争对手在其他市场上反应的机会。
- 为了满足实际或潜在客户也要求公司进行出口。这种类型的次要出口相当常见。一个外国买家经常会通过浏览网站或 Thomas Net 来搜索一些当地不能找到的东西，Thomas Net 是一个列有北美生产商的成千上万种产品的网络清单。
- 为了补偿在国内市场的周期销售。
- 为了实现额外的销售，这将允许公司使用额外的生产能力去降低每单位的固定成本。
- 为了通过出口产品到目前位于产品的生命周期的引进阶段的市场来延长产品的生命周期。
- 通过向外国市场出口，对进入本国市场的外国竞争者作出战略应对。
- 通过出口获得成功的其他企业使得企业管理者想要取得同样的成功。
- 为了提高生产设备的效率，通常通过出口能使生产更有效地达到或接近满负荷运载。

全球视点　新出口商的 12 个最常见错误

1. **在开始出口业务之前，未能得到高质量的出口咨询也没有制定一个总体的国际战略和营销计划。** 要想成功，公司必须首先设置目标并制定实现目标的计划。除非该公司足够幸运，拥有相当多具有出口专业知识的员工，否则采取这至关重要的第一步可能需要合格的外部指导。
2. **高层管理不够重视克服最初的困难和出口的资金需求。** 在国外市场建立一个公司通常要花费比在国内市场更多的时间。虽然与建立国内市场的情况相比，似乎很难证明出口的早期延误和成本是合理的，但出口商要有长远的眼光，通过早期的困难来仔细监督为国际营销所做的努力。如果出口业务有一个良好的基础，应得的好处最终会超过投资。

3. **对选择海外销售代表和分销商不够重视**。每一个外国分销商的选择都是至关重要的。海外通信和运输引进的复杂性要求国际分销商比国内同行有更大的独立性。而一个新的出口商的历史、商标和名誉在海外市场可能不为人所知,外国的客户可以根据经销商的声誉购买。公司也应该对经手的人员、分销商设施和管理方法进行个人评估。

4. **争取来自世界的订单而不去建立有利运营和有序增长的基础**。如果出口商希望分销商能积极推广他们,他们就必须培训并协助分销商,而且还要持续地对他们进行监测。这可能需要一个公司高管待在经销商所在地。新手出口商可能想要把努力集中在一个或两个地理区域,直到他们有足够的业务量来支持一个公司代表。然后,当这个最初的核心面积扩大时,出口商就可以转战到另一目标区域。

5. **当国内市场繁荣时忽视出口业务**。通常公司在国内市场业务衰落时会转向出口业务。当国内业务再次繁荣时,他们又忽视出口贸易。这种疏忽可能会损害公司海外代表的利益及其积极性,扼杀自己的出口贸易,并且在公司的国内业务再次衰落时使自己陷入孤立无援的境地。

6. **不能像对国内分销商那样平等对待国际分销商和客户**。通常情况下,公司在国内市场会进行广告宣传活动、特别的折扣优惠、销售激励项目、特殊的信用期限项目、保修项目等,但却不能向国际分销商或客户提供类似的协助。这是一个可以摧毁海外营销工作生命力的错误。

7. **假定一个特定的市场技术和产品会自动在所有国家获得成功**。在一个市场起效的东西在另一个市场可能会失效。每个市场都需要单独对待,直到公司对其出口市场有足够的了解。

8. **不愿意修改产品来满足其他国家的规则或文化喜好**。既不能忽视当地的安全准则和进口限制,也不能忽视其文化喜好。如果工厂没有完成必要的修改,那分销商就必须作出修改,有时这需要付出更大的成本,有时也可能不是。

9. **不使用当地语言提供服务、销售和保修信息**。虽然很多人会说英语,但我们假设他们可能更想要用他们自己的语言来阅读说明书和产品信息。这样做能留住客户和分销商。

10. **不考虑使用出口管理公司**。如果一家公司确定其没有能力开设自己的出口部门,就应该考虑使用出口管理公司(EMC)的可能性。

11. **未能考虑授权或合资协议**。一些国家的进口限制、匮乏的人员或财务资源、过度的产品线限制可能会导致很多公司认为难以实施国际营销。然而许多在国内竞争激烈的产品,可能通过授权或合资协议在世界上的很多市场成功推广出去。

12. **未能提供一应俱全的产品服务**。没有必要的服务支持的产品在短期内会获得不好的声誉,且有可能阻碍进一步的销售。

资料来源:Adapted from *Small Business Success*, Vol. 1, Pacific Bell Directory, in cooperation with the U.S. Small Business Administration, 2006.

美国公司不愿出口的两个主要理由是：正在全力占据广阔的美国市场，以及不愿参与新的、未知的，因此充满风险的经营。当进一步探索那些不做出口业务的公司的管理者们为什么在国际市场上并不积极的原因时，他们普遍提到在以下三个领域中缺乏知识：定位外国市场、付款和融资流程以及出口流程。

联邦及各州的商务部门、银行、小企业管理局、小企业发展中心以及私人顾问都可以提供出口帮助。但是，只有很少的管理者正在利用这种帮助。在本章中，我们将研究在阻碍管理者发展出口能力的各个领域：定位外国市场、付款和融资流程以及出口流程。

16.2 定位外国市场和制订计划

定位外国市场的第一步就是确定企业的产品在国外是否有市场。第15章中描述的初步筛选步骤指出了一个可遵循的程序，这对于有经验的市场分析师来说是完全没有问题的，他们非常熟悉信息及援助的有效来源。然而，新加入的出口商，尤其是小公司，可能仍然茫然不知该如何开始他们的外国市场研究。对他们来说，大量的帮助出口援助项目是可用的。一旦潜在的出口商确定存在一个针对该公司产品的市场，就是时候起草出口营销计划了。

出口信息、咨询和支持服务的来源

Export.gov是美国政府的贸易门户网站，由商务部设立。它将一系列政府机构的出口资源整合在一起，包括美国国际贸易管理局、商务部、美国商业服务、进出口银行、国际开发署、小企业管理局、国务院和海外私人投资公司。请登陆http：//www.export.gov/articles/Success/ss_lips.asp查询Ganache for Lips公司的案例研究，它实现了到不同国家的快速出口。

对于已经在出口的企业，国际贸易管理局（International Trade Administration，ITA）提供了广泛的出口市场推广活动，包括出口咨询、国外市场分析、产业竞争力评估以及通过出口推广活动发展市场机会和培养销售代表等。ITA有三个部门协同合作来提供这些服务：

1. 市场准入与合规（Market Access and Compliance，MAC），MAC通过发展战略来克服美国企业在多个国家和地区面临的障碍，以期打开外国市场。他们同时也观察外国遵守贸易协定的情况。

2. 贸易发展。该部门促进美国产业贸易利益的发展，并提供市场信息和全球贸易实例。其员工与行业代表和行业协会一起寻找产品或服务、行业及市场的贸易机会。贸易发展专家也执行贸易任务、开展展销会和市场营销研讨会。

3. 美国商业服务（U.S. Commercial Service，USCS），USCS在美国国内107个地区以

及世界上80个国家都有商业工作人员，他们能够为美国企业提供外国企业的背景信息、协助寻找外国代表、组织市场调研，以及寻找贸易和投资机会。USCS的分区办事处也组织出口研讨会，以使商务人员了解海内外可以促进美国商品发展的贸易活动。

小企业管理局（Small Business Administration，SBA）的国际贸易办公室，通过SBA的各区办事处为现有以及潜在的小型企业出口商提供帮助，帮助形式包括业务发展和财务援助两个项目，由遍布全国的外地办事处提供。国际贸易办公室也进行SCORE项目，通过这个项目有经验的管理人员为小企业免费提供一对一咨询服务；小企业发展中心（Small Business Development Centers，SBDCs），坐落在许多大学和学院里，提供出口咨询服务，特别是对没有经验的新手；国际商务研究中心（Centers for International Business and Research，CIBERs），分布在31所美国大学，也帮助美国企业进行出口；此外还有美国出口援助中心，为小型和中等规模出口企业提供一站式服务。

商务出口援助计划部门（Department of Commerce Export Assistance Program，EAP）帮助潜在出口商精细化潜在市场，它在美国100多个城市以及国外80个城市设有办事处，在了解公司及其产品后，EAP的国际贸易专家也许会建议潜在的出口企业咨询国家贸易数据银行（National Trade Data Bank，NTDB），服务内容包括选择近期的贸易推广、关于"如何做"的出版物以及来自15个联邦机构的国际贸易和经济数据，并将数据刻录在一个驱动光盘上，每月更新。NTDB为新的出口商提供综合性的指南，为有经验的出口商寻找新市场的区域信息和特定产品的来源。它也包含了外国贸易商指数，即外国进口商的列表，其中包括每个进口商的描述以及它们想进口的产品。出口商可以从这个列表中找到对它们产品感兴趣的进口商以备以后联系。个人可以订阅NTDB，部分商贸和经济信息可以在商务部网站www.stat-usa.gov上获得。

贸易专家可能也会建议使用贸易机会计划（Trade Opportunities Program，TOP），它从想购买美国公司产品或想代理美国公司的海外企业中提供当前的销售线索。这些线索作为美国统计信息局服务信息的一部分，可以在联邦寄存图书馆或作为美国统计信息

美国驻肯尼亚大使馆，当一个企业在探索出口方向时，其有关潜在的商业合作伙伴和市场机会的信息来源之一可能是由许多美国大使馆提供的商务媒介服务。

局订阅服务的部分信息免费得到。TOP 线索也会在每周商业报纸上公布。另一种可能是在《商业新闻》上登广告——这是一本双月刊的目录杂志，在上面登广告可以促进美国产品和服务在海外市场的销售。

一旦存在潜在的市场，企业必须选择是通过美国出口商间接出口还是自己直接出口。如果选择间接出口的方式来试探市场，贸易专家可以提供协助。如果企业希望建立自己的出口业务，那么它必须获得海外分销。出口商可使用Export.gov门户找代理商、分销商或合资伙伴。征信机构，如邓白氏、金融信贷国际商业协会（Finance, Credit, and International Business Association，FCIB）以及出口商的银行都可以提供信用信息。

如果公司想做一次国外之旅，商务部可以通过许多美国大使馆来提供商务媒介服务。这是专为美国公司的管理者设计的，这些管理者将访问该国，举行情况介绍吹风会、市场调研、未来合作伙伴介绍以及协助在特定国家制订营销策略。这些都由美国商业局安排。美国农业部外国农业服务办公室对潜在农产品出口商也提供类似的服务。

商务部也举办贸易活动，称为"展示和销售"，这对寻找外国代表和销售都是有帮助的，主要有四种类型：

1. 美国馆。商务部每年选择100个全球贸易博览会，并募集美国企业在美国馆参加。优先考虑适合做好出口准备的企业参加的博览会。为了吸引企业受众，参展商在管理以及海外推广活动上得到商务部的广泛支持。

2. 贸易代表团。代表团成员集中于某一个行业部门。参与者可以得到详细营销信息、优先的宣传、后勤支持，与潜在买家和政府官员约谈。一般来说，一个代表团包含5到12个业务主管。

3. 产品宣传资料中心。商务贸易发展专家在各种国际贸易展览上代表美国公司，并分发宣传资料。然后告诉美国公司哪些是感兴趣的来访者，以便公司可以跟进。

4. 反向贸易代表团。美国贸易发展署资助外国代表团访问美国，使他们能够会晤美国工业界和政府代表。外国官员代表那些有兴趣购买某些美国设备的采购部门。

除联邦政府外，对出口企业提供帮助的其他来源还包括州政府部门，所有的这些部门都有出口发展项目，其中有许多有出口融资项目。在私营部门中，在全球拥有近300个中心的会员制组织世界贸易中心协会，能提供社交机会以及在线交易系统。

出口营销计划

企业需要尽快起草出口营销计划。经验丰富的公司也许已经有了一个操作计划，但新加入者可能需要等待，直到他们至少已经从国外市场的研究中积累了一些信息。从本质上讲，出口营销计划和国内营销计划一样。它也应该是关于待开发的市场、相应的营销战略和实施战略的策略这些具体的内容。销售预测和预算、定价策略、产品特点、促销计划以及与外国代表部署的详细信息都是必须考虑的。换句话说，出口营销计划阐明了必须做什么、什么时候做、由谁来做以及成本是多少。本章结尾将附上营销计划的框架。在第17章中，我们将专注于营销组合，但营销组合的两个方面需要在这里作一些解释：出口定价和外国代表的销售协议。

很多开始出口的企业关注的一个价格领域是需要使用与在国内市场不同的**销售术语**（terms of sale），对于与外国的交易，出口商需要熟悉**国际贸易术语解释通则**（INCOTERMS），它包含13种贸易术语，描述了在国际贸易中买方和卖方的责任。它们由国际商会创立，每十年修订。例如，对于国内销售，企业可能会询问**离岸价格**（FOB），这意味着，那一个时点开始由买方承担一切费用和风险。国际贸易术语中的等价是按**工厂交货价**（Ex-Works）。然而，对于外国客户来说，他们会期望以下销售条款之一：

1. FAS（船边交货——停靠港）。卖方将货物交到买方指定船只的船边并负责这一过程的所有运输费用，并使货物达到准许出口的状态。
2. CIF（到岸价，成本、保险、运费——外国港口）。到岸价格包括货物的成本、保险和所有运输费用以及到达最终指定目的地港口的所有杂费。
3. CFR（成本加运费——外国港口）。CFR类似于CIF，由买方购买保险，但是由于买方能够在本地保险公司获得较低的保费，或是由于买方政府的规定，为了节省外汇，坚持在买方所在地保险公司购买保险。
4. DAF（边境交货）。DAF一词经常被用在对加拿大和墨西哥的出口，该价格涵盖了货物到达边境交给买方代表前的所有费用。买方的责任是在接收准许出口的货物，安排货物跨越边境，办理进口清关手续，并运至买方。

对于外国买家来说使用CIF和CFR更为便利，因为他们只加入进口关税、卸货费以及港口到仓库的运费就能确定成本。新手出口商在使用CIF时，需要记住各类杂项费用，包括码头储存和处理费、货运代理费用和领事签证费。请注意，包含国内营销和一般行政费用的国内售价一般要高于CIF出口销售的真实价格。

工厂成本（不包括国内营销和一般行政费用的制造成本）是首选的定价法，再加上出口销售的直接成本、一定比例的一般行政管理费用以及一定的利润率。这个比例可以由管理者估算在出口事宜上花费的时间来计算。最低FOB（离岸价）或者工厂交货价中，价格是这些费用的总和，再加上必要的利润率。如果在市场研究中显示竞争很小或者是竞争者价格很高，那么当然，出口商可以配合这种市场竞争（撇脂定价），或者设置一个低价来获取市场份额（渗透定价）。就像在国内市场一样，采取行动的过程取决于该公司的销售目标。

出口的其他主要区别是销售协议。协议应尽可能简单地指明代理人和公司的责任。用于国内代理的合同中所载大部分内容也适用于出口，但是应特别注意两点，一是指定专利和注册商标的责任，二是指定管辖合约纠纷的国家或州。为了确保绝对安全，公司应注册所有的专利和商标。监管它们的责任落在当地代理人身上；公司应该在经验丰富的国际律师的帮助下起草协议。任何国家的出口商都可能更愿意遵循他们本国的法律。许多国家，尤其那些拉丁美洲国家，遵循卡尔沃主义，认为案例应该根据本国而不是外国的法律进行审判。

16.3 支付和融资流程

对于新出口商的第二大主要障碍是要建立对有关的出口销售支付和融资流程的理解。我们将再次研讨出口付款的流程及条款、出口融资的途径以及其他在金融领域支持出口的政府激励措施。

出口支付条款

每个营销员都知道，付款条款是获得订单的一个决定性因素。就像一位国际粮食出口商的销售经理说的那样："如果你愿意相信一个破产的人，那么他将愿意付给你任何价格。"这是有点夸张，但当条款比较宽松时，客户总是愿意支付更高的价格，尤其是在资本稀缺而利率较高的国家。在出口商提供的付款条款中有现金预付、赊销、寄售、信用证以及押汇汇票。我们将依次讨论。

当不清楚或不确定买家的信用时，出口商希望买方能够现金预付。但是，很少有买方愿意接受这样的条款，因为这会占用他们的营运资金，直到收到并卖出商品。而且，他们无法保证收到的货是合格的。因此，除非是定制品，否则顾客是不会预付现金的。

当进行赊销的时候，卖方将承担所有的风险，因此这样的条款只能提供给可靠的客户。出口商的资金将被占用直到收到货款。然而，坚持低风险的销售条款（如信用证）的出口商，可能发现他们会由于竞争对手用赊销方式销售而失去业务。知名的全球公司如奔驰汽车，不接受取得信用证的额外成本，它与提供赊销的供应商做生意。为了建立买方的信用，出口商可以从一些代理机构如邓白氏（Dun & Bradstreet）、欧文斯在线（Owens Online）和澳美资讯有限公司（Asian CIS）获得外国公司的信用报告和信息。

寄售意味着货物装运给买方，而直到货物卖出后，买方才付款。所有的风险都由卖方承担，因此这样的条款和赊销一样，在没有对买家和国家谨慎调查前是不能提供的。跨国公司经常以此为基础向他们的子公司出售商品。

只有预付现款比**信用证**（letter of credit，L/C）能给卖方提供更多的保护。该文件由买方的银行签发，承诺银行接到信用证中所规定的确切单据时在约定时间向卖方支付约定的金额。一般来说，卖方会要求信用证是保兑的、不可撤销的。在**保兑信用证**（confirmed L/C）中，卖方所在国的代理银行会兑现开证银行的信用证。在**不可撤销信用证**（irevocable L/C）中，一旦卖方接受了信用证，不经卖方同意，买方不得改变或取消信用证。图16-1就是银行保兑的不可撤销信用证的例子。如果信用证没有被保兑，则代理银行阿拉巴马州莫比尔市的国家招商银行（Merchants National Bank of Mobile）在收到信用证中所列单据时，没有义务向卖方史密斯公司（Smith & Co.）支付。只有开证银行哥伦比亚波哥大的美洲银行（Banco Americano in Bogotá）有责任支付。如果卖方（史密斯公司）希望能够从美国的银行收回款项，他会坚持由这样一个银行来保兑信用证。如图16-1所示保兑银行一般是代理银行。当保兑行阿拉巴马州莫比尔市的国家招商银行对信用证进行了保兑，它就有义务在信用证中所列单据全部呈交时或者在规定日期前，向卖方史密斯公司付款。请注意货物本身没被提及，买方只规定由货运方签发的**航空运**

图 16-1 信用证

单（air waybill）作为货运已完成的证明。即使银行管理人员知道飞机在起飞后坠毁，他们还将向卖方史密斯公司付款。银行关心的是单据，而不是商品。

在开立信用证之前，买方通常要求出具**形式发票**（pro forma invoice）。这是出口商的正式报价，包括：商品的描述、价格、交货时间、提议的装运方式、出入境口岸以及销售条款。而且，它不只是一个报价单。通常，银行在开立信用证时会使用它，在需要进口许可证的国家或者允许购买外汇的国家，政府官员会坚持接收其副本。

图16-2说明了货物、信用证以及在美国卖家和德国买家之间的信用证交易文件的传

图 16-2 信用证交易

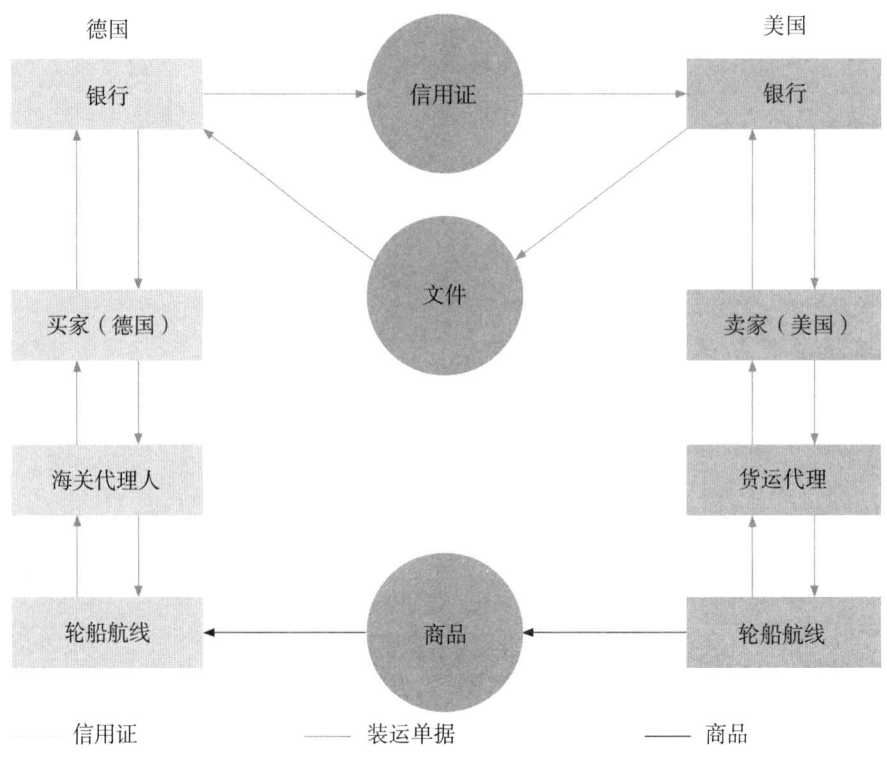

图 16-3 即期汇票

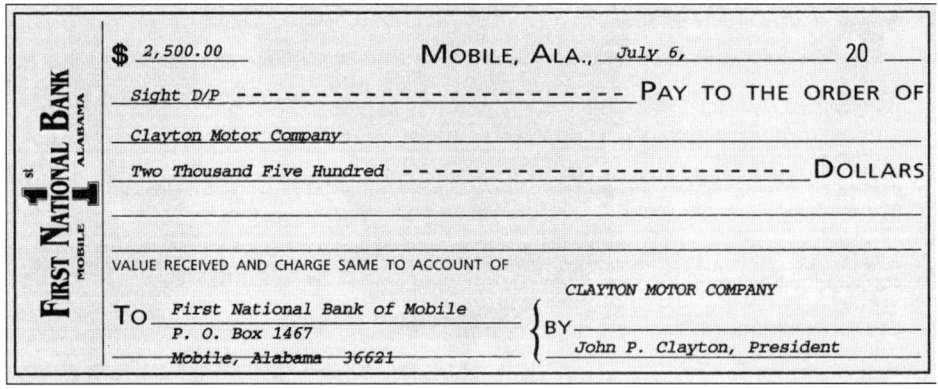

图 16-4 付款风险/成本权衡

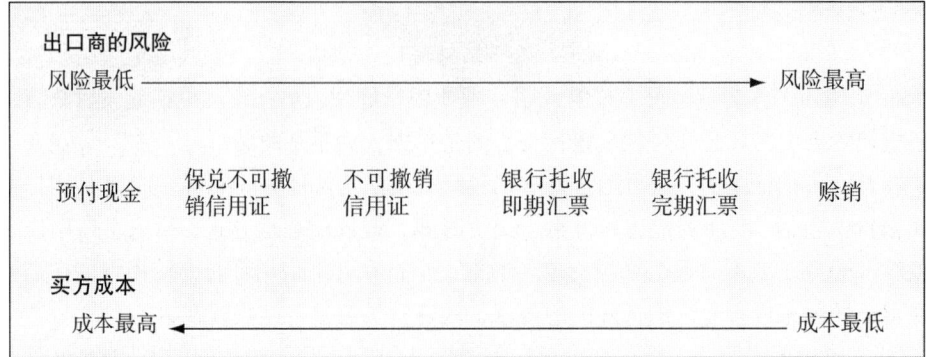

资料来源：*Business America*（U.S. Department of Commerce Publication），February 1995.

递路线。当德国买家接受了规定保兑及不可撤销信用证条款时，在其银行安排开立需要的信用证。买方将向银行提供估价单中所包含的信息，制作出口商获得货款所必须出示的文件，设置信用证的过期期限。

这家德国银行然后指示其在美国的代理银行确认信用证，并通知卖方信用证已经建立。卖方准备装运货物，并通知货运代理商订舱，准备出口文件以及安排货物送到港口。然后将所有单据以及卖方开出的即期或远期汇票提交给美国银行，银行将向卖方付款并将这些文件转交给德国银行收回账款。为了获得标示着货物所有权的单据，德国买方必须要么支付即期汇票要么接受一个远期汇票。这么做之后，买方收到单据，然后把它交给海关代理。海关代理充当买方的经纪人，从轮船上接收货物，并办理清关手续。

如果出口商认为政治和商业风险还不足以开具信用证，出口商可以同意在跟单汇票的基础上付款，这对买者来说成本降低了。一个**出口汇票**（export draft），如图16-3所示，是卖方开具的买方见票立即付款（**即期汇票**［sight draft］）或者是约定在一定的日期付款（**远期汇票**［time draft］）的无条件命令。一般来说，卖方会要求它的银行将汇票和单据寄往买方国家的银行，继续像在信用证交易中那样收回货款。

虽然跟单汇票和信用证类似，但二者有一个重要的区别。在信用证条款中，如果卖方符合要求，将会得到一个保兑的信用证付款。而跟单汇票没有保证。无良买家在见到单据时可以拒绝付款，然后再与卖方讨价还价，以期获得一个更低的价格。然后卖方必须勉强同意，否则只能试图找到另一个买家，支付大量的运费带回货物或者遗弃它们。如果卖方选择最后一种，海关将拍卖这些货物，原来的买家将有机会以低廉的价格收购货物，而卖方什么也得不到。

图16-4表明在各种不同的出口付款条款下风险与成本成相反的变化。

微型多国公司　　"皮革联络单"

假设你能买得起7,000美元左右的爱马仕铂金包，并且你已经连续多年待在购买它的等候名单上，除非你知道谁能为你拿到它。进口的一个有趣的方面是"微型进口商"，他们快速掠过市场，寻找人们想要什么，尤其是非常富有的人想要什么，然后提供（商品）。其中一个供应商写了本关于他们在做什么的书。

事实证明，每个爱马仕专卖店都会储备一个或两个这样的包，而迈克尔·托内罗（Michael Tonello）的工作就是说服销售人员卖出这些储备，然后他再在易趣上以超高的利润将这些包卖给他的客户。在三个月期间，他总共去了大约111个爱马仕专卖店，并买了大约120~140个铂金包。

资料来源：Lauren Lipton, "The Geat Search for a Luxury Good," *The Wall Street Journal*, April 25, 2008, p. W5; Michael Tonello, *Bringing Home the Birkin*（New York: Morrow, 2008）; "Bringing Home the Birkin" video, http://vids.myspace.com/index.cfm?fuseaction=vids.individual&VideoID=33723592（accessed July 16, 2008）.

出口融资

虽然出口商更喜欢以基本没有风险的信用证条款销售商品,但是越来越激烈的国外竞争以及普遍的资金紧缺状况都在迫使他们提供信贷。为此,他们必须熟悉可用的私人及公开的出口融资来源和种类。

私人来源 商业银行一直是出口融资的来源,主要通过流动资本的借贷和远期汇票贴现。银行可能会接受出口定期汇票贴现,付款给卖方并持有汇票到期,或者如果该行是签发行,将进行"承兑"。通过承兑远期汇票,银行需要在汇票到期日付款。承兑银行可能会买下汇票(以一定的折扣)也可能不会。如果不买,出口商可以很容易在公开市场将**银行承兑汇票**(banker's acceptance)卖出。

近些年来,已经开发出了两种新类型的融资形式:保理和福费延。**保理**(factoring)让出口商通过赊销而不是成本更高的信用证来实施销售而更具竞争力。这种融资技术是将出口应收账款出售给第三方,由第三方承担信用风险。保理业务本质上是无追索权的贴现。保理商可能是应收账款保理机构或者是商业银行的专门部门。在出口保理中,卖方将其订单传递给保理商进行信用风险审核,一旦订单获得批准,出口商就成功规避了坏账和政治风险。客户要向保理商付款,实际上保理商扮演着出口商的信贷和收账部门。结算期一般不超过180天。

福费延(forfaiting)就是购买在商品和服务出售中产生的债权,债权的到期日通常超过保理业务中的90~180天。这些应收账款通常以贸易汇票或承兑汇票的形式,期限从6个月到5年不等。由于债权是以无追索权出售的,所以它总是会与银行的保障相结合,通常以银行担保或保兑的形式。而担保是一个单独的文件,保兑则是将银行保证付款的承诺写在票据上。未偿债务买卖商购买并贴现票据,然后一直持有到期。因此,出口商通过福费延业务将其以信用为基础的销售转换成现金交易。虽然银行传统上是集中于短期融资,但因为众多政府及政府援助组织提供出口信贷担保和保险来抵抗商业和政治风险,银行也已开始参与到中期甚至长期融资中。

公共来源 美国**进出口银行**(Ex-Im Bank)是主要的负责协助美国出口融资的政府机构,主要通过各种贷款、担保以及保险项目来实施援助。对于任何美国出口公司,不论其规模大小,都可以使用进出口银行提供的项目。进出口银行提供两种形式的贷款,一是对美国出口商的外国买家直接贷款,另一种是间接贷款给负责方,例如向外国政府贷款机构发放贷款,再由这些外国政府机构向外国资本品和相关服务的购买者发放贷款。关于间接贷款的一个例子是喷气客机的维护合同。两个项目都涵盖了高达85%的出口货物和服务的价值,还款期为一年或者更长。

进出口银行的营运资金担保帮助小企业获得营运资金来弥补他们的出口销售额。它向符合资格的出口商提供营运资金借贷,并用出口库存或出口应收账款作为抵押。该担保项目向借款给美国资本设备或相关服务买家的私营部门提供还款保护。

进出口银行还提供出口信用保险,出口商可以通过购买保险来规避买家拖欠货款的政治和商业风险,从而减少财务风险。从覆盖范围来看,有综合性保险,也有仅限于政治风险的保险。自1934年成立以来,进出口商业银行已经在美国出口上支援了超过

4,000亿美元，大部分是向发展中市场。

其他公共激励措施 其他政府贸易激励措施，虽然不是严格意义上的出口融资，但却与出口融资密切相关，所以我们在这里提及。以下是海外私人投资组织以及对外贸易区。

海外私人投资公司（Overseas Private Investment Corporation，OPIC）是一个政府组织，用于激励在发展中国家的私人投资。它向投资者提供保险来规避没收征用、货币不可兑换以及战争和革命带来的损失风险。OPIC还向在外国运营的美国服务承办商和出口商提供专门的保险。资本设备和半成品原料的出口一般遵循这些投资。

对外贸易区（foreign trade zones，FTZ）是免税区，旨在通过减少关税制约的影响来促进贸易便利化。这些区域可能是自由港、过境区、自由边境区、出口加工区和自由贸易区。在每个实例中，会涉及一个具体的、有限的区域，这个区域的进口商品是免税的。在超过28个国家里有数百个这样的区域。在五种类型里，自由贸易区是最常见的。

自由贸易区（free trade zone）是一个封闭的区域，被设定在一个国家的关境之外，外国商品可能因为中转、再出口或者进口到该国而被带进该区域。只要货物在该区域，就不需要支付任何进口关税。例如从中国澳门附近的珠海免税区到伊朗的恰巴哈尔港。在美国，自由贸易区已经开始普及，230个这样的区域以及400多个子区域现在已开始运作。许多坐落在海港上，也有一些位于内陆分配点上。带入自由贸易区的商品可能会被储存、检查、重新打包或者与美国组件组装一起。由于进口关税一览表的差异，成品的关税往往比解体的零件低。自行车在堪萨斯城的自由贸易区进行组装就是由于这个原因。机械和汽车的进口商通过在自由贸易区储备零件来改善其现金流，因为直到撤出时他们才用支付关税。

除了对进口商的优势，自由贸易区对出口商也有益。通过使用自由贸易区，出口商可由消费退税及**海关退税**（customs drawbacks）促进其出口现状。这些关税退税可用于如下物品：轮胎、卡车和烟草制品。当产品生产出来时，联邦政府会收税，而当产品出口后，税款会退回。可以通过将商品带入自由贸易区来启动出口退税，因为产品一旦进入自由贸易区，就被认为是即将要进行出口的。尽管美国海关的退税项目已经运行了200年，但许多公司并不申请退税（他们应得的钱）。结果是，每年都有高达20亿美元的关税退税无人认领。自由贸易区给出口商提供了另一个好处：当在自由贸易区用进口元件进行生产或组装时，成品出口时是不需要支付关税的。

16.4 出口流程

当新的出口商关注出口流程的复杂性时，他们所指的通常是文件。不像在国内运输中那样只需要处理两个单据：货运单和提货单，出口新手会骤然面对5到6倍多的单据，数量根据国家的不同而不同。表16-1总结了对于主要群体所需要的单据。

在业内有个流行的说法"出口是在文件的海洋里移动"，而这也似乎是一个准确的

表16-1 出口和进口的官方流程

区域或者经济体	出口文件（数量）	出口时间（天）	出口成本（美元每个集装箱）	进口文件（数量）	进口时间（天）	进口成本（美元每个集装箱）
东亚和太平洋地区	6.7	23.3	902.3	7.1	24.5	948.5
东欧和中亚	7.1	29.7	1,649.1	8.3	31.7	1,822.2
拉丁美洲及加勒比海	6.9	19.7	1,229.8	7.4	22.3	1,384.3
中东与北非	6.5	23.3	1,024.4	7.6	26.7	1,204.8
OECD（经济合作与发展组织）	4.5	10.7	1,069.1	5.1	11.4	1,132.7
南亚	8.5	33.0	1,339.1	9.0	32.5	1,487.3
撒哈拉以南非洲	7.8	34.7	1,878.8	8.8	41.1	2,278.7

资料来源：World Bank, International Finance Corporation, http：//www.doingbusiness.org/ExploreTopics/TradingAcrossBorders（accessed September 27, 2008）.

描述。许多公司至少将这项工作的一部分交给货运代理商办理，他们扮演着出口商代理商的角色。外国货运代理准备文件、预定货舱，并通常充当公司的出口运输部门。如果公司向他们咨询，他们会提供市场、进出口规章、最好的运输模式以及出口打包方面的建议。他们也将提供货物运输保险。货物发运后，他们将根据出口商的要求，将单据转发给进口商或者付款银行。我们现在来看出口的两个基本要素：文书工作以及实际的运输。然后，在下一节中，我们将研究进口流程，通常是出口流程的翻版。

出口单据

文件的准确性对货物出口是至关重要的。有趣的是，被报道的进出口单据的出错率在50%左右。想一想它所造成的影响——货物停留在集装箱、码头、仓库，造成了对营运资本的占用。我们将回顾运签货物的两类单据。

货运单据 货运单据是出口商或他们的货运代理人为了货物可以通过美国海关，由承运人送往目的地而准备的。它包括：国内提单、出口装箱单、出口报关单、出口许可证、出口提单以及保险证书。前两个单据和国内贸易所提供的单据几乎相同，所以我们在这里只重点讲解其他四种。

"Any fruits or vegetables?"

资料来源：© The New Yorker Collection 1998 Mick Stevens from cartoonbank.com. All Rights Reserved.

出口报关单（shipper's export declaration，SED）是商务部为了管制出口和出口统计数据而要求提供的文件。一个出口报关单包括：

1. 托运人和收货人的姓名和地址；
2. 美国出口口岸和国外卸货口岸的名称；
3. 货物的描述和货值；
4. 出口许可证号码和提单号；
5. 货物承运人名称。

托运人或其代理（国外货运代理）将出口报关单交付运输公司，然后在运输船只离开美国口岸之前由运输公司连同货单一起交付美国海关。自动出口管理系统（AES）是从2004年开始采用的，这种无纸化报表的目的就是加快出口进程并减少50%的错误率。

出口许可证是美国联邦政府对所有出口商品准许出口签发的证件，除了流向美国所有者，还有少数出口到加拿大的，这些许可证有的是经过有效验证的，或是常规的。**有效出口许可证**（validated export license）是向非友好国出口战略商品或货物时所要求的，这是对特殊货物出口的特殊授权，并且是由美国商务部出口管理办公室签发的，它适用于稀缺材料、战略物资和技术的出口；美国商务院对战争物资的出口许可进行验证，**一般出口许可证**（general export license）适用于除需要验证的所有产品的出口。

出口提货单（export bill of lading，B/L）有三个作用：是托运人和承运人之间的托运契约证明；是承运人的装船收据证明，并且是货物所有权的凭证。B/L可以是记名提单，也可以是指示提单。记名提单是不可以转让的，只有指定的人才可以提货；指示提单是可以转让的，它就像支票和保留为空一样可以被授权。手持指示提单的人就是货物的所有人。

当货物在运输过程中丢失或损失时就可以用到保险证书，与国内运输公司不同，一般情况下远洋轮船公司对货物是不负责任的，除非是由他们自己疏忽造成的。根据销售条件的不同，出口商或进口商可能会安排海上保险。一些国家的法律可能会要求进口商购买此类保险，从而扶持当地保险行业和外汇汇兑。如果出口商在即期汇票条款下出售，公司就要承担货物运输过程的风险，在这种情况下，出口商就应该购买或有权益保险以避免货物丢失或受损导致无法收回货款所带来的损失。在出口商以CFR条款（买方购买保险）销售的情况下也应该购买或有权益保险，这样是为了在买方所买保险没有覆盖所有风险的时候出口商可以进行自我保护。

海上保险政策有三类：基本险、附加险和综合险，基本险适用于洪水、失火、搁浅、与其他物体碰撞发生爆炸、飓风等情况；附加险是在投保一种基本险的基础上加保的偷窃、无法送达、碰损险、渗漏险；综合险涵盖了所有由于外因造成的有形损失和破损，比其他两种都要昂贵。战争险是另附在单独合同里的。保险费取决于多种因素，如投保货物、运输路线、船龄、货物的装载方式（是在甲板上还是货舱里）、贸易量、货物包装、托运人申请的索赔金额等。经纪人有时候也会从长远打算来看，附加较少的承保条件，这是因为尽管会得到损失补偿，但这与收取的较高保费相比，也是不划算的。

托收文件 卖方要向买方提供托收凭证才能收到货款。这些文件在不同国家和海关都各不相同，但商业或领事的发票、原产地证书和检验证书这些都是通用的。

出口单据类似于国内单据。商业票据包括诸如货物产地、出口包装标识、标注货物不允许被转运到另一个国家的条款等附加信息。信用销售凭证指定银行名称和信贷数额，一些进口国家要求商业票据使用本国语言并由当地领事签授。领事签证是一种特殊的签证，它是向领事申购、使用当地语言，并由当地领事签发的签证。许多政府都会规定出口单据要和原产地证书一起出示，而原产地证书需要由当地商会发行并由领事签授。

通常，进口谷物、粮食和活体动物的进口商会要求具备检验证书，在美国，这类检验证书是由美国农业部发行的。购买机械或指定特殊成分组合的产品的进口商都会要求美国工程公司或实验室对商品进行检验并证明合格。在欧盟需要有 CE 认证标志，只要有 CE 标志，产品就可以在欧盟任何成员国之间畅通无阻。这个标志表明该商品符合欧洲对健康、安全和环境的要求。认证过程已经被简化了，而且大多数业务员都可以自行检查他们的商品是否符合欧盟法规，对于危险产品的检测需要通过检查站的授权。

出口运输

大多数刚入行的出口商太过专注于销售和对单据的处理，而忽略了对货物运输的关注，物料搬运技术的创新能帮助节省成本，并且还可以帮助出口商拓展市场，集装箱化、采用载驳船、滚装以及空运都使货物运输变得越来越便宜、迅速、安全，世界也变得越来越小了。

集装箱的运用极大地减少了盗窃的发生，降低了装卸成本。集装箱是一些体积很大的箱子，有 8 英尺乘以 8 英尺乘以 20、40 或 45 英尺规格的，它们的起源是很有趣的，本章开头已经谈到过。卖方在企业仓库里将货物装进集装箱，一旦包装密封起来，它们只能运到目的地才打开。集装箱经卡车、火车由仓库运往码头进行装载，从报关港一路上经过铁路、卡车的运输，都是未经打开的，甚至海关人员进行检查也不会打开，然后再运往进口商的仓库。在大多数国家，海关人员会去进口商的仓库检查，这种一体化的做法减少了卸货时间，由于卸货人员是由进口商雇佣的，这也降低了货物毁损和被盗的风险。

如果进口商或出口商的仓库位于河边，由于内河航道浅狭，不能使用远洋船舶，公司可以采用驳船运载集装箱来节约时间和成本开支，载驳货船可以为位于内河浅狭航道的进口商直接提供海上货运服务。60 英尺长的驳船装载货物后从内河码头驳运到深水港，再由载驳船载运到目的港口。

另一种货运创新就是滚装船（开上开下船），卸货的拖车和任何装有轮子的设备都能驶到船上去，这给那些投资不起昂贵起重设备来进行集装箱化的码头带来了益处。

船舶规模在继续扩大，截至目前，标准的最大尺寸的船舶是"巴拿马型货船"，它刚好可以通过巴拿马船闸，留出的空余很小，巴拿马运河大型船（苏伊士型船、海峡型）船身太大——比运河所能接受的尺寸宽 44 英尺长 200 英尺。在接下来的几年里，大约 160 艘这样的船舶将会投入运作，其中很多是用来装载中国出口的商品的。因而，巴拿马国际轮

表16-2　配件的海空运输总成本比较（单位：美元）

	海运运费（有仓储）	航空运费（无仓储）
仓库管理成本	1,020	—
仓库租金	1,680	—
存货成本		
税收和保险费	756	396
存货质押融资	288	192
存货折旧	1,800	0
卖方仓储成本	1,810	1,140
运输费用	420	2,400
包装和操作	300	120
货物保险	72	36
关税	132	127
总计	8,278	4,411

船公司就需要创建第三套更大的水闸，这个项目在2007年开工，也许会在2015年完成。

航空运输对国际业务产生了深远的影响，这是因为它把过去需要30天才能运到的货物在一天内就可以送达，大型货运飞机可以载荷20万磅，大部分货物是用箱装或托盘装的。从纽约到欧洲的货物，航空公司可以保证隔夜交货，并宣称他们可以在45分钟内装货或卸货完毕。

新进入的出口商或许会认为海运是个较好的选择，因为海运比航空运输要便宜很多。但是若综合考虑它们二者各自的总成本就会发现，或许不是这么回事。算上保险费率的话，航空运输的总成本或许会更低一些，这是因为航空运输可以减少以下成本：货运过程中的产品毁损；由于货物装运不需要很结实、价格昂贵的包装材料，所以减少了包装成本，通常情况下是由第三方进行包装的；当关税是计算毛重时，那么关税也可以减少；毁损产品的替换成本减少，这也是因为破损风险减小的缘故；航空运输的快速性减少了昂贵的库存成本。例如，梅赛德斯－奔驰公司的豪华跑车巴博斯 SLR 迈凯伦可以通过航空运输，从德国的博特罗普到达世界的任何地方。航空运输与海上运输相比，另一个节省成本的地方就是它可以不用担心恶劣天气的影响而给机器涂上油脂保护层，这是一项不小的成本节省。表16-2对海上运输和航空运输的成本要素进行了比较。

尽管航空运输的总运输成本要比海上运输高，但是航空运输或许仍是比较有优势的选择，理由如下：

　　1. 总成本可能会减少。货物较快地到达客户手中，提升了客户的满意度并能较快地接收到付款，这加快了投资回报并改善了现金流。公司资本被迅速释放出来，可以投入到其他营利事业或者用来偿还借入资本，从而减少利息支出。生产设备可

全球视点　为两只左脚的人设计的鞋

有一段时间，建筑工人对洛杉矶的一个大型的集装箱码头进行扩建，盗贼们一直在关注着这件事。工作将要结束时，工作人员开始将防护网外移。当防护网不充足时，工作人员就暂时用了轻型防护网，这让盗贼有了可乘之机。夜里，他们剪断防护网，将牵引式挂车开进去，打开几箱之后，发现有一箱里面全是每双价值150美元的运动鞋，于是用牵引式挂车拉走了。

但是笑到最后的却是进口商。一周后，警察发现了被丢弃的集装箱，里面的货物完好无损。盗贼没想到进口商会将鞋子的左右两只分别放在不同的集装箱里，他们盗走的是装满左脚鞋的集装箱。进口商不用配置昂贵的全球定位设备，只使用低廉的、低技术含量的方法——运输所有的左脚鞋子。

资料来源："Sneaking Up on Security," www.internationalbusiness.com/ feb/log297.htm（accessed February 20, 1998）.

以组装后通过航空运输较快地投入到生产当中，避免了海运所带来的运输时间和组装延误，这也是销售的一个重要考虑因素。这些生产成本和机会成本虽然很难计算，但也是总成本的一部分。

2. 公司或产品可能是需要依赖航空运输的。运往欧洲、日本、中东地区的易腐食品就属于这一类，同样的还有活体动物（新孵出的家禽和优质公牛）以及鲜花，没有航空运输，出口这些产品的商家恐怕是要没生意做了。

3. 市场也可能是容易过时的。对生命周期较短的产品，比如最新款的产品，交货速度是很有影响的，当一个时尚品牌的粉丝对它没了兴趣，那么这也意味这这个品牌将要倒了。

4. 增强竞争地位。在与海外制造商竞争时，出口商的备件和工厂技术人员可以节省数个小时的时间，这也是销售的一个重要的优势。

16.5　进　口

在某种意义上，进口商和出口商是相反的：他们在国内出售，在国外市场购买。然而，他们的许多问题与出口商是相似的。对于出口商来说，有些小公司，他们唯一的业务就是进口，也有些全球企业，进口价值数百万美元的原材料仅仅是他们的业务之一。我们在这里研究进口渠道、海关经纪人的角色及进口关税的支付。

进口来源

在进口之前，一个公司可能很难确定所需的物品是否存在，如果存在，在哪里可以找到它们。有前瞻性的进口商如何确定进口来源？有很多种方式。首先，同类进口产品可能已经在市场上。通过简单的仔细检查，你可以知道产品在哪里生产，由谁生产。如果产品标识不可行（如个人香烟），美国法律会要求原产地被清楚地标记在每个产品或其容器上。货物原产地的领事或大使馆可以帮助你知道制造商的名字。所有外国政府代表的一项主要职责是促进出口，他们及本国商会集团和其他相关组织通过时事通讯、贸易展览、工业展示和协作活动，来促进出口。例如，对于日本，日本外贸振兴会（JETRO）在日本以外有很多办公室。如果产品没有被进口，流程也是相同的。只不过你需要的信息更少。

其他的信息来源是电子公告板，如世界贸易中心的。意外的进口也会发生，当你去国外访问时，寻找有可能在国内有市场的产品时，如果你找到某种产品有可能在国内有销售前景，你就有可能开辟一项新的业务，这项业务会让你的国外旅行免税。

现在我们转向一些进口的技术方面，海关经纪人和进口关税。

海关经纪人

每一个国家都有**海关经纪人**（customhouse brokers），他们的作用与外国货运代理平行，但主要从事进口方面的事务。作为进口商的代理，海关经纪人将进口货物通过海关带进国内，这就要求他们充分了解进口法规和全面的、复杂的海关税则。如果海关官员将进口货物归类于高于进口商计划的进口税的范畴，进口公司可能就无法与其他公司竞争。关于征收关税，各处的评估者一般根据装运货物的单位采取从量税，或者以发票金额为准采取从价税。也有一些例外，美国惯例中，关税根据交易价格计算，交易价格是跟随装运货物的商业发票金额加上其他一些不包括在交易价格之内的费用，这些费用可能包括专利费、通行费、包装费和一些协助费。协助费在美国海关术语中应用于任何买方免费或降低成本提供的物品，这些物品将用于以出口到美国为目的的商品的生产或销售之中。例如寄往海外的用于生产某种特殊商品的模具。进口商的一个常见做法是他们在产品生产过程中使用自己的设计以及买方提供的零部件，最终合并为成品。

海关经纪人也提供其他服务，例如为已经离开海关，而出口商又没有安排运输的货物安排运输。他们还跟踪记录哪些进口货物在进口配额以内，以及在进口时已使用了多少配额。无论货物到达哪一个港口，美国海关会立刻知道进口的数量。适用于进口配额的商品可以在一个美国港口的码头上等待海关通关，但是如果在等待的过程中配额被使用完，这些货物在财政年度接下来的时间内就不能进口。潜在的进口商可以把货物放在一个**保税库**（bonded warehouse）或对外贸易区，商品可以免税存储，等待这一年的剩余时间或抛弃它们，或者把它们送到另一个国家。当配额填满而他们还有一船货物尚未通关时，最新款的服装进口商就会失去数百万美元。他们直到第二年才能卖出这些服装，到那时这些服装早就过时了。

进口关税

每个进口商都应该了解美国海关如何计算进口关税，以及产品分类系统——**美国协调海关税则**（Harmonized Tariff Schedule of the United States，HTSA），美国版的全球关税代码和协调关税系统。协调关税是一个包括超过200,000多种国际贸易商品的分类系统，它包括解释性的说明，以帮助确定商品的分类。

在HTSA中，每个产品都有自己独特的号码。所有的成员国家使用相同的系统，因此用前六位数就可以用任何语言描述产品，其他四个数字只在美国使用。HTSA也显示了报告单位，这些是美国海关在文书工作中使用的。最后三列与税率有关。

对于每个类别，税率被分为三个级别———般、特殊和第三等级，第三等级针对那些对美国不友好的国家。HTSA可以从互联网上获得。

新手进口商应遵循这个建议：在将货物通过美国海关之前，向美国海关充分披露所有外国和财务安排。美国海关对欺诈的惩罚很高，在进行交易之前要听取海关经纪人的建议。通常，一个简单的产品描述改变可以带来较低的进口关税。例如，如果牛仔裤的标签贴在后兜上而不是在腰带下，那么它将会被征收更高的关税。如果标签上的文字是按固定格式的，关税也较高。任何有装饰的服装承担更高的关税。一个进口商的做法是纯色的运动衬衫，当产品到美国后，在衣服上缝制动物图像。最后一个忠告：提前仔细计算到岸价格。如果你不确定进口商品分类，提前询问美国海关以确定商品类别并把它写下来，就像美国国税局的预先裁决。这样，进口的时候，海关检查人员必须尊重这个决定。

小 结

解释企业为什么出口及出口面临的三个挑战。

像大公司一样，规模较小的公司也是为了增加销售而出口。一些公司开始时只是意外地出口，而其他公司则是寻找国外客户进行出口。大型跨国公司出口到那些他们没有工厂的市场，或者当地的工厂不生产所有产品组合的市场。一些东道国政府要求加入到出口中，许多企业出口的目的是为了在国内市场保持竞争力。出口也是测试国外市场的一种廉价方法。产品的寿命可以通过把产品出口到处于生命周期引入期的市场来延长。出口面临的三个挑战是（1）定位国外市场、（2）支付和融资程序，及（3）出口流程。

确定出口咨询和支持的来源。

贸易信息中心、小企业管理局、小企业发展中心、农业部、国家出口援助机构和世界贸易中心协会是出口咨询的一些资源。商务部、负责出口援助的联邦政府部门，提供很多涵盖出口所有方面的项目。商务部也帮助出口商寻找外国代表，并帮助出口商通过展销会、商业牵头项目、产品目录和视频展示来进行销售。

讨论各种贸易术语的含义。

在出口中可能会出现的各种贸易术语。FAS（船边交货）指卖方支付所有到船边之前的运输费用，并且负责出口清关手续；CIF（成本、保险和运费）是指卖方的报价包括货物的成本、保险费和运输到指定目的地的运费；CFR（成本加运费）类似于CIF，只是由买方支付保险费；DAF（边境交货）指卖方的义务直到货物到达边境，并完成出口报关，在货物办理出口报关后，买方负责安排货运代理提货、办理进口报关和交货。

确定出口融资来源。

出口融资的来源包括商业银行、保理、福费廷、进出口银行，以及小企业管理局。

描述外国货运代理的活动。

外国货物承运人担当了出口商的代理人。他们准备文件、订舱，担当着一个公司出口业务部门的职能。

概述出口所需的文件。

对于任何出口装运来说，正确的文件是至关重要的。运输单据包括出口包装清单、出口许可证、提单、托运人的出口申报单、保险单。收集资料包括商业发票、领事发票、产地证和检验证书。

确认进口来源。

有前瞻性的进口商可以通过许多途径获取资源。他们可以通过检查产品标签来判断产品产地，然后联系该国在本国最近的大使馆索要制造商的名字。外国商会和行业组织会提供他们国家出口商的信息。电子公告板和数据银行也能起到作用。

问题讨论

1. 出口商经常使用的销售术语有哪些？对于每个贸易术语，解释卖方在什么情况下必须支付运输费和配送费。丢失或损坏的责任在哪里传递给买方？

2. a. 解释各种可用的出口支付条款。
   b. 哪两种支付条款对卖方的保护最大？

3. 信用证交易的流程是什么？

4. 科德角5银行（Cape Cod Five Bank）的国际部门经理在去上班的路上了解到，当地出口商装运着一些出口到西班牙的货物的船沉没了。她已经收到了信用证要求的所有单据，并准备对出口商的货物进行支付。了解到关于这艘船的消息，经理现在知道外国客户永远不会收到货物。经理是应该支付给出口商，还是应该拒绝付款并通知海外客户？

5. 什么是对外贸易区？向海关经纪人或美国海关官员咨询，或做一些网上的研究来确定对外贸易区和保税仓库相比的优势所在。

6. 出口提单的目的是什么？

7. 一个进口商进口没有任何装饰的运动衬衫到这个国家，因为这种衬衫的进口关税低于有装饰品的衬衫。然后，在这个国家，进口商在衬衫上缝制一个狐狸，进口商能在对外贸易区这么做吗？

8. 你将如何找到你想进口的产品的来源？

9. 海关经纪人是做什么的？

10. 货运代理公司是做什么的？

案例分析 16-1　摩根担保信托公司的确认书

1. 由谁开出的信用证（如下页所示）？
2. 这是不可撤销的吗？
3. 这张信用证被保兑了吗？
4. 如果是被保兑了，由谁保兑的？
5. 买方是谁？
6. 卖方是谁？
7. 要提交什么样的汇票？
8. 需要些什么文件？
9. 销售条款有哪些？
10. 信用证什么时候到期？
11. 卖方到哪里收款？
12. 谁承担运费？
13. 谁支付海上保险？
14. 船舶公司必须证明该货物已经装船吗？
15. 你给出问题14的答案的原因是什么？

图16-5

MORGAN GUARANTY TRUST COMPANY
OF NEW YORK
INTERNATIONAL BANKING DIVISION
23 WALL STREET, NEW YORK, N.Y. 10015

March 5, 20__

Smith Tool Co. Inc.
29 Bleecker Street
New York, N.Y. 10012

On all communications please refer to

NUMBER IC — 152647

Dear Sirs:

We are instructed to advise you of the establishment by
. Bank of South America, Puerto Cabello, Venezuela . . . .
of their IRREVOCABLE Credit No. 19845 . . . .
in your favor, for the account of John Doe, Puerto Cabello, Venezuela . . . .
for U. S. $3,000.00 (THREE THOUSAND U. S. DOLLARS) . . . .
available upon presentation to us of your drafts at sight on us, accompanied by:
Commercial Invoice in triplicate, describing the merchandise as indicated below

Consular Invoice in triplicate, all signed and stamped by the Consul of Venezuela

Negotiable Insurance Policy and/or Underwriter's Certificate, endorsed in blank, covering marine and war risks

Full set of straight ocean steamer Bills of Lading, showing consignment to the Bank of South America, Puerto Cabello, stamped by Venezuelan Consul and marked "Freight Prepaid",

evidencing shipment of UNA MAQUINA DE SELLAR LATAS, C.I.F. Puerto Cabello, from United States Port to Puerto Cabello, Venezuela

Except as otherwise expressly stated herein, this credit is subject to the Uniform Customs and Practice for Documentary Credits (1974 revision), International Chamber of Commerce Publication No. 290.

The above bank engages with you that all drafts drawn under and in compliance with the terms of this advice will be duly honored if presented to our Commercial Credits Department, 15 Broad Street, New York, N. Y. 10015, on or before March 31, 20* on which date this credit expires.

We confirm the foregoing and undertake that all drafts drawn and presented in accordance with its terms will be duly honored.

Yours very truly,

Authorized Signature

Immediately upon receipt, please examine this instrument and if its terms are not clear to you or if you need any assistance in respect to your availment of it, we would welcome your communicating with us. Documents should be presented promptly and not later than 3 P.M.

附录：出口业务计划的大纲范例

I. 目标——为什么要制定这个计划？
II. 目录——包括附件的列表。
III. 执行总结——简洁明了（不超过两页），包括报告的要点。这是在制定计划后准备的。
IV. 引言——解释公司为什么出口。
V. 情况分析
   A. 公司和出口产品的描述
   B. 用于出口业务的公司资源
   C. 行业竞争格局
     1. 产品比较
     2. 市场覆盖
     3. 市场份额
   D. 出口组织——人员和结构
VI. 出口营销计划
   A. 长期和短期目标
     1. 总销售量
     2. 总销售额（美元）
     3. 通过产品线销售
     4. 市场份额
     5. 盈利和亏损预测
   B. 理想目标市场的特征
     1. 人均国民生产总值
     2. 人均国民生产总值增长率
     3. 目标市场的规模
   C. 识别、评估和选择目标市场
     1. 市场接触计划
       （a）美国商务部
       （b）世界贸易中心
       （c）商会
       （d）公司的银行
       （e）国家出口援助计划
       （f）小企业管理局
       （g）当地大学的小企业发展中心
       （h）出口热线目录
     2. 市场的筛选
       （a）初次筛选——潜在的基本需要
       （b）第二次筛选——金融和经济因素
         （1）人均国民生产总值增长率
         （2）目标市场的大小
         （3）目标市场增长率
         （4）汇率趋势
         （5）通货膨胀和利率的变动趋势
       （c）第三次筛选——政治和法律的因素
         （1）进口限制
         （2）产品标准
         （3）价格控制
         （4）政府和公众对购买美国产品的态度
       （d）第四次筛选——社会文化因素
         （1）态度和信念
         （2）教育
         （3）物质文化
         （4）语言
       （e）第五次筛选——竞争力
         （1）竞争对手的规模、数量和资本实力
         （2）竞争对手的市场份额
         （3）竞争对手营销组合的效果
         （4）售后服务水平
         （5）竞争对手的市场覆盖率——细分市场可以划分出利基市场区域吗？
       （f）实地考察
         （1）商务部贸易代表团
         （2）由国家或行业协会组织的贸易代表团
   D. 出口营销策略
     1. 出口产品线

2. 出口定价方法
3. 分销渠道
   （a）直接出口
   （b）间接出口
4. 促销手段
5. 售后和保修政策
6. 买方融资手段
7. 对优势竞争者的分析方法
8. 销售预测
VII. 出口融资计划
   A. 预估的损益表
   B. 预估的现金流分析
   C. 盈亏平衡分析
VIII. 出口绩效评估

A. 频率
   1. 市场
   2. 产品线
   3. 出口人员
B. 可测的变量
   1. 每个市场中的销售量和销售额规模
   2. 每个市场的销售增长率
   3. 产品线盈利能力
   4. 市场份额
   5. 竞争对手在每一个市场中的投入
   6. 实际结果和预算结果比较

第 17 章 国际市场营销

全球公司应该总是以适应不同国家差异的方式来运营。例如，在零售、分销或支付系统如何运作方面。但是，核心产品或服务应维持不变……因为这才是"全球化"。

——西奥多·列维特

但是，当涉及到品味，特别是审美偏好的问题时，消费者不喜欢平均值……通用产品的诱惑是虚假的诱惑力。

——大前研一

阅读本章后，你应该能够：

1. 解释为什么国内和国际市场营销存在差异。
2. 讨论为什么国际营销经理可能希望标准化营销组合。
3. 解释为什么在全球进行标准化营销组合通常是不可能的。
4. 讨论区分总产品、实体产品和品牌的重要性。
5. 解释为什么在国际销售上消费品比工业品或服务需要更大的调整。
6. 讨论由三种产品方案和三种促销信息组成的产品战略。
7. 讨论互联网对国际营销可能造成的影响。
8. 解释"全球本土化"的广告战略。
9. 讨论国际营销者的分销战略。

宝洁的全球化之路

宝洁在全球市场营销的努力已取得了成果——碧浪、汰渍、飞柔、潘婷，以及在2005年通过收购获得的吉列品牌。今天宝洁已有210多个品牌，一些主要品牌在世界各地随处可见，其中22个品牌更是位于世界最高的十亿美元销售额级别之列。而且，2008年，宝洁超过一半的销售额来自美国以外的地区。宝洁是中国最大的消费品公司，每年的销售额超过25亿美元。考虑到宝洁公司在外国市场会遇到比在美国市场更大的压力，宝洁在海外市场取得的成果是非常显著的。比如，在欧洲，因为欧盟使跨国运输变得容易，所以家用产品部门的竞争是十分激烈的；在法国，宝洁在许多产品类别上和瑞典、丹麦和意大利的公司竞争。它也遇到许多意料之外的可能涉及民族主义的问题，这也是宝洁公司常常需要解决的问题。2006年10月，中国的质量监督、检验和检疫局声明，在宝洁的产品中发现微量的金属铬和钕，宝洁公司暂时停止销售SK-Ⅱ皮肤护理化妆品，并开始大规模地退款。这种情况下，本地化就是必要的。

宝洁公司的国际市场战略已经演变为一种有趣的方式。在20世纪40年代，宝洁的做法是从美国出口其核心产品，建立国外需求，然后在当地建立销售公司，有可能的话建立生产设施。由于没有想过推出任何一种全球经销的产品，因此，宝洁花了15年时间才将帮宝适推广到70个国家。然而，在20世纪90年代初，随后任宝洁首席执行官的埃德温·阿兹特（Edwin Artzt）改变了公司的营销策略，公司在早期就直接在全球范围内推出产品，而不是等到积累足够的营销经验之后再引入国外市场。这种做法的目的是避免给竞争对手在其他市场上反应的时间。正如阿兹特所说，"如果宝洁公司今天再推出帮宝适，会计划在五年或更少时间里将其推广到全球。"而宝洁公司的现任首席执行官雷富礼（A. G. Lafley）表示宝洁公司可以在少于18个月的时间里完成一次全球首展。

过去，宝洁公司采用区域性而不是全球性战略，它调整很多产品来适应区域性的市场，卡玫尔的香味、佳洁士的口味、海飞丝的配方都随地区的不同而不同，正如该公司的营销策略。偶尔，宝洁公司到其他市场会重复利用在美国市场上的广告。例如，当企业在秘鲁引入橙汁时，它用了电视广告。广告展示了一个小男孩答应为他在踢足球的哥哥保管橙汁，但是后来经不住诱惑，自己喝了的故事，这个广告被认为在60%的销售增长上起了重要作用。

现在宝洁在全球已经组织成三大商业模块：美容及健康、家庭护理和吉列。使用这个简单的结构，宝洁公司主要通过量贩店、杂货店、会员俱乐部店和药店，在超过180个国家和地区销售它的产品。宝洁公司的全球营销官詹姆斯·斯坦格尔（James Stengel），现在是不愿意套用那句"放眼全球，着手本地"作为宝洁的营销口号的，因为他深信关系和交互作用要复杂得多。"我认为宝洁公司会提前思考在全球与局部之间准确的平衡点，我常说的话是：我们必须日复一日地赢得当地消费者。做到它是如此简单也是如此复杂。"要做到这一点，需要本地化、无缝衔接的产品组合。例如，每个国家或地区的市场有它的互联网存在，你可以在www.pg.com/company/who_we_are/globalops.jhtml 探索宝洁公司的全球业务和市场。

资料来源：Procter & Gamble, *2006 Annual Report*,www.pg.com（accessed October 6, 2006）; "Survey: Creative Business: The World's Biggest Marketing Job: P&G," *Financial Times*, April 23, 2002; "P&G Suspends Skincare Sales in China," *Financial Times*, September 22, 2006, www.FT.com（accessed October 7, 2006）; and Elizabeth Rigby and Jonathon Birchall, "Emerging Markets Will Be Key to Growth," *Financial Times*, June 26, 2008, http://www.ft.com/cms/s/0/85e6bdb6-42da-11dd-81d0-0000779fd2ac.html（accessed July 25, 2008）.

本章开头说明了宝洁是如何转变营销战略，从在海外复制美国市场的成功流程和政策转变到制定全球营销计划、根据区域改变程序及政策，随后调整产品以适应当地需求。

无论是首先设计全球使用的政策或技术，然后调整以适应地方差异，还是先从本国考虑，然后适用于海外，营销人员必须知道到哪里寻找国内和国际市场营销可能存在的差异。有时候这种差别很大，有时可能只有一些甚至没有差异。

无论国际和国内市场营销之间的差异是大或小，营销人员必须了解他们的市场；开发产品或服务来满足客户的需要；为产品或服务定价使它易于被市场接受；使它在市场中购买便利；并通知潜在客户，说服他们购买。

17.1 更加复杂的国际市场营销

虽然国内和国际营销的基本作用是一样的，但是，由于不可控制的环境力量——社会文化、资源和环境、经济和社会经济、法律、财务、劳动力（这些因素已在第二部分论述过），各个国际市场通常有着广泛的区别。此外，即使我们假定这些力量是可控制的，它们也会在跨越市场时在较大的范围内发生改变，例如，营销员习惯的营销渠道可能无法使用，在日本和中国就是这种情况。有很多原因，从口味、审美偏好到电压模式、海拔高度问题，需要产品从许多方面作出改变。然后，促销组合也必须不同；最后，不同成本结构的特定市场，可能需要设置不同的价格。

国际营销经理的任务是复杂的。他或她必须经常策划和控制各种营销战略，而不是单一的统一和标准化的战略，然后协调和整合这些战略成一个单一的营销方案。即使是跨国企业的营销经理，如宝洁的全球营销官詹姆斯·斯坦格尔，他可能想要使用一个单一的全球战略，也意识到这样做是不可能的。营销经理必须足够了解不可控变量，以便在需要的时候能够迅速果断地作出正确的改变。宝洁在中国遇到的皮肤护理产品包含污染物的问题就是一个很好的例子。

全球和跨国营销经理和他们国内的同行都一样，面临着大致相同的挑战。他们必须通过评估公司潜在的外国市场并分析许多可替代的营销组合来形成营销战略。他们的目的是选择可以盈利的目标市场，然后为这些市场制定最好的产品、价格、促销和分销渠道的战术组合。在第14章中，我们研究了国际领域的市场评估和选择过程。在本章中，我们将研究国际环境下的营销组合制定。

17.2 营销组合（卖什么、如何卖）

市场营销组合是指为了满足顾客的需求及愿望，在产品、促销、价格和分销等领域所作出的一系列战略决策。这四个营销领域所包含的可变因素非常多，使得可能的营销组合有数百种。通常情况下，公司的国内业务已经建立了一个成功的营销组合，在海外遵循同样的战略和战术的诱惑是非常强的。然而，正如我们所看到的，国内外环境之间的重大差异可能使标准化的营销组合的大规模转移很难实现。虽然从商业角度看，这种转移是令人渴望的。在每个市场上，国际营销经理必须解决的问题是，"我们可以在世界范围内标准化吗？我们应该作出一些改变吗？或者应该制订一个完全不同的营销组合吗？"

标准化、调整，还是重新制订？

通常情况下，高层管理人员宁愿在全球标准化营销组合，也就是说，战略决策者宁愿在公司的所有市场上使用相同的营销组合，因为标准化可以显著地节约成本。如果在国内市场销售的产品可以出口，则不论产品是在哪里生产的，都可以延长生产运行，从而降低制造成本。除了这些规模经济，更长的经验曲线或学习曲线，也可以带来经济效应：通常，我们在做一件事情上越有经验，就会做得越好。规模经济和经验在营销上都是适用的。标准化的方法可以显著节约成本。

当广告宣传、宣传材料（目录、现场展示）和销售培训项目可以标准化时，昂贵的创造性工作和艺术性工作就只需要做一次。一个标准化的企业视觉识别（corporate visual identity，CVI）（比如公司名称、口号和图形），可以帮助跨国公司在分散的地理区域上给公众树立一个统一的形象。对于有几个不同的附属公司的企业来说采用标准化定价策略，可以避免重要的客户对于一个相同产品收到两个不同报价的尴尬。总之，标准化的营销组合除了可以带来成本效益外，控制和协调也更容易，为准备营销计划花费的时间也大幅减少。

尽管标准化有很多优势，但是几乎所有的企业都发现就如开头引述的大前研一的话一样：标准化并不像看起来那么简单。许多公司发现有必要改变现有的营销组合或开发一个新的营销组合。而变化的程度取决于产品的类型、环境力量和想要进入市场的程度。而且，考虑到标准化的概念与营销原则相抵触——以买家的需求为中心而不是卖家——我们可能就不会对卖家不能完全实现标准化那么失望了，尤其消费品更难标准化。即使被描述为标准化产品典范的可口可乐公司，目前也已发现其标准化战略已经走到尽头。据可口可乐公司前主席杜达富（Douglas Daft）说："20世纪已接近尾声，世界已改变航向，而我们却没有。当进一步巩固和规范我们的行为决策时，这个世界要求有更大的灵活性，反应能力和局部灵敏度……下一个大的变革步伐是从现在的'全球化'到'当地化'。"可口可乐学习所交的学费就是其在全球和地方竞争中失去的市场份额。

产品战略

产品是营销组合的焦点，如果产品不能满足消费者的需求，即使再多的促销、减价或者分销渠道也不能说服消费者去购买。消费者不会再次购买洗衣服洗得不像广告说的那么干净的洗涤剂。当消费者已经验明广告虚假的时候，他们将不会再被广告中宣称的友好服务所欺骗。

在制订产品战略时，国际市场营销经理必须记住，产品不仅仅是一个物体。**总产品**（total product），就是客户所购买的一切，包括实体产品、品牌名称、配件、售后服务、保修、使用说明、公司形象和包装（参见图17-1）。顾客购买的总产品可以给企业带来很多调整机会，这比在每种情况下都要改变产品的物理特性要更简单和便宜。例如，不同的包装尺寸和促销信息就可以在一个特定的区域创造出一个新的总产品。不改变商品的生产过程可以相对容易地创造一个新的总产品，这解释了为什么国际上有那么多超乎想象的实体产品标准。一个产品可以通过调整包装、品牌名称、配件、售后服务、保修、使用说明和公司形象来适应本地化。

想想从前的吉百利史威士——英国的食品和软饮料跨国公司生产的两个产品：奎宁水和巧克力。奎宁水是一个全球性的实体产品，但作为一个总产品，它是多国化的，因为人们在不同的市场购买它的原因各不相同，法国人直接喝它，而英国人把它和酒掺在一起喝。巧克力既非全球实体产品，也不是一个全球总产品，在一些地区它是零食，在另一些地区它被放在三明治上，而在其他任何地方都当甜点吃。由于强烈的本地偏好，巧克力的口味也有很大的不同，取决于其中的添加剂，它的口味可以很纯正、有些苦、有些甜或者有点辣。雀巢在全球生产不同配方的速溶咖啡，所有的咖啡都是以雀巢的商标售出的。它的商标全球化而实物产品本地化。雀巢在全世界的口号是"同一个时刻，同一杯雀巢"。

产品的类型　一个产品需要改变多少受它是消费品还是工业品或是服务产品的影响，也受国外市场环境的影响。通常来说消费品比工业品需要更大的改变。如果产品是时尚或流行的结果，它们可能尤其需要改变。这些产品类型从对外国环境不敏感到高度敏感形成一个连续敏感性轴，如图17-2所示。

图 17-1　总产品的构成

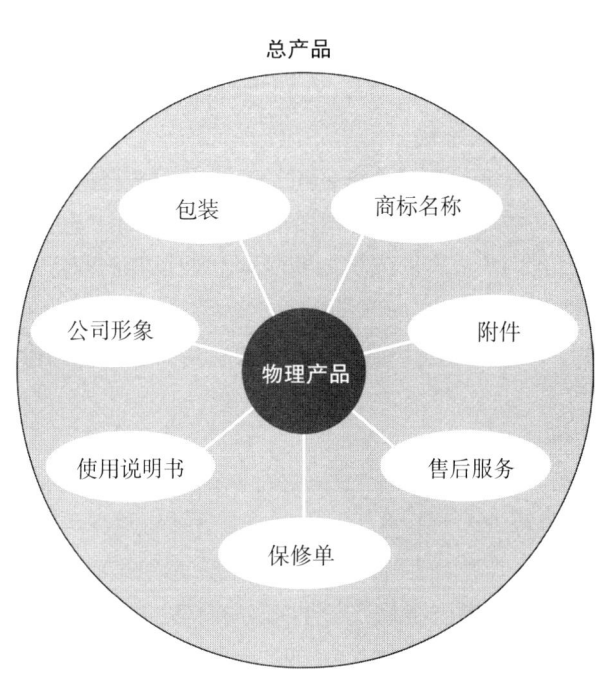

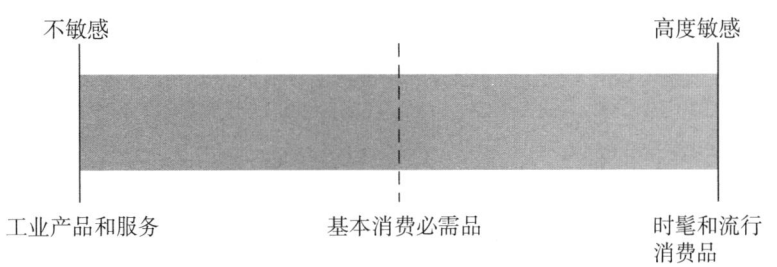

图 17-2 对外国环境敏感性轴

工业产品 正如图 17-2 表明，许多工业产品可以不用改变就销往全世界。例如，存储芯片，只要是有计算机制造的地方都可以使用。如果产品需要改变，改变的可能是装饰品。例如把国际公制的仪表转换成美国或英国单位的英尺和英寸，或者把使用说明换成另一种语言。请注意，美国坚持英尺和英寸为测量系统（美国单位）会限制出口的可能性，因为大多数国家采用国际公制，并希望他们的机械和零部件也用公制尺度。美国、利比里亚和缅甸三个国家还没有完全切换到公制。

当产品必须调整时，改变可以是相对简单的，例如延长踏板和改变座椅位置，以适应市场中消费者的偏好。然而，在实体产品上较大的修改可能也是必要的。在发展中国家，既有过度使用设备也有忽视维护的倾向。为了克服这些市场的差异，制造商，如卡特彼勒和阿里斯-查尔摩斯弓箭建立了全面的培训计划，作为购买的总产品的一部分。另一种方法是对设备进行改造，可以使用一个简单的只需要很少维护的轴承系统。

改变有时是为了满足当地法律要求，如控制噪声、安全或尾气排放。为了避免需要改变产品，一些制造商设计满足最严格的法律的产品，即使对其他市场来说可能过度设计了。有时，为了在进口竞争中保护当地制造企业，政府会出台非常严格的法律。当出现这种情况的时候，企业可能更愿意设计出与拥有第二严格的法律的国家相适应的产品，并且远离第一个国家的市场。当然，只有当地政府知道什么时候出台法律。然而，要注意的是基于作者的经验：建议公司在这种情况下，在决定放弃该市场前先测试当地制造商所生产的产品。有时，当地产品也未能满足规范要求。当看到这方面的证据时，政府就不得不改变其法律。

消费品 尽管为了满足当地需求，消费品比工业品需要更大的改变，但在某些具有相似特点的特定细分市场，消费品可以保持不变而进行跨国销售。这类消费产品包括一系列的奢侈品，如汽车、体育设备和香水。世界上每个国家都有一个细分市场，相比于这个国家的其他市场而言，在经济状况、买方行为、品味和偏好方面与其他国家相同的细分市场更为接近。这个细分市场包括了世界性的消费者：在国外受教育的人士、资深旅友及外籍人士。许多成功引进的与当地口味与偏好不同的外来产品，都是首先在这些相似群体中销售，然后渐渐地，其他细分市场的成员开始购买这种产品和服务，直到消费普遍化。

不同国家的"阔佬"们可能有更多共同点，而如果营销人员降格到每个国家较低的经济阶层，他们往往会发现更大的社会和文化价值观的差异。的确，在一般情况下，对直接的市场渗透期望越高，产品所需要修改幅度也就越大。请记住，这项观察并不意味着更深层次的市场渗透就必须改变实物产品。只改变总产品中其他元素中的一个（如不同尺寸或颜色的包装、商标名称的变化，或重新定位）可能就足够了。对售后服务的不同侧重点也是非常重要的。

有一个例子可以说明重新定位和重新包装的可能性。最大的私人所有家族企业之一玛氏，在准备推出产品M&Ms时，面临着对巴林出口减少的问题。幸运的是，它的市场营销调研发现：巴林认为花生是一种健康食品。所以玛氏公司重新定位其花生M&Ms作为一种健康食品。该公司还通过它的传统口号"M＆M巧克力融化在你的嘴，而不是在你的手上"来强调其包装，从而将热海湾气候转变成它的优势。正如你将在本章后文中看到，玛氏采取的是2号促销策略，同样的产品——不同信息，尽管部分信息（口号）并没有改变。

服务　服务的市场营销，与工业产品的国际营销服务一样，一般比消费品要简单。咨询公司埃森哲在49个国家拥有178,000名员工，为不同国家提供和在美国一样的商业知识。

然而，由于法律或当地习俗的不同，可能会需要供应商改变他们的服务。例如，在有些国家私营职业介绍是违法的，那么在这些国家万宝盛华就无法运营。会计法在国家间差别很大，但是大型会计事务所都是全球运作，必要的时候就要本地化。安永会计师事务所在140个国家有130,000名专业人士。VISA、万事达、美国运通是全球信用卡产业成功的例子。他们在1996年共有1.7万亿美元的账单；9年后，仅VISA就有超过四万亿美元的持卡销售额。

国外环境力量　在第二部分中我们已经深入研究过外国环境力量，所以这里我们只讨论几个具体的关于这些力量如何影响产品供应的例子。

社会文化力量　不同的文化形式通常需要产品进行改变，不论是实物产品或总产品，也不论是食品或是其他消费品。全球消费者对衣物洗涤偏好的变化对于家电制造来说就是一个挑战。法国人想要从顶部放入衣物的洗衣机，而英国想要能从前面放入衣物的洗衣机，德国坚持高速机，甩干除去大部分的水分，但意大利人喜欢旋转速度较慢，因为他们让太阳晒干衣服。尽管在1991年和2006年分别收购飞利浦和美泰的家电业务之后，惠而浦将几个独立的跨国公司的集合转变成区域性的制造企业，并在产品平台上迈出了巨大的步伐，但惠而浦仍然必须生产多种机型。惠而浦的一体化进程始于1994年，那时惠而浦的CEO认为国家间的差异被夸大了，"世界各地业务是一样的，我们有很好的机会来利用这种同一性。"经过一番痛苦的转型，惠而浦关闭了西班牙过剩的工厂，辞退了2,000名工人；进行存货集中管理，将其在欧洲的仓库由36个减至8个，不论是欧洲的销售额还是经营利润率都得到了很大的改善。事实上，惠而浦创造了一个世界型洗衣机，在美国被称为Duet，在欧洲叫做Dreamspace，它将美国对大负载能力的偏好、欧洲对前装式机的偏好，以及选择时间和节水的智能技术结合在一起。

虽然一些国际公司，例如坎贝尔，在世界各地使用相同的品牌名称、标签和颜色已经做得非常成功。但其他公司认识到，由于存在着文化差异，他们须改变名称、标签或颜色。在拉丁美洲，金色频繁出现在包装上，这是因为，拉丁美洲人视黄金为质量和信誉的象征，宝洁公司在英国推出银盒装佳洁士防蛀牙膏之后，其发现金色包装在欧洲也是极富价值的，两个月之后，高露洁就换上了金盒装。宝洁公司高层也同意高露洁选择金色包装比银色包装要好，他们解释说在美国产品是使用银色包装的。在不同文化中颜色对于人们的意义也是营销要考虑的范畴。例如，在荷兰蓝色被认为是温暖和妩媚，而瑞典人则认为蓝色代表着阳刚和冷静。

即使颜色可以保持不变，标签上的说明也必须翻译成当地市场所使用的语言。在加拿大、瑞士、比利时、美国等使用多种语言的国家，销售企业可能需要使用多种语言的标签。一些用途广为人知的消费品或工业品是不需要说明书的，这时将标签印上产出该产品最有名的国家的语言是比较有效的，在美国，香水上的法语标签可以加强人们对它的印象。

一个完美的商标名称有可能在用另一种语言表达时有不好的内涵，而不得不被废弃。

但Pemex汽油并不需要"动"。

在瑞典，一个美国产品由于商标名称翻译过来为"灌肠剂"，而无法在该市场生存。在拉丁美洲，当制造商们发现产品的名称意思是"蠢货油"时，产品被驱逐出市场。当然，这个问题发生在两个方向上，比利时啤酒厂发现，当它试图将Delerium Tremens啤酒引入美国市场时，当局告诉该公司其名字是煽动饮酒的。有时，一个公司不会用非常完美的名称，因为公司命名时假设了名字对外国居民的影响力，而没有在当地居民中验证假设。这就是关于Nova的事。雪佛兰卖不出Nova汽车，因为在西班牙语中，Nova的意思是nova（动不了）。但是，这两个词的发音很不同，Nova的重音在第一个音节上，而no va的重音在va上，因此，对说西班牙语的人来说，这两个词也有不同的含义，西班牙本土居民可能会将Nova与恒星联系在一起，这也可能是通用汽车公司所想表达的，可能会让你感到惊讶的是，墨西哥国家石油公司（Pemex），一度就把它的普通汽油称作Nova。

让美国营销者不适应的一个重大的社会因素差异是，别的国家的居民更喜欢常常逛社区附近的小卖店以及大型露天市场。在那里，他们可以边购物边社交。更频繁的购买行为意味着更小号的包装，这对没有汽车来装载货品的购物者显得尤为重要。然而，这种风俗在欧洲发生了改变。欧洲的消费者需要各色品种，而这只有大店才能供应。欧洲

全球视点 在国外红极一时？

2008年苹果iPhone的推出在美国蔚为壮观，但是当这个概念被带到国外时呢？

在欧洲，反应是相似的。瑞士报纸Blick am Abend称之为"市场上最好的智能手机"，尽管其照相机分辨率低、缺乏视频录制、无法转发短信。在美国，在新品推出的前一晚，急切的购物者在商店外扎营等待。很多商店在第一天就售空商品。在美国，流量就足以使苹果的服务器瘫痪。

然后苹果iPhone在日本待遇就截然不同了，尽管日本人也购买大量的苹果手机，但是他们仍保留他们的旧手机，一位评论员评价苹果是日本移动世界里"惊人的外星人"，区别在哪里？毕竟3G手机不也是手机吗？

实际上，日本发现了苹果多个突出的问题。首先，日本常常用红外线连接来共享电话号码和其他联系信息。而苹果没有这项功能，在约会网络里是很麻烦的。iPhone虽拥有蓝牙无线连接，但这在日本并不知名。其次，iPhone缺乏标准日式功能，例如数字电视广播、内置摄像机、语音识别和一个"电子钱包"的功能。iPhone还需要双手发短信，而日本的发短信风格主要依靠一个拇指就可以。而且iPhone还缺少一个挂饰孔。这在日本非常常见，在亚洲也是如此。此外，日本在电子邮件中使用特殊的"笑脸"图标，而iPhone上没有这些图像。最后，一位用户说他希望电池的寿命可以更长些。

似乎只有两个功能使iPhone成为一个有价值的竞争对手。第一个是其优越的互联网连接能力，另外，一些日本人称赞其拥有精巧的设计。

资料来源：Prince McLean, "European Retailers Sell Out at iPhone 3G Launch," *Apple Insider*, July 22, 2008, http://www.appleinsider.com/articles/08/07/11/europe_sells_out_at_iphone_3g_launch.html（accessed July 21, 2008）"Japan Cautious in iPhone's Bid for World Dominance," *Technology Review*, July 17, 2008（accessed July 17, 2008）.

人的购物频率也在降低，妇女们发现她们的空闲时间比以前更少。解决办法是位于郊区的超市—折扣店的结合体（法国称之大卖场），它还可以提供停车位。类似的情况在墨西哥也出现了，尤其是在北美自由贸易协定结束了该国的许多进口限制之后。

这与20世纪40年代在美国发生的状况相类似。不断上涨的收入、不断壮大的中产阶级以及大量投入到工作的妻子，这些状况结合在一起使购物时间更加珍贵，正如已经在美国发生的，大规模的商品推销和目录以及互联网购物已经填补这一需要。

法律力量　法律力量对于产品战略设计来说是个不可抗力因素，因为如果企业未能遵守一国的产品监管法律，就无法在该国做生意。世界许多地方都迅速制定了有关污染、消费者权益保护以及操作人员安全的法律，这些法律限制了营销人员在全球标准化营销组合的自由。例如，美国机械制造商出口产品到瑞典，瑞典运营商的安全要求比美国职业安全与健康条例（OSHA）要求更加严格，所以，如果他们想进入瑞典市场，他们必须生产一种特殊的型号。当然，产品标准表面上是为了保护一个国家的公民，实际上可以在与外国竞争对手竞争时有效保护本土行业。

潜在的出口企业在研究世界市场时了解到，在发展中国家，法律禁止某些类型的产品进口是常见的。奢侈品以及正在生产的产品，首先被排除在进口之外，但是这样的法律也影响本地生产。

涉及到纯度及标签的法律对食品和药品特别有影响。在加拿大出售的食品，无论是进口的还是当地生产的，都要严格遵守法律要求：包含英文和法文标签以及公制和英制单位。法律甚至规定了数字和单位之间的空间：16 oz 是正确的，而 16oz 是错误的。委内瑞拉政府下令制造商或进口商必须在包装上附上最高零售价格，这个价格要保证能够卖出很多商品。由于沙特阿拉伯人关注食品中避免加入猪肉，所以在沙特出售的任何食品，标签上表明含有动物脂肪以及肉类的，必须明确动物的种类或申明没有使用猪肉产品。

法律的力量也可能阻止一个国际公司在其所有的海外市场使用其统一的品牌名称。美国法律建立了品牌优先使用权，习惯了美国法律的管理层可能会惊讶地发现，在大陆法系国家，品牌属于先注册的人。因此，市场营销人员在进入国外市场时可能想要使用本公司历史悠久的品牌名称，却发现别的人已经抢先注册公司品牌了。品牌名称可能被一些使用它来销售自己产品的人合法注册，也可能已被盗版，也就是被一些希望通过将商标名称卖给初始公司来盈利的人注册。

为了避免这种困境，企业必须在使用自己商标的国家以及未来可能使用的国家，尽快注册自己的品牌名称。《巴黎公约》只允许已经在一国注册品牌名称的公司享有 6 个月的在其他地方注册相同品牌名称的优先权。为了确保新产品有足够的名称，联合利华公司，这家英荷个人护理制造企业，在全球拥有超过十万个注册商标，其中大部分都还没有使用，都保留着以作储备。

互联网上域名的使用情况表明这些问题并没有减少。例如，一项研究发现，美国运通在全球 19 个国家注册域名"美国运通"，而在另外 11 个国家，这个域名被别的公司注册而不是美国运通。另一个更极端的例子是 CBS，CBS 发现它只有 4 个注册域名，而其他人有 46 个注册域名。当日本域名注册可以选择汉字字符时，微小的日本网络公司抢先注册了大约 100 个域名，其中包括那些主要企业的名称。

经济力量 世界各地的收入差距，是产品全球标准化的障碍。对于在发展中国家的消费者而言，有些产品可能定价过高，因此企业必须调整以适应消费者的消费能力。这种调整可能包括简化或重新包装。宝洁在印度除了销售常规容量的洗发水外，还提供仅供个人使用的洗发水。许多在印度销售的 DVD 播放机都是 45 美元的自己动手组装的套装。此外，许多世界各地的消费者，通过只有几美元的预付卡，甚至通过调用中介机构租用手机，来购买手机通话时间。正如 C.K. 普拉哈拉德（C. K. Prahalad）在他的《金字塔底层的财富》一书中指出，发展中国家的50亿贫困人口有14万亿美元的购买力。

在某些情况下，外国的子公司没有能力生产与母公司完全相同的产品组合。大多数汽车制造商组装更便宜以及更高容量的本地生产线，通过进口拓宽当地的产品组合，如果法律允许，也进口豪华汽车。只要有可能，国际公司都会实践这种营销技巧，因为，一个附属的外国销售组织可以促进本国的出口销售，而且出口的收入可以帮助支付附属公司的开销。然而，通用已经成功将别克作为优质品牌引入中国，然后转移到中档和经济型车辆。虽然通用汽车在市场上起步较晚（1994），但其在市场上仅次于大众位居第二，而大众已在市场20年了。2003年和2004年之间通用在中国的销售涨幅超过50%，2007年涨幅超过19%。由于别克品牌，通用汽车在中国拥有11.2%的市场份额。

物理力量 物理力量，如气候和地形，也妨碍国际产品标准化。洗衣机制造商通过硬化他们的机器来对抗热、灰尘和停电，在印度取得了巨大的成功。在许多热带地区，由于高温以及高湿度，需要对电器设备内置高强度的绝缘材料。容易受湿气影响的消费品，必须进行特殊的包装，以防止湿气渗透。丸剂需要用铝箔单独包装，烘焙食品需要锡盒包装，以防止防潮退化。

在高海拔地区经常需要改变产品。食品制造商发现，对于高海拔地区生活的人们，他们必须改变烹饪指示，因为在高海拔地区，烹饪需要更长的时间。较薄的空气需要蛋糕粉生产商混合更少的酵母粉。在高海拔地区，汽油和汽车发动机产生的动力较小，因此制造商必须提供更大的发动机。

多山的地形意味着高成本的公路，所以在较贫穷的国家，道路可能会需要重负荷能力。行驶在较差质量的道路上的卡车，需要较厚的胎面和重型悬架的轮胎。由于行驶颠簸，包装必须比在美国使用的坚固。从这些例子中，我们可以理解，即使在产品未进行改变也可能在文化意义和经济上被市场接受，单独的物理因素影响可能足以使一些产品进行修改。

环境力量在国外产品战略上扮演着重要的角色。它们的影响在整个营销组合的设计过程中是非常普遍的。一个用以应对环境力量的营销组合变量的矩阵对于营销组合筹备是非常有用的指南。这样的指南将在本章结尾中出现。

促销战略

促销（promotion），是营销组合的基本要素之一。它是一种沟通行为，来确保企业和公众之间的了解，从而带来有利的购买行为，并实现公众对企业及其提供的产品或服务持有长期坚定的信念。注意这个定义采用了复数的公众，因为卖家的推广工作必须不仅仅是针对最终消费者，还包括零售商和其他分销渠道成员。

促销影响其他营销组合变量的同时也被其他营销组合变量所影响。将三种产品备选方案，(1)在全球各地营销同样的实体产品、(2)根据国外市场调整实体产品、(3)设计一个不同的实体产品与(a)相同的、(b)调整的、(c)不同的信息结合在一起，可以产生9种促销战略。这里我们研究常用的六大战略。

1. 相同产品—相同信息。当营销人员发现目标市场在产品使用和消费观念上变化不大时，可以在所有市场上提供相同的产品以及相同的宣传。雅芳、美顿芳以及高狮等品牌就是遵循这种策略。

2. 相同产品—不同信息。同样的产品可能满足不同的需求，或者可能在别的地方有不同的用法。这意味着产品可保持不变，但需要一个不同的产品信息。本田的早期宣传"在本田遇到最好的人"，吸引美国人用他们的摩托车作为娱乐的车辆，但在巴西本田强调使用摩托车作为基本的交通工具。这让本田在巴西占领了90%的摩托车市场。

3. 产品调整—相同信息。在产品具有相同的功能但是需要改变以适应不同条件的情况下，就会使用相同的信息和不同的产品。在日本，利华兄弟公司将力士香皂放进花哨的盒子里，因为其中大部分是作为礼物销售的。

4. 产品调整—信息调整。在某些情况下，为适应外国市场，产品和促销信息都必须修改。果珍饮料在拉丁美洲是加甜的、预先混合的袋装即喝产品。不像美国人，拉美裔不在早餐时喝它。在拉丁美洲，它被宣传为配餐或全天的饮料，但不是用在早餐时。

5. 不同的产品—相同的信息。在很多市场上，潜在顾客没有能力购买为发达市场制造的产品。为了克服这个障碍，企业经常会在这些市场生产一个完全不同的产品。例如，以低成本的塑料挤压瓶替换喷雾罐以及用手动洗衣机来替换自动化洗衣机。然而，如果产品与在发达市场上发挥同样的功效，促销信息是可以非常相似的。

6. 针对同样功效的不同产品—不同信息。通常，不同的产品需要不同的信息。在降低购置成本而不是提高产能的基础之上，焊接枪而不是自动焊接器将会被售出。发展中国家面临着高失业率，政府可能倾向于强调在劳动密集工序中创造就业机会的产品，而不会看上可以节省劳动力的高自动化机器。

传达这些信息（促销组合）的工具是广告、人员推销、销售推广、公共关系及宣传。这些工具中，没有任何一个在本质上是优于其他的，只是在某些给定的情况下，可能会更强调其中的一个。正如产品策略，促销组合将取决于产品的类型、环境因素以及所需的市场渗透率。

广告 在所有的促销组合要素中，**广告**（advertising）可能是一个在全球具有最大相似度的要素，因为大多数广告都是基于美国的实际情况。美国的广告经纪公司已跟随他们的企业客户进入到全球领域，主要通过全资子公司、合营企业以及与当地机构的合作协议。像苹果公司的iPod一样实现全球化，或者像宝洁和麦当劳一样实现本地化或区域化，都不是件容易的事。一位评论员指出，至少在一段时间内的趋势是朝着本土化发展的。

在这些抉择中文化维度发挥了重要的作用，这里根据学者和研究员拉尔斯·佩尔奈（Lars Perner）的研究总结了它们的影响：

- 直接与间接。美国的广告，往往是直接的。产品有什么好处？日本消费者可能会认为这样的直言不讳太出风头，它们将直接被视为傲慢。卖家怎么能推测消费者到底喜欢什么呢？
- 对照。对比的广告在大多数国家是禁止的，在亚洲即使是被允许的，效果也可能适得其反，可能被看作对峙与吹牛。在美国，对比广告已被证明是有效的（尽管它的执行是非常棘手的）。
- 幽默。虽然幽默是一个比较普遍的现象，但是滑稽的定义在各个文化中大不相同，所以预试是必不可少的。
- 性别角色。一项研究发现，妇女在美国的广告中比在欧洲或澳大利亚扮演更为传统的角色。有些国家比美国更传统。一个日本的相机广告如此描述："如此简单连女人都会用"，但是这也并没被认为是侮辱性的。
- 直言不讳。欧洲人比美国人更能容忍更为明确的往往伴随着性暗示的广告。
- 优雅。欧洲人特别是法国人，比美国人要求更多的优雅，而美国人更偏爱积极的情感诉求。
- 流行与传统文化。美国广告往往采用现代、流行文化，通常包括当前流行音乐，而在更传统的文化中常常引用更多的古典文化。
- 富有信息的内容与无价值的东西。美国广告中通常包含吹捧，而在东欧国家这是无效的，东欧消费者想要的是事实。

全球和区域品牌 制造商正在越来越多地使用全球性或区域性的品牌，其中有很多原因：

1. 成本因素。制作一个可以跨区域使用的电视广告，企业可以节省高达50%的生产成本。
2. 相比在不同国家寻找资源来完成同样的高质量工作，获得区域资源有更大的机会完成高质量的工作。
3. 一些营销经理认为他们的公司必须在整个区域有一个单一的形象。
4. 公司正在建立区域化的组织，其中许多功能如市场营销将被集中化。
5. 全球和区域的卫星和有线电视可以广泛使用。

规模经济是有些公司强调区域性或全球性标准化广告的原因。例如，可口可乐曾估算通过在世界各地重复同样的主题，其每年节省了超过800万美元。

一家专注于品牌和企业形象的咨询公司的负责人有不同的想法，他说道，"有太多的企业在那里做同样的事情。全球品牌是说明你公司与众不同的一种方式，可以改变你的品牌等级。"

全球化还是国家化 国际营销者关于使用全球化、区域性还是国家化品牌的争论还在继续。通过收购来成功合并区域或国家品牌的公司，原先的所有者在品牌转变为收购公司的全球品牌上极其谨慎。雀巢公司是全球公司同时使用全球品牌和地方品牌的例子。

雀巢试图通过在一个产品上使用两个品牌，来同时实现消费者对产品的熟悉以及营销效率，本地品牌可能看起来很亲切，但是只能吸引一小群消费者，同时也使用公司战略品牌如Nestlé或者Nescafé。例如，在亚洲的某些市场，一个共享的品牌表明这个跨越多个类别的产品的质量。这是从日本的企业集团发展而来的，已经被三菱、伊藤忠商事和三井所证明。

　　自有品牌　　自有品牌已经成为制造商品牌激烈的竞争对手。自有品牌也使竞争力从制造商转变到零售商上。自有标签已经充斥日本的大型连锁超市，占据英国和瑞士三分之一的食品市场以及五分之一的法国和德国市场。自有品牌的趋势在西班牙和荷兰也正火热进行着。瑞典食品集团Axfood AB指出，自有品牌的生产使它的利润达到了两倍：首先它将产品（例如番茄酱）以较低的价格卖给商店，然后又以较高的毛利率卖给最终消费者。

　　媒体的可用性　　卫星电视使众多的电视节目网络可以在几十个国家、用许多种语言为数以百万计的家庭提供服务。国际印刷媒体包括地方、国家和区域版本。《欧洲》日报、《先驱论坛报》国际版《华尔街日报》亚洲版和欧洲版以及《曼彻斯特卫报》和《金融时报》的国际版都是广为流传的一些报纸。2007年到2008年，全球手机广告翻了一番。广告商还可以通过其他媒体来接触他们的市场。世界上许多地方（包括挪威、奥地利、英国、巴西）大量使用影院广告，也同样使用广告牌。在一些发展中国家，企业通过配备扬声器的汽车环绕城市来宣扬他们的产品，以及提供挂有他们产品信息的路牌广告。业主如果允许广告商在他们的墙壁上投放广告，就可以得到一个免费的油漆涂层。公共汽车和火车上也载有广告。或许其中最巧妙的活动之一是一家茶叶公司，向去麦加的朝拜者散发了成千上万的祷告书，书的另一面是它的茶叶广告。

　　关键的一点是，某些形式的媒体在每个市场上都可以使用，当地的经理以及广告机构对每一种媒体的优势都非常熟悉。对于试图标准化媒体组合的国际广告经理来说，媒体的选择是极其困难的。媒体可用性的变化是将广告项目中的媒体选择部分留给当地机构的一个很大的理由。

　　互联网广告　　我们在第14章提到了互联网作为市场研究工具的重要性，而其作为广告媒介也是同样重要的。在国际领域，在线广告吸引人的因素如下：

1. 互联网提供了一个丰富的、可接触到的观众群体。大量的用户在各个国家用英语或其他常见的语言阅读。虽然，本地语言网站仍是首选。
2. 不像电视或报纸广告，互联网沟通是双向的。它们很便宜。而且它们可能比其他广告形式受到的监管要少。在欧洲，处方药品直接广告是被禁止的，而网站是向潜在消费者提供产品信息的一种形式。声称信息只是针对美国观众的免责声明可以被无视。
3. 由客户决定接受哪种信息的可能性。所以，网络公司的服务有可能是由用户量身定制的。这种定制会提高营销概念的应用。
4. 尽管互联网没有达到所有可能的群体，但对于某些群体来说，互联网可能在最优的媒体选择之列。特别是对青少年，互联网广告非常重要，因为青少年比其他任何群体花费更少的时间在看电视上，他们更喜欢花费时间上网或玩电脑游戏。

产品类型 世界各地的工业产品和奢侈品购买者，通常有着相同的购买动机，这使得这些产品可以进行标准化。这种标准化使资本品的制造商，如通用电气和卡特彼勒，能够在不同的市场进行全球性活动时，只需要对产品进行很小的改变。某些消费品市场也同样是这样。另一组特性也允许公司在全球使用同样的口号和销售参数：产品低价、消费方式相同以及购买原因相同。这类产品的例子有汽油、软饮料、洗涤剂、化妆品和航空公司服务。如埃克森美孚、可口可乐、苹果和雅芳公司成功地采用了这种国际化做法。通常情况下，他们所做的改变是翻译成当地语言以及使用当地模型。

外国环境力量 正如媒体可用性的变化一样，外国环境力量也在广告的国际标准化中起着一定的阻碍作用，正如你可能想到的，社会文化力量是其中最具影响力的，这我们已经在第5章探讨过。

对于营销人员来说，一个基本的文化决策是将产品定位为外国还是本地，该走哪条路似乎取决于国家、产品类型和目标市场。例如，在德国，消费者对于宣称拥有美国专有技术的汽车制造商根本不会留下深刻印象。而同时，像波本威士忌、快餐店和蓝色牛仔裤这样纯粹的美国产品，宣称具有美国技术则已经在德国以及欧洲其他国家取得巨大的成功。

同样，在日本和亚洲其他地区，一些消费产品的国家身份增强了它们的形象。来自韩国的东西总会在中国青少年中风靡一时。日本农业部的一项调查强调了美式快餐店对日本青少年的影响，调查中发现超过50%的青少年宁愿吃西方食物而不吃传统菜肴。

这些青少年在日本还是美国？日本。但是和美国的青少年一样，他们穿李维斯牛仔裤，拿着美国滑板。

美国的快餐店，如麦当劳（日本最大的餐饮企业）、肯德基（第三大）、Dairy Queen 和 Mister Donut 占据了餐饮业一半的市场。而肯德基正在瞄准一个更大的亚洲市场，2008年肯德基在中国有超过2,500家餐厅，而且以每年超过200家的速度在扩张。日本动漫风格的动画片主宰了美国电视节目表的放学时段和周六早上时段，这些都表明了国家身份的重要性。

青年市场的供应商的经验表明，青年市场同样是一个国际细分市场，就像奢侈品市场一样。MTV欧洲频道的一位前董事指出："与自己的父母相比，巴黎18岁的年轻人与纽约18岁的年轻人有更多的共同点。他们购买相同的产品，看同样的电影，听相同的音乐，喝同样的可乐。全球广告仅仅在这个前提下才会起效。"这种相似性表明，营销人员可以对这些消费者制定全球广告活动，只需要将其翻译成当地语言，除非产品策略需要有外国身份。那种决策应根据当地的投入来制定。

如果语言不通，就不可能交流，所以广告必须翻译成消费者的语言。但对广告商来说，麻烦的是，每个国家的语言几乎都不同。同一个词在一个国家可能是完全恰当的，但在另一个国家可能意味着完全不同的东西。为了避免在翻译的内涵上发生错误，经验丰富的广告人员会使用回译翻译法，用短暂的内容配上大量的插画。

由于一个国家的法律通常反映公众舆论，文化力量又通常与法律力量是紧密相连的，所以这对广告有强大、普遍的影响。我们已经知道法律是如何影响媒体可用性的，而且法律还限制了可以广告的产品类型以及广告中使用的副本。

习惯在本土使用比较广告的美国公司，可能会惊奇地发现，在某些市场上，法律限制这一技术的使用。自20世纪90年代初以来，百事公司使用比较广告来对抗可口可乐公司，而在任何可能的地方，可口可乐公司都会通过法院来禁止这些广告。百事公司在1995年推出了一系列电视广告：百事挑战活动，来测试30个国家的比较广告法律。在一些国家，展示竞争对手产品的广告被视为不公平广告而明确禁止。百事公司的营销主管称，该公司"打算在全球各地的市场进一步推动比较广告"。由于百事和可口可乐在百事可乐的挑战活动上艰难地进行法律拉锯战，以及在比较广告上的其他冲突，拉美各个国家发现自己的法律很不完善。为了避免更多法律的通过，广告行业的成员在许多此类国家建立了自我监督机构，避免通过法院来解决纠纷。在欧洲，欧盟委员会批准比较广告要受到限制，因为一些成员国允许使用，而另一些不允许。德国的比较广告法律非常严格，以至于固特异公司不能利用其跨国轮胎广告来说明尼龙轮胎绳索比钢制的要强。

广告商在伊斯兰国家受到限制，尽管其在整个中东千差万别。最近的一项研究表明，在黎巴嫩和埃及的电视广告中女人出现的次数与美国广告中差不多，虽然只有沙特广告中的一半。在黎巴嫩广告中妇女通常会和美国广告中一样，穿着"放肆"，而埃及广告中很少这样，沙特广告则从来不会。在日本，西方女性的挑逗姿势图是可以接受的，而类似的日本女性图像则不能接受。

全球化与本地化 有着这么多的国际标准化障碍，国际广告经理的方法应是什么呢？一些专家认为，好的品牌和产品理念可以跨越国际边界，但是每个品牌或理念可能都需要针对当地市场进行调整。让我们进一步看看这种情况。

全球性的产品和全球性品牌，如戴尔电脑，保持不变或几乎不变地进入了许多市场。标准化的产品或品牌可以节约成本。这类产品往往是创新产品。一个有着本地品牌的全球性产品往往是企业兼并的结果。德国汉高旗下拥有后卫士（吉列旗下男士除臭剂品牌）、黛儿香皂以及其他消费品，它一直保持皂粉这种身体护理产品的标准化，并搭配不同的当地包装。这样一个本地化包装与标准化实体产品的组合，使得生产效率化成为可能。最后一个选择是，当地产品和当地品牌，这是最本地化的方法。当产品在一个国家卖得很好，而由于文化因素无法在另一个国家同样卖得好的时候，就会采用这种方法。根据当地水质的硬度进行调整并按当地名称进行销售的洗碗剂，就是采用这种方法的一个例子。宝洁公司的一种名为小仙女液的洗碗剂，在英国是领先的品牌，它在美国市场也同样取得了可喜的成绩，就是一个产品与品牌同时本地化的例子。还有一点是，就像麦肯世界集团的跨国客户总监说的那样，不同国家的同等社会阶层有着共同的情感："一个意大利的中层管理人员，与英国的中层管理人员的共同点要比他与意大利农民的共同点更多。正是这种共同的情感，使全球品牌成为可能。也就是说，营销人员要找到这些共同情感并能利用它们。

这种全球化品牌的方法，寻找的是各区域和国家的相似之处，然后利用它们来提供具有全球吸引力的促销主题。第二种方法认为，即使人性在任何地方都是一样的，但西班牙人还是西班牙人，比利时人还是比利时人，这也是事实。因此，最好还是开发不同的口号，充分利用不同文化和国家间消费者的差异。

既不是纯粹的全球化也不是纯粹的本土化 你可能已经从讨论中知道，对于大多数公司而言，不论是纯粹的全球化还是纯粹的本地化，都不是最好的处理国际广告的方式。事实上，处于全球—本地范围中任何一端的公司，用纯粹的全球化策略或纯粹的本地化策略，往往都会逐渐趋向于向中间移动，即采用"全球本地化"方法。广告商已经遵循全球本地化来降低成本。这使他们能够针对较大的区域开发共同的战略。可口可乐说得很简单，"放眼全球，着手本地"。

吉列公司的泛区域方式 吉列在下列区域和文化集群内组织它的广告：泛拉美、泛中东、泛非洲和泛大西洋地区。该公司认为自己可以识别由文化连接在一起的区域或国家间消费者的相同需求和购买动机、消费者的购物习惯以及产品的市场发展水平。在澳大利亚和南非，吉列公司可能会使用相同的欧式风格的广告。但是，在亚洲，它可能要与发展经济体结合起来，例如菲律宾、印尼、泰国和马来西亚。吉列公司将亚洲四小龙中的新加坡、香港和台湾市场结合在一起，但是需要将日本、中国和印度单独处理。吉列公司在印度使用了当地的营销机构，推出了修改后的 Mach 3 Turbo 剃刀。代理商将改装后的卡车停在呼叫中心和购物商场外面，车上配有剃须摊位、音响系统和女性营销人员。该试验导致很多消费者立即切换到吉列剃须刀，而放弃了在印度仍常见的传统双刃剃须刀。以其尽可能区域化的营销手段，吉列公司在适合的市场正朝着全球营销策略发展，同时允许区域和国家间差异的存在。

程序化管理方法 程序化管理方法（programmed-management approach）是另一个中间立场的广告策略，总公司和外国子公司达成营销目标后，每个子公司提出一个初步的广告活动。这要提交给总公司审查并由总公司给出建议，然后活动在本地市场进行测试，并将结果提交到总公司，由总公司审查和评论。然后子公司需要向总公司提供一个完整的活动以供审查。当总部满意、预算批准的时候，子公司就可以开展其广告宣传活动。结果可能是一个高度标准化的活动，又或者已经个体化到契合当地市场的程度。这个程序化的管理方法给了母公司一个机会，将可以被标准化的部分标准化，但仍允许它在应对不同市场条件时保有一定的灵活性。

个人销售　个人销售和广告构成促销组合的主要组成部分。与广告相比，这个促销工具的重要性在很大程度上取决于相对成本、可用资金、媒体的可用性以及销售产品的类型。

在与海外市场交流时，工业产品制造商相比广告而言更加依赖个人销售。而消费产品的生产商也强调个人海外销售，尤其在发展中国家，因为个人销售在本地环境中可能会更加有效。

个人销售和网络　有证据表明，互联网用于建立信任（通过消费者导向、能力、可靠性、坦诚和讨喜）时，在个人销售上是一种有效的工具。通过面对面的交流也可以提高信任。在虚拟环境中建立信任有一些进化的途径，例如易趣社区和其他销售和社交网站。

国际标准化　总的来说，在可能的情况下，海外销售团队的组织、销售演示和培训方法与本国是非常相似的。雅芳在其主要的市场上都采用同样的人对人销售，而毫无征兆的，中国在1998年禁止了挨家挨户的推销。中国政府声称要关注消费者的安全和欺诈传销。安利公司在中国的成功一直备受关注，其个人销售的成功可能已经接近传教，因此它也成为了被关注的对象。雅芳在1990年进军中国，在广州投资4,000万美元建立生产基地，于1998年开始生产。为了遵守中国的法律，雅芳中国转移到零售的模式，并在2006年通过网络由6,000家美容精品店和1,000个美容专柜来提供产品。在2006年年中，中国批准了雅芳在中国人对人的销售。雅芳恢复其成功的模式。到2008年，雅芳已经有600,000名直销员。同时，在同一时期的委内瑞拉和俄罗斯，雅芳也使用与在美国相同的个人销售的方式，取得极大的成功。它也在墨西哥取得成功，但是当它进入墨西哥市场时，当地专家预测其计划将失败，因为墨西哥的中产阶级女性白天并不在家，而是在外进行社交。雅芳小姐只能走到前门，而当其按响门铃时，女佣不会让她进来。其他采用这种销售方法的美国公司，正是由于这些原因而失败。然而，雅芳做了一些微小但重要的改变。它发起了大规模的广告攻势，采用标准化的美国广告，并加入一些销售技巧的培训，告诉墨西哥人雅芳的上门推销将会带来什么样的产品。此外，雅芳招募受过教育的中产阶级妇女作为代表，并对她们进行良好的培训，她们也被鼓励去拜访朋友。在中国和墨西哥，由于法律和文化上的差异，改变基本的美国计划是必要的，这支持了雅芳公司的成功进入。

其他公司也遵循他们在母国的做法。来自制药商（像辉瑞、厄普约翰等）的传教式销售人员，将产品介绍给医生，就像在美国做的一样。销售人员要求渠道成员执行与美国同行们相同的任务：通知中间商、建立现场展示、争取货架空间。

招聘　在国外招聘销售人员有时比在国内更困难。因为销售经理可能不得不应对，在某些地区销售人员被视为一种耻辱。还有必要雇用在文化上被客户和渠道成员接受的销售人员。在一个已经很小的市场，而又由于文化和语言的不同进一步被细分成一些更小的区域，在这里雇用合格的销售人员既困难重重又面临着高额的成本。

促销活动 促销活动（sales promotion）为营销功能提供销售辅助，它包括很多活动，如制备促销品展示、竞赛、赠品、展览展品、优惠代金券和优惠券。

促销活动功能的国家标准化并不困难，因为经验表明，在美国被证明成功的促销手段通常在海外也是有效的，虽然效果打点折扣。优惠券是一个很好的例子。尼尔森调查报告显示，采取成本节约措施的消费者会增加优惠券的使用。在美国，46%的消费者表示，他们会增加优惠券使用，而全球平均水平为19%。在市场间优惠券使用的一个主要区别就是它的分配方法。在美国，夹报是最常用的，而在欧洲，优惠券由商店分配，通常在包装上。在某些欧洲国家，优惠券是非法的。因为在消费者之间的价格歧视是非法的。在别的国家，具体商品的价格设定在一个狭小的范围内。

当营销人员考虑将促销技巧运用到其他市场时，他们必须考虑文化的约束。

社会文化和经济约束 文化和经济约束促销。例如，作为对产品的销售辅助的奖品对购买者来说必须是有意义的。厨房小工具可能会被美国人所重视，但是对于一个类似经济地位、有着两个女佣的拉丁美洲人来说不是特别有吸引力。将奖品放在包装里面的做法无法保证当购买者将包装带回家时它还在里面。在墨西哥生活期间，笔者之一买了一个包含塑料玩具的产品。但当他回家打开包装时，里面并没有玩具，经过仔细检查，他在顶部发现了一个小缝。在劳动力成本和商店收入低的情况下，这些奖品带来的销售收入也是零售商的额外利润。

在喜欢冒险的国家，竞赛、抽奖和游戏已经取得极大的成功。如果拉丁美洲或爱尔兰人愿意周复一周地购买彩票，期望以500,000：1的几率赢得大奖，又怎么会不愿意参加没有任何进入成本的竞赛呢？销售品展示很受零售商欢迎，尽管很多企业太小，以至于没有地方给他们的产品提供全部展示。营销经理在研究当地市场的限制后，制备了计划周密的方案，期望从时间以及投入的金钱上取得优异的结果。

公共关系 公共关系（public relations）是公司与它的各种各样的公众之间的交流和关系，包括经营所在地的政府，或者就像一位作家说的那样，"公共关系就是一个公司的市场营销。虽然美国的国际公司已经在美国开展了好多年的公共关系项目，但是他们在别的地方对这个重要功能的关注却很少。有些美国公司忽略了去告知公众他们正在做什么。例如，起始于1936年的埃德塞尔·福特（Edsel Ford）和两位福特汽车公司高管发起的福特基金会中，有一个国际研究生奖学金项目（IFP），在2000年至2012年间，对来自非洲、中东、亚洲、拉丁美洲和俄罗斯的学生提供2.8亿美元研究生奖学金。然而这个信息并没有被海外的福特汽车网站所提及。

许多国家有民族主义和反跨国情结，使得加强与非商业性的公众的交流成为跨国公司的当务之急，跨国公司需要采取更加有效的公共关系活动。在发展中国家，国际制药商总是备受公众质疑，因为他们从穷人身上获取利润，尽管他们的产品可能会减轻痛苦。为了改善形象，一些主要制药商已经在全球开展与疾病有关的活动。他们在非洲的艾滋病活动已经得到公众较高的关注度。

企业最伤脑筋的问题之一是，如何解决对他们的业务运作和动机的批评。有些公司试图通过定期举行会议，对公众所关心的话题进行辩论，以化解批评。其他公司偏爱于与批评者私下见面，但是他们可能会发现，批评者们的要求会不断升级，从而使他们陷入一个无休无止的关系中。

很多企业成功解决这个问题所采用的策略是不直接与批评者打交道，而是与国际或政府部门合作。例如，最近在中国，一些公司都用此法取得了成功，其中东芝、飞利浦、佳能受到媒体的攻击。奥美公共关系国际集团的斯科特·克罗尼克（Scott Kronick）指出，如果报道太不公平，公司应该向宣传部门抱怨。尽管实际上该部门并不是政府的一部分，它是中共中央委员会的一个部分，它的负责人是中央政治局候补委员。

另一种选择是什么也不做。如果批评没有受到关注，它可能会由于失去兴趣而消失。然而，有时被诽谤的公司会选择在法庭上捍卫自己的声誉。麦当劳在伦敦成为了受害者，海伦·斯蒂尔（Helen Steel）和戴夫·莫里斯（Dave Morris）散发传单，控诉麦当劳使第三世界挨饿、在广告中利用儿童以及摧毁了中美洲雨林。他们还宣称，麦当劳对动物非常残忍，因为他们在鸡还活着的时候就将其喉咙割断。1994年，麦当劳起诉海伦·斯蒂尔和戴夫·莫里斯。这成为了历史上最长的诽谤审判案，耗时2年半。麦当劳获得了98,000美元的赔偿金，但花费了1,600万美元的诉讼费。除了麦当劳从未得到过的赔偿金，现在还有一个主要的反麦当劳网站（www.McSpotlight.org）致力于抗议麦当劳，而且10月16日已成为全球反麦当劳日。

定价战略

定价是营销组合的第三个元素，在制订营销策略时是一个重要和复杂的问题。定价决策会影响企业的其他职能，直接决定着公司的总收入，是利润的主要决定因素。大多数定价研究是围绕北美地区进行的，这为其一般化带来严重的问题。例如，美国人喜欢降价打折，在商品较为稀缺的国家的消费者可能会将降价打折归于质量低下，而不是为了赢得市场份额。有证据表明，在英国和日本，价格—质量的相关度非常高。因此，折扣店在这两个市场上都非常难以运行。发展中国家对市场上的外来者信任度较低。文化差异可能会影响某些市场中的消费者对价格的评估，而在这些市场中，购买决策是依靠价格—质量相关度作出的。通常，一些经济体中的消费者每周收薪，而不是每两周或是每月，这同样会产生影响。每周获得薪酬的人对价格的敏感度远远高于每月获得薪酬的人。

定价，一个可控的变量 有效的价格设定不只是机械地在成本上增加一个标准利润。为了从定价中获得最大的收益，管理层必须用与其他变量同样的方式来对待定价。定价是营销组合中可以进行改变从而实现公司营销目标的元素之一。

例如，如果营销人员希望将产品定位为高质量的产品，设置一个较高的价格将会加强其强调质量的宣传。相反，将低价与高质量的宣传结合在一起，可能会是非常矛盾的，会严重影响消费者的信任。定价同样也是选择中间商时的一个决定性因素，因为如果企业需要批发商去进货、推广以及运送商品，它就必须给批发商一个大大高于经纪人所要求的贸易折扣，因为经纪人提供的服务要有限得多。

这些例子说明了定价复杂性的原因之一：定价和营销组合的其他元素之间的交互作用。此外，其他两组力量也会影响这个变量：公司的市场营销及其他职能和环境力量之间的相互作用。

市场营销和其他职能之间的交互作用　从以下几个方面来说明这个问题：

1. 财务人员想要价格是有利可图的，同时可以稳定现金流。
2. 生产管理人员想要可以带来巨大销售量的价格，因为这样就可以实现较长的生产运行，带来更低的成本效益。
3. 法律部门担心，当根据客户类型设置不同的价格时，可能会违反反托拉斯法，它也担心全球商标保护和知识产权问题。
4. 税务人员关心价格带来的税负问题。
5. 国内销售经理希望出口价格足够高，来避免与为出口而购买、然后转向国内市场的公司产品竞争（平行进口的一个方面）。

营销人员必须解决所有这些问题，并考虑法律和其他环境力量的影响，这在第二部分已经探讨过。本章末尾表17-1将对定价的这个方面进行更加详细的探讨。

价格标准化　追求统一政策、全球企业定价的公司了解到，阻碍其他营销组合成分国际标准化的力量同样影响着定价。海外市场定价更为复杂，因为管理层必须考虑两种定价：**外国定价**（foreign national pricing），是另一个国家的国内定价，以及出口的**国际定价**（international pricing）。

外国定价　一些外国政府固定一切商品的价格，而其他国家的政府则只关注必需品的定价。在有不公平竞争法的国家，会设定最低价格，而最高价格则不会被控制。德国的法律非常完善，以至于在特定条件下，附带奖品和优惠券都有可能被禁止，因为它们违反最低价格要求。

各国之间成本差异导致了价格的多样化。一国政府可能会对进口原材料收取较高的进口关税，或者对公共事业进行补贴，而另一国的政府可能不会。劳动立法的差异导致劳动成本的多样化。在某一市场中，当地供应商的竞争可能会很激烈，这就让子公司可以以更低的价格（相比另一个市场的价格）在此地买到原材料。

在销售方面的竞争也可能是多种多样的。通常情况下，一个市场上的子公司会面临严重的本地竞争，而且在定价上受到限制，但是在另一个邻近市场上，缺乏竞争对手的情况使得其他子公司可以制定更高的价格。随着区域经济集团成员之间的贸易壁垒减少，这样的机会越来越少，因为企业将面对区域以及当地的竞争。

国际定价　国际定价涉及对在一个国家生产而在另一个国家销售的产品进行定价。向不相关客户销售的出口定价属于这一类，已在第16章讨论过。企业内部销售是一种特殊类型的出口，在大公司间非常常见，因为他们试图要求附属公司专门从事某些产品的生产并进口其他产品。他们的进口可能包含最终产品所需要的组件，如在一个国家生产

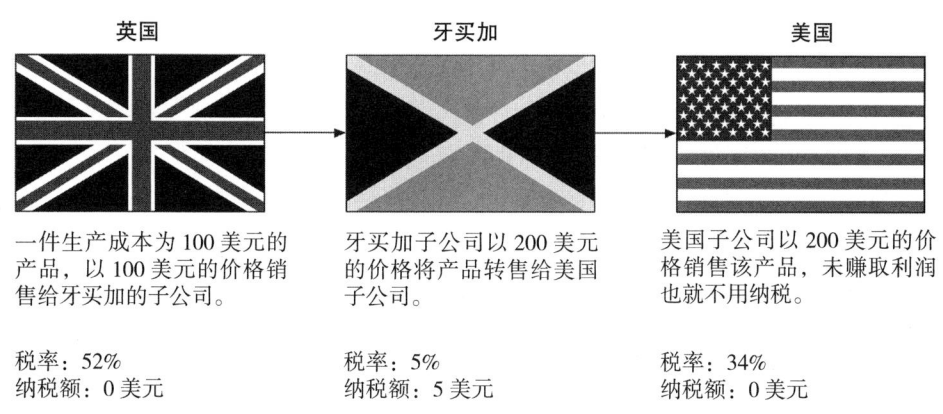

图 17-3 用转移定价隐藏利润

的电脑芯片安装在另一个国家生产的主板上，也许它们作为成品被进口到子公司来补充产品组合。在任一情况下，对设定**转移价格**（transfer price）的判断都是必需的。

公司作为一个整体获利，而与此同时不论是买方子公司还是卖方子公司都在"损失"，也就是说，接受低于外部交易的价格是可能存在的。现在的趋势是转移价格由本部设定，从而公司可以同时从买方和卖方那里获得利润，或者可以使利润定位在低税的环境中。卖方子公司愿意向其他子公司收取与所有顾客相同的价格，但是当考虑运输成本和进口税时，这样的价格可能会使进口子公司在市场竞争中无立足之地。如果总部要求将转移价格设定在市场价格以下，卖方将会不高兴，因为它的损益表将受到损害。这对于升职和奖金取决于销售额的经理来说是非常难办的。图 17-3 显示了企业如何从转移定价的税收中保护利润。

网络正在逐渐重新定义价格选择。它是一个强大的比价工具——已有的网站可以浏览数以百计的网店中具体商品的价格——因此，国界会越来越模糊。从某种意义上说，对消费者的世界价格正在形成。影响将同样延伸到企业对企业的定价。

分销战略

国内分销策略的开发已经很困难，在国际上更是如此，因为在国际市场上，管理者必须关注两个职能而不是一个：让产品进入国外市场（出口）和在每个国外市场分销产品。

分销决策相互依存 分销决策往往和其他营销组合变量是相互依存的。例如，如果产品需要大量的售后服务，该公司将通过配有设施、人员以及有足够的资金购买零部件和培训客服员工的经销商来销售。使用哪种渠道的决策是至关重要的，因为它是长期决策，一旦建立，远远比价格、产品和推广决策更难以改变。可口可乐最近作出的一项重大决策，改变其在中国的渠道系统，以极大的代价从传统的渠道转到与小型零售商建立联系，在使用传统渠道时，渠道成员的利益争夺阻碍了他们与市场的联系。

渠道标准化 虽然管理层倾向于在国际上标准化分销模式，但是这样做有两个根本的制约因素：各个市场中可用的渠道成员的变化以及在不同市场上存在的环境力量的不同。管理者发现在总体策略上伴有一定的灵活性是十分有效的。由子公司实施渠道政策并设计渠道策略，以满足当地的条件。

渠道成员的可用性 作为渠道设计的一个起点，本地管理者在国内运营上已经有了成功的分销系统。当整个营销组合围绕一个专门的渠道类型（例如直销队伍或特许经营商）建立时，总部对于在世界范围内使用相同渠道的支持会非常强烈。麦当劳就是这样一个例子，公司在国内和国外主要依靠加盟商经营。

国外环境力量 市场间环境的差异增加了标准化分销渠道的难度。在第6章已经说明，基本的地理差异在分销中至关重要，想想瑞士的挑战。文化力量所引起的变化是随着时间普遍出现的，而法律力量带来的变化是彻底且迅速的。举例来说，大卖场在世界各地改变了分销形式，包括欧洲。欧盟公司法给予小商贩主导的当地城市委员会拒绝超市和大卖场施工许可的权力。

日本的大型零售商法，与欧盟公司法非常相似，同样减缓了大型零售商的开设速度。然而，1997年，日本政府完全废除了这个法律。日本人已经采取了互联网购物，导致的一个结果是零售店现在看起来几乎是多余的。当索尼在1999年推出电子宠物爱宝狗（Aibo）（日语为"伴侣"）时，其在SonyStyle.com上20分钟内卖光了库存，没有任何产品被运到商店。随后，在其现有的索尼网点之外，索尼开设了实体的SonyStyle商店。

在欧洲，另一种限制分销的做法被尝试过。制造商试图阻止经销商跨越国界销售商品，但是欧盟委员会已经通过使用欧盟反托拉斯法阻止他们这样做。事实上，经销商的独家分销权是被欧盟获准的，如果制造商在合同中订立条款禁止经销商出口到其他欧盟国家，该合同就触犯了欧盟的反托拉斯法。实际上，一个在欧洲有两个工厂的公司，两家工厂有不同的成本，并因此而产生不同的价格，公司是无力阻止成本较低的子公司与其他成本较高的子公司竞争的。

尽管营销人员能够适应经济的变化，经济差异也使国际标准化很困难。在日本，女性不再有时间去购物并准备日本的传统食品。为了满足自己的需求，她们更多地购买电视广告上那些提供送货上门的方便食品，或者去50多个连锁便利店。最大的7-11便利店拥有超过12,000家门店，其中有许多由前小店主经营。

零售业可以全球化吗？ 像法国家乐福这样，在法国、西班牙、巴西、阿根廷和美国拥有门店的零售商，认为零售业是可以全球化的。西夫韦（Safeway）、古奇（Gucci）、卡地亚（Cartier）、贝纳通（Benetton）及玩具反斗城（Toys 'R' Us）也是这样认为的，他们在加拿大、欧洲、香港和新加坡已经获得一席之地。在澳大利亚、法国、瑞士和德国拥有100家鞋店的德国零售业巨头考夫霍夫（Kaufhof），同时也是欧洲领先的邮购鞋零售商。已经在14个国家经营的沃尔玛，认识到全球零售业需要本土化。

非中介化 "非中介化"是指传统分销结构的瓦解，它是互联网与快递服务如联邦快递（FedEx）和联合包裹服务公司（UPS）相结合的结果。这些工具越来越动摇传统的分销渠道，使得快速服务成为可能，而无论有没有分销结构。快速出货能力的提升可能意味着，随着时间的流逝，缺乏专门渠道带来的影响将越来越小。

渠道选择

直接或间接营销 管理层必须作出的第一个决定就是是否使用中间商，因为经常可以选择直接向最终用户营销。对原始设备制造商（OEMs）以及政府的销售通常会采用直接销售，高价格的工业产品的销售也同样如此，如涡轮机和机车的销售。因为公司面对的客户和交易数量都相对较少，但是交易的金额却很巨大。即使是在这种情况下，如果管理层认为这是政治上的权宜之计，或者由于该国的法律要求，出口销售也可能由当地的代理商来完成。其他类型的工业产品和消费品多采用间接销售。渠道成员的选择基于以下方面：市场覆盖、成本以及对公司控制的敏感性。渠道还必须能够执行管理层要求的职能。

影响渠道选择的因素　影响渠道成员选择的因素可根据市场、产品、公司以及中间商的特点进行分类。

市场特点　在渠道选择时，最明显的开始之处就是目标市场。在所有备选中谁能提供最佳的市场覆盖？多个目标市场可能需要多个渠道。大型零售商、政府以及OEMs，可能由公司的销售队伍或制造商的代理来处理。而小的零售商则由批发商供货。

产品特点　如果产品的成本较低，每笔交易交易量较少，那么它通常需要很长的渠道。但如果产品容易腐烂变质，那它就更适合短渠道。如果是高技术性的产品，它也许无法获得具备相应经验的中间商，这迫使制造商不得不通过公司的自有分销渠道进行直接销售，或是培养独立的中间商。通过第二种方式，卡特彼勒已经取得了巨大的成功。

公司特点　拥有足够的财力以及管理资源的公司，在雇佣自己的销售团队和代理商时，处于有利的地位。经济薄弱的公司必须使用中间商，这些中间商将支付货物金额并取得货物所有权。如果管理层在特定市场销售时没有经验，它需要聘请有经验的中间商。

中间商特点　大多数工业设备、大型家电和汽车都需要庞大的售后维修服务，而一家公司的营销是否成功大部分取决于它是否有能力提供好的售后维修服务。如果该公司不准备提供这种服务，就不能使用代理商。对仓库贮存和面向最终消费者的推广也是同样的情况。如果公司不能执行这些功能，或者在不提供服务的情况下才能获得成本优势，它就必须选择能够提供服务、仓储以及产品推广的中间商。如果没有渠道成员能达到目标市场并执行所需要的职能，管理层就必须避免进入这个市场，选择其他目标市场，或者创造一个新的渠道。例如，如果冷冻食品的加工商发现没有冷藏设施，那么它要么放弃这个市场，要么说服中间商来购买设施。在一些海外市场，公司购买了一些必要的设备，如仓库冰柜、冷藏车等，然后出租或以优惠条款出售给分销商和零售商。为了发展巴西的分销渠道成员，一家意大利奶酪生产商提供冷藏设备，并为奶农设立了收集设施。该公司提供兽医和乳业专家，教奶农如何养殖牛群、增加产量。雀巢在发展中国家市场也有类似的项目。

国外环境力量和营销组合矩阵

表17-1的矩阵总结了许多国际化营销组合的限制，这在本章以及第二部分已经讨论过。表17-1可以作为营销经理在想要标准化国际营销组合时需要考虑的很多因素的一个提示。

表17-1　标准化国际营销组合的环境约束

限制标准化的因素	产品	价格	分销	个人销售	促销
1. 物理力量	1. 气候条件：特殊的包装、额外的绝缘层、防霉保护、额外的冷却能力、特种润滑剂、防尘保护、特殊的说明 2. 复杂的地形：更强的零件、较大的引擎、更结实的包装	1. 特殊的产品要求会增加成本 2. 复杂的地形：额外的运输成本、较高的销售费用（汽车维修、出行时间较长、更多的每日津贴）	1. 复杂的地形：较少的顾客流动性、需要更多网点、每个网点要有更多的库存 2. 多变的气候状况：如果不同的气候需要不同的产品，将需要有更多的库存	1. 买家广泛分布或是集中分布：影响领域和销售力的大小 2. 复杂的地形：高额的出行费用、出行时间较长、较少的日常销售电话 3. 物理屏障造成的独立文化：每种文化可能都需要销售员	1. 由于障碍所形成的文化槽：根据语言、方言、文字和风俗分别制作广告 2. 不同的气候：不同的广告主题
2. 社会文化力量	1. 消费者对产品的态度 2. 产品和包装的颜色：不同的意义 3. 语言：标签和说明 4. 宗教：消费模式 5. 对时间的态度：在接受省时产品上的差异 6. 对变化的态度：对新产品的接受度 7. 教育水平：理解产品说明的能力、使用产品的能力 8. 口味及风俗：产品的使用和消费 9. 不同的购买习惯：包装大小 10. 谁是决策者？ 11. 城乡人口结构	1. 产品的文化冲突：较低的价格打入市场 2. 较低的教育水平和收入：对大众市场采取较低的价格 3. 对讨价还价的态度：影响产品的标价 4. 消费者对价格的态度	1. 更多以及可能更专业化的网点来适应各种各样的亚文化 2. 习惯讨价还价的买家：需要较小的零售商 3. 对改变的态度：对新型批发网点的接受度 4. 不同的购买习惯：不同的批发网点类型	1. 独立的文化：独立的销售人员 2. 不同文化对工作、时间、成就和健康的不同态度：很难激发和控制销售队伍 3. 不同的购买行为：不同种类的销售团队 4. 文化上对销售的歧视	1. 不同或相同的语言，但是词汇拥有不同的内涵：广告、标签、说明 2. 识字水平低：简单的标签、说明书以及使用大量图形的广告 3. 象征主义：反应千差万别 4. 颜色：意义各不相同 5. 对广告的态度 6. 对购买的影响：性别、社团、家庭 7. 文化槽：不同的促销手段 8. 宗教：禁忌和限制各不相同 9. 对外来产品和企业的态度

限制标准化的因素	产品	价格	分销	个人销售	促销
3. 法律—政治力量	1. 一些产品是被禁止的 2. 某些特性是被要求或禁止的 3. 标签和包装要求 4. 不同的产品标准 5. 不同的专利、版权、商标法律规定 6. 不同的进口关税 7. 不同的进口限制 8. 部分或全部产品需要当地生产 9. 要求使用不同于母国的本地输入 10. 商标名称或艺术品上所附有的文化烙印	1. 不同的统一零售价法律 2. 政府控制价格或利润 3. 反托拉斯法 4. 进口关税 5. 税法 6. 对转移定价的控制	1. 某些种类的渠道成员被取缔 2. 政府控制利润幅度 3. 统一零售价 4. 流转税 5. 某些产品只有国有渠道是被允许的 6. 对渠道成员的限制：数量、掌控的线路、每条线路的许可证 7. 取消渠道成员合同的法律	1. 法律管制销售人员的解雇 2. 法律要求对解雇销售人员进行赔偿 3. 法律对利润分享、加班及工作条件的要求 4. 对渠道人员的限制	1. 语言的使用 2. 法律对开支的限制 3. 广告税 4. 对某些产品的促销是禁止的 5. 对一些产品（香烟、医药）有特殊的法律要求 6. 媒体可用性 7. 商标法 8. 对某些促销的歧视性税收 9. 对某些产品广告中使用的语言和口号的控制
4. 经济力量	1. 购买力—包装尺寸、产品成熟性、质量水平 2. 工资—对于劳动节约型产品的不同要求 3. 基础设施状况—更重的产品、手工替代电力操作 4. 市场大小—产品组合的不同宽度	1. 不同的价格 2. 需求的价格弹性	1. 销售网点的可用性 2. 库存的大小 3. 批发网点的大小 4. 批发网点的分散性 5. 自主的程度 6. 批发网点的类型 7. 渠道的长度	1. 销售人员费用 2. 劳动市场上人员的可用性	1. 媒体可用性 2. 可用资金 3. 强调节约时间 4. 产品经验 5. 电视、电台所有权 6. 出版媒体的读者群 7. 媒体的质量 8. 达到特定细分市场的额外成本
5. 竞争力	1. 新产品引进率 2. 产品改进率 3. 质量水平 4. 包装尺寸 5. 在市场上的实力	1. 竞争对手的价格 2. 竞争对手的数量 3. 价格在竞争对手的营销组合中的重要性	1. 竞争对手对渠道成员的控制 2. 竞争对手给渠道成员的利润 3. 竞争对手对渠道成员的选择	1. 竞争对手的销售团队：数量和能力 2. 竞争对手在促销组合中对个人销售的重视性 3. 竞争对手的赔偿方式和利率	1. 竞争对手的促销支出 2. 竞争对手的促销组合 3. 竞争对手的媒体选择

6. 分销力量	1. 产品服务要求 2. 包装尺寸 3. 品牌：经销商的品牌	1. 渠道成员要求的利润 2. 对备货、促销所需的专门款项	1. 渠道成员的可用性 2. 公司配送中心的数量 3. 渠道成员的市场覆盖度 4. 渠道成员的需求	1. 销售团队的大小 2. 销售队伍的种类和质量	1. 促销的种类 2. 促销的数量

小 结

解释为什么国内和国际市场营销存在差异。

无论一项政策或技术是专为全球设计，还是首先在国内使用再推向全球，营销人员必须知道在哪里寻找国内营销和国际营销可能存在的差异。有时差别会很大，有时则没有差别。尽管对于所有的市场，营销的基本职能都是一样的，但是由于不可抗拒的环境力量的变化，国际市场会有很大的不同。营销经理必须决定营销方案是否可以国际标准化，是否必须做出改变或者是否必须准备一个完全不同的营销组合。

讨论为什么国际营销经理希望标准化营销组合。

国际营销经理偏爱在区域内或在世界范围内标准化营销组合，因为推销同样的产品并使用相同的促销材料和相同的广告可以节约相当大的成本。标准化的营销组合更容易控制，并只需花费较少的时间去制定。

解释为什么在世界范围内标准化国际营销组合是不可能的。

由于环境的差异，营销管理者也许不能够在国际上标准化营销组合。变化量的多少在很大程度上取决于产品类型以及管理者所期望的市场渗透率。

讨论区别总产品、实体产品和品牌名称的重要性。

大部分关于全球性公司是否可以有全球性产品的困惑，都是由于谈论者不区分总产品和实体产品而出现的。总产品要比实体产品更容易标准化。即使实体产品在市场间各不相同，一个品牌名称或者商品概念还是可以标准化的。此外，在某个市场中可能需要使用一个完全不同的品牌名称，原因包括：它的现有名称有一个不好的内涵，或者现有名称已被别人拥有版权。

解释为什么在国际销售上消费品通常比工业品或服务需要更大的改变。

与消费品相比，在全球市场营销时，工业品或服务通常不需要太大改变。这是因为，它们对环境的敏感性更低，就像表17-2所表明的那样。

讨论由三种产品方案和三种促销信息组成的产品战略。

将三种方案：在世界各地营销同样的产品、调整过的产品、设计一个新产品与相同的、调整过的或不同信息结合起来，可以产生六种常用的方案。

讨论互联网可能对国际营销造成的影响。

被提及的有：(1)可以在世界范围内得到价格信息；(2)可能使传统的渠道结构不再那么重要；(3)使供应更加个性化，因此更符合市场营销观念。

解释"全球本地化"的广告战略。

国际广告公司为广告主设计一个国际性的方案，当地管理者认为必要时，会作出一些本地化的调整。程序化的管理方法是一项广告策略，将总公司主张的全球广告与当地管理者的观点结合在一起的广告战略。

讨论国际营销者的分销战略。

尽管国际公司可能偏爱标准化分销形式，然而并不是所有市场都有同样的渠道成员，并且不同的市场间存在差异，都使得标准化有时变得困难或根本不可能。

问题讨论

1. "消费者不是全球标准化的，因此，使用全球化的品牌，要么你的广告中共同点非常之少，要么广告在某些地方很适合，但在另一些地方非常不适合。"这是一位来自国际广告公司的CEO的真实陈述。你的观点是什么？

2. 你认为全球广告的未来是什么？

3. 全球营销组合标准化的优势是什么？

4. 为什么制造商正在增加对区域或全球性品牌的使用？

5. 吉列公司采取泛区域方法的依据是什么？

6. 一个国家社会和文化价值观相似性的普遍性是什么？

7. 为什么食品零售在欧洲和日本发生了改变？

8. 前面某章的一个问题曾要求你扮演蜘蛛侠电脑游戏开发商的顾问角色。从标准化或调整的角度说明，为了让游戏吸引不同的国外市场，你认为它需要作出改变吗？如果需要，是什么改变？

9. 在之前关于个人销售部分中，对网络交流问题讨论的基础上，以下两家公司哪个更可能获得成功？公司A期望用互联网作为工具，与以个人名义首次建立的客户保持联系。公司B期望用互联网完成第一次对海外买家的销售。对于已经在互联网上完成首次购买的公司，公司的销售人员将随后对它们进行个人销售。

10. 委内瑞拉（和哥伦比亚）的系统需要每个产品都标注最高价格，这会影响到制造商的利益吗？零售商呢？最终用户呢？为什么会或者为什么不会？

案例分析 17-1　一种道德状况

瑞士的霍夫曼-罗氏全球制药公司在缓解一项影响全球3%人口的严重致残疾病上已取得重大突破。霍夫曼-罗氏的新产品名叫银屑灵（Tigason），是首个能够有效控制牛皮癣和角化不良（导致皮肤剥落的皮肤病）的药品。这些疾病的患者常常逃避社会，因为他们害怕被拒绝，从而失去自己的家庭和工作。银屑灵不能治愈疾病，但是可以使症状消失。

这里有一个潜在的问题，由于该药有损害胎儿的危险，因此妇女在怀孕前一年及怀孕期间不能服用此药。霍夫曼-罗氏非常明白产品滥用会对公司造成潜在的危害。另一家瑞士公司雀巢也发现了这个问题。经过多次讨论，雀巢公司认为这个产品太重要而不应该避开市场。毕竟，它可以让大部分的患者得到解脱。

市场营销部门被要求制定传播产品信息以及控制银屑灵使用的策略。

作为市场营销经理，你有什么建议？

第18章　全球运营和供应链管理

创建一个全国性企业就像火箭科学，但是创建一个国际公司就像质子物理学。
——约翰·斯特兰德，
斯特兰德咨询公司

阅读本章后，你应该能够：

1. 理解供应链管理的概念。
2. 辨析设计与供应链管理之间的关系。
3. 描述全球采购的五种方式。
4. 理解电子采购在全球采购中愈发重要的作用。
5. 领会全球采购成本增加的重要性。
6. 理解准时制生产系统及其实施中的潜在问题。
7. 理解同步制造和大规模定制。
8. 理解六西格玛管理系统及其应用。
9. 解释全球标准化生产流程的潜力，识别标准化过程中的障碍。
10. 认识两个层级的活动，生产和支持活动，它们必须在整个制造系统中进行。

ZARA：通过创新的供应链管理改变国际时尚产业

"二战"后，女性时尚领域的领先设计师们通观察巴黎和其他欧洲时尚中心来深入了解服装市场的需求。香奈儿、阿玛尼、古奇等时尚品牌通过每年两次美轮美奂的时装表演展示其服装系列，这种时尚秀是高档精品店作出商品购买决策的基础。这些高档设计通常很贵，价值上千美元，只有富人负担得起。随后，零售商对这些设计进行复制并以低价卖给大众，从而使消费趋势紧跟时尚潮流。即便从服装的设计到市场销售需要经历6到9个月，但是由于只有有限的设计被投入生产，众多服装公司得以简化流程并生存下来。

这种商业模式正在迅速消失，国际时尚产业正在经历一次重大的转变，即以最新潮流、低价和清晰的市场聚焦为突出特点的"快时尚"。来自西班牙的Zara——世界上扩张最快的零售商之一，引领了这次时尚界的革命。Zara在68个国家的主要城市拥有近4,000家服装店，其年销售额超过45亿美元。该公司实体店展示出现代、整洁、时髦的形象，以提供时尚平价的服装而闻名世界。然而，Zara的竞争优势却来源于世界一流的供应链管理能力和服装供应链再造能力。

敏捷和灵活的公司战略使Zara不断缩短时尚周期甚至不再有周期。商店经理和流动观察员使用手持设备来收集和发送相关信息，如哪些设计深受大众喜爱而哪些不，什么将成为下个热门潮流等。这些信息为Zara总部200多名内部设计师提供数据，使设计永远站在时尚最前端。Zara的信息系统也使公司能更好地管理库存——服装制造商和零售商销售货物的主要成本。Zara的服装制造商大多靠近Zara的总部，而不是远东的低成本地区，那些地区的距离会延长投放市场的周期。但Zara也从更远的工厂购买面料，这种情况时Zara只采购四种颜色的布料，并把染色与印花尽可能放在最后一步。

Zara使用信息技术和先进的供应链管理技术来保持对整个流程（从纺织厂到零售商店）各种元素的严格控制和整合。因此，从最初的服装设计到出现在公司零售店的衣架上，Zara已经将周期降为14天，而其他竞争对手的产品周期一般为3到15个月。快速的周转时间也意味着该公司能够保证畅销设计的库存，避免非畅销设计的过量库存，补充现有服装系列的款式。"如果我试图在亚洲采购，就不能让产品快速到达商店。通过在本国附近生产制造，我们可以在尚未销售之前取消某款设计。没有快速反应，我就不能平衡质量、价格和时尚的良好关系，而这正是我们的顾客所期待的，"印第纺织前任首席执行官和Zara快速时尚商业模式缔造者约瑟·玛利亚·卡斯特利亚诺（Jose Maria Castellano）说道。

凭借着这些革新，Zara可以设计出与巴黎和米兰那些最著名的时尚品牌风格相似的服装，并且可以远在原设计师的产品投入市场之前就通过Zara供应链出售商品。因此具有讽刺意味的是，消费者一般会认为原设计师的作品是模仿的，而Zara的是原创服饰。

Zara公司战略还关注不断更新的服装生产线，即使某件商品卖得再好，也会每两周更新一次。这种方式使得Zara可以持续地为消费者提供新商品、新款式，让消费者永远不觉得过时。Zara平均每年要生产20,000种不同样式的产品，这种实时新鲜快速的时尚体验让消费者觉得，每次走进Zara都会发现新款服装，像进了另外一家店铺一样。因此消费者很容易接受Zara为一个提供不断更新的"必须拥有它"的产品品牌，以产品的有限性促进冲动购买，让消费者抓紧时机不要错过。而为了增强其在时尚界的地位，推广其服装风格，Zara专门高薪聘请了顶级时尚模特在Vogue这样的领衔时尚杂志上进行活动宣传。

甚至一些历来钟爱知名设计师的高端消费者都开始在购买高端品牌之余，考虑选择如Zara这样的公司生产的快速时尚品牌服装。与向顾客持续地传递新鲜时尚潮流的商品相比，成本、质量和设计已经不再是第一优先。受新鲜时尚风格的吸引，以及用尚不够买一件"原版"奢侈品夹克的价钱购买10件物美价廉的仿制品带来的兴奋影响，甚至连富有的消费者都开始忠诚于Zara的快速时尚商业模式。例如，一件与香奈儿款式相似的长款粉红色粗花呢外套，在香奈儿原价要7,326美元（即便包含额外的一颗珍珠纽扣并搭配一条裙子），而Zara只卖129美元。"曾经，被人发现进入这种店铺是很尴尬的，但是现在一点也不，"时尚杂志Vogue意大利版的首席编辑弗兰卡·索萨尼（Franca Sozzani）说道。

Zara这种革新方式意味着，它在产品上市时间、订单处理、成本控制、顾客满意以及管理这些因素之间的关系等多个维度上，决定了行业标准。结果是，高端设计师和时装公司都被迫改变自己的经营方式，提高速度以增强竞争力。"奢侈品牌从这些公司可以学到的是，要将产品快速投入市场和不断更新产品。即便在奢侈品行业，消费者也时刻都希望买到新款产品，"意大利时尚品牌艾特罗（Etro SpA）的全球运营总监法比奥·尼奥基（Fabio Gnocchi）说道。看起来，与供应商建立紧密联系和提高供应链管理能力似乎是希望能尽快响应快速时尚商业模式的其他零售商的必然要求。

由于公司杰出的运营能力和在供应链管理方面的执行能力，Zara商标不仅成为了最强的西班牙消费品牌，更在全球范围内树立了一个拉动国际时尚产业发展的形象，对时尚产业格局的转变起着重要影响作用。高档时尚品牌路易威登（Louis Vuitton）的时尚总监丹尼尔·帕特（Daniel Piette），将Zara描述为"世界上最具有革新性和破坏性的零售商"。正如Zara所展示的那样，高效的供应链管理的确能够带来国际竞争优势。

资　料　来　源：Leslie Crawford, "Inditex Sizes Up Europe in Expansion Drive," *Financial Times*, February 1, 2005, p. 18; "Zara," www.inditex.com/en/who_we_are/concepts/zara（accessed July 17, 2006）; Grupo Inditex, *2005 Annual Report*, www.inditex.com/en/shareholders_and_investors/investor_relations/annual_reports（accessed July 17, 2006）; Sarah Raper Larenaudie, "Inside the H&M Fashion Machine," *Time*, Spring 2004, pp. 48–50; "Branding Espana to the Rest of the World," Brand Strategy, March 2004, p. 12; Cecilie Rohwedder, "Style and Substance: Making Fashion Faster; As Knockoffs Beat Originals to Market, Designers Speed the Trip from Sketch to Store," *The Wall Street Journal*, February 24, 2004, p. B1; Teri Agins, "Pick-and-Mix Shoppers Force Fashion Industry to Abandon Old Models," *The Asian Wall Street Journal*, September 10–12, 2004, pp. A1, A10; Leonie Barrie, "Making a Mark: Some of the Issues to Watch in 2004: Fast Fashion Continues to Speed Up," Just-Style, January 2004, pp. 17–19; Stephen Tierney, "New Research Proves Link between Supply Line and Bottom Line," *Frontline Solutions*, October 2003, p. 31; and http://en.wikipedia.org/wiki/Zara_（clothing）(accessed July 26, 2008).

随着企业不断地进入全球市场，全球竞争加剧。这驱使国际公司和国内企业在提高产品和服务质量的同时，纷纷寻找降低成本的途径，以保持竞争力。有时通过改进现有的系统就可以得到想要的结果，如将在本章后面提到的六西格玛系统。有时候，企业提高竞争力也可以通过在国外设立新公司或转移现有公司，或者为当前从其他组织采购的劳动力、原材料或其他投入寻找可替代的外部资源。第三种选择是**外包**（outsourcing），意思是公司内部不再从事价值链上的非核心业务和决策，而雇佣外部人员进行这些工作。通常情况下，虽然价值链上任何活动都可以外包，外包公司一般提供的关键业务有数据处理、物流、工资、会计等。管理者们经常会选择这几种业务的不同组合，来提高公司的国际竞争力。提高一个企业国际运营的效率和有效性的努力通常可以用**供应链管理**（supply chain management）来表示。本章中我们将讨论供应链管理这个话题，以及在国际运营管理中的关键问题，包括全球采购、制造体系、国际制造运营的生产率和绩效、国际业务的全球标准化与本地化的相关问题。

18.1 管理全球供应链

近年来，供应链管理已经成为国际商业活动中越来越流行、越来越重要的战略性话题。供应链是指，企业生产产品、提供服务的所有活动和这些活动之间的衔接。供应链管理的概念，是对管理物流、信息流、资金流，以及企业内部和企业之间的服务流程的一整套系统方法的应用——从原材料和零部件供应商的生产设施到仓库，最后到最终消费者手中形成最终商品。供应链是全球质量和成本管理举措的重要一环，一家典型公司的供应链成本可以代表其50%以上的资产、80%以上的收益。图18-1显示了一家美国笔记本电脑公司的全球供应链。这个案例清晰地说明了将初始设计转变为最终成品，以及交付到消费者手中的支持性服务这整个过程中包含的活动及其联系，包括产品设计、供应商（提供各种投入、装配和测试活动）、仓储和成品配送以及最终销售和技术支持业务。

由于供应链每一阶段都涉及到库存管理，并且库存会占用资金，所以有一种论调说有效的供应链管理系统的最终目标是在企业产品满足所需质量和数量要求的前提下，尽可能减少库存。因此，为了最小化库存，供应链上每一阶段的运营活动的同步化是很重要的。短期内，难以预测的产品生命周期，以及不可计划的经济、政治和社会事件因素，意味着对高效供应链管理有着更高的要求。供应链规划、执行以及优化过程中应用到的诸如网络工具等新技术，提高了数据的可用性，且能更好地整合供应商与客户的信息，

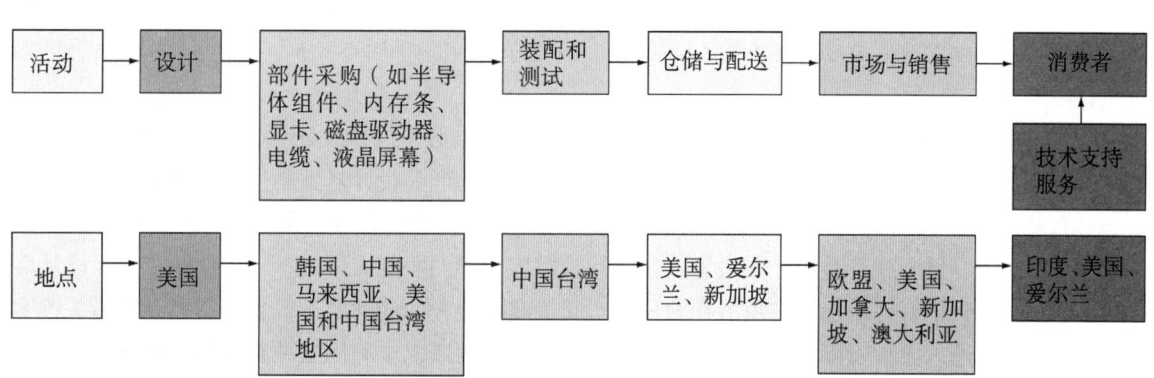

图18-1 供应链网络：一家美国笔记本电脑公司的假设案例

帮助应用了这些新技术的公司提高国际竞争力。

正如本章最后提到的Balagny服饰公司的案例研究和本章开头的Zara案例所显示的那样，许多企业由于配置和管理他们的全球供应链而具备了显著的国际竞争优势，因此全球供应链管理受到了企业们越来越多的关注。一些组织，如电脑和信息技术公司像戴尔这样的企业，已经开始重新配置国际供应链，持续地减少成品仓库和零售商店，进而削减成本和提升效率。其他公司例如香港进出口贸易公司利丰，业务已经转向了产业价值链的增值活动。有效的供应链管理也可以提高企业管理国内或者国外监管、社会及其他环境压力的能力。

18.2　产品和服务设计

企业全球供应链的结构和管理的重要一环是设计问题，产品和服务的设计与企业投入资源的类型有着基本的关系，包括劳动力、原材料、信息以及资金。在第17章中讲到，产品设计要考虑的重要问题是国际企业在一个国家或地区提供的产品或服务标准化的程度，或是选择适应不同市场的不同需求。设计的全球标准化还是本土化，是企业需要重点考虑的战略性问题，要根据竞争、文化、监管和其他因素综合考虑。

跨国汽车制造商福特在巴西的卡马萨里成立了一个组装厂，包括内部供应商、准时送货系统，以及可以灵活组装不同模式产品的装配流水线。然而，福特的业绩在拉美地区却遇到了障碍，因为其美国和欧洲市场上那些汽车的"热带"版，几乎没有根据本土市场进行改良，比如说针对崎岖山路的加固悬浮体。为此，福特巴西分公司成立了一个名为"亚马孙团队"的本地设计师团队，专门设计满足拉丁美洲消费者需求的汽车。最终产品即福特翼搏，是针对拉丁美洲复杂的野外环境专门设计的一款价格实惠的越野型多用汽车，在巴西市场大获成功，让福特占据了巴西近80%的SUV市场份额。其出口需求也逐渐扩大到阿根廷、智利、委内瑞拉、墨西哥等国家。福特南美地区产品开发总监大卫·布里德洛夫（David Breedlove）说，"本土化设计是成功的关键。我们曾经试图复制美国模式的汽车，但随后我们意识到应该给南美市场更多的关注。"

传统的产品设计方法被称为"抛砖过墙"方法，这种设计有一定的顺序：设计者首先准备产品的设计初始步骤，然后将新鲜出炉的产品设计送到制造工程师手上，制造工程师要解决与生产相关的问题，这些问题通常由原设计初衷与制造的冲突而引起。

另一种产品设计方法是，在设计阶段加入不同职能人员的参与，从而在实际设计活动中更好地找出并避免潜在的采购、制造或其他方面的问题。很多公司还会邀请关键客户进入设计阶段，使其产品尽可能地满足顾客的需求。利用这种并行的设计方式，让最终设计可以符合成本、质量以及制造规模的预算评估，进而提高后续生产和供应链管理活动的效率和效果。实际上设计决策必须综合考虑各种供应链方式，比如说企业什么时候、在哪里获取其运营所需的投入，企业是该从当地采购还是从国外采购，企业是否有能力以强有力的竞争方式生产并销售产品或服务。

最近出现了一个巨大的变化：企业倾向于在生产投入过程中征求一般消费群体的意见。典型的征求顾客对生产投入的案例有戴尔的创意风暴（IdeaStorm）网站和星巴克。星巴克开通MyStarbucks-Idea网站一周之后，一份改进建议收到了超过10万份投票。其他公司，例如耐克也开始实施类似活动来邀请消费者的参与，提升顾客忠诚度。

18.3　全球采购

全球采购的原因

除了最基本的以低价获取资源的原因，还有很多其他因素。可能企业要求生产的产品在当地没有资源供应，只能进口；也有可能是企业的国外竞争对手正在采用质量或设计比本国更佳的零部件。要想提高竞争力，企业可能需要从其他国家进口原材料或生产设备。**离岸外包**（offshoring）这个词正是被用来形容企业将生产活动重新安置到其他国家。

决定进行国际采购之后，企业可以选择在国外建立工厂或者把生产活动外包给其他公司。当企业开始把稀缺资源集中于他们的核心竞争力，并利用其他公司的专业技术减少成本、降低资本投资、提高灵活性和响应速度、加强质量或获得其他战略利益时，外包已经成为越来越普遍的选择。外包活动可以分给同一个国家的另一家公司，或者在其他国家的公司。后者构成了离岸外包。价值链中的任何环节都可以进行外包，包括产品设计、原材料和零部件供应、制造装配、物流、分销、市场营销、人力资源或者其他活动。

外包决策，包括利用全球资源供应的决策，是"自制还是购买"决策的早期形式的延伸。这些决策的利弊比较通常是成本的比较，还有机密产品设计标准管理机制、交付数量、质量、设计，以及交付时间和交付方式的比较。还有其他需要考虑的因素，比如说所需原材料和零部件的制造技术、供应商不能发挥规模优势可能增加的成本。在国际采购中，这些问题由于距离、买卖双方沟通语言不同、不同国家的法律法规等因素而加剧。而随着时间的推移，许多公司已经有能力全面或部分解决这些障碍，使得全球采购成为越来越多的公司的一种可行选择。如果可能的话，企业可以由简单业务的外包逐渐发展到外包更加复杂的业务，因为外包商和外包服务提供商都能得到经验的提高。

全球采购的吸引力在于一些在成本、质量、时效性以及其他相关维度上具有优势的供应商的存在。举例来说，相比国产矿物、原材料和零部件等，其他国家也许可以提供成本更低、质量更好的矿物或原料（比如牙买加的铝土矿、韩国的动态随机存取存储器）。另外，一些工业不发达的国家具备丰富而廉价的非熟练劳动力资源，可以为技术要求较低的劳动密集型产品提供极具吸引力的劳动力供应。这解释了为什么那些相对标准化的劳动密集型产品的生产（如运动鞋及男士衬衫的制造）逐渐从较发达国家转移出来，因为发达国家的劳动力更贵一些。在第3章介绍的国际产品生命周期理论，有助于解释这种产品制造过程从发达国家向发展中国家转移的现象。这些新兴经济体已经开始从使用简单、轻便设备的高度劳动密集型产品的生产，逐渐转向具有复杂工艺过程、低劳动含量的机器或技术密集型的工程和设计服务。

通信成本的急剧下降、标准化平台如网络浏览器的广泛普及和使用，以及企业自动化、数字化水平的不断提高，使得企业利用全球资源的效率充分提高。企业经营活动的自动化水平越高，将这些经营活动外包出去就越简单、越经济。越来越多的外包公司开始竞争外包业务，客户们也越来越习惯于接受外包服务。

全球采购的方式

正如我们在15章所提到的，企业通过以下任意一种方式都可以获得外国产品：

1. 全资子公司。可以在劳动成本较低的国家建立工厂为本国的生产供应原料或零部件，子公司还可以生产本国不能生产的产品，或生产比本国质量更好的产品。
2. 海外合资企业。在比本国劳动成本低、产品质量高的国家建立合资企业，为本国供应零部件。
3. 保税工厂承包商。国内企业将产品原料和零部件运送到保税工厂，由承包商制造或组装。
4. 国外独立承包商。一般发生在服装行业，因为服装企业一般没有独立的制造工厂。像DKNY、耐克和丽诗加邦（Liz Claiborne），都是通过与国外制造商签订合同，按照他们的规格制造服装，再贴上自己品牌的标签。
5. 独立的海外制造商。

全球采购的重要性

全球采购和国外资源的所有权有着紧密联系。跨国公司的内部贸易主要包括母公司与其海外子公司之间的贸易。在美国，这种贸易占到了出口的30%到40%，并占进口的35%到45%之多。

在美国，外购原材料占商品销售成本的比例逐年上升，1945年为40%，1960年上升到50%，而如今已经占到了79%。出现这种现象有很多原因：一是产品越来越复杂多样，二是企业压力越来越大，为了专注于核心业务不得不将其竞争力不强的业务进行外包。

此外，很多产品和服务部门的竞争压力、概念—市场周期的不断缩短，致使新产品投入市场的速度越来越快。现在市场上至少50%的商品在五年前完全不存在。这种快速的发展给全球各地许多以提供低价、优质原材料，市场响应速度快的供应商带来了额外的压力。

在全球采购活动中大量使用电子采购

只要在搜索引擎中输入出口商以及产品名称，就会出现世界各地的数十家出口商的网站，上面显示了他们的在线目录，以及如何订购产品。也有许多买家，其中也包括大公司在寻找商品。近些年来，许多公司纷纷独自或者与其他公司合作，建立起电子采购交换系统，用来识别潜在供应商和客户，为这些未来的供应商和客户之间高效、动态的交易提供便利。

  英国宇航公司、波音公司、洛克希德·马丁公司、劳斯莱斯公司和雷锡昂公司有一个联合的年度采购预算，金额超过800亿美元，供应商超过3.7万家，并拥有数以百计的航空公司和政府客户。这五家公司共同创建的Exostar.com网站是一个全球性的B2B网络平台，专注于航空航天和国防领域，目标是帮助成员公司简化采购流程、优化供应链、降低成本、提高生产率、获取新市场。

  劳斯莱斯公司的首席执行官罗世杰（John Rose）称，"Exostar网站将帮助我们降低原材料采购成本，缩短交货时间并降低库存。我们还能够在未来项目的设计上与合作伙伴更有效地合作。Exostar网站可以让设计团队掌握并共享安全信息，这些安全信息可以通过汇集全球各地的投入获得。它将使我们充分发挥团队成员的创造力，在市场上以最快速度响应客户需求。"到2006年为止，Exostar网站的采购交易系统超过300个，分布在20个不同的国家，拥有超过1.6万的注册贸易伙伴（现在已经超过4万）。

  其他杰出的电子商务服务平台已经在汽车制造业（如Covisint.com）、化工业（如ChemConnect.com）、钢铁行业（如e-steel.com）、保险业、石油和医药供应行业声名鹊起。还有一个在广告业声名大噪的网站叫做NuIdeaEchange，在这里营销人员可以通过点击"创意顾问"得到有创意的点子，这些创意者都是一些有好想法但是还没找到买家的人。在许多公司，采购环节很多年都不受重视，常被优先考虑外包出去。然而现在受电子商务产业发展的重要趋势的刺激，采购逐渐受到企业的关注，被看作是企业的战略功能，也是刺激。

  多年来，直接的生产型产品一直都是公司管理的焦点，但是非最终产品或服务的购买——即间接采购也是非常重要的。间接采购包括以下项目如维护、维修、经营供应、办公设备以及其他服务和支持，几乎占到一家企业采购总支出的70%。虽然许多企业依旧采取成本较高、效率较低的纸质流程进行间接采购，但由于新技术的发展和应用，鼓励了许多企业开始改变这种方式，甚至包括中小型企业。

  全球电子采购的选项 在电子采购平台上可以发生的最基本的交易是目录购买。供应商提供一个可选产品的目录，买家可以访问、对比，最终以列明的价格下订单。供应商可以实时更新产品目录，并根据库存水平和实际产品需求调整价格。电子平台还可以为买卖双方提供一个投标/报价系统，在此系统中买家可以在线上公布其采购需求，所有潜在供应商都可以看到，并且向买家提交私下报价。买家就可以在提交的报价中，根据价格、发货时间和其他因素进行选择。行业赞助的交流平台还可以为其他服务提供便利，如取得信用证、物流承包和配送、监控日常价格和订单流等。

  全球电子采购的优点 电子采购的好处非常多，举例来说，甲骨文公司称其通过全公司范围内的电子商务，简化流程，降低成本，每年可节省大约20亿美元，并且在供应链管理和客户响应方面都提高了效率。调查表明，使用电子交易平台，供应商可以减少69%的发票和订单错误，从而提高效率、降低成本。

一些规模较小的公司也通过互联网采购原材料，同时向世界范围内的顾客销售产品。电子采购平台的发展为小企业打开了一扇门，使其更加容易进入市场，也降低了进入国内、国际市场的门槛。在得克萨斯州的休斯敦，毕马威咨询总经理阿曼达·梅斯勒（Amanda Mesler）认为，"交易平台，协助他们（小企业）进一步利用其规模，在更多他们之前没有进入的市场做得更好，特别是全球国际市场。"

总之，基于B2B电子商务经营模式的新兴产业可以帮助在该网络中的所有企业优化供应链，而不仅仅只针对单一的某个企业。这些交易通过聚集买家的购买力来创造价值、提高流程效率、整合供应链、加强内容传播、提高市场甚至跨国市场的效率。

全球采购的问题

虽然全球采购是美国近一半销售额超过1,000万美元的企业的标准流程，但仍然有它的不足。由于企业对外采购的主要原因是低价，但是他们会发现一旦所有成本都被考虑到采购中，成本并没有设想的低。

> 由于急于从中国采购，很多企业正盲目地走进一个战略陷阱。他们认为从中国采购将会降低生产成本，而现实中，供应链动力学将抬高总体成本，降低盈利能力，让竞争对手有机可乘。

对于资本商品的采购，如制造设备，很多美国的购买企业现在利用"生命周期成本法"通过所购买商品的寿命来分析购买决策，包括折价或估计残值收入。甚至在零部件方面，企业逐渐采取完整的成本核算，包括使用基于活动的成本核算，以此保证当企业在作出采购决策时，与对外采购相关的所有成本（如运输、保险、为避免延迟交货而增加的库存水平）都被纳入考量。至关重要的是，全球采购决策与企业的战略目标有着紧密联系，并将企业对供应商的明确交货时间、交货成本等目标，纳入合同中，以此作为对供应商的激励或考核。为了加强企业与供应商之间的有效共享，实现最佳实践效果，跨公司团队也应当得到大力发展，从而避免供应问题。

额外成本 买家必须明确第16章所讨论的术语：由于贸易术语不同，国际运输、保险、包装的费用不同，会产生10%~12%的额外报价成本。以下是进口成本的清单，评估了额外的报价成本比率：

1. 国际运输、保险、包装（10%~12%）
2. 进口关税（0%~50%）
3. 海关经纪人费用（3%~5%）
4. 过境或在途库存成本（5%~15%）
5. 信用证成本（1%）

6. 国际交通和通信成本（2%~8%）
7. 企业进口专家费用（5%）
8. 不符合规格产品的返工成本（0%~15%）

其他缺点 由于汇率波动引起的国内货币贬值，导致价格上升是进口商不想面对的一个不利条件。比如说，如果一家美国进口商要求出口商以美元报价，进口商就不会承受汇率风险。而当进口商进口量巨大并且美元不稳定时，进口方管理者就会考虑要求外币报价，这样进口方的首席财务官就会采用将在第20章提到的套期保值方法，以保护公司免受汇率波动影响。一些国际化公司已经采用套期保值很多年，特别是当他们所需的原材料总包含一种或者多种在大宗商品交易市场上买卖的商品时。更多时候，套期保值并不是为了投机，而是作为一种公司规避价格快速波动带来的风险的手段。

电子采购的出现也伴随着问题。电子采购和电子商务作为一个整体，不能与企业的整体业务系统分离。许多早期的电子采购系统的发展都是相对孤立的，因而不能完全实现其潜力。成功的电子商务举措包括与传统商务相结合来完成采购和产业链上的其他业务，同时兼顾如何向新的电子方式转变。在电子采购完全实现之前，传统的采购流程——供应商的确定、分析及选择，还要进行。在大多数情况下，一个企业可以通过互联网，在比之前反应更及时、信息更丰富的平台上，快速获取潜在供应商的数据。在大规模的电子采购网络平台上，供应商和企业之间都不熟悉，要确保选中的供应商在原材料质量、交货、价格等方面满足企业的条件仍然是一个挑战。新兴国家的供应商在供应复杂的IT基础设施时也可能遇到困难，这些很容易影响电子采购的绩效。

电子采购的另一个关注点是安全问题。为实现B2B电子商务的全部潜力，从外部进入公司的内部系统是至关重要的。企业对向竞争者透露自己的业务内容，如定价、库存，或设计标准等非常谨慎，以避免品牌资产和利润损失。此外，通过互联网公开企业的内部系统会使公司面临广泛的潜在安全问题，如未经授权的入侵（"黑客"）和欺诈订单。虽然加密技术和其他保密技术已经有了广泛的研究和发展，但在这些系统被认为完全安全之前，还需要进一步发展。在操作国际电子采购系统时，不同国家之间标准的不同也是需要考虑的内容。政府对于竞争对手之间合作的反竞争效应的关注，也会为全行业的B2B电子商务带来困难。

18.4 制造系统

由于国际公司在不同发展水平的国家都维护着基础设施，这些设施利用的生产要素的价格、质量在不同国家也不尽相同，所以即使在同一家国际企业内部，制造系统也可能存在差异。单一企业可能会选择将拥有高新技术生产水平的工厂和技术稍差的工厂结合起来。同时涉及地区性业务和国际业务的制造系统，对于企业的全球供应链建立和管理有重大的影响。

利用先进生产技术提高质量和降低成本

日益增长的国际竞争趋势要求企业在国际生产活动中实现效率和效果的双重提升。因此，全球的企业都在追求提高竞争力的方法，采取适时反应供应链和高度同步制造系统。其他企业则选择安装计算机集成制造系统（CIM），利用计算机和机器人进一步提高生产率和质量。虽然这些创新对于企业的成功是很大的挑战，但是让我们印象深刻的是，它们确实在很大程度上影响着国际企业的竞争力。

日本的基础设施在毁于第二次世界大战之后，日本要怎么做才能提高国际竞争力呢？日本制造商意识到，由于有限的国家经济规模，他们将不得不出口以促进增长。他们也意识到由于国内资源的短缺，他们必须以出口赚取外汇，支付能源资源如石油和煤，及其他原材料的进口。为了满足出口市场的需求，日本公司必须以低廉的价格提供高质量的商品。但在最初时期，"日本制造"对于其他国家来说意味着质量低下甚至伪劣。在20世纪50年代，日本在制造和质量改进技术方面引进了许多美国专家，如朱兰（Juran）、费根鲍姆（Feigenbaum）以及戴明（Deming）。统计学家爱德华兹·戴明（W. Edwards Deming），曾在战争期间教授了成千上万的美国工业工程师如何在制造过程中使用统计知识，后来又帮助日本制造商，让他们意识到在制造过程中统计可以用来进行系统分析，从而保证产品质量并控制成本。

像本例说的那样，在审查成本的组成部分时，日本的管理者意识到了所有企业都知道的一个道理：库存成本是一个主要因素。比如说，降低库存可以为公司降低40%的劳动成本。但是要想无库存，日本制造商要满足以下要求：

1. 组件，无论是从外部供应商采购还是自己生产，都必须确保质量合格，否则生产线将会被切断，所有流水线上的工人都要等待可用的资源才能继续生产。
2. 部件和组件必须能适时地分配到生产过程中的每个节点，因此有了生产理念——**准时制生产**（just-in-time，JIT）。20世纪初，亨利·福特就在他的装配生产线上应用了准时制生产。
3. 世界各地的顾客都期望他们下订单后就能收到产品，所以卖家要有成品库存。交易的形成往往是因为你可以提供现货供应，而你的竞争对手做不到。你期望在下订单买车多久之后取到车？在消除库存的同时又要快速响应消费者的订单需求，需要厂家快速建立灵活多样，并具有必要的快速装配能力的产品生产单位。
4. 尽可能减少过程的时间也是必要的。一种方法是降低流程中某一环节到下一环节的运输时间。美国人和欧洲人更注重经济秩序，他们通过功能对机器进行分类（所有的钻孔机放在一起、所有的冲压机放在一起等），但是将机器的产出运到下一环节需要时间，也耗费成本。日本企业则是根据单一产品的工作流对其进行分类（每个产品有独立的生产线），这样几乎能消除运输成本。但是，由于部件是立刻流转到下一环节的，当前一阶段的操作出现问题时，整个流程将被迫停止直到问题解决。对每个操作进行质检能够保证生产顺利进行，不合格零件出现的可能性大大降低，这也会降低生产成本。

5. 灵活生产要求产品生产及时作出改变，但是生产线任何一处改变都要消耗成本。因此，制造商一般会利用尽可能多的相同部件设计多种产品，从而简化生产流程。这也是供应商接受准时制生产的原因，他们可以收到种类较少但数量较大的订单，允许时间更长、成本更低（生产变动较少）的生产流程。

6. 为了保证准时制生产的成功，制造商必须要有供应商的合作。与美国的一般做法那样，买家让众多供应商相互竞争，从中获得最优价格。日本的制造商反而只有少数几家供应商，并且与他们建立密切的联系，在产品设计阶段就与他们沟通。

7. 为了减少成本、提高质量，同时减少生产时间，日本制造商要求产品设计者、生产管理者、采购人员和营销人员聚集在一起，通力合作。

8. 将这些人员聚集在一起，使供应商能够建议使用他们制造生产的成本较低的标准化零件，当产品设计改变时，可以简化流程，并且根据客户的观点进行营销。所有工作都可以在第一件产品生产之前进行。

近年来降低成本是公司需要考虑的一项重要内容，特别是在发展中国家，如印度和中国。因为在这些国家，企业面临着与日俱增的竞争威胁。这些国家带来的竞争挑战，造成了像日本、美国、德国等国家工业部门的"空心化"，他们将制造和装配业务转移到成本更低的地区，如中国、墨西哥和东欧。

提高质量 企业中，上至高层管理者，下至工作人员，每个人都必须为提高产品质量作出努力。**全面质量管理**（total quality management，TQM）20世纪20年代由贝尔实验室提出，是一种在整个公司范围内保证质量的全面管理方式，对整个企业进行质量管控。在实施全面质量管理时团队是必要的，其中起很大作用的团队是**质量管理小组**（quality circle），这个概念是由日本质量专家石川馨提出的。

实施准时制生产存在的问题 美国和其他地区的许多制造商前往日本去学习准时制生产的"奇迹"，但他们错误地只复制其中一部分：仅仅关注产品库存的调度，这被称为"狭隘的准时制生产"。他们没能认识到"广泛的准时制生产"才是重点，是一套对人员、原材料与供应商之间关系的整体管理体系（也称为精益生产）。此外，很多企业没有意识到准时制生产系统包含全面质量管理，全面质量管理是不可或缺的一部分。

还有一个困难是日本和西方管理者们之间的态度差异，这种态度差异多半是由文化因素决定的。美国管理人员和工会仍然以**泰勒的科学管理体系**（Taylor's scientific management system）为基础，高度关注人员的专业化分工。该体系否定了质量管理小组的原则：(1) 团队决策；(2) 人员解决问题的能力。追求快速结果的美国人，对质量管理小组不能立即提出改进解决方案感到失望。对JIT来说，不能对员工保证长期的雇佣关系也为获得他们的公司忠诚度带来困难。无法将供应商培训整合到一个系统中是实现JIT的另一项困难。

在试图转变供应链管理的过程中，专家管理团队也发现JIT系统本身存在着问题：

1. 由于JIT是一个平衡的系统，它只能局限于重复生产相同部件的生产操作过程。也就是说，所有的操作都是针对生产相同数量的部件进行的。然而重复的操作流程只能在一部分制造过程中出现，对于单件车间（大企业中专门为客户定做或小批量生产商品的某个公司或部门）没有多大用处，因为他们在生产过程中通常没有主导的工作流。

2. 因为JIT是一个均衡体系，如果一项操作停止，整个生产链条都会停止——没有库存能够支撑持续的工作流程。

3. 在不同规格的机械生产能力不同的情况下，要想实现均衡的体系是很难的。例如，要保证一台冲压机全力工作可能需要五个机床的支持；一台巨大的砑光机（与报纸印刷机大小相似）给制造轮胎中的织物进行橡胶处理，而它处理后的成品需要数十台轮胎制造机器才能全部用完。当然对于大型生产单位来说这些问题是不太严重的。

4. JIT对于突发事件毫无保障，所以每个部件在交货时必须确保合格。**预防性（计划性）维护**（preventive/planned maintenance）是至关重要的。一台机械出了故障会导致整个生产流程受阻。

当只有一家供应商未能在规定时间内交货而导致整个生产失败时，丰田发现了JIT系统是多么脆弱。作为企业集团内部成员之一的制动部件独家生产商的一场火灾，切断了丰田在日本的所有汽车工厂的工作，导致其停产一周。这不仅使丰田的制造生产陷入瘫痪，更使丰田的其他上百个供应商不得不停止生产他们的部件。火灾事件后丰田董事长承认，JIT系统需要改进，之后丰田开始不仅向一家供应商下订单，保护企业免受因零部件缺货而导致的生产停滞。过去，单一供货商的概念一直是企业集团内部系统的关键。

5. 系统需要考虑到许多可能产生的错误。

同步制造 伴随JIT产生的问题，尤其是它在一个生产系统中建立需要很长的时间，使很多企业意识到他们需要寻找其他帮助，来增加市场份额。很多企业转向**同步制造**（synchronous manufacturing），也叫做约束理论（theory of constraints，TOC），是一套调度和生产控制系统，旨在找出并消除或者最小化企业增加产量的约束瓶颈，如机械、人员、工具和设备。整个系统的产出强度取决并受制于产出的最薄弱一环即**瓶颈**（bottleneck）的生产能力。

TOC的创始人，高德拉特（Goldtratt）博士研究推出了一项调度安排工作的计算机程序，兼顾考虑瓶颈资源和非瓶颈资源，这种方式使得生产调度和模拟可以在计算机上进行，而不用像JIT那样通过反复摸索，就能大大提升生产调度的有效性。一旦发现瓶颈，管理者可以集中克服这一环节以增加产出能力。攻克此项瓶颈后管理者可以再转向另一个薄弱环节。

不同于JIT系统致力于实现生产系统的平衡，使各个业务的能力相等，同步制造关注的是整个系统中产品流的平衡，这造成了每个环节的产出水平的不平衡。比如，如果一项瓶颈资源以最大生产能力进行生产，可能它的产出只有60%能被另一个环节所利用。因为不能利用其超过60%的生产能力，那部分资源就成为了不必要的库存。由于工作是被分配到每项环节之中，而不是像JIT那样分配到整个系统中，因此不需要比实际进行工作进程更多的工作。在瓶颈环节上也可以保留一些库存，以避免突发状况。有时，不同于JIT，同步制造甚至还设有一个质量控制检查员，检查瓶颈操作的产出情况。

正如我们前面提到的，因为瓶颈环节的产出增长就意味着整个生产流程的产出水平增长，非瓶颈环节产出的增长只能增加那台机械的空闲时间，因此我们管理的注意力应当集中在瓶颈环节而不是其他环节。

JIT和同步制造的另一个区别是：任何一项不合格的产品或组件都会影响整个JIT系统生产的进行，但是由于同步制造体系所有环节，除了瓶颈环节，都有超额的过剩产出能力，任何在瓶颈环节之前的次品都可以重新生产，因此整个系统不会受到影响。

大规模定制　大规模定制（mass customization）是指一个公司操作灵活的计算机辅助制造系统，为全球不同客户生产和交付定制的产品和服务。这些系统通常结合低单位成本和快速生产速度与大批量生产过程相关的灵活性的需求定制个人客户。这种系统拥有更低的单位成本和快速生产速度的优势，具有灵活满足单个客户个性化定制需求的能力。大规模定制作为一种制造方式，最早开始被使用是在二次世界大战期间，当时丰田采用了这种方法。大规模定制方法目前在不同行业的许多公司都有不同程度的应用，如计算机（戴尔）、贺卡（贺曼公司）、服饰（L.L. Bean）、鞋类（阿迪达斯）、钻戒（adiamondisforever.com）和汽车（路虎）领域。

大规模定制有四种基本定制方法：（1）合作型定制——企业帮助客户确定其产品特性；（2）适应型定制——企业提供标准化产品，客户可以根据自身需要进行调整；（3）装饰型定制——产品本质相同但外观可定制，比如包装和颜色；（4）透明型定制——在客户没有意识到的情况下为客户提供个性化的产品或服务，比如网站界面。

企业可能在供应链网络的最后节点应客户要求提供差异化产品，这就会有延迟交货的风险，这时候大规模定制就是合适的方法。这通常要求公司重新进行产品设计，同时设计集成产品生产流程，最终将成品交给客户。实际上，这意味着企业经常要进行重构并且重新配置供应链，但是这种复杂操作方法的好处是，企业能够以最大化效率运行，快速响应客户需求，同时保持最低水平的库存。

六西格玛　六西格玛（Six Sigma）是一种经营管理策略，借助严格的分析工具、良好的基础设备，以及优秀的高层领导水平，解决流程中出现的问题并进行优化。它专注于消除工作流程中的缺陷和变化，随着缺陷的减少，成本也会降低，生产周期会减短，客户满意度就会随之上升。

六西格玛是指在一百万个机会中，只允许3.4个瑕疵，大多数企业运营的瑕疵率是2到3个西格玛（相当于一百万个机会里有高于30万个的不满意结果）。有人估算出，在美国超过三分之一的工作是在重做以前做过的工作,这种低质量带来的成本要占到总成本的20%到40%。六西格玛试图克服这个问题。

六西格玛方法包括五个步骤:定义、测量、分析、改进、控制。首先在定义过程,询问客户是谁,他们存在什么问题。要识别客户的重要关键特征,以及支持这些特征的相关流程。接下来六西格玛关注测量生产流程,包括分类关键特征,验证测量系统和收集数据。第三步是分析,将原始数据转化为信息,识别和确定导致流程出现缺陷或问题的最基本、最重要的原因。然后六西格玛对流程进行改善,包括优化解决方案,实施变更,并评估是否需要额外的变化。最后,监控新的系统流程,采取措施以维持改进的结果,以期整个流程充分发挥功效。从本质上讲,六西格玛这种方法建立了一个持续改进业务流程的封闭循环系统。

在为六西格玛选取项目时,要有一个清晰的业务优先级链条,作为企业战略发展和年度运营计划的反映。一个项目应该能够通过清晰的可量化的成功方法,代表一项在运营流程和最终结果上出现重大改善和优化的突破。为了保持持续改进并维持企业的兴趣,项目应该争取在3至6个月内完成(或被拆分成子项目)。

首席执行官常常是实现六西格玛的驱动因素。勇士,即对项目的成功负责的人,提供必要的资源并帮助团队解决组织障碍。勇士的奖金很大一部分与他或她能否成功实现六西格玛的目标紧密联系,这有助于确保项目会对整个业务有实质性的影响。项目领导者被称为"黑带",一般是那些具有非凡成就和重要经验的人。项目团队成员被称为"绿带",他们不会在六西格玛项目上花费所有的时间。黑带和绿带都是变革推动者,他们能提出严谨评估的想法。项目团队的管理专家的最高级别是黑带大师,是带领过许多项目的经验丰富的黑带,懂得先进技术知识,接受过业务和领导能力的培训并拥有一定的教学经验。其主要职责是为新晋黑带们提供技术指导和培训。

一份网上质量调查发现,企业使用六西格玛方法最大的优势有:成本节约的增加(45%受访者),其次是提高了顾客满意度(20%)、流程缺陷减少(15%)、促进了公司增长(10%)和提高质量(5%)。一位受访者说:"我们很难说明六西格玛管理法对一个公司的好处,但是利用六西格玛确实提高了客户满意度,降低了总成本,并使流程缺陷不断减少,这对任何公司来说都是一个竞争优势。"

> 摩托罗拉最早创建了六西格玛。1987年,摩托罗拉的记录显示,实施六西格玛计划为公司节省了超过160亿美元,降低了每单位84%的劣质成本,并提高了每年12%的员工生产率。

六西格玛方法包括对企业的增值元素进行重新评价(有些可能被修改,有些被中断)。因此,从二西格玛达到六西格玛思维,公司常要重新考虑他们的做事方式和适应文化的方式,有时候非常引人注目。

成功的文化变革需要集中、长期的努力,特别是如果企业是在世界各地都有子公司和办事处的跨国公司时。变革方式受企业和国家文化的影响,这影响到企业如何树立形象、确认表现、建立汇报关系,以及进行内部沟通。这要求企业:(1)描述对六西格玛的需要;(2)塑造六西格玛文化和相关行为;(3)识别并妥善管理企业实现六西格玛的阻力(包括技术、政治和组织资源)。但是,六西格玛管理法也已经被指责是对旧思想进行的简单再包装,并扼杀了创造力。此外,每百万3.4个错误的缺陷率也可能并不适合所有项目。对医用心脏起搏器来说标准可能太低,而对贺卡来说可能过高。

18.5 物　流

物流是指对相关材料,如原材料、工作进程或成品的移动过程相关联的管理功能。供应链管理的效率高低通常受到公司如何管理采购和生产的物流流程,以及其他活动的影响,如设计、工程和销售。考虑到对最小化库存和供应链管理的重视,一个产品(或某个产品的组件和原料)的设计可以显著地影响产品交付的成本。例如,产品包装和运输方面的要求会显著影响物流成本,在产品设计阶段以及价值链的其他步骤要考虑这些因素。

许多公司选择将物流业务外包给企业外部的专家,尤其是对国际物流活动的管理。一些公司如联邦快递、UPS、DHL,已经开发出专业的国内外处理和跟踪工具,包括先进的计算机技术和跟踪发货系统。例如,联邦快递的网站(www.fedex.com)允许公司安排装运然后监控运输途中的每项信息,包括什么时候发货,在什么时间什么地点通过联邦快递网络转运,以及交付地点、时间和收件人。许多物流公司已经将客户的内部信息系统与物流公司的运输和跟踪系统进行整合。现在物流公司也提供运输之外更广泛的服务,包括仓储、配送管理、海关和经纪服务。

18.6 标准化及全球运营管理

标准(standards)是指持续用作产品、流程和服务的统一准则、规则或特征定义的文件协议,包括技术规格或其他的精确标准。标准确保原料、产品、流程和服务更恰当地达到它们的目标。像信用卡和电话卡就是以可接受的标准生产的,比如最佳厚度为0.76毫米,这样就可以在全球各地使用。相同型号的汽车元件被应用于世界各地的汽车上,而不论这些元件是在哪里生产。

在许多国家,很多产品线和活动已经形成了标准。在美国,美国材料试验协会(ASTM)和其他组织指定的标准被用于替代具体详细的要求,以确保预期的使用水平和质量。而欧洲最常用的标准是ISO 9000,它是国际标准化组织(ISO)认可的一系列(共五套)通用的质量保证体系标准,国际标准化组织是一个由157个国家组成的标准组织联合会。ISO 9000质量保证体系标准的建立目的是应用于全世界,规避由于不同国家标准不同带来的贸易技术摩擦。假如一种产品是由适用ISO 9000标准的国家生产的,那么买家就可以对产品的规格标准放心了。适用ISO 9000的企业也确实在客户投诉方面有很大好转,同时降低了运营成本，产品或服务的订单需求也提高了。美国也已经把 ISO 9000 逐字翻译形成 ANSI/AQC900 系列。

最全面的标准是 ISO 9001。它适用于产品和服务的设计、开发、制造、安装和维修及其他服务。这种标准统一应用到企业，不论其大小或行业。一般来说，企业要想在欧洲做生意就必须有 ISO 9000 的注册，很多公司也要求他们的供应商进行注册，以提供进一步的承诺。

虽然 ISO 9000 质量标准已经被广泛应用，但是并不是所有质量专家都认为它是优于其他标准的："标准的重点是通过详细的文档、工作说明和维护记录来建立质量管理程序。这些程序对产品实际的质量并没有作出过多的说明，它们完全遵照标准进行处理。听起来像是管理可以被信息格式取代，这很荒谬。就像在酒店的每个房间放入一本《圣经》，认为入住者就会按照上面的内容行事一样。"菲尔·克罗斯比（Phil Crosby）如是说——一位著名的质量专家，出版过数本质量管理方面的著作。

同步制造和全面质量管理的优势是众多跨国公司在全球使用它们的主要原因。没错，任何地区的客户都希望以低价获得优质的产品。那些发达工业化国家的公司在其他工业化国家建立子公司并开始运营时，都会复制母国的生产体系。

> 英特尔作为半导体存储器产品和其他计算机部件的世界领导者，引进了一种称为"精确复制"的方法实现工厂标准化。"精确复制解决了生产工厂的困难，通过复制开发部门的所有内容到制造部门，从而使生产设备大大提速，"参与开发部门研发新技术的大量设备设施管理者提到，"研发部门的所有事物——工序流程、设备装置、供应商、水管设施和无尘生产车间，以及培训方法论，都要符合大量生产的需求并准确记录，然后复制到高产量生产工厂。如此反复，工厂产量水平提高，甚至在许多工厂上线使用'精确复制'后又有所提高。"

除了以上提到这些，还有很多全球标准化的重要但并不明显的原因。以下讨论一下其他原因。

机构和人员

一个公司进行全球标准化生产的某些原因可能是受组织和人员影响。

标准化更简化，成本更低　生产流程和工序的标准化使总部的生产部门更加简化，因为产品的复制只需要利用很少部分的员工就能完成。由于新车间不过是老车间的扩大版或缩小版，车间设计的工作时间也相应减少，跨国公司专门为海外部门提供技术支持的专家团队也可以小一些。必要的时候为了操作相同机器设备可以从国内公司借调员工作为临时技术人员。

制造方法的全球一致性或标准化也提高了总公司在保证产品规格通用上的效力。每个企业都有成百上千的标准，这些标准又随着新的原材料或生产工序的出现而变化。如果国内外所有工厂都采用同种设备，那么就可以通过无差异化通知（如电子邮件）来公告变化的发生；不需要聘请专家来逐一检查哪些分公司的设备受到变化的影响。生产流程不统一的企业发现，对15到20家分公司采取相对独立的标准时，成本更大（人员支出更大）并且出错率更高。

物流供应 如本章开始对于供应链管理导向的价值的介绍，管理者已经逐渐意识到通过统一的物流供应系统集中管理企业的所有附属单位，能够为企业创造更多利润。这个统一的物流供应系统包括从供应商、工厂之间以及到客户的所有涉及到原材料、部件以及存货转移活动。标准化的机器和流程也合理地保证了不同公司生产的零部件可以互换。这种可互换性的保证可以在一定数量的分支机构之间有效管理生产部件，从而在一些国家利用较低的成本并实现规模经济。

一个英特尔员工检查在垂直扩散炉中晶片的生产过程，垂直扩散炉是晶片的数百道生产工序中的其中一种工具。英特尔作为半导体存储器产品和其他计算机部件的世界领导者，引进了一种"精确复制"战略，通过复制生产设备使生产提速。

合理化 这种生产战略被称作**生产合理化**（manufacturing rationalization），是指一家子公司从只针对本国市场进行生产，转变为为所有子公司的使用而生产有限数量的零部件的变化。

斯凯孚（SKF），一家总部设在瑞典的轴承制造商，数年前在其主要的五个海外分公司将滚珠轴承的类型从50,000种减少到了20,000种。在保留的20,000种中有7,000种被合理拆分到五大分公司里，余下的13,000种单独在其中一家分公司独立生产，提供给当地客户。

为使生产合理化成为可能，产品结构必须首先被合理化，就是说，公司必须选择全球或区域性相同的产品进行生产。这样，每个子公司可以分别为其他分公司生产某些部件，从而相比单独为一个国家的客户生产一种成品，实现更高的产量并且降低成本。显然，这种方式在不同市场客户需求和偏好明显不同的情况下是不适用的。只有对于差异性非常小的产品，合理化生产能够实现生产管理的规模经济，否则将不可行。

采购 当国外的分公司不能在当地采购原材料或机器设备时，一般会向总部的采购部门寻求帮助。因为各分公司统一的生产流程需要相同的原材料，总部可以向长期供应商增加订单，也为分公司争取到折扣。但是当公司需要特殊材料时，采购部门通常要寻找新的供应商，并经常以高价购买小批量的原料。

控　制

全球标准化的所有优点也适合其他方面的管理。现在我们讨论另外三个方面的控制——质量、生产和维护。

质量控制 当生产设备比较相似时，总部控制国外子公司的质量就不太困难，因为所有工厂都遵守相同的标准。母公司可以比较子公司提交的定期报告，据此快速发现偏离常规的地方，比如大量不合格产品，并实施补救措施。不需要因为设备差异而对每个工厂实行单独的标准。

生产和维护控制 单一标准也可以减少生产和维护的工作量。同一种机械可以相同的速率进行生产，并且无论机械在哪个工厂，维护的频率都相同。实际上，偏差发生的原因多半是人为因素和物理因素（如灰尘、湿度和温度），但是至少相同的机器设备可以使总部很好地衡量各分公司的管理效率。另外，其他生产单位的维护经验，比如全面检查的频率和备用部件库存量，都可以帮助公司节省成本，避免突发事件引起的停工。

计 划

当建立一家新工厂就是复制其他已经运行的工厂的时候，计划和设计就比较快速简单，因为这只是重复以前做过的工作：

1. 设计工程师只需要复制他们已经做过的图纸和材料清单。
2. 供应商只需要提供他们之前已经提供过的材料。
3. 技术部门可以直接利用现有的生产标准，不需要再作修改。
4. 机械运行方面的训练人员可以直接前往新工厂所在地，不需要额外接受培训。
5. 可以利用现有设备的运行经验有效地对设备安装时间和产出进行精确预测。

另外，工厂的复制通常会减少新设备计划和设计所需要的建造时间，并消除新工厂建立时固有的困难。一份在炼油与化工方面的研究强调了复制工厂对收益的重要性，这份研究显示出技术转移成本在第二年和第三年分别下降了34%和19%。

如果说全球标准化生产如此强大，那为什么同一家母公司下的众多工厂还会存在差异呢？

18.7 全球运营标准化的障碍

总的来说，跨国企业对海外机构实行全面质量管理和同步制造的观念进行标准化要比实际生产设备的标准化容易得多。由于国外环境因素的影响，特别是经济、文化和政治因素的存在，使得国际经营活动的每个海外工厂在规模、机器设备和生产流程都不尽相同。

环境力量

让我们来讨论刚刚所提到的三种力量。

经济力量 阻碍生产标准化的最大经济力量就是市场规模的差异，我们在第17章提到过。

为了应付各种各样的生产要求，设计师通常要作出选择：以自动化或高度半自动化产出的机器进行的资本密集型生产，或采用更多的人力并使用生产能力较低的通用设备进行的劳动密集型生产。自动化机器的灵活性（产品的大小和种类多样性）十分有限，但是一旦建立，它将会在几天内运转并为市场提供一年的供应量。许多流程可以通过在较大国内工厂中上百个流程共用一台机器来解决这个问题。然而有时无法选择这种方式；有些流程只使用一台或两台大型的机器，即使是在有大量的产出要求的情况下，如上文所讨论的标准化生产。直到最近，当不能使用这种方式时，工程设计师不得不在高产出的专业机器设备和低产出的通用设备间作出选择。二者的主要差异是，使用通用机器需要技能，而专业机器无需技术就能完成任务。通用机器生产的产品通常质量较低，且每单位成本高于专业机器。

现在有了第三种选择：计算机集成制造（CIM），许多国际企业正在使用此种方式。然而它的高额成本和较高的技术含量限制了它在工业化国家和先进的发展中国家的应用。计算机集成制造系统可以使机器在一个条形码扫描器（经常在超市使用）的指令下以随机顺序简单地完成每件零件的制作。这能将经济批量减少到1——这是工厂在保证生产或销售需要的前提下，可以生产的最小数量，它能促进我们前面提到的潜在的大规模定制。然而，对于适用的形状、尺寸和材料的种类，还是有限的。

另一个影响设计选择的是生产成本。自动化生产需要的劳动力较少，而每台机器有更大的产出，因而可以提高单位劳动生产率。但如果所需的产出要求机器设备只运行一段时间，那么即便人力成本再低，自动化设备带来的较高的资本成本也会产生过多生产成本。当生产成本更有利于半自动化机器时，设计师可能会为了节省空间而被迫选择高功率的机器。一般来说，相同产出水平下，几台高功率机器的占地面积要比许多台半自动化机器小。然而由于专业化机器对原材料的类型和质量的精确要求，在某些原料无论是当地采购还是进口都不能满足的情况下，设计师不能采用专业机器。偶尔管理者会采用**向后垂直一体化**（backward vertical integration）来绕过这种障碍，向后垂直一体化是指从经济角度上看，即使从外部供应商手中购买更可取，仍然将生产核心产品的产能纳入厂房设计中。比如说，一个纺织工厂可能拥有制造尼龙纤维的设备。

我们已经讨论的经济因素是工厂设计的最基本因素，但是考虑到文化和政治因素，单纯根据经济因素决定的方案很可能会被推翻。

文化力量　当要在一个市场规模相当、劳动成本高昂的工业化国家建立工厂时，资本密集型生产毫无疑问将成为最终选择。而发展中国家也有可能选择资本密集型生产，比如虽然该国家具有丰富的劳动力，但熟练程度较低。这种情形需要专业化的机器设备，因为即使依旧需要高度熟练的工人进行设备安装和维护，但运行（启动、送料）这些机械的工作完全可以由经过对非熟练工人进行一段时间培训而掌握。反而通用机器需要更多的技术操作人员。

这些操作人员可以在技术学校得到培训，但是由于这种职业声誉较低的文化特点，这种职业的需求和供给都会受到影响。学生不想学习这些培训，并且很多发展中国家教育工作者的传统观点也更偏向于专业教育，而非贸易操作。

这些经济和文化变量很重要，但并不是管理唯一要考虑的内容。如果想要计划的工厂成为现实，就必须满足东道国政府的要求。

政治力量　当计划在发展中国家建立工厂时，管理者通常会遇到一个有趣的悖论。虽然该国拼命想要创造新的劳动岗位，偏重劳动密集型生产，但政府官员经常会坚持引进先进设备设施。民族荣誉也许是原因之一，也或许政府官员更希望看到新的企业出口产品，认为只有具备先进技术的企业才可以在世界市场上占有一席之地。他们不仅不愿意冒险生产劣质产品和未经审核的产品，还会觉得只具有低生产率的技术会使国家长期依附于发达国家。一些发展中国家已经通过法律禁止进口二手机器。

全球汽车制造商已经宣布要在中国投资超过100亿美元的工厂。然而很多大型汽车制造工厂却不是针对中国本地大量的廉价劳动成本的特点设计的，相反，这些工厂是像美国汽车工厂那样进行资本密集型生产。部分原因是中国政府希望引进最先进的技术，这个目标受到一系列措施激励。对于汽车制造商来说接受政府的要求会让事情变得简单很多。通用汽车公司资深经济学家穆斯塔法（Mustafa Mharatem）说："由于近期信息的传播，发展中国家已经不愿意再购买一代或二代以前的汽车，如果你要生产最新款汽车，就要使流程与世界各地的流程保持一致。"

一些设计解决方案

考虑到各种环境因素后，最后的工厂通常是混合设计或者使用了中间技术。

混合设计　通常，在发展中国家设计工厂时，工程师一般会采取一种资本密集型流程和劳动密集型流程的混合方式，因为他们既要考虑保证产品质量，又要利用丰富的非熟练劳动力。比如，他们会选择机器焊接而不是手工焊接，但是对于上油漆、包装和材料输送则采用半自动机器进行。

中间技术　近些年来，人口增长和资本成本增加迫使发展中国家的政府去寻求一些自动化不太高的流程。他们逐渐确信应该存在一种中和资本密集型过程和劳动密集型过程的方式，可以在节约资本成本、提供更多工作岗位的同时，生产出预期质量的商品。政府正迫使投资者使用**中间技术**（intermediate technology），但不幸的是这种技术在工业化国家并不是现成可用的。这意味着国际公司不能直接转移他们所熟悉的技术，反而要重新研发新的、不同的制造方法。使用中间技术可能导致节省的资本成本因高额的启动成本和高额的转移费用而被抵消。

18.8　本地制造系统

组织机构的基础

除了那些在工业化国家的工厂，本地生产机构通常是母公司企业的缩小版。如果该公司在母国按照产品部门（轮胎、工业产品、化学品）进行组织，那么该子公司将被分为产品部门。在国内企业进行流程结构（根据生产流程进行部门分类）的制造型企业，也会在国外子分公司建立相似的结构。在一个纸盒厂，将由不同的部门负责砍伐原木、生产纸张、组装成盒。国外和国内业务唯一的显著区别是，在国外工厂所有这些流程可能集中在一个地点进行，因为每个部门的规模较小。

水平一体化和垂直一体化

当地生产企业组织的垂直一体化或水平一体化的程度很难达到母公司的程度。有些垂直一体化采用的是传统方式，比如纸盒厂的例子；有些垂直一体化发生在需要确保原材料供应的时候。在后一种情况下，由于生产投入对外部资源的依赖，子公司垂直一体化的程度可能会高于母公司。但是额外的投资会阻碍子公司的垂直一体化，就像通过向母公司工厂的专属客户供应产品而获得的额外利润一样。有些国家对特定行业是禁止垂直一体化的。例如在墨西哥，对石油和石化行业的私人投资（墨西哥本地人或外地人）仍然存在严重的限制，使得利用石化产品生产的厂商无法取得向后垂直整合。相比之下，在某些国家则需要一些当地资源来完成生产，当子公司的当地采购无法满足其生产时，他们就不得不生产其母公司不生产的组件。

水平一体化在外国子公司并不普遍。连锁餐厅、银行、食品加工厂以及其他以小规模生产单元为特点的行业，多以国内公司的方式进行水平一体化。母公司跨国发展的同时海外子公司本身也发展为综合性的大企业。

制造系统设计

制造系统本质上是创造价值的一系列功能相近的活动。制造系统的设计影响着企业活动流程和效率。尽管下面要描述的制造系统是针对有形商品的，但也同样适用于服务产品。影响一个制造系统有效运行的因素如下：

1. 工厂位置。
2. 工厂布局。
3. 物料管理。
4. 人员因素。

工厂位置 工厂的位置很重要，它对经常发生冲突的生产成本和分销成本有很大的影响。通过将厂房建在远离主要城市的地方获得当地政府激励、较低的土地和劳动成本，但这些收益往往会被商品运往主要城市所需的高昂仓储和运输成本所抵消。管理者需要确定充足的劳动供应、原材料、水源和电力，在此基础上选择成本最低的地区设厂或者选择生产和运输成本之和最低的地区设厂。接下来，管理者的第一步选择会根据市场的需求、竞争者的位置、员工偏好（气候、休闲设施），以及当地政府的附加条件不断进行修正。

索尼把为美国市场供应便携式摄像机的生产线由中国转到了日本。虽然在中国生产成本会低一些，但最终索尼还是决定在日本生产这种高附加值产品。"在日本生产摄像机能够比在上海生产提前一半时间交货。"

政府基于减缓大城市拥堵程度的原因，也会禁止企业在大城市设厂，或者提供金融激励迫使他们在其他地区设厂。

企业如果要想利用低劳动成本的优势并出口产品，那么其工厂设置的选择空间就很受限。他们必须将工厂设在第2章讨论过的出口加工区，如墨西哥的保税加工区。韩国、中国台湾、新加坡和其他50个国家和地区也存在这样的区域。

工厂布局　现代经验要求机器、人员和服务设施的安排要在工厂建设之前进行。这样，工厂就能够满足布局需要，从而最能够流畅地运行生产系统。

设计师必须尽可能地充分利用昂贵的建筑空间以获取最大效用，并为每个部门未来扩张留出空间。如果预测，特别是新产品的预测被证实过于悲观，那空间瞬间就变得非常关键。发展中国家的工厂管理可以在员工设施空间上相对节省，因为这些国家工人生活标准较低，他们为了确保就业，要求也比较低。然而，通常国外的劳动法比本国的劳动法要求更多。

物料管理　正如我们在前面提到的，作为同步制造的一个主要因素，物料管理的计划若周密，就可能节省相当大的成本。运营经理常常没有意识到低效的物料管理会导致过多的库存，一些成品部件积聚闲置在某些工作站，而同时一些高端机器处于闲置状态（瓶颈），这一点也困扰着营销人员，因为物料运输的低效率将会导致延迟交付和货物损坏，进而订单被取消、客户损失。因此，如前面讨论的，营销人员也要被纳入全面质量管理方法。

人员因素　制造系统的效率取决于人员，人员则受到系统的影响。当出现极端冷热交替、过度噪音或者错误照明时，生产力将受到影响。颜色也影响着人们的行为——暗色是指安静的、不引人注目的，而明亮颜色更能吸引注意力。工厂设计师应利用这一点，工作区墙壁刷成淡蓝色和绿色，出口刷黄色，安全设备刷红色。这种做法已经被广泛接受，即便我们在第5章提到不同文化背景下颜色含义不同。

为保证操作的安全和便捷，进口机器的操作装置必须经常改变，以适应体型较小的工人，可能会用到母国不必要的起重设备。而且由于教育程度较低，安全标志必须包含图形。比如，一颗点燃的香烟加一条红线代表"禁止吸烟"。此外跨国公司的工厂，以及雇用大量外国工人的工厂的警告标志必须以多种语言表述。

制造系统的运营

一旦制造系统投入运营、生产和支持，两类业务就开始进行。

制造活动　最初的适应期后，工人逐渐熟悉制造过程，管理者将会期望系统生产速度加快以满足市场需求。这正是流水线组织的功能——从运营经理到一线主管，与员工、原材料、机器一起工作，在预算成本范围内保质保量、按期完成生产。

达到制造标准的障碍　在实施制造系统时也要随时准备处理问题。这些障碍有：(1) 低产出；(2) 低质量；(3) 超额的制造成本。

产出较低　系统不能达成设计标准的产出有很多原因，这些因素是管理活动的不确定来源。

1. 原材料供应商无法按期交货或产品规格不符合要求。采购部门必须向供应商强调交货日期和产品标准的重要性。采购部门必须培养供应商对于按期交货和产品规格的重视，必要时可以通过加价、提供技术来协助供应商改善这个问题。

2. 低效的生产调度安排减缓成品的交货速度。比如，已经组装好的汽车只差装保险杠。需要对调度人员加强监督或额外的培训。通常调度人员或生产工人，因为看不到整体的生产流程图，所以不会意识到他们工作的重要性。企业发现告诉雇员们他们为什么要做这些工作，以及应该怎样做，对于增加员工积极性、提高生产率有很大帮助。这对于企业追求参与式管理是非常重要的，也是同步制造中至关重要的内容。

许多国家的文化背景（如对待权威的态度、教育水平）都不同，使得管理者和工人之间存在很大代沟。事实上，这也是日本的分公司难于向美国介绍他们的生产方法的原因之一。在美国，管理者和员工之间的差距远小于大多数发展中国家。要在JIT系统和同步制造中应用参与式管理，工人就必须有相当大的文化方面的改变。

另一个文化问题就是，取悦每个人和厌恶长期规划的渴望。你们已经看到了JIT系统战略规划的重要性，也学习了企业至少一个月的生产调度安排的重要性。取悦所有人，这一普遍存在于许多文化中的倾向，将导致忽视调度，进而出现生产停滞，不能满足客户的最新需求。此外,由于发展中国家的市场规模比发达国家小,产品种类要大量被削减，生产系统也要尽量的灵活。

3. 缺勤是各地的生产经理在实现生产标准目标时都会遇到的问题，在同步制造系统的瓶颈环节更是至关重要的一点。想象一下，整个部门都停止生产，只因为工人们正在帮助家里收割农作物。为了避免交通拥堵带来的上班困难，企业经常会提供班车接送，而为了减少员工病假或伤情的发生，企业通常会提供专业营养师搭配的午餐，并为员工提供特殊工作鞋和防护服。当然，管理者们在说服从未穿过这种衣服的工人不要轻易脱掉防护服时也有不少困难。

如果外国经理试图在同步制造系统中引入参与式管理，但无法承担很多发展中国家工人期望的保护人角色，就会出现士气低落甚至高旷工率。当员工遇到个人问题，他们认为老板，而非人事部门，能够帮助他们解决困难。个人债务、婚姻问题，以及和警察的矛盾都是雇主—雇员关系的内容。

通常，外派经理接受较高的缺勤率和低生产率是一种准则，而不是去试图纠正。然而利用在国内成功使用的矫正手段，并根据国外情况作出必要的调整，确实可以大获成功。由于法律限制，解雇员工这种措施通常不会使用。相反，积极一贯的员工培训、完善的工会和雇员关系，以及建立员工认同、组织员工聚会、赞助员工活动，甚至设置带有奖励的意见箱，也会和国内公司一样有很大成效。

产品质量低下　高质量是相对的。在缺乏机器设备的维护和操作技巧，需要更宽松

的轴承配合和牢固但笨重的零部件的地方，工业化国家的高质量就变成了低质量。所以如果产品或服务可以满足购买需求，那购买者就认为它是高质量的。

产品质量标准并不是任意设置的，这是营销人员的职责。通过对目标市场进行研究，选择他们认为的最能满足市场需要的质量—价格组合。在此基础之上建立关于投入的原料、流程内项目以及成品的质量标准。

当全球化企业的总部要求所有国外子分公司都要按照国内的高质量标准生产产品时，就会出现很多问题。由于没有替代的供应资源，生产不得不对低质量的原料投入进行改造。正如我们提过的，品质公差对自动化机器的要求极其严格。由母国部门设置的成品质量标准关注的是维护其全球声誉，将会在当地市场耗费高额的成本。许多国际化公司选择允许分公司以不同品牌名称生产质量稍差的产品。如果需要当地的产品出现在全球物流系统中，销往其他国家则需要特殊的质量标准。在某种意义上，这种"出口质量"意味着质量更好。

超额的制造成本 超出预算的超额生产成本通常是营销及财务经理，甚至生产人员关注的重点。我们在上文讨论过的造成低产出的那些原因可能也是导致超额生产费用的原因，当然也有可能是预算的问题。过于积极的销售预测、供应商延迟交货、政府未能及时处理关键原材料的进口许可，以及不可预测的水力、电力问题都是使产出低于预期的原因。

管理者们一直试图减少原材料、机器设备的零部件以及成品的库存，甚至在同步制造体系中管理者们还有完全消除库存的目标。但是当供应存在不确定时，这些库存也将得不到控制。当某种原材料耗尽时，生产倾向于多留存中间产品库存，以避免改变生产安排带来的支出。维护人员担心需要用零部件的时候没有备用，因此要有备用零部件库存。营销人员担心生产单位不能按时供应产品，所以要有成品库存以避免销售损失。当销量下降时，生产部门不能裁员，反而要继续生产产品，因为很多国家解聘雇员是非常困难的，并且成本很高。而在某些技术工人供应不足的国家，即便法律允许，企业也不敢解雇他们，因为一旦解雇，他们可以轻易地找到下一份工作。短期内企业除了维持工厂运行之外别无他法。

企业总部的财务部门通常会限制库存，但当某些国家发生恶性通货膨胀时，它一般不会采取积极措施限制库存，因为在这种情况下，较少现金流和较多的库存可以实现可观的利益。

支持性活动 任何一个制造系统都要求有为运营活动提供必不可少的支持性活动的工作单元。在前面我们检查了质量控制和库存控制。下面我们来看看采购、维护和技术职能。

采购 生产要依靠采购部门采购生产所需原材料、零部件、补给以及机器设备。如果不能及时获取原材料，可能会导致代价高昂的停产和销售损失。如果买方比其竞争对手出价更高，则企业可以以高价出售，也可以以有竞争力的稍低价格出售，赚取少量利润。成品的质量会因为原材料质量不好而受到影响。

多年来，很多人将采购称为"外部制造的管理"，对于当前全球产业化的大趋势，这种称法越发精准。如果采购要满足企业全球化运营的需要，就必须按照生产经理的方式进行，并且努力发展成实现企业全球一体化供应链管理的关键部分。过去采购的目标只是购买尽可能便宜的原料投入，然而在本章，采购需要考虑除了成本以外的许多其他因素。

即使在JIT出现在发达国家之前，采购代理商也很少能够通过等待供应商代表来找他们而满足企业要求。他们需要外出寻找并培养供应商，参观供应商工厂、安排公司的生产和技术人员与供应商讨论原材料问题。而在发展中国家，供应商不需要设置营销岗位，因为他们可以卖出自己生产的所有产品，供应商开发反而具有更大的重要性。寻找供应商的能力可以有效弥补采购员所缺乏的其他管理技能。

如果公司高度依赖进口原材料，那么雇用采购代理商的主要标准就是代理商对于进口程序的了解，以及他们与关键政府部门的联系。采购代理商必须持续监控政府影响外汇波动的行为，他们经常会购买尽可能多的定期消耗材料，因为知道多余部分总是能够出售给别人并因此获利。

这个采购代理的位置由当地公民来做还是交给母公司的人员，通常会在总部引起相当大的争议。本地人的优势在于能更便利地取得当地供应资源并能紧密联系政府，但是他（她）受文化影响也会有缺点，可能倾向于偏袒某方，或倾向于将行贿（供应稀缺时）受贿（供应大于求时）当作正常的商业行为。相反，母公司的人员在公司的采购流程上更有经验，也不会有以上这些文化劣势。管理者不会轻易相信在某个特定的环境背景下成长的个体绝对不会参与不道德的活动。然后，当没有文化限制时发生这种事的可能性反而会更高。

维护　支持生产的第二个职能就是建筑和设备的维护工作。维护管理的目标就是保证一个可接受的生产水平，以及成本保持稳定。举例来说，一家欧洲纸业公司经过估算，中国公司维护成本平均占总固定成本的30%。完成这项任务有几种可能，我们曾在本章数次提到，JIT使得制造运行过程中其他部分意义重大，机器设备生产能力的维护就是其中之一。在JIT出现之前，库存是解决这类问题的主要方式，但也隐藏了问题的本质原因和产生的后果。JIT战略代替库存之后，迫使企业给予这个领域的问题更大的关注，其中之一便是预期处理能力的维护，主要承担由设备故障引起的意外停工等问题的预防工作。

处理维护问题有两个主要方法。一是计划性维护或定期保养，目标是防患于未然，因为一旦机器出现故障，修复起来是非常昂贵的，也会影响生产进度。二是故障维修，是指当机器或生产流程中其他部件出现问题时再进行维修。虽然我们都听过"如果能运转就不用维修"，但这并不是最好的维护方案。就像灯泡那样，不到坏掉我们是不会经常换的，现实中也确实有企业在机器停止运转前持续不间断地生产。实际上，在生产中留出一个备份系统通常非常有必要。

一般来说，企业关注维护保养是因为意外的机器故障和停机时间在稀缺生产里是很大的消耗。在全球化背景下，企业拿到进口零部件和机器的难度较大，这会威胁到企业持续的生产能力。因此，许多维护部门的机器供应商通常会生产一些这类机器，以保证其正常运转。

根据计划和零部件的磨损程度来建立维护计划,机器停工维护是通常的做法。对于我们前面提到的同步制造系统来说,这个计划非常重要。如果提前通知机器停工时间,生产部门可以及时调度机器,或者加班运转机器以暂时建立库存,保证大修期间生产的顺利进行。换句话说,企业能够以此种方式维持一定的产出,满足客户的预期需求。

然而,维护人员会迫于生产压力和营销经理要求,保持机器不停运转。这种短期观点没有给停产维护留有余地。子公司根据企业总部的检修标准进行设备大修时,会发现由于当地运营情况(湿度、灰尘和温度)的不同,以及操作人员运转机器的习惯不同,总部标准并不合适。当订购的机器配套零部件数量是根据母公司经验确定时,考虑到不同国家当地情况不同,机器操作人员和维护人员的技术熟练程度和所受培训不同,这个数量往往不够充裕。

从某种意义上来说,适当的机器维护比100%的员工出勤更为重要。六个可替代的工人组成的团队中有一人缺勤,通常不会影响生产,但是如果一台关键机器出现故障,且没有备用机器,整个工厂就会停产。

技术职能 技术部门的职责是根据生产规范进行运营管理。通常,技术人员也要检查产品投入和最终成品的质量。国外子公司的技术部门的工作不仅仅是根据母公司发来的规范进行管理,由于获取与国内产品所需的种类和质量要求相同的原料的难度很大,必要时需要重新撰写整套规范。

子公司的技术经理是产品质量维护的关键人物,因此在选择供给货源时非常具有影响力。全球化企业和跨国企业因此会不遗余力地说服东道国政府和合资伙伴,在这个位置安排自己的人员,这样能够确保子公司作为附属客户可以采购到所有母公司高度集成的原料资源。

小 结

理解供应链管理的概念。

供应链管理是公司内部和公司之间价值链上的原材料流、信息流、资金流和服务流,由供应商到最终客户之间的协调整合过程。供应链管理是企业实现成本和质量目标、提高国际竞争力所不可或缺的重点关注内容。

辨析设计与供应链管理之间的关系。

企业的产品和服务设计与公司需要的投入有着基本联系,如所需的劳动力、原材料、信息和资金等。并行工程方式的设计使提议的设计经受初期成本、质量和制造模型维度的评估,从而提高后续供应链的有效管理和效率。

描述全球采购的五种方式

企业可以在劳动成本较低的国家建立全资子公司,为母国工厂提供组件或母国不生产的产品。企业可通过在劳动成本较低的国家建立海外合资子公司为母公司提供零部件,也可以将零部件运到保税工厂由独立承包商进行组装生产,或者与海外的独立承包商签订协议,以其标准进行生产,甚至还可以收购海外制造商。

理解电子采购在全球采购中愈发重要的作用。

建立在一家企业或者整个行业基础上的电子采购系统，能够影响为企业提供国际服务的供应商的数量和类型，电子采购系统尽管在应用时也有不少挑战，但确实能够产生直接和间接产品和服务成本的减少。这些系统能够使企业网络供应链的最优化，而不仅仅是在单个公司内。

领会全球采购成本增加的重要性。

根据贸易术语的不同，国际运输、保险、包装费用，会产生10%~12%的额外报价成本。进口关税、海关经纪人费用、信用证成本、过境或在途库存成本、国际运输等也会使成本增加。

理解准时制生产系统及其实施中的潜在问题。

准时制生产（JIT）要求材料、人员及供应商之间的协同管理，其目标是消除库存，精简流程并缩短安装时间，采取参与式管理保证员工的投入及忠诚度。准时制生产包括全面质量管理（TQM），持续的改进是JIT不可缺少的组成部分。准时制生产局限于重复的操作流程，是一个平衡的系统，只要一个环节出现问题，整个生产线就会停止运转。但是要实现这个平衡非常难。另外，准时制生产不允许出现意外事件，一次突然故障会使整个生产系统崩溃。最后，实施准时制生产是一个缓慢的过程。

理解同步制造和大规模定制。

同步制造的目标是非均衡的生产调度系统，而不是准时制生产的那种平衡状态；同步制造关注制造系统中的瓶颈，并根据瓶颈所控制的产出来调度整个运营活动。大规模定制是指一个公司操作灵活的、通常由计算机辅助的制造系统，为全球不同客户生产和交付定制的产品和服务。

理解六西格玛管理系统及其应用。

六西格玛管理法是一种经营管理策略，专注于消除工作流程中的缺陷和变化。以定义、测量、分析、改进、控制五个步骤建立一个持续改进业务流程的闭环系统。六西格玛通常会要求企业重新考虑他们做事及改进企业文化的方式，有时这些转变很大。成功的文化转变需要多方协调和长期努力，特别是对于子分公司遍布全球的跨国公司。

解释全球标准化生产流程的潜力，识别标准化过程中的障碍。

标准可以确保材料、产品、流程和服务符合其目标，使公司能够满足市场竞争需求。流程的标准化有助于精简总部的部门设置和管理，因为不断重复的流程仅需要很小部分的员工工作，并且内部的最佳实践可以应用到企业的整个国际运营中。然而，不同的环境力量，特别是外国经济、文化和政治力量，造成跨国企业的不同生产单位在规模、机器设备规格、程序方面的不同，要实现标准化生产流程需要相当大的努力。

认识两个层级的活动，生产和支持运动，它们必须在整个制造系统中进行。

制造系统本质上是能创造价值的一系列功能相近的活动，一旦制造系统投入运营，生产和支持这两类活动就开始进行。生产性活动是制造过程中的各个子部分，而重要的支持性活动包括采购、维护和技术职能。

问题讨论

1. 什么原因使得供应链管理对国际公司来说越来越重要?
2. 产品设计和服务设计顺序进行和并列进行的区别是什么?
3. 企业为什么要从国外采购原材料、零部件或者其他产品和服务?选择国外供应商的优势和劣势分别是什么?
4. 企业采取准时制生产的利弊有哪些?
5. 为什么在美国工业中,原材料成本占据了商品成本的55%~79%,为什么这个比例随着时间不断增加?
6. 谁负责库存?库存持有成本在资产负债表还是利润表中披露?
7. 库存持有成本有哪些?日本版的库存持有成本与你的计算方式相同吗?(提示:利用投入资本的机会成本开始你的计算)
8. 同步制造有哪些准时制生产没有的优势?
9. 全球化企业在发展中国家的工厂中应用同步制造时遇到哪些困难?而在发达国家采用同步制造会有哪些优势?
10. 大规模定制是指什么?企业为了有效实现大规模定制以满足顾客需求,需要做出哪些努力?
11. ISO 9000这样的标准对于买方和供应商能带来哪些好处?
12. 企业要求从外部供应商采购的零部件必须是零缺陷的,这与准时制生产有什么关系?
13. 一家国际企业对其生产设备进行全球标准化有哪些好处?
14. 什么是六西格玛?为什么越来越多的企业要在其操作流程中采用六西格玛?国际企业在六西格玛的实施过程中要关注什么问题?如何解决这些问题?
15. 讨论企业在全球范围内标准化其生产设施时会遇到的不可控环境力量。
16. 海外子公司的采购应该由谁负责,当地人员还是由总部委派?为什么?
17. 预防性维护的重要性是指什么?为什么很难在海外工厂建立预防性维护计划?你知道有什么方法可以解决设备故障引起的意外停工吗?

案例分析 18-1　Balagny服饰公司的生产外包

　　Balagny服装公司是美国一家主要的服装制造商,生产男装、女装、休闲装及儿童服装如牛仔裤、休闲裤、裙子、棉质家居裤和毛衣。Balagny服饰已采取低成本供应商战略并不断寻找降低成本的方式,始终维持4%的利润率,同时在面对主要竞争对手时保有竞争优势。由于美国直接劳动占服装总成本的大约65%,Balagny服饰关闭了所有的国内制造工厂并选择将生产交给中国的承包商。在美国,Balagny服装要支付平均每小时8.65美元的工资,而中国劳动力平均价格仅为约1.18美元/小时,这取决于工厂的位置。公司认为,把生产转移到中国对企业长期发展是一个可行的转变,不仅可以使劳动成本降低86%,他们也不再需要处理工会问题、工厂维护、职业安全与健康管理局(OSHA)、公平劳动标准法案(FLSA)、平等就业机会委员会（EEOC）这类政府监管办公室的事务。

Balagny服饰历经两年完成了生产全面向中国的转移。除了在中国的启动成本，还有关闭国内工厂相关的支出，Balagny服饰就可以开始从他们的决定开始获利了。他们为下一季削减了批发价格，从而削弱竞争，计划取得6%的利润率。之后，Balagny服饰的销售额增加了20%以上，获得了大部分业务。

但是也有一些他们不可控的问题值得关注。除了设计部分，他们将初始设计之后的生产过程和产品开发都转移给了中国的承包商。产品每季分四次交付（每年八次），订单要提前四个月发送。这种契约生产的数量是固定的，当服装业务放缓时，Balagny服饰不能降低生产速度也不能拒绝发货，就会导致大量的库存积压。

还有一个意想不到的问题，是由从中国到Balagny服饰配送中心的超出预期的运输时间引起的。Balagny服饰基于进口代理商估算的横跨太平洋的时间，计划两周的库存和客户送货日期，但是却没有预测到由于在洛杉矶港的积压会造成两至三周的延迟。这个时间的延迟使顾客不能及时拿到服装，致使出现短期的销售中断，Balagny服饰将不得不取消预计的客户订单，进而产生后期成品积压。由于这种高库存水平造成的持有成本使得Balagny服饰预期的利润大打折扣。

另外，客户也抱怨说服装的尺码和舒适程度也不同。中国的生产设备改变了Balagny服饰的产品以适应其生产流程，并且他们采用自己的原材料进行生产，与美国国内供应商的Balagny服饰略有不同。

生产方缺乏灵活性也是一个越来越明显的问题。较大的库存使得产品款式的改变更加昂贵，因为需要降价处理更多地库存来给新产品腾出空间。Balagny服饰开始看到销量下降并担忧企业的未来。

Balagny服饰的总裁召集了高管团队，给每位高管下达了任务，寻找改进方案。运营副总裁威廉·邓肯（William Duncan）对此问题有了答案。调研之后他提出要尽快在墨西哥边境的边境加工厂购买或建造一个全资制造子公司，这样产品就可以在72小时之内从边境加工厂运往Balagny服饰配送中心。这个计划将要求美墨联营工厂生产急需补给的快速周转产品，中国的承包商只生产不再需要补给系统之内的季度产品，这些产品可以批量生产并分批装运。这个计划需要将大约40%的生产转移到墨西哥边境加工厂，而其他60%仍留在中国，平均劳动成本为1.72美元/小时。邓肯估计该计划将显著降低公司现有和在途的库存，实现更高的利润。

问题

1. 找到案例中涉及的本章所讨论的概念，并讨论该企业面临的问题。

2. 充分考虑在中国生产的问题以及在墨西哥运营的资本投入和大量努力，对于Balagny服饰来说保留其国内业务是一个更好的选择吗？为什么？

本案例来自于尼科尔斯州立大学凯文·克鲁瑟兹（Kevin Cruthirds）。

第 19 章　人力资源管理

令人感到矛盾的是，尽管人力资源管理能够在全球化过程中以增加价值的方式作出贡献，但是通常大多数公司都不认为人力资源管理在全球化过程中起着重要的作用。有时候人力资源管理还被看作阻碍，官僚式的集权管理阻碍了全球化的过程。从以前继承下来的种族中心主义和狭隘的地方主义的人力资源管理，对于有效地实现全球化组织过程通常都是一个严重的阻碍。

——保罗·埃文斯、菲拉基米尔·帕西科、和琼–路易斯·巴苏科斯，《全球性挑战》，2002 年

阅读本章后，你应该能够：

1. 讨论树立"全球思维"的重要性。
2. 解释竞争战略（国际、多国、地区以及跨国）和国际人力资源管理方法（以民族为中心、多中心、区域中心以及以全球为中心）之间的关系。
3. 比较本土国、东道国和第三方国家国际公司高管之间的区别。
4. 解释什么是外派雇员，并了解外籍雇员面临的机遇和挑战。
5. 讨论日益重要的外派高管的随行配偶安置问题。
6. 解释找到合格的国际公司高管的困难以及熟练掌握外语的重要性。
7. 明确使外派高管薪酬方案复杂化的因素。

成为外派雇员

你很开心并感到自豪,你几乎要迫不及待地回到办公室打电话告诉家人这个好消息。因为你的老板刚把你叫过去说:"我们在亚洲的公司遇到困难了,我希望你能过去解决这个问题。"你在国内公司和国内市场的表现很好,现在公司想要开拓国外市场,但是你自从在大学的时候跟朋友们去阿根廷巴里洛切背包旅行之外,就再没有到过国外了。你读过关于与毛姆的鬼魂在新加坡莱佛士酒店共进晚餐、探索泰国寺庙、享受直升机和劳斯莱斯豪华轿车的服务、在香港的半岛酒店欣赏维多利亚港湾美景的小说故事,但是你从未真正去探索过。

你即将成为一名外派雇员。你的家人会为你高兴,并且你的外派经历也能为你以后进入公司高层提供便利,它也预示着你以后事业的成功。对吧?

也许吧。但是你需要认真考虑这件事。很多时候雇员担任国外公司的职务就意味着他们要远离本公司范围,不再属于公司核心管理层,可能有时会发现自己走在决策圈外了。然而,从另一个方面来说,如果你在行动之前采取正确步骤做好准备的话,这些外派工作极有可能是通往公司高层的捷径。

如果有可能的话,寻找一位在公司高层工作的人作为你的导师,最理想地,这个人最好也有外派的经历,这样你才能从他身上学到一些国际经验。这个国内良师应该能够让你在回国的时候,及时了解国内的发展和变化,并且保证在你外派期间你的业绩和名字也不会被公司遗忘。你最好在自己的外派国也找到一位这样的导师,他能够帮助你了解当地文化,能够介绍你与重要的商业合作伙伴联系,帮助你在国外位置上很好地完成你的任务。

在任职之前,你一定要让你的老板确切地告诉你公司希望你在国外公司实现一个什么样的目标。你是要去开办一个工厂进而运行它,建立起目前国内运用的系统和规则制度,安排客户融资,洽谈投资事宜,或者是要将其建成一个母公司的国外翻版?这个任务是为期二到四年的拓展任务吗?还是仅仅针对一个特殊难题或者是传递某些具体知识的一个或者几个短期任务?

自然,还存在一种可能性,就是尽管你费尽心力,并且做好了一切可能的预防工作,但是你的公司还是忘记了你或是不重视你的价值。如果你已意识到这种可能性,那就要好好地利用你的外派工作,去了解新的市场、熟知语言技能(这将帮助你更好地理解当地文化),以及建立社会网络。这可以通过参加当地商会、社交俱乐部和运动俱乐部来建立。

所有这些都会使你对于其他公司来说具有价值,同时也能够让他们意识到你的存在。实际上,你相当于已经接受了价值一百万美元的培训,而学费由你的公司来支付。其他公司和你都能从中受益。毕竟,这是第三方国家管理人员的重要来源。

每个组织机构运行的高效与否很大程度上都取决于劳动力的质量和人力资源的利用率。它们的有效利用依赖于管理政策和措施。一个公司的人力资源管理是需要全公司共同承担的责任。人力资源的日常监督工作是运营经理的责任,他必须能够将人力、资金以及物质资源融合为一个有效的生产系统。然而,相关政策和流程的制订即(1)估计公司所需的员工、(2)员工的招聘和选择、(3)员工的培训和提升、(4)员工的

积极性提升、(5) 员工的薪酬制度、(6) 员工的纪律性、(7) 员工解雇等都通常是人事经理的职责，但整个过程必须与来自市场部、生产部、财务部的管理层以及公司律师共同合作完成。

找到合适的人选去管理一个机构组织在任何条件下都是一件难事，要找到合适的人去管理海外公司则更是难上加难。这类职位要求员工具有更多不同的技能，而不仅仅是做好国内工作就可以。这个合适的人选必须要懂得双方的文化，要知道本土国以及东道国的商业规则和风俗习惯。要想充分理解一种文化，或者任何一种文化，通常要懂得该国的语言。一个人只有懂得语言才能理解其文化的微妙和幽默之处，也才能了解东道国所发生的一切时事。尽管这样的一个人的确难寻，但是这样的人才的确存在，这些人才通常能在(1) 本土国、(2) 东道国、(3) 第三方国家被找到。

> 德国的电子工程集团西门子在近190个国家都有很大的知名度，国外的销售额占据总销售额的比例从1990年的45%上升到现在的85%。因此，有68%的员工都不在德国。西门子的CEO曾说道："我们需要能接近客户并了解客户所需的员工和管理者。"西门子依赖于当地管理者去监督国外广阔的运营网。在意大利，大多数管理者都是意大利人；然而在美国，大多数的管理者都是美国人。在中国，他带领着200多个管理者，他们大部分是西方来的外派雇员，希望在未来五年内培养中国国籍的管理者，在日后替代他们的位置。然而，尽管公司管理人员日趋本地化，但其核心管理层仍是德国人。他说："英语日益成为我们公司的常用语言，但是规则和文化在德国还是有一些不同。"因此，他强调希望公司有更多的外国年轻管理人在德国工作一段时间，这样他们才能在企业文化上更好地发挥作用。

维杰·戈文达拉扬（Vijay Govindarajan）和阿尼尔·古普塔（Anil Gupta）的研究发现，很多CEO认为使公司具有**全球思维模式**（Global mind-set）是"占据全球产业主导地位的先决条件"。维杰·戈文达拉扬和古普塔论证了四种可能的思维模式，这是由个人或机构组织的知识水平的不同以及他们在知识融合方面的技能所决定的。他们将全球思维定义为"对跨文化和跨市场的多样性保持开放的态度和警觉，习惯并能够将各种多样性融合在一起"。佩尔西·巴列维（Percy Barnevik）领导了瑞典阿西亚公司和瑞士布郎勃法瑞公司合并，并创造了国际工程和制造业巨头ABB公司，他适时地观察到："全球经理人都有着出人意料的开放心态。他们尊重不同国家的不同处事方式，也有足够的想象力去理解不同国家为什么做事是不一样的。但是他们同时也很敏锐，敢于挑战文化的极限。当有人说'在意大利或是西班牙你不能这样做因为欧盟不允许'或者'你在日本不能这样做，因为财政部不允许'时，全球经理人不会被动地接受，他们对零碎的文化借口进行整理，并找到机会进行创新。"

19.1　国际人力资源管理方法

第12章解释了两种不同的竞争力量——降低成本并实现全球化的压力和应对本地化差异的压力——决定了公司应该采纳四种竞争策略（国内复制、多国化、全球化和跨国界）中的哪一种。反过来，公司的竞争策略应该推动公司的国际人力资源管理方法。

希南（Heenan）和帕姆特（Perlmutter）开发了一种模型，通过考虑四种竞争策略来决定机构采取哪种人力资源管理方式——**民族主义中心**（ethnocentric）、**多中心**（polycentric）、**区域中心**（regiocentric）或是**全球中心**（geocentric）。进一步来说，定下这个策略，员工在组织机构中可分为三类:（1）**本土国公民**或者**母国公民**（parent-country notionals, PCNs）;（2）**东道国公民**（host-country nationals, HCNs）;（3）**第三国公民**（third-country nationals, TCNs）。这种关系在表19-1中加以说明。

19.2　员工的招聘和选拔

员工的招聘和选拔，通常也被称为人员配备，应与四种国际人力资源管理方法中的一种相一致，这个问题我们将在下文讨论。

民族主义中心的人员配备政策

主要采取国际战略导向（以成本降低的压力较小、当地化经营的压力较小为特点）的公司可能采取民族主义中心的人员配备政策。公司采取这种政策的时候，由总部达成大部分的决议，采用本土国的战略框架作为参考。跨国公司通常让本土国国民，或者说是母国公民，担任国外公司主要的管理和技术职位。

起初，母国公民通常不了解东道国的文化和语言。尽管很多时候外派雇员在克服自身文化经验的偏见时会遇到一定困难，但许多人都能适应当地文化，学会当地语言，完全被东道国所接受，能够在新的开放框架下有效地执行任务。

劳资谈判代表和其他专家们可能被派遣来解决诸如产品质量保证、国际合同、税务、账务以及报告等问题。也有可能从本土国派遣团队来协助建立新的工厂，他们会待在东道国，直到子公司的人员学会经营和维护新设备为止。

派遣本土国人员到国外的一个有利条件就是能够让这些人增长经验，从而为他们以后在公司的升职铺路。如果公司的利润大部分都是从国外市场赚的，这就要求高管不管是在生意上还是在政治上都要有全球性的眼光。而如果不在国外持续生活过一段时间的话，要形成这种全球性的眼光还是有一定困难的。

如果子公司要采用一种新的技术，那母公司就会派至少一位合格的技术专家去子公司常驻，直到当地的子公司人员学会如何使用这项技术。这样，母公司就可以确信有人能够马上解释总部的政策和程序，确认监督工作的执行，并且能够向公司管理层解释当地子公司进展如何。许多时候，国际公司必须采取的决策是不受东道国政府欢迎的。对

表19-1 战略方法、企业的关注点和使用的国际人力资源管理方法

企业方面	战略导向			
	民族主义中心	多中心	区域中心	全球中心
主要的战略导向/阶段	本土国复制战略	多国化战略	区域性战略	跨国性战略
长期（招聘、人员配备、发展）	本土国员工在世界范围内担任主要职位	当地员工在自己国家内担任主要职位	区域性的员工在本地区内担任主要职位	来自世界各地的优秀员工在世界范围内担任主要职位
组织机构的复杂程度	在本土国复杂，在子公司很简单	多样性且有独立性	在区域内相互依赖	"全球网络"、复杂、独立、形成世界性的网络和联合
权威性和决策制定	总部有很大的权威性	总部权威性相对较低	区域总部有很高的权威性，及（或）子公司内部则有很强的合作性	总部和子公司在世界范围内有合作性
评估和控制力	本土的标准适用于员工和绩效	根据当地情况决定	根据区域情况决定	全球综合
报酬	总部较高，子公司较低	很大的变动性，根据子公司的绩效有高有低	根据完成区域目标的贡献进行奖励	对完成以全球公司目标为基础的本地和世界目标的本地和世界高管给予回报
沟通和信息流	给予子公司大量的命令、指令和建议	与母公司的交流较少，子公司之间的交流也较少	与公司总部的信息交流较少，但是与区域性总部或是国家间的交流可能较多	横向的网络关系
地域身份	根据所有者的国籍确定	根据东道国的国籍确定	区域性的公司	真正的全球性公司，但是认同本土文化（全球本土化）

资料来源：Adapted from David A. Heenan and Howard V. Perlmutter, *Multinational Organization Development*（Boston：Addison-Wesley, 1979）

东道国国民来说，执行这样的决策看起来很不爱国。然而，东道国政府有时能够理解，甚至接受一个外国人提出这样的要求。

多中心的人员配备政策

当公司首要的战略导向是节省成本压力较小、当地化经营压力较大的多国化战略时，就要使用多中心战略，包括为了特殊环境而以本地水平打造的当地公司用以运营的人力

资源政策。公司主要在子公司聘用东道国雇员，在公司总部则雇用母国公民，员工从子公司调往公司总部的现象并不常见。

当东道国雇员受聘于子公司时，他们自然会对当地的风俗、文化和语言了如指掌。进一步来说，尽管有时候一大笔的培训成本必不可少，但雇用东道国雇员的成本相对较低（相比于雇用本土国雇员并派遣他们和家人到东道国工作的成本来说）。如果东道国的人民有强烈的民族主义情绪，那么雇用当地人做经理，则会使子公司更为本土化。佳能的主席兼CEO御手洗富士夫曾说道："如果你仔细研究一下资本投资战略、营销、研究和发展，就会发现这些活动都很国际化，但是当你讨论人的时候，就会发现人类在本质上非常本地化。"

一些国家的政府发展计划和法律要求本地各行各业的就业情况要反映出本地的种族构成。换句话说，当地的公司应该给予当地人更多的技术和管理类职位。如果一家位于印度尼西亚的外企没有雇用足够的土著人（就是印度尼西亚当地人），这家公司在外国员工进入申请许可方面和其他政府许可证和证件申请方面就可能遇到困难。他们要被迫拿出一定的款项用于贿赂当地政府，直到他们雇用和提升了更多的本地员工，这种情况才可能消失。马来西亚政府曾威胁那些没有雇用足够马来西亚土著人（马拉西亚当地人）担任体面工作的外企公司要撤回他们的营业执照。

雇用本地管理者的一个缺点就是他们不熟悉跨国公司本土国，对跨国公司的企业文化、政策和规则也不太熟悉。就像德国化学制品公司朗盛的人力资源经理刘峥嵘（Liu Zhengrong）说的那样："从与母公司的交流方面来说，雇用当地经理可能让你失去了一些，但是你得到的是对于当地市场更多的了解。"就像我们在第6章讨论的那样，态度和价值观方面的不同常常会使当地经理作出让公司总部吃惊或是感到不愉快的事情。同时，由于有着很强的文化和家庭依赖，当地经理在工作职位方面通常有很大的固定性，如果升职要求他们离开家乡来到母公司所在国或是其他地区的子公司工作，他们往往不愿意接受。

雇用并培训东道国员工的外企公司通常都会经历一个常见却具有破坏性的国际人力资源管理难题。经过他们培训的大部分公司优秀员工常常被当地公司或是其他的跨国公司挖走，当地的招聘高管通常都在观察这些人，会突然出击后诱使那些优秀员工离开原本所在的跨国公司到另外一家正缺少相应人才的公司工作。

最后，在东道国和公司之间有着一个忠诚度之争。例如，东道国员工常常会倾向于购买本地产品，即使进口产品可能更便宜或是有更好的质量。他们可能会反对总部提出的设定较低的转移定价从而向东道国政府缴纳更少税负的要求。

区域中心的人员配备政策

采用区域性战略方法（跟多国化战略相比节省成本压力较高、本地化经营压力较低）的公司可以采用区域性的人事方法。使用这种方法时，区域性雇员通常都在区域内担任重要职务，要雇用各种东道国公民和第三国公民雇员。

这种方法的缺点在于当不雇用本土或是东道国雇员时，公司就要从第三方国家派遣人员填补职位空缺。一个智利人到阿根廷去可能不会遇到什么文化或是语言上的困难，但是国际公司总部一定要小心不要把语言的共通性等同于文化或是其他方面的共通性。例如，墨西哥人如果到阿根廷去的话，自己就要作出很多的自我调整，他们会发现如果到西班牙去的话，这种调整会更为困难。这是因为总体来说，相较于阿根廷和智利，墨西哥文化与欧洲文化的差别更大。尽管阿根廷和智利文化各有其特殊之处，但两者还是有很多相似之处。一个较为广泛的说法就是当一个高管能够适应第一种全新文化之后，那么他适应第二种或是随之而来的其他文化就相对容易得多。

雇主一定不能指望靠雇用第三国员工来节约成本。尽管有时候雇员可能来自一些薪水较低的地方。在巴西或是欧洲西北部的一些国家，相同职位的员工薪水可能比美国公司还要高一点。此外，很多跨国公司给予本土国员工和第三国员工同样的国际地位，他们干同样工作也会享受到同样的额外津贴和报酬补助。

全球视点　对高素质高管需求巨大

世界各地都需要有着"合适"素质的高管，但是对于发展中国家来说，这种需求更显得尤为重要。这方面的内容，你可以参考中国和拉美国家的例子。

柯达的中国运营商聘用西方人作为管理者，他们在自己的专业领域有着杰出的专业技能。虽然如此，他们还是很不幸地失败了，因为他们不理解中国文化。

为了解决这个问题，柯达及其他的外企从亚洲国家或是其他地方招聘会说中文的员工。但是，胜腾跨文化服务公司亚太区总经理凯·库特（Kay Kutt）认为仍存在一些文化问题："派一个懂中文但不了解中国文化价值观的人比派西方人来中国更糟。"雇用当地人的成本比外派雇员的成本更低，并且当地人更能理解中国的市场和客户。如果上司是当地人，那就更能激励年轻员工的工作积极性，并且也有助于加强员工间的交流，巩固人心。沃尔玛中国区总裁杜丽敏（Du Limin）曾谈及自己员工的反应："他们把我当成姐姐，会跟我聊家庭事务。但是如果你是一个外国人的话，员工们肯定不会这么做。"然而，对于外企来说，在中国能找到一个相当水平的当地人才很难。海德思哲国际有限公司的负责人陈愉（Joy Chen）说："外企公司也想变得本地化，但是大部分中国内地人不了解全球公司运营原则。"2007年，美国商会的中国商业调查报告中，65%以上的受访者都表示他们公司在中国运营不好的主要原因都是难以找到并留住有经验的管理人才和其他人员，并且高级人才的供需矛盾在未来几年内可能都不会得到很好的解决。

数百家希望在拉美地区拓展业务的非拉美企业都缺少会双语的管理人才。通用磨坊公司的人事总监马克·贝里（Mark Bailey）说："我们的目标是找到能够胜任任何空缺职位的最优秀人才……能掌握两种语言的确会有很大的优势。"但是仅仅能流利地说出另外一种语言并不意味着这个人就适合特定职位的要求。这些公司寻找的人才要能适应双重角色，既要适应美国的高效商业文化又能了解更富人情味的拉美国家的做事方式，并且还要能掌握西班牙语或者是葡萄牙语。

来自I-Network.com的伊格纳西奥·克莱曼（Ignacio Kleinman）给出了这样一个关于文化对比的例子：美国人习惯于在电话上就将生意谈妥，达成协议，但是拉美人习惯于亲自到客户所在城市，吃一顿午餐，聊聊关于足球和家庭的事。克莱曼说，"这样，拉丁客户会感到与你很亲近。如果人与人之间没有默契，那么生意也就无从谈起。"所以重要的是要了解当地文化。当外派雇员新到一个国家，他会选择住在他们自己熟悉的地方：他们住在美国人经常光顾的地方，雇一辆汽车到处走，司机还得会说英语，逛的商店、去的餐馆和酒吧都是美国人常去的地方。这类雇员通常被称为"铁氟龙外派雇员"，因为他们在国外生活，却远离当地人和当地文化。因此，他们通常不可能是具备"合适素质"的合适员工，他们通常也不能在当地文化中与当地的工作伙伴有效地一起工作。

资料来源：Julian Teixeira, "More Companies Recruit Bilingual Employees," www.shrm.org/ema/EMT/articles/2004/Fall04teixeira.asp（accessed July 25, 2006）; Cui Rong, "More Firms in China Think Globally, Hire Locally," *The Wall Street Journal*, February 27, 2006, p. 29; "Leaders of the Right Stuff in Big Demand," *Financial Times*, June 7, 2000, p. 12; Jiang Yan, "Thirst for Talent," *China Business Weekly*, September 12–18, 2005, p. 4; "Latino Talent Pinch Hobbling U.S. Firms' Expansion Plans," *Los Angeles Times*, June 25, 2000, pp. C1, 5; and Amy Yee, "China's War for Talent Hots Up," *Financial Times*, February 16, 2006, p. 8.

全球中心的人员配备政策

有跨国性战略导向的公司，同时有着很大的降低成本的压力和很高的本地化经营的压力，这样的公司采用以全球为中心的人事政策。这些公司不考虑员工国籍，只为每份工作选用最优秀的员工，因此他们能利用每项员工政策的优势。采用全球中心的人事政策，人力资源管理策略就倾向于在每家子公司保持一致，采用最好的规章制度，无论它是从公司的世界营运网络中的哪里被发现的，而不是只偏向于套用了当地环境的母公司制度。

19.3 培训和发展

培训和发展包括帮助员工获得与工作相关的知识内容、行为习惯以及技术技能。管理人员和其他主要的国际公司员工的培训和发展具有很大的多样性，它取决于参加人员是来自本土国、东道国还是来自第三国。

本土国或母国

目前，相对来说，很少有人雇用刚毕业的大学生并派遣其出国。通常来说，他们都是在国内（母国）待上几年时间，然后因为计划、坚持或是因为运气好，或是综合具有上述因素而被公司列入海外公司运营计划之内。他们可能先被派往公司总部的国际分支机构，在那儿他们可以解决一些外国子公司提交的问题并会见一些来参观的海外员工。

如果公司觉得有可能会派遣母国公民到国外工作，那么就要经常鼓励他们学习将要去的那个国家的语言和文化。这类员工通常都会有短期的国外出差，去处理一些具体任务，他们要完全处于国外大环境中。新的母国公民雇员，如果之前有海外的工作经验，那么他们可能要经历一个相似的但是为期更短的培训时期。

> 亚舍利科技有限公司是一家设在马萨诸塞州比佛利的半导体处理设备制造公司，它想将一些工程工作外包给印度的公司。亚舍利公司的主要忧虑在于美国和印度之间的文化差异会造成一定困难：印度是一个"高语境"的国家，人们通常依靠道德规范和人际关系建立彼此之间的联系，而美国则是一个"低语境"的国家，处理事情通常依靠法律规范且行事直接。由于担心美国员工由于文化差异原因会怨恨或者不能很好地与印度方面的员工一起工作，公司对60名员工进行了关于印度文化习惯的培训。培训内容包括如何与印度人握手、为什么印度人在交流中可能不会进行彼此之间目光的交流，以及印度—美国交流的角色扮演。亚舍利的人力资源总监兰迪·隆戈（Randy Longo）说："起初，我对这个培训持怀疑态度，想知道我究竟能从中学到什么。但是这次培训却启发了我，并不是所有人都像我们在美国这样做事。"

美国的跨国公司现在越来越有可能为出国员工增加内部培训，以配合美国商学院的课程。由于意识到国际商务日益增加的重要性，商学院们现在也开始增加开设的国际商务课程的数量，并扩大其规模。另外，在其他一些国家，一定数量的具有大学标准的商业学校也开设起来。

外派雇员的家庭问题已经成为困扰老板的一大难题。尽管员工已经适应并开始享受国外经历，但他们的家人可能还没适应生活，如果家人生活得不愉快，那么就会影响到员工的工作，也有可能导致员工婚姻的破裂。如果是这种情况，那么公司就得将员工家庭及其物品以昂贵的价格重新接回到本国，花费基本上都不少于25,000美元。因此，公司在派遣员工出国以前，会评估员工的家人是否能够很快地适应国外生活。这就是我们这章将要讨论的关于外派员工的另一个问题。

东道国

选择本土国员工的大致原则同样也适用于选择东道国员工。然而，通常来说，东道国公民参与的培训和发展活动不同于在东道国的本土国员工。东道国员工的培训内容将包含高级商业技巧知识，尤其是关于跨国公司的商业应用和运营，以及关于公司整体的内容。

在本土国雇用东道国公民 很多跨国公司试图通过雇用从本土国商学院毕业的东道国学生来解决商业技术问题。在受到雇用之后，这些新雇员通常被派往国际公司总部去接受关于公司政策和流程的培训，同时也要接受有关财务、营销和生产等特殊在职培训。

在东道国雇用东道国公民 因为从本土国大学毕业的东道国公民数量是有限的,跨国公司必须要招聘当地人来担任管理层职位。为了向他们传授商业技巧知识,公司需要做一件甚至更多事情。公司可以在东道国子公司建立内部培训项目,或者利用东道国大学开设的商业课程。跨国公司也可能会送新员工到本土国商业学校或者由母公司提供的本土国培训项目。另外,一些有前途的雇员还会被多次派往母公司、分部或是其他的子公司,目的是仔细观察各种各样的企业运营,与其他高管会面,他们在日后的事业生涯中可能需要继续和这些高管沟通。同时,这些参观到访对国内公司和各子公司也是学习的机会。

2004年3月,来自美国的参观者参观了位于印度班加罗尔的一个外包公司。最近很少有公司雇用大学生并将其派往海外工作。当公司认为管理人员已经做好了被派往海外的准备时,它就会派他们到国外处理一些具体任务,完全处于国外环境之中。

半导体巨头英特尔公司主席克雷格·贝瑞特(Craig Barrett)把目前的国际商业环境描述为"也许是人类历史上最大的改变",是中国、巴西、俄罗斯和印度向全球经济的开放。对他的公司来说,这既是在创造主要的新兴市场,同时也是在制造潜在的竞争者。英特尔公司的一项应对就是积极地招募能找到的最好的人才,尤其是在东道国。现在英特尔超过三分之一的雇员都在美国以外的市场。他说:"我们要追求最好的国际资源,无论它在哪里。在中国有很优秀的工程师,并且跟美国相比,雇用中国的工程师的成本较低。中国市场也是我们增长最快的市场,待在中国市场是非常有必要的。"

第三国

雇用既非本土国公民也非东道国公民的员工常常是有利的。第三国员工可以接受比本土国员工低的工资和福利,并且他们可以来自一个跟东道国文化相似的国家。另外,他们可能已经为跨国公司的其他部门工作过,熟悉公司的政策、流程和员工。这可以使培训和发展要求简化。

由于缺少受过教育更不用说技术熟练的本地员工,使用第三国员工在发展中国家已经变得尤为盛行。聘用已经在本地定居的,拥有必要的工作许可证并熟知当地语言和风俗习惯的人对于在发展中国家来说已经是一个很大的优势。

中国最大的酒店运营商,同时也是国有企业的锦江集团发现其上海本部不断受到众多国际连锁酒店的冲击。为了与其他酒店竞争,它不得不增强服务和品牌推广,这两个方面都是中国公司急缺的。因此,与传统方法不同,他没有在中国寻找经理人，反而雇用猎头公司从已经成熟的连锁酒店招聘西方经理人。克里斯多夫·巴克兰（Christopher Bachran）有着30年的酒店管理经验，其中又有20年是在东南亚地区管理酒店，最终被看重并被劝说加入了锦江集团。他所签协议的部分内容包括要从中国以外的国家带来四到六个高管加入锦江集团，负责运营、饮食经营、销售、市场、人力资源和工程服务等方面事宜。

东道国态度　如果东道国政府强调本国公民的就业，那么第三国员工就不会比本土国员工更受欢迎。实际上，第三国员工会在获得必要的工作许可上面临额外的困难。例如，东道国政府能够理解一个子公司的德国母公司会想要一些德国高管去顾及他们在东道国的利益。但是要是让东道国政府相信对母国来说一个第三国员工可能会比本地员工更好，则难得多。

概括第三国公民是困难的　我们必须要小心概括第三国公民，部分原因是人们是通过不同的方式取得这一地位的。他们可能是在本土国被雇用的外国人，然后被派到一个东道国子公司，要么是因为他们之前在那个地方有过经历，要么是因为那个国家的文化跟他们自己的文化较为接近。第三国员工最开始可能也是被派到国外的本土国员工，对过去的工作不满，但对东道国政府并无不满。离开将自己派到海外的雇主后，他们就在来自不同母国的子公司里工作。另外一种可能产生第三国员工的方式是跨国公司内部的职位提升。例如，如果一个西班牙总裁成为了一家意大利跨国公司在西班牙分公司的高管，然后他被提升为这家意大利公司在哥伦比亚子公司的总经理，这个西班牙总裁就成为了第三国员工。

随着跨国公司逐渐以全球性的眼光看待升职（根据能力而不是看国籍），我们能看到更多第三国员工的用武之地。随着各国管理层人员越来越多地在国外获得经验，这种发展趋势在逐渐增加。另一个也在逐渐增加的第三国员工的来源就是国际机构的多样化。如第4章所示，这些机构几乎涵盖了人类活动的各个领域，并且所有的成员国都派公民作为代表到公司总部和世界各地的分支机构。这些人就成为了其他跨国公司的可用或是可雇用的人才。

19.4　外派雇员

在第1章和第2章中，我们讨论了世界上许多领先的大公司每年的收入和利润有超过50%来自国外市场。即使对于小中型公司来说，要想成功，国外市场也是至关重要的。为了能充分利用这些国际机遇，国际业务中的人员岗位是一个重要的战略问题。尽管可以在东道国雇用许多员工（有时被叫做当地员工），但跨国公司还是持续地向国外派遣员工。有些国际职位，尤其是那些涉及到处理特殊技术难题或是专业知识的职位，大都雇用的是短期任职的本国员工或第三国员工（被称为临时员工）。然而，跨国公司将继续派遣外派雇员担任许多关键职务，这些人从本国或是第三国迁移到东道国，任期基本上要持续较长的一段时期（通常外派任务的时间大概是2到4年）。实际上，大约有80%的大中型企业有海外员工，在近期调查的公司中，65%的公司都回应说他们计划要派出更多的雇员到国外工作。外派雇员的年龄现在正在趋于年轻化，大约54%都在20到39岁之间，而在历史上这个年龄段仅有41%。另外，外派雇员中女性的比例也从历史上的15%增加到了现在的21%。

为什么公司不聘用当地员工而采用外派雇员呢？因为外派雇员可以带来东道国缺少的技术和管理技能。他们可以帮助传递或者建立公司系统和文化，也可以提供一个可信任的联系网，有助于对新的或原来就有的海外公司进行监督和控制。或者，外派任务可以使外派人员增长技术和经验，为其以后在公司的升职提供便利。在这个日益复杂和国际化的社会中，最有效的公司领导人是那些能够在地域和文化差异的条件下，理解并能与各种各样的利益相关者进行有效互动的人。外派任务能够体现出这种技能。在最近的调查中，31%的人力资源专家都认为外派任务能有助于雇员在公司内尽快得到提升。

外派雇员的成本很高，对于美国公司来说，每年大约要花费500亿美元，所以对于跨国公司来说，外派雇员的表现很重要。然而各种调查报告显示外派工作没有完成的比率——包括没有完成国际任务的特定目标或是过早地放弃这个任务——从25%到45%不等。据报道，大约四分之一的外派雇员在外派期间离开公司。剩下的人中，28%又在回国后的一年之内离职，这就阻碍了跨国公司保留并利用外派雇员从国际任务中掌握的技术和经验。外派雇员表现较差的一个原因是他们和家人在东道国感受到的文化冲击，这个话题将在"全球视点"中予以讨论，题目是"文化冲击"。

为了增强外派雇员的绩效，跨国公司应该考虑在雇员出发前、任职期间和准备回国期间都给予帮助和支持。在出发前，支持应该包括确保雇员具有此项工作的适合能力，比如语言能力、文化培训、职业咨询以及其他任何需要的技术和其他技能的发展。任职期间，给予的帮助应该包括寻找导师（在本土国和东道国都需要），职业咨询以及交流策略，从而确保雇员对于公司的战略、人员、政策和文化仍熟记在心。在即将回国的时候，培训包括回国后或者派往其他国家的重新定位的管理和重新融入公司等，这些我们都会在稍后予以讨论。组织机构的支持是外派雇员能否成功适应国际职位的重要原因。

外派雇员的家庭

十分之九的外派雇员的失败都与家庭问题有关。在最近的调查中，81%的雇员拒绝重新安排职位都是基于家庭考虑。与移民把自己完全视作所去国家的一部分不同，外派人员通常都是在东道国临时居住一段时间，所以他们不能适应东道国的文化并很少试图与当地人交流。很多外派人员和家人都会经历文化冲击，这在很大程度上影响其国际经历的质量。这种文化适应压力在涉及到随行配偶的时候，就显得更加重要。尤其是如果配偶不能在东道国工作的话，他们就会在个人身份上面临更多的挑战。与外派雇员相比，配偶通常需要与当地居民而不是外派团队进行更多的交流，如购物、上学、家政助理的管理等一系列相关问题，都加剧了调整压力。不管外派雇员对公司工作有多么敬业，配偶和孩子对移居海外的压力最终都会影响到雇员身上。配偶的低落情绪是雇员要求提早回国的最大原因，而对高层管理人员的回迁和重新安排可能需要花费数十万美元。更糟的是，公司因此在管理上损失了一个"上百万美元的公司培训投资"。另一方面，如果配偶和孩子都能很好适应东道国环境的话，外籍雇员就会有更好的满意度和工作表现。尽管最近一个研究报告显示77%的公司认为跨文化培训是非常有价值的，但只有21%的公司会对其外派人员和家属做这样的培训。

双职工家庭的随行配偶　目前有82%的外派雇员有配偶相随，双职工家庭的数量在日益增加。这是影响雇员适应性和工作表现的重要因素，当配偶的一方得到了一份待遇优厚的海外工作时，它会使问题复杂化。在许多国家，员工的配偶没有工作的法律权利，因为对于外国人来说，获得工作许可证很难，或者说几乎不可能拿到。尽管60%的雇员配偶都是在雇员的外派任务开始以前受雇的，只有8%是在外派任务期间受聘，但这在外派工作之前、之中和之后都会增加家庭经济压力，使双方关系变得紧张。随行配偶必须在生活方式、家庭关系平衡和自我形象方面作出重大调整。他们经常会经历一个与失恋相似的事业脱轨后的悲痛过程——经历震惊、否认和愤怒——以及有时不能达成和解的调整阶段。事实上，担心国际任务对伴侣及其职业前景的影响是多数人拒绝外派任务的第二重要原因，排在对家庭的担忧（比如子女教育、家庭调整、伴侣抵触、艰难的任务所在地、文化适应、任务的时间长短和语言问题）之后。

为了缓解这个问题，一些公司开始启动项目，旨在给予同行的配偶更多帮助使他们能尽快适应外派生活。这类帮助包括，协助伴侣在东道国寻找工作、填写简历、提供语言和文化培训、寻找职业机遇、对当地面试提供技巧指点。报告显示，30%的公司为配偶提供教育或培训帮助，36%的公司会帮助提供工作许可证明，69%的公司提供语言培训。许多公司已经充分利用了短期国际任务的优势，他们认为这对外派雇员的家庭生活影响更小，并且公司仍然可以从雇员的工作中获益。通用汽车金融服务公司（GMAC）的高级副总裁斯科特·沙利文（Scott Sullivan）说："雇员的外派安排比从前更为灵活，可能是12个月、9个月甚至6个月，雇员要做到的就是适应这个改变。"

许多公司的另一个选择是派单身并且更加年轻的职员作为外派人员。2007年，43%的外派雇员都是未婚者。应该指出的是，雇用单身人士作为外派雇员并不是没有潜在的问题。如果这些人都失败了，公司随后就要派一个有配偶的人去。

外派雇员子女也许最难熬　当计划国际迁移时，儿童常常是重要但被忽视的一部分，特别是45%的外派雇员都有年龄在5到12岁之间的孩子。尽管海外工作可以被看作是父母职业发展的关键，但是这对于儿童的生活却有着巨大的破坏。儿童因素很少被纳入到考虑移居海外的最初决策过程中。与朋友彻底分开，以及远离自身身份的来源会导致儿童经历各种感情（例如不安全感、沮丧和无助）。换个地方不仅涉及转学，还包括新的系统、新的学习方式、新的语言等，这些都是儿童必须面对的。有时，这些小孩被称为"第三文化儿童"（third-culture kids，TCKs），因为他们经常会说好几种语言，持有不止一国的护照，并且很难解释他们来自哪里（即"家"在哪儿）。由于这些挑战，公司越来越注重缓解儿童面临的问题。例如，胜腾集团在芝加哥的分公司，贝内特公司，安排那些即将全家搬到国外的孩子跟那些已经成功在国外安顿下来的家庭的孩子进行交流。甚至还有一个网站 www.Ori-and-Ricki.net，是为那些即将移居到国外的孩子们设立的。

最近的研究调查中，参与外派活动的儿童的经历显示出一个有趣的结果。在易受影响的青少年时期，在国外居住过一段时期的人被认为具备"第三文化儿童"的特性。海外经历让这些孩子的文化和行为规范与他们早些年生长的地方的文化不同，这使他们发展出一套新的文化框架体系，即不同于初始文化，也不同于后来的海外文化，因此，形成了第三种文化。这些有过海外经历的青少年在国际化方面具有独特的特性，对国际流动的愿望和结果有着不同的偏好。甚至有人说第三文化儿童也许已经培养了成功适应国外生活的技能，因此成为国际公司未来外派人员的合适人员。

全球视点　　文化冲击

文化冲击指的是当人们从一种他们熟知的文化转移到另一种完全不同的文化时所产生的焦虑和不安。因为熟悉的符号和象征不再出现在新的文化中，受到文化冲击的人们会觉得缺乏方向，或是不很清楚要做什么、如何去做。当人们到其他国家去工作、生活或者学习时，他们就会在身体和精神上感到迷茫和困惑。外派雇员和家人都会受到文化冲击，有时候相当严重。

研究表明跨文化适应有三种不同的维度。首先是与工作有关，例如工作的清晰度，员工角色的内在冲突和对完成工作的判断力。要适应整个大环境，第二点是对差异的反应，包括住房、食物、教育、医疗、安全以及交通方面。第三点是与当地人的交流，包括要适应行为规范的不同、处理争端方式的不同、交流方式以及其他可能会使人感到愤怒或沮丧的人际关系问题。外派雇员经历的文化冲击可能有以上提及的一种或是三种。

文化冲击的阶段

文化冲击通常有不同的阶段，尽管不是每个人都要完全经历这几个阶段。这些阶段包括：

- 蜜月期。这个阶段通常开始于当一个人刚刚接触到一种新的文化的时候。在这个阶段，他用一种积极的方式看待新的文化和自己原有文化之间的差异，所有的新事物看起来都太美好而让人着迷（例如新的食物、生活节奏、人们的习惯）。人们通常依靠自己的固有印象，通过自己的原有文化来过滤自己所遇到的新经验，以此来解释自己所遇到的新文化。

- 苦恼阶段。这个阶段发生在雇员到达之后的几天、几周或是几个月之后，这个阶段包括越来越多的烦恼，新旧文化之间的差异有时候很少，有时候可能很多。在一个人从旧有的传统行事方式向新国家的新行事方式过渡的时候，他可能会经历不耐烦、愤怒、悲伤以及不满。有些人一直都走不出这个阶段，严重的时候，这可能会导致一个外派家庭提前回国。有些人会拒绝新文化，并且只记住本土文化的优点。他们在这儿的大多数时间都在说自己的语言，看那些来自自己国家的录像和电视节目，吃自己的传统食物，并且仅仅与自己国家的人来往（他们待在一起大多数时间都是在抱怨东道国文化）。

- 接受阶段。对于那些经历过了第二个阶段或是完全跳过第二阶段的人，下一个阶段就是习惯于新旧文化之间的差异，对这种差异的反应既不积极也不消极。当你开始对新文化有所理解的时候，你也会对它有某种程度上的好感，同时也会有某种心理上的平衡感。尽管你对语言仍感到有些困难，但是你已经对东道国的语言和风俗习惯感到更为舒适和习惯，你开始比较并且评判新旧两种行事方式。
- 融合阶段。在这个阶段，你开始意识到新的文化既有优点也有缺点，你开始有了一种实质上的归属感。你的注意力开始回到每天的生活和工作方面，并开始为生活建立一些目标。
- 反向文化冲击。一旦一个人已经习惯于新文化，如果他回到之前的文化中，那么他就会再次经历我们之前提到过的几个阶段。因为已经习惯于东道国的文化，你会发现你可能已经不再对你的本土国文化感到非常适应。在你离开的这段时间里，家乡的一切都发生了很大变化，也许你自己也在很大程度上改变了很多。因此，你需要一段时间来适应。

应对文化冲击

关于怎样有效解决文化冲击，有很多值得借鉴的建议。常见的一些是：

- 在出发之前做好准备，阅读一些关于要去的国家及其文化的文章，这样，当你抵达时，新的国家的文化和人民对你来说可能更熟悉，就能够更好地处理这种不同之处。
- 对你所遇到的文化保持一种开放的心态，并试图保持一种健康的、接纳的态度对待新文化和你正在经历的一切。
- 要有耐心，避免太过努力，保持轻松心态，掌握减压技巧如锻炼、沉思和保持正常的幽默感。
- 要与新文化保持联系，包括学习语言和参加社交活动。
- 要找到一些文化向导和导师，帮助你学习和理解新的文化。
- 在有压力的时期，要保持与家人和朋友的联系，让别人继续支持你。

尽管适应一种新的文化是一个令人沮丧且困难的过程，但这一过程同时也是让你充满活力、重新开始生活的时间，会促使你重新思考人生和信念的很多方面，使你成长。

资料来源：Lalervo Oberg, "Culture Shock and the Problem of Adjustment to New Cultural Environments," www.worldwide.edu/travel_planner/culture_shock.html (accessed July 8, 2008); Duncan Mason, "Culture Shock: A Fish Out of Water," http://international.ouc.bc.ca/cultureshock/printext.htm (accessed July 8, 2008); Margaret A. Shaffer, David A. Harrison, and K. Matthew Gilley, "Dimensions, Determinants, and Differences in the Expatriate Adjustment Process," *Journal of International Business Studies* 30, no. 3 (1999), pp. 557–81; and "Culture Shock," http://edweb.sdsu.edu/people/CGuanipa/cultshok.htm (accessed July 8, 2008)

语言培训

外语技能已经成为影响外派雇员和家庭成员在东道国的适应能力的主要因素。美国公司正在更加严肃地对待雇员的语言问题。但是他们和澳大利亚、英国、加拿大、新西兰等国家的公司一样，对于确保雇员的语言熟练性还没有足够的重视，因为派雇员执行出国任务之前以及之中，很少有跨国公司给语言培训准备充足的时间和资源。说英语的人似乎也已经陷入了**语言陷阱**（language trap）中。

英语已经成为世界通用语言。实际上，它是每个人的第二语言。在中国，五分之一的人正在学习英语。卢森堡的钢铁制造商安赛乐米塔尔公司32万员工中，只有10%的人第一语言是英语，但是英语还是作为该公司的官方语言使用。这并不意味着英语已经在世界上取代其他的语言。例如，在欧盟，只有47%的西欧人（包括英国人和爱尔兰人）能够用英语对话。如果你要买洗发水或是手机，你必须要用丹麦语、芬兰语、法语、德语、希腊语、意大利语、葡萄牙语、西班牙语、瑞典语或是其他各国的本地语言。即便是由于英语的广泛使用而受益最大的英国和美国媒体公司也在做两手准备，CNN广播公司用西班牙语和其他语言做节目，《金融时报》也每天推出德语版本。

当你试图向潜在的顾客卖东西时，能掌握他们的语言会好办得多。当说英语的人试图向国外售卖商品时，顾客更可能会说英语，而不是卖者说顾客所用的语言。然后在谈判中顾客就可以用自己的语言谈判而不必担心被听懂。

如果你的职业生涯需要涉及国际商务的话——很少有人能完全避免——那么如果你只说英语，你就很可能会遇到一些痛苦。一个由欧盟管理界发起的调查强调了招聘人员掌握多种语言的重要性。大多数人反映，仅仅懂英语是不够的。中文变得越来越有用，成为大家追寻的目标。中国是世界上人口最多的国家，并且有很多中国人——通常是生意人——住在中国以外。在即将到来的几十年里，也许中文将成为世界上最热门的语言。

外派回国——回家造成的冲击

当一个外派雇员回到自己的国家或公司总部时，通常会产生一个反向的文化冲击。外派雇员已经掌握了新的技能和知识，而公司的态度和人员也会改变很多。外派雇员已经习惯了在国外的高度处事自主权，因此回来后通常会因为限制性的工作而感到挣扎，同时如果外派雇员不能得到提升或是不能对工作有满足感时，他们也会经历一些常见的沮丧感。如果能够让回国的外派雇员充分发挥作用，他们可以为公司提供稀少的、难以被模仿的、并极具竞争力的知识和技能。

这就是为什么在安排海外派遣工作以前，员工就得计划自己归国后的安排。派遣人员和老板应该在员工出国以前就讨论好这项派遣工作怎样才能符合员工的长期职业目标以及在归国后公司会对其做怎样的安排。派遣回国之后的挑战甚至应该在员工出发之前就予以讨论，并且要考虑在外派人员和国内导师之间制定一个导师指导计划。在外派期间，公司应该鼓励外派雇员定期回到原来的公司以保证他仍然"在这个圈子"，并感觉到自己是公司的一部分。当外派雇员归国以后，公司应该能理解他们已经变得与之前不同，应该让他们试着利用自己学到的新知识。公司应该努力帮助回国的人找到适合他们的位置,从而能让他们利用自己新学到的技能。公司还应该帮助他们和家人重新适应环境,这种帮助应该包括咨询和其他形式的帮助,这样才能使调整顺利完成并建立对于公司的忠诚度。虽然如此,然而只有49%的跨国公司有派遣人员回国项目,并且68%的外派雇员报告说他们在回国之后,没有确定性的职位可以担任。胜达移动咨询服务公司的总监丽莎·约翰逊(Lisa Johnson)认为,在他们回国之后:"全球化的速度很快,如果每个人都听说归国后不会满意的话,那我们将很难找到能够并且愿意去海外工作的人。"

之前,我们曾讨论过外派雇员家庭的孩子常会遭受的痛苦,但是他们在归国后可能会遭受到更多的创伤,对于那些在人格形成的那几年在海外度过的孩子来说,更是如此。这时候可以申请派遣回国咨询服务,这个咨询有专门的儿童项目,开始时间是雇员回国之前的几个月。

外派雇员服务

尽管大多数美国外派雇员目前享受国内公司的健康保险,我们可以期待这种情况在不久的将来得到改变,因为正在建立的外派雇员健康保险项目,能够用来帮助公司和雇员进行保险索赔管理、语言翻译、货币兑换和服务标准化。银行也在发展外派雇员服务项目,允许外派雇员在网上注册,并且不管外派雇员在世界上的哪个地方,都为其提供24小时全天候服务。现在也有一些专门的公司为外派雇员提供税务服务。

由于意识到外派雇员的家庭问题,一些公司已经开始准备帮助这些家庭。帮助一般包括为外派人员提供真实的工作预演(有时是为其家庭成员),东道国的语言和文化知识培训,帮助他们找到合适的学校和医疗机构,甚至在他们出国期间,还会为家里的年长亲戚或父母安排长期的医疗服务。有时候也会帮助他们找房子住,也会安排当地人或者是已经在此住过一段时间的外派雇员来帮助他们购买日常用品。当地人可以教你一些社会准则以及应该去哪儿买东西,不应该去哪儿买东西。住在这儿的外派雇员会教你在哪儿能买到只有外国人才需要的东西。帮助外派雇员解决任职期间以及归国之后问题的网站有www.ExpatExpert.com和www.branchor.com等。

19.5 薪酬补偿

制定出一个可行的、持续的,并且不会对海外高管过分补偿的薪酬方案是一个充满挑战的、复杂的任务,尤其是当一个"万全之策"不能满足多样化的公司和国际任务需要的时候。美世人力资源咨询公司的瑞贝卡·鲍尔斯(Rebecca Powers)说道:"越来越多的公司开始向海外派遣雇员,所以十分有必要紧跟生活成本的变动。老板需要在外派雇员项目管理方面有前瞻性,确保他的投资会有适当的回报,并且对员工的报酬能够公正。"如果跨国公司不能给出一个公平而又足够吸引人的薪酬方案,那么想要吸引足够数量和质量的潜在雇员去满足公司的国际需要将会变得越来越难。这也从根本上影响了

表19-2　派遣美国经理人到俄罗斯的总薪酬成本

下表中给出了跨国公司每年派遣美国经理及其家人（配偶和两个孩子）到俄罗斯执行为期两年的任务所花费的薪酬成本。

薪酬组成	年开支（美元）
基本工资	150,000
奖励计划	15,000
驻地差异（艰苦地区的额外费用）	5,000
住房补贴	75,200
生活成本补贴	6,200
交通补贴	36,500
探亲假	10,000
教育补助	24,000
国际迁移成本	22,000
税前总薪酬	343,900
税收补贴	51,200
总薪酬开支	395,100
其他开支	
准备费用（护照、签证、语言培训等）	2,800
安置服务费	3,600
紧急事假费用	6,000
外派雇员年总成本	407,500

资料来源："U.S. Firms Extend Global Reach," *Workforce Management*, December 2004, p. 142。

公司未来领导人在多大程度上是由这些经验和技能塑造的。而这些经验和技能的培养都是能够有效地在一个日益复杂和国际化的商业环境进行领导的必要技能。

被大多数美国的跨国公司所支持的方法是：他们付给外派雇员一个与国内员工相等数额的基本工资，然后基于"不应该有人因为接受外派工作而过得更差"的想法，再增加一系列津贴和奖金。表19-2举例说明了派遣一个美国经理到俄罗斯从事一个两年的外派任务所要花费的薪酬成本。跟本土国公司相比，很多跨国公司的外派工作会导致更高的额外成本，这个数字将比表中给出的数字更高。

由于外派雇员的成本颇高，一些公司采取了不同的计划来降低这些成本。在薪酬和其他福利方面，一些公司将劳动力当地化，如果当地有合格且成本较低的劳动力，就用他们替代海外雇员。在其他情况下，一位海外雇员最开始可能会享受更高的薪水和更好的福利，但是随着时间的推移，这种额外的"薪酬方案"的一部分（不是全部）会逐步淘汰，创建一个混合的薪酬方案（例如，可能会继续享受核心福利，例如子女的教育或者住房补贴，但是其他的额外津贴就会被取消）。另一个方法就是取消外派雇员的所有薪酬和福利待遇，取而代之的是一种"本地条款"，这种报酬方式基本等同于当地的经理级别待遇。后者可能要从雇用开始执行，或者在某一特定的转折时间点后执行（例如从海外雇员开始接受任命开始）。

工　资

海外雇员的工资等同于国内同行的工资，使得薪酬组合的这一部分在全球范围内保持一致。由于第三国雇员的数量越来越多，公司也是以同样的方式对待这些人员。

一些公司进一步推进同工同酬的理念，给东道国员工支付相同的基本工资。一些国家立法规定公司必须为本国公民提供年度奖金和家庭津贴，本国员工表面上会比海外员工获得更高的工资，但是公司通常通过支付额外的报酬来弥补海外员工的该部分津贴。在英国，公司付给高管的工资一般相对较低，但是会给他们提供高额的额外津贴，例如含司机的汽车、住房还有俱乐部会员身份。一些美国公司效仿英国模式给他们在英国工作的高层人员给予同样的福利待遇。

津　贴

津贴（allowances）是为补偿给外派雇员，使他们在国外的生活维持与国内同等生活水平而带来的额外支出。最常见的津贴有住房津贴、生活成本津贴、税差津贴、教育津贴和搬家津贴。

住房津贴　住房津贴意在使海外员工在国外能够享受与国内同样的住房水平。一般做法是超过管理者工资15%的租金由公司全额支付。

生活成本津贴　生活成本津贴是以海外的食品、设施、交通、娱乐、服饰、个人服务、医药费价格与总部城市的差别为基础的。许多跨国公司采用美国国务院指数，该指数基于以上物品在华盛顿的成本。但是公司也发现这一指数并不总是令人满意。首先，很多人批评说这一指数并没有根据一些国家快速的通货膨胀或者相对币值变化及时进行调整。另一方面这一指数没有包括公司业务分部所在的许多城市。结果就是许多公司开始自己调查或者用联合国、世界银行、国际货币基金组织或私人咨询公司的数据。在一些私人的出版物里，也能看到居住成本、物价和薪酬的数据对比。

税差津贴　在薪酬和消费水平与母国持平的条件下，当东道国的税收高于海外雇员需在国内缴纳的税款时，跨国公司会支付税差。目的是要保证海外雇员在东道国的税后收入不少于在本国的收入。这会给美国母公司带来极大的额外经济负担，因为美国国内税收法典将税收津贴视为额外的应纳税所得。在美国还有其他税收惩罚阻碍公民到海外工作。

教育津贴　海外雇员的子女当然至少应该获得与国内同等水平的教育，许多雇员希望自己的子女在母语环境下接受教育。世界上许多城市都有具备合格师资的小学和中学，但是这些均属私立学校，需要缴纳学费。跨国公司需要替员工子女缴纳学费，或者，如果外派雇员的子女足够，公司可以开设自己的学校。几十年来，位于中东和委内瑞拉的石油公司一直为他们员工的子女开办学校。

搬家和培训津贴　一般公司会全额支付外派雇员搬迁到海外的费用。包括家庭成员交通费用、搬运家庭用具，以及全额支付家庭用具运到之前在宾馆生活的费用。一些公司发现航空运输家庭用具比海运节约成本，因为节省下来的宾馆费用比高昂的航空运费更多。尽快搬进新居也会大大提升员工的士气。

公司也会给员工和员工家庭支付一些培训费用，一般会包括语言教学。还有一些公司会给家庭提供向导帮他们处理日常琐事，例如购物、雇用家政服务或者送孩子上学。

奖　金

奖金（bonuses）或额外奖励和津贴不同，是公司因海外雇员及其家人在国外经历艰苦和不便之处、作出牺牲而支付的。奖金包括海外奖金、合同终止奖金和探亲假报销。

海外奖金　海外奖金是额外支付给海外雇员的额外奖金，通常占基本工资的一定比例。比例一般从10%到25%不等。如果居住条件极差，公司会给艰苦岗位支付更多的奖金。

合同终止奖金　这一奖金的设立旨在吸引员工继续工作直到海外合同期满为止。如果员工能一直履行合同直到期满，或雇员实现了合同要求的结果，就会获得奖金。这种奖金一般用在建筑和石油公司，或者当其他公司的合同规定需要在海外工作一段特定时间或者为了某一特定项目时。如果是一个比较艰苦，或是特别理想的海外职位，也可能设立此奖金。

探亲假　跨国公司会给母国员工或者第三国员工和家庭定期回国探亲提供奖金。这样做的原因有两个。一是公司不希望员工及其家庭同祖国和本土文化失去联系。二是公司希望员工在公司总部至少停留几天以同总部员工增进感情，同时学习新的公司政策与惯例。

一般来说，员工在国外工作三年，公司会给他3个月的探亲假，但是通常的做法是员工每年有两到四周的假期。员工来往的交通费用都由公司支付，并且员工待在公司总部期间的所有费用都由公司支付。

薪酬方案有时会很复杂

以上内容可能会使人们认为，**薪酬方案**（compensation packages）尽管费用昂贵——有时可能会比基本工资多50%或以上——但是计算起来却相当明确。这基本上是真相。

比例是多少？　所有的津贴和部分基本工资通常都用东道国货币支付。那么这个部分的比例是多少呢？实际上，比例从65%到75%不等，余下的钱雇员可以存在喜欢的任意国家的银行。这样做的一个原因是雇员想要减少自己在东道国的薪水比例，从而降低他们在东道国所要支付的个人所得税，也可以向东道国政府和员工说明公司的当地员工和外国员工的薪水没有差距，而实际上事实完全不是如此。另外一个原因就是外派雇员有很多花销必须用本土国货币支付。这些费用包括员工参加专业学会的费用、探亲假期间的购物费用、雇员在本土国未还清的债务费用（例如按揭贷款和助学贷款），还有雇员子女在本土国上大学所需的学费和其他费用。

汇率如何算？ 由于外派雇员大部分的薪酬福利都是以东道国货币为基准，但是是根据整个公司类似的薪酬福利以本土国货币来确立的，因此需要选择一个货币汇率。在货币可以自由兑换的国家，这并不是一个很严重的问题。尽管有些经验丰富的外派雇员认为外汇汇率仅仅说明了国际交易，不能代表东道国和本土国货币之间真正的购买力平价。像牛奶和面包这些物品不会进行国际贸易，东道国的生活成本和通货膨胀率可能比本土国更高。国际公司试图通过生活成本津贴来补偿这些差异。

有些国家实行外汇管制和不可兑换货币政策，在这些国家，有更为艰难的问题亟待解决。毫无例外的是，这些国家的官方汇率普遍较高，如果公司采用这个汇率，那么公司的外派雇员兑换到的钱肯定较少。这时就要参考东道国货币在自由市场上的交换汇率，比如美国、瑞士或是东道国黑市上的交换汇率，但是这些都不足以使公司作出最后的决定。最后，公司必须付给员工足够的钱，不管是多少，让他们与其他公司同等职位员工的生活水平相当。

美国大多数公司常见的薪酬方案是酬劳性认股计划，即给予员工以优惠价格购买公司股票的机会。这个项目旨在提高员工的忠诚度和积极性，但这种计划有时会在国外遇到一些问题。

在大多数国家，股权是陌生或受限制的。百事的薪酬福利部门副总裁说："我们不得不在每个分公司所在国使用定制化的方法。"杜邦公司发现，在53个国家中的23个国家他们都不能使用职工优先认股权，主要是因为这些国家的法律禁止或是限制外国股份的所有权。

第三国员工的薪酬计划

虽然不同公司的第三国员工的薪酬计划不同，但是都倾向于与母国外派员工的待遇等同。然而，不论采取哪种薪酬计划，都会产生一些问题。其中一个问题美国外派员工和他国员工的收入所得税的计算差异，2006年美国国会通过的税率制度变化更加恶化了这一情况。由于美国独特的税收制度，美国公民即使在国外居住、工作也应纳税，并且，公司发放的税差津贴也被视为额外的应纳税收入。其他主要国家的税收制度都不同于美国的税收制度。

另一个可能存在问题的地方是探亲假津贴。公司为员工提供探亲假福利有两个目的，一是使外派员工与本土文化保持紧密联系，二是使外派员工有机会到跨国公司的总部参观。作为第三国员工，休假期间必须走访两个国家而不是一个，既要回本国探亲，又要去跨国公司总部所在国参观，这会产生大量的额外成本。例如，一个澳大利亚外派员工从墨西哥回国的费用与一个美国外派员工从墨西哥回到达拉斯（美国城市）的费用是不同的。

如果不考虑上述可能存在的问题，第三国员工在跨国公司中是越来越受欢迎的。所有跨国公司都在想方设法地扩大合格国际经理人的队伍，所以对第三国员工的需求越来越大。事实上，第三国员工具有很多优势，例如懂得多种语言，对某一行业或某一国家非常了解。

随着跨国公司雇用的第三国高管数量的不断增加，员工国籍和东道国的组合事实上意味着无穷无尽的、更加复杂的薪酬方案。

国际地位

在上述讨论中，我们主要描述的是已获得**国际地位**（international status）的外派员工的薪酬制度。并不是任何一个来自第三国的员工都可以自动享有我们上面提过的所有福利。一般情况下，子公司会对母国员工或者第三国员工实行和东道国员工同样的薪酬标准，然而，管理层发现这个标准并不能持久。例如，一个美国外派员工在受雇之初能够接受公司以东道国员工的标准支付薪酬，随着时间的推移，他会发现拥有国际地位的美国同事享有更多的额外福利，而他或她却没有，因而工作过程中的摩擦以及负面情绪会越来越多。

有时候，即使东道国员工并没有去国外工作，公司也会赋予他们国际地位。这种做法既激励业绩突出的员工，也防止他们跳槽到其他公司。

所以，国际地位意味着员工可以获得部分或者全部的津贴和奖金，还有根据个人情况以及人们所能想到的其他薪资。外派员工和国际高管的薪酬待遇非常重要和复杂，已经在人事管理部门中专业化，公司中的职位通常是"国际员工福利顾问"。员工也可以从公司之外获得帮助，大型咨询公司时常会出版一些关于如何将高管们转移到别的国家的建议宣传册。

补　贴

补贴起源于中世纪庄园领主时代，庄园里的农奴为了能够继续耕种土地只好定时上交部分收入或者农产品。如今，补贴代表了公司中的等级，作为对高管补偿的同时也能减少税负。最常见的补贴如下：

汽车（通常配有专门司机，特别是为公司组织梯度的高层）。
私人养老金计划。
退休金。
人寿保险。
健康保险。
应急疏散服务（医学或者其他方面）。
绑架保险。
公司住房或者公寓。
外国子公司的董事职位。
研讨会假日旅行。
俱乐部会员。
隐性行贿资金（这种资金是不合法的，但是据说某些公司还存在这种资金）。

什么最重要？

笔者之一曾经任职美国跨国公司的外派高级管理人员，当时有位美国同事娶了法国妻子。他们被公司派驻到许多不同国家并在那生活。他们与其他的国际员工一起，列出了一个关于选取某个城市作为公司雇用外国人驻地的清单，其中的项目至少在他们之中一人看来都十分重要。

清单中包括通常的项目，例如生活费用、个人安全、医疗设备、住房以及学校教育。此外，还包括其他的一些项目，例如能够以合理的价格买到优质葡萄酒的可能性、剧院的质量以及是现场的还是电影院、一星或者更高级（米其林指南）餐厅的数量和种类、可以用来运动和观看比赛的运动场地的数量和类型，以及购买时装的地点。

跨国公司的许多子公司私下都在传阅这个清单，根据这个清单里的每一点，给各个城市打分，1到10分不等。当纽约总部管理层看到这个清单时，员工们都非常欢欣。虽然这个清单并不具有法律效力，人们依然对它很热衷，甚至还有人在对它进行补充，以便在走访这些城市之前获得更多的信息。

然而，这份清单带来的欢欣逐渐平息。而越来越多被分派或者再次分派到国外工作的高管以这份清单为理由要求更高的薪酬待遇，甚至有的员工拒绝去国外工作，理由竟然是那个城市在清单中的评价过低。

另外，对员工很重要的一点就是可以休假的天数，不同国家的员工每年可以休假的时间是不同的。欧洲人的休假比美国人和日本人更长。平均每年可以休假天数为：日本25天、德国35天、法国37天、意大利42天，而美国员工平均每年只有13天的假期，仅仅是加拿大人的一半。在决策过程中，选择哪里建立业务部门要考虑到很多因素，例如生活费用、商业环境以及办公室租金。

尽管西欧和北美国家的劳动力市场存在着问题并且缺乏有吸引力的市场机遇，但是西欧和北美的商业环境质量却远远优于大部分新兴市场，因为西欧和北美国家拥有完善的制度，例如先进的财政部门、可靠的法律体系和政治稳定性，这些都是公司看重的。

关于生活、管理以及在国外工作的信息来源非常多。其中，Aperian Global基于网络提供许多相关的信息，能够为外派管理者表现优异做好准备。例如Aperian受到高度赞扬的"GlobeSmart"项目，就是一个基于网络的工具，通过设立50多个专题，使得企业管理人员能够快速获得与这50个专题相关的大量知识，来帮助他们与来自世界上50个国家的人有效地进行商业活动。要想从Aperian获得更多的信息请访问www.aperianglobal.com，或者拨打电话1-800-626-2047或1-415-321-7900。

小 结

讨论培养"全球思维"的重要性。

成功的跨国公司管理者必须同时具备很强的专业知识和知识整合能力。

解释竞争战略（本土国复制、多国、地区以及跨国）和国际人力资源管理方法（民族中心主义、多中心、区域中心以及全球中心）之间的关系。

竞争战略是跨国公司选用国际人力资源管理政策的主要决定因素。

比较本土国东道国和第三国家国际公司高管之间的区别。

跨国公司高管既可能是母国员工，也可能是东道国员工或者第三国员工，他们具有不同的文化背景、语言、能力和经验，这些都非常有利于国际公司的管理。

解释什么是外派雇员，并了解外派雇员面临的挑战和机遇。

外派职位的设置使得员工有机会去国外工作，无论对个人还是职业发展，都是一个学习和成长的好机会，为他们向公司高管阶层更近一步打下基础。外派雇员远离母国总公司，在国外工作，没有明确的业绩目标和明确的对绩效进行评估的基础。许多外派雇员的家庭发现很难成功地适应外派所在国的生活。

讨论日益重要的外派高管随行配偶的安置问题。

双职工家庭数量的增多使安置外派高管配偶的问题越来越复杂化。

解释找到合格的国际公司高管的困难以及熟练掌握外语的重要性。

每一个卓有成效的管理者都要对外语知识有一定的了解，因为了解一个民族的语言对了解它的文化和各方面进展非常必要。

明确外派高管的薪酬方案的复杂性。

外派高管的薪酬方案非常复杂。影响其复杂性的因素包括波动的货币汇率和不同的通货膨胀率。薪酬待遇的基本组成部分包括工资、津贴和奖金。

问题讨论

1. 为什么跨国公司采用的人力资源管理方法与公司采用的竞争战略有着密切的联系？
2. 比较和对照以民族为中心、多中心、区域中心和以全球为中心的员工政策。
3. 给跨国组织配备职员，来为跨国公司母国之外的地区提供服务时，雇用母国员工的优势和劣势分别是什么？
4. 为什么国际公司越来越多地雇用第三国员工进行国际业务？
5. 为什么外派高管的随迁配偶会存在很多问题？公司采取什么措施来解决这些问题？
6. 什么是英语语言困境？
7. 为什么公司给外派员工支付薪酬数额通常要比给国内同等职位的高？
8. 为什么外派员工的薪酬方案比国内员工的薪酬方案更复杂？
9. 为什么外派高管在将家庭一起带到国外之前要考虑当地的生活质量问题？
10. 假如你是一个美国跨国公司的首席执行官，你的在职员工以及美国各营运分部里都是一些有着光明前途、有能力以及有奉献精神的女性高管，她们也充满了雄心大志。并且在你的公司里，外派经历是升至顶尖管理岗位的必经之路。墨西哥子公司的行政副总裁职位现在有空缺，你公司的一个女性员工申请了这个职位，并且她也比公司任何人更有资格担任这个岗位。你会给她这个职位吗？赞成或者反对的论点都是什么？

11. 接着用第10个问题中的例子来说明问题，假如还有另外一个空缺位置，而这个位置是在日本子公司的财务主管。公司的加利福尼亚分部的首席财务官在申请这个工作。她的工作能使每个人都满意，并且她看似能完全胜任日本的财务主管工作。另外，她能够使用日语读写。她的母亲是日本人，父亲是美国人，他们教会她流利使用英语和日语。你会让她做这个工作吗？为什么或为什么不？

案例分析 19-1　凯西·米勒：她应该接受国际外派任务吗？

37岁的凯西·米勒（Casey Miller）是Techtonics国际公司的一名经理，她于周四下午刚刚回到办公室。在公司高管午餐室的午餐会议上，她的老板提出想让她前往中国上海，负责在那里建立一个东亚地区的新办公室。当她坐在办公桌上看着窗外洛杉矶地平线时，她感到既兴奋又忧虑。她应该接受这个岗位吗？或者她应该放弃这次机会然后等待其他的安排？作出这么重要的决定前，她应该考虑哪些因素呢？

米勒在取得商业本科学位后不久就加入了Techtonics，开始的时候是销售经理助理，之后几次升职，直到现在担任北美运营的副总裁。北美地区是Techtonics公司的一个主要业务区，有员工2,100多人，营业额超过5亿美元。米勒被认为是Techtonics中的"明日之星"，她在公司的导师是公司的高级副总裁。看起来她似乎在职业道路上没有什么阻碍。

米勒一直都梦想能在国外工作和生活。学生时期，她曾在西班牙学习过一个学期，之后跟一些朋友在欧洲游玩了一个月。毕业之后，她在国际经济学商学学生联合会（AIESEC）的一家位于波兰的小公司实习了六个月。自从加入Techtonics之后，她的国外工作经历主要就是到加拿大和墨西哥出差，参加商务会议并拜访少数欧洲和亚洲的客户，并去泰国和加勒比地区度了两次假。当老板提到她可以到中国去的时候，她几乎不能抑制内心的激动！

然而，米勒也开始考虑到她的家庭，以及国际任务会对他们产生什么样的影响。她的丈夫杰里（Jerry）在一家大型会计师事务所的洛杉矶分公司做会计师。尽管他的事业很成功，但米勒认为他也许会赞同改变。她还有两个孩子：8岁的小杰里（Jerry Jr.）和12岁的苏珊（Susan）。他们对于搬到一个新的国家居住会有什么样的反应？现在是一个合适的时机吗？还是再等几年会比较好？

如果她接受了去中国的提议，又会怎么样？关于拓展到中国的影响，她该与公司讨论些什么？老板告诉米勒她有一周的时间考虑去或不去，并且如果她决定去，就将在4到6个月内移居到上海。

当她看到窗外公路上交通又开始拥堵的时候，米勒想到应该拿起手机打给好友，向她们咨询应该怎样处理自己遇到的这个问题。

问题：

1. 如果你是凯西·米勒的好朋友，你会就是否要接受这个国际任务给她什么样的建议？

2. 在作这个重要决定的时候，她要着重考虑哪些问题？

第 20 章　国际会计和财务管理

危机常随武断而至。
——索福克勒斯，
公元前 496—前 406 年

处理好所有你经手的事情。
——弗吉尼亚·伍尔夫

阅读本章后，你应该能够：

1. 明确国际会计面临的主要问题。
2. 描述国际会计准则的趋同过程及其重要性。
3. 解释公司的资本结构选择及其意义。
4. 描述在国际公司中现金流管理的过程。
5. 将外汇风险分类为交易风险、折算风险和经济风险。
6. 描述掉期交易的基本概念及其各种应用。
7. 认识使用衍生工具的作用和危险。
8. 描述非货币销售及其优点。
9. 讨论在财务管理中税收的影响。

主权财富基金：全球化在起作用

主权财富基金是由政府掌控的投资基金。最近，在中国及石油资源丰富的国家，增长的主权财富基金创造巨大的资金池，大约3万亿美元左右，以至于它们可以影响市场，并能够轻而易举地在发达国家收购资产。摩根斯坦利预测，到2015年它们将增长到12万亿美元。[a] 詹姆斯·索罗维基（James Surowiecki）指出，仅中国的主权基金就可以买下福特、通用汽车、本田和大众。[b] 基于新发现的油田的收入，巴西已经宣布了关于200—300亿美元的主权财富基金的计划，这有望推动巴西从小石油联盟到大石油联盟。

你也许会问："这有什么问题？"为什么不用阿拉伯人、巴西人和中国人的财富来为发达国家的增长融资呢？首先，这是一种奇怪的扭曲。这种扭曲有一种对私有化的扭曲。我们提倡商业应该由私人风险承担者而不是政府所掌控。然而主权财富基金是政府拥有的，所以它们的投资代表一个外国政府的所有权。也许这些基金会选择其他目标而非最大化股东利益。比如，中国投资公司可能会影响采购决策，以自身利益为基础，支持中国低成本的供应商，或中国政府的经济政策相比创造额外利润更偏向于创造就业机会，再或者外国政府可能投资一个对国家安全和国防都很重要的公司。

许多这类问题可以由政府立法解答，限制外国直接投资，或者要求外国投资要得到本国批准。总的来说，这些都已经进行立法保护了。在国内和国外都有很多政府所有企业的例子。在美国，40%的机构投资由公共养老基金构成。世界上高达80%的石油储量是由政府企业创造的。雪铁戈就是由委内瑞拉政府所拥有。[c]（难道你不想知道红袜队的想法吗？）[d]

然而，其他一些值得注意的事情发生了。主权财富基金代表着一种全球性的转移，所有权从美国、欧洲、日本转移到发展中国家的趋势。对于发达国家来说，主权财富基金有益的一面在于它持续增长的影响力和缓解金融危机的能力。我们也都知道贸易带来了水涨船高的效果。一项麦肯锡全球研究院的研究表明，2006年世界上三分之一的资产都被美国所持有，这些资产达56.1万亿美元。新兴市场持有的总资产为23.6万亿美元。发展中国家资产增长速度是发达国家的两倍。[e] 我们也许将要面对的是船只的相对大小发生变化。

[a] Alan Murray, "The Outlook: Ascent of Sovereign Wealth Funds Illustrates New World Order," *The Wall Street Journal*, January 28, 2008.
[b] James Surowiecki, "The Financial Page: Sovereign Wealth World," *The New Yorker*, November 26, 2007, p. 70.
[c] Ibid.
[d] see www.redsoxconnection.com/citgo.html。
[e] Diana Farrell, Susan Lund, "Power Brokers," McKinsey Global Institute, October 2007, referenced by Murray, "The Outlook," http://www.mckinsey.com/mgi/mginews/powerbrokers.asp（accessde June 15, 2008）.

在第10章，我们回顾了国际经理人在日常经营中要面对的主要财务力量。现在我们来看看经理们是如何处理这些力量的。由于会计是财务管理的基本工具，并且由于会计实务和会计标准因国家的不同而不同，因此我们先来看看这些差异，并看看这些国际会计标准如何融合。在我们的讨论中，当我们描述某个具体实例时，为了简便起见，我们所提到的跨国公司为美国跨国公司，需要记住的是，跨国公司可以是任何国籍的，并且其总部越来越多地出现在如中国和印度等新兴经济体中。我们对于财务管理的讨论始于一个公司的资本结构，然后转向现金管理，包括如多边净额结算及货币波动方法的技术。其他能够直接影响公司财务管理的问题是非贷币销售和税收。

20.1　国际会计

在所有国家，会计的目的都是为管理者的决策提供财务数据并为外部相关者（投资者、政府、银行、供应商及其他人）提供制定决策所需的定量信息。会计还为政府征税提供数据。正如你能想象的，有用的数据由什么构成，独立于它们的可靠性，并且因国家而异。例如在德国，财务信息的主要使用者历来都是债权人，因此会计侧重于包含公司资产信息的资产负债表。相比之下，在美国，财务信息的主要使用者是投资者，他们看中损益表，把损益表看作是一个公司潜力的标志。国际公司，如印度塔塔集团、中国的家电公司海尔集团或者是美国的消费品公司宝洁集团，它们的交易必须用外币进行，这种情况对会计实务有明显的影响。但是这并不是唯一的差异。不同国家的不同利益相关者的不同需求导致了全球财务报表的很大差异。一国的法律、政治、经济系统的基础假设以及历史都会影响对会计目标的普遍理解。也就是说，文化对会计实务发挥着重要作用。西德尼·格雷（Sidney Gray）已经将吉尔特·霍夫斯泰德（Geert Hofstede）关于文化维度的成果（第5章阐述过）应用于会计实务。在本节，我们研究外汇交易以及文化对会计的影响，然后我们继续看看这些不同方法之间是否有融合的可能。

会计和外币

从会计角度看，在外汇操作中有两点会出现问题。其一是当交易使用外币时，其二是当分支机构和子公司以外币为记账本位币，而其经营成果需要纳入母公司财务报告。我们首先看看交易，然后看看折算和融合，这两个进程包括子公司与母公司财务业绩的合并。

当美国公司在诸如销售、购买和借贷（放款和借款）等交易中使用外币时，他们需要以收入、费用、资产和负债入账。假定这笔交易是在日内瓦购买一块价值25,000瑞士法郎（CHF）的瑞士手表，如果公司记账本位币是美元，这笔交易该如何处理呢？以购买时的汇率以美元入账。我们假定当时汇率是＄0.963149/CHF，这意味着1瑞士法郎可以购买0.963149美元。因此这笔交易会花费24,078.73美元。应付账款也就是24,078.73美元，并做上汇率符号：CHF 25,000 @ ＄0.963149。现在，如果交易是立即付款或以美元定价，那就没问题了。但假定有时间滞差，并且汇率是变动的。如果交易规定使用瑞士法郎，那么这次购买潜在的美元价值也就改变了。我们假定60天后，付款的时点，瑞士法郎的价值相对于美元走弱，变为＄0.94300/CHF。那么现在美国公司要支付23,575美元。变动的503.73美元就是兑换收益。这种情况下，分类账保持不变，收益（或损失）是记录在损益表上的。这个过程是在美国财务会计准则委员会第52条（FASB 52）中描述的，它要求公司记录的外币是以交易时点的即时汇率为基础，货物应付账款或应收账款由于汇率变化产生的任何收益或损失要记录在损益表中。当我们讨论会计准则趋同时，接下来很快就要讨论的更多的是国际会计准则机构——国际会计准则理事会（IASB），对于如何记录应付账款或应收账款因货币兑换取得的收益和造成的损失有相同的规则。

现在来看看我们对于外币会计处理的第二个关注点：当一家美国跨国公司的外国子公司报告经营成果时，这些成果需要折算成母公司所使用的记账本位币。在这种情况下，美元是符合美国公认的会计准则（GAAP）的。然后这些不同的成果会被汇总成一份财务报告。这个过程被称为**合并**（consolidation）。折算的两种基本方法，现行汇率法和时态法，以准确反映业务成果作为目标。通过采用**现行汇率法**（current rate method），资产和负债是以资产负债表编报日的利率来折算的。通过采用**时态法**（temporal method），诸如现金、应收账款和应付账款等货币性项目以当前的汇率来折算，固定资产和长期负债是以发生时点的汇率折算的。

折算方法的选择取决于国外业务所使用的**功能性货币**（functional currency）。功能性货币是经营业务中使用的主要货币，现金流、定价、费用以及融资都以此来计价。如果功能性货币是当地货币，那么就必须使用现行汇率法。如果功能性货币为母公司的记账本位币，那么必须使用时态法。现行汇率法下，资产按资产负债表编报日的现行汇率折算，损益表按报告期平均汇率折算，所有者权益按股票发行和留存收益发布时的历史汇率折算。在时态法下，货币资产按现行汇率折算，固定资产按购买时点的历史汇率折算，损益表中的各项按照平均汇率折算，但其中销售成本和折旧费按历史汇率折算。这一折算程序由美国财务会计准则委员会第52条（FASB 52）和国际会计准则理事会第21条（IASB 21）规定。

在通货膨胀的经济中，你可以想象到折算会出现特殊问题。如果功能性货币是当地货币的话，若是使用现行汇率法来折算，固定资产的价值就会丢失。这种现象被成为"消失的工厂"。为了解决由通货膨胀引起的折算问题，FASB 52要求如果功能性货币即为报表本位币，就得使用时态法进行折算。这样固定资产和其他重大账户的价值就不会比账面价值损失多少。

会计与文化

我们知道在世界不同的地方会计遵循不同的模式。西德尼·格雷揭示了会计计量和信息披露的差异，即公司如何评估资产价值以及公司提供什么样的信息，都受到文化的影响。他的研究按照两个维度将国家分类，即保密—透明度和乐观—保守主义。图20-1展示了这个分类。

其中保密—透明度这个维度衡量的是公司披露信息给公众的程度。图20-1表明，德国、日本和瑞士相对于透明度来说，更倾向于保密和隐私。而在英国和美国则信息披露更多和隐私更少。乐观—保守主义这个维度衡量的是一个公司在评估资产价值、衡量收入时的谨慎程度。在使用更为保守的资产评估方法的国家中，会计报告更倾向于低估资产和收入，而在那些使用更为乐观的资产评估方法的国家中，会计报告更倾向于高估资产和收入。在法国、德国和日本，上市公司资本结构往往更依赖于债务，而不是股权。而银行是债务的主要来源，其关心的是流动性。保守的利润评估也许会降低税务风险和股息支付，增加了准备金，更利于取得债务服务。美国公司和更为自制的英国公司想要展现出令人印象深刻的收入以吸引投资者，则使用乐观评估。

直至2005年，在各个国家的报告标准中都存在着相当大的差异。在英国，对损益表（即损益账户）中收入构成的基本理解差异很大。例如，在如何衡量库存上就存在差异，对待商誉和折旧方法也是如此。在德国，只有当合同完成时才会确认收入，而在英国、日本和美国使用的是完成百分比的方法。

会计准则的趋同

由于全球化进程和跨国公司寻求在国外市场上市以挖掘潜在股东源，即交叉上市进程涌现，会计准则日益朝着趋同的方向发展。这种协调需要经过漫长而谨慎的协商。在美国建立会计准则的团体是一个名为财务会计准则委员会（FASB）的私人组织。更国际化的组织是国际会计准则理事会（IASB），它的前身是成立于1973年，是由澳大利亚、加拿大、法国、德国、日本、墨西哥、荷兰、英国、爱尔兰和美国组成的多边组织。2002年，FASB和IASB对协调标准和融合准则达成了一致。FASB的标准是美国公认会计准则（U.S. GAAP），而IASB的标准是国际财务报告准则（IFRS）。为了在2009年达成趋同，谈判小组取得了重大进展。尽管还有很多特殊标准的重要细节有待调解，融合的

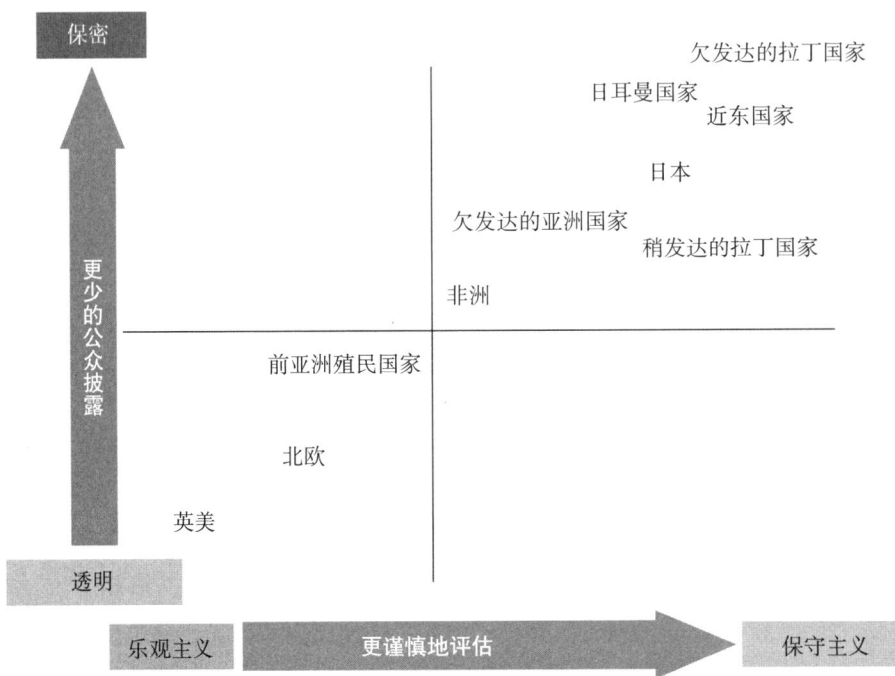

图20-1 会计计量和信息披露方面的文化差异

资料来源：Adapted from Lee Radebaugh and Sidney J. Gray, *Accounting and Multinational Enterprises*, 5th ed.（New York：John Wiley & Sons, 2002）.

进展仍然是令人瞩目的。

在会计准则融合的道路上，欧洲议会和欧盟理事会决定自2005年起要求财务报告符合国际会计准则理事会（IASB）的标准。澳大利亚和新西兰也已加入欧盟的步伐。过渡似乎平稳进行。目前，有超过75个国家要求上市公司采用国际财务报告准则，另外的50个国家（包括欧盟）已经接受了稍作修改后的国际财务报告准则，名为"分拆"。这些小修改注定要过渡到整个国际财务报告准则被接受为止。2007年，美国证券交易委员会（SEC）决定，在美国上市的外国公司的财务报表不再需要按照FASB的标准。这一进展受到外国公司的欢迎，并表明SEC已经承认了更高标准的国际财务报告准则。另外，2002年，针对一系列以会计实务为中心的公司丑闻（泰科、安然和世通都在其中），美国国会通过了《萨班斯—奥克斯利法案》（Sarbanes-Oxley Act, SOX），它也在立法中表达了会计标准融合的意愿。SOX将SEC作为承认IASB的责任方。

我们目前为止看到的融合进程代表着世界各国参与的基础广泛的谈判过程。毕马威的理查德·本尼森（Richard Bennison）将这些变化称为"同代人记忆中最伟大的财务报告革命"。这个变化不仅仅是会计技术的转变，更是一种文化上的转变。一般公认会计准则（GAAP）与国际财务报告准则（IFRS）的最大差异在于它们的一般方法。GAAP依赖于规则和条例。回顾我们在第4章中所讨论的机构，图4-1，我们可以把GAAP看作是服从于正式制度，是以权宜为基础的合规。IFRS则更多地依赖原则。我们可以把它看作是规范性制度，是以社会责任为基础的合规。共同原则由于不像规则应用那样明确，允许不同的解释，因此需要合理的判断。因此使用GAAP的会计人员需要适应新的思考方式。在这一点上，美国是唯一遵循GAAP的国家。

随着会计准则的融合，全球金融市场将变得越来越完整，因为报告可以直接拿来比较。投资者和其他利益相关人可以看到各个国家各个公司的业绩，公司不再需要重申他们的财务状况，而且复杂的整合过程也将大大减少。这些标准化的特性对公司来说意味着成本的大幅度降低，对个人来说意味着更好的信息。

三重底线会计

越来越多的公司致力于报告他们的环境、社会和财务业绩。这种报告框架称为**三重底线**（triple bottom line，3BL），出自约翰·艾京顿（John Elkington）1997年的书：《拿叉子的食人族：21世纪企业的三重底线》。书中的观点是：由于消费者的压力和其他社会因素，资本主义可以变为文明，资本家可以学会用叉子吃饭。公司资本主义可以成为可持续的资本主义。艾京顿认为，有七个因素导致了这个转变：市场、价值观、透明度、生命周期技术、合伙关系、时间和公司管理。这种方法支持可持续发展（我们在第6章讲过）和企业社会责任（CSR）。正如我们先前讨论过的，可持续性是一个系统概念，它有三个主要方面：环境或生态、社会、经济。目前，我们测量经济水平；政府和社会压力会要求我们测量环境水平（如排放控制和有害垃圾），我们还测量社会水平（如公平就业机会委员会实施的联邦民权法）。然而，即使是在环境和社会领域，我们往往对媒体报道的问题有更多了解，但却很少从公司层面思考这些重要问题。公司应该衡量并将他们的决策对环境和社会的影响公布于众。这总结起来就是三重底线的论点。

反对三重底线的主要论点既不是对支持可持续发展的有生态责任愿望的商业实践的实质性反对，也不是对公司要有社会责任的想法的实质性反对。相反，它认为测量不会使我们更接近于理想状态。韦恩·诺曼（Wayne Norman）和克里斯·麦克唐纳（Chris MacDonald）认为社会绩效和环境影响不能被客观测量，而且也没有相应的测量方法能够与公司活动的经济测量方法相比较。他们指出，这种提法可能很有吸引力，尽管在环境和社会领域有高水平的咨询顾问，但在测量公司的环境和社会绩效时，并没有一个广泛的可实现的框架。实际上，他们认为聚焦在这些活动的测量上，很可能会消减寻找与积极的经济效益相得益彰的可持续性和社会责任的努力。有一个平行的伦理准则是：公司实际上做的事才是最关键的，而不是悬挂于每个办公室墙上的道德准则。张贴海报不是道德的行动。在某个领域的决定必须有响应的执行才是关键。同样地，公司成员是如何理解企业价值观，以及这些价值观要求的对利益相关者的责任是什么，关键是要有执行。

也许这种报告方式需要我们重新构造对组织经营结果的看法，这是一个精细的增值的过程。全球报告倡议组织（GRI）是一个由成千上万个来自私营部门企业、非政府组织和国内或国际的政府组织组成的利益相关者的国际网络，对商业的环境、社会和财务方面进行实质性报告方面已经做出了显著的努力，开发了一个支持性框架。GRI包含了来自超过80个国家的超过20,000名利益相关者。GRI是独立的机构，它与联合国环境规划署（UNEP）合作。图20-2演示了基本的报告框架，称为G3。更多内容可以访问：www.globalreporting.org.

图 20-2 全球报告倡议框架

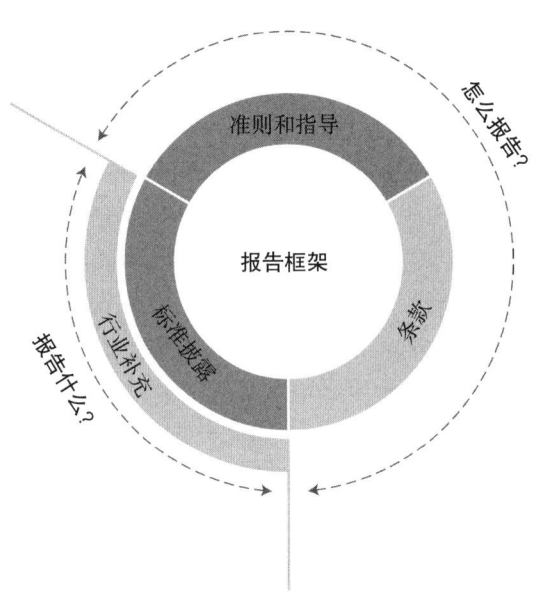

资料来源：www.globalreporting.org/ReportingFramework/ReportingFrameworkOverview（Accessed September 20, 2008）

20.2　国际财务管理

现在我们来看看公司如何管理跨国资金。将价值进行国际间转换的过程是有趣和复杂的,因为它包含了很多变量,如:货币间的汇率、移动资金的不同限制、不同的税收系统、不同的经济环境。我们开始进行财务管理评估,其重点是公司的资本结构,然后是跨国现金流管理,同时研究金融流动本身以及移动资金的技术手段。接下来再看看外汇风险管理。最后来看看非货币销售和税务问题。

20.3　公司的资本结构

我们已经看到,为了发掘有吸引力的机会,公司在市场和采购方面越来越国际化。这样的机会对于公司的资本结构也有用,而且越来越多的首席财务官已经进入国际金融市场,不管是公共的还是私人的。事实上,私人股本市场的发展突飞猛进。因为金融市场并非全球一体化,不同的成本伴随着不同的机会。因此如果一个CFO相比于国内市场可以在外国市场上以更低的成本提高资本,这样的机会可能是对增加股东价值更有吸引力的方法。

公司集资有两种方式,一种是通过留存收益进行内部集资,一种是通过发行股票或债券(杠杆经营)。很多公司选择在国外市场发行股票,部分利用更广泛的投资者来提高股票价格以及降低资本成本。参与地方金融也可能获得显著的营销优势和提高品牌在国外的知名度。在美国发行股票的外国公司包括联合利华、富士胶片、加拿大太平洋、荷兰皇家航空公司、索尼、丰田和西麦斯。有时,外国股票也直接在美国股票市场进行交易,但很多时候,它们的交易形式是**美国存托凭证**(American depository receipts,ADRs),即前面提到的美国版的全球存托凭证。这些凭证代表着由托管人持有的股票,通常是由一家美国银行在股票本土市场上持有的股份。他们以美元计价并在美国证券交易所进行交易,这消除了在发行国雇用经纪人的需要以及货币兑换的问题。如果担心外国人控制本国资产,那么会有外国股票所有权的限制。这些限制在发展中国家更普遍。例如在印度、墨西哥和印度尼西亚,特定领域的外资所有权限制在49%,发达国家的某些部门也通过审批流程对外资进行了限制,这种情况出现在美国和英国。例如,2006年在美国,迪拜港口世界(阿联酋主要的航运货运公司)撤回了为收购英国东方半岛公司所出的68亿美元。英国公司正经营着美国六大港口的一部分,安全问题已经成为美国的政治问题。为了避免某些政府审批阶段的驳回,迪拜港口撤回了收购英国公司的部分美国业务的决定。在美国的另一个例子是航空公司,它们必须由美国公民直接控制。

公司资金的另一个来源是债务市场,人们越来越倾向于首先利用本地市场。这也许意味着日本丰田的一家国外子公司也许首先在美国市场寻找资金来完成美国的业务。在这方面,跨国公司比纯粹的国内企业更有优势,因为除了在企业层面获得资金,他们还可以探索在国内和国外债务市场上的借贷,增加降低资本成本的机会。他们还能够获得

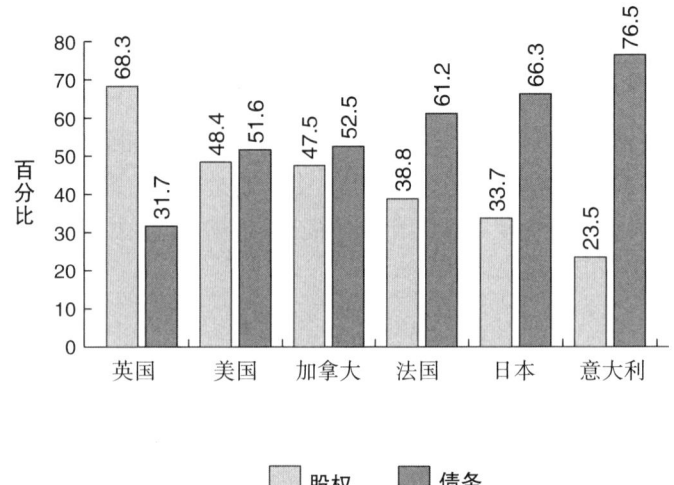

图 20-3 部分国家的资本结构百分比

专门为非本地人融资的地点——**离岸金融中心**（offshore financial centers）的帮助，这些地方税收水平较低而且银行监管较少。瑞士、开曼群岛、香港和巴拿马群岛都是离岸金融中心。

债务融资相比于股权融资更便宜，因为支付的利息通常可以税前抵扣，但付给投资者的股息则是不可抵扣的。选择债务融资还是股权融资也受到当地实务的影响。在美国、英国和加拿大的公司相比其他国家的公司更依赖于股权融资。图20-3显示了一些国家的公司不同的股权和债务资本结构。在融资层面上，日本和德国的银行传统上比股票市场扮演一个更加中心的角色。在日本，我们发现企业集团内部具有联锁关系，这些相关的企业组成一个大家庭中，如三菱、住友和伊藤商社，它们由股票和债券的联锁所有权而联系在一起，并以公司银行为中心。本质上，这种结构消除了债券持有人和股东之间的利益冲突，对一个十分重视和谐的国家文化来说十分适合的方式。

除了不同的税收处理和地方习俗，其他国家层面的政策也可能影响公司的资本结构。外汇管制可能会限制对国外股权持有人分红，旨在鼓励当地再投资的国家政策可能会控制股息的豁免。

在筹资过程中财务经理可能会作的决定如下：

1. 考虑到长期优势和劣势，筹资时应使用何种货币？
2. 筹资时应该如何处理股票和债券的结构？
3. 资本的来源有哪些？应该通过商业银行进行普通贷款？或以某家银行作为媒介？以另一家公司作为媒介？或以跨国公司的另一家子公司为媒介？或在世界资本市场上公开发行，例如在纽约或欧洲债券市场？
4. 如果决定使用世界上某一个资本市场，那么管理者必须决定在哪一个市场中能以最低的成本完成目标。跨国公司可以在以下不同中心进行国际市场上的筹资：纽约、伦敦、巴黎、苏黎世、巴林、新加坡、东京和开曼群岛。
5. 有其他来源的资金可用吗？例如如果某公司是合资企业，那么合作伙伴可能就是资金的来源。或者是否有私人资本可用，资本的来源是迅速国际化的。或者为了吸引跨国公司，看中其技术和管理知识，或者创造就业机会，这些国家的政府可能成为低成本资金来源。在这种情况下，公司可以进行减税协商和假期谈判。

6. 公司需要多少钱，期限是多久？比如，如果公司进入一个新市场或发布新产品，在产品介绍或工厂建设期间会有一段时间，这段时间所需要的资金会多于所产生的资金。

20.4 现金流管理

现金流管理是国际财务管理的一个重要部分，它与纯粹的国内公司的现金和现金流管理不同，尽管它们存在一些共性。例如，所有公司都想要在低成本市场筹集资金，并将多余的资金放在可以得到最多回报的地方。由于一家公司在许多不同国家有大量子公司的存在，所以全球现金管理要比国内公司的现金管理复杂得多。对国际公司来说，用25种货币记账并不罕见。现金流管理的总体目标是降低风险并使公司能够从各种机会中获利。这些风险和机会有些是来自外汇波动、利率、通货膨胀、政府监管和税收。我们首先来看看资金流动的主要原因，然后看看国际金融中心的活动。

资金为什么流动

公司移动资金的原因有很多，其中有分红、从子公司提交给母公司的专利费和其他费用、子公司向母公司的贷款，或者子公司向子公司的贷款以及子公司和母公司之间的转移定价销售。母公司在子公司的股权产生的股息，使用公司资产如商标、技术、咨询和管理系统产生的特许权使用费和其他费用。这些对业务本身很重要，另外在现金流管理的其他方面也很重要。它们可以作为将子公司的利润从高税环境转移到低税环境的工具。它们可以将利润从禁止将利润汇出的国家转移出去，也可以作为一种减少外汇风险的方式，可以将货币从有很高贬值风险的国家转移到低风险国家。也请大家注意，这些支付是业务费用，所以它们可以被用来影响纳税义务。

在现金流管理中，贷款也很有用。母公司可以直接贷款给子公司，然而这些直接贷款会面临一些风险，因为东道国政府能够限制子公司的汇款，包括将贷款费用支付给母公司。**弗罗廷贷款**（fronting loan）是以更小的风险达到公司目标的方法。在弗罗廷贷款中，母公司首先把钱存进一家国际银行，在母公司的"前面"，然后银行会把这些钱再借给子公司。政府一般不限制子公司的贷款支付，特别是将贷款支付给国际银行。这对于母公司来说是一个很小的成本，然后银行是完全不用承担风险的，因为银行持有的是完全的附属抵押品贷款。如果是在避税天堂里进行的存款那就会有更多税收优势。

在一个有现金管理价值的公司中转移资金的另一个办法就是转移定价。**转移价格**

（transfer price）是将商品从一个业务单位转移到另一个国家的另一个业务单位的账面成本。这种转移常见于在全球分布的公司，占了世界贸易的60%。由于是通过内部销售来实现转移，它的成本比较灵活，也就提供了将资金从高税、弱货币区转移出来的可能性，从而对公司有利。转移定价也可以用来规避东道国货币划拨控制和关税。由于它意味着东道国政府损失了收入，因此转移定价也会被东道国政府仔细审查。转移定价可能会引起道德问题，因为尽管这种操作可能是合法的，但这常常与东道国的税收和货币法律精神相悖。经合组织（OECD）和美国税务局已经就转移定价发布了指南，同时现在一些公司自愿与东道国达成了内部定价方法。这样的协议除了为决策制定者提供道德指南，同时还减少了公司的法律和税务审计风险。

国际金融中心

国际金融的日趋复杂化加上日益加剧的全球竞争使得企业更加关注财务管理。在很多公司，财务运作已成为中心任务，并且公司建立了利润中心，有点像公司银行。以前，财务一直被视为支持服务。导致建立财务中心的发展有：（1）浮动汇率，其变动有时是不稳定的；（2）资本和外汇市场的大量增加，公司可以在外汇市场以更低更好的利率购买外汇；（3）国家与国家间不同的、变化的浮动汇率；（4）电子现金管理系统的进步；（5）财务经理认识到可以通过对子公司暂时闲置资金进行创新管理而实现产量和利润的增加；（6）衍生品的爆炸性增长以预防商品、货币、利率和其他风险。这些集中化的财务中心可以平衡和对冲汇率风险、利用资本市场、管理通货膨胀风险、管理现金管理技术革新、管理衍生品使用、处理内外部发票、帮助弱势货币的子公司、加强子公司评估和报告系统。我们来看看公司财务中心使用的现金流管理的两种方法：多边净额结算以及提前和延后。

多边净额结算

在子公司与母公司之间以及子公司与子公司之间有很多种类型的现金流：子公司向母公司贷款，以权益资本形式增加的投资，以及从销售、股息、特许权使用费和其他费用中产生的现金。财务中心对这些现金流常用的管理和优化策略就是**多边净额结算**（multilateral netting）。这是一种集中法，子公司使用这种方法在公司内部转移净现金流到现金中心。

公司为什么会考虑多边净额结算？首先，转移资金会产生附加成本如交易成本，同时，资金在转移中还存在着机会成本，即如果这些资本为本公司服务所能获得的收益。除此之外，还有外汇交易成本。通过减少转让交易，资金闲置的时间更少，实际的转移成本降低并且外汇交易也更少了。例如在欧洲和中东的子公司要求每一个有净额可以结算的子公司每个月都要向中央账户转移资金，而中央账户的经理会将资金转移到净额账户。图20-4比较了这两种方法，如果没有这个网络，头寸的调和会需要8次交易并且流通中需要120万美元。有网络的话，有4次交易，在流通中需要60万美元。另外，外汇交易成本会减少。

	千美元		
子公司	应收款项	应付款项	净差额
中国	350	450	(100)
德国	250	300	(50)
印度	150	300	(150)
墨西哥	450	150	300

图 20-4 多边净额结算的优势

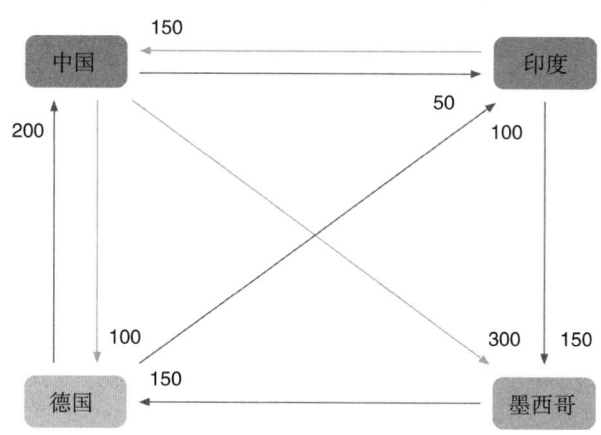

(a) 跨国公司子公司内部现金流（千美元）

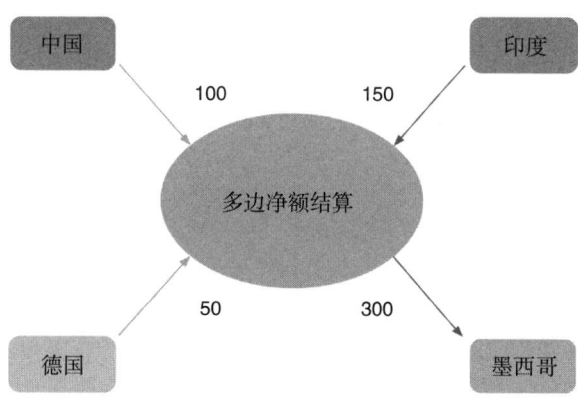

(b) 跨国公司子公司内部净现金流（千美元）

提前和延后法

为了保护国际收支平衡，政府可能会禁止货币兑换或利润、特许权使用费汇回本国。这种限制可能会伴随着低外汇储备和日益恶化的贸易账户余额。这样的东道国政府的行动可能会使跨国公司无法把现金资产自该国移出，显然有违于跨国公司最初进行国外投资的目的——为了给股东提供回报。解决**冻结资金**（blocked funds）有好几种办法，一种有用的技巧就是**提前和延后法**（leading and lagging），它涉及了支付的时机。提前法是当外国货币走弱时提早收回应收账款，当外国货币走强时提早支付应付账款。延后法是当货币走强时延后收回应收账款，当货币走弱时延后支付应付账款。在跨国公司的子公司中，提前和延后法可以协调使用，使资金重新定位并有助于弥补已经被冻结的或将要被冻结的资金。

20.5 外汇风险管理

当操作不同的货币时，跨国公司管理者经常遇到货币汇率变动。这些不能预料到的变化会给国际商务带来风险，因为它们代表计划外的资产和负债的价值变化。这种重大风险通常分为三种类型：交易风险、折算风险和经济风险。这三种风险会导致预料或没预料的情形，这就是需要规避的。

交易风险

当公司以外币进行交易时**交易风险**（transaction exposure）就出现了。这个风险是由交易达成到货款支付这一期间汇率波动所引起的。例如一个由马萨诸塞州公司履行的德国柴油卡车引擎订单，要在180天内支付150,000欧元（当时1欧元兑换1.26美元的汇率下约189,000美元）。如果欧元走强，1欧元兑换1.38美元，引擎的美元价格就会增加18,000美元上升至207,000美元。在这种情况下，对进口来说会有一个现金流效应，而对出口来说则没有这个效应。如果出口商使用美元来计算引擎的价格，情况就会发生逆转。

交易风险的关键问题是，业务中签订的合同需要支付另一种货币或者接受另一种货币的支付。初步观察是公司可以通过拒绝签订这种合同来避免风险。然而，想跨国经营

微型多国公司　　综合风险处理方法

跨国公司们20世纪70年代年建立集中财务部门，它们倾向于孤立地看待风险，例如，它们对冲了外汇并开发了利率策略，但是它们会分别观察这些风险。下一步是把所有的风险分析集中起来，这也许意味着要从中心、全公司的角度看商品趋势、货币、利率以及养老金投入。小规模的公司做这个比较轻松，因为进行这样的整合，其中一个障碍是内部主权和公司政治。例如，将分析国际公司大宗商品价格增加的风险从采购部门转移到财务部将是一个艰巨的挑战，就像要把养老金分析从人力资源部门移除一样难。

资料来源：Gillian Tett, "The Corporate View: Treasury: Living in a Time of Great Challenge," *Financial Times*, May 31, 2006, p. 5.

生意的意愿使得公司愿意接受这样的风险。交易的一方不得不这样做，而且这样做也会成为合同协商策略的一部分。还有其他方法来消除运作层面的交易风险，或在操作时进行**套期保值**（hedging）。还记得我们讨论过的提前和延后吗？让我们来看一个例子。

美国纽柯公司出口到西班牙一批价值2,000万欧元，由再生钢制造的精品钢铁，需要用欧元支付。纽柯公司已经将外汇风险纳入其营销战略。它也将货币兑换预期作为以欧元定价的一个因素。以下是外汇汇率和利息数据：

欧盟利率：	4.00
美国利率：	5.00
即期汇率：	1.534美元
远期汇率：	1.527美元（一年期）

纽柯想提前收回应收账款，因为市场表明，美元相对欧元可能会变强。这意味着纽柯现在收回应收款项可以比未来买进更多美元。西班牙的客户可能希望推迟付款，如果提前付款也没有什么激励性。

另一种回避交易风险的方法是通过公司行为。许多跨国公司遵循类似于多边净额结算的集中操作：风险净额。公司会运行一个集中清算账户，这个账户通过不同的货币或货币体系匹配并清除外汇风险。处理货币体系时要认识到一些货币往往与另一些货币彼此同步变化。

还有一种回避外汇风险的方法就是通过签订套期保值合约和掉期合约。**远期市场套期保值**（forward market hedge）包含一个非常简单的交易：在应收账款到期日之前，提前出售它的外国货币应收账款以获得本币。当西班牙公司支付时，纽柯公司会将金额交付银行，银行是其在期货市场进行套期保值合约的合作伙伴。这样纽柯公司在这次的西班牙销售中就不会遭受外汇风险。因为远期市场套期保值交易是可以在一个给定的交易中完全避免风险的一种方式，它被广泛地使用。然而因为远期市场套期保值交易假定所有外币都存在汇率风险，因此它也消除了从货币流动中获利的机会。

一个避免风险但不会丢掉从货币升值中获利机会的方法是外国货币期权。使用**货币期权套期保值**（currency option hedge），你购买一个合约以在特定时间购买或出售特定数量的货币，但这个合约可以执行或者不执行。这些保值合约对于外币应付款就是买权或叫看涨期权，对于外币应收款就是卖权或叫看跌期权。因为这些期权可以选择生效或不生效，如果市场对你不利你可以行使合约，如果市场对你有利你可以选择不行使期权。

货币市场也为规避外汇交易提供了机会。在**货币市场套期保值**（money market hedge）中，纽柯公司可以以这次西班牙销售中应收款项金额来在欧洲货币市场上借取欧元。这里基本的想法是用同种货币计量的负债来匹配资产负债表上的资产。货币市场套期保值这样进行：纽柯公司在应收账款到期前的这段时间借入2,000万美元的等价欧元，即13,035,300欧元。然后纽柯公司以即期汇率将欧元转为美元进行投资。那么投资的美元加上利息给纽柯公司提供了美元资金来完成西班牙的销售。

掉期合约（swap contracts）也被用于回避外汇风险。这是一个在特定日期或按日期顺序以特定利率交换货币的协议。掉期交易非常灵活，而且比在远期市场上执行的时间长得多。所以如果纽柯公司未来十年在欧盟国家有一系列的销售活动而且都用欧元计价，它可以进行一系列的掉期交易。这样一系列的汇率就可以提前知晓。我们稍后更详细地讨论掉期交易。

折算风险

当子公司的财务报表要在公司层面进行合并，出具公司财务报告时，**折算风险**（translation exposure）就发生了。因为外国子公司是以非美元货币记账的，这就需要在合并过程中将子公司财务报告以母公司的记账本位币进行折算。汇率变动会对这些财务报表的价值产生显著的影响，可能会影响到每股收益和股票价格。来看看一个在巴西、日本、西班牙和英国都有子公司的美国公司。子公司会以当地货币编制财务报告，所以需要折算这四种货币的数量。任何汇率变化都会影响美元的价值。这样的变化，无论收益或损失都没有以现金流反映出来；它们是账面的或未实现的变化。

与折算风险相关的关键问题是折算时使用哪种汇率。有两种基本方法，现行汇率法和时态法。使用现行汇率法时，资产和负债使用的折算汇率是编制资产负债表时的汇率。使用时态法时，货币项目如现金、应收账款和应付账款应该用当前汇率折算。固定资产和长期负债项目应该以购买时点的历史汇率来折算。在美国，FASB 52基于子公司所使用的功能性货币，给出了应该在何时使用何种方法。规避折算风险的方法因国家而异。

许多组织没有回避折算风险，因为回避折算风险可能增加交易风险。如果是通过匹配外汇负债（如债务）来进行折算风险对冲，那么在交易层面债务就是一个风险。交易风险是公司价值的基础。在掉期合约部分我们已经讨论了折算风险对冲。

经济风险

经济风险（economic exposure）发生于经营层面，它是由预期现金流汇率的变化引起的。与交易风险由独立交易产生不同，经济风险是全公司性质的并且是长期的。例如，在1990年，美元走强，美国以其他货币计算的出口价格增加，这导致销售大幅下降。美国出口产品在国外市场失去价格竞争力。然而最近美元走弱，出口价格在国外市场就变得更有竞争力。这些变化就是经济风险可能会产生影响的例子。经济风险可以同时影响公司国外资产和负债的美元价值以及公司的现金流，因为它可以影响国外销售。资产风险包括固定资产和金融资产的风险。操作风险是货币波动导致的现金流风险，它较难估量。它包括现金流和较广阔的商业环境，以及与获得买进和销售相连接的竞争性条件。例如，如果由于本币走弱而导致国外供应以本币计算变得更昂贵的话，增加的成本可能会通过提高价格来弥补或者更换供应商。公司可以把增加的成本转移给买方或者换一个成本低的市场来进行采购。这样的选择可以降低风险而且实际上涉及到了公司的竞争地位和市场结构。经济风险的管理可以运用我们已经讨论过的规避管理交易所用的套期保值和掉期合约方法，运用灵活的采购方式并运用投资组合的方式参与国外市场。

全球视点　　美国法律对海外融资的意外的后果

美国国会2004年出台的《美国就业机会创造法案》试图通过削减现金遣返税，鼓励美国国际企业把外国现金转移回国。事实上，在这个遣返条款下，公司被允许免除遣返现金额的85%。美国银行计算，这时有效税率为5.25%的遣返股利，而不是通常的35%。这个机会旨在鼓励管理者考虑转移在低税收国家的收益而不是把这些收益用于再投资。相反，管理者在当地债务市场进行借贷以满足运营资本和投资的需要。这样，这个由《美国就业机会创造法案》提供的机会就激励了管理者检查资金来源，并检查它们是如何向子公司融资的。在这个过程中，许多公司发现了在某些子公司有未使用的债务能力，这就为子公司在当地筹集资金提供了机会。根据花旗集团全球企业银行的负责人高沛德（Michael Corbat）的言论，大部分跨国公司已经通过股票和债券从中心获得了资金，但是现在发展中国家的资本市场在当地融资方面更有吸引力，尤其是当地债券发行。外国债券也很有吸引力，因为它是规避与子公司收益相关的外汇风险的一种方法。花旗集团、通用电气和汽车制造商一直站在这些发展中债券市场的最前沿。

当好几个发展中国家威胁出台更严格的遣返规则和彻底国有化的时候，这种对子公司金融风险的转移方法来得正是时候。在当地筹集资金有很多好处——它为货币的汇率风险提供零成本对冲，它有助于维护与东道国金融家和政客的良好关系，并且由于当地人的参与，它甚至可以避免国有化。对美国国际公司而言，这一切都始于美国政府的努力：把现金带回国来刺激就业增长。

资料来源：*CapitalEyes*, Bank of America e-newsletter, July 2005; David Wighton, "New Trend: Subsidiary Financial Risk Takes a Local Approach," *Financial Times*, June 28, 2006, p. 3; and Ken Silverstein, "Meet Gregory Nickerson," *Harper's Magazine*, April 2007, http://harpers.org/archive/2007/04/sb-more-revolving-door (accessed June 16, 200).

20.6　掉期及衍生品

我们之前谈到的掉期合约是一种规避交易风险的办法。它们实际上更有可能被用来规避折算风险，最有可能被用来增加或转移资金。在本节，我们分别来看看它们广泛的用途并看看衍生品的危险性。

掉　期

我们来看看四种类型的掉期——即期和远期市场掉期、平行贷款、银行掉期以及货币掉期，它们能够有效地避免外汇风险敞口。市场中也可以进行利率掉期交易。

即期和远期市场掉期（spot and forward market swap）是一个两步骤的对冲交易，它涉及了用远期交易弥补交易敞口。假设一家美国母公司想向它在意大利的子公司借出欧元并避免汇率风险，首先母公司要在现货市场买入欧元，并借给子公司。然后，在同一时间，母公司以欧元买入数量相同在贷款到期日远期交割的美元。短期欧元的头寸由子公司所偿还的欧元取代，母公司收回美元。成本取决于远期市场贴现率与即期市场贴现率之比。

平行贷款（parallel loans）避免了国外市场，它们包括不同货币间的贷款。继续我们刚才美国母公司和它意大利子公司的例子，再加一个意大利母公司和它的美国子公司。假设每家母公司都想要以子公司使用的货币给子公司借钱。意大利母公司向美国母公司的意大利子公司借出约定数额的欧元，同时以同一贷款到期日，美国母公司以美元计量（即期欧元—美元汇率）的相同金额给意大利母公司在美国的子公司借钱，每笔贷款和还款都以同种货币计量，这样就避免了外汇风险。

平行贷款交易在很多情况下都可以使用，并且可以涉及超过两个国家或两个公司的情况。如果一个子公司在阻碍货币流通的国家中，在当地的业务中使用的货币有剩余的话，也许当地的另一个子公司需要使用这笔资金。其他的跨国公司愿意提供那笔资金，但是不希望将硬通货转为软通货。第一家跨国公司的子公司给第二家跨国公司的子公司借出多余的那些钱。第二家跨国公司的母公司给第一家跨国公司的母公司借出等量的其他可使用的货币。

在掉期交易中也许会收利息也许不会收利息，这取决于两个国家的利率是相同还是存在很大差异。如果差距很大，获得高成本货币的借款人可能支付相对更高的还款利率。

你可能已经注意到，在讨论掉期时，我们没有提到银行。掉期是公司与公司之间的借款，并且是商业银行的竞争对手。但一些银行在安排掉期时起到了方便协商的作用，或者扮演客户间的代理人。投资银行或者其他货币经纪人有时将掉期作为一项服务向客户提出，甚至鼓动客户进行。

银行掉期（bank swaps）也是存在的。它们可能是两个或多个国家的银行（商业银行或中央银行）之间为了获得暂时的外汇需求而进行的交换，这也可以发生于银行与跨国公司之间。银行掉期的一个典型例子就是跨国公司想在发展中国家扩张，而这个国家的货币市场十分疲软，不可兑换或完全封闭，这时，银行掉期就能够为跨国公司的子公司提供金融支持。假设瑞士跨国公司希望扩张在印尼的子公司工厂，并为了最小化外汇风险，避免将强势的瑞士法郎（CHF）兑换为疲软的印度尼西亚盾（IDR）。这时，瑞士母公司要么与印度尼西亚的商业银行，要么与印度尼西亚中央银行进行交易。瑞士跨国公司在瑞士银行存入瑞士法郎并记入印尼中央银行的账户，再由印尼银行借出印度尼西亚盾给印尼子公司。在约定的偿还日期，印尼银行偿还瑞士法郎，子公司偿还印度尼西亚盾。在这个例子中，在印度尼西亚借出并被偿还了印度尼西亚盾，在瑞士借出并被偿还了瑞士法郎，而不需要使用外汇市场。因此，这避免了外汇市场成本，并且双方都获得了需要使用的外币。

货币掉期（currency swaps）帮助企业在一个由于他们还不太知名而需要支付比当地知名企业更高利率的环境下筹集资金。例如，一个中等规模的美国公司也许需要瑞士法郎，但是即使它有良好的信用，但也许在瑞士不太知名。如果它能够找到，或者如果有银行或经纪人可以给它匹配一家在美国需要美元的瑞士公司,交换流程可以如下进行:美国公司在美国借入美元,由于这家公司在美国比较知名所以利息率低,瑞士公司因为相同的理由可以在瑞士借入瑞士法郎。然后他们互相交换货币并为彼此履行贷款服务,也就是说,瑞士公司要偿还美元贷款,而美国公司也要偿还瑞士法郎贷款。

利率掉期(interest rate swaps)由货币掉期模型发展而来,它们从固定和浮动利率市场中进行套利。双方(通常是一家外国银行和一家在外国市场上不太知名的美国公司)在外国市场上交换一笔借款的利率,用固定利率取代浮动利率,用浮动利率取代固定利率。利率掉期允许公司改变它的利率敞口。

作为"衍生品"的套期保值和掉期

货币的价值变化也是一种风险,国际商务经理用套期保值和掉期合约来避免这种风险。这种工具有时也指衍生品,一种基于基础商品或金融工具绩效的合约,合约价值会随着时间变化。衍生品包含了标准化、交易所买卖的期货和期权合约,以及场外交易的掉期、期权和其他自定义的工具。这个合约可以看成是将风险从不愿意承担的一方转移给为了更多回报而愿意承担的一方。然而如果为了投机而不明智地使用它的话,衍生品合约可能与它们应该抵御的风险一样危险。投资家沃伦·巴菲特(Warren Buffett)称之为"大规模杀伤性金融武器"。其中最臭名昭著的一个衍生灾害发生在20世纪90年代初,尼克·李森(Nick Leeson)在巴林银行(英国最古老的投资银行)的期货交易市场上,在他雇主的账户下进行未经授权的投机交易。

李森的交易最初是有利可图的,有趣的是,那时并未出现授权问题。当交易造成损失时,他利用银行的错误账户隐藏了这些损失。1992年底,账户损失超过200万英镑,1994年底已经膨胀到了2.08亿英镑。在一月初神户地震的前一天,李森在新加坡和东京证券交易所放置了短期套利的衍生品组合(一种卖空机制),押注市场不会一夜之间风云变幻。然而1995年1月17日,神户地震了,亚洲市场陷入混乱,李森的投资也是一片混乱。为掩盖损失所进行的每一次尝试都是高风险的赌注,他的损失增加到14亿美元,这是巴林银行交易资本的两倍。最终导致了银行倒闭。

衍生品并不完全是新式的,例如日本大米交易商在17世纪就使用了期货。但是衍生品最近几年来变得更加复杂并被广泛使用,这种大规模潜在的应用例子比如,制定一个衍生品,当气温升高到一定温度时进行支付,这在夏天对某些电力公司来说是一个利好消息,或如果在冬季降雪低于预期,这对滑雪胜地就有利。使用场外交易(OTC)的衍生品合约飙升。国际清算银行在2007年记录的场外交易合约的价值为596万亿美元,利率合约占三分之二。

信用违约掉期作为一个外国衍生品被引入还不到十年,但是它已经成为债券和贷款市场一个关键的模块。信用违约掉期深受银行家青睐是因为它能够在客户未意识到贷款实际上已经被出售的情况下,降低银行这一操作被暴露的风险。如果承认这笔贷款已经转给其他有关机构,会损害客户关系。银行是信用违约掉期的主要买家,而保险公司是主要的卖家。随着市场的发展,信用违约掉期自身已经成为有保障的、可交易的有价证券。

在这一点上产生的逻辑问题是:"衍生品安全吗?"简短的回答是,它们是风险管理工具。使用得当的话,它们相当有效;各种类型的企业或机构通过利用这些衍生品,能够使用从前不可能使用的方法来承担或限制风险。风险管理是一个棘手的三阶段过程,概念很简单,但是要实现起来非常复杂:

- 确认风险所在
- 设计正确的战略来管理它们
- 选择正确的工具来执行此战略

实施风险战略对很多财务经理来说也许太复杂。就如同对于大多数公司的高管来说,找出并解决法律问题是不经济并且很危险的,即使这些高管们在法律方面训练有素,公司也会需要外界的帮助来制订和执行风险管理战略。只要公司的经理们继续掌握基本决定的决策权,而把对冲策略的执行和工具的最终选择权交给外部专家,这样对该公司来说也许就是最好的。

通过交流网寻找合作伙伴

财务经理如何了解从事掉期、平行贷款和其他衍生品的潜在合作伙伴呢?在许多情况下,他们的国际银行会给出答案。越来越多的情况下,财务经理在名为"风险管理会议"的这种风险管理会议中寻找合作伙伴。这种会议是由《金融时报》《欧洲货币》《亚洲华尔街日报》《国际商务》或国际金融公司举办的。在这样的会议中,财务高管们与来自其他跨国公司、银行以及其他金融机构的代表会面,例如世界银行和区域性发展银行这些国际组织中,从中遇见他们的合作伙伴。这样的网络为合作伙伴提供所需,以保护他们的公司,或者提供了使用衍生品合约的利润。

目前,我们的讨论假定钱是交换中基本的媒介。在一些情况下,国家没有支付进口的外汇。在这种情况下,非货币销售成为一种选择。

20.7 非货币销售

有一些国家没有可兑换的货币去支付他们需要的商品和产品。但这并没有阻止供应商想要卖给他们商品的热情。这些国家通常是不发达、贫穷的国家。非货币贸易有两种实现方法:对等贸易和产业合作。

对等贸易

对等贸易(countertrade)是用商品和服务来换其他的商品和服务的贸易。在国际环境中,它常常指发展中国家用货品来交换外汇,这样与发达国家的交易就可以完成了。对等贸易通常涉及两个基本合同,一个是发达国家产品或服务的购买合同,一个是发展中国家产品的购买合同。对等贸易的六种改变为:互购、补偿交易、易货贸易、交换贸易、抵消和清算账户协议。这些合同可能会相对简单，仅仅涉及两个国家或公司，也可能因为涉及很多国家、公司、货币、合同而非常复杂。一些公司试图避免对等贸易，因为它不能调动公司的竞争力。对等的优势包括支持公司在外国市场的活动、销售的增长、应对流动性和冻结资金的问题、解决债务、防范竞争对手、与未来合作者建立关系等。

在**互购**（counterpurchase）中，发展中国家供应的商品不依赖于从发达国家进口的商品或产品。互购的一个经典例子是百事公司与俄罗斯的交易，百事公司同意出售浓缩百事可乐，在俄罗斯以瓶装进行销售。作为代替金钱的交换，百事公司有在西方出口俄罗斯伏特加的独家权利。后来，百事公司因其残余价值接受了苏联海军的退役潜艇。

在**补偿交易**（compensation）中，发展中国家用发达国家的设备生产的产品来偿还对发达国家设备的使用。这些产品运往发达国家以支付设备的费用。德兰瑟工业公司与波兰有一个牵引机的补偿协议。波兰用牵引机和其他设备来交换然后由德兰瑟在市场上出售。

互购协议还帮助百事进入东欧市场。结果是，该公司在那片地区继续发展和扩大业务。例如，百事在波兰华沙就有70辆车的车队。

易货贸易（barter）是一种古老的商业形式，也是最简单的对等贸易。发展中国家与发达国家交换价值相等的产品。

交换贸易（switch trading）被用来处理这样的问题：在发达国家没有市场来销售发展中国家的商品。当引进第三方来处理这些产品的时候，就有了交换贸易。

抵消（offset）发生在进口国要求产品的部分材料、部件或组件在当地市场生产时。出口方可能在进口国建造零件制造和装配工厂。在国防工业中这很常见。该部门本身一年产生的抵消多达300亿美元。

清算账户协议（clearing account arrangements）用来在规定的期限内促进产品交换。到期时，任何结余都必须通过额外商品的购买或者现金支付来清算。银行或者经纪人作为中立方，通过找到互购商品的市场，或者将商品或现金支付变为顺差国想要的商品，来促进清算账户的处理。

对等贸易协定和它的实行通常是不公开的。事实上，当事人往往出于竞争的原因而偏好隐私和保密，并且避免在未来交易中开创先例。因此，对于对等贸易程度的估计有很大的不同。美国商务部和联合国估计目前世界贸易的10%到20%是对等贸易，并且比例在不断增长。除了易货贸易，产业合作是另一种交易方式，不用或只用很少的钱。

产业合作

产业合作（industrial cooperation），是有利于发展中国家的，它需要长期的合作关系，它在发展中国家进行部分或全部的生产。部分产品销往该发展中国家或其他发展中国家。我们已经确定了五个与产业合作相关的财务管理方法。产业合作用物资交流替代直接购销。请记住，这些商务活动可用于非货币性贸易以外的目的。

1. 合资。两个或多个公司或国家机构联合出资，形成一个新的、不同的经济实体，他们共享管理和盈亏。
2. 联产和专业化。在发展中国家的工厂生产若干达成协议的产品组件，而在发达国家的公司生产其他组件。然后将产品在各自的市场所在地组装。
3. 分包。发展中国家工厂根据发达国家公司的规格来生产产品，送交到发达国家的公司，然后发达国家公司销售这些产品。
4. 许可。来自发展中国家和发达国家的缔约方签订许可协议，据此，发展中国家的企业使用发达国家的技术来制造产品。发展中国家企业以资金或产品的方式向发达国家公司支付特许权费用。发展中国家通常倾向于支付产品。
5. 交钥匙工厂。发达国家缔约方负责整个工厂的建设、启动，以及培训发展中国家人员，将钥匙交给发展中国家方。发展中国家将以产品方式支付新工厂的启动费用。

易货贸易和产业合作间穿行着两条线索。首先是发展中国家没有足够坚挺的可兑换货币在发达国家购买想要的东西。这就导致了第二条线索，即发展中国家用商品替代货币。

20.8 税 款

在第10章中，我们从金融角度讨论了税收，并概述了政府使用的三种主要类型的税收：所得税、增值税和预扣税。**所得税**（income tax）是一种对收入征收的直接税。**增值税**（value-added tax，VAT）是一种间接税，是由税务机关对个人或公司在生产和销售过程中就产品新增加的价值征收的税收，而不是向商品所有者征税。在价值链中，全部的赋税将转嫁给最终用户。因此，政府以过程中增加的价值进行征税。**预扣税**（withholding tax）也是一种间接税，它不是向生产该产品的劳动者征收的税负，而是向支付劳动所得的商业活动征收。通常情况下，预扣税是对被动收入征收的税负，如特许权使用费、股息、利息等。不论全球范围还是某个地区，政府管理税收采取两种办法：一种世界性的办法是国家向居民征收其全球收入的税款。美国奉行的政策是全球征税，令人信服的是，尽管有税务条约，但是与外国市场的本地竞争对手相比，这些税款将经营海外子公司的美国公司放在了劣势地位。领土税收政策是对一国境内所产生的收入征税。基于减少或消除对美国居民和企业双重征税的基础税收条款，只要外国纳税义务小于相应的美国税收，就能够享受税收抵免。

如何组织一个公司的海外业务，是其海外收入在美国纳税义务的关键。如果经营的是一个**分公司**（branch），也就是母公司的延伸，而不是一个独立并且在外国注册成立的法人实体，那么损失可能会由母公司从美国纳税收入中扣除。如果外国实体是一个**子公司**（subsidiary），就是在外国注册成立一个独立的法人实体，跨国公司对它的所有权可能只占少数，大约10%和50%之间。这种少数收入的税款，无论是主动的还是被动的，只有当它被汇往母公司时才征税。如果国外子公司实际上是由母公司控制,有超过50%的所有权,它被称为受控外国公司,它的收入汇到母公司时,其主动收入在美国纳税,但被动收入(特许权使用费、许可费、股息服务费)在发生时征税。当决定在何处,以及如何组建海外公司时,跨国公司经理要斟酌这些地点的税率,并考虑它们的经营应采取什么法律形式。通常情况下,创业公司会有几年的损失,因此从税收的角度来看,建立一个分支机构比建立子公司可能会对母公司造成更大损失。我们前面讨论过的转移定价为国际企业提供了一种能减轻税务负担的方式。

在第20章中,我们已经研究了对国际商务的财务管理、国际会计以及财务管理过程的两个基础方面。我们对会计的回顾包括了与外币、文化、会计准则的趋同以及三重底线有关的会计问题。在财务管理中,我们回顾了国际公司的资本结构、现金流管理、外汇风险、非货币销售和税收。财务管理在追求效率的国际公司中变得越来越重要。在这个领域中发展事业是非常激动人心的事。

小　结

明确国际会计面临的主要问题。

国际会计要处理许多重大问题。本章讨论了有关外币的问题,比如在合并财务报表的过程中适用哪种货币的价值,使用现行汇率法还是时态法;在会计过程中假设民族文化的影响;不同会计准则带来的问题;以及与会计有关的商业决策的社会和环境影响,还有额外的经济影响。

描述国际会计准则的趋同过程及其重要性。

美国制定会计准则的机构是一个私人组织,即美国财务会计准则委员会(FASB),其标准是一般公认会计准则(GAAP)。国际化的机构有国际会计准则理事会(IASB),以国际财务报告准则(IFRS)为标准。会计准则的融合需要许多标准和程序的统一,这是一个耗时的过程。尽管存在许多重要细则需要协调一致,但融合的进展令人印象深刻。欧洲议会和欧盟理事会要求按照国际会计准则理事会的标准编制财务报告,包括澳大利亚和新西兰。超过75个国家要求上市公司使用IFRS,其他50个国家,包括欧盟一些国家在内,采用稍作修改的IFRS,称为"分拆"。许多分拆都会过渡到完整的国际财务报告准则。2007年,美国证券交易委员会(SEC)决定,外国公司在美国上市的股份不再需要为了符合美国财务会计准则委员会的标准而重新编制财务报表。在美国,证券交易委员会是承认国际会计准则委员会的责任方。一般公认会计准则(GAAP)与国际财务报告准则(IFRS)的最大不同之处在于它们的一般方法。GAAP依赖于规则和条例;IFRS则更大程度上依赖原则。

解释公司的资本结构选择及其意义。

公司通过其留存收益筹集资金,然后在外部通过股权,发行股票或债券(杠杆)。企业可以选择在国外市场发行股票,部分利用更广泛的投资者池,以此抬高股价,减少资金成本。这样的当地发行可能也有显著的市场优势。债务市场是公司的另一资金来源,人们越来越倾向于首先利用本地市场。税收较低以及银行监管薄弱的离岸金融中心也是债务融资来源。债务融资被认为比股权融资省钱,但当地实际和税收是公司决定资本结构所考虑的一部分因素。

描述国际企业的现金流管理流程。

国际公司的现金流量管理是国际财务管理的重要部分，虽然存在一些基本的共性，但国际现金流管理不同于纯粹的国内公司的现金及现金流管理。例如，所有公司都想要在低成本市场进行筹资，并将多余的资金投入收益较高的地方。由于一家公司在很多国家都有子公司，所以全球现金流管理比国内公司的更加复杂。现金流管理的总体目标是降低风险并使公司能够从机会中获利。这些风险和机遇有些来自于外汇波动、利率、通货膨胀、政府监管和税收。现金流管理技术包括多边净额结算、提前和延后法。多边净额是一个集中的方法，子公司通过这种方法将公司内部的现金流净额转移到现金中心以节约成本。提前和延后法涉及付款时间。提前的方法是指在外币预期走弱时提前收取应收款项，外币预期走强时提早支付应付款项。延后的方法是指在货币预期走强时延期收取应收款项，货币预期走弱时延期支付应付款项。

将外汇风险分类为交易风险、折算风险和经济风险。

公司有以外币计价的交易时，就会存在交易风险。风险是由交易发生到货款支付之间的汇率波动所引起的。当子公司的财务报表在公司整体财务报告中进行合并时，折算风险就发生了。因为外国子公司操作的是非美元货币，这就需要在合并过程中将子公司财务报告以母公司记账本位币进行折算。经济风险是位于经营层面的，是由预期现金流的汇率变化引起的。与涉及独立交易的交易风险不同，经济风险属于整个公司，并且是长期的。

描述掉期交易的基本概念及其各种应用。

掉期是指用远期交易的配合弥补风险敞口。即期市场掉期是在未来规定的时间使用即期汇率，远期市场掉期使用的是远期市场汇率。许多金融工具可以与掉期配合，包括平行贷款、银行掉期和货币掉期。

认识使用衍生工具的益处和危险。

衍生品是基于基础商品或金融工具绩效的合约，这一合约的价值会随着时间变化。衍生一词涵盖了标准化，交易所交易期货和期权合约以及场外交易掉期、期权以及其他定制工具。这些合约可以看作是将风险从不愿承担的一方转移到愿意承担且期望获得更高回报的一方。为了投机而不明智地使用衍生品会变得很危险，这与它试图规避风险的初衷相悖。

描述非货币销售及其优点。

非货币贸易主要有两种方法，对等贸易和产业合作。对等贸易通常涉及到两个基本的合同，一个是购买发达国家的产品或服务合同，一个是购买发展中国家产品的合同。产业合作涉及长期合作关系，包括本地生产，并将部分或全部产出销往东道国。非货币销售的好处包括支持公司的海外市场活动、销售增长、处理流动资金和冻结资金问题、解决债务、抵御竞争对手、与未来合作者建立关系等。

讨论在财务管理中税收的影响。

税收可以给公司增加相当大的成本，所以通过税收筹划来优化它对收入的影响是至关重要的。无论是建立分公司还是子公司，如何组织一个公司的海外业务，对于其海外收入在美国的纳税义务来说都是关键。当决定在何处，以及如何组建海外公司时，跨国公司经理要斟酌这些地方的税率，并考虑它们的经营应采取什么法律形式。转移定价为国际企业提供了一种减轻税务负担的方式。

问题讨论

1. 格雷所表述的会计的文化分析表明，透明度是一些国家的文化特征，而保密性是另一些国家的文化特征。是否可以假设这样一种解释，透明度高的文化是不太信任他人的，需要透明度来弥补他们文化中的不信任？你觉得呢？

2. 《萨班斯—奥克斯利法案》会如何影响国际会计标准趋同的进展？

3. 三重底线会计如何改进企业的社会和环境行为？

4. 你如何评价推动三重底线的运动？解释你的想法。

5. 你将要建立你的第一家海外子公司，当你考虑如何为你的业务筹集资金时，你对使用本地和母国的债务及股票市场有什么打算？

6. 本地出口商已签订了规定六个月内用沙特里亚尔付款300万美元的销售合同。你会建议出口商考虑哪些套期保值建议？

7. 集中化结构的特点之一是速度慢、不利于创新。跨国公司为什么会设立一个集中式的现金管理系统？

8. 衍生品合约的危险有哪些？

9. 交易风险和折算风险之间有什么区别？是否可以同时对冲？

10. 你想将销售打入拥有很强的农业部门的高通胀经济体中。你可能会尝试哪些类型的易货贸易？

案例分析20-1 人民币合同的交易风险处理

你是一家美国跨国公司的财务经理，你的公司已经销售了600万美元的高科技产品给中国进口方。由于存在其他美国和欧洲公司针对此项合同激烈竞争，你同意谈判可以接受用人民币支付。此让步可能会让你的公司赢得合同。

销售合同要求中国进口商自交付之日起的6个月、12个月和18个月内分别支付三笔相等的款项。你的计划是在收据上把人民币折算成美元；你的公司没有中国业务部门，并不需要此种货币。你如何控制交易风险？

重要词汇

A

absolute advantage 绝对优势 一个国家可以用与另一个国家相同的投入生产更多的商品或服务，或者用更少的投入生产同样多的商品或服务，则其具有绝对优势的理论。

ad valorem duty 从价税 按进口货物发票价值的百分比征收的进口关税。

advertising 广告 对主办人的创意、产品或服务进行的付费或有偿的视觉呈现。

aesthetics 美学 文化意义上的美和品位。

affiliates 附属公司 该术语有时与子公司互换使用，但除了股权形式，还有其他许多形式。

air waybill 航空货运单 由航空承运人签发的提单。

allowances 津贴 由于在国外生活需要更高费用而在基本工资之外给员工薪酬支出。

American depository receipts (ADRs) 美国存托凭证 由保管人（通常是美国银行）在发行人所在国的国内市场持有，能够在美国交易所以美元交易的外国股权。

Andean Community (CAN) 安第斯共同体 南美五国贸易集团。

antitrust laws 反垄断法 防止价格垄断、分占市场和商业垄断的法律。

appropriate technology 适用技术 对使用它的社会最为适合的技术（高级、中级或初级）。

arbitrage 套利 通过瞬间买入和卖出实现无风险利润的过程。

arbitration 仲裁 各方同意由一个中立的人或机构作出有约束力的决定，在法庭外解决争端的过程。

Asian religions 亚洲宗教 主要种类有：佛教、印度教、耆那教、锡克教（印度）；儒教与道教（中国）；神道教（日本）。

ask price 卖盘价 销售价格。

Association of Southeast Asian Nations (ASEAN) 东南亚国家联盟 旨在促进东南亚地区和平与合作的十国集团。

associations 协会 按年龄、性别或共同兴趣而不是血缘关系形成的社会单位。

automated export system (AES) 自动出口系统 美国海关电子申报系统。

B

backward vertical integration 向后垂直整合 安排建立哪些设施来制造企业最终产品所使用的投入。

balance of payments (BOP) 国际收支平衡 一个国家与世界其他国家的交易记录。

banker's acceptance 银行承兑 在270日内到期的远期汇票已由开票行承兑，而成为承兑行的债务；可像其他商业票据一样在金融市场打折买卖。

Bank for International Settlements (BIS) 国际清算银行 为各国中央银行服务的机构，作为中央银行的银行运作。

bank swap　银行掉期　银行间为获得临时外币而进行的掉期。

barter　易货贸易　不使用金钱的商品或服务之间的直接交换。

benchmarking　标杆管理　用于衡量一家公司的业绩与其他公司业绩差别的技术，可能是针对相同的行业，也可能是针对完全不同的行业。

bid price　买入价　进行购买的价格。

biomass　生物质能　能量来自光合作用的一类燃料，由植物将太阳的能量转化为化学能；来源包括玉米、甘蔗、小麦。

blocked funds　冻结资金　东道国政府不允许从本国货币转换成本土国货币或进行收回的资金。

bonded warehouse　保税仓库　经海关批准设立的专门存放货物的仓库，在这些货物转移前无需支付进口关税。

bonuses　奖金　因为困难、不便或危险在基本工资和津贴之外对外派员工的薪酬支出。

boomerang effect　反向效应　销售给其他国家公司的技术被用于生产与技术出售方进行竞争的商品的情形。

bottleneck　瓶颈　制造系统中其输出对整个系统的输出产生限制的操作。

bottom-up planning　自下而上规划　从组织中最低层级开始向上进行的规划过程。

brain drain　人才外流　一个国家最具才智和受过最好教育的人才的流失。

branch　分公司　母公司的法律延伸。

Bretton Woods (System)　布雷顿森林（体系）　"二战"结束后不久，财政部和中央银行代表在新罕布什尔州的小镇会面；成立了国际货币基金组织、世界银行和金汇兑本位制。

bribes　贿赂　促使接收方为送礼者做一些非法事情的礼品或钱款。

budget　预算　未来一段时间内的收入和支出预测明细。

C

capitalism　资本主义　生产和销售主要都由私有企业拥有，为私有利益而运作的经济体系。

caste system　种姓制度　印度教的一种制度，在这种制度下，整个社会被分为四个阶层（外加贱民），每个阶层从事特定种类的工作。

CE (Conformite Europeene) mark　CE（符合欧洲标准）标志　表示商品符合欧洲健康、安全和环保要求的欧盟标志。

Central American Free Trade Agreement (CAFTA)　中美洲自由贸易协定　美国和几个中美洲国家之间的自由贸易区。

central reserve asset　中央储备资产　由某一政府的央行持有的资产，通常为货币。

child labor　童工　年龄在16岁以下，通常很少或没有受过正规教育，被迫从事生产劳动的儿童劳动力。

clearing account arrangement　清算账户协议　在指定时间内结算交易账户的过程。

climate　气候　一个区域的主要气象条件，包括温度、降水和风力。

cluster analysis　集群分析　将类似对象划分成不同群体的统计技术。

collective bargaining　集体谈判　工会代表谈判单位（有时同时包括工会成员和非成员）的利益与管理层谈判的过程。

Collective Security Treaty Organization (CSTO)　集体安全条约组织　独立国家联合体（前苏维埃社会主义共和国联盟）的6名成员组成的安全联盟。

common market　共同市场　包括联盟内部服务、人员和资本流动的关税联盟。

communism　共产主义　卡尔·马克思的无阶

级社会理论，由其继承者进一步发展，认为应由共产党控制社会，并努力在全球实现共产主义。

comparative advantage　比较优势　该理论认为，当一个国家生产的两种商品与另一个国家相比具有绝对劣势时，生产绝对劣势较少的商品会具有比较优势或相对优势。

compensation　补偿　发展中国家以使用发达国家设备生产的产品偿付机器使用费的对等贸易。

compensation packages　薪酬方案　对于外派员工，该方案可以包括多种类型的支付或报销，还必须考虑到汇率和通货膨胀。

competencies　能力　为了充分完成任务所需的技能。

competition policy　竞争政策　欧盟的反垄断法。

competitive advantage　竞争优势　公司比其竞争对手获得更高利润率的能力。

competitive strategies　竞争战略　使组织能够达到其目标的行动计划。

competitor analysis　竞争对手分析　确定主要竞争对手并评估其目标、优势、劣势以及产品线的过程。

competitor intelligence system (CIS)　竞争情报系统　收集、分析和传播某公司竞争对手信息的程序。

complete economic integration　完全经济一体化　经济和政治两个层面上的整合。

compound duty　复合税　同时征收从量税和从价税。

confirmed L/C　保兑信用证　卖方国家的代理银行同意对开证行开出的信用证履行付款义务的承诺。

Confucian work ethic　儒家工作伦理　提倡努力和节俭；类似于新教工作伦理。

conservative　保守派　希望最小化政府职能、最大化私有企业和个人活动的个人、团体或政党。

consolidation　合并　将子公司经营成果转化并汇总到母公司形成一个财务报告的过程。

contingency plans　应急计划　为了应对最好或最坏的情况以及可能严重影响公司的关键事件，而制定的计划。

contract manufacturing　合同制造　一家公司与另一家公司签订合同，由其根据自己的规格生产产品，但自身承担营销责任的一种机制。

controllable forces　可控力量　管理必须进行控制以应对不可控力量变化的内部力量。

cooperative exporters　合作出口商　出口其他厂家及自己商品的知名国际制造商。

Council of the European Union　欧盟理事会　欧盟的主要政策制定机构。

counterpurchase　互购　供货不依赖进口的对等贸易。

countertrade　对等贸易　以商品或服务换购其他商品或服务的贸易。

countervailing duties　反补贴税　对享受出口补贴的进口产品额外征收的进口税。

country risk assessment (CRA)　国别风险评估　由在外国拥有资产或应付账款，或者考虑在该国贷款或投资的银行或企业进行的评估，目的是判断该国的经济状况和政治局势，以确定资产损失或无法收回的风险有多大。

country screening　国家筛选　将国家作为市场选择的基础。

cross investment　交叉投资　垄断企业在对方国家进行的外商直接投资作为一种防御措施。

culture　文化　标志人口特点的信仰、规则、技术、机构和文物的总和。

currency devaluation　货币贬值　一种货币相对于其他货币价格降低。

currency option hedge 货币期权套期保值 在特定时间购买或出售特定数量的外币的期权，以规避外汇风险。

currency swap 货币掉期 以一种货币的借贷服务与另一种货币的借贷服务相交换。

current rate method 现行汇率法 一种外币换算方法，使用该方法时，现时资产和负债以即期汇率计量，非现时资产和负债以历史汇率计量。

customhouse brokers 海关经纪人 处理进口货物赔偿的独立企业。

customs drawbacks 海关退税 关税退税。

customs union 关税同盟 在自由贸易协定中加入共同对外关税的合作。

D

demonstration effect 示范效应 受到别人购买合意商品影响而增加消费的结果。

derivative 衍生品 其价值与金融工具或商品的效益联系在一起的合同。

developed 发达 对工业化国家的一种分类，指技术最发达的那些国家。

developing 发展中 对世界低收入国家的一种分类，指技术上欠发达的那些国家。

direct exporting 直接出口 货物和服务的生产商直接出口。

direct investment 直接投资 位于一个国家的投资由另一个国家的居民有效控制。

discretionary income 可支配收入 缴税和购买生活必需品后，剩下的收入。

distributors 分销商 自己承担风险购买商品进行转售的独立进口商。

Doha Development Agenda 多哈发展议程 WTO扩大贸易会议，也称多哈回合。

domestic environment 国内环境 在本国产生的围绕并影响公司的生存和发展的所有不可控力。

dumping 倾销 以低于生产成本、国内市场价格或其他国家销售的价格在国外销售某种产品。

dynamic capability 动态能力 该理论认为公司要成功进行海外投资，不但要拥有某些独特的知识或资源，还要有能力不断动态地创造和开发这些能力。

E

eclectic theory of international development 国际生产折衷理论 该理论认为企业欲投资海外，则必须有三种优势：拥有某种所有权、国际化以及特殊的位置。

Economic and Social Council (ECOSOC) 经济和社会理事会（经社理事会） 联合国关注贸易、发展、教育和人权等经济和社会问题的机构。

economic exposure 经济风险 未来现金流的价值受意外汇率变动影响的可能性。

efficient market approach 有效市场方法 假设目前的市场价格充分反映所有可用的相关信息。

environment 环境 围绕和影响公司生存和发展的所有力量。

environmental scanning 环境扫描 公司扫描外部是否存在可能会影响其发展的环境力量变化的过程。

environmental sustainability 环境可持续性 这是一种经济状态，在这种状态下，人和商业对环境的要求可以得到满足，而又不损害留给子孙后代的环境质量。

estimation by analogy 类比估计 利用在一个市场中获得成功的市场因素来估计类似市场中需求的过程。

ethnocentric 民族主义中心 在本书中使用

时，主要指雇用和晋升员工时以母公司所在国为参照。

ethnocentricity 民族优越感 坚信自己的族群具有优越性（见第1章中的自我参照标准）。

European Central Bank (ECB) 欧洲央行 制定和实施欧盟货币政策的机构。

European Commission 欧盟委员会 管理欧盟日常运作的机构。

European Court of Justice (ECJ) 欧洲法院（ECJ） 裁决与欧盟政策相关问题的法院。

European Free Trade Agreement (EFTA) 欧洲自由贸易协议 四个非欧盟国家之间的自由贸易协议。

European Monetary Union (EMU) 欧洲货币联盟 确立在12国欧元区使用欧元的机构。

European Parliament 欧洲议会 欧盟的立法机构，其成员来自成员国的民选。

European Union (EU) 欧盟 由25个欧洲国家组成的致力于经济和政治一体化的机构。

exchange rate 汇率 以另一种货币描述的一种货币的价格。

Ex-Im Bank 进出口银行 通过贷款、担保和保险方案帮助美国出口商的主要政府机构。

expatriate 外派雇员 以非公民身份在外国生活。

explicit knowledge 显性知识 可通过文字、图片、公式或其他方式轻松向他人传播的知识。

export bill of lading (B/L) 出口提单 承运人和托运人之间的运输合同：记名提单不具有流通转让性；背书的不记名指示提单将货物所有权赋予提单持有人。

export draft 出口汇票 由卖方开具的无条件票据，用于指示买方在出示时兑现汇票（即期汇票）或在约定的日期兑现汇票（远期汇票），并且必须在买方收到货运单据前兑现。

exporting 出口 将任何国内商品或服务运输到一个国家或地区以外的目的地；与之相对的是进口，即将任何商品或服务从国外的起始地点运输到一个国家或地区。

export processing zone 出口加工区 一个政府指定的区域，在这里工人可以进口部件和材料，而无需支付进口关税，当这些进口物品加工或组装完成便立即出口。

export trading company (ETC) 出口贸易公司 公司的成立目的主要是出口国内的商品和服务以及帮助非关联企业出口其产品。

expropriation 征用 政府扣押了其境内的外国财产，然后对其所有者进行及时、合理、有效的补偿。

extended family 大家庭 包括血亲和姻亲在内的家庭。

extortion 勒索 防止收款人伤害付款人的付款请求。

extraterritorial application of laws 法律域外适用 一个国家试图将其法律应用于外国人或非居民以及其国界以外发生的行为和活动。

Ex-Works 出厂价 贸易术语，相当于离岸价。

F

factor conditions 要素条件 一个国家继承的属性（如气候和自然资源）和一个国家可以塑造的属性（如劳动力和基础设施）。

factor endowment 要素禀赋 赫克歇尔—俄林理论（Heckscher–Ohlin theory）认为国家要出口包含大量本国富有生产要素的产品，进口具有大量稀缺生产要素的产品。

factoring 保理业务 无应收账款追索权的贴现。

fiscal policy 财政政策 针对政府开支的政策。

Fisher effect 费雪效应 实际利率和名义利

率之间的关系；实际利率为名义利率减去预期通货膨胀率。

fixed currency exchange rates 固定汇率 政府商定并承诺保持的汇率。

floating currency exchange rates 浮动汇率 允许针对其他货币进行浮动的汇率，这一浮动由市场力量决定。

FOB (free on board) 离岸价 将出厂后的风险由卖方转移到买方的定价政策；相当于美国的出厂价。

Foreign Corrupt Practices Act (FCPA) 反海外腐败法 反对向外国政府官员行贿以获得特殊待遇的美国法律。

foreign direct investment (FDI) 外国直接投资 对外国进行的设备、结构和组织直接投资，能够达到有效控制；不包括仅仅在股票市场的外国投资。

foreign environment 国外环境 在国外产生的围绕并影响公司的所有不可控力量。

foreign national pricing 国外定价 在另一个国家的本地价格。

foreign sourcing 国外采购 海外采购原材料、零部件和产品。

foreign tax credits 外国税收抵免 通过免税额，在另一国家居住和支付所得税的美国纳税人可以抵免美国所得税的津贴。

foreign trade zone (FTZ) 外国贸易区 旨在通过减少关税限制的影响来促进贸易的免税区。

forfaiting 福费廷 购货贷款期限在90天至180天以上，无追索权应收账款通常采用保理方式；与保理不同的是，福费廷将承担政治和转让风险。

formal institutions 正式制度 通过法律法规影响行为的制度。

forward currency market 远期外汇市场 货币合约在未来30、60、90或180天交付的交易市场。

forward market hedge 远期市场套期保值 为了防止外币变动而进行的远期外币合同买卖。

forward rate 远期汇率 在未来交付的两种货币之间的汇率，通常为30、60、90或180天。

franchising 特许经营 一种许可形式，一家公司与另一家公司签订合同，根据特定的规则使用其既有名称从事特定类型的商业经营。

free trade area (FTA) 自由贸易区 一个区域，其中各成员之间的关税已取消，但成员保持其对外关税。

free trade zone 自由贸易区域 由政府指定为非关税区的区域。

fronting loan 弗罗廷贷款 母公司与其子公司之间通过中介（通常是银行）进行的贷款。

functional currency 功能性货币 一个企业所处的经济环境中使用的主要货币。

fundamental approach 根本方法 利用各种计量经济学模型来找出其中的变量和相互关系的汇率预测。

G

General Agreement on Tariffs and Trade (GATT) 关税与贸易总协定 从1947年到1995年鼓励贸易自由化的国际协议。

General Assembly 联合国大会 由联合国所有成员国构成的联合国审议机构，无论大小、贫富或权力，每个国家都有投票权。

general export license 一般出口许可证 不需要审批许可证的任何商品出口的许可证；无需正式申请。

geocentric 全球中心 用在此处指根据能力和经验雇用和提升员工，而不考虑民族或国籍。

global company (GC) 全球公司 试图在大部

分或所有职能领域规范和整合运营的组织。

global mind-set 全球思维 一种对不同文化和不同市场之间的多样性有强烈意识，持开放包容的态度，并且具有调和此多样性的愿望和能力的思维模式。

gold standard 金本位 用黄金来规定单位货币所代表的价值。

gross national income (GNI) 国民总收入 一个国家的居民通过国际和国内活动所产生收入的总值。

Group of Eight (G8) 八国集团 来自工业化国家的政府领导人集团，定期举行会议，讨论所关注的问题。

guest workers 外籍劳工 合法在外国从事某些类型工作的人员。

H

Harmonized Tariff Schedule of the United States (HTSA) 美国协调关税表 适用于美国，相当于世界各地用来对进口产品进行分类的协调制度。

heavy oil 重油 不容易流动的油。

hedging 套期保值 减少或消除金融风险的方法。

home-country national 本国公民 同母国公民。

horizontal corporation 水平企业 一种组织形式，其特点为具有横向决策过程、水平网络和强大的企业范围的经营理念。

host-country national (HCN) 东道国公民 属于子公司所在国（而非母公司的母国）公民的员工。

human-needs approach 人类需求方法 将经济发展定义为减少贫穷、降低失业率和增加收入的观点。

hybrid organization 混合组织 在顶层具有多个维度的组织结构。

I

import substitution 进口替代 用本地货物生产替代进口。

in-bond plants (maquiladoras) 保税工厂（边境加工厂） 墨西哥的一种生产设施，将原材料或零部件暂时免税进口，由较低廉的地方劳动力进行生产、加工或组装，在这之后将成品或半成品出口。

income distribution 收入分配 将一个国家的收入分配给其国民的措施，通常报告为20%的人口所获得收入的百分比。

income tax 所得税 对收入征收的直接税。

INCOTERMS 国际商会国际贸易术语解释通则 国际商会制定的通用贸易术语。

indirect exporting 间接出口 通过各类母国出口商进行的商品和服务出口。

industrial cooperation 产业合作 出口商致力于长期关系而不是简单的出口销售，并且部分生产在出口产品接收国进行。

industrial espionage 工业间谍活动 刺探竞争对手以了解其战略和运营秘密的行为。

informal institutions 非正式制度 通过习俗和意识形态影响行为的制度。

inland waterways 内陆水道 能够进入内陆地区的水道。

instability 不稳定性 指政府不能维持其自身的权力，或政府进行突然、不可预知或激进的政策变化这样一种特性。

intellectual property 知识产权 专利、商标、商号、版权和商业机密，所有这一切都是人类智力劳动的结果。

interest rate swap 利率掉期 用来管理利率风险的利率浮动交换。

intermediate technology 中间技术 介于资

本密集型和劳动密集型方法之间的生产方法。

internalization theory 国际化理论 市场不完善理论的延伸：在该概念中，企业为了获得更高的投资回报，会将其卓越的知识传送给国外子公司，而不是在市场上公开出售。

international company (IC) 国际公司 全球性或多国家公司。

International Court of Justice (ICJ) 国际司法法院（国际法院） 在各国政府之间发生纠纷时提出法律决策的联合国机构。

international division 国际部门 组织中与国内部门处在同层级的部门，负责所有非本国业务。

international environment 国际环境 国内外环境力量或一系列国外环境力量之间的相互作用。

international Fisher effect 国际费雪效应 这一概念表明任何两种货币的利率差将反映其汇率的预期变化。

International Monetary Fund (IMF) 国际货币基金组织 协调多边货币规则及其执行的机构。

international pricing 国际定价 为关联企业和非关联企业设置的出口货物价格。

international product life cycle (IPLC) 国际产品生命周期 解释为什么一种产品起初是一个国家的出口货物，最终成为其进口货物的理论。

international status 国际地位 给外派雇员发放其居住和就业地适用的所有津贴和奖金的资格。

international strategy 国际战略 公司为实现国际目标对获取和使用稀缺资源进行决策的方式。

intervention currency 干预货币 一个国家用来干预外汇市场的货币，经常用来购买（加强）本国货币。

irrevocable L/C 不可撤销信用证 信用证不能被取消的约定。

iterative planning 迭代规划 重复执行自下而上或自上而下规划过程，直到消除所有差异。

J

Jamaica Agreement 牙买加协议 1976年国际货币基金组织成员之间达成的协议，该协议允许采用灵活的汇率。

joint venture 合资企业 在一个企业中分享共同利益的一个或多个组织之间的合作关系。

just-in-time (JIT) 准时制生产 不存在或很少有延迟时间及呆滞，在产品和成品库存平衡的系统。

K

knowledge management 知识管理 组织及其管理人员用来识别、创造、获取、开发、分发和利用有竞争力的宝贵知识的做法。

Kyoto Protocol 京都议定书 联合国气候变化框架公约，要求各个国家减少温室气体排放量，从而降低全球变暖的速度。

L

labor market 劳动力市场 在雇主的通勤距离范围具备必要技能的所有可用员工。

labor mobility 劳动力流动 因就业产生的国家或地区之间的人员流动。

labor quality 劳动力素质 可用员工的技能、教育程度和工作态度。

labor quantity 劳动力数量 具有可满足雇主业务需求所需技能的现有员工的数量。

labor unions 工会 工人组织。

language trap 语言陷阱 从事国际业务的人员只会讲本国语言的情形。

law of one price 一价定律 该概念表示在有效市场中，同类产品将有一致价格。

leading and lagging 提前和延后 根据预期的汇率变动在时间上提早（提前）或推迟（延后）付款，以产生对公司最有利的影响。

left wing 左翼 更激进的自由派。

letter of credit (L/C) 信用证 由买方银行开立，承诺在特定条件下向卖方支付指定金额的文件。

liberal 自由派 在现代的美国，自由派指推动政府更积极参与商业和其他人类活动的个人、团体或政党。

licensing 许可 一家公司收取一定的费用授权另一家公司使用其专利、商业机密或技术的合同规定。

lingua franca 通用语言 用于在一个国家具有不同语言的不同文化群体之间进行沟通的外国语言。

M

management contract 管理合同 一家公司为另一家公司提供全部或特定领域的管理的约定。

manufacturers' agents 制造商的代理 各种非竞争性提供商的独立销售代表。

manufacturing rationalization 制造合理化 在多个生产单位之间进行生产划分，从而使每一个单位只为公司的所有组装厂生产一定数量的组件。

market factors 市场因素 与产品的市场需求高度相关的经济数据。

market indicators 市场指标 用来衡量国家或地域相对市场优势的经济数据。

market screening 市场筛选 一种公司识别理想市场的环境筛选，方法是使用环境力量来剔除不甚理想的市场。

mass customization 大规模定制 使用灵活的、通常是计算机辅助的制造系统来为世界各地不同客户生产和提供个性化产品及服务。

material culture 物质文化 所有人类制造的物体及其有关的人工制造方法（技术）、制造者、制造物和制造原因（经济）。

matrix organization 矩阵式组织 由一个或多个叠加组织结构组成的试图将产品、区域、职能及其他专业技能混合的组织结构。

matrix overlay 矩阵叠加 组织中的高层部门需要留意另一个组织维度中的专家人员的意见，从而避免矩阵式组织中的双重报告难题，但仍能兼顾两个或两个以上的维度。

mercantilism 重商主义 笃信以下观点的经济哲学：（1）一个国家的财富依赖于财富积累（通常是黄金）；（2）要增加财富，政府的政策应促进出口、控制进口。

Mercosur (Mercosul) 南锥体共同市场（南方共同市场） 以欧盟为蓝本的南美经济自由贸易区。

minorities 少数民族 生活在较为庞大的主要民族之中，以人种、宗教或国籍界定，人数相对较少的民族。

mission statement 使命陈述 定义组织的目的和范围的广泛声明。

monetary policy 货币政策 控制流通货币及其增长率的政府政策。

money market hedge 货币市场套期保值 通过在国内外货币市场借贷来规避外汇风险的方法。

monopolistic advantage theory 垄断优势理论 拥有技术和其他优势的垄断行业企业进行外国直接投资的理论。

most-favored nation (MFN) clause 最惠国条款 关贸总协定的成员国家将在贸易事务上

平等对待所有成员的协议。

multidomestic company (MDC) 多国化公司 具有多个国家分支机构的组织，每个分支机构都基于特定的市场差异分别制定自己的经营战略。

multilateral netting 多边净额结算 子公司通过集中结算中心转让公司内部现金流量净额的策略。

N

national competitiveness 国家竞争力 一个国家在国际贸易的环境中设计、生产、销售和维护产品，靠自身资源取得日益增多的回报的相对能力。

natural resources 自然资源 人们赖以生存的一切自然物质。

new institutional theory 新制度理论 将制度理解为社会结构，以及建立人与人之间关系的一系列规范。

newly industrialized economies (NIEs) 新兴工业化经济体 韩国、台湾、香港和新加坡这四个快速发展的中上收入和高收入经济体。

newly industrializing countries (NICs) 新兴工业化国家 亚洲四小龙和巴西、墨西哥、马来西亚、智利和泰国等中等收入经济体。

nonrevenue tax purposes 非收入税收目的 再分配收入、减少烟草和酒精等产品的消费、鼓励国内消费而不是进口产品消费等目的。

nontariff barriers (NTBs) 非关税壁垒 对进口产品的所有形式（进口关税除外）的歧视。

North American Free Trade Agreement (NAFTA) 北美自由贸易协定 在加拿大、墨西哥和美国之间建立自由贸易区的协议。

North American Treaty Organization (NATO) 北大西洋公约组织 由北美和欧洲26个国家组成的安全联盟。

O

offset 抵消 要求接收国提供部分投入的贸易规定。

offshore financial center 离岸金融中心 专为非本国居民提供金融服务的地方，具有低税收和银行法规少的特点。

offshoring 离岸外包 将公司的某些或全部活动或流程安排到另一个国家中进行。

orderly marketing arrangements 有序销售安排 由出口国和进口国政府达成的正式协议，规定对每个国家的某一特定产品制定出口或进口配额。

Organisation for Economic Cooperation and Development (OECD) 经济合作与发展组织 致力于促进其成员国经济扩张的发达国家集团。

Organization of Petroleum Exporting Countries (OPEC) 石油输出国组织（欧佩克） 11个石油出口国组成的卡特尔集团。

organizational structure 组织结构 组织正式安排其国内和国际单位与活动以及这些不同组织单元之间关系的方式。

outsourcing 外包 雇用他人执行公司价值链中的某些非核心活动和决策，而不是让公司和员工继续进行这些活动。

Overseas Private Investment Corporation (OPIC) 海外私人投资公司 为在发展中国家的美国投资者提供针对征用、货币不可兑换以及战争和革命损失保险的政府公司。

P

parallel loans 平行贷款 跨货币进行等值贷款以消除风险。

parent-country national (PCNs) 母国公民 属于母公司总部所在国家公民的雇员，也称为本国公民。

par value 票面价值 规定值。

passive processing 被动处理 在中东欧国家组装或加工来自西欧的半成品，完成后再运回西欧，与墨西哥边境加工业务类似。

policies 政策 旨在帮助低阶层人员处理反复出现的情况或问题的广泛指导方针。

polycentric 多国中心 用在此处是指根据子公司经营所在地的具体环境雇用和提升员工。

population density 人口密度 衡量单位面积土地上居住的人口数（人/平方千米，或人/平方英里）。

population distribution 人口分布 衡量人口在一个国家的分布情况。

portfolio investment 证券投资 购买股票和债券获得资金的投资回报。

preferential trading arrangement 优惠贸易安排 一个由数个国家组成的小集团之间的协议，用于建立彼此间的自由贸易，同时保持与所有其他国家的贸易限制。

preventive (planned) maintenance 预防（计划）维护 按计划进行维护，而不是当机器停止工作时。

private international law 国际私法 管理个人和公司的跨国交易的法律。

privatization 私有化 将公共部门的资产转移到私有部门，通过合同和租赁将政府活动的管理经营权转让出去，并通过合同将先前由政府实施的活动转包出去。

procedures 程序 执行特定任务或活动的特定方式。

product liability 产品责任 规定公司、其管理人员和董事各自责任的标准，在其产品导致死亡、受伤或损害时可能受到罚款或监禁。

pro forma invoice 形式发票 出口商的正式报价，其中包含了商品的描述、价格、交货时间、运输方式、销售条款和出入境口岸。

programmed-management approach 程序化管理方法 介于全球标准化和完全本地化方案之间的中间型广告策略。

promotion 促销 一家公司和其受众之间的任何沟通形式。

promotional mix 促销组合 公司用来销售其产品的一种混合促销方法。

Protestant work ethic 新教工作伦理 通过辛勤工作和实行节俭来歌颂上帝的义务。

public international law 国际公法 各国政府之间的法律关系。

public relations 公共关系 与公司受众交流以取得良好印象的各种方法。

purchasing power parity (PPP) 购买力平价 在国内市场购买美国市场上一美元商品和服务所需的货币数量；该理论预测两国之间的货币汇率应该等于它们一篮子商品价格水平的比率。

Q

quality circle (quality control circle) 质量小组（质量控制小组） 定期举行会议来讨论如何改进其职能领域和产品质量的小型工作组。

questionable or dubious payments 问题或可疑款项 寻求与某些国家的政府签订采购合同的公司向这些政府的官员支付的贿赂。

quotas 配额 对特定类别的进口数额限制。

R

random walk hypothesis 随机游走假说 该假说认为不可预测因素决定明天价格的最好预测是今天的价格。

reengineering 企业再造 重新设计组织结构、层次结构、业务系统和流程以提高组织效率。

regiocentric 区域中心 用在此处是指根据子

公司经营地的具体环境雇用和提升员工。

Rhine waterway 莱茵河水道 一个河流和运河系统,是欧洲的主要交通动脉。

right wing 右翼 更激进的保守派。

rural-to-urban shift 从农村向城市转移 一个国家的人口从农村到城市的迁移。

S

sales company 销售公司 企业成立的目的是销售商品和服务,而不是进行生产。

sales forecast 销售预测 对未来销售业绩的预测。

sales promotion 促销 任何一种销售辅助措施,包括展示、奖金、竞赛和礼品。

scenarios 情景规划 多个关于未来的貌似真实的故事。

Secretariat 秘书处 由秘书长领导的联合国机构。

Security Council 安理会 联合国主要的政策制定机构,由15名成员组成,包括5个常任理事国。

segment screening 细分市场筛选 将市场细分作为市场选择的基础。

self-reference criterion 自我参照标准 当在一个新的和不同的环境中判断他人的行为时,无意识地参照自己的文化价值观。

shale 页岩 由黏土状细粒沉积物夹层组成的裂变岩(能够被拆分)。

shipper's export declaration (SED) 托运人出口报关单 美国商务部用于控制出口装运和记录出口统计的表格。

Six Sigma 六西格玛 用来减少缺陷和消除差异的业务管理流程。

socialism 社会主义 基本生产资料公共集体所有,并按需分配和使用,而不是按利润分配。

sogo shosha 崇光商社 最大的日本综合商社。

special drawing right (SDR) 特别提款权 由国际货币基金组织设立一种国际储备资产;也是国际货币基金组织和其他国际组织的一种记账单位。

specific duty 从量税 按照进口货物物理单位而征收的固定金额关税。

spot and forward market swap 即期和远期市场掉期 使用即期和远期市场对冲外汇风险。

spot rate 即期汇率 在两个工作日内交付的两种货币之间的汇率。

stability 稳定性 指政府能保持自身权力,其财政、货币和政治政策是可以预见的,不会突然、彻底地改变的特性。

stakeholder theory 利益相关者理论 将所有利益相关者都考虑在内,来理解企业如何运作。

standards 标准 一种文件协议,其中包含将始终用作某一产品、过程或服务的准则、规则或特征定义的技术规格或其他精确标准。

strategic alliances 战略联盟 采取一种或多种形式的竞争对手、客户或供应商之间的合作关系。

strategic business unit (SBU) 战略业务单元 具有明确的市场、具体的竞争对手、开展业务活动的能力以单个经理容易控制的规模的业务实体。

strategic planning 战略规划 组织用于决定其未来走向、如何进行、如何评估是否实现其目标以及在多大程度上实现其目标的过程。

strict liability 严格法律责任 规定设计者和制造商要对由产品造成的损害承担责任的标准,而不需要原告证明在产品的设计或制造方面存在疏忽。

subsidiaries 子公司 由其他公司持有多数有投票权股票来控制的公司。

subsidiary 子公司 由母公司拥有的独立法

人实体。

subsidiary detriment 子公司损害 子公司小损失换来整个国际公司更大收益的情形。

subsidies 补贴 政府直接或间接提供的财政支持，它能赋予各种利益，包括赠款、优惠税收待遇、政府假设的正常业务开支。

supply chain management 供应链管理 在公司内部和公司之间协调与整合供应商到最终消费者这一价值链中的材料、信息、财务、服务流的过程。

swap contract 掉期合约 针对未来的等量购买或出售进行现货资产出售或购买以稳定财务状况。

switch trading 交换贸易 在对等贸易中使用第三方销售产品。

synchronous manufacturing 同步制造 具有注重整体系统性能的不平衡操作的完整制造系统。

T

tacit knowledge 隐性知识 个人具有的一种知识，它很难用文字、图片或公式清楚表达，因此难以传送给其他人。

tariffs 关税 对进口货物征收税赋以提高它们的价格，减少对当地生产者的竞争，或为了刺激本地生产。

tax treaties 税务条约 国家之间的条约，规定各个政府分享有关纳税人的信息，并进行税收执法合作；通常被称为税收公约。

Taylor's scientific management system 泰勒的科学管理体系 基于科学测量结果规定分工的系统，其中规划由经理完成，规划的执行由管理人员和工作人员完成。

technical analysis 技术分析 分析趋势数据，然后预测这些趋势的发展方向的一种方法。

technological dualism 技术二元论 技术先进的生产系统和技术原始的生产系统并存。

temporal method 时态法 一种外币折算方法，货币账户使用即期汇率计算，按历史成本反映的账户采用其历史汇率折算。

terms of sale 销售条款 规定一切费用和风险由买方承担的销售条件。

terrorism 恐怖主义 恐怖主义从事暴力非法行为的原因众多，包括为了赎金、推翻政府、争取释放被监禁的同事，为真实或想象的冤屈而报复，或是为了惩罚不皈依恐怖分子的宗教信仰的人。

third-country national (TCN) 第三国公民 既不是母公司国家公民，也不是东道国公民的员工。

top-down planning 自上而下规划 开始于组织中的最高层级并继续向下延伸的规划过程。

topography 地形 一个地区的地表特征。

total product 总产品 客户购买的所有产品内容，包括实物产品、品牌名称、配件、售后服务、保修、使用说明、公司形象以及包装。

total quality management (TQM) 全面质量管理 管理整个组织系统，以使得对客户来说很重要的产品和服务的所有方面都十分出色。

trade fair 贸易展销会 通常定期在同一地点、同一时间举行的大型展会，各公司在其摊位中对自己的产品进行促销。

trade mission 贸易代表团 一组考察某一市场以寻找商机的商人或政府官员(州或联邦)。

trade-related intellectual property rights (TRIPS) 与贸易有关的知识产权协议 缩写TRIPS指用于保护版权、商标、商业秘密和其他知识产权事务的WTO协议。

trading companies 贸易公司 发展国际贸易并在国外买家和国内卖家之间（或反之）充当中介的公司。

traditional hostilities 传统敌对行动 部落、种族、宗教、意识形态或国家之间长期存在的敌意。

traditional societies 传统社会 转向现代农业或工业之前的部落民族；发生经济变化后，传统习俗可能会仍然保留。

transaction exposure 交易风险 从签订合同到履行完合同期间因外币的变化引发的财务价值的变化。

transfer price 转移价格 公司内部价格或一家分支机构出售给另一家分支机构，或总部出售给分支机构(或反之)的商品或服务价格。

transfer price 转移价格 商品或服务的公司内部销售成本。

translation exposure 折算风险 由合并过程中出现的风险引起的公司财务价值的潜在变化。

treaties 条约 国家之间的协定，可能是双边的(两国之间)或多边的(涉及两个以上国家)，也称为公约、契约、协约或协议。

trend analysis 趋势分析 可分析以固定时间间隔连续观察的可变因素，从而建立用于确定未来价值的规律模式的统计技术。

Triffin paradox 特里芬悖论 该概念指出，如果一个国家的货币同时也是一种储备货币，那么终将出现赤字，最终会导致对储备货币的信心不足，形成金融危机。

triple bottom line (3BL) 三重底线 企业的环境、社会和金融影响的结果或影响报告。

U

uncontrollable forces 不可控力量 管理无法对其进行直接控制，但可以对其产生影响的外部力量。

underground economy 地下经济 由于少报或未报，官方统计数据未计算的那部分国民收入。

United Nations (UN) 联合国 由191个成员国家组成、致力于促进和平和全球稳定的国际组织；具有许多与商业相关的功能。

unit labor costs 单位劳动力成本 总直接劳动力成本除以生产的产品数量。

unspoken language 潜语言 非语言沟通，如手势和身体语言。

Uruguay Round 乌拉圭回合 最后一次关贸总协定谈判扩展会议。

V

validated export license 有效出口许可证 美国政府签发的必要文件，用于对出口战略商品或向不友好国家发货进行授权。

value-added tax (VAT) 增值税 向实现产品增值的各方征收的间接税费。

value chain analysis 价值链分析 对一个组织或一系列相互关联的组织中相互关联的活动链进行的评估，目的是确定在何处以及在何种程度上增加最终产品或服务的价值。

values statement 价值观陈述 对组织成员的基本价值观、信仰及优先考虑事项清晰简要的描述。

variable levy 差额税 依据世界市场价格和当地政府支持价格之间的差额而设定的进口税。

vehicle currency 基准货币 用作国际贸易或投资基准的货币。

vertically integrated 垂直整合 用于描述一家为其后续制造流程生产组件的公司的术语。

virtual corporation 虚拟企业 使用传统组织边界之外的资源协调经济活动，从而为客户提供价值的组织。

vision statement 愿景陈述 对公司在获得必要能力和成功实施其战略的情况下未来期望情形的描述。

voluntary export restraints (VERs) 自愿出口

限制 由出口国实施的出口配额。

W

withholding tax 预扣税 由付款人支付的间接税，通常面向被动收入。

World Bank 世界银行 重点关注发展项目融资的机构。

World Trade Organization (WTO) 世界贸易组织 拥有149个成员、负责处理国家之间贸易规则的跨国机构。

出版后记

互联网让全球即时互联的同时，也让世界贸易比以往任何时候都方便快捷，各国经济因此紧密相连，牵一发而动全身。除了国家、政府和跨国大企业，甚至是个人也深受全球化的影响。

2014年，WTO公布的世界进出口总额中，中国蝉联第一，贸易总额达26.7万亿元人民币。实际上，中国经济对进出口贸易的倚重也是有目共睹，作为拉动国民经济的三驾马车之一，对外贸易繁荣的时候，也是国民经济欣欣向荣的时候；对外贸易乏力，引起的经济社会问题也令人瞩目。

近年来，各类高科技企业立足中国走出去，进行全球扩张，也引起了全球的关注。实际上，在当今世界，企业想要拓展业务，做大做强，必然需要面对跨国贸易。近代以来的超级大公司无一不是在全球做生意的。那么，新兴的中国企业要如何才能在世界市场上立稳脚跟呢？本书正是从最基本的方面，介绍了国际商务的知识。不论是寻求国际化战略的企业管理者还是国际贸易领域的求职者都能从中受益。

从全书结构来看分为三个部分，首先是对国际商务总括性的认识，包括国际贸易的现状和理论基础，以及国际贸易涉及的国际机构。其次介绍国际商务中面临的各种环境力量，包括社会文化、自然资源和环境、经济、政治和法律，这些都是企业在国外经营中必然会碰到的问题，也是企业在进行国际贸易战略制定时必须要考虑的问题。第三部分转向企业内部，指导企业按部就班地进行国外商务运作，从战略到组织结构，包括各运营环节的实践。

从理论基础到外部环境再到内部要素，应该说，建立在这样的逻辑上，即使是从未接触过国际贸易的人也能轻松了解和把握国际商务的基础知识，并轻松应用于实际工作中。

此外，本书的4位作者，不仅具有深厚的学术底蕴，还都有丰富的国际商务经验。其中，唐纳德·A·鲍尔教授原为跨国公司顾问，曾在墨西哥、南美洲和欧洲工作15年，从事营销和生产管理等多种工作。J·迈克尔·吉林格教授在美国、加拿大、亚洲、非洲、澳大利亚和欧洲赢得了大量的奖项，其中包括"杰出大学教师奖"，还积极从事针对跨国公司和来自六大洲的企业高管的咨询和行政发展工作，他的客户包括诺基亚、美国朗讯科技公司、芬兰索尼拉电信、加拿大北方电信、芬兰罗德洛基钢铁公司、中国江苏省电信实业集团、惠普、加拿大经济理事会等。

  当然，要系统地学习国际商务这门知识，远不是阅读一本书就能囊括其中的。而要将国际商务知识有效地应用于实际的工作和生活中，必然要从其理论和实践中提炼菁华，融会贯通，这样才会事半功倍。本书促成读者认识国际贸易，更好地去应对国际商务环境中将会出现的各类问题。

  本书可作为经管类专业的本科生、研究生学习使用，也可作为其他专业读者的国际商务入门之用，还可作为企业、事业、非营利组织的管理人员在职学习和提高用书。

  服务热线：133-6631-2326 188-1142-1266
  读者服务：reader@hinabook.com

后浪出版公司
2015年11月

图书在版编目（CIP）数据

国际商务：第12版/(美)鲍尔，(美)吉林格著；邱月译. -- 北京：北京联合出版公司，2016.5
（大学堂）
ISBN 978-7-5502-7444-0

Ⅰ.①国… Ⅱ.①鲍…②吉…③邱… Ⅲ.①国际商务 Ⅳ.①F740

中国版本图书馆CIP数据核字（2016）第067320号

Donald A. Ball, J. Michael Geringer, Michael S. Minor, Jeanne M. McNett
International Business: The Challenge of Global Competition, 12e
ISBN 0-07-731883-8
Copyright©2009 by McGraw-Hill Education.
All Rights reserved. No part of this publication may be reproduced or transmitted in any form or by any means, electronic or mechanical, including without limitation photocopying, recording, taping, or any database, information or retrieval system, without the prior written permission of the publisher.
This authorized Chinese translation edition is jointly published by McGraw-Hill Education and Beijing United Publishing Co., Ltd.This edition is authorized for sale in the People's Republic of China only, excluding Hong Kong, Macao SAR and Taiwan.
Copyright©2016 by McGraw-Hill Education and Beijing United Publishing Co., Ltd.

版权所有。未经出版人事先书面许可，对本出版物的任何部分不得以任何方式或途径复制或传播，包括但不限于复印、录制、录音，或通过任何数据库、信息或可检索的系统。
本授权中文简体字翻译版由麦格劳-希尔（亚洲）教育出版公司和北京联合出版公司合作出版。此版本经授权仅限在中华人民共和国境内（不包括香港特别行政区、澳门特别行政区和台湾）销售。
版权©2016由麦格劳-希尔（亚洲）教育出版公司与北京联合出版公司所有。
本书封面贴有McGraw-Hill Education公司防伪标签，无标签者不得销售。

国际商务：第12版

著　　者：[美]唐纳德·A·鲍尔等
译　　者：邱　月
选题策划：后浪出版公司
出版统筹：吴兴元
特约编辑：方　丽
责任编辑：夏应鹏
营销推广：ONEBOOK
装帧制造：墨白空间·王斑

北京联合出版公司出版
（北京市西城区德外大街83号楼9层　100088）
北京京都六环印刷厂印刷　新华书店经销
字数619千字　787毫米×1092毫米　1/16　34.5印张　插页6
2016年8月第1版　2016年8月第1次印刷
ISBN 978-7-5502-7444-0
定价：80.00元

后浪出版咨询(北京)有限责任公司 常年法律顾问：北京大成律师事务所　周天晖 copyright@hinabook.com
未经许可，不得以任何方式复制或抄袭本书部分或全部内容
版权所有，侵权必究
本书若有质量问题，请与本公司图书销售中心联系调换。电话：010-64010019

西方管理思想史（插图修订第4版）

著　　者：郭咸纲
书　　号：978-7-5502-1851-2
页　　数：472
出版时间：2014.1
定　　价：68.00元

畅销15年的中文管理思想史权威杰作

成功的管理思想史教材　本书是国内研究管理思想史最早的一部力作，集西方数百年管理理论之大成，也是作者近20年西方管理思想史研究及其丰富管理实践的总结。自1999年初版以来，深受广大读者青睐，成为管理学课程教材和管理专业研究生本科生必读书籍，多次再版。

独特的思想史研究视角　本书有三条主线：第一条是时间线，以时间为轴，充分体现其历史性；第二条是理论线，以西方管理理论的历史演进过程为轴，充分反映其发展性；第三条是人性线，以管理思想发展进程中人性理论的深化为轴，表达了对管理最优境界的追求，充分反映其突破性。

横跨东西方文化的分析　本书专述中国、日本各具特色与传统西方思想迥异的东方管理思想渊源，一一呈现东西方管理思想的碰撞与交流。作者试图在东西方文化相互沟通的基础上，实现东西方管理理论的兼容与互补。

内容详实、结构清晰　作者以其深厚的理论功底和扎实的文风，抱着"对管理终极目标不懈追求"的宗旨，将古往今来管理思想融会贯通。在清晰流畅的结构脉络与通俗易懂的遣词造句中，为读者勾勒出一幅管理思想发展的长卷，管理大师们的智慧处处闪现。

版式精美、图文并茂　为提升读者的阅读兴趣，本书采用全新版式，精心挑选百余张图片，涵盖著名管理思想大师、公司实务、历史事件等广泛主题，与正文内容紧密结合，相得益彰。

内容简介

本书致力于系统描述西方管理理论发展历程，是作者近20年西方管理思想演变的总结。全书涵盖早期的管理思想、科学管理理论的诞生及其发展历史、古典组织管理思想的出现、现代行为科学的产生及其发展、现代管理理论的丛林、当代管理理论的新视角等内容，并将东方管理思想对西方管理理论的影响作为专题进行了论述，最后概括性描述了管理理论发展的总趋势。

本书有三条主线：一是时间线，以时间为轴，体现思想发展的历史性；二是理论线，以理论的历史演进过程为轴，充分反映其发展性；三是人性线，以思想发展进程中人性理论的深化为轴，蕴含着对管理最优境界的追求，充分反映其突破性。

历经三次修订，本书一直作为经济管理类学生考试指定教材、研究生必读书籍而广受好评。此次插图修订第4版以全新版式与读者见面，围绕全书组织构架，穿插精心挑选的图片，辅以阅读互动与延伸阅读等栏目，帮助读者在轻松获取知识的同时深入思考管理思想的内涵。